들리지 않던 총성

종이폭탄!

6·25전쟁과 심리전

들리지 않던 총성 종이폭탄!
6·25전쟁과 심리전

2006년 6월 20일 초판 1쇄 발행
2006년 7월 20일 초판 2쇄 발행
2011년 11월 25일 개정판 1쇄 발행

지은이 **이윤규**
펴낸이 **정종진**

펴낸곳 지식더미
파는곳 도서출판 성림
서울시 서초구 방배본동 766-34 덕성빌딩 3층
전화. 02-534-3074~5 / 팩시밀리. 02-534-3076
E-Mail. wisejongjin@yahoo.co.kr

등록일자 1989년 11월 21일
등록번호 2-911
ISBN 978-89-7124-348-0

들리지 않던 총성

종이폭탄!

6·25전쟁과 심리전

이윤규 지음

지식더미

개정판을 내면서

북한군의 2010년 3월 천안함 폭침과 11월의 연평도 포격도발은 이외의 수단과 방법, 시간 및 대상으로 심리적 공황(PANIC)을 발생시킨 '한국판 9.11테러' 라고 할 수 있다. 특히 손자병법에서 강조한 '공기출의 공기무비' (功其出意 攻其無備:뜻하지 않은 시간 장소에 출격하여 준비되지 않는 곳을 공격)의 현대판 심리적 기습마비전략이었다. 이러한 심리적 기습마비 전략은 전시에는 물론 평시에도, 군사적인 영역 외에 인간사 모든 분야에서도 수준의 차이는 있으나 보이지 않고 들리지 않게 전개되고 있다. 그러나 우리는 이를 감지하지 못하고 있을 뿐만 아니라 심리전이 내포하고 있는 부정적인 이미지(전쟁, 기만 등) 때문에 심리전이란 용어 사용을 꺼려하고 있다.

정부는 2010년 5월에 북한의 천안함 폭침도발 대응조치로 북한지도부가 체제생존에 가장 위협적으로 인식하고 있는 대북심리전을 재개한다고 공표하였지만 또 다른 긴장조성 방지를 위해서 실제로 전개하지는 않았다. 그러나 북한지도부는 우리의 대승적 차원의 대북심리전 자제를 아랑곳하지 않고 민간인 살상을 동반한 연평도 포격을 감행하였다. 이에 우리정부와 민간단체에서는 이미 천명한 대북심리전의 일부를 재개 한바 있었다. 그러자 북한정권은 각종 대남 매체와 수단을 동원하여 '선전포고', '원점타격' 운운하면서 위협함과 동시에 외국에 서버를 둔 '우리민족끼리', '구국전선' 등 160여개의 사이트를 통해 적극적으로 대남심리전을 계속하고 있다. 이러한 북한의 심리전의 실체와 의도를 간파하지 못한 일부에서는 북한의 선전 · 선동과 공갈협박에 부하뇌동하면서 정부의 응당한 대응조치를 비방하고 대북심리전 전개를 방해하였다.

필자는 북한의 이러한 심리적 기습 마비전략과 선전 · 선동 등의 심리전 영역에 대한 실체와 의도를 오랜 기간의 자료수집과 연구 및 실전경험을 통해 간파해 왔다. 따라서 축적된 자료와 다음과 같은 배경으로 2006년도 저술한 '들리지 않던 총성 종이폭탄' 을 개정하게 되었다.

첫째. 6.25전쟁시 위국헌신의 일념으로 심리전방송을 전개한 여군용사를 '마타하리', '성접대자' 로 비하 한 일부 언론보도의 잘못을 바로 잡아 6.25 참전용사의 명예를 회복해야 한다는 생각에서이다(관련내용 부록으로 첨부).

둘째. 북한의 지속적이고 교묘한 심리전에 대해 그 실체를 간파함으로서 북한이 노리는 심리적 기습마비 전략을 차단하고 사상 오염을 방지해야 한다는 사명감의 발로가 있었다.

셋째. 인간사 모든 영역에서 전개되고 있는 심리전에 대해 새롭게 인식함으로써 자신이 의도하는 생활과 삶으로 접근하는 지혜를 갖도록 하고자 하는 바램이 있었다.

넷째. 본 저서는 1948년 해방이후부터 6.25전쟁 기간까지 과거 심리전 자료를 수집 분석하였기에, 자료인용 근거, 역사자료 활용, 6.25전쟁을 심리전적 관점에서 분석한 유일한 전사로서 가치 등이 인정되어 많은 독자와 도서관 및 자료실에서 추가 발간의 요청이 쇄도하였다.

본 개정판은 이러한 추가 발간의 요구와 개정의 소요에 부응하고자 2006. 9월 초판과 2008년의 증보판에서 변화된 심리전의 환경과 추가 수집한 자료를 보완하여 수정하였다.

부족하지만 본 개정판이 국가안보 및 군사전략의 궁극적인 지향점인 부전승사상(不戰勝思想)과 최소피해전승전략(最小被害戰勝戰略)을 구현하는 데 기여하고, 인간사 갈등을 당사자들이 모두 WIN-WIN하면서 아름다운 삶으로 영위하는데 일조하기를 기대해 봅니다.

끝으로 심리전에 대한 새로운 인식과 '잊혀 지지 않는 6.25전쟁' 의 교훈을 찾고자 하시는 훌륭한 독자들의 과분한 평가와 요구로 인해 개정판까지 출간하게 해주심에 감사드립니다. 한편 미흡한 내용을 훌륭히 편집 및 디자인하여 증보판에 이어 개정판까지 발전시켜 주신 성림출판사 정 종진 사장님과 출판사 관계자 여러분께도 감사의 뜻을 전합니다.

2011. 11.

국가안보의 요람 국방대학교에서 기분 좋은 사람 이 윤규

머리말

2000년 6월 15일 남북 정상회담 이후 인적교류와 대북 물류지원 등으로 한반도에 평화와 통일이 곧 찾아 올 것으로 기대하였다. 하지만 북측의 제 2연평해전 등 군사도발은 변함이 없었고, 오히려 '보이지 않고 들리지 않는 전쟁' 은 더욱 적극적으로 전개되었다. 즉 고도의 전략적 의도와 계략(計略)을 은폐한 채 '우리민족끼리', '자주', '민족대단결' 이라는 듣기 좋은 용어혼란전술과 감상적 통일 분위기를 조성하여 국민의 심리적 마비와 가치 혼란을 야기 시켰다. 여기서 '보이지 않고 들리지 않는 전쟁' 과 '고도의 전략적 의도' 란 다름 아닌 이 책에서 다루고자하는 심리전이다.

6.25전쟁 기습남침 직전의 보이지 않는 마수의 손끝, 들리지 않았던 총성이 교묘히 남한으로 엄습해 오고 있었으나, 우리는 '보이지 않고 들리지 않는 전쟁' 의 뜨거운 전운이 피부에 와 닿는 순간까지 감지하지 못했기 때문에 '6.25기습 남침' 에 순간적으로 오감이 마비되고 공황(panic)이 발생되었다.

이 책은 6 · 25전쟁직전, 전쟁 중에 들리지도 않았고 보이지 않게 전개되었던 심리전의 실체를 분석하여 교훈을 도출하였다. 이러한 교훈은 한반도 미래 전장에서 적용은 물론, 평시에 각종 매스매디어와 소셜네트웍서비스(SNS)를 통해 전개되고 있는 심리전에 대한 새로운 인식을 갖는 데 기여하고자 한다. 특히 북한의 비대칭 전략 및 전력으로 평시부터 적극적으로 전개하고 있는 사이버심리전이나 해킹, 용어혼란전술 등에 대한 실체와 의도를 간파하여 국가안보와 평화통일 정책에 일조하고자 하는 목적도 있다.

따라서 이 책은 전쟁과 심리전이 무슨 관계인가? 심리전의 본질은 무엇인가? 라는 이론적 배경을 제시하고, 해방 이후부터 6.25전쟁 종전까지 유엔군과 국군, 북괴군과 중공군이 전개한 심리전을 망라하였다.

이 책에 제시된 6.25전쟁 전개과정과 역사적 사실들은 '이것이 6 · 25전쟁이다' (노병천: 2000), '사진으로 읽는 6 · 25전쟁' (길광준 : 2005) 등의 기존 연구결과를 인용하였음을 밝혀 둔다. 그리고 필자가 ❶ 1978년부터 DMZ 근무 시 경험하고 연구했던 결과와, 미국 특수전 사령부에 있는 심리전 학교 OJT 연수를 통해 확보한 자료 ❷ 6 · 25 참전 UN군과 국군증언록 ❸ 6 · 25전쟁 중 일본에 위치한 극동군 사령부 심리전처(Psychological Warfare Section CHQ. FFC)에서 제작한 심리전 자료집 ❹ 한림대학교 아시아 문화연구소 창립 10주년 기념사업을 일환으로 수집한 자료총서 「6 · 25전쟁기 삐라」(1996. 6) ❺ 6 · 25전쟁시 미군부대에 파견되어 대북심리전 전단작전에 참가하였던 김영무 참전용사께서 소장한 자료와 증언으로 구성하였다.

제시된 심리전 자료들과 분석된 결과는 6 · 25 경험세대에게는 향수심을 불러일으킬 수 있고, 전후세대에게는 호기심을 자아낼 수 있는 것들이어서 끝까지 흥미진지하게 탐독할 수 있을 것이라 사료된다. 비록 심리전의 전문 용어가 많고 60년이란 기간이 흘렀고, 전쟁세대와 전후세대간의 가치관의 차이가 있을 수 있으나 심리전에 접목된 인간의 본성은 변함이 없기 때문에 독자 본성의 오감으로 접근한다면 더욱 쉽게 이해되고 공감할 수 있으리라 기대해 본다. 또한 심리전은 정치, 외교, 안보, 군사라는 국가차원에 관심 영역뿐만 아니라 인간사의 모든 영역 즉, 리더십, 스포츠, 상품광고, 인간관계, 정치인의 흑색선전, 개인 홍보에 이르기까지 응용할 수 있는 분야로 독자개개인의 생활과 삶에 접목시킬 수 있을 것으로 본다.

끝으로 남북이 이념으로 분단된 한반도가 심리전으로 치유되어 전쟁이 억제되고 평화통일로 민족번영의 비전이 구현되기를 간절히 기원하며, 이 책이 발간되기 까지 증언과 자료협조, 출판을 도와주신 분들과 심리전 요원, 의리로 뭉친 훈장 5소대, 무락카 수색중대, 전군 최선임 9-1대대, 영천연대, 대구지킴이 501여단 장병과 대구 1100명의 여성예비군, 그리고 육사 34기 동기생, 합동참모대학 학생장교 등 40년을 동고동락한 전우들에게 무한한 감사의 뜻을 전하며, 기분 좋고 아름다운 삶을 위하여...

기분 조~오~타~아. 기분 조~오~타~아. 기분 조~오~타~아. 원?

2011. 11.

旨佑 이 윤규

목 차

1부 전쟁과 심리전의 본질 13

1장. 전쟁과 심리전 14

1.1 전쟁이란? · 14

1.2 전쟁과 심리전 · 17

1.3 전장에서의 인간심리 · 22

1.3.1 공포심 유발 · 22

1.3.2 지각능력의 저하 · 23

1.3.3 인간의 1차적인 욕구에 집착 · 25

1.3.4 조직의 통제력 제한 · 27

2장. 심리전이란? 30

2.1 심리전의 개념 · 30

2.2 심리전의 기능과 활동방법 · 32

2.2.1 심리전의 기능 · 32

2.2.2 심리전의 활동방법 · 36

2.3 심리전의 유형과 분류 · 39

2.4 심리전의 원리 · 47

2부 6·25전쟁전의 심리전 53

1장. 6·25전쟁전의 한반도 안보 및 심리전 환경 54

1.1 한반도 안보환경 · 54

1.1.1 미국의 전후 안보전략조정 과정에서 한반도는 배제되었다 · 54

1.1.2 소련은 극동전략의 일환으로 북한을 위성국화 하였다 · 58

1.2 한반도 심리전 환경 · 61

2장. 6·25전쟁전의 남 · 북한 심리전 ——— 66

2.1 남한의 심리전 · 66

2.1.1 심리전 전략이 없었고, 수행능력을 갖추지 못했다 · 66

2.1.2 심리전 양상과 주요사례 · 70

2.2 북한의 심리전 · 96

2.2.1 김일성의 심리전관과 심리전략 · 96

2.2.2 심리전 양상과 주요사례 · 97

3부 6·25전쟁에서의 UN군의 심리전 ——— 117

1장. 6·25전쟁 전개상황 ——— 118

2장. 심리전 조직과 전개상황 ——— 120

2.1 UN군의 심리전 조직과 전개상황 · 120

2.2 국군의 심리전 조직과 전개상황 · 127

3장. 심리전 매체별 주요사례 ——— 130

3.1 전단 심리전 · 130

3.1.1 전단 살포수단 · 131

3.1.2 전쟁 단계별 살포량과 내용분석 · 135

3.1.3 전단 규격별 분석 · 141

3.1.4 전단 구성별 분석 · 144

3.1.5 전단 형태별 분석 · 149

3.1.6 전단 출처별 분석 · 168
3.1.7 전단 대상별 분석 · 183
3.1.8 전단 사용언어별 분석 · 186
3.1.9 전단 목적 및 주제별 분석 · 194
3.1.10 전단작전의 주요사례 · 212
3.2 방송 심리전 · 240
3.2.1 라디오 방송 · 240
3.2.2 확성기 방송 · 244
3.3 간행물에 의한 심리전 · 252
3.3.1 승리일보 · 252
3.3.2 월간지 '국방' · 254
3.3.3 전공기 · 255
3.3.4 정훈공작참고문헌 · 256
3.3.5 사병문고 · 256
3.3.6 군인과 병기 · 257
3.3.7 군인정신독본 · 257
3.3.8 6 · 25전사 '한국 전란지' 편찬 · 258
3.4 보도활동 심리전 · 259
3.4.1 한국기자단에 의한 보도심리전 · 260
3.4.2 종군기자단 · 263
3.5 기타 심리전 활동 · 265
3.5.1 탐조등을 이용한 '개똥벌레작전' 심리전 · 265
3.5.2 포로설득 심리전 · 266
3.5.3 물품에 의한 심리전 · 267
3.5.4 종군작가단과 연예인의 공연심리전 · 267
3.5.5 영화와 TV 심리전 · 273
3.5.6 군가 제정 및 보급 심리전 · 273
3.6 선무심리전 · 274

4부 공산군 심리전 277

1장. 심리전 조직과 전개상황 278

2장. 심리전 방향과 주제 280

3장. 심리전 매체별 주요사례 282

3.1 전단심리전 · 282

3.1.1 전쟁단계별 살포량과 내용분석 · 283

3.1.2 전단 규격별 분석 · 293

3.1.3 전단 구성별 분석 · 296

3.1.4 전단 형태별 분석 · 300

3.1.5 전단 출처별 분석 · 340

3.1.6 전단 대상별 분석 · 352

3.1.7 전단사용 언어별 분석 · 367

3.1.8 전단 목적 및 주제별 분석 · 373

3.2 방송 심리전 · 425

3.2.1 라디오 방송 · 425

3.2.2 확성기 방송 · 429

3.3 시청각 통합 심리전 · 431

3.3.1 중공군의 피리에 의한 심리전 · 431

3.3.2 북한군의 북, 꽹과리를 이용한 심리전 · 434

3.3.3 취각 · 선물 심리전 · 434

3.3.4 횃불 심리전 · 435

3.3.5 함성, 연막탄, 노새 등을 이용한 시청각 심리전 · 435

3.3.6 취침점호(Bedcheck Charlie) 공습심리전 · 436

3.4 포로 / 피난민 / 양민을 이용한 심리전 · 437

3.4.1 포로를 이용한 심리전 · 437
3.4.2 피난민을 이용한 심리전 · 453
3.4.3 양민을 이용한 심리전 · 454
3.5 선무심리전 · 455
3.5.1 북한군의 선무심리전 · 455
3.5.2 중공군의 항미원조 선무심리전 · 460

5부. 6 · 25전쟁의 심리전 특징과 교훈 ———— 463

1장. 6 · 25전쟁의 심리전 특징 ———— 464
1.1 심리전 전략과 운용개념 · 464
1.2 전쟁단계별 심리전 내용 · 466
1.3 심리전 매체 운용 · 467
1.4 심리전 출처 · 469
1.5 심리전 조직과 주제 · 470

2장. 심리전 교훈 ———— 471

3장. 한반도 안보 및 통일전략에서의 심리전 ———— 473

부록 1. 6 · 25전쟁시 심리전 작전요원에 대한 언론기고 오해 불식 ———— 477
부록 2. 6·25전쟁과 심리전, 심리전 관점의 북핵 언론 기사 ———— 484
참고문헌 ———— 486

1부

전쟁과 심리전의 본질

1장. 전쟁과 심리전

2장. 심리전이란?

1장_ 전쟁과 심리전

1.1 전쟁이란?

인간은 누구나 죽기를 싫어하기 때문에 전쟁을 원치 않고 평화를 원한다. 그러나 ***"평화를 원한다면 전쟁을 준비하라"***라는 말이 있듯이, 평화시기에도 보이지는 않지만 들리지 않는 총성이 계속 진행되고 있다는 뜻이다. 세계사는 곧 전쟁사라고 해도 과언이 아닐 정도로 갈등과 분쟁 그리고 전쟁의 연속이었다. 이러한 세상사와 함께 하고 있는 전쟁은 과연 무엇을 의미하는가?

전쟁은 확대된 양자 결투이다. 전쟁을 형성하는 무수한 양자 결투들을 하나의 통일체로 집약한다면 두 명의 결투자를 쉽게 떠올릴 수 있다. 양자는 공히 자신의 의지를 관철시키기 위해 물리적 폭력으로 상대방을 강요하는 것이다. 이들의 당면 목적은 상대를 타도하는 것으로 어떤 저항도 불가능하도록 만드는 데 있다. 그러므로 전쟁은 한쪽의 의지를 구현하기 위해 상대를 강요하는 폭력행위이다. 즉, 물리적 폭력은 전쟁의 수단이고, 상대에게 한쪽의 의지를 강요하는 것이 전쟁의 목적이다. 이 목적을 확실하게 달성하기 위해 우리는 상대를 무장해제의 상태로 만들어야 하며, 이것은 이론상 전쟁의 고유 목표이다.[1]

1) 카를 폰 클라우제비츠(류제승 역), 「전쟁론」, (서울, 책세상, 2000), pp. 33~34.

근대 전략의 대가라고 인정받고 있는 프러시아의 클라우제비츠는 ***"전쟁은 정치적 목적달성의 수단이며 정치의 연장이다."*** 라고 정의하면서 ***"정치를 동반하지 않는 전쟁은 무가치한 것이다"***[2]라고 했다. 때문에 인류가 생존하고 정치가 존재하는 한 이 지구상에서 전쟁은 불가피한 것이며 우리는 항상 전쟁의 위협 속에서 생활하고 있는 것이다. 냉엄한 국제정치 사회 속에 살고 있는 우리들로서는 전쟁에 대한 개념을 소홀이 생각할 수 없고 전쟁대비 또한 게을리 할 수 없는 것이 오늘의 현실이다. 전쟁은 우리의 생존과 직결되며 전쟁의 결과는 비참하기 때문에 결코 승리뿐이지 2 등이란 있을 수 없다. 정치의 목적이 여러 가지가 있겠으나 국제관계면에서는 상대적 우위를 달성하여 존속하거나 국가의 번영을 이루고자 하는 것이다. 이러한 목적을 달성하기 위해 전쟁을 택할 수밖에 없는 상황에서는 전쟁은 정치의 수단이 되며 전쟁의 결과, 곧 정치 목적을 달성하는데 중요한 역할을 차지한다.

제 2차세계대전 후 평화의 기틀이 마련된 이후 발발한 주요 전쟁을 열거하면 6·25전쟁, 베트남전쟁, 중동전쟁, 포클랜드전쟁, 걸프전쟁, 이라크전쟁 등이 될 것이나 **1945년 이후 전 세계에 걸쳐 일어난 전쟁과 내전 횟수는 상기한 주요 전쟁을 포함하여 160여회에 달하며 실제로 1945부터 2005년까지의 전체 3,120주 중에서 지구상에서 전쟁이나 내란이 없었던 기간은 도합 3주에 불과하다.** 이러한 전쟁의 원인은 경제, 종교, 문화 등 국가마다 다소 차이는 있겠으나 공통적인 점은 자국의 이익을 위해 생겨난 대립과 갈등이다. 따라서 국가들은 항상 자국에서도 언젠가 일어날 수 있는 상황으로 전쟁을 인식하고 전쟁에 대비 하고 있다. 그러므로 **각 국가마다 어려운 재정을 쪼개어 국방비에 배분하는 것도 전쟁으로 인한 큰 손실에 대비해 자국의 이익을 온전하게 보존하려는 '보험료' 로 보아야 할 것이다. 대한민국은 2005년을 기준으로 개인 자동차 보험료는 연간 44만원, 국방비는 자동차 보험료보다 적은 36만원 정도 부담하고 있다.** 이런 관점에서 볼 때 전쟁을 대비하는 주체가 누구냐 하는 문제가 제기된다. 군주가 절대 권력을 행사하고 있는 몇몇 소수 국가를 제외하면 대부분의 국가의 예산편성은 정치인들의 손에서 이뤄진다. 군이 당면한 문제점의 하나는 문제를 알고 있으되 치유할 수 있는 힘이 정치인에게 있다는 점이다. 실제로 어떤 전략을 수립하여 필요한 기술을 요구한다 할지라도 정치인이

2) Peter Paret, 「Understanding war」, Essays on Clausewitz and the History of Millitary Power(Princeton, Princeton University Press, 1992), pp. 167~177.

그 필요성을 인식하지 못하면 요구되는 기술을 발전시킬 수 없으며, 이것은 결국 현존하는 기술만으로 전략을 재 수정하지 않으면 안 된다는 것이다. 미국의 국방장관을 지낸 체니도 현실 세계에서는 ***"전략이 예산을 움직이는 것이 아니라 예산이 전략을 움직이고 있다."***고 토로한 바 있다.

제 1차 세계대전을 치른 독일의 루덴도르프 장군은 총력전 개념을 제시했다. 루덴도르프의 총력전 개념에 의하면 전쟁이 총력전이 되려면 정치 자체가 군대에 종속되어야 한다는 것이다. 그 후 나치 이론가들은 평화 시기를 전쟁 준비 기간으로 간주해서 '전쟁 없는 전쟁'이라고 주장했다. 이들의 해석에 따르면 평시의 전쟁 준비는 정치를 보장하는 하나의 정치적 수단이 되지만 전쟁 시의 정치는 전쟁을 뒷받침하기 위한 하나의 수단이 될 수 있다는 것이다. 그러나 자유 민주주의 체제 하에서 정치와 전쟁의 관계를 정의하면 전쟁은 정치의 한 수단이다. 따라서 정치적 목적이 있을 때에만 전쟁은 수행될 수 있다는 것이다. **미국의 작전 요무령은 '전쟁은 정치적 목적에 의하여 추구되고 지배되며, 전쟁에서 승리한다고 해서 국가 안보라는 목표가 확고히 달성되지는 못하지만 전쟁에서의 패배가 파멸을 가져올 것은 분명하다'** 고 설명하고 있다. 다시 말하면 전쟁에서 승리하는 것 자체가 반드시 정치적 목적으로 직결되지는 않지만 전쟁에서 패배하면 정치적 목적은 달성할 수 없다는 것이다. **정치적 목적을 달성하기 위해 전쟁에서 승리를 쟁취해야 됨은 물론 다른 수단들이 혼용되어야 함을 의미한다. 전쟁은 다른 수단들과 함께 정치의 계속이다.**

전쟁은 결국 정치적 목적 달성의 수단으로써 전쟁을 억제하고, 일으키고, 전쟁을 수행하는 마지막 후속조치로써, 전쟁 형태가 변화더라도 인간사와 정치사가 있는 한 전쟁은 정치목적달성을 위한 한 수단으로서 계속될 것이다. 그에 따라 각 국가는 유 · 무형의 전쟁을 준비하고 있다고 볼 수 있다.

1.2 전쟁과 심리전

심리전은 전쟁의 역사 속에서 잉태되고 탄생되었다. 전쟁의 발발 원인을 분석하여 종합 결론을 도출하는 것은 대단히 어렵다. 하버드 대학의 지글러(Ziegler)교수는 전쟁의 원인을 사고로 인한 전쟁, 오해로 인한 전쟁, 오판에 의한 전쟁 그리고 국가 정책의 선택 부족에 의한 전쟁으로 구분하고 있다.[3] 특히 탈냉전시대의 여러 국가들에서 냉전 당시의 이데올로기적 갈등과 미 · 소간의 핵 갈등, 그리고 억제되었던 모든 종류의 분쟁의 원인이 갑자기 노출되었다. 민족, 종교, 식민지, 전후처리, 정권쟁탈, 민주화, 영토, 자원, 분리독립, 패권, 이념, 통일 등이었다. 냉전하의 전쟁이나 탈냉전 이 후 분쟁의 원인은 당시 정치 지도자, 국내 정세 또는 국제 관계에서 찾을 수 있다. 이 중 지도자의 성격과 의지가 전쟁의 발발에 직접적인 요인이 되는 경우가 흔히 있는데 제 1차 대전의 빌헬름 2세, 제 2차 대전의 히틀러, 무솔리니, 6 · 25전쟁의 김일성, 중동전의 낫세르, 걸프전쟁의 후세인 등을 살펴보면 이해할 수 있다. 그러나 전쟁이 개인적인 성격이나 오판으로만 일어난다고 볼 수는 없으며 국내 정치든 국제 정치든 정치인과 정치 구조가 매우 중요한 영향을 준다는 사실을 알 수 있는 사례들이기도 하다.

따라서 전쟁유발 요인으로 ❶ 경제적 이익취득 ❷ 위협의 제거 ❸ 내부의 갈등과 모순 해결[4] ❹ 민족, 종교, 문화의 갈등 ❺ 원한, 공포, 분노, 테러 등에 대한 보복 ❻ 지도자의 성격과 오판 등을 들 수 있으나 대개의 경우 복합적인 것이다.

결국 국가간의 분쟁이나 전쟁의 원인과 해결, 조정은 인간에 의해 이루어지기 때문에 인간의 심리적 측면과 결부되지 않은 것이 없다. 문제해결의 수단으로써 심리전략이 중요시되고 강조되는 이유가 여기에 있다. 전쟁은 비경제적이고 극히 위험하기 때문에 제반 정치 · 외교 수단이 실패 하였을 때 불가피하게 일어나는 것이 통례이다. 인류문화와 과학문명이 발달할수록 인간은 전면적인 폭력전을 무서워하고 싫어하며 피하려 든다. 이에 관심을 갖게 되어 발전하게 된 것이 정치외교전 · 사상전 · 간접침략 · 마비전 등으로서 이러한 형태의 전쟁은 심리전이 중요하고 중추적인 역할을 담당하고 있다.[5]

---

3) 권양주, 「정치와 전쟁」, (서울, 21세기군사연구소, 1995), p. 15.

4) 사회의 갈등이나 모순의 폭발은 전쟁으로 나타나거나 그것을 해결하기 위해 전쟁을 일으킬 수 있다는 점에서 북한의 체제 불안과 모순의 증폭은 우리가 유념하지 않을 수 없다.

5) 고준봉, 「심리전략시론」, (서울, 고려서적주식회사, 1982), pp. 234~240.

제 1차 세계대전시 서부전선에서 영국군이 풍선 전단을 준비하고 있는 모습. 영국은 독일을 상대로 전단을 비행기로 살포하였으나, 독일이 전단 살포의 임무를 수행하는 비행사가 잡힐 경우 사형에 처하겠다고 위협하고, 또 실제로 영국의 왕립비행군단의 비행사가 처형되자 이에 소심해진 영국은 비행기 전단 살포를 포기하고, 무인 풍선기구를 이용해 전단을 살포하게 되었다.

오늘날의 남 · 북한 관계도 평화 · 번영, 민족통일을 국가목표로 삼고, 고도의 심리적 긴장 속에서 상호 대치하는 전쟁, 대결, 공존, 융합의 요소를 내포하고 있다. 남 · 북한간의 전쟁위협요소는 북한의 대내 상황과 함께 주변정세와도 밀접한 관계를 갖는다. 따라서 전쟁과 심리전, 평화와 심리전은 항상 밀접한 관계 속에서 상호보완적인 역할을 하게 되는 것이다.

심리전은 제 1차 세계대전 때부터 어느 정도 전문성을 갖추었고 비중도 높아져서 방송은 물론 확성기 사용, 야전포탄과 비행기를 이용한 전단살포 등 전술적 심리전뿐만 아니라 윌슨(W. Wilson) 미 대통령이 제기한 민족자결주의 사상을 이용하여 연합국간의 정치, 외교적 교섭 속에서도 심리전략을 이용하였다.

제 2차 세계대전 때는 좀 더 전략적으로 장기적인 목표를 갖고서 보다 조직적인 차원에서 심리전을 수행했다. 이때의 심리전은 전쟁 전, 전쟁 중, 전쟁 후를 구분하여 각 시기의 특색에 맞게 운영되었다. 특히 이 당시 전쟁지도자들의 전쟁관 속에

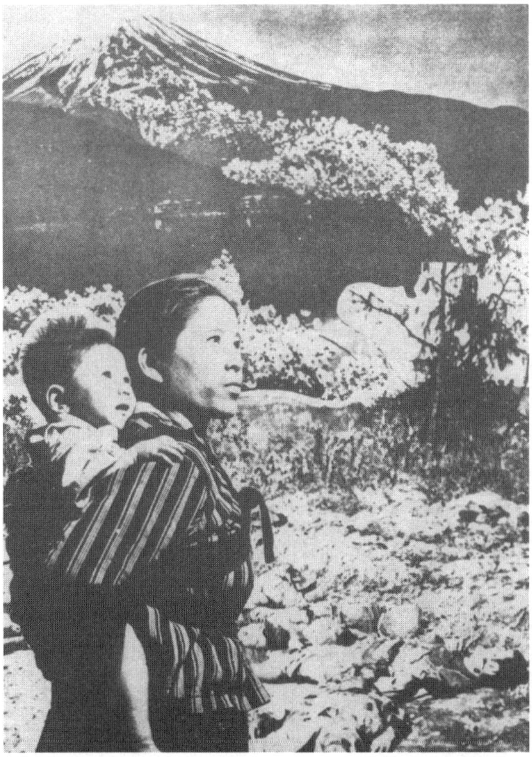

제 2차 세계대전 때 미군이 일본군에 저항을 포기하고 처자식이 기다리는 고향으로 돌아가도록 자극하기위해 향수심을 고취시키고 전투의지를 약화시키는 전단이다.

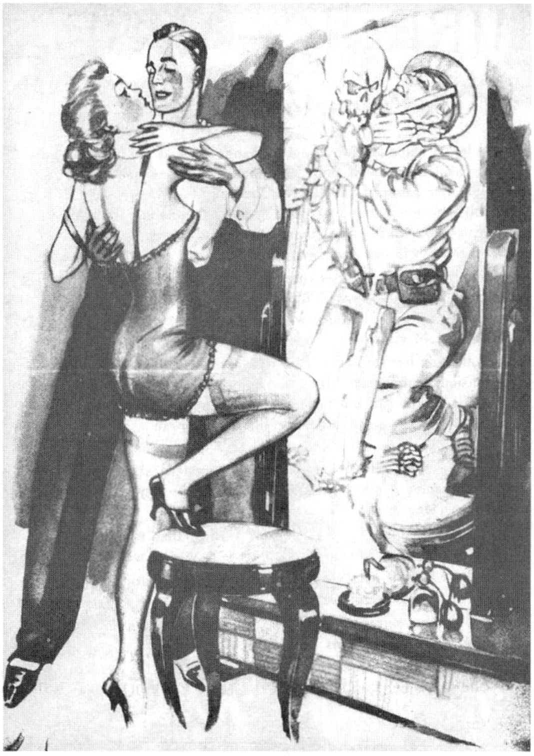

제 2차 세계대전 때 일본군이 미군에게 보내는 염전사상 고취 및 전투의지를 약화시키는 전단이다. 미군이 전쟁터에 나가 있는 동안 부인은 다른 남자와 놀아나고 있음을 나타내고 있다.

는 무력이 아닌 심리전적 방법을 최대로 활용하여 무력동원을 가능한 최소화하려는 현대전 전략사상이 있음을 알 수 있다.

제 2차 세계대전 이후 핵무기는 급속도로 발전하여 다국화 되었고, 동시에 운반수단 또한 발전하여 정치 및 군사 지도자의 목적을 달성하는데 있어서 전략개념의 변화가 일어나게 되었다. 특히 일본에의 원자탄 투하를 경험한 세계는 핵전쟁은 승자와 패자가 없고 인류와 지구를 모두 잿더미로 만들지 않을까하는 공포심을 가지게 되었고, 결국 핵을 가진 국가와는 대립을 기피하게 되었다. 이것이 바로 싸우지 않고 이기는 이른바 부전이승적 심리전(不戰而勝的 心理戰) 개념의 등장이다.

미국과 구소련이 무기발달에 기인한 억지력을 중심으로 군사전략 개념을 전개한 것은 심리전적인 측면을 보여준 좋은 예이다.

최근 미국의 세계전략을 보면 심리전에 많은 비중을 두고 있는데, 세계를 지역별로 나누어 그 지역작전에 맞는 심리전을 시행하고 있다. 미국은 군사전략적인 차원에서만이 아니라 국가적 차원에서 외교와 종교, 민간인 교류에서도 심리전을 조직적으로 수행하고 있다. 한국에서 지금 미군이 실시하고 있는 **'좋은 이웃 만들기'** 프로그램이나, 성조지, 기타 다양한 방법으로 전시 및 평시를 불문하고 적국이나 자유우방국가에 대해서도 국가의 목표달성을 위하여 심리전 활동을 전개하고 있다.

심리전이 그 자체로서 전승을 하기는 어렵지만 무력전과 함께 전쟁목표를 달성하는데 있어서는 필수적 요건이다.

전쟁이 적국 국민의 정신을 상대로 한다는 것은 모든 시대를 통한 일반적 견해이다. 무력전은 비경제적이고 위험하나 다른 수단이 실패하였을 때에는 불가피한 것이며, 때때로 유용한 것이기도 하다.

그러나 인류문명이 발달할수록, 사회가 안정되면 될수록 인간은 무력전을 싫어하고 회피하려고 한다. 왜냐하면 위에서 언급했듯이 무기체계의 발달은 인류생존을 위협하고 파괴의 범위가 상상을 초월하기 때문이다.

오늘날 전개되고 있는 모든 전쟁은 심리전의 지원을 받고 있으며, 때로는 심리전을 중심으로 전개되기도 한다. 심리전은 전쟁 전과 전쟁 중보다 전쟁 후가 더 중요하다. 우리가 무력전에 이겼다 할지라도 그것은 전투의 승리이며 일시적인 것이다. 전쟁은 심리전의 승리가 바탕이 되어야 하고, 무력을 사용한 후에도 심리적 설득이 뒤따르지 않으면 완전한 승리는 보장될 수 없다.

제 2차 세계대전이 끝난 후에 연합군은 독일인과 일본인들로 하여금 연합군에 대한 적대감을 가능한 줄이고 호감을 갖도록 하기 위하여 많은 노력을 쏟았다. 그렇기 때문에 전쟁이 끝난 후에도 심리전은 끝나는 것이 아니며, 완전한 승리를 위해서는 계속 실시되어야 하는 전략인 것이다.

따라서 전쟁을 억제하는 것도 전쟁의 궁극적인 목적인 정치목적을 달성하는 역할을 하는 것이므로 이 또한 전쟁의 영역이다. 설사 전쟁이 발발했더라도 대량 피해, 살상을 하지 않고 정치의 목적만 달성하면 전쟁에 승리하는 것이다. 따라서 **전장에서 인간의 심리**를 잘 활용하여, 싸우지 않고 이기거나, 싸우더라도 최소 피해로 승리하는 방법이 요구되는 것은 당연하다. 특히 남 · 북한간의 전쟁은 한반도 통일이라는 궁극적인 목표 하에 수행될 수밖에 없으므로, 상호 최소 피해와 후유증도 최소화 되는 전쟁수행 전략이 요구된다.

현대전에서 심리전이 얼마나 중요한지는 걸프전시 아래와 같은 미국과 이라크의 전략목표와 전략개념을 보면 알 수 있다. **미국은 이라크군들을 마비시키는 전략, 즉, 충격과 공포, 항전의지를 말살하는 것으로 심리전략이 전략개념의 중심이 되고 있다. 이라크 또한, 회피 · 유인전술 후 게릴라전, 위장항복, 민 · 군이 혼재한 후방 교란, 범세계적 반미 · 반전 여론 확산 등 무력전보다 심리전 개념의 비무력 전략으로 일관하고 있다.**

[걸프전시 미국 · 이라크의 전략목표와 전략개념 비교]

구 분	미 국	이라크
전 략 목 표	• 이라크의 정치 · 군사조직제거[6] • 대량살상무기 등 이라크의 완전한 무장해제 • 美 국익에 유리한 종전처리 시행	• 바그다드 사수로 '후세인' 정권을 유지하는 것 • 군사적 승리보다는 정치적 승리를 달성
전 략 개 념	• 압도적인 군사력을 이용하여 이라크 군을 마비시켜 조기에 전쟁을 종결하는 것으로서 전쟁초기에 '충격과 공포'[7]를 유발하여 이라크 군의 항전의지를 말살하고, 바그다드를 직접겨냥한 군사력을 운용하여 '후세인 정권'을 붕괴시키고, 대량 살상무기(WMD) 증거를 조기에 포착하여 전쟁명분을 확보함으로써 유리한 국제여건을 조성 • 이라크내 안전한 안보환경을 확립하고 민간행정기능을 향상시킨 후 의명 민간정부에 권력을 이양하고 병력을 철수하는 것	• 연합군의 인명피해를 최대한 넓히고 장기 · 지구전을 모색하는 것 - 초기공습에 의한 피해를 최소화하여 초전 생존성을 보장 - 회피 · 유인전술 후 게릴라전으로 자살폭탄 테러, 위장항복, 민 · 군 혼재(민간복장) 등 후방을 지속적으로 교란 - 주요도시를 중심으로 하는 시가전 위주로 결전을 감행 • 인간방패전술을 전개하여 연합군 측의 인명중시 전쟁수행방식을 최대로 역 이용 • 대규모 유전방화, 민간피해를 유발하고 전쟁 부당성을 부각시켜 범세계적 반미 · 반전여론을 확산

6) 후세인을 제거하고 정치기반을 이루고 있는 바트당해체와 공화국수비대 및 친위부대 격멸.
7) 예상치 못한 시간과 장소에서 전쟁을 개시하여 이라크군의 전투의지에 충격을 가하면서 심리적인 위축을 유발 하고, 연속되는 공중타격으로 지휘통제체계를 파괴함으로써 마비효과를 달성한다는 전략을 말함.

1.3 전장에서의 인간심리

전장이라는 특수한 환경에서는 모든 인간은 제각기 다른 가치관, 태도, 성격, 기타의 내부적 조건과 학습, 경험 등에 따르는 개인차를 가지고 있기 때문에 반드시 일률적인 반응을 나타내지는 않는다.

그러나 개인차가 있더라도 전장에서의 육체적, 정신적 소모는 대부분의 인간을 심리적으로 이완시키고 정상적인 능력 발휘를 어렵게 하는 일정한 경향성이 있다. 전장에서 인간은 대개 다음과 같은 심리적 현상과 반응을 보이고 있다.[8)]

1.3.1 공포심 유발

전장 환경이 인간행동에 미치는 영향 중에서 가장 일반적인 것이 공포심 유발이다. 인간은 자신의 안전에 위협을 느낄 때 공포를 느끼며, 이를 통하여 외부환경에 적응하며 살아갈 수 있게 되는 것이 공포의 기능인 것이다. 공포는 위험에 대한 정상적인 반응이며, 전투경험이 많은 사람들도 자기의 공포심을 인정하곤 한다. 공포는 강한 정서적 반응이지만 공포심만이 군인들의 행동을 결정하는 것은 아니어서 대부분의 병사들은 큰 공포심 하에서도 전투임무를 수행한다. 실전에 임하는 병사들이 최고의 공포심을 경험하는 순간은 다소 개인차가 있겠지만 전투개시 직전으로 알려져 있다. 그 이유는 앞으로 무슨 일이 벌어질지 전혀 모르는 채 전쟁의 처참한 장면만이 상상되기 때문이다. 이윽고 전투가 벌어져 적에 대해 격렬하고 효과적인 행동을 하게 될 때에는 적과의 전투행동에 몰입되어 공포를 잊어버린다.

인간이 불안과 공포심에 사로잡히는 초기 단계에서는 흔히 피로감이 수반되는 것에 반해, 급작스럽게 일어나는 위험상황에서는 불안 상태에서 일어나는 반응 이상의 것이 수반된다. **즉 이러한 상태에서는 피로를 느낄 새도 없으며 꼼짝할 수도 도망가거나 싸울 수도 없는 것이 보통이므로 긴급한 위기는 사람을 움직이지 못하게 하는 공황(panic)상태로까지 몰고 간다.**

공포를 경험할 때는 불쾌감, 피로, 무력감, 도망치고 싶은 욕구 등을 갖게 되기도 한다. 공포심이라는 정서는 불안과 매우 유사한 면이 많아 우울해하고 불쾌해하며 피로해하거나 지나친 걱정을 하는 등의 좌절상태를 보인다. **공포심은 모든 사람에게**

8) 이재윤, 「특수작전의 심리전이해」, (서울, 집문당, 2000), pp. 30~31.

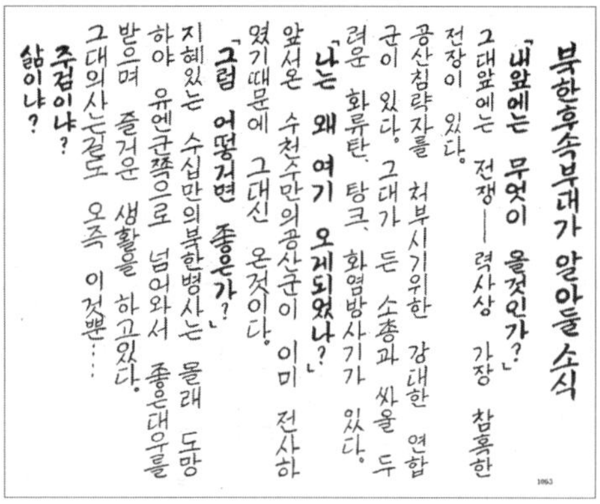

6·25전쟁시 UN군측에서 북쪽으로 살포한 공포심 유발 및 투항권유전단

걸프전에서 이라크가 다국적군에게 보낸 공포심 유발을 위한 전단으로서 '이라크 화력은 치명적이니 더이상 전진하지 마라' 라고 하면서 다국적군을 풍자화 및 비하하고 있다.

제 2차세계대전시 독일에서 미군을 대상으로 한 '양키녀석들 죽음이 두렵지 않나?' 라는 공포 유발 전단

나타날 수 있는 정상적인 반응이나, 명백한 대상이 있다는 점에서 불안과 구분될 수 있다. 공포는 원천적으로 좌절감을 바탕으로 발생되는 정서인데 위험이 임박하였거나, 특히 그 위험을 극복할 수 있는 방법이 전혀 없을 때 좌절은 지속되고 증가한다. 반대로 어떤 행동을 취하는 것은 공포심을 감소시켜 좌절을 극복할 수 있게 해준다. 이러한 전장에서 위 심리전단은 장병들의 공포환경을 활용한 사례가 되겠다.

1.3.2 지각능력의 저하

전장에서의 각종 소음은 청각을 피로하게 할 뿐만 아니라 주의를 집중시킬 수 없게 만든다. 물론 소음이 인체를 비상시에 대비하여 즉각적으로 행동할 수 있도록 준비를 시키는 면도 있기는 하지만, 물 흐르는 소리나 풀벌레 소리에까지도 신경을 곤두세우다 보면 오히려 피로해져서 주의가 산만해지는 것을 경험하기도 한다.

이와 같이 전반적으로 감각기관이 피로하고 기능이 저하되는데 심리적으로는 긴장되고 흥분되어 있으므로, 평상시에는 느끼지 못하던 것을 느끼기도 하고 잘 느끼던 감각도 느끼지 못하는 수가 많다. 그래서 어떤 사람은 전투중 적탄에 부상을 당하고도 모르고 있다가 전투가 종료된 후에 전우의 이야기를 듣고서야 상처를 발견하고는 충격을 받아 졸도하기도 하고, 어떤 사람은 스쳐가는 총탄소리만 듣고도 부상을 당했다고 생각하여 그 자리에 주저앉아 꼼짝 못하는 등 착각과 환각이 일어나는 경우가 적지 않다.

인간의 감각기관은 정상적인 상태에서도 여러 가지 착각을 일으키는 경우가 있음으로, 극도로 신경이 곤두서 있는 전장에서 착각이 잘 일어나는 것은 당연한 일이다. 특히 야간경계를 하는 보초병들은 시계가 불량한 상태에서 조그만 소리나 움직임에도 신경을 쓰기 때문에 착각을 일으키기 쉽다. 움직이지도 않는 나무나 바위를 보고 사격을 하기도 하고, 짐승이 내는 바스락 소리를 적이 침투하는 것으로 판단하기도 한다.

이러한 착각은 그래도 있는 사실을 잘못 판단하는 것이지만, 환각의 경우는 전혀 있지도 않은 사실을 보고 듣게 된다.

수면 부족은 종종 환각을 일으키는데, 어떤 심리학자가 순전히 과학적인 동기에서 7박 8일 밤을 세워 본 일이 있었다. 그 결과 마지막에는 환각과 박해받는 환상이 나타나 견딜 수가 없어서 실험을 중단했다고 한다. 이와 같이 수면 부족 자체만으로도 참기 어려운데 피로와 긴장이 겹치면 환각이 나타날 가능성은 더욱 높아진다. 그러므로 적의 공격이 예상되는 상황에서 경계병이 자신의 환상을 사실로 믿고 그것을 부대 전체에 경고함으로써 부대를 혼란에 몰아넣는 경우도 종종 있다.

'1904년에 잘 훈련된 러시아 기병대는 황혼 직후 질서있게 휴식을 취하고 있었다. 이때 몇 명의 소총수가 휴식을 취하러 밀밭으로 갔는데, 그중 한명이 엉거주춤한 자세로 무언가를 보고서 뛰어 나오며 일본군이 온다고 소리를 지름으로써 부대는 혼란에 빠졌다.'

그가 본 것은 무엇이었을까? 일본군은 오지 않았음으로 아마도 그건 자신의 두려움과 신경질적인 반응으로 일어난 착각이나 환각이었을 것이다.

매복작전중에도 이러한 현상이 나타나서 매복하고 있던 아군끼리 총격전을 벌이는 경우도 있다. 또한 전장이 주는 여러가지 위압적인 상황은 정서, 지각, 동기 등을 자극하여 여러가지 신체적 · 정신적 부적응현상을 초래하게 된다.

1.3.3 인간의 1차적인 욕구에 집착

심리학자 머슬로우(Maslow)는 인간욕구를 1단계 식욕, 2단계 안정에 대한 욕구, 3단계 종족번영의 욕구, 4단계 인정의 욕구, 5단계 자아실현의 욕구이며, 1~3단계를 1차적 욕구, 4~5단계를 2차적 욕구라고 구분한다. 그러면서 하위단계가 충족되면 상위단계를 추구한다고 주장한다. 전장 환경에서는 4, 5단계 욕구를 추구하기엔 너무나 제한이 많기 때문에 결국 1차적 욕구에 집착하게 되며, 1차적 욕구만 충족된다면 전투원으로서 역할을 다할 수 있다.

인간으로서 지닌 고상한 욕구도 자기가 죽어 버리면 그만이라는 생각이 앞서고, 절박한 상황에 처하면 과거의 영광도 소용없는 것이 되는 가치기준 하락의 심적 갈등을 겪게 된다.

전장에서는 여러 가지 악조건 때문에 1차적 욕구가 충분히 만족되지 못한다. 그리고 전장의 압도적인 분위기는 미약한 개인으로서는 도저히 항거할 수 없다는 것을 느끼게 한다.

그러므로 순간순간 생명의 연장에 집착하고, 이러한 생명의 연장을 위해서는 체면이고 위신이고 다 팽개쳐버리며 말초적인 욕구에 몸을 던지기도 한다.

실제로 전장에서는 성적 욕구를 충족시키고자 동성애 등이 행해지는 일도 많으며, 군기가 문란한 부대원들은 강간, 약탈 등을 일삼기도 한다. 또 책임감도 감퇴하여 보초병이 초소를 이탈하거나 진지를 버리고 도주하기도 한다.

전장에서 내일을 기약할 수 없다는 점은 병사들의 소비성향을 높여서 낭비와 도박을 일삼게 한다. 야외훈련의 고통스러운 상황에서 1개 중대 분의 식사를 2~3개 소대가 다 먹어 버림으로써 나머지 소대를 굶기는 일도 있다. 실제로 판문점 8 · 18 도끼만행사건 때 비상 소집된 군인들은 전쟁돌입단계에 있다는 판단 하에 부대 인근 상점 등에서 외상으로 많은 음식을 먹고 비상이 해제된 후에 외상값을 갚느라 애를 먹은 사례가 필자 주변에서도 많이 있었다.

사람은 물에 빠지면 지푸라기라도 잡으려 한다는 말도 있지만, 고통스럽고 위험한 상황에서는 누구나 요행을 바라는 마음이 생긴다. 그러므로 평소에는 관심을 두지도 않던 미신에도 신경을 많이 쓰고 금기를 많이 지키게 된다. 그래서 전투를 앞두고는 면도를 하지 않아서 산적같이 덥수룩하게 수염을 기른 사람도 있고, 손톱과 발톱을 깎지 않는 사람도 있다.

그리고 조그만 징후까지도 그것을 자신의 운명과 연관시켜 생각하는 경우도 많

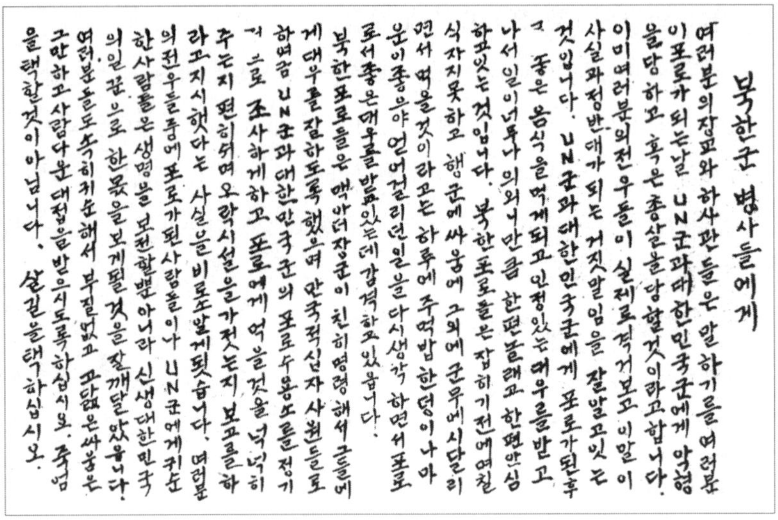
북한군 병사들에게

여러분의장교와 하사관들은 말하기를 여러분이포로가되는날 UN군과대한민국군에게 악형을당하고 혹은 총살을당할것이라고합니다. 이미여러분의전우들이 실제로겪어보고 이말이 사실과정반대가되는 거짓말임을 잘알고있는 것입니다. UN군과대한민국군에게 포로가된후 그 좋은 음식을먹게되고 인정있는 대우를받고 나서 일이너무나 의외니만큼 한편놀래고 한편안심하고있는것입니다. 북한포로들은 잡히기전에여칠 식자지못하고 행군에 싸움에 그외에 군무에시달리면서 먹을것이라고는 하루에 주먹밥한덩이나마 운이좋아야 얻어걸리던일을 다시생각하면서포로로서좋은대우를받고있는데 감격하고있읍니다. 북한포로들은 맥아더장군이 친히명령해서 그들에게대우를잘하도록 했으며 만국적십자사원들로 하여금 UN군과대한민국군의 포로수용소를정기적으로 조사하게하고 포로에게 먹을것을 넉넉히 주는지 편히쉬며오락시설을가졌는지 보고를하라고지시했다는 사실을비로소알게됐습니다. 여러분의전우들중에 포로가된사람들이나 UN군에게귀순한사람들은 생명을 보전할뿐아니라 신생대한민국의일꾼으로 한몫을보게될것을잘깨달았읍니다! 여러분들도속히귀순해서 부질없고 고닯은싸움은 그만하고 사람다운대접을받으시도록하십시오. 죽엄을택할것이아닙니다. 살길을택하십시오.

다. 아침에 까마귀가 우는 것을 보면 죽음을 예감하기도 하며, 꿈자리에 대해서도 민감한 반응을 보인다.

아울러 판단력도 저하되어 합리적, 논리적 사고보다도 그때그때의 기분에 좌우되는 경향이 있다.

이와 같이 자신의 합리적인 사고과정을 거쳐 주체적으로 행동을 결정하지 못하게 되니까 감정이 쉽사리 전염되고, 어느 한 사람의 무심한 행동이 부대 전체의 행동방향을 결정짓기도 한다.

그러므로 어느 한 병사의 비겁한 행동이나 겁먹은 태도가 부대 전체의 사기를 떨어뜨리고 전의를 상실시키는 예도 많으며, 부상병들의 신음소리가 죽음이 다가오는 소리로 착각하게 되는데, 특히 이러한 때에 지휘관의 태도는 부하들에게 결정적인 영향을 미친다.

위의 전단은 6·25전쟁시 인간의 가장 기초적인 욕구인 식욕을 활용한 UN군의 대북심리전단이다.

다음의 전단은 제 1차세계대전 당시 미 24군단 정보참모인 스틸웰(Joseph W. Stillwell) 대령이 고안한 음식을 이용한 투항 유도 전단이다. 독일군 장교들은 독일군이 연합군에게 투항하면 곧 죽음이라고 생각해서 거의 투항하는 자가 없었다. 이러한 정보를 인지한 미 정보참모는 포로에 대한 대우와 실제로 포로가 먹는 식당 메뉴표를 자세히 기록한 것을 물품과 함께 전단으로 만들어 독일군 진영에 살포하였다. 이것을 본 독일군은 선전에 대한 신빙성을 확신하게 되었고 자신들은 아주 빈약한 식사로 근근이 생명을 부지하고 있는 반면에 미군은 먹을 것이 풍부하고 포로에까지 이러한 음식을 제공하고 있음이 순식간에 독일진영에 퍼져서 많은 투항자를 획득하는 효과가 있었다.[9]

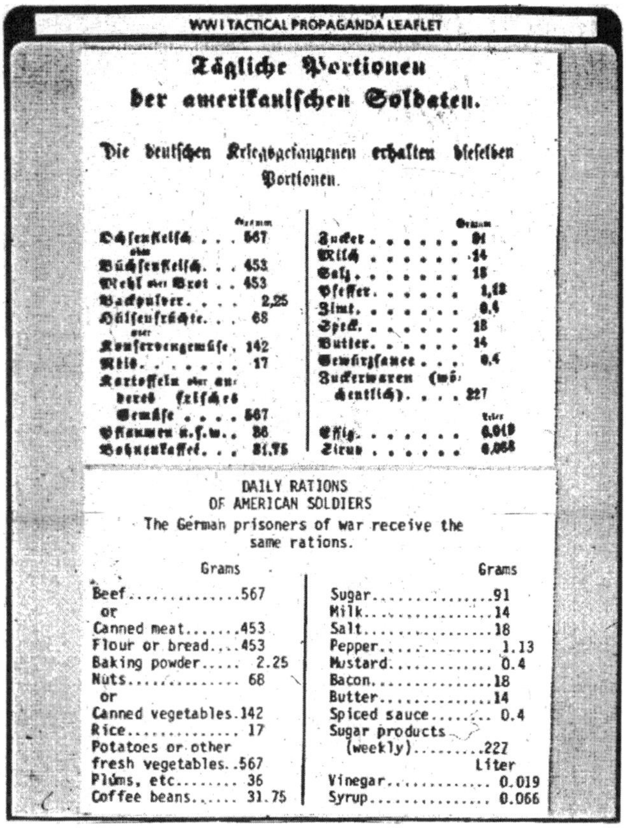

1.3.4 조직의 통제력 제한

전장 환경에서의 심리전은 개개인의 정상적인 사고와 활동을 저해할 뿐 아니라 조직전체를 혼란의 도가니로 밀어 넣고 조직의 통제력을 마비시킴으로써 전투능력을 완전히 상실시키기도 하는데 그 원인과 유형은 다음과 같다.

첫째, 유언비어로써 이는 많은 사람들의 입에 오르내리고, 또 믿는 사람도 많다. 그것이 사실이든 아니든 수많은 전장에서 종족과 장소에 관계 없이 전해지고 있다.

유언비어는 입에서 입으로 이야기가 전파되는 가장 원시적인 형태로서 원시적인 만큼 부정확하고 근거가 없고 비능률적이지만 일단 어느 집단 내에 퍼지고 나면 조직의 공식적인 보도를 무력화시키고, 조직의 공식적인 통제력을 마비시키기도 한다.

1857년에 발생한 인도반란은 유언비어때문이었다. 당시 총은 총구장전식으로써 탄환을 장전하기 전에 추진 장약을 넣어야 되는데, 병사들은 추진 장약의 봉지를 뜯기 위해 기름종이를 입으로 물어뜯어야만 했다. 그런데 회교도들에게 이 추진 장약 봉지로 쓰는 기름종이가 돼지기름을 먹인 것이며, 더러운 동물의 기름을 입으로 물어야 함으로써 모독 받고 있다는 유언비어가 퍼졌고, 힌두교도들에게는 그게 소기름이며 신성한 소의 기름을 입에 댐으로써 힌두교도들의 정신적 기반이 붕괴된

9) Charles Roetter, 「심리전의 기술 1914-1915」, (뉴욕, 1974), pp. 81~82.

다는 소문이 퍼졌다.

이미 반란의 기운이 싹터 있던 그들에게 영국인들은 병사들 자신이 버터로 장약 봉지를 문지르도록 시정조치를 취했지만 탄약고에 불을 지른 뒤라서 모든 조치도 허사가 되고 말았다.

또한, 유언비어는 그것을 믿지 않는 사람들에 의해서도 전달되는데, 그 이유는 유언비어가 매력이 있기 때문이다. 잘 조작된 유언비어는 피해자들의 가슴속에 깊이 깔린 것들, 즉 공포, 의문, 금지된 희망, 백일몽 등 직접 말하기를 주저하게 되는 것을 표현하고 있기 때문이다.

유언비어는 사람들이 믿기를 원하거나 그것을 듣고 말하는데 쾌감을 느낄 때 멀리까지 전파되고, 전파될수록 불어난다.

사람들은 의문을 해결하고 놀람을 나타내고 좋아하지 않는 사람을 비웃어 줄 이야기를 반복하는데 즐거움을 느낀다. 때로는 여론이 유언비어를 조장한다고도 볼 수 있는데, 계속되는 유언비어는 모든 사람에게 공통되는 의문과 공포를 지니게 한다.

반대로 유언비어가 여론을 만들기도 한다. 경악할 유언비어는 그것을 촉진하는 공포를 발생 또는 증가시킨다. 유언비어가 유언비어로부터 발생되고 공포가 공포에 의해서 발생된다.

유언비어가 이렇게 잘 퍼질 수 있는 데는 유언비어라고 항상 거짓이고 나쁜 것이 아니라 때로는 어떤 사실이 전파되는 유일한 방법이기도 하다는 면이 작용한다. 이것은 특히 전시에 많이 나타나는데, 목격자들은 군의 통제 때문에 공표될 수 없는 사실을 유언비어로 유포시킨다.

유언비어가 사실이나 사실에 근거를 둔 바를 포함하기도 하지만 대체로 믿을 수 없는 것들이며, 때때로 그것은 전장에서 적을 도우려는 사람에 의해 의도적으로 조작되기도 한다.

이와 같이 전장에서 의도적으로 사용되는 유언비어로는 ❶ 혼란 야기 ❷ 연막작전 ❸ 뉴스의 원천에 대한 불신 ❹ 진실을 알아내기 위한 방법 등의 목적을 가진 것들이 있다.

이상과 같이 유언비어는 사람들이 느끼는 불안, 좌절, 실증, 나태 등에 교묘히 영합하는 것으로서 공통적인 정서에 의해 움직이는 군대집단에서는 가장 퍼지기 쉬운 것이다. 특히 전장에서와 같이 불확실하고 위험한 상황에서는 더욱 번창하기 쉬우며 조직의 질서를 완전히 뒤집어엎을 수 있는 저력을 가지고 있고, 또 그 저력을 유감없이 발휘해 왔다.

둘째, 공황 발생이다. 어떤 부대가 전혀 대비책이 없는 상황에 부딪히면 그들은 공포 때문에 어찌할 줄 모르고 주의는 공포의 대상에 집중되며, 행동과 대화는 재난과 위험에 관한 것이 되며, 도피만을 목표로 삼게 된다. 이러한 상황에 "가스다" 또는 "뛰어라", "우리는 고립됐다"라는 말 한마디만 던지면 조직은 와해되고 미친 듯이 철수가 시작될 수 있는 것이다. 적도 이런 사실을 알고 있으므로 가능할 때는 이 수법을 쓴다. **제 1차대전시 미군 내에 잠입한 간첩들은 혼란한 상황에서 *"가스다"*라고 소리를 쳐서 미군을 공황으로 몰아넣으려 했기 때문에 미군에서는 실제로 가스를 경고하기 위해서는 *"뉴욕"*, *"미네아폴리스"* 등의 암호를 사용하기도 했던 사례도 있었다.**

이와 같이 민감하고 신경과민하며 당황하고 긴장한 상태에서는 작은 소리, 반쯤 가린 모습, 갑작스런 동작 등이 사람들을 쉽사리 공황에 빠뜨리며, 지속적인 긴장, 나른한 피로, 숙취, 영양 결핍, 현대전에서의 경적이나 소음에 대한 과도한 노출 등도 공황을 유발하기 쉬운 마음의 상태를 만든다. 공황의 주요한 원인으로는 ❶ 훈련부족 ❷ 저하된 사기 ❸ 유언비어 ❹ 통솔력 부족 ❺ 신뢰가 집중된 지휘관의 죽음 ❻ 불안정 등을 들 수 있다. 그리고 적의 공격에 대한 경악, 예상하지 못했던 신무기의 등장, 패배와 높은 사상률, 매장되지 않은 아군의 시체를 타고 넘는 후퇴, 무질서한 후퇴, 산림이나 야간에 길을 잃었을 때, 또는 적의 위치를 모르면서 공격을 받을 때 등의 경우에 공황이 일어날 수 있다.

이와 같은 전장에서의 인간심리는 테러, 재해, 재난 등의 상황에서도 일어날 수 있다. 따라서 정치 · 군사지도자들은 국민, 지역 주민들의 생명과 재산을 보호해야 하는 궁극적인 책임이 있어 전 · 평시 이러한 인간심리를 간파하고 사전대비하거나 발생시 극복하는 전략 · 방안 등의 강구가 필요하다. **필자가 후방지역에서 민 · 관 · 군 · 경 통합방위 태세를 위한 노력을 기울일 때 지자체장들께서 다행스럽게도 도시기반시설방호, 민생안정, 공황(Panic) 방지 분야에 관심과 대비책을 마련하고 있음을 확인하고 그분들이야말로 전 · 평시 위기실상을 간파하고 있어 진정 국민 · 주민을 위한 지도자임을 알고 존경스러운 마음으로 그분들을 대하고 있다. 상기 언급된 전장에서의 인간심리를 이용하는 것이 전시의 심리전으로써 피 · 아 공히 다양한 심리전략을 구사하여 궁극적으로 전쟁목적에 기여하고 있음을 알 수 있다.**

2장_ 심리전이란?

2.1 심리전의 개념

심리전의 원래 개념은 전쟁에서 사상자를 최소한으로 줄이고자 하는 인본주의적 의도가 있었으며 이러한 인본주의를 대 전제로 작전의 효율성을 증대시키고 전승에 기여하는 수단으로 활용되어 왔다.[10)]

오늘날 전쟁은 전쟁터에서 격돌하는 단순한 군사적 대결뿐만 아니라 매우 복잡하고 다양한 작전 · 활동을 포함하게 되었다. 이렇게 전쟁행위의 개념이 변하게 됨에 따라 전쟁활동의 범위를 명확히 정하는 것도 더더욱 힘들어 지게 되었다. 가공할만한 유도미사일과 장거리 전략 항공기의 출현은 전쟁대결의 범위를 전선으로부터 전투병사의 고향으로까지 크게 넓혀 놓았다. 그러나 전방전선에서 적군과 총격을 주고받는 전쟁이나 후방의 민간인에 대한 공작 활동을 불문하고 그 목적은 승리와 평화를 쟁취하는 것임에는 변함이 없다. 특히 정치적이나 사회적 이데올로기에서 연유된 전쟁일 경우 이러한 목적을 거두기 위해서는 적에 대한 조직적인 캠페인을 행하지 않으면 안 된다. 즉, 적의 신체뿐만 아니라 마음에 대해서도 전쟁활동을 수행해야만 하는 것이다. 적의 신체에 대해서 막강한 화력으로 대항하고 적의 마음에 대

10) 이재윤, 앞의 책, p. 13.

해선 연약하게 보이지만 같은 파괴력을 갖는 심리전을 이용하여 대처해야 한다. 심리전(Psychological Warfare)이란 말은 오늘날 일상 대화에서는 마술과 같은 어감을 풍기며, 일종의 음모를 암시하기도 하고 미스터리와 같은 느낌을 주기도 한다. 그러나 실제로 심리전이란 그다지 복잡하거나 이해하기 어려운 것은 아니다. 그것은 총칼이 아니라 말과 아이디어로 적과 전쟁을 하는 것을 의미하는 것이다. 이를 이용하고 있는 이들은 심리전을 **'국가의 목적 및 군의 임무수행을 위하여 적군에 대하여 계획된 선전과 정보수단의 사용'** 이라고 정의한다. 일견 복잡 미묘한 정의라고 여겨지겠으나 바꿔 얘기하면 M1소총이나 155밀리포 이상으로 심리전도 적군을 해롭게 하여 아군의 이로움을 도모하는 전쟁무기와 같은 것으로 생각하면 된다. 심리전은 높은 기동력과 파괴력을 갖는 무기라 할 수 있다. 즉, 심리전은 선전이라는 화력을 사용함으로써 아군병사가 최소한의 노력과 손실로 맡은바 임무를 수행하는 데에 도움을 준다. 또한 심리전은 아군의 작전을 용이하게 하며, 적군의 효율성을 저하시키는 하나의 압력으로 이용되기도 한다. 일례로 보병의 낙하산 침투작전이 개시되기 직전, 포병에서는 그 지역을 집중 포격하는데 이는 적에게 공포의 압력을 가중시킨다. 물론 공산군과 같이 인명을 경시하는 인해전술을 펼칠 경우 보병 만으로의 임무수행도 가능하다. 그러나 아군생명을 보호하기 위해 포병의 지원을 받는다는 것은 이미 상식화 되어있다. 포병의 지원뿐만 아니라 함포사격, 장갑전차 등의 화력, 전투엔지니어, 공군, 통신 · 병참부대의 기술 · 서비스 등도 같은 목적으로 이용된다. 이상 열거한 지원무기의 총체적인 화력과 완벽한 조화는 전선병사의 임무수행을 용이하게 하며, 위험을 감소시킨다. 심리전도 이러한 지원병기와 같이 임무수행의 성공과 사상자의 최소화를 위해 동등한 역할을 수행한다. '프로파간다(propaganda)' 라는 무기를 사용하는 심리전은 적의 마음을 공격하고 적으로 하여금 가정과 가족을 상기시켜 향수에 빠지게 하거나 생명을 잃기 전에 귀순을 맘먹게 하고 그들 장교나 무기 · 화력에 대한 신뢰감을 저하시키거나 정치지도자에 대한 의구심을 자아내게 하며, 훈련기간의 교육을 망각하게 하거나 아군에 대한 저항을 약화시키는 등 결국 사기를 저하시키고 전쟁의욕을 상실하게 만든다.

'심리전이란 주최 측 외 집단의 견해, 감정, 태도, 행동을 주최 측에 유리하게 유도하는 선전 및 활동의 조직적이고 계획적인 사용'[11]으로써 심리전은 단순히 홍보

11) 이윤규, 「북한의 대남 심리전 연구」, (경남대학교 박사학위논문, 2000), pp. 11~13.

방식에 의한 지식을 대중에게 전달해 주는 것만으로는 안되고 의도적인 목적을 조직적이고 계획적으로 반복 실시해야만 소기의 목적을 달성할 수 있는 것이다. 그래서 마치 소총에다 실탄을 장전해서 적에게 쏘듯이 매개체(소총)에다 메시지(실탄)를 담아 전달, 확산하여 적으로 하여금 굴복하게 하는 작전이라고 생각하면 쉽게 이해할 수 있을 것이다.

2.2 심리전의 기능과 활동방법

2.2.1 심리전의 기능

심리전은 인간 사회의 시작부터 모든 분야의 해결책이었으며 전시에는 무형전력으로 운용되어 왔고, 정보화 시대에는 그 활용범위가 군사 · 안보 차원을 넘어 정치 · 사회 · 문화 · 경제 · 스포츠에 이르기까지 확대되어 가고 있다. 이러한 심리전의 다양한 역할과 기능을 살펴보면 다음과 같다.

첫째, 전략적 기능이다. 현대전의 특징과 군사전략의 변화는 전쟁의 주체인 인간의 마음을 다스리는 전쟁, 즉 심리전의 전략이 중시되고 있으며, 그 구체적인 전략으로써, '억제전략', '심리적 마비', 또는 '적의 중심파괴' 라는 전법이 각광을 받고 있다. 그 전례가 바로 현대전의 대표자격인 걸프전이다. 이 전쟁에서 미국은 후세인의 '성전(聖戰)' 참전 호소를 차단하고 '정의의 전쟁' 에 다국적군이 참여하도록 하였고, 스텔스기 등 첨단무기와 각종 매스미디어를 심리전적으로 운용하여 이라크 전쟁지도부의 전쟁의지를 조기에 말살시킴으로써 최소의 피해로 전쟁을 종식시킬 수 있었다.[12)]

둘째, 국제관계 개선이다. 국제관계에서 심리전은 일반적으로 자국에 대한 보다 나은 이해를 촉진시킬 수 있도록 하며 나아가 자국 국민과 외국 국민들간에 상호이해를 증진시켜 국가이익을 얻고자 하는데 있다. 그리고 전쟁관계에 있는 국가나 가상적국에 대해서는 상대방의 침략성을 억제하고 자국에 대한 국제여론을 유리하게 유도하며, 상대방의 국가기구 및 전투수행에 필요한 조직과 질서를 파괴 내지 혼란

---

12) 걸프전 기간중 미국은 국방성 내에 특별기술작전센터(STOC)를 설치, 주요 군사작전과 조사활동을 총괄하였다. 해군 특전대, 스텔스기 및 특별 첩보위성 운용, 제반 군사차원의 심리전도 이 기구가 조정 · 통제한 것으로 알려졌다. 미국은 걸프전 이후 육군의 25%를 감축하였으나, 미 제 4심리전단 3대대를 '95년 5월 창설하고 심리전 부대의 시설과 장비를 강화하는 등 지속적으로 심리전을 군사전략 및 대외정책의 주요 수행수단으로 활용하고 있다.

케 하고 상대방 국민들의 싸우려는 의지를 약화시킴으로써 상대방 국가정책을 변경토록 한다.

현대 전쟁사에서 자국의 국가적 의도를 은폐시키고 상대국과 주변국들을 기만한 대표적 심리전의 사례로서, 나치(NAZI)와 북한이 시도했던 전쟁발발 전 위장평화 공세를 들 수 있다. **히틀러는 1939년 9월1일 새벽 폴란드를 기습공격 하기 전 수년 동안 그들의 유럽정복계획을 위장하기 위해서 각종 평화공세를 전개했다.**[13] **북한도 1950년 6월 25일 새벽 4시에 기습공격을 하기에 앞서 1년 전부터 평화통일방안 제시, 조만식 선생과 간첩 김삼룡 · 이주하의 교환 제의 등 평화적 공세로 통일에 대한 환상으로 들뜨게 하고 미국과 한국의 이목을 다른 곳으로 유도해서 정세판단을 흐리게 하는 기만적 심리전을 여러차례 구사했다.**

셋째, 이데올로기 제공이다. 이데올로기란 인간생활 및 정치 · 종교 · 철학의 근본문제에 대한 기본적인 신념체계이다. 그러므로 인간의 삶이 있는 곳에는 반드시 이데올로기가 있기 마련이다. 역사상에 나타난 위대한 지배자나 지도자들은 대중들을 하나의 이데올로기로 묶기 위해 설득하기도 하고, 때로는 옹호하기 위해 강압적인 수단을 동원하기도 하였다.

한국군에서도 1970 · 80년대에 '때려잡자 김일성', '무찌르자 공산당' 등 반공구호를 대대적으로 사용한 바 있다. 이러한 구호들은 1968년 1월 21일 북한 무장공비의 청와대 기습사건을 비롯하여 울진 · 삼척지구 침투와 무장공비들에 의해 사살된 이승복 어린이의 "나는 공산당이 싫어요"라는 외침이 우리 사회에 반공에 대한 각성을 주게 된 하나의 계기가 되었다.

넷째, 국가 정책실현 수단으로써의 역할과 기능이다. 현대 국제사회에서 국가간의 모든 정치적 경쟁 및 분쟁은 외교 · 선전 · 제재 · 전쟁 등의 방법으로 진행되고 있는 바, 심리전은 각 분야에 걸쳐 영향력을 미치고 있다.[14]

제 2차 세계대전 중 연합국의 전쟁정책은 루즈벨트와 처칠에 의해 독일의 '무조건 항복'으로 결정되었다. 이에 연합군의 심리전략부 심리작전처에서는 전쟁정책의 실현을 지원하기 위해 '무조건 항복'을 심리작전지도의 기초로 삼고 각종 심리작전 활동을 통해 독일이 연합군의 전쟁정책을 받아들이도록 유도해 나갔다.[15]

---

13) 방정배, 「현대 매스미디어 원론」, (서울, 나남출판사, 1996), p. 214.
14) 고준봉, 「극동정치와 심리전략에 관한 연구」, (외국어대학교 정치학 박사학위 논문, 1976), p. 110.
15) 육군본부, 「심리전」(육군본부, 1988), pp. 298~300.

다섯째, 총력 태세 확립의 기능이다. 현대전쟁의 가장 두드러진 특징은 국가사회의 전체 역량을 동원해야 한다는 국가총력전 개념이다. 따라서 무력이라는 수단에 치중하던 협의의 전쟁개념에서 광의의 전쟁개념으로 발전하고 있다. 오늘날에 와서는 전쟁은 흔히 **'전투력=무력×비무력×정신력'**[16]이란 방정식으로 표현되기도 한다. 한마디로 국가내의 모든 역량이 동원되어야 함을 말하며, 이 중 어느 하나의 요소가 결여될 때 다른 것이 갖추어져도 전투력은 저하 내지 상실되는 것이다.

국민정신의 동원과 국민의지의 고양을 위한 심리전략은 전쟁전 · 전쟁중 · 전쟁후를 막론하고 지속적으로 추진되어야 하며, 1차적으로 달성해야 할 목표는 국가안전보장에 대한 관념강화, 전의고양, 애국심 고취, 국민과 군의 사기 고취, 침략자에 대한 적개심 및 저항의지 고취, 적의 힘에 대한 건전하고도 실제적인 지식형성 등이다.

1990년도의 걸프전시 전쟁 당사국들은 심리전을 국가안보정책 차원에서 전쟁정책과 군사전략의 한 도구로써 피 · 아 국민 전체를 대상으로 치밀하게 활용했다. 이때 미국은 통합심리전 개념에 의거하여 대외적으로는 유리한 국제여론을 조성하고 이라크군과 국민의 전의를 분쇄하며, 자국내에서는 범국가적 차원에서 미국의 힘에 의한 세계평화라는 관점을 강화하고 아울러 국민의 단결 및 애국심을 고취함으로써 국민정신을 동원하는데 성공할 수 있었다.[17] **미국 국민의 전쟁의지와 국민적 단결 및 애국심은 전쟁이 진행되어 갈수록 드높아 갔다. 부시대통령의 지지도가 전쟁초기 57%에서 전쟁후기에 91%로 상승했던 점은 이를 잘 확인시켜 주고 있다. 또한 전쟁 중반기의 미국내 여론조사에서 '후세인을 암살해야 한다'가 60%나 되었고, 심지어는 '핵무기까지 사용해야 한다'는 의견도 45%로 나타났다.**[18] 이러한 통계는 전쟁에서 승리해야 한다는 미국민 신념의 지표로서 우연한 결과라기보다는 전쟁지도부의 치밀한 계획에 의한 것이며, 또한 과거 월남전에서 미국내 반전여론으로 전쟁에서 패한 뼈아픈 역사에 대한 미국 국민의 자각이기도 하다.

여섯째, 여론형성의 기능이다. 여론이란 어떤 특정한 사회의 구성원이 그 사회의 이해에 관계가 되는 문제에 관하여 가지는 공통적인 의견의 종합이다.[19] 따라서 정치 · 전쟁 · 외교 · 선거와 같이 국민의 지원을 필요로 하는 곳에서의 여론은 중요한

---

16) 육군본부, 「심리전」 앞의 책 (육군본부, 1988), pp. 298~300.
17) 이윤규, 「심리전에 대한 새로운 인식과 대북 심리전 발전방향」, (합참 제10호, 1997), pp. 141~142.
18) 합참본부, 「걸프전과 심리전」, (서울, 합참본부, 1993), p. 27.
19) 조재권, 「선전여론개설」, (서울, 박영사, 1964), p. 166.

전략적 요소가 된다. 이에 따라 주체자들은 여론을 형성 · 관리하면서도 여론에 순응해야하는 이중적 상황에 놓여 있다.

북한이 1992년 6월 초부터 한국내 비전향 장기수 이인모씨 송환을 국내외에 여론화했는데 이것도 심리전 기능을 이용한 것이다. 북한이 이용한 여론화 방법은 해외 친북단체들로 하여금 국제적십자사와 유엔 사무총장 앞으로 편지를 보내게 하고, 유엔인권위원회를 비롯한 국제기구와 각 인권단체에 호소문을 보내는 방식으로 진행되었다. 그리고 이러한 상황을 북한내 언론을 통해 주민들에게 대대적으로 왜곡, 조작하여 보도했다.[20]

북한은 이러한 활동을 통해 순수 송환문제보다도 세계인 · 한국 국민 · 북한 주민들이 아래와 같은 점에 대해 생각하고 느끼도록 정신세계를 조작하면서 다양한 목적을 추구하고 있었다. 즉 이인모는 그가 비전향자(非轉向者)였다는 점에서 김일성 부자에 대한 충성의 본보기로 떠받들고 대내 단결을 고취하려는 것[21]과 국제적인 여론을 한국의 인권과 반공정책에 쏠리게 함으로써 8 · 15 노부모 교환방문의 무산에 대한 책임을 한국측에 전가하려는 의도 및 통일문제와 관련하여 한국 국민들의 보안법 철폐 등 정치투쟁을 부추겨 보려는 속셈이었다.

일곱째, 지휘통솔과 경영관리 수단으로써 사용된다. 사회가 존재하는 곳에는 지휘통솔과 경영 · 관리가 있기 마련이며 사람은 어떠한 형태이든 지휘통솔과 경영 · 관리를 하는 위치에 서 있다. 관공서 · 군대 · 경찰 · 공장 · 회사 등 어디를 막론하고 층층에 지휘자(또는 지도자)가 있다. 이들의 행위 중 합법적으로 주어진 직책과 권위로 조직을 이끄는 것을 지휘라 하며, 지휘자 자신의 개성과 인격을 통해 지도해 가는 것을 통솔 · 경영 · 관리라고 한다. 사회나 조직의 효율성을 높이기 위한 조치로는 올바른 인사관리, 솔선수범, 신상필벌, 하급자 상담 등 무수히 많은 방법들이 있다. 이 모두가 인간의 마음과 관련이 있다해서 모두를 심리전략적 방책으로 분류할 수는 없다. 그러나 심리적 의미가 비교적 큰 하급자의 욕구를 특징있게 이

---

20) 대내외 단체 또는 친한 인사들을 이용하여 이인모씨의 송환관련 여론형성과 대내선전 · 선동을 위해 1992년 6월에 8번이나「로동신문」에 게재되었는데 그 몇 가지 예는 다음과 같다. "리인모로인의 귀향을 쟁취하는 데 큰 힘을 쏟아야 한다," 민족통일부산연합 상임공동의장 박순보의 글 (1992년 6월 1일자); "리인모로인을 즉시 송환하여야 한다," 민주주의 인민공화국 적십자회 중앙위원회 대변인 성명 발표 (6월 3일자); "리인모로인을 하루 빨리 북반부로 돌려 보내라," 인도 로력 기자련맹 서기 장파르마 난드 빤데이 기자회견 (6월 15일자).

21) 이인모 노인 송환관련 환영행사가 대내단결 고취를 위해 1993년 3월 20일 이후부터 4월15일 까지 19회 실시되었다. 그 첫 행사에 대해「로동신문」은 다음과 같이 보도하고 있다. 즉 "신념과 의지의 화신, 통일의 영웅 리인모 동지를 열렬히 환영, 30여 만명의 각 계층의 수도시민들 연도에서 열광적 환영,"「로동신문」, 1993년 3월 20일자.

용하는 것, 집단 내에 공격성, 증오, 분노를 고조시키는 것, 집단 내에 특정의 정신과 혼을 넣는 것, 기타 매력적이며 감성적인 지휘통솔 및 경영 · 관리행위 등은 심리전략의 영역으로 분류되기도 한다.

여덟째, 군사작전에 유리한 여건을 조성시킨다. 심리전은 전선에 대치중인 적의 저항 의지를 약화시킬 뿐 아니라 적군지역의 주민과 후방부대에까지 매우 광범위한 영향력을 행사할 수 있다. 따라서 심리전 수행자는 심리전 대상 주민의 생활문화와 관습에 관한 풍부한 조사와 지식을 갖고 이를 적지 후방의 주민들의 적군체제에 대한 지원의욕을 저하시키는 활동을 전개해야 한다. 라디오방송이나 공중살포전단을 이용하여 불만을 조성하고 체제에 대한 저항을 고취하며 의구심과 공포심을 조장하는 것들이다. 예를 들면 군수공장 노동자의 파업을 선동하고 경찰이나 군입대를 삼가토록 권유하며 농부에게는 수확물의 은닉을 요청하고 정치지도자, 군지휘관에 대한 불신감을 고취시킨다. 이러한 심리전의 효율적인 전개는 후방의 소요를 조장하여 적군의 효율성을 약화시켜 군사적 임무수행은 물론 승리와 평화의 쟁취라는 국가적 목적을 달성함에 있어 크게 기여하게 된다.

2.2.2 심리전의 활동방법

심리전을 수행함에 있어 주체측이 아무리 훌륭한 의도와 좋은 내용을 가졌다 할지라도 그것이 목표 대상집단에게 잘 전달되지 않으면 아무런 소용이 없다. 그렇기 때문에 심리전은 다양한 매체에 실어 매력적으로 운용하는 것이 효과적이다. 그 활동방법을 몇 가지 소개하면 다음과 같다.

① **선전과 선동 방법이다.** 주체측의 정책, 활동, 전략 등을 홍보하고 유리하게 활동하거나 분위기에 동조하도록 유도하는 방법이다.

② **우호및 적대주민을 활용하는 방법이다.** 주체측에 유리하도록 협조하게 하고 적에게 불리하도록 갈등 및 저항을 유도하거나 유언비어 등을 조장하여 사회를 혼란시킨다.

③ **힘을 과시하는 방법이다.** 상대방을 위압하거나 위축시켜 사기를 저하시키고, 자기의사에 따르도록 하는 방법으로써 2005년 5월에 미 스텔기가 한국에 배치되어 훈련을 했던 것도 바로 미국의 군사력을 과시하는 방법중의 하나였다.

④ **외교 활동으로써** 자기 입장을 충분히 이해시키고 협력을 얻기 위하여 주체측 외 모든 국가 및 집단의 견해, 감정, 태도, 행동을 주체측에 유리하도록 하는 방

법이다.

⑤ **경제 활동으로써** 기술원조, 무기제공, 식량제공 등의 중단이나 제재 등이다.

⑥ **테러 활동으로써** 사회를 불안케 하고, 대중을 위협하는 방법으로 자국의 이익, 요구사항을 관철하려는 의도로서 9 · 11테러, 2005년 7월의 런던 테러 등이 이에 해당된다.

⑦ **대량 파괴 무기 보유이다.** 핵 및 화생무기 등 대량 파괴 무기 보유는 군사적인 의의 보다는 정치적 · 심리적 의의가 더 크다. 북한, 이란, 이라크에서 끈질기게 핵 및 화생무기를 보유하려고 하는 의지도 바로 국제사회에서의 정치 · 외교적인 힘과 체제의 존립 수단으로써 그리고 대내외 심리적 이점을 획득하기 위함이라고 할 수 있다.

⑧ **민사활동으로써** 군이 주둔하거나 작전을 수행하고 있는 지역에서 군부대와 정부행정기관 및 주민간의 상호관계를 좋게 하여 군사작전의 지원을 보장하고 정부 행정기능을 확립하기 위한 활동이다.

⑨ **내부개발이다.** 내부개발은 혁명전쟁에 이용할 수 있는 모든 취약성을 제거하여 정치적, 경제적, 사회적, 심리적인 국면을 개선하여 안정된 사회를 이룩하기 위한 모든 활동으로써 이는 정부급 차원에서 실시되는 비군사 활동이다. 내부개

월남전에서 맹호부대가 내부개발의 일환으로 대민진료를 실시하고 있다.

월남전에서 맹호부대가 내부개발의 일환으로 건립한 '호아다' 촌 전경

발은 계속적이고 적시적인 개혁활동으로 이루어지며, 이러한 활동에는 환경개선, 제도개선, 가치관 정립 등이 포함된다. 모든 군사활동은 정부의 내부개발을 보장하는 것으로서 상황과 국가요구에 적합할 정도로 직접 참여하게 된다.

⑩ **내부방어이다.** 내부방어란 내부개발을 방해하는 외부로부터의 위협요소와 내부불안요인을 제거하여 법과 질서를 유지함으로써 국가나 국민이 안정된 활동을 할 수 있도록 보장하는 방법이다. 내부방어는 수세적이 아니며, 비정규전 작전수행을 위해서는 근본적으로 공세적이어야 한다. 내부방어를 위해서는 국민의 적극적인 협조가 요구되며, 이러한 활동에 궁극적인 목표는 법과 질서를 유지함으로써 적의 비정규전 확대를 방지하고, 내부개발 활동을 지원하기 위하여 수행된다.

2.3 심리전의 유형과 분류

심리전의 정의가 다양하듯이 심리전의 범위와 유형도 매우 다양한데, 혹자는 이에 광고나 PR까지 포함시켜 이들을 '상업적 심리전'이라고 부르며, 포교 · 전도활동까지 포함시켜 이를 '종교적 심리전' 또는 '선전'이라고 말하고 있다.[22]

심리전이란 어떠한 관점에서 보느냐에 따라 여러 가지 유형으로 나눌 수 있으나 여기에서는 심리전의 출처, 목적 및 운용, 매체, 대상, 수행주체에 따라서 심리전을 다음과 같이 구분한다.[23]

첫째, 심리전의 출처(source)에 따라 백색, 회색, 흑색심리전으로 구분되고 있다. 백색심리전은 표적대상에게 출처를 명확하게 제시하는 심리전을 말한다. 따라서 표적대상에게 신뢰감을 주는 장점이 있는 반면에 적의 선전이란 점에서 저항 받기 쉬우며 역선전에 취약하고, 또한 공식보도의 형식을 취하게 되므로 국가의 위신과 입장을 고려해야 하기 때문에 주제선정 및 용어사용에 여러 가지 제한을 받게 된다. 주 매체는 인쇄매체와 전파매체 등이다. 오른쪽의 심리전 전단은 발행기관, 날짜, 책임자까지 출처를 명확하게 밝힌 백색심리전 전단의 한 예이다.

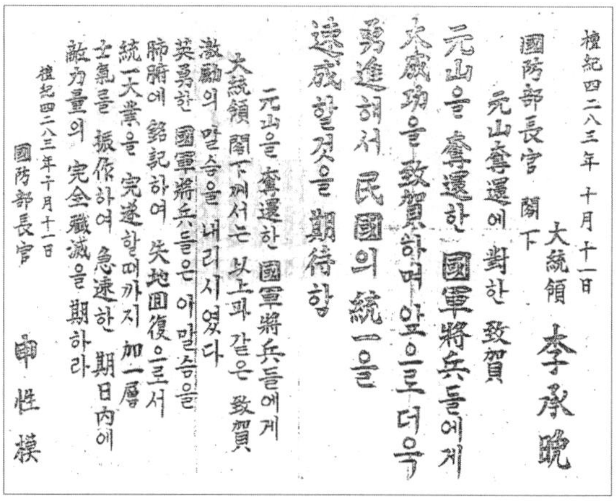

이와 같이 출처를 밝히는 것도 있지만 아래 전단은 출처가 없지만 북한군 병사들을 대상으

22) 차배근 외, 「설득 커뮤니케이션 개론」, (서울, 나남, 1992), p. 25.
23) 국방부, 「북한개방화 심리전」 (서울, 국방부, 1991), pp. 448~452.

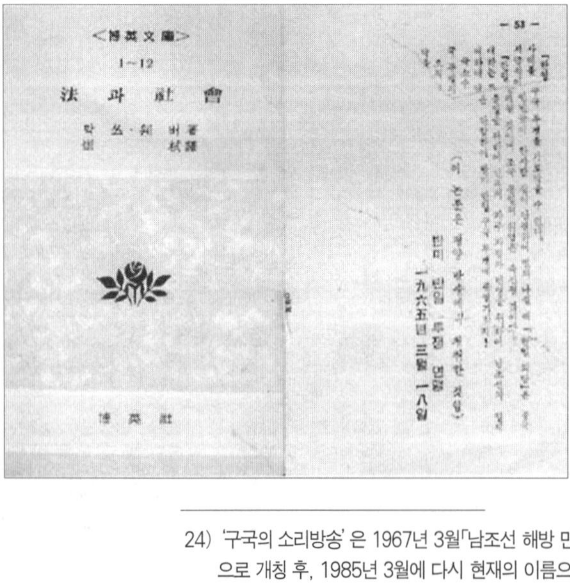

로 UN군측에서 보낸 전단임을 쉽게 알 수 있다. 이렇게 출처를 밝히지 않았지만 미루어 짐작할 수 있는 것도 백색심리전에 포함된다.

회색심리전은 주체를 일체 밝히지 않는 것이며, 적의 심리전이라는 것을 은폐함으로써 심리전의 표적대상으로부터 저항감을 줄이면서 심리전 효과를 높이려는 것이다. 따라서 주제 및 용어를 마음대로 구사하여 상대측 백색심리전을 공격할 수 있는 장점이 있는 반면에 신뢰성이 없고 주체측의 의도를 분석 당하면 효력이 상실되기 쉬운 단점이 있다.

좌측의 전단은 출처를 명시하지 않았다. 남한쪽에서 보낸 것인지, 북한내부에서 공산당을 반대하는 세력들이 제작하여 살포했는지 알 수가 없다.

흑색심리전은 주체를 공표하되 위장 또는 허위출처를 제시하는 심리전이다. 과거 북한에 의한 대남심리전 방송이었던 '구국의 소리방송'[24]이 대표적인 흑색심리전이다.

좌측의 책자는 한국의 '박영사' 명의의 '법과 사회' 라는 소형 책자이지만 내용은 '한일회담 반대 선동' 을 주제로 한 흑색심리전 책자이다. 이 책자 말미에는 '반미 · 반일 투쟁연맹' 이라는 유령단체를 인용하여 1965년 3월 18일에 제작되었다고 제시되어 있다.

---

24) '구국의 소리방송' 은 1967년 3월「남조선 해방 민주민족연맹 방송국」으로 개국하여 1969년도는「통혁당 목소리 방송」으로 개칭 후, 1985년 3월에 다시 현재의 이름으로 개칭된 북한의 대남 심리전 전용 라디오 방송이다. 중파 1, 단파 6 채널로 05:00시부터 23:00시까지 운용되었다.
평화문제연구소,「통일 · 북한 핸드북」(서울: 평화문제연구소, 1997), p. 367.

[전략심리 전단]

[전술심리 전단]

둘째, 목적이나 운용에 의한 유형은 전략, 전술, 선무(宣撫)심리전으로 구분한다. 전략심리전은 국가목표를 달성하는데 대단히 중요하고 비중이 큰 임무를 위한 것으로서 장기적인 목표아래 대상국의 전 영토 및 전 국민을 대상으로 실시하며 정

치 · 경제 · 사회 · 문화 · 군사 등과 협조되고 국가수준의 기관에서 계획하고 수행한다. 이 전략심리전은 대상집단의 견해, 감정, 태도 그리고 궁극적으로 그들의 행동을 주체측이 기도하는 대로 변화시키려는 것이 목적이다. 따라서 그 내용은 대상의 가치관 파괴 및 불안감 조성과 전쟁의욕 상실, 지도층에 대한 불신감 조성과 주체측에 우호적 태도를 조성하는 내용으로 구성된다.

전술심리전은 전투상황 혹은 국부적인 특수상황 하에서 단기적이며 직접적이고 즉각적인 효과를 노리고 수행하는 것으로서 전략심리전 범위 내에서 계획되고 운용된다.

선무[25]심리전은 이질적인 집단이나 개인의 심리전 주체에 대한 반발 또는 저항을 무마시키려는 것이다. 즉 군의 점령지역이나 해방지역에 있어서 효과적인 군사작전을 수행하고 피점령지역 주민과의 협력을 증진시키기 위하여 실시되는 심리전이다. 주로 해당지역의 질서확립, 작전협조, 사기앙양, 유언비어 통제 등을 목적으로 이용된다. 따라서 선무심리전은 대부분 경고와 명령적인 성격을 띠고 있다.

아래전단은 6 · 25때 UN군이 북진함에 따라 공산군 패잔병들이 주민들을 포섭하여 게릴라 작전을 시도하는 것을 막기 위해 주민들을 설득하고 작전협조를 구하

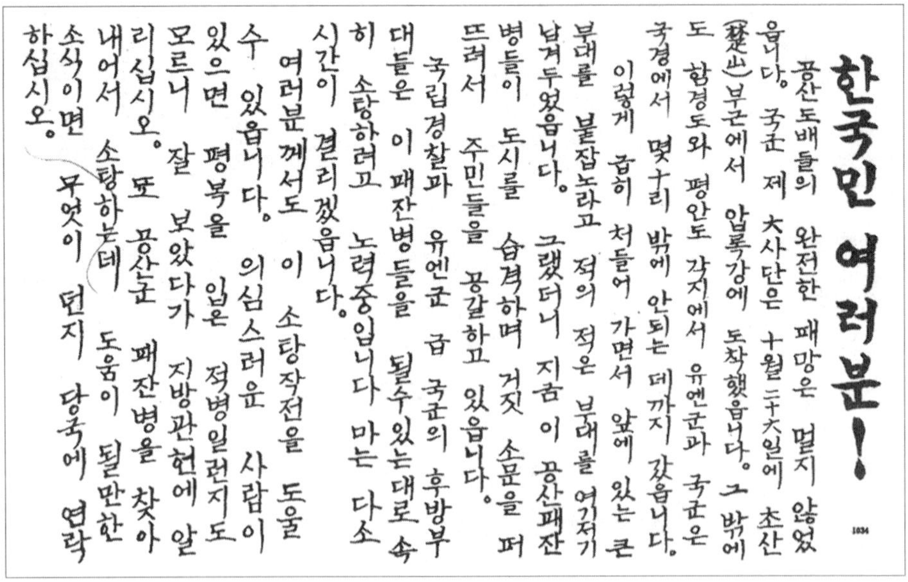
한국민 여러분!
공산도배들의 완전한 패망은 멀지 않었읍니다. 국군 제 大사단은 十월二十六일에 초산(楚山)부근에서 압록강에 도착했읍니다. 그 밖에도 함경도와 평안도 각지에서 유엔군과 국군은 국경에서 몇十리 밖에 안되는 데까지 갔읍니다.
이렇게 급히 처들어 가면서 앞에 있는 큰 부대를 붙잡노라고 적의 적은 부대를 여기저기 남겨두었읍니다. 그랬더니 지금 이 공산패잔병들이 도시를 습격하며 거짓 소문을 퍼뜨려서 주민들을 공갈하고 있읍니다.
국립경찰과 유엔군 급 국군의 후방부대들은 이 패잔병들을 될수있는대로 속히 소탕하려고 노력중입니다 마는 다소 시간이 걸리겠읍니다.
여러분께서도 이 소탕작전을 도울 수 있읍니다. 의심스러운 사람이 있으면 평복을 입은 적병일런지도 모르니 잘 보았다가 지방관헌에 알리십시오. 또 공산군 패잔병을 찾아내어서 소탕하는데 도움이 될만한 소식이면 무엇이던지 당국에 연락하십시오.

25) '선무' 라는 의미는 조선시대부터 운용된 선무자 제도로서 지방에서 큰 반란이 발생하면 국왕의 명령에 따라 그 지방으로 파견되어 민심을 수습하고 일을 해결하는 임시사신의 벼슬이름이었다. 따라서 '선무' 란 극도로 흥분한 민중에게 정부의 의사를 전하여 안정시키고 어루만지는 것, 또는 점령지역의 민중에게 점령국 정부의 방침을 전하여 협력하도록 하는 일이라고 설명하고 있다.

는 선무심리전전단이다.

셋째, 매체에 의한 유형으로는 전파, 시각, 대면, 매개물에 의한 심리전으로 구분한다. 주체측의 의도를 전파매체를 통하여 상대방에게 전달함으로써 심리전의 효과를 달성하려는 것이다. 전파매체에는 TV, 라디오, 확성기, 인터넷 등이 있다.

시각심리전은 주체측의 의도를 시각매체를 통하여 상대방에게 전달함으로써 심리전의 효과를 달성하려는 것이다. 시각심리전 방법으로는 전광판, 전단, 화보, 돌글씨, 시청각 매개물, 기타 각종 유인물 등이 있다.

[전파매체에 의한 심리전]

6 · 25전쟁시 비행기에서 확성기 방송을 하고 있는 모습이다.

[시각심리전 : 전단]

제 2차세계대전시 일본군이 미군 병사들을 풍자한 전단으로 내용이 너무 조잡하여 혐오감을 느끼게 하고 있다.

[시각 심리전 : 포고문 / 플랜카드 · 포스터]

여 · 순사건 가담자들에게 귀순을 권하는 벽보, "이 기회에 반성하여 귀순하라"라고 적혀 있다.

[시각심리전 : 전광판]

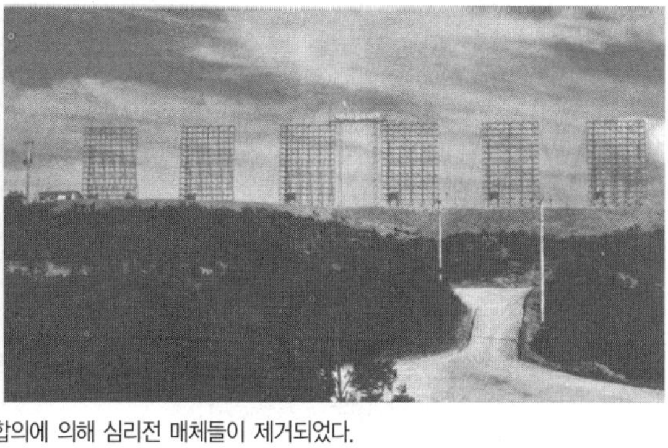

비무장지대에 설치된 전광판이지만, 2000년 6 · 15 공동 선언 이후 남북 합의에 의해 심리전 매체들이 제거되었다.

[시각심리전 : 돌글씨]

선전, 귀순, 유도 등을 돌글씨로 만든 시각매체

[시각심리전 : 시청각 매개물]

가시 · 가청거리 내에서 각종 음향 기구나 민속놀이 등으로 상대측의 이목을 집중시키고 준비된 주제에 의해 대화를 유도하는 시청각심리전

상기 시각심리전을 포함한 대북 및 대남심리전은 2000년 6.15공동성명이후 대부분 철거되어 휴전선일대에서는 실시되고 있지 않으나 그 이전에는 활발하게 실시되었다.

대면심리전은 근거리에서 육성이나 메카폰 등으로 문답식으로 주고 받거나, 일방적으로 자신의 주장을 전달하는 방법과 직접 만나서 대화를 실시하는 상면작전, 그리고 게릴라를 침투시키거나 고첩에 의해 유언비어를 날조하거나 선전 · 선동을 실시하는 심리전이다.

매개물 심리전은 상품을 직접 살포, 전달함으로서 대상 집단의 물질적 · 본능적 소유욕을 자극하는 것이다. 주체측의 국력이나 발전상을 과시하여 상대적 효과를 얻기 위한 것으로 적이 필요로 하거나 동경하는 매개물을 통해 적의 충동내지 인지적 변화를 유도하기 위한 것이다. 실례로 북한 대표단의 남한 방문시 Made in Korea 문구가 새겨진 고급 시계나 컴퓨터를 무상제공하거나 기구에 메달아 상대방지역으로 보내는 방법 등이 있다.

넷째, 대상에 의한 유형으로써 대내, 대외, 대적심리전으로 구분한다. 대내 심리전은 자국의 국민이나 군인들을 대상으로 국민정신 통합을 위해 사용되는 제반활동, 즉 홍보, 정훈 활동 등으로 적 심리전으로부터 오염을 방지하거나, 국민의 단결과 사기앙양을 도모하거나 아군 작전에 협조를 요청 또는 적국에 대해서는 비협조하거나 저항토록 경고하는 심리전이다.

[대내 심리전]

대외 심리전은 우방이나 중립국 또는 적대관계에 있는 국가와 집단에 대하여 수행되는 심리전이다. 우방국에 대해서는 협력관계를 더욱 강화하고 중립국에 대해서는 우호를 증진시키며, 적대국 또는 집단에 대해서는 관계를 개선할 수 있도록 하는 심리전이다. 대외 심리전은 현대전에서 그 중요성이 배가 되고 있다. 왜냐하면 현대전에서는 전쟁의 대의 명분, 그리고 국제적 지지 없이는 거의 불가능한 환경 때문이다. 다국적군을 형성하거나 공중, 해상, 지상의 전투물자 수송, 무기운

[대외 심리전단]

용 등에 있어서 동의를 얻지 못할 경우는 전쟁을 수행할 수 없기 때문이다. 걸프전에서 '정의의 전쟁', '성전' 등의 대외심리전 목표를 위해 미국과 이라크가 가용가능한 모든 수단을 동원한 사례를 보더라도 그 중요성을 알 수 있다. 위의 전단은 걸프전시 '아랍형제애'를 주제로 한 전단이며, 2명의 아랍병사들이 손을 잡고 태양을 향해 걸어가는 모습이다. 이것은 아랍문화에서 남자다운 단합의 모습을 표현하는 것으로 아랍권 국가들을 대상으로 형제애를 발휘해 줄 것을 간청하는 이라크의 대외심리전단이다.

대적심리전은 적국 또는 집단에 대해 실시하는 심리전이다. 즉 대적심리전은 적의 마음을 정복하고 적측(敵側)의 정신과 의지를 제압하여 아측(我側)의 의도대로

[6·25전쟁시 생명에 대한 애착과 배고픔을 표현한 대적 심리전단]

태도변화를 유도하는 심리전이다.

대적 심리전의 효과를 크게 하기 위해서는 대상 집단의 기본 욕구인 배고픔, 갈증, 성욕, 생명에 대한 애착, 사회적 · 물리적 위험으로부터의 안전, 애정, 소속욕, 명예욕 등이 위협받거나 좌절되도록 한다.

앞장의 전단들은 안전과 식욕을 자극하는 대적 전단이며, 우측 전단은 월남전시 전쟁에 참가한 남편을 기다리다 지친 부인이 다른 남자에게 시집갈 생각을 하고 있다는 내용을 표현한 전단으로 오랜 전쟁에 지친 베트남 병사들에게 절망감을 심어주고, 향수심과 성욕을 자극하는 대적 심리전단이다.

2.4 심리전의 원리

심리전의 기본원리는 아래 그림과 같은 자극에 대한 반응의 원리로써 심리전의 대상이 되는 인간의 관능에 주의력을 제공하여 기대치의 심리적 반응을 유도하는 것이다. 즉 자극→대상→반응의 과정이다.[26] 따라서 심리전의 대상은 국가, 집단, 조직, 특정 개인이며 이들은 모두 인간으로 구성되어 있으며 궁극적으로 심리전의 대상은 인간의 정신이라고 할 수 있다.

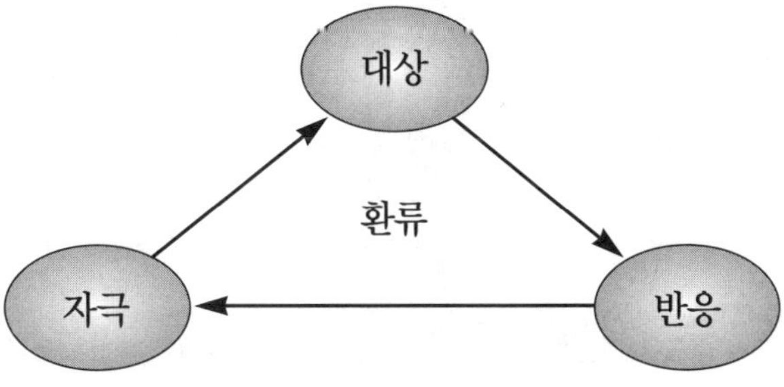

26) 고준봉, 앞의 책, p. 75.

그렇다면 인간의 정신에다 어떤 심리적인 자극을 주어야 효과적인 반응, 즉 주체 측이 의도하는 방향으로 이끌 수 있느냐 하는 것이 심리전에 있어서 가장 큰 관심거리이다. 인간은 누구나 사회생활을 통해서 자기의 인생관, 사생관, 국가관 등이 형성되어 있어서 이 고정관념을 파괴시키고 주체자의 뜻대로 새로운 관념을 불어넣어 그들의 감정과 태도를 변화시키기란 용이한 일이 아니다. 따라서 심리전에서 자극→대상→반응이라는 심리전의 기본원리를 이용하여 다음과 같은 원칙을 고려해야만 효과를 거둘 수 있다.[27)]

첫째, 전달하고자 하는 메시지를 간결, 명쾌하게 제시해야 한다는 원리이다. 도미나크(J. M Domenach)는 명확화와 요약을 위한 노력은 심리전에 있어 필수적이라고 전제하고 프랑스 대혁명의 '인권선언'이나 마르크스의 '공산당 선언'을 간결·명쾌한 원칙을 잘 접목시킨 역사적인 사례로 꼽고 있다. 또한 윌슨 대통령의 선언에서나 정치선전에 흔히 있을 수 있는 수많은 강령이나 선전, 선거 때의 정견발표도 이러한 심리전의 원칙을 적용하였다.[28)]

단순화가 좀더 발전된 형태로 캐치프레이즈(catchphrase)와 슬로건(slogan)이

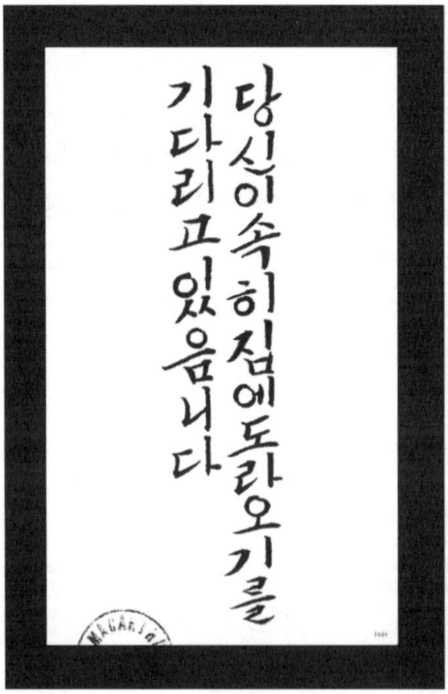

27) 국방부, 앞의 책, pp. 301~340.
28) J. M Domenach, 박종일 역, 「정치선전과 정치광고」, (서울, 청람, 1987), p. 34.

있다. 캐치프레이즈는 전술적인 내용을 가지고 달성해야만 될 목표를 집약한 것이며, 슬로건은 정치적 열정이나 칭찬 및 증오에 호소하는 것으로 캐치프레이즈보다 직접적인 호소력이 있다. 적을 단일화, 고립화시키는 것도 단순화의 원리에 포함된다. 즉 주어진 기회에 단 하나의 주 목표만을 공격하는 것이다. 예를 들어 히틀러는 공산주의 세력을 공격할 때 마르크스주의에 영향을 받은 노동자 계급이 상당수의 유태인에 의하여 이용되고 있다는 인상을 주려고 하였다.[29] 주공격을 단일한 목표에 집중시키고 공격목표를 내부에서 고립시키는 것이다. 앞의 전단은 고향에 계신 부모 · 처 · 자식이 간절히 기다린다는 주제로 누구나 알 수 있게 쉽고 간명하게 표현하고 있다.

둘째, 상징이라는 기호를 이용하는 것이다. 인간이 다른 어떤 것에 의하여 사상, 감정 등을 나타낼 때 그것을 상징이라 한다. 특히 정치에 있어서의 상징은 주로 눈에 보이지 않는 권력, 국가, 권위 등을 감각적인 것으로 표현하는 기능을 가진다.[30] 국기, 당기, 국가, 제복, 초상화, 훈장 등은 감각적인 것으로 표현하는 것의 대표적인 예이다. 아래 전단은 유엔기와 북한기를 상징적으로 표현한 전단이다.

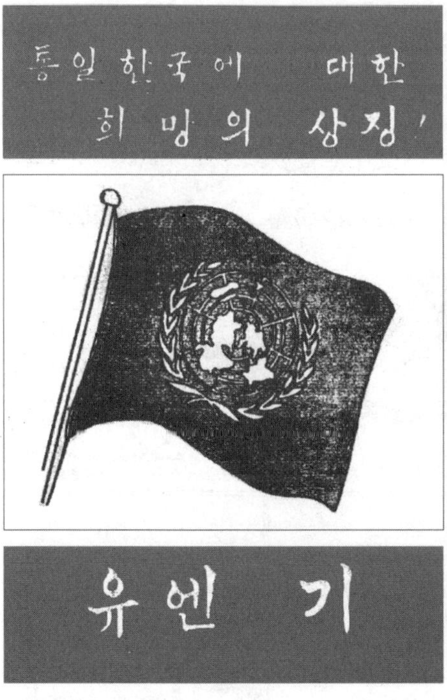

29) 정윤무, 「현대정치심리론」, (서울, 박영사, 1993), pp. 65~77.
30) 김경근, 「언론현상과 언론정책」, (서울, 법문사, 1984), pp. 65~77.

셋째, 자신에게 유리한 내용은 과장하고 해로운 사실은 왜곡, 축소하거나 무시하며 주제를 일정하게 하는 것이다. 기존기사의 뉴스를 재인용하는 경우가 이 원리를 응용한 예에 속한다. 정치적으로 기관지에서는 자기측에 유리한 보도라면 침소봉대(針小棒大)하는 것이 상례로 되어 있다. 이러한 뉴스의 왜곡현상이 일어나는 것이 가능한 것은 주민들의 대다수가 뉴스 원(源)과는 거리가 멀기 때문이다. 국가의 정책결정에 참여하는 소수를 빼놓고는 대부분의 사람들은 생활경험에 의하여 우리 사회, 국가의 극히 근소한 부분밖에 알 수 없는 처지에 놓여있다. 그러므로 우리는 알게 모르게 신문, 라디오, 텔레비전의 뉴스, 인터넷 등에 의하여 유형무형의 선전에 물들고 있는 것이라 해도 지나친 말이 아니다. 따라서 심리전에는 과장, 왜곡, 축소, 묵살이 따르기 마련이다. 그 이유는 심리전 자체가 그것이 추구하는 바에 유리한 것을 최대한 강조할 것을 요구하는 반면에 그것에 불리한 것은 최소한으로 억제할 것을 요구하기 때문이다.

아래 전단은 북한군이 미국에 대해서는 민족의 원수로, 중국은 진정한 원조자로 비교 선전한 심리전이다.

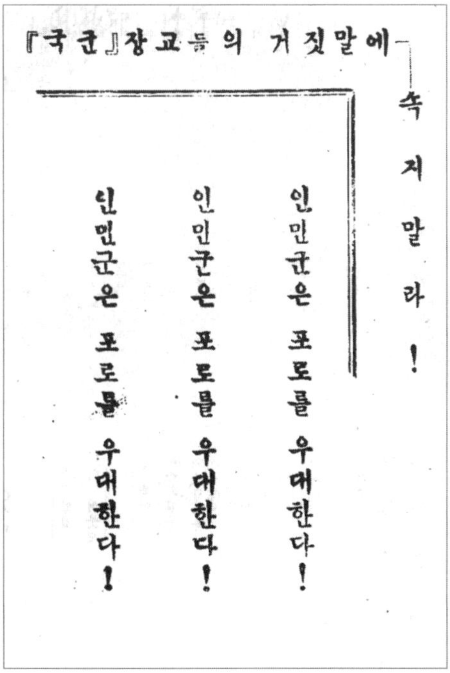

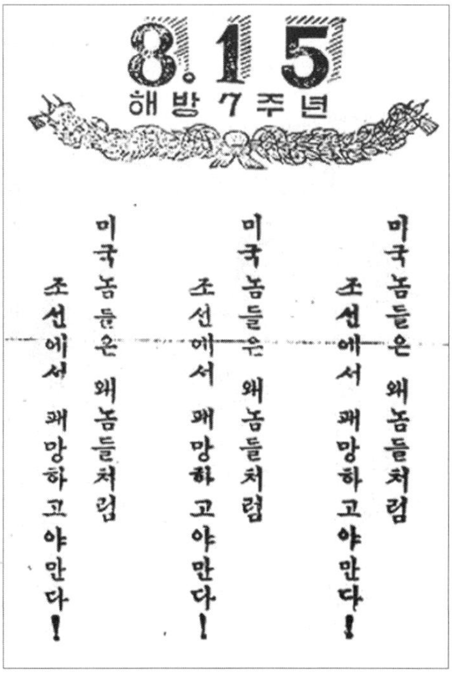

넷째, 중심이 되는 주장을 끊임없이 반복하는 것이다. 그런데 단순한 것의 반복에서 오는 권태감을 피하기 위해서는 그 중심적 논점을 다양하게 제시하는 것이 필요하다. 슬로건은 여러 가지의 형식으로 표시되어야 하지만 결론은 언제나 일정한 불변공식으로 요약되어야 효과를 거둘 수 있다. 이같이 반복을 중시하는 이유는 자극은 번번히 되풀이 되면 될 수록 그 만큼 더 각인이 될 가능성이 크기 때문이다. 즉 심리전의 테마를 각양각색의 대중에게 적절하게 합체시키고 될 수 있는 대로 다양한 형식을 사용하면서 그것을 모든 심리전 기관이 반복하여 주체와 객체 사이에 일종의 공명(共鳴)현상이 일어나게 하는 것이 효과적이기 때문이다. 위 전단은 같은 주제를 반복하여 공명현상의 효과를 기대하고 만든 대남심리전단이다.

다섯째, 대상자에게 심리전 내용에 맞는 감정을 집어넣어 물들게 하여 동화시키는 원리이다. 대중의 지배적 감정에 호소하고 그들이 가진 기존의 태도를 심리전 내용과 결합시켜 대중의 심리 내부에 있는 의식적 또는 무의식적 감정을 구체적인 심리전 과정에서 환기, 이용하는 것이다.

다음의 전단은 남 · 북한 주민 모두가 일제식민지에 대한 쓰라린 경험을 공유하고 있다는 점을 이용하여 미국의 6 · 25전쟁 참전을 왜곡하고 투쟁 · 선동하고 있다.

심리전은 이러한 원리에 따라 심리전의 주체, 대상, 매체, 주제, 반응의 5개 요소가 재조정되어 순환과정으로 이루어 진다.[31] 심리전의 요소가 순환되는 과정은 심리전 주체측이 목표대상 집단에게 심리전 내용을 효과적인 매개체를 통하여 전달한 다음에 그 반응을 측정 및 검토하여 그 당시의 변화하는 국내외 사정과 연결된 새로운 심리전 상황판단으로 재조정하고 실시하는 순환성 및 반복성을 그 특징으로 하고 있다.[32] 이러한 순환과정의 특성을 잘 이해하여 적용하는 것이 심리전 승패의 관건이다.

31) 고준봉, 앞의 책, pp. 78~80.

32) 미육군특수작전사령부(USA SOC), 합동참모본부 역, 「미 심리작전 소개」, (서울, 합참본부, 1997), p. 28.

2부

6·25전쟁전의 심리전

1장. 6·25전쟁전의 한반도 안보 및 심리전 환경

2장. 6·25전쟁전의 남 · 북한 심리전

1장_ 6·25전쟁전의 한반도 안보 및 심리전 환경

1.1 한반도 안보환경

1.1.1 미국의 전후 안보전략조정 과정에서 한반도는 배제되었다.

제 2차 세계대전 중 독일에 대항했던 그리스 공산당이 동유럽 공산국가의 무장지원에 힘입어 이른바 민족해방전선을 결성하고, 게릴라전을 전개하여 그리스를 내전상태로 몰고 갔다. 그동안 그리스를 지원해 왔던 영국이 경제 악화로 지원을 중단하고, 미국의 즉각적인 지원이 없으면 소련의 위성국가로 전락하게 될 운명에 처하게 되었다. 이러한 긴박상황을 감안하여 1947년 3월 이른바 '트루먼 독트린(Truman Doctrine)'을 발표하여 공산주의 확산을 막기 위해 어떤 나라이든 자유와 독립을 위협받을 경우 미국은 그 나라를 돕겠다는 의지를 천명하였다. 그리하여 당시 소련의 위협을 받고 있던 그리스와 터키가 미국으로부터 45억불의 원조를 받음으로써 공산화를 막을 수 있었다.

같은 해 6월에는 이른바 마샬플랜(Marshall Plan) 즉, 유럽부흥안이 발표되어 세계대전으로 피폐해진 어떠한 나라에게도 미국은 도움을 줄 수 있음을 밝혔다. 이것은 물론 유럽의 제국들을 공산주의자들로부터 보호하기 위한 속셈이 깔려 있었다. 그러나 조지 케넌(George F. Kennan)이 주장한 '봉쇄정책'이 출범함에 따라 이른바 '냉전(Cold war)'의 분위기가 세계적으로 확산되어 갔다. 소련과 그의 위성국들은 미국이 제안한 마샬플랜을 거부하고 1947년 10월 코민포름(Cominform)을 창설하여 이에 대항하였으며, 1948년 가을 결국 독일의 베를린을 봉쇄함으로써 냉전은 극에 달하였다.

냉전이 심화됨에 따라 미국은 대 한반도정책에 대한 근본적인 검토에 착수하였다. **트루먼 미** 대통령으로부터 중국대륙과 한반도의 상황을 조사해 최선의 안을 건의할 것을 지시 받은 웨드마이어(Albert C. Wedemeyer) 장군은 1947년 9월 한반도에서의 전쟁가능성을 경고하면서 계속 미군이 한국에 주둔해야 함을 보고하였다.

그러나 전후복구 문제와 국방예산의 삭감, 그리고 지상군전력의 극심한 부족현상 때문에 이미 미 국방부에서는 1947년 초부터 주한미군의 철수를 논의해 왔었다.

당시 미 육군 장관이었던 패터슨(Patterson)이 국무장관이었던 마샬(Marshall)에게 보냈던 1947년 4월 4일자의 각서에는 다음과 같이 기록되어 있다.

> …… 한국은 가장 문제점이 많은 지역이며, 미국의 안보적 관점에서 보더라도 장기적 이익의 가능성은 높지 않다. 따라서 미국은 빠른 시일 내에 한국으로부터 빠져 나올 수 있는 행동방침을 강력히 추구해야 하며, 우리들의 모든 조치는 주한미군의 조속한 철수를 최우선 과제로 삼아야 한다.

그리고 9월 26일 포리스탈(Forrestal) 미 국방장관도 같은 맥락의 주한미군 철수 각서를 마샬 장관에게 제출했다. 이 각서의 요지는 다음과 같다.

> 삭감된 예산으로는 주한미군의 유지가 곤란하다. 극동에서 대적행위가 발생시에는 주한미군은 미군에게 군사적인 부담이 된다. 현재의 심각한 미국의 병력부족 상태를 감안해 볼 때 현재 한국에 주둔중인 2개 사단(4만 5천여명) 병력은 세계의 어느 지역에서 보다 효과적으로 사용할 수 있다. 만일 한반도에서 대적행위가 발생한다면 일본에 기지를 둔 미 해 · 공군으로써 충분히 제압할 수 있다.

이리하여 1947년 8월, 미정책 당국은 군부의 건의에 따라 전략적 가치가 낮다고 판단한 한반도에서 미군을 철수하기로 결정하였고, 한국문제를 유엔에 이관하였다. **미 합동참모본부가 한국을 전략적으로 낮게 평가한 것은 다음과 같은 이유 때문이다.**[33]

---

33) 노병천, 「이것이 6 · 25전쟁이다」, (서울, 21세기 군사연구소, 2000), pp. 257~259.

첫째, 극동에서 적대행위가 발생할 경우 주한미군은 군사적 부담이 될 것이다. 둘째, 극동에서 전개될 미국의 공격작전은 어느 모로 보나 한반도를 우회하게 될 것이다. 왜냐하면 장차 한반도에서의 전쟁은 국지전이 아니라 소련과의 전면전이 될 것이고, 그럴 경우 한국을 비롯한 동아시아에서는 전략공군을 이용해 전략적인 수세작전을 실시할 계획이므로 한반도에서 지상군을 이용한 작전은 필요 없기 때문이다. **셋째, 공군작전을 통한 적 기지의 무력화는 한반도를 기반으로 펼칠 지상군 작전보다 비용이 적게 들 것이다.** 이 역시 전쟁이 일어날 경우 주한미군 병력은 유지할 수 없으므로 군사적 부담이 될 가능성이 많을 것이다. 따라서 미국이 한국에서 취할 군사행동 중 최선의 방책은 미 · 소 양군의 한반도 동시철수라는 것이다.

1948년 8월 15일, 한국정부가 수립되자 즉시 철수를 개시한 주한미군은 1948년 말 소련군이 북한에서 완전히 철수하는 것을 보면서 이듬해인 1949년 6월 29일 미 제 5연대 전투단의 철수를 마지막으로 철수를 완료했다.

그 후 미국은 철수한 주한미군의 공백을 채우기 위해 472명으로 구성된 주한 미군사고문단(KMAG)을 설치했으나 미봉책에 불과했다.

1949년 10월 1일, 중공은 공식적으로 공산정권을 출범시켰다. 이는 동아시아 지역에 있어서 미 · 소의 대립관계에서 중요한 변화를 예고하는 충격적인 일이었다.

공산화된 중국대륙을 염두에 두면서 미국은 극동에서의 대 소련균형을 유지하기 위해 중국문제에 대한 불간섭과 일본열도를 확보하는 정책을 구상하였다.[34] **그리하여 1950년 1월 12일 미 국무장관 애치슨(Dean Acheson)은 프레스 클럽(National Press Club)에서 행한 연설에서 이에 대한 입장을 밝혔다. 이른바 애치슨 발언에서 *"미국안보에 필수적인 태평양방위선은 알래스카-알류산-일본-오키나와-큐슈를 잇는 선이다."*고 명백히 함으로써 한반도는 이 연결선에서 제외되었다.** 이는 1949년 3월에 이미 미 극동군사령관 맥아더 원수에 의해 언급된 바 있는 미국의 방위정책으로서 더 이상 한국은 미국의 관심 밖인 '왕따'를 당하는 꼴이 되었다. 이로써 북한은 마음 놓고 남한을 침공할 수 있겠다고 하는 자신감에 고취되었으며, 후일 애치슨은 '외교관답지 못한(Undiplomatic)' 당시의 처사에 대해 혹독한 비난을 받아야 했다.[35]

---

34) Record of JCS mtg, 21 mar 51. Acheson, present at the creation, p. 518. The text approved by the President is printed in Truman, Years of Trial and Hope, pp. 439~440.

35) Matthew B. Ridgway, 「The Korean War」, 1967, pp. 10~12.

[애치슨 국무장관이 발표한 미국의 극동방위선(애치슨 라인)]

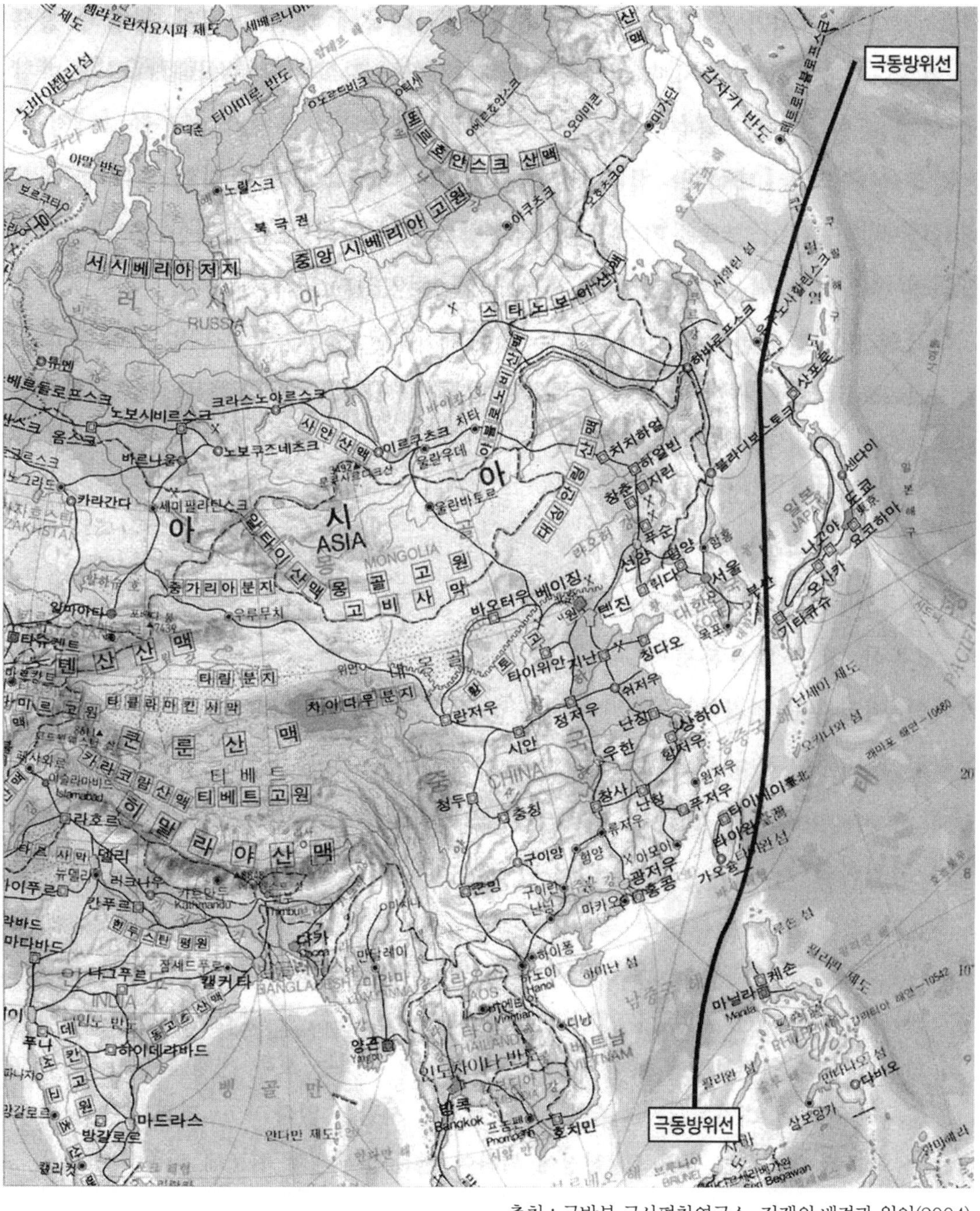

출처 : 국방부 군사편찬연구소, 전쟁의 배경과 원인(2004)

1.1.2 소련은 극동전략의 일환으로 북한을 위성국화 하였다.

제 2차 세계대전 후 한때 동맹국이었던 미 · 소 양국은 이제 전시 협조관계에서 대립, 충돌 관계로 바뀌면서 미국을 중심으로한 서방진영과 소련을 정점으로 한 동구권진영 사이의 양극 대결이 구조화되기 시작해 민주주의 세력과 공산주의 세력 간의 경쟁 혹은 대결이라는 동서냉전이 표면화 됐다.

그런데 소련은 동구제국을 중심으로 서구 자본주의 국가군에 도전하는 하나의 공산권을 형성했지만 세계의 공산화를 더 이상 진전시킬 수가 없었다. 미국의 적극적 대응과 서유럽제국에 대한 미국의 경제, 군사적 지원이 매개가 된 구미 상호간의 공고한 결속으로 말미암아 유럽 진출이 봉쇄됐기 때문이다. 아래 지도는 제 2차 대전 후 당시 냉전으로 인한 세계의 블록화 현상을 나타낸 것이다.

이렇게 되자 소련은 자국내 군사과학기술을 육성하기 위한 목적과 함께 미국의 대소 봉쇄정책에 대응하기 위해 종전 직후 단행했던 대규모 군비 및 병력감축 정책을 다시 재무장정책으로 전환했다. 그리고 유럽방향으로의 진출이 봉쇄되자 그 열세를 만회하기 위해 세력 확장의 목표를 아시아지역으로 바꿨다.[36] 그래서 소련은

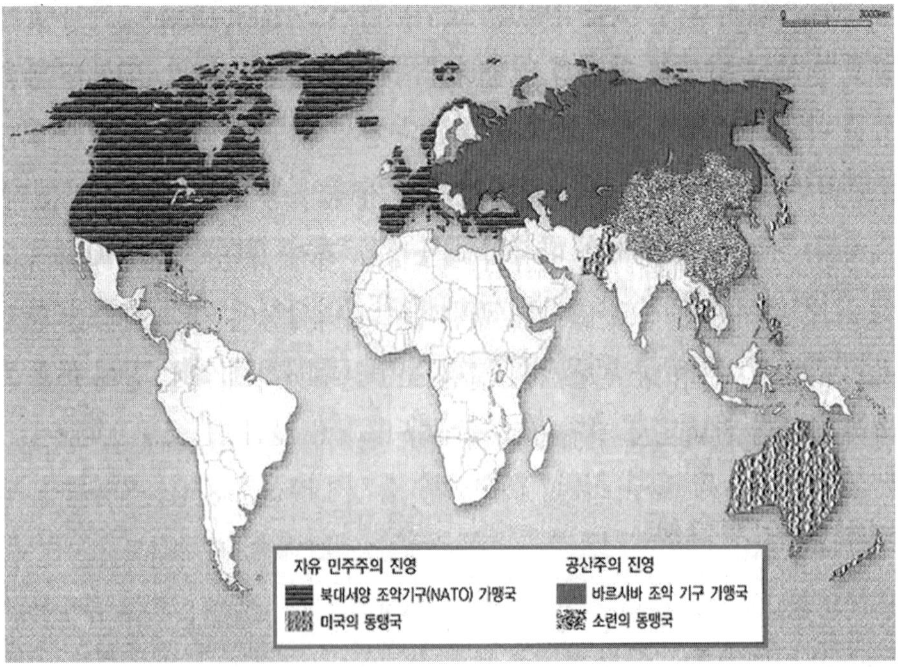

출처 : 국방부, 알아봅시다! 6 · 25전쟁사 제 1권 배경과 원인(2005)

36) 노병천, 앞의 책, p. 261.

이 지역을 미국의 대 소련팽창 저지 혹은 봉쇄정책의 효과가 크게 미치지 못하고 있다는 판단에서 세력 확장에 가장 적합한 장소로 설정하고, 전쟁 중 연합국의 일원으로 전후처리(戰後處理)에 직접 참여하여 신속히 만주와 한반도로 진입했던 것이다.

미국과 함께 한반도의 남북분단을 약정한 후 북한으로 진주해온 소련군은 연합국 일원의 진주군으로서의 임무에 충실할 것임을 표명함으로써 한민족에게 일본제국주의의 압제(壓制)를 걷어 치워준 해방자로서의 이미지를 심어주려고 했다. 그러나 소련군의 실제목적은 소련에 우호적인 위성정권을 수립하여 소련 국경지역의 항구적 안전을 보장 받으면서 태평양지역에서 전략적, 정치적, 경제적 기반을 강화하려는 것이었다.

[1945년 9월의 북한 주둔 113개 소련군 위수사령부 배치도]

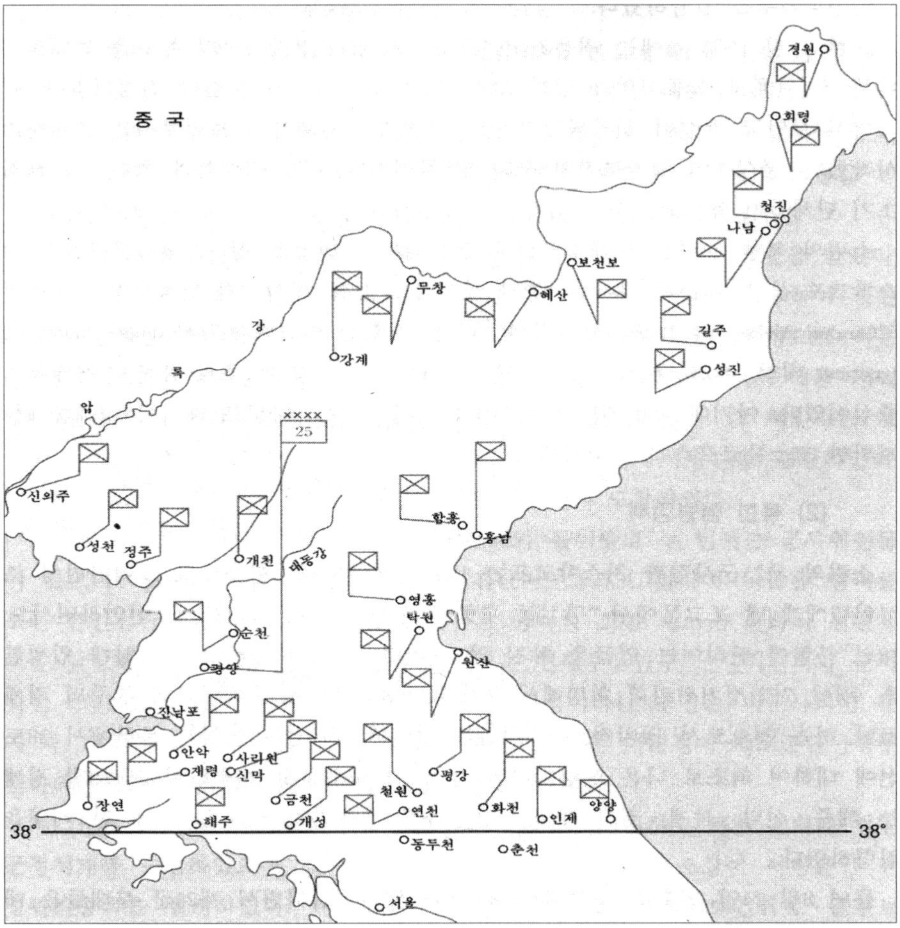

출처 : 국방부 군사편찬연구소, 전쟁의 배경과 원인(2004)

북한주둔 소련군은 그러한 저의를 감춘 채 김일성 같은 친소적 인물을 표면에 내세워 북한을 점진적으로 소비에트화 하여 나갔다. 그리고 군사 정권을 수립한 후 북한 내 한국인 무장부대의 존재는 일체 승인하지 않은 채 보안대를 조직해 질서유지를 맡는 책임과 권한을 김일성의 통제하에 있는 적위대, 인민위원회에게만 주었다. 또 그들은 배후에서 각 행정단위의 인민위원회에게 정책방침을 수립해 주기도 하고, 행정면에서 기술적 지도를 해주는 방식을 통해 김일성의 권력을 조종했다. 또한 토지개혁, 여덟 시간 노동제, 각종 국가 주요 산업을 국유화함으로써 사회주의 경제의 토대구축에 나서 소련군정이 실시된 지 채 4개월도 지나지 않은 시점에 초기단계이긴 했지만 이미 공산주의체제로 나아가기 시작했다.

이러한 소련의 북한 위성국화전략에 따라 전략적, 정치적 목적을 실현하기 위하여 계획적으로 다음과 같은 정치공작을 실시하였다. 이때 주체세력이 적위대였는데, 적위대는 소련극동군과 함께 북한으로 들어 온 김일성의 빨치산파가 각 도청 소재지를 중심으로 결성한 조직이었다.[37]

다음은 소련이 적위대를 이용하여 북한을 위성국화하는 과정이다.

첫째, 소련 군정당국은 적위대를 지지했는데, 그들의 지원을 받은 적위대는 기존의 무장조직을 확대하면서 소련군정을 대리하여 경찰역할을 수행했다. 그들은 소련군 정치사령부의 지령에 따라 북한전역에서 경찰관서를 접수, 일본경찰의 무기를 소지하고 각 도, 시, 군, 면, 리에 인민위원회를 조직했다.

둘째, 소련 군정당국은 자발적으로 결성된 국내 무장단체들의 활동을 억제하는 가운데 김일성을 통해 북한의 정치권력을 완전히 장악케 하려는 의도에서 1945년 10월 중순 자위대뿐만 아니라 북한의 친소적 무장단체인 치안대와 적위대까지 모두 해산시켰다. 이들 무장단체들이 소지했던 일본제 병기와 군용물자는 소련군에 압수됐다. 그리고 1945년 11월초 모든 우호세력을 흡수해 내무국 산하에 새로운 군사조직인 보안대를 도 단위까지 편성했다.

셋째, 소련 군정당국은 적위대를 사주해, 일정한 영향력이 있으면서 민족주의자들과 연합하려는 국내파 공산주의자들의 대표적 인물인 현준혁을 살해했다. 물론 현준혁이 소련군정에 걸림돌이 될 뿐만 아니라 김일성의 권력장악에도 방해가 된다고 보고 제거할 필요가 있었기 때문이다.

---

37) 국방부, 「알아봅시다! 6 · 25전쟁사 제 1권 배경과 원인」, (군사편찬연구소, 2005), pp. 28~39.

넷째, 소련 군정당국은 11월 중순 중국으로부터 귀국한 중국의용군 출신 약, 4,000명도 모두 무장해제 시켰다.** 이처럼 적위대가 소련 군정 세력을 등에 업고 공산세력을 확대해나가자 모든 민족주의 우익세력과 국내파 공산주의 세력들도 빨치산파 세력에게 실권을 빼앗겼고, 권력은 김일성과 그에 협력한 일군의 소련파계열에 집중됐다.

그 결과 북한에는 **김일성의 빨치산파, 이에 협조한 소련파와 중국의 연안파 인물들이 한시적이긴 했지만, 6 · 25전쟁을 도발하기 위해 서로 협력하는 공조체제가 형성됐다. 그 중 빨치산파만이 무장력을 갖추고 있었고, 나머지 두 파는 모두 무장력을 보유하지 못한 채 소수파로 남아 김일성에 협력하지 않을 수 없었다.**

1.2 한반도 심리전 환경

제 2차 세계대전이 끝난 직후, 북한에서는 소련군정당국이 5도 인민위원회의 조직에 착수하고 있을 즈음, 남한에서는 미군의 진주(進駐)가 지연되어 무정부 상태의 혼란이 계속되고 있었다. 이러한 가운데 남한에서는 좌경인사가 주동이 되어 건국준비위원회를 결성하고 민중을 선동하면서 지방조직을 강화하게 되자, 이를 계기로 남한의 정정(政情)은 좌 · 우익 세력과 기회만 엿보는 정체불명의 단체들이 대립하게 되는 불안한 상태로 빠져들었다. 미 · 소 공동위원회에서는 공동성명 5호(1946. 4. 18)를 발표하여 각 사회정당단체들의 갈등 봉합과 새 정부수립 협조를 촉구하였다. 옆 전단은 그때의 상황을 말해준다.[38]

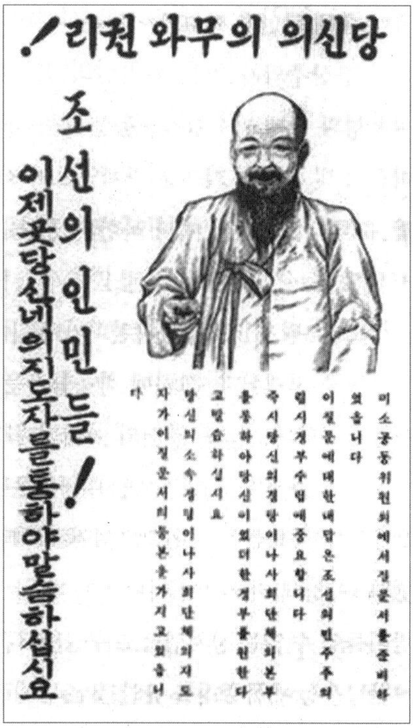

미·소공동위원회가 각 정당 사회 단체에 배포한 전단

이 무렵, 남한은 산업과 상업활동이 미약한 상태여서 경제문제 역시 매우 어려운 지경에 처해 있었다.

한편, 상해의 대한민국 임시정부 요인들은 귀국 도중에 있었고, 남한내에는 이들 좌익세력과 견줄만한 조직력을

38) 박태균, 「6 · 25전쟁」, (서울, 책과함께, 2005), p. 101.

도로에 그어진 38선 표시

남으로 이동하는 도로에는 초병이 있었지만, 별다른 제제가 없었기 때문에 38선을 쉽게 넘어올 수 있었다.

가진 우익 단체는 결성되어 있지 않았다.

이런 정세 아래에서, 9월 8일 인천에 상륙하여 남한에 주둔하게 된 미군은 군정을 실시한다고 선포하였다. 그러나 이때, **미군정을 담당하게 된 미 제 24군단은 한국에 군정을 실시하기 위해 편성된 조직이 아니라 태평양전쟁에서 일본군과 맞서 싸운 최일선의 전투부대이었다. 따라서, 군정을 제대로 실시한다는 것은 그들에게는 대단히 어려운 과제이었으며, 그 당시 남한에는 17개에 달하는 정치단체가 난립해 있었으나, 지도능력이 있는 정당은 거의 없었다.**

더구나, 일본이 종전을 전후하여 남한에서 통용되고 있던 화폐를 남발하였기 때문에 악성 인플레이션을 유발할 수 있는 소지를 안고 있었는데다, 일본인 기술자를 모두 철수시켰으므로 생산시설을 가동시킬 수가 없는 실정이었다. 더욱이, 남한의 발전량은 한반도 전체의 8%에 지나지 않아 북한에서 송전되던 전력에 의존하고 있었으나, 신탁통치 반대운동이 격화되자 북한은 남한에 대한 전기의 공급을 일방적으로 중단하기에 이르러, 남한은 극심한 전력난에 봉착하게 되었다.[39)]

설상가상으로 광복 이후, 해외에서 거주하던 동포와 북한에서 자유남한으로 월남하는 주민들이 날로 증가하여 광복 당시에 약 1,500만이던 남한인구는 2년 뒤에는 2,000만으로 급증하였다.

미군정당국은 한국의 국민성이나 물정에 매우 생소했고, 자유주의 이상을 지나치게 추구한 군정법령 제 11호 즉, 종족, 정치, 사상, 국적, 신조를 이유로 처벌되는

39) 해방후의 남 · 북한의 경제적 격차를 말해주는 실증 자료이다. 아이러니하게도 지금 북한은 전기가 부족하여 공장 가동 중지는 물론, 생활 필수 전기도 부족한 상태여서 정부에서 북한에의 송전을 검토한 바 있었다.

임시정부 요인의 환국을 환영하는 서울 시민들(1945. 12)

모든 현행법을 1945년 10월 9일부로 폐지하고 공산주의를 포함한 각종 단체의 정치활동을 합법화 시켰다.

그 결과, 남한에는 한때 205개에 달하는 정당과 사회단체 그리고 사립 군사조직이 난립하게 되었다. 이러한 가운데 1945년 10월에는 대한민국 임시정부의 대통령이었으며 미국에서 독립운동을 계속해 온 이승만이 귀국하고, 1945년 11월에는 대한민국 임시정부의 주석이었던 김구를 비롯한 임시정부 요인 15명이 환국(還國)하게 되자, 비로소 민족의 대동단결과 통일을 촉구하는 계기가 되어 독립투사들을 핵심으로 한 민족 민주진영의 단합운동이 전개되었으며, 이에 자극을 받은 좌익세력은 조선공산당을 핵심으로 뭉치게 되었다.

이렇게 남한에서 조직된 조선공산당은 미군정의 민주화 시책을 비웃기라도하듯 1945년 9월부터 지폐를 위조하여 화폐의 유통구조를 어지럽히고, 민중에게는 반미감정을 고취하며 파업과 폭동을 야기시켰다. 이들의 정치활동을 허용했던 미군정 당국은 그 피해가 점차로 확대되어 가자, 결국 공산당 간부를 체포하기에 이르렀다. 이렇게 되자 남한에 있던 3개 공산계열 단체는 남로당을 결성하고 지하로 잠적한 후 무장 투쟁체제로 전환하여 남한의 혁명 여건조성을 목표로 매우 악랄한 방법으로 사회 교란을 획책해갔다. 한편, 남한에서 미군정이 신탁통치를 둘러싼 찬반의 소용돌이에 휩쓸려 있을 때 북한에서는 소련이 반탁을 주장하는 조만식 등 민족주의자들을 탄압함으로써 신탁통치 지지라는 하나의 목소리만 울려퍼지게 되었다. 신탁통치를 둘러싼 이와같은 국론의 분열은 민족의 좌우대립을 첨예화시켰고 이후 민족분단을 고착화시키는 계기가 되었다. 신탁통치에 자극받아 1946년 2월 1일 김구의 임시정부 주도하에 자주적 과도정부 수립을 목표로 한 '비상국민회의' 가 명동성당에서 열렸다. 이승만과 김구 그리고 김규식 등 이른바 민족진영의 3영수가 주도한 이 회의는 미군정의 요청으로 '민주의원' 으로 그 명칭을 바꿔 2월 14일 개원하게 되었다.

'민주의원' 은 해방후 최초의 입법기구적인 성격을 띠고 출발했으나 하지 중장(John Reed Hodge, Lieutenant general)의 자문기관 역할에 그치고 말았으며 좌익은 물론 중도좌파의 여운형도 배제됨으로써 대표성마저도 문제가 되었다. 우익진영의 '비상국민회의' 와 '민주의원' 에 대항하고자 좌익진영은 2월 15일 '민주주의 민족전선' 을 결성하여 과도적 임시국회의 역할과 미소공동위원회의 임시적 민주정부를 조직함에 있어서 '민전' 이 조선민족의 유일한 정식대표라고 선언했다.

[5. 10 총선거 홍보전단]

한국군의 창군 당시 군에 침투시켜 놓았던 세포분자들을 배후에서 조종하여 제주도 4 · 3 폭동사건과 여수, 순천반란사건을 일으켰다. 이러한 반란은 국민의 호응을 얻지 못해 전국 규모로 확대되지 못하고 실패로 끝났다.

한국정부는 처음부터 공산당을 불법화시키고 본격적인 공비토벌작전을 펼치면서, 사회불안의 가장 큰 요인이 되고 있던 좌익세력을 제거하는 일에 힘을 모았다. 그 결과 이러한 격동기를 겪기는 하였으나 한때 최고조에 달했던 사회혼란은 일단 진정되었다.

이러한 가운데에서도, 한국은 미국의 경제원조에 힘입어 경제부흥에 중점을 둔 정책을 펴게 되면서부터 광복 이후 혼미상태가 되풀이 되던 정정(政情)이 점차적으로 안정되어 갔다.

1950년 5월 10일, 유권자의 91.9%가 참여한 대한민국 초대 국회의원 선거에서 여당은 고작 25%의 지지밖에 얻지 못하였음에도 대한민국 정부는 국민의 선택에 승복하여 선거 결과를 받아들임으로써 한국에서는 정치적인 자유가 보장된 민주주의가 정착되어 가고 있음을 보여주었다.

그러나, 제 2대 국회의원 선거에서 나타난 것 같이 정당, 각종단체 등이 난립한 것은 국론분열과 갈등의 원인이 되기도 하였다.

해방 이후부터 6·25전쟁까지 상기 언급된 상황을 미루어 판단해 볼 때 좌·우 대립의 이념적 갈등과 정당·사회단체 난립은 남·북한 공히 상호비방, 선전·선동, 유언비어 날조, 유포 등을 통해 남·북한 정당·사회단체들이 주도권을 장악하고 주체세력들이 그들의 의도대로 움직이게 하기 위한 심리전 활동을 할 수 있는 아주 좋은 환경이었다.

일제 36년의 압박에서 해방된 기쁨에 들떠 국민들은 국가 정체성과 나아가야 할 방향에는 큰 관심이 없었다. 다만 먹고 사는데만 급급했던 상황이었으므로 영향력 있는 지도자나 파벌 대표들의 일거수일투족에 부화뇌동 될 수밖에 없었다. **이러한 과도기적인 국내상황은 김일성의 조직적이고 다양한 방법과 기술로 이루어지는 북한의 선전·선동 등 공격적인 심리전에 노출되어 있었고, 효과는 적시적으로 나타났다. 반면에 남한은 일사분란한 지도체제나 한 방향으로 나아갈 수 있는 여건이 되지 못했으며 호기(好期)의 심리전 환경을 이용할 능력이 구비되지 못한 상태였다.**

2장_ 6·25전쟁전의 남 · 북한 심리전

2.1 남한의 심리전

2.1.1 심리전 전략이 없었고, 수행능력을 갖추지 못했다.

국가안보란 범위면에서 정치, 경제, 사회, 군사, 문화, 심지어 환경오염 등 모든 분야의 영역이 포함되며 이를 지키는 수단도 정치, 외교, 경제, 사상정립 등 비군사적 수단과 군대, 무기, 전략, 전술 등의 군사적 수단에 의해 달성될 수 있다.

북한에서는 **'이념전쟁에 있어서는 일각의 휴식도 일초의 주저도 있을 수 없는 것이며 수동적 방법이 아니라 항상 능동적으로 과감하게 적에게 도전하여야 한다'** 는 공산진영의 심리전략이 본격적으로 시행되고 있는 순간에도 남한에서는 그에 대한 개념, 이해도 그리고 대항의 의지도 없는 상황이 계속 전개 되었다.

우리 정부와 국군, 그리고 경찰은 북한의 집요한 대남심리전에 맞서서 반공태세와 응전결의를 새롭게 다졌으나 당시의 상황에서는 역부족이었다. 수차례에 걸친 공비토벌작전과 국지적인 전선활동을 통하여 전혀 예기치 못한 북한측의 심리작전에 휘말려야만 했고, 특히 당시 우리 정부와 군은 그들의 위장평화공세의 기만술책에 기민하게 대처하지 못했던 것도 사실이다.

6 · 25전쟁전의 남 · 북한 갈등이 심화되고 북한의 남침을 위한 준비와 위장평화전술이 조직적으로 전개되고 있던 상황에서 남한에서 심리전 수행은 과연 어떠하였는가?

가. 신뢰할 수 없는 지도자의 언행이 국가위기를 자초했다.

지도자의 언행이 가지는 특성은 지도자의 자질이 어떠하든간에 국가를 대표한다는 데에 상징성이 있다. 특히 자국의 이익과 국가안보측면에서 경쟁관계에 처해 있는 상대국은 지도자의 언행에 민감해진다. 이런 측면에서 국가 지도자들의 언행은 신중해야 하고 국익과 국가안보라는 관점을 항상 염두에 두어야 한다. **'전쟁은 정치목적을 달성하는 하나의 수단'** 으로서 정치의 연속이라고 볼 때 정치 지도자의 성격과 판단은 정치목적 달성을 위해 전쟁까지 야기시킬 가능성이 대단히 농후하다.

이승만 대한민국 초대 대통령은 **'북진통일'** 이라는 주장을 자주하였다. 이 북진통일 주장은 이승만 대통령의 어떠한 정치적 목적이 있었는지는 놓아두고라도 심리전적 측면에서 대내외적으로 다음과 같은 영향을 주었다고 판단된다.

첫째, 대내 심리적 측면에서는 대한민국 국민들의 사기와 단결을 고취시켰다. 그러나 한편으로는 자유민주주의와 공산주의 사회의 장·단점을 채 인식하지도 못하고 있는 국민들에게 그러한 주장은 오히려 남남 갈등을 조장, 증폭시키는 결과를 초래하였다고 볼 수 있다.

둘째, 대외 심리적 측면에서는 대한민국과 이승만 대통령에 대한 호전적인 이미지를 각인시키는 역할을 하였다고 볼 수 있다.

셋째, 대적심리전 차원에서 '북진통일' 이라는 언급자체는 북한을 침공하려는 전쟁선포와 같은 성격으로 북한 지도세력은 이를 대내 단결과 적개심 고취수단으로 역이용하여 빠른 시간내에 체제정비와 분열을 수습하는 것으로 활용하였고, 남침개시 직후와 지금까지도 '북침' 운운의 근거로 이용하고 있다.

이승만 대통령의 북진통일 주장에 덧붙혀 신성모 국방부 장관이 국회에서 발언한 ***"대통령께서 북진명령만 내리면 아침을 먹고 38선을 출발하면 점심은 평양에서 저녁은 신의주에서 먹을 수 있게 할 수 있다."***[40]고 호언장담한 내용과 1948년 8월 25일자 '봉화(烽火)' 라는 신문형 전단에 "공비소탕은 엿먹기, 평양점령은 하루이내"라는 내용으로 북한 신천과 해주시 일대 상공에 살포한 것[41]은 당시의 군지휘관들의 심리전에 대한 인식부족에서 나타난 일대 사건이었다. 국방부 장관의 무모한 발언은 대내적으로 국민들에게는 정신무장을 해제시키는 결과를 가져왔고, 국

---

40) 김성보, 「북한 현대사」, (서울, 역사문제연구소, 2004), p. 69.

41) 한림대학교 아시아문화연구소에서 창립10주년을 맞는 1994년부터 2000년까지 북한사 연구를 중심으로 '한국근, 현대사' 연구사업의 일환으로 미국에서 1993년에 기밀해제된 북한과 중공군 ' 노획문서 '에서 이 전단을 확인하였음: 2000. 5. 워싱톤에서 방선주.

6 · 25 남침 전날 토요일밤, 남한 주요 지휘관들은 주한미군 군사고문단을 위한 장교 클럽 개관식에 초대받아 만찬을 즐기고 있었다.

군장병들에게는 자만과 만용을 심어주어 적의 위협에 대한 대비태세를 게을리하게 했다. 이러한 분위기에 편승하여 군 주요 간부들은 6.25 전날에도 누란의 위기에 처해 있었던 엄연한 국가위기를 망각하고 육군회관에서 회식을 하였고 장병들은 외출, 외박을 즐겼다.

그러나 이러한 실패한 심리전도 있었지만 남한의 많은 지도자와 지각있는 국민들의 반공슬로건 즉, '철저한 반공 정신으로 뭉치면 살고 헤어지면 죽는다' 는 온국민들로 하여금 반공의 기치아래 함께 뭉치고 공산주의자들에 대한 적개심과 자유민주주의에 대한 사수의지를 굳건히 하여 6.25전쟁의 전의를 북돋우기도 했다.

나. 북측의 대남심리전 공세에 수세적 대내심리전 위주로 실시되었다.

1948년 8월 초대 국방장관에 임명된 이범석은 군정을 관장하고, 군령에 관하여 대통령이 부여하는 직무를 수행하게 되었다. 이 장관은 취임 즉시, 현실적으로 당면하고 있는 국제공산세력의 팽창에 효과적으로 대처하기 위하여 미국을 중심으로 한 민주진영의 군사역량이 규합되어야 하며, 만약 한반도에서 전쟁이 발생할 경우에는 미군의 지원을 받아 연합작전을 전개해야 한다고 판단하고, 연합국방을 정책의 기본으로 삼아 강력한 지상군의 육성에 중점을 둘 것을 천명하였다.

이 연합국방개념은 1948년 8월 15일 이대통령이 정부수립 선포기념사에서 ***"우리는 남에게 배울 것도 많고 도움을 받을 것도 많다… 대소강약의 어떠한 국가를 막론하고 상호간에 의지해야 생존할 수 있다… 모든 미국인들과 모든 한국인간에는***

한층 더 친선을 새롭게 하는 것이 중요하다"라고 강조한 것을 배경으로 설정되었다.

이와 같은 연합국방개념을 구현하기 위해 국방장관은 2대 지도방침으로써 **정병배양(精兵培養)과 사상통일(思想統一)**을 위한 반공정신강화에 주안을 두고, **「사병제일주의」**와 **「정훈공작」(政訓工作)**에 주력할 것을 천명하였다.[42] **「사병제일주의」**는 정병주의에 입각하여 사병 개개인의 자질을 조속히 향상시켜 국군 전체의 질적 수준을 상향 평준화함으로써 선진 민주국가의 우수한 군대와 대등한 자질을 가지게 한다는 것이다. 또한 사병 개개인을 민주주의 이념과 반공정신에 투철하고, 임전무퇴(臨戰無退)의 강인한 투지를 지닌 전형적인 군인으로 육성하여 국가의 간성으로서, 조국방위의 역군으로서 맡은바 사명완수에 헌신할 수 있는 정예국군으로 뿌리를 내리게 한다는 것이다.

국토분단으로 인한 사상적 분열은 남한의 정치불안과 사회혼란의 원천적인 요인으로 작용하여 국가안보의 기틀을 위태롭게 하고, 미군정 3년간의 민주화 시책을 기화로 공산주의자들이 정부 각 주요기간 또는 경비대에 아무런 제약도 없이 채용되거나 입대할 수 있어 국가와 군의 안전유지에 심각한 영향을 끼쳤다.

이러한 상황을 고려하여 **국방장관은 군내부의 사상통일이 시급함을 절감하고 지도방침의 두 번째로 사상통일과 반공정신의 함양을 목적으로 하는, 「정훈공작」의 적극적인 추진을 강조하였다.** 따라서 1948년 11월 29일 국방부에 국군의 이념구현과 반공민주정신의 함양을 전담하는 '정치국(政治局)' 을 설치하여 본격적인 정훈활동을 전개하도록 하였다. 한편 1948년 10월 19일 「여수 · 순천반란사건」과 11월 2일 「대구반란사건」 등 군내 반란사건을 계기로 대대적인 군내 숙군작업과 함께 아래와 같은 **'국군 3대 선서문'** 을 발표하여 국군장병의 상징적 실천구호로서 전군에 보급했다.[43]

국군 3대 신서문

1. 우리는 선열의 혈적을 따라 죽음으로써 민족국가를 지키자.
2. 우리는 강철같이 단결하여 공산침략자를 쳐부수자.
3. 우리는 백두산 영봉에 태극기를 날리고, 두만강물에 승전의 칼을 씻자.

---

42) 육군본부정훈감실, 「정훈50년사」, (서울, 육군본부, 1991), p. 69.
43) 군사감실, 「육군역사일지 '45-' 50」, (서울, 육군본부, 1954), p. 251.

국방부 '정치국'은 전체국가에서 사용하는 제도라고 미 군사고문단장의 비판에 따라 1948년 12월에 정훈국으로 개칭하여 초대 국장으로 정훈전문가였던 문관 송면수씨가 취임하였다.[44)]

초대 정훈국장은 정훈교육의 전범(典範)이라 할 수 있는 '정공전범(政工典範)'의 작성을 착안하였다.

이 **'정공전범(政工典範)'은 정훈의 최초 문헌으로 소련의 정치교육, 중국국부군과 중공인민군의 정훈교육방식을 모태로 작성된 것으로 2편 8장 199조로 되어있으며 평시공작과 전시공작으로 구분한 일종의 심리전 지침서였다.** 초기에는 국군장병위주의 대내심리전 일환으로 정훈활동을 실시되었으나 제주도 공비토벌 때는 대적, 선무심리전도 일부 실시되었다. 이때 실시한 주요 내용과 주제는 다음과 같다.

심리전 주요 내용과 주제

1. 자유민주주의 체제는 무엇이며 공산체제보다 무엇이 어떻게 좋은가
2. 공산주의 모순성을 지적하고 공산당의 잔인성과 매국적 행위를 폭로 비판
3. 군인으로서 가져야 할 건국이념 및 군인정신과 군기확립을 강조
4. 장병들에 대한 사기고취를 위한 위문활동
5. 북한 공산체제 지도자 모순을 부각시키고, 월남귀순 종용

2.1.2 심리전 양상과 주요사례

가. 전단에 의한 대적심리전

남북이 38선을 경계로 대적하고 있는 상태에서 앞서 언급한 연예인에 의한 선무활동, 간행물 발간, 각종 전시회 등을 통한 심리전은 사실상 불가능하였다. 따라서 북한지역에 대한 심리전은 방송과 전단살포가 가장 효과적이었으나 방송으로 대북심리전을 할 수 있는 능력을 갖추지 못했기 때문에 전단살포 위주로 심리전을 수행하였다. 전단살포는 대부분 기구를 이용하거나 침투에 의한 살포 또는 부분적으로 1946년 9월에 미군으로부터 인수받은 IL-4연습기에 싣고 공중투하 하였다.

44) 국방부, 「국방사 '40~'50」, (서울, 국방부, 1984), p. 149.

[L-2 연습기 훈련(1946. 9. 3. 여의도)]

전단심리전이 다른 매체보다 활발히 수행된 것은 전단 작전 자체의 장점 때문이었다. 즉 대상집단의 계층별 그리고 주체측이 의도하는 대로 그 성질에 따라 문자, 그림, 사진, 슬로우건 등을 자유자재로 사용할 수 있기 때문이다. 그리고 전략, 전술, 선무심리전 등을 광범위하게 할 수 있으며 그 내용을 이해할 때까지 언제나 두고 볼 수 있고, 소지할 수 있는 영구성이 있다.

이 때 살포된 42종의 전단중 35종은 공산주의를 비판하면서 대한민국으로 귀순하라는 내용과, 김일성은 스탈린의 하수인으로 한반도 적화야욕을 불태우고 있다는 주제 등이었다.

살포된 전단을 분석한 결과 심리전 효과면에서 아쉬운 점이 많았다. **첫째, 전단에 심리전 의도가 직설적으로 표현되어 의심을 많이 품게 만들어 오히려 대한민국에 대한 신뢰를 약화시켜 목적하고자 하는 귀순종용과 공산주의 배척의 목표를 달성하기 어려웠다. 둘째, 용어 사용에 있어서도 안도감을 주거나 호기심을 야기시키는 것보다 격한 표현과 정치적 용어를 많이 사용하였다. 셋째, 소재도 의 · 식 ·**

주의 인간의 1차적 욕구를 충족시키는 것보다는 2차적 욕구인 정치적이고 이념적인 소재를 한자를 썩어 표현하였기에 문맹자가 대부분이고, 먹고살기에 급박한 당시의 북한을 대상으로 한 것은 부적당 하였다고 본다. 어려운 상황이나 전투상황에서는 인간은 의 · 식 · 주와 생명이라는 기본적 욕구에 가장 관심이 많다. 이러한 소재를 많이 사용하지 않은 것은 전문지식의 결여라고 보지만 한편으로는 당시 남 · 북한 의 · 식 · 주 등 삶을 비교 해볼 때 오히려 북한지역이 더 잘 살았기 때문에 이러한 소재를 사용하지 않았을 것이라는 분석도 할 수 있다. 당시 북한지역에 살포된 대표적인 전단내용을 살펴보면 다음과 같다.

[월북 국군병사에게 고함]

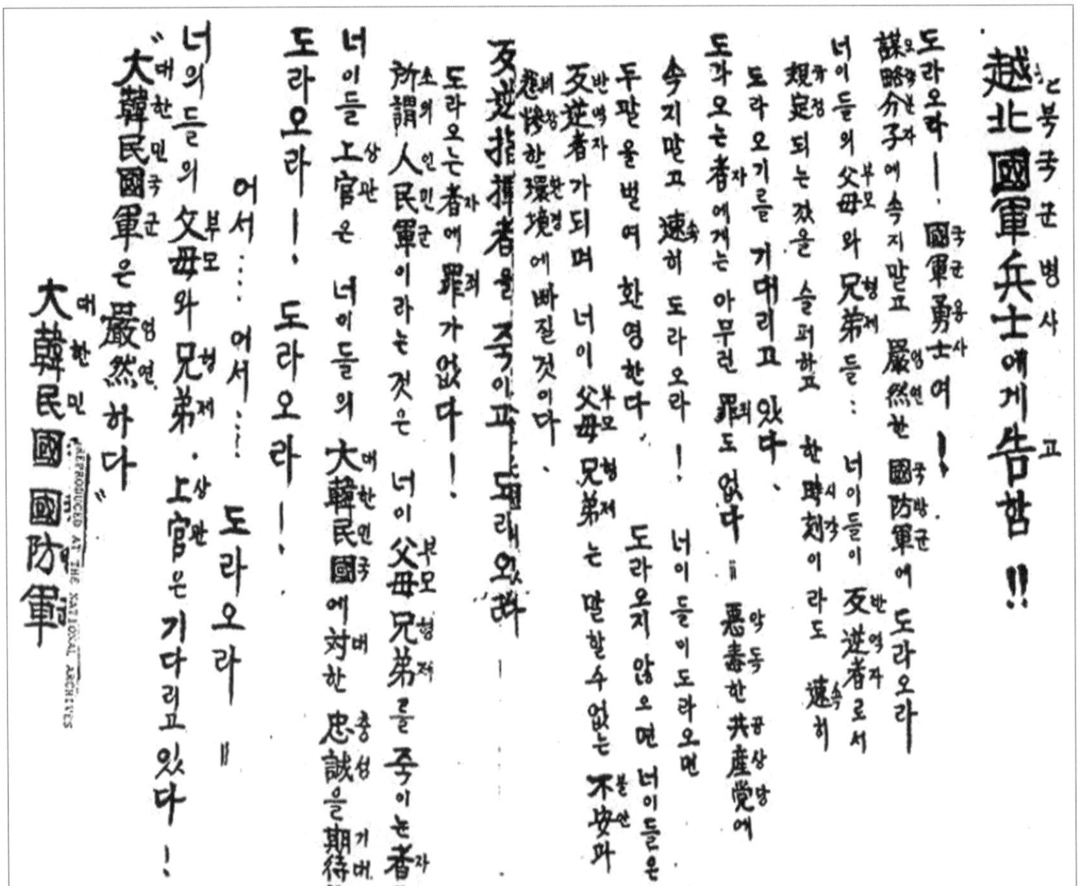
越北國軍兵士에게 告함!!

도라오라ー! 國軍勇士여!

謀略分子에 속지말고 嚴然한 國防軍에 도라오라

너이들의 父母와 兄弟들 : 너이들이 叛逆者로서

規定되는 것을 슬퍼하고 한時期이라도 速히

도라오기를 기대리고 있다.

도라오는 者에게는 아무런 罪도 없다 ‖ 惡毒한 共産党에

속지말고 速히 도라오라! 너이들이 도라오면

두팔을 벌여 환영한다. 도라오지 않으면 너이들은

叛逆者가 되며 너이 父母兄弟는 말할수없는 不安과

苦悶한 環境에 빠질것이다.

叛逆指揮者를 죽이고 도라오는者

도라오는 者에 罪가 없다!

所謂人民軍이라는 것은 너이 父母兄弟를 죽이는 者

너이들 上官은 너이들의 大韓民國에 對한 忠誠을 期待하

도라오라ー! 도라오라ー!

너의들의 父母와 兄弟·上官은 기다리고 있다!

어서…… 어서…… 도라오라 ‖

"大韓民國軍은 嚴然하다"

大韓民國國防軍

월북한 국군장병의 복귀를 애원하는 전단으로, 당시는 공산주의와 민주주의 체제를 잘 모르고 또 어떤 체제가 좋은지 모호한 상태였기 때문에 상급지휘관의 명령이나 교육에 결정적 영향을 받아 집단 월북, 월남한 사례가 많았다. 이 전단에서도 사병을 집단 월북시킨 **'반역 지휘관을 죽이고 돌아오면 아무런 죄가 없다'** 는 표현에서 이러한 현상을 알 수 있다. 그리고 한자에 음을 달아 놓아 이해력을 높였다.

[「공산군」 장병에게]

「共産軍」將兵에게

將兵諸君!
諸君의 血管에는 大韓民族의「피」가 흐르고 있다。그 貴重한「피」는 國祖 檀君으로부터 己未 三一運動을 通하여 오날의 大韓民國에 繼承되었다는것을 잊어서는 안된다

보라!
우리의 先烈들이 倭놈들과 싸울때 大韓民國을 爲하여「피」를 흘리었을지언정 人民共和國을 爲하여「피」를 흘린例는 한번도 없었다는것을 諸君은 銘記하는가!

諸君!
諸君의「피」나 우리國軍의「피」는 같은「피」다。
우리國軍이 失地北韓을 찾어 諸君의 父母나 兄弟나 姉妹를 苦難과 呻吟속에서 救出하려고「피」를 흘리려할때 諸君은 어째서 蘇聯의 奴隸가 되기爲해서 그貴重한「피」를 흘리려고하는가?

諸君!
己未年에 諸君의 父母나 兄弟가
「大韓獨立萬歲!」
를 힘껏 웨치다가 倭憲兵의 銃彈에 쓰러지든 壯烈한 光景을 다시 한번 想起하라。諸君! 諸君의「마음」을 앞으게한「나의 그리운 님……」은 諸君의 愛人인 同時에 잊어버린 大韓民國이었다。大韓民國은 諸君의 눈앞에 뚜렷이 나타났다。
諸君의 愛人이고 生命인 大韓民國을 諸君은 어이하려는가。
諸君은 어찌하여 諸君先烈과 父母가 大韓民國을 爲하여 흘린「피」를 갑싸게 팔려고하는가?

諸君!
沈溺하[illegible] 生覺하라。諸君이 흘리려는「피」는 決코 民族을爲한 犧牲이 아닌 同時에 民族的自殺自滅以外에 아무것도 아니라는것을 再三 느껴야한다。

諸君!
우리 國軍은 共産軍에 比해서 兵力도 科學武器도 많고 飛行機도 많이 가지고있다。諸君은武器를 갖인채로 또는 武器를 버리고 우리國軍의 따뜻한 품속으로 드러오라。우리 國軍은 諸君을 優遇할 萬般의 準備를 다하고있다。

諸君이여!
다시금 共産系列의 謀略宣傳에 속지말고 諸君의 祖國은 大韓民國이라는것을 再三 銘記하라。

[illegible]

공산군 장병에게 우리민족의 독립정신과 피를 나눈 형제애를 강조하고 있으며 모략선전에 속지말고 귀순을 종용하는 내용의 전략 심리전 전단이다.

[조국은 그대를 부른다]

매국공산괴뢰집단을 타도하라!

조국은그대를부른다!

전사 하사 여러분!
김일성이는 또다시 당신들을 개죽엄터로 모라넣을려고 책동하고있다。이놈은「八월공세」니「九월선거」니하면서 수천명의 당신들 동지들의 생명을 빼앗었다。
이번에는 또 무순「十월공세」니하면서 당신들의 그 아까운 목숨을 강요하는것이다。

여러분!
매국공산당 악질상관놈들에게 속아서 생죽엄당하지 말고「김일성타도가」를 높이부르며 외거의 깃발을들고 남한으로넘어와서 귀순하라!
당신들보담 먼저 넘어와서 귀순한 수천명의 청년들은 지금 남한에서 행복하게 편안히 잘살고있다。
당신들도 하로바삐 넘어오기를 기다리고있다!

김일성타도가(김일성의 노래곡조)

一、장백산 토굴속에 숨었든마적
압록강 물을건너 누굴노리나
오늘도 적지북한 九百만형제
원한도 드높구나 쏘聯의주구
아ー아ー그이름도 더러운 마적김일성
아ー아ー받어라 三千萬 원한의주먹

二、무욕과 학살로서 피바다북한
략탈과 착취로서 굶주린북한
현물세 애국미는 빼앗어다가
쏘련에 보내주는 역도김일성
아ー아ー우리의 원수놈 북한축장군
아!아ー매국노 살인귀 [illegible]장군

용감히나가자반공구국전선으로!

김일성의 권력장악과 대남적개심 고취를 위한 '10월공세' 등 각종 선전 · 선동에 대한 비판내용이며 '김일성 노래곡조'에 김일성을 타도하자는 내용으로 가사를 개조하여 부르게 하였다.

[그대들은 무엇 때문에 아직도 있는가?]

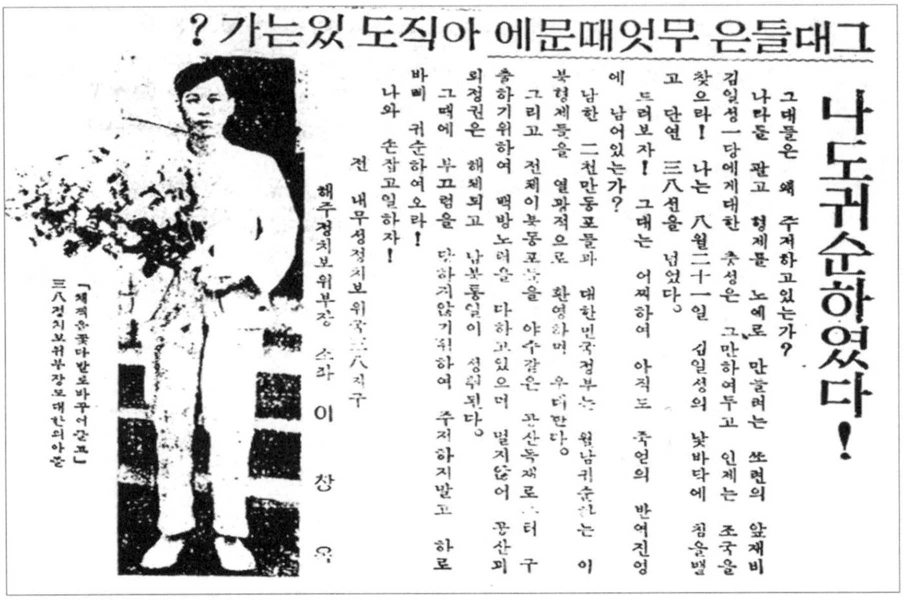

?가는있 도직아 에문때엇무 은들대그

나도귀순하였다!

그대들은 왜 주저하고있는가?

나라를 팔고 형제를 노예로 만들려는 쏘련의 앞재비 김일성一당에게대한 충성은 그만하여두고 인제는 조국을 찾으라! 나는 八월二十一일 김일성의 낯바닥에 침을밸고 단연 三八선을 넘었다。

드러보자! 그대는 어찌하여 아직도 죽엄의 반역진영에 남어있는가?

남한 二천만동포들과 대한민국정부는 월남귀순하는 이북형제들을 열광적으로 환영하며 우대한다。

그리고 전체이북동포들을 야수같은 공산독재로부터 구출하기위하여 백방노력을 다하고있으며 멀지않어 공산괴뢰정권은 해체되고 남북통일이 성취된다。

그때에 부끄럼을 당하지않기위하여 주저하지말고 하로바삐 귀순하여오라!

나와 손잡고일하자!

전 내무성정치보위국三八지구 해주정치보위부장 소좌 이 창 [illegible]

「재적은 꽃다발로바꾸어잡고」 三八정치보위부장도대한의아들

귀순자의 사진과 실명을 그대로 제시하여 신뢰성을 높인 전단으로 평가되나 **'개죽음, 김일성의 낯바닥에 침을 뱉고 귀순하였다'**는 직설적으로 비하하는 표현으로 상대를 자극하여 행동화 할 수 있는 심리전단으로, 받아보는 이가 반대 입장이면 적개심을 고취시킬 수 있을 것이며, 찬성 입장이면 귀순으로 행동화 할 수 있는 표현기법이다.

[제목과 출처가 없는 수기전단]

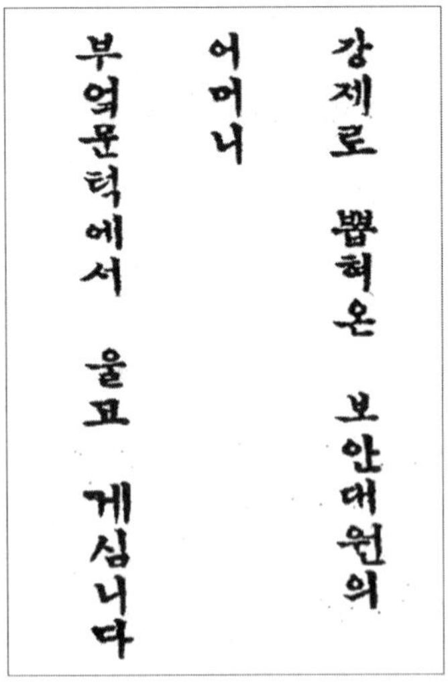

강제로 뽑혀온 보안대원의

어머니

부엌문턱에서 울고 게심니다

앞면

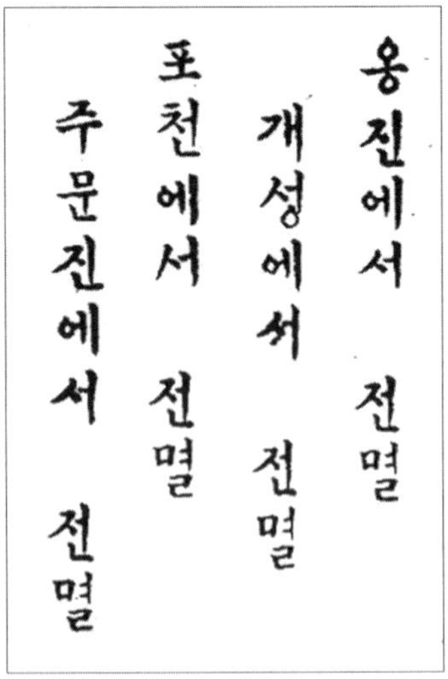

옹진에서 전멸

개성에서 전멸

포천에서 전멸

주문진에서 전멸

뒷면

이 전단은 제목도 없으며, 누가 무슨 목적으로 보냈는지 쉽게 이해가 되지 않는다. 이 전단은 규격화된 전단크기가 아니며, '게심니다'의 오자와 '옹진에서', '개성에서', '포천에서'의 '서'자의 글씨체가 모두 다른 것으로 볼 때 인쇄가 아닌 가는 붓글씨로 쓴 것으로 볼 수 있다. 이러한 전단은 70년대에 북한에서 많이 사용한 소위 '수기전단(手記傳單)[45]' 형으로 제작된 것이다.

---

45) '수기전단(手記傳單)'은 펜이나 붓, 연필로 규격에 관계없이 전달하고자 하는 내용을 신문지나 잡지, 그리고 노트 등에 직접 기록하여 만든 전단을 일컫는다. 이것은 적과 접촉한 상태에서 급히 전달해야 할 내용이 있거나 아니면 전단의 출처를 모호하게 하는 흑색 혹은 회색심리전의 전단으로 많이 이용한다.

[三八경비대 동지들에게]

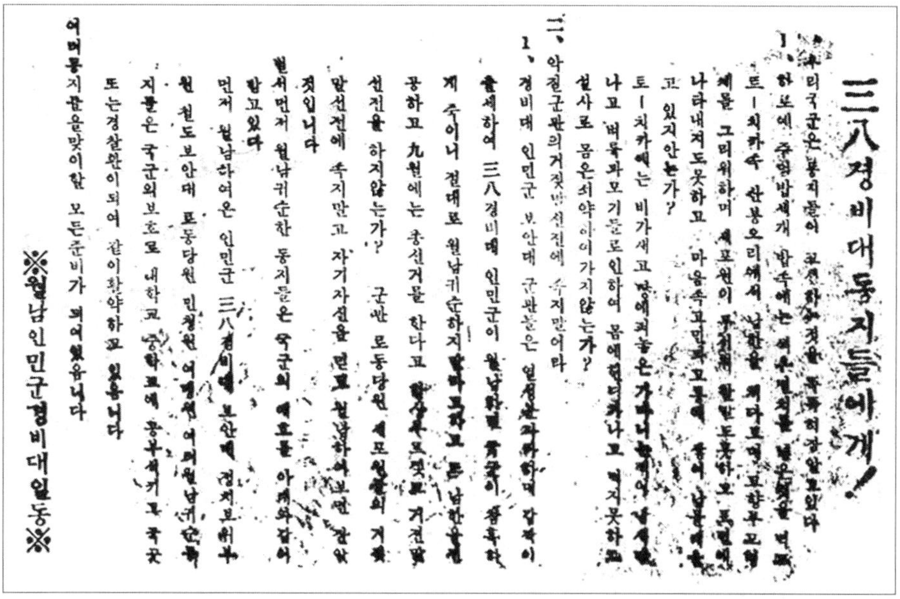
三八경비대동지들에게!

一、우리국군은 동지들이 [illegible] 것을 [illegible]
하로에 주먹밥세개 밥숫에는 [illegible]
트―럭 산봉오리에서 남한을 [illegible]
체를 그리워하며 세포원이 [illegible]
나타내지도못하고 마음속고민[illegible]
고 있지안는가?
토―치카에는 비가새고 [illegible]
나고 벼룩과모기들로인하여 몸에[illegible]
설사로 몸은쇠약하여가지않는가?

二、악질군관의거짓반선전에 속지말어라
1、경비대 인민군 보안대 군관놈은 [illegible]
출세하여 三八경비대 인민군이 월남하면 [illegible]
게 죽이니 절대로 월남귀순하지 [illegible] 남한은
공하고 九원에는 총선거를 한다고 [illegible]
선전을 하지않는가? 군관 로동당원 세포원들의 거짓
말선전에 속지말고 자기자신을 [illegible]
것입니다
벌서먼저 월남귀순한 동지들은 국군의 [illegible]
합고있다
먼저 월남하여온 인민군 三八경비대 보안대 경제보위부
원 철도보안대 로동당원 민청원 [illegible]
지들은 국군의보호로 내학교 중학교에 공부 [illegible]
또는경찰관이되여 같이활약하고 있읍니다
여러동지들을맞이할 모든준비가 되어있읍니다

※월남인민군경비대일동※

월남한 인민군의 이름으로 북한의 38선 경비대 동지들에게 보내는 전단이다. 북한군들의 비참한 생활을 적나라하게 폭로하여, 인민군에 대한 회의와 사기를 저하시키고, 군관들과 이간을 조장하여 귀순을 종용하고 있다, 특히 군관들이 월남 방지를 위한 교육내용이 모두 거짓임을 폭로함으로써 월남 귀순에 대한 자신감을 불어 넣어 주고 있다.

[북한 五도에도 즉시 UN결의에 따라 자유선거 실시 촉구]

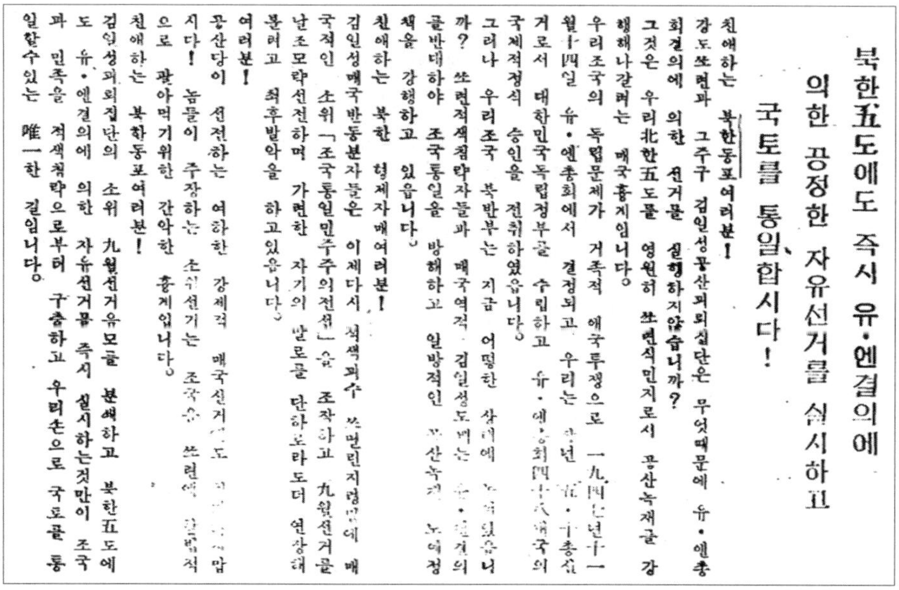
북한五도에도 즉시 유·엔결의에
의한 공정한 자유선거를 실시하고
국토를 통일합시다!

친애하는 북한동포여러분!
강도쏘련과 그주구 김일성공산괴뢰집단은 무엇때문에 유·엔총
회결의에 의한 선거를 실행하지않습니까?
그것은 우리北한五도를 영원히 쏘련식민지로서 공산녹재굴 강
행해나갈려는 매국흉계임니다。
우리조국의 독립문제가 거족적 애국투쟁으로 一九四七년十一
월十四일 유·엔총회에서 결정되고 우리는 [illegible]년五·十총선
거로서 대한민국독립정부를 수립하고 유·엔총회[illegible]국의
국제적정식 승인을 전취하였읍니다。
그러나 우리조국 북반부는 지금 어떠한 상태에 [illegible] 있읍니
까? 쏘련적색침략자들과 매국역적 김일성도배는 유·엔결의
를반대하야 조국통일을 방해하고 일방적인 공산녹재 노예정
책을 강행하고 있읍니다。
친애하는 북한 형제자매여러분!
김일성매국반동분자들은 이제다시 적색괴수 쏘련지령[illegible]에 배
국적인 소위「조국통일민주주의전선」을 조작하고 九월선거를
난조모략선전하며 가련한 자기의 말로를 단하로라도더 연장해
볼려고 최후발악을 하고있읍니다。
여러분!
공산당이 선전하는 여하한 강제적 매국선거[illegible]
시다! 놈들이 주장하는 소위선거는 조국을 쏘련에 [illegible]적
으로 팔아먹기위한 간악한 흉계입니다。
친애하는 북한동포여러분!
김일성괴뢰집단의 소위 九월선거유모를 분쇄하고 북한五도에
도 유·엔결의에 의한 자유선거를 즉시 실시하는것만이 조국
파 민족을 적색침략으로부터 구출하고 우리손으로 국토를 통
일할수있는 唯一한 길입니다。

유엔결의에 따라 남한처럼 자유선거 실시토록 촉구하는 내용이며, 특히 북한의 '조국통일 민주주의전선'의 심리전략을 적극적으로 수행하고 있음을 폭로 · 비판하고 있다. 이러한 '조국통일 민주주의전선'은 지금까지도 북한이 한반도 적화 전략으로 수행하고 있는 소위 '통일 전선형성전략'의 원조라고 할 수 있다.

[인민군 장병이여]

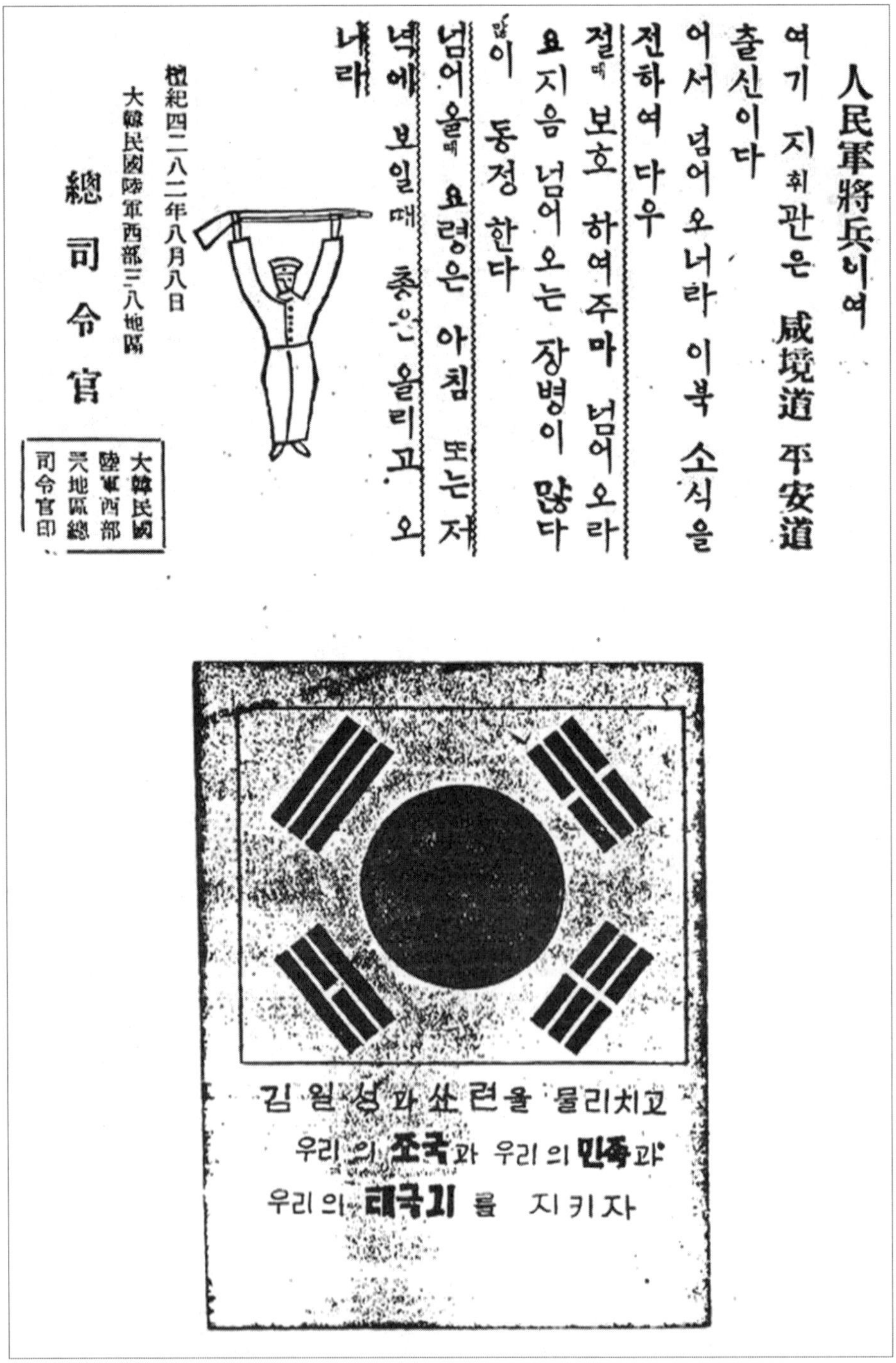

人民軍將兵이여
여기 지휘관은 咸境道 平安道
출신이다
어서 넘어오너라 이북 소식을
전하여 다우
절때 보호 하여주마 넘어오라
요지음 넘어 오는 장병이 많다
많이 동정 한다
넘어올때 요령은 아침 또는 저
녁에 보일때 총을 올리고 오
너라

檀紀四二八二年八月八日
大韓民國陸軍西部三八地區
總司令官

大韓民國陸軍西部三八地區總司令官印

김일성과 쏘련을 물리치고
우리의 조국과 우리의 민족과
우리의 태극기를 지키자

귀순을 종용하는 전단으로, 귀순하는 요령을 구체적으로 표현하였고, 문맹자를 위해 만화를 첨부 하였다. 그리고 전단의 신뢰성을 높이기 위해 보낸 날자, 총사령관의 도장까지 인쇄한 백색심리전 전단이다. 한편 중요한 문장에 옆줄까지 그어서 부각시킨 점과 **지휘관**, **절때**, **많이**, **보일때** 등 글짜크기가 다른 점이 이채롭다.

[이남통행증]

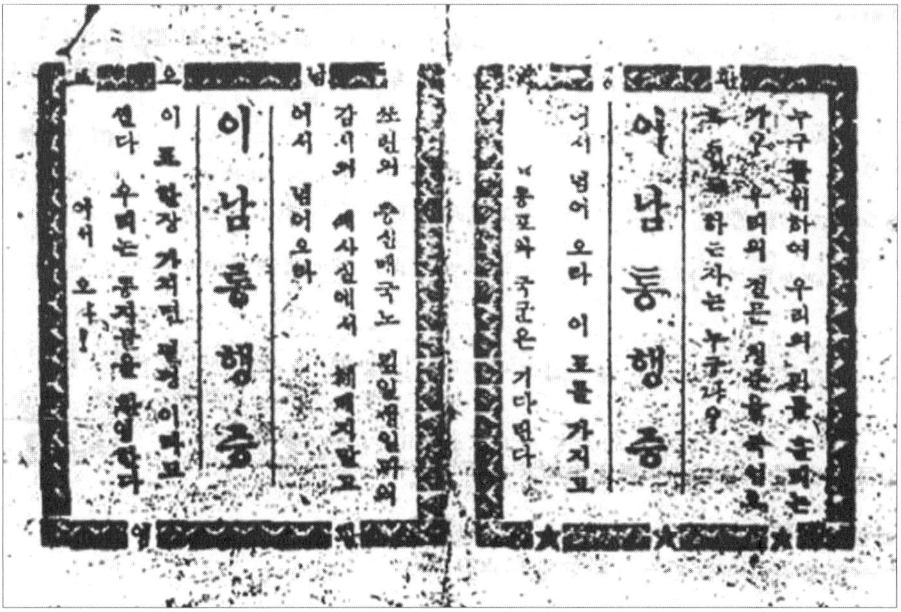

앞면

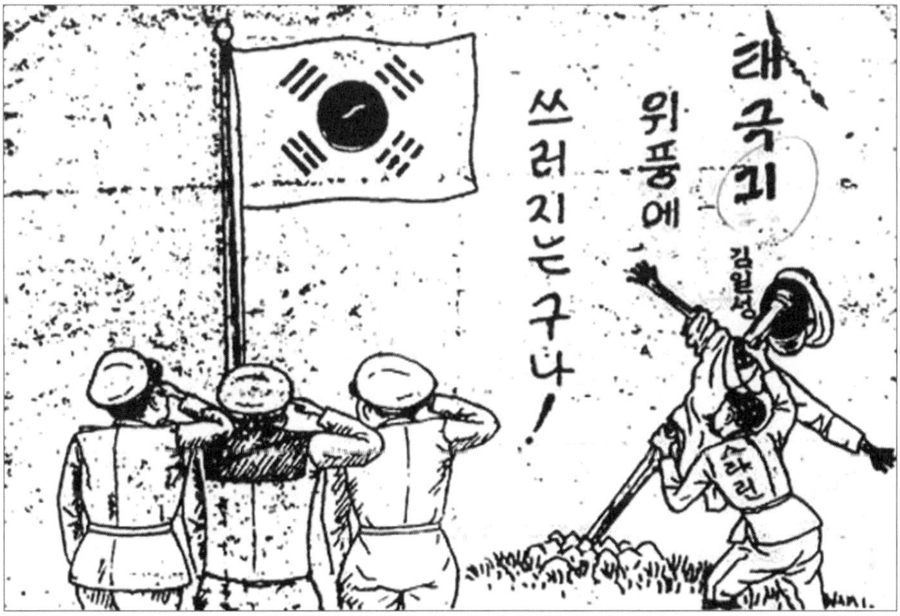

뒷면

'이남통행증' 으로서 일종의 **'안전보장증'** 같은 목적으로 제작된 것이다. 그러나 '안전보장증'은 보낸 주체에 대한 신뢰감이 있도록 제작되어야 하는 데, 이 '이남 통행증'은 누가 제작하였으며 누가 안전을 보장할 것인가라는 표현이 없다. '태극기'를 '태극괴'로 표기하였으며, 태극무늬에 적색과 흑색칼라로 인쇄할 수 없어 **가운데 기러기 모양의 흰색표시로 이를 대신하는 것으로 판단된다.**

[북한인민군 보안대장병에게 고함]

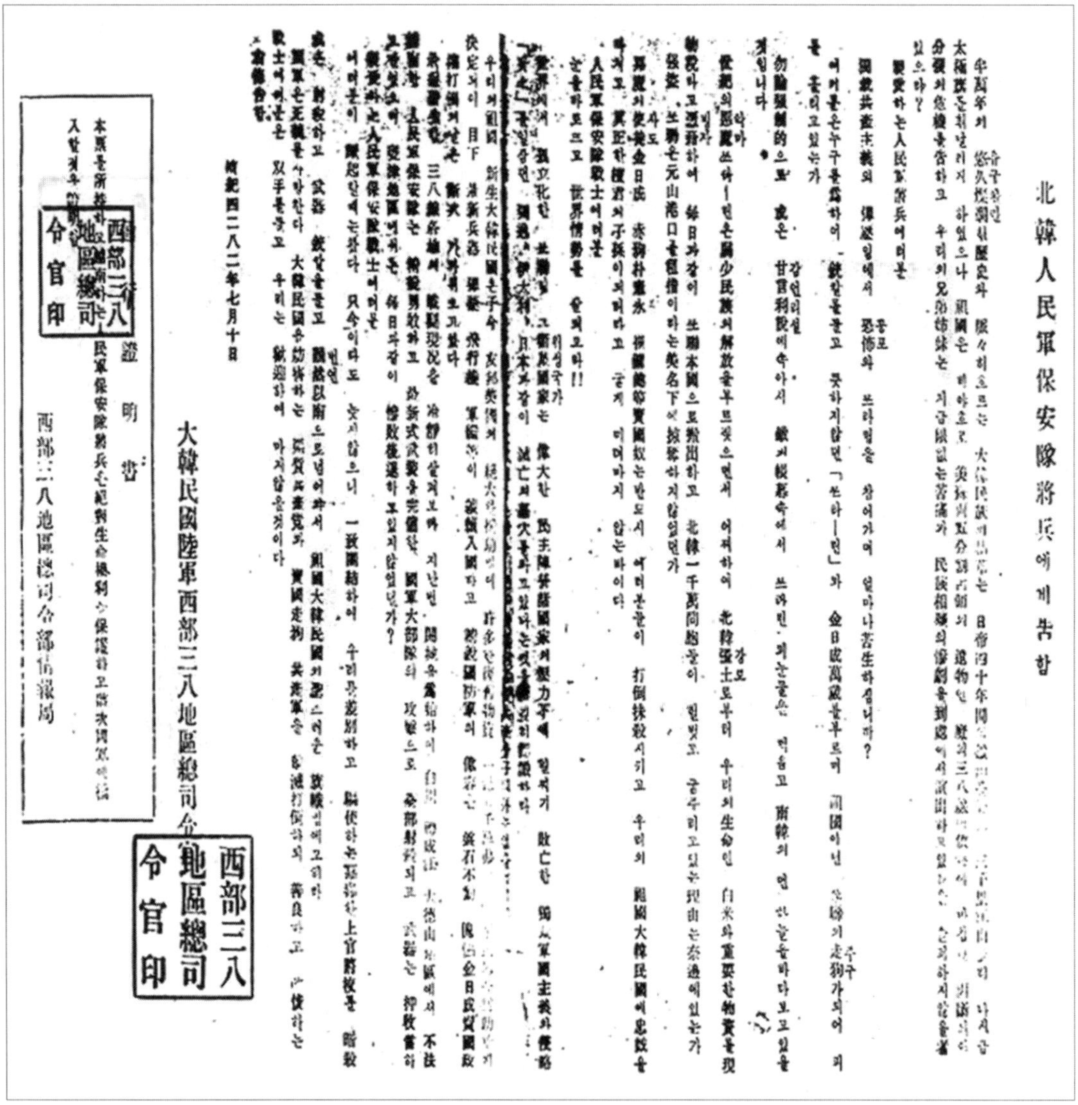

北韓人民軍保安隊將兵에게 告합

檀紀四二八二年七月十日

大韓民國陸軍西部三八地區總司令

西部三八地區總司令官印

證明書

西部三八地區總司令部情報局

西部三八地區總司令官印

단기 4282년 7월 10일 '서부 38선지구총사령관' 명의로 보낸 귀순종용 전단. '안전보장증'을 대신하는 것임을 증명하는 '통행증명서'를 함께 인쇄하여 신뢰성을 제고시키기 위해 '사령관'의 관인을 찍었다.

[사랑하는 동지들이여]

山中에서 애매하게 고생하는
가엾은 同志에게 나는 眞心으로
일 러 주 노 라 !

親愛하고 사랑하는 同志들이여 ! 그동안도 健康이나하시온지요 나는當身들과같이 以北에서 넘어와 함께따라 다니든 사람으로서 지금은

國軍의 따듯한愛護속에서 깨끗이 갈길을 잡고

光明의未來를 엿볼수있는 自由에서 지今도 過去에 나와같이헤매는 當身덜을 爲하여 하루라도 속히 目적없는 노여生活속에서 救出하고 安心하고

우리의 國軍의 至大한 愛護속으로 도라오기를 일러주느라

친 愛 하 는 여 러 분 이 여 !

洋洋한大海를 항海하는 기선에도 到着하여야할 항구가있고 가야만할 方向과 그길이있는것입니다 어두운속에서 헤매이는 그대 덜이여

하루바삐 잠을깨여라! 當身네는 아직도 그 악독한 놈덜의 殘인한모略에속아 죄을 좋은소모品이 되여있다는 事實을 잘 알어라 그대덜은 지금도 누구를위하여 누구를 죽이기위하여 손에 총칼을 쥐고서 누구를위해서 곱혼배를 주려가며 잠을못자고 夜晝를 다만 괴로운 육신을 기동하여 山中을헤매고있는가

尊 경 하 는 同 志 여 러 분 아 !

아즉도 當身덜의 父母 兄弟는每日같이 당신덜이 도라오기를 기다리고 있다던 것을 왜 生覺치 못하넌가 當신덜에게난 父母 兄弟도 그리고 妻子도 必要치않고 그립지 않다넌 理유가 어데있겠소 當신은바루 當신덜이가진 그 銃과 같이 당신네의 그리운 그 父母 兄弟를 죽이려고 준 銃갈이라넌것을 잘알어라 親愛하넌 여러분이여 지今부터 四年前 그 기나긴三六年間 우리가 日帝의 그나난 鐵鎖속에 억매여 억키고 자유없든 그 지루한 歲月을 다시한번 想起하여보아라 解放된우리 祖國을 또다시 以北 以南으로 中斷하고 祖國을 쏘聯에 팔아먹으려고 그의第七聯방으로 指定하여넘고 그의調節下에서 온갖 手段을 다하여 同族을殺害하고 온갖만行을다하여 파괴工作을하고잇넌 그者의 正體를 그대도 애매하게 고생하는 가여운 同志게 조용히 가슴에 손을대고 그의과거와現在를 良心的으로 反省하여보라 當身덜이 그 노略속에서 그者덜의 消모品으로 헤매고잇지않는가

하루속히 잠을깨고 돌아오시요 當身앞에는 우리의 眞정한國軍이 언제나 當身네의 오기를 기다리고잇습이다 父母 兄弟 當신의 前途가 洋洋하지않는가

지금은 國軍의 溫情사 愛護아래서 소生할수있는 光明이 길을기다리고잇다

親愛하는同지게 하루속히 下山하여 國軍 愛護下에 다같이 손에손을잡고 우리의 父母가계신 大韓民國에서 祖國의統一과 國土防衛를爲하여 다같이 步調를 마추어 투쟁할 것을 기다리고 기다린다 · 때는 아즉 늦지않엇니 속히잠을깨여라

檀紀四二八二年六月二五日

五台山에서 귀순한 人民軍

洪性俊 黃두원 告하노라

'아즉도 당身덜' 中의 인쇄로 보았을 때 '신' 자의 한자가 있었다. 그러나 **'친愛, 尊경, 當신'** 등과 같이 한자와 한글을 따로 인쇄하였다. 인쇄한자가 없었거나 빨리 제작하기 위해서인지 판단하기 어렵다. 그리고 **'곱혼배, 아즉도, 당신덜이'** 등은 현재의 표현과 사뭇 다르다.

[공산당은 사기강도단이다]

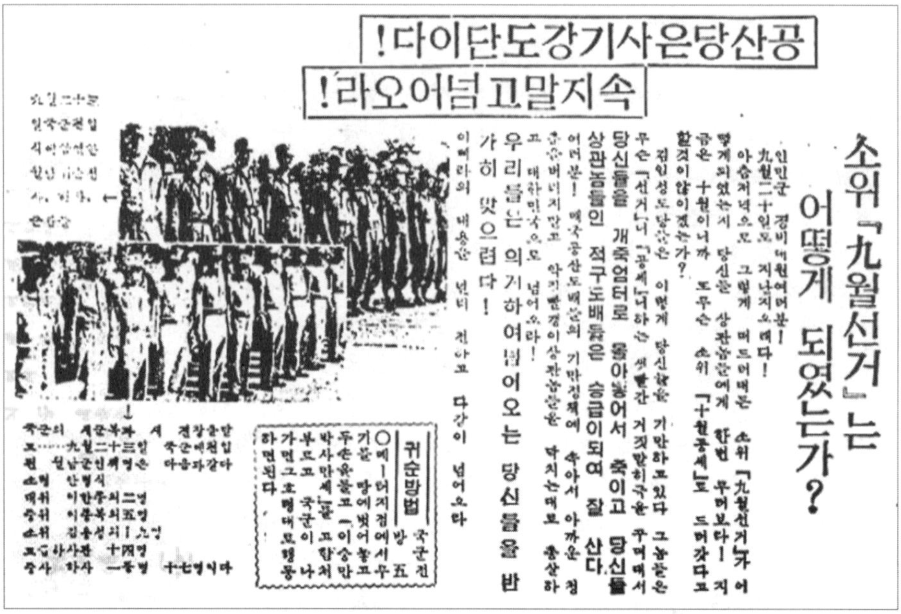

공산당은 사기강도단이다!

속지말고 넘어오라!

소위「九월선거」는 어떻게 되였는가?

인민군 경비대원여러분!
九월二十일도 지나지오래다!
아숨처녁으로 그렇게 떠드러대든 소위「九월선거」가 어떻게되였는지 당신은 상관놈들에게 한번 무러보라! 지금은 十월이니까 도무슨 소위「十월공세」로 드러갔다고 할것이않이겠는가?
김일성도당놈은 이렇게 당신들을 기만하고있다 그놈들은 무슨「선거」니「공세」니하는 새빨간 거짓말히구를 꾸며대서 당신들을 개죽엄터로 몰아놓어서 죽이고 당신들 상관놈들인 적구도배들은 승급이되여 잘 산다.
어려분! 매국공산도배들의 기만정책에 속아서 아까운 청춘을버리지말고 악질빨갱이상관놈들을 따치는대로 총살하고 대한민국으로 넘어오라!
우리들은 의거하여넘어오는 당신들을 반가히 맞으렵다!
이삐라의 내용을 널리 전하고 다같이 넘어오라

귀순방법

앞면

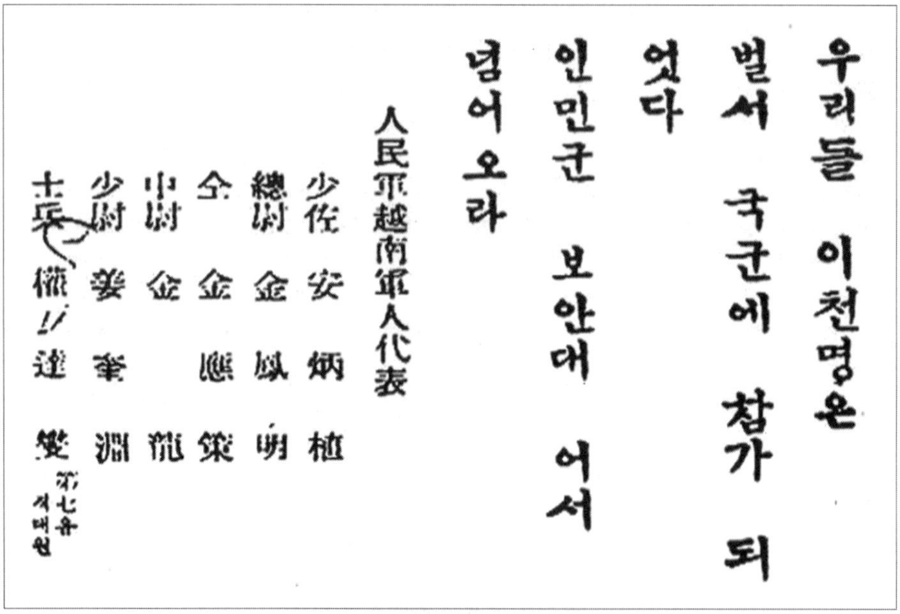

우리들 이천명은 벌서 국군에 참가 되었다

인민군 보안대 어서 넘어오라

人民軍越南軍人代表

少佐 安炳植

總尉 金鳳明

뒷면

이 전단은 집단월남한 북한군의 실명과 사진을 게재하였다. 귀순종용 전단에 실명과 사진을 동시에 게재하였고, 구체적인 귀순방법을 제시하여 신뢰성을 높이는 데는 도움이 되지만, 귀순을 결심하는 데는 제한을 줄 가능성이 많다. 왜냐하면 이렇게 실명과 사진을 게재함으로써 자신이 월남했다는 사실이 드러나기 때문에 북쪽에 남아 있는 부모형제들의 처벌을 생각하지 않을 수 없기 때문이다. 포로나 귀순자를 가명을 쓰거나 눈을 가려 얼굴을 알아보지 못하게 하는 점이 바로 이러한 염려 때문이다.

[소위 인민군 경비대 여러분! 생명을 귀중히 하라!]

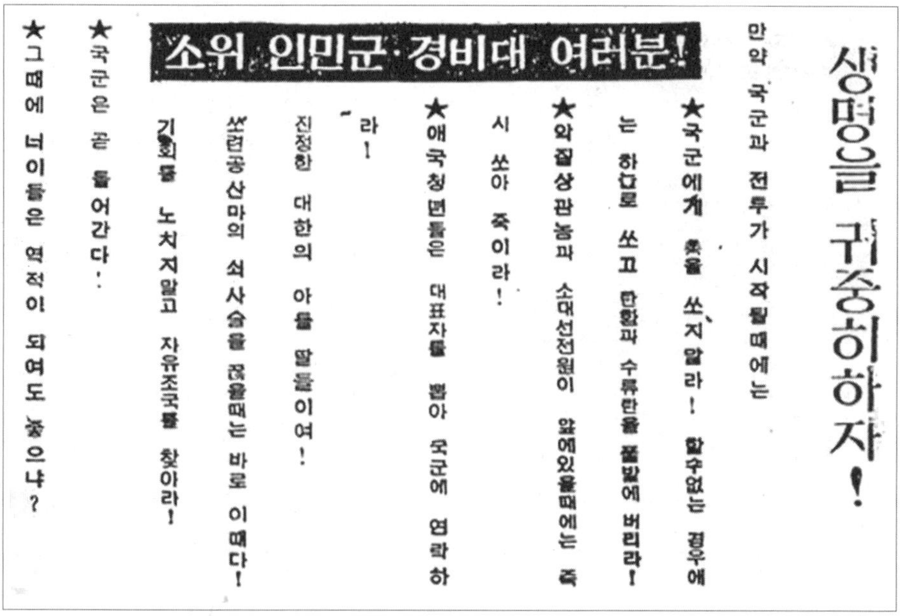
소위 인민군·경비대 여러분!

생명을 귀중히하자!

만약 국군과 전투가 시작될때에는

★국군에게 총을 쏘지말라! 할수없는 경우에는 하늘로 쏘고 탄환과 수류탄을 풀밭에 버리라!

★악질상관놈과 소대선전원이 앞에있을때에는 즉시 쏘아 죽이라!

★애국청년들은 대표자를 뽑아 국군에 연락하라!

진정한 대한의 아들 딸들이여!

쏘련공산마의 쇠사슬을 끊을때는 바로 이때다!

기회를 노치지말고 자유조국를 찾아라!

★국군은 곧 들어간다!

★그때에 너이들은 역적이 되여도 좋으냐?

앞면

뒷면

스탈린의 뿔이 난 표현과 김일성과 북괴군 상관들은 배가 나오고 인민군을 굶주리고 상처투성이로 표현한 것은 문맹자들도 쉽게 이해할 수 있도록 하였고, '상관을 쏘아 죽이고 귀순하라'는 직설적인 표현을 썼다. 이 전단은 북괴군 장교와 하전사와의 서로 반목하고 감시를 부추기는 갈등조장을 위해 제작되었다고 볼 수 있다.

[용기를 내어 국군에 귀순하라]

용기를내여국군에귀순하라!

희망의땅이눈앞에있다!

三八선넘으면행복의나라!

용기를 내여월남귀순하라!!

귀순방법

남한으로 귀순한 병사가 직접 쓴 글을 사진과 함께 전단으로 인용함으로써 그 사실감을 높이고 있고, 귀순방법도 게재했음으로 효과가 있는 **귀순종용 심리전단**이다.

[공산당은 무엇을 하고 있는가?]

공산당은 무엇을 하고있는가?

공산당이 북측주민들을 이용하기만 하고 해주는 것은 아무것도 없다는 주제로 비판하고, 남한은 나날이 발전하고 있으며, 여러 나라로부터 인정받는 나라임을 강조하고 있다. **모순된 공산체제를 붕괴시킬 수 있도록 총궐기를 선동하는 전단이다.**

[김일성에게 총부리를 돌려라]

김일성의 달콤한 말에 더 이상 속지 말고 총뿌리를 김일성에게 돌려서 의거를 일으키자고 부추기는 내용. 그 당시에도 **'조국'**, **'평화'**, **'독립'**, **'민족'** 이라는 선전·선동 단어는 지금까지지도 **'통일전선'** 형성 전략에 적극 활용한 바, 북한의 일관되고 지속적인 적화전략과 위장전술의 증거로 볼 수 있다. 사진은 북한군 병사가 남측으로 귀순하는 순간 국군이 어떤 행동을 취하는지 구체적인 설명이 쓰여있다.

[인민군 38경비대 제군들이여]

북한 내무성 경비국 제 3대대 소대장이었던 이필용 중위가 월남 귀순한 것을 사진과 함께 인쇄해 보낸 전단이다. 사진과 실명을 첨부함으로써 내용의 신뢰성을 제고시킨 백색심리전 전단의 전형적인 모델이다.

傀儡集団罪惡史

친애하는 인민군 장병 여러분!
비참한 이 현실!!
당신들의 재물 가구 의복 은 물론 당신들의 사랑하는 아내와 딸을 "다와이" 해 갈 놈들이 누구냐? 당신들을 시베리아로 류형보내며 집에다 불지르고 때리고 학살하는것에 소위 공산정치 인것을 모르는가?
궐기하라! 집합하라 그리고 원쑤 놈들 숙청하고 조국으로 넘어오라!
국군은 당신들을 친히 반가히 마저드린다!

공산 마귀 놈은 어떻게도 동족의 피와 땀을 착취하고 있다!
그 증거로는 쏘련행 열차에 무엇이 실려 왔나를 똑똑히 보라!
전우들! 이 이상 더 주저치말자!
초직적으로 의거를 이르켜 태극기빨 아래 아로바삐 넘어오라!
북군은 진실한 전우로서 그대들을 환영한다!

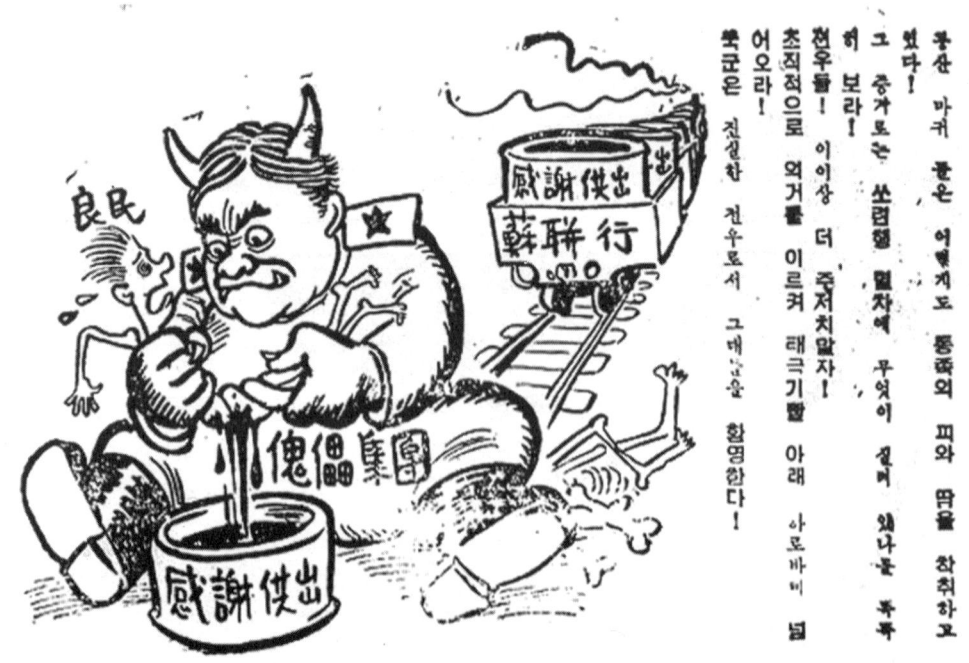

김일성은 소련괴뢰의 하수인으로 **북한주민의 고혈을 짜 감사공출이라는 명목으로 착취하여** 소련으로 보내고 있음을 폭로 · 비판하는 전단이며, 이해하기 쉽고 오래 기억시키기 위해 회화적으로 잔인한 모습을 만화로 그려 인상적으로 표현하였다. 湍(단)의 「단」자를 한자로 쓰지 않았다.

[사선을 넘어서]

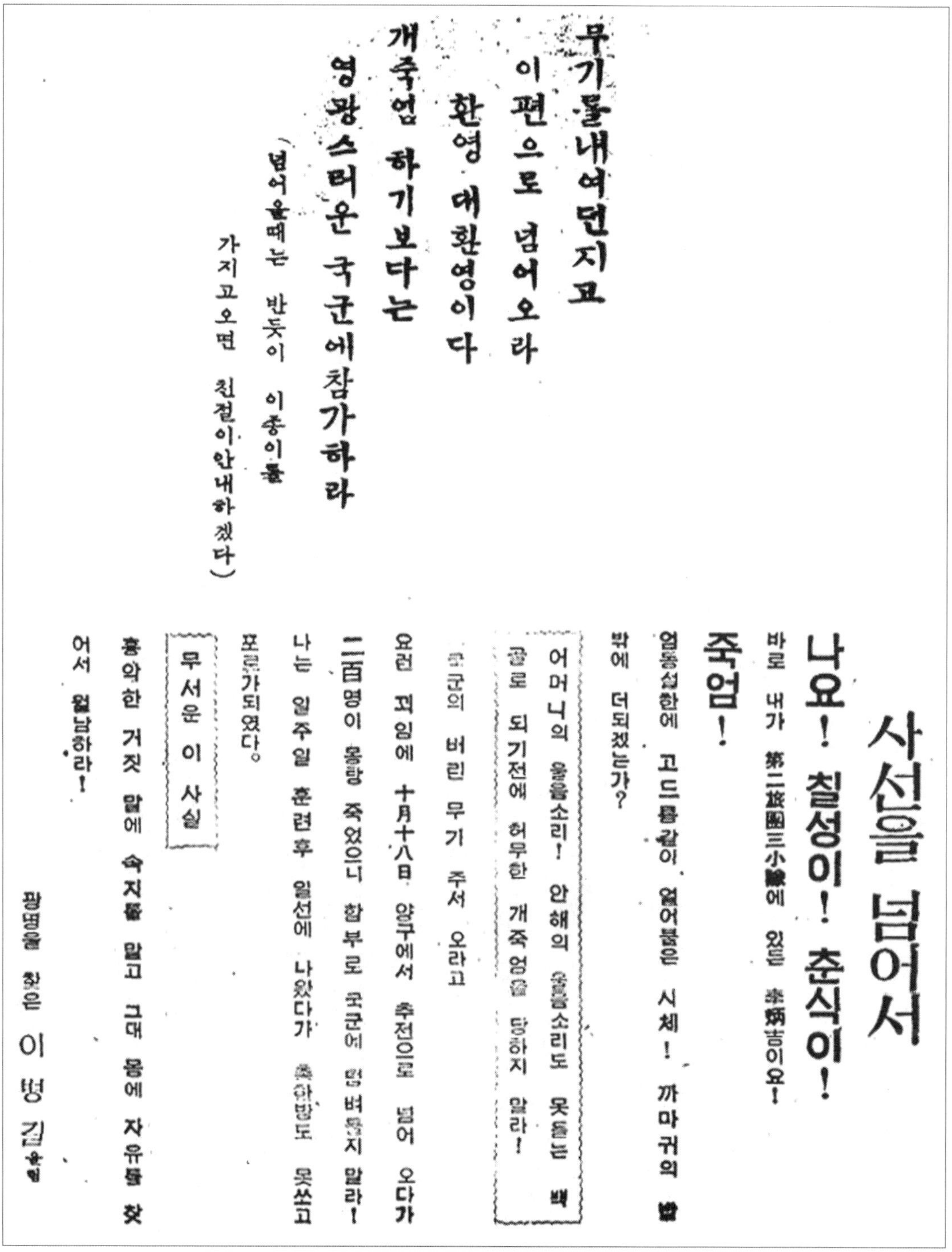

사선을 넘어서

나요! 칠성이! 춘식이!

바로 내가 第二旅團三小隊에 있든 李炳吉이요!

죽엄!

엄동설한에 고드름같이 얼어붙은 시체! 까마귀의 밥밖에 더되겠는가?

어머니의 울음소리! 안해의 울음소리도 못듣는 백골로 되기전에 허무한 개죽엄을 당하지 말라!

국군의 버린 무기 주서 오라고 요런 꾀임에 十月十八日 양구에서 추전으로 넘어 오다가 二百명이 몽땅 죽었으니 함부로 국군에 덤벼들지 말라!

나는 일주일 훈련후 일선에 나왔다가 총한방도 못쏘고 포로가되였다。

무서운 이 사실

흉악한 거짓 말에 속지를 말고 그대 몸에 자유를 찾어서 월남하라!

광명을 찾은 이 병길 올림

무기를내여던지고

이편으로 넘어오라

환영 대환영이다

개죽엄 하기보다는

영광스러운 국군에참가하라

(넘어올때는 반듯이 이총이를 가지고오면 친절이안내하겠다)

북한인민군 소속 '이병길'이 국군이 버린 무기를 줍기 위해 넘어오다가 포로가 되었고, 그리고 자기와 같은 임무를 수행하다가 2백 명이 죽었다. 즉 국군에 덤벼들지 말고 귀순하라는 내용이다.

[안전보장증 대용]

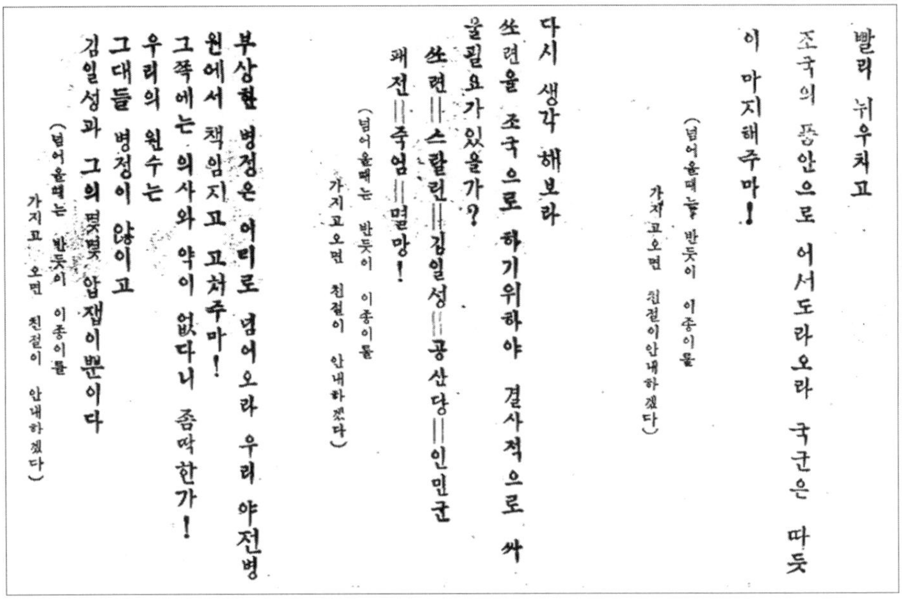

빨리 뉘우치고

조국의 품안으로 어서도라오라 국군은 따뜻이 마지해주마!

(넘어올때는 반듯이 이종이를 가지고오면 친절이안내하겠단)

다시 생각해보라

쏘련을 조국으로 하기위하야 결사적으로 싸울필요가 있을가?

쏘련=스탈린=김일성=공산당=인민군 패전=죽엄=멸망!

(넘어올때는 반듯이 이종이를 가지고오면 친절이 안내하겠다)

부상한 병정은 어데로 넘어오라 우리 야전병원에서 책임지고 고쳐주마!

그쪽에는 의사와 약이 없다니 좀딱한가!

우리의 원수는 그대들 병정이 않이고 김일성과 그의 몇몇 압잽이뿐이다

(넘어올때는 반듯이 이종이를 가지고 오면 친절이 안내하겠다)

전단 송신자를 누군지 밝히지 않았으나 내용으로 보아 남쪽에서 보낸 것이 확실시 되는 백색심리전 전단이다. 넘어올 때는 반듯이 "이 종이를 가지고오면 친절히 안내하겠다" 라는 것으로 보아 '안전보장증'을 대신한다는 뜻이나, 명확한 송신자를 밝히지 않았기 때문에 신뢰가 없고, 효과가 반감된다.

[공산당은 숙청공작을 여하히 진행시키고 있는가?]

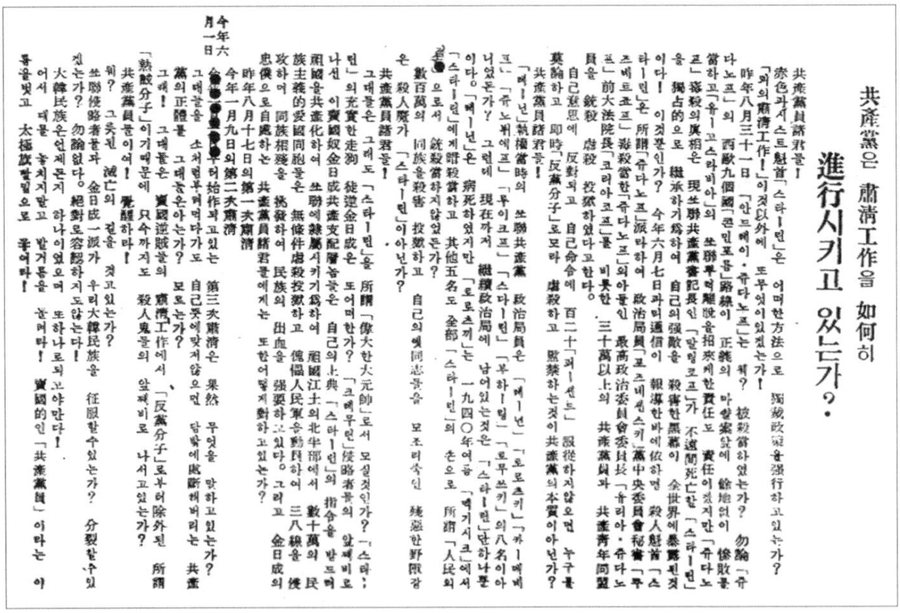

共産黨은 肅淸工作을 如何히 進行시키고 있는가?

共產黨員諸君들!

赤色파시스트魁首「스타ー린」은 어떠한方法으로 獨裁政策을强行하고있는가? 「피의肅淸工作!」이것以外에 또무엇이있겠는가!

昨年八月三十一日 「안드레이·쥬다노프」는 웨? 被殺當하였는가? 勿論「쥬다노프」의 西歐九個國「콘민포름」路線이 正義의 마살案앞에 餘地없이 慘敗를當하고「유ー고스라비아」의 쏘聯부터離脫을招來케한責任도 責任이겠지만「쥬다노프」虐殺의眞相은 現쏘聯共產黨書記長인「말렝코프」가 不遠間死亡할「스타ー린」을 獨占的으로 繼承하기爲하여 自己의强敵을 殺害한黑幕이 全世界에暴露된것이다!

이것뿐인가? 今年六月七日과미通信이 報導한바에依하면 殺人魁首「스타ー린」은 所謂「쥬다노프」派라하여 政治局員「포즈네센스키」黨中央委員會秘書「무즈베트조프」를殺當한「쥬다노프」의아들인 最高政治委員會委員長「유리아·쥬다노프」前大法院長「코리아코프」를 비롯한 三十萬以上의 共產黨員과 共產青年同盟員을 銃殺 虐殺 投獄하였다고한다。

自己意思에 反對되고 自己命令에 百二十「퍼ー센트」服從하지않으면 누구를莫論하고 卽時「反黨分子」로모라 虐殺하고 監禁하는것이 共產黨의本質이아닌가?

共產黨員諸君들!

「레ー닌」執權當時의 쏘聯共產黨 政治局員은 「레ー닌」「토로츠키」「카ー메네프」「쥬노뷔에프」「부이코프」「스타ー린」「부하ー링」「토무쓰키」의八名이아니었든가? 그런데 現在까지 繼續政治局에 남어있는것은 「스타ー린」만하나뿐이다。「레ー닌」은 病死하였지만 「토로츠끼」는 一九四〇年여름 「멕기시코」에서「스타ー린」에게暗殺當하고 其他五名도 全部「스타ー린」의 손으로 所謂「人民의[redacted]」으로서 銃殺當하지않었든가?

數百萬의 同族을殺害 投獄하고 自己의옛同志들을 모조리죽인 殘忍한野獸같은 殺人魔가「스타ー린」이아닌가?

共產黨員諸君들!

그대들은 그래도「스타ー린」을 所謂「偉大한大元帥」로서 모실것인가?「스타ー린」의充實한走狗 徒逆金日成은 또어떠한가?「크레무린」侵略者들의 앞잡이로나선 이賣國奴金日成共產支配層놈들은 自己의上典「스타ー린」의 指令을 받드며祖國을共產化하여 쏘聯에隸屬시키기爲하여 祖國江土의北半部에서 數十萬의民族主義的愛國同胞들은 無條件虐殺投獄하고 傀儡人民軍을動員하여 三八線을侵攻하며 同族相殘을 挑發하여 民族의 出血을 强要하고있다。그리고 金日成의忠僕으로自處하는 共產黨員諸君들에게는 또한어떻게對하고있는가?

昨年八月十七日의第一次肅淸

今年一月九日의第二次肅淸

(今年六月一日) 今[redacted]부터始作되고있는 第三次肅淸은 果然 무엇을 말하고있는가?

그대들을 소처럼부려먹다가도 自己뜻에맞지않으면 단박에處斷해버리는 共產黨의正體를 그대들은아는가? 모르는가?

그래! 그대들은 賣國逆賊들의 肅淸工作에서、「反黨分子」로부터除外된 所謂「熱誠分子」이기때문에 只今까지도 殺人鬼들의 앞잡이로 나서고있는가?

共產黨員들이여! 覺醒하라!

왜? 그릇된 滅亡의 길을 것고있는가?

쏘聯侵略者들과 金日成一派가 우리大韓民族을 征服할수있겠는가? 分裂할수있겠는가? 勿論없다。絶對로容認하지도않는다!

大韓民族은언제든지 하나이였으며 또하나로되고야만다!

어서 때를 놓치지말고 발거름을 돌려라! 賣國的인「共產黨員」이라는 이름을벗고 太極旗밑으로 모여라!

대 소투쟁선동 내용이나 일반 주민과 하전사가 이해하기에는 내용이 어렵다. 전단은 아무리 정밀살포한다고 해도 보내려고하는 대상에게만 전파하기 어렵다. 따라서 가능하면 많은 사람이 쉽게 이해할 수 있는 표현과 내용이어야 효과가 있다.

[독립이냐? 노예냐?]

독립이냐? 노예냐?

인민군 경비대원여러분!

그대들은 무엇때문에 총을 들고 나섰는가? 누구를 위하여 누구에게 총부리를 돌리는가? 그대들은 우리 조국을 망쳐먹고 동족을 참혹한 유혈장으로 몰아넣은 김일성도당들의 망국적 기만정책에 이용당하고 있다! 그리하여 그대들은 그대들의 부모형제와 친척과 친구들에게 총을 겨누고 있다.

★그것은 노예의 길이요 죽음의 길이다! 三천만동포에게 죄악이고 유·엔五十八개국에 대한범죄다! 무서운 일이다!

★나라를 쏘련에 팔고 저놈들만 잘살어 보려는 공산주의 연성분자들을 모조리 조사하라!

★그놈들을 다 치는데도 죽이고

무기를 갖이고 大韓民國으로 오라!

★귀순하면 국군에게 매맞는다는 것은 놈들 돈셋빨간 거짓말이다 우리는 당신들을 환영한다!

★이때다 내용을 모ー든 전사들에게 알려주고 같이 넘어오라!

귀순방법

국군전방五〇메ー터지점까지와서 무기를 땅에 벗어놓고 손을 들고 「이승만박사만세!」라고 부르고 국군이나가면 그 명대로 행동하라! 그러면 귀순으로 인정하고 반겨맞이할 것이다.

九月二十三日진행된 월남귀순군인국군편입식광경

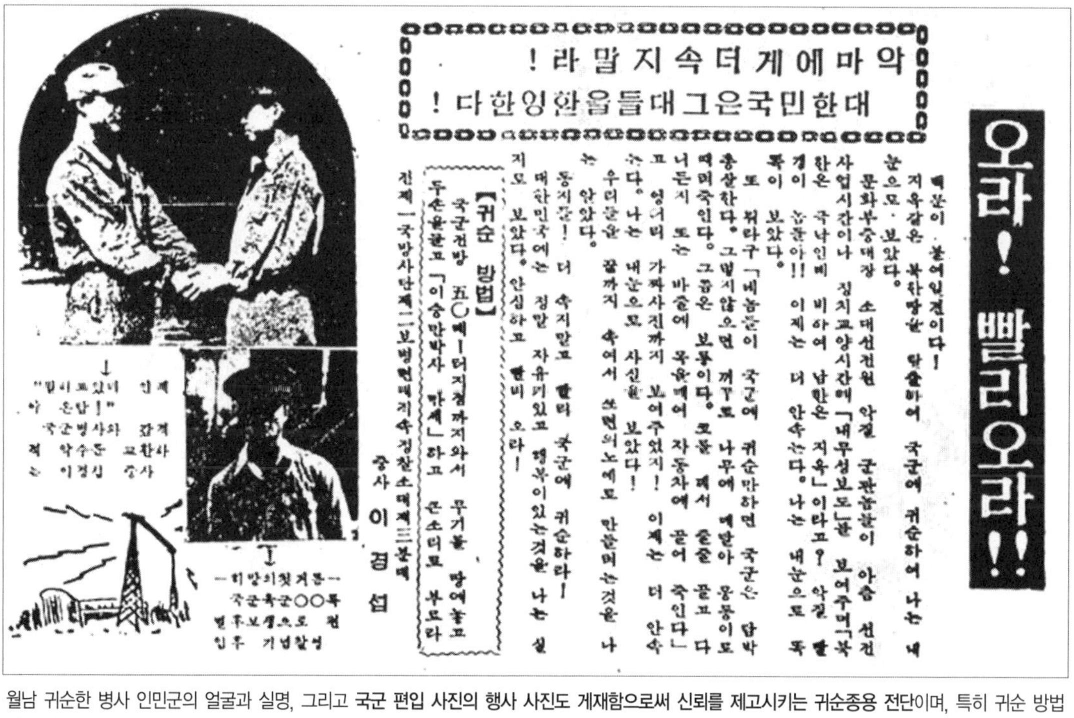

오라! 빨리오라!!

악마에게 더속지말라!

대한민국은 그대들을 환영한다!

백문이 불여일견이다!

지옥같은 북한땅을 탈출하여 국군에 귀순하여 나는 내 눈으로 보았다. 문화부중대장 소대선전원 악질 군관놈들이 아침 사업시간이나 정치교양시간에 「내무성보도」를 보여주며 북한은 국나인께 비하여 남한은 지옥」이라고? 악질 빨갱이 놈들아!! 이제는 더 안속는다. 나는 내눈으로 똑똑이 보았다.

또 뭐라구 「네놈들이 국군에 귀순만하면 국군은 담박 총살한다. 그렇지않으면 꺼꾸로 나무에 매달아 몽둥이로 때려죽인다. 그것은 모두 보통이다. 모두 패서 줄줄 끌고 다니든지 또는 바줄에 목을매여 자동차에 끌어 죽인다」고 엉터리 가짜사진까지 보여주었지! 이제는 더 안속는다. 나는 내눈으로 사실을 보았다!

우리들을 끝까지 속여서 쏘련의 노예로 만들려는 것을 나는 알았다.

동지들! 더 속지말고 빨리 국군에 귀순하라! 대한민국에는 정말 자유가있고 행복이 있는것을 나는 실지로 보았다. 안심하고 빨리 오라!

【귀순 방법】

국군전방 五〇메ー터지점까지와서 무기를 땅에 놓고 두손을 들고 「이승만박사 만세」하고 큰소리로 부르라

전 제一군방사단제二보병련대제속정찰소대제三분대 중사 이경섭

—희망의첫거름—

월남 귀순한 병사 인민군의 얼굴과 실명, 그리고 **국군 편입 사진의 행사 사진도 게재함으로써 신뢰를 제고시키는 귀순종용 전단**이며, 특히 귀순 방법에 대해서 자세하게 나와 있기 때문에 효과가 있었을 것으로 판단된다.

[격!]

檄!

官廳은 百姓을 믿고.
百姓은 官廳을 믿고.
의지하고 지도하여
한뭉지난 우리民國
이만치나 컸읍니다.
남의 원조 받지않고
자급자족 할것이고 禮儀 廉恥아는 百姓 오손 도손 잘살거요.
놈부 심술 「쏘련」놈이 낭이야 죽거나 살거나 제혼자만 잘살려
고 百餘年前 옛날부터 우리大韓 머자드니 흉측한 後손들 쫓
겨간뒤 그代身 韓國에 남아나서 北韓을 다먹었오
金日成, 朴憲永이 「스타린」의 종놈이오 一千萬北韓同胞 불상히도
奴隷되여 生命 부지못합니다 南韓에 密偵을 보내서 殺人, 放
火 만낫하고 커나가는 이나라를 破壞하라드는거요, 한피줄의
兄弟 姉妹 흥분해서 살수없소
스타린은 우리의 원수
金日成 朴憲永도 우리의 원수
그것들의 졸병들도 우리의 원수
원수를 갚아야하오, 안갚으면 우리도 죽소 우리政府는 벌서부
터 모든 계획 다 세우고 모든 準備 다해놓코 이웃나라 먼나
라 四十八國과 合心하여 「쏘련」에게 원수갚은거요 北韓허수아비
賣國奴 다모라낼것이요.
官廳은 百姓을 믿고.
百姓은 官廳을 믿고.
의지하고 지도하여
올해는 맹세코 統一大業이룹시다

내용이 위협적이고 북침을 하겠다는 내용이 있어, 오히려 적개심과 경계심을 고취시킬 수 있음. 그리고 관청은 백성을 믿고, 백성은 관청을 믿고 따르라는 표현은 북괴 괴뢰정권을 믿으라는 것으로 오해할 수 있는 소지가 있어 전단 표현기법으로는 바람직하지 않다. 전단은 가능한 쉽게 이해될 수 있도록 단순하고 명확히 표현해야 효과가 있다.

[인민의 고혈을 짜서]

각종세금, 노역을 착취하여 뿔이 나고 여우털을 한 도깨비 같은 김일성의 모습을 회화적으로 표현하였다.

[전 공산군 월남군인들은 어떻게 지내고 있나?]

전 공산군 월남군인들은 어떻게 지내고 있나?

인민군, 경비대 군관 하사 전사 여러분!

어제까지 당신들과 함께 공산군내에서 굶주리고 노예처럼 갑시당하면서 마음에없는 三八선침공에 끌리워나왔다가 대한민국국군에 귀순 또는 포로가되여 월남한 수많은 공산군장병들이 오늘부터 어떻게 살고있는지아는가?

그들은 지금 한사람도 빠짐없이 민족정신에 환원하여 남한동포들의 따뜻한 애호속에 지긋지긋한 옛날생활과는 만판으로 새나라의 일군으로서 군부를 비롯한 각종직장에서 행복하게 자유롭게 일하고있다.

[사진은] 전 인민군 귀순자 환영대회에서 [illegible] 꽃다발을 받고 있는 귀순군人들

七월二十三일 百五十만서울 시민들의 인여한 환호속에 서울운동장에서 월남귀순공산군 환영대회가 열리었다.

이대회에 참가한 월남공산군대표 이천(二千)여명은 부강하여가는 대한민국의 씩씩한 자태에 감격하고 괴뢰김일성타도 실지회복의 결의를새롭게하였다

당신들도 한번생각해보라!

진정한 민족의 아들이되겠다고나선 사람에게 누가 나쁘게 대하겠는가?

인민군 경비대 여러분!

상관놈들의 허위선전에 속지말고 악질상관놈들은 사살하고 완전무장한채 월남하라!

월남시에 이삐라를가지고오라!

월남할때는 국군전방 五十메-타지점까지 와서 무기를 땅에 벗어놓고 큰 고함으로 「이승만 박사만세」라고 크게 안때까지 불러라! 그러면 귀순으로 인정할것이다.

[대대참모를 사로잡아가지고 귀순한 용사도 있다!!]

대대참모를사로잡아가지고 귀순한 용사도 있다!!

소위/국경경비대 七여단一대대경비분대 상등병 정병휘(鄭炳輝=一九)군은 자기의 대대참모장 김석균소위(金錫均=二八)를 지혜로써 사로 잡아가지고 지난 九월十五일 三八선을 넘어서 국군진지에 귀순하였다.

정군은 지금 국민들의 열렬한 환영속에 一약 새로운 민족영웅이 되었으며 김소위도 뜻밖에 국군의 따뜻한 사랑을 받고 그우에 南한의 현실을 눈으로보니 남거두고온 가련한 전우들생각에 밤잠을 못이겠다고한다.

아직도 北편의 감시아래있는 인민군과 경비대원 여러분!

오라! 南한은 낙원이다!

모두들 귀순하라!

그대들과 민족의 살길은 자기의 정부에대하여 반항을 즉시 정지하는길밖에없다. 국제적 승인아래 비약하는 대한민국은 一번 사랑으로서 그대들을 기다리고 一번 무서운 군사력으로 배기하고있다. 악질 공산도배를 죽이거나 혹은 사로잡아가지고 모두들 귀순하라【전국경경비대七여단一대대 경비분대 상등병이든 정병휘】

도리어 잘되였다!

南한에 와보니 꿈에서 깨어난것 눈부신 민주주의적비약에 놀내고있다.

나의 전우들이 혹은 죽아서 혹은 강제로 아직도 北편의 종이되여 죽을자리에 있는것을 생각하니 밤에 잠이 안온다. 나는 정병휘군에게속아서 귀순하였지만 지금은 정군의 은덕을 감사한다.

나의, 전우들은 한사람도 빠짐없이 나를 따라오라!

제군의 장래를 나는 영장으로써 보장한다.

그대들의 옛날의 참모장으로부터

전국경경비대제三 제七여단제一대대 참모장 소위 김석균

영장이 꽃다발을 받는 정병휘 용사 ←

대대 참모장을 사로잡아가지고 귀순 ... 정병

↓ 사진은 김석균 소위

국경경비대 정병휘 상등병의 자기부대 참모장을 강제 수단으로 동반 월남한 행동을 영웅화시키고 강제 연행 귀순하였지만 오히혀(려) 더 잘되었다는 김석균 참모장 말을 인용해 **선전 · 선동하는 투항권고 전단이다.**

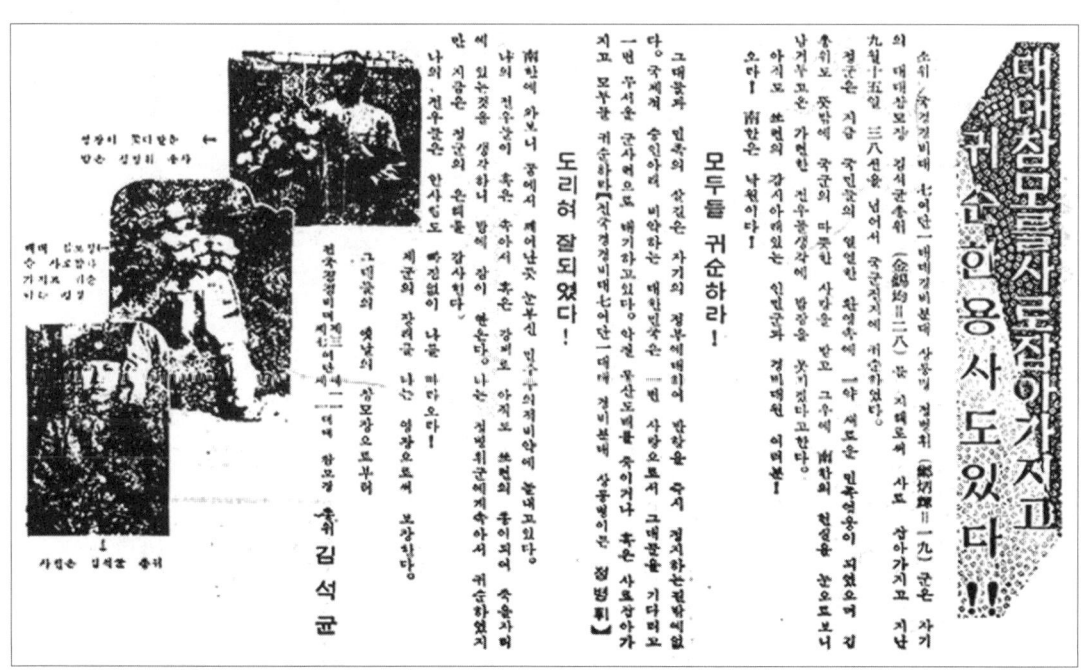

[이래도 공산주의가 좋으냐?]

檄!

攻勢 攻勢 무슨攻勢가 이렇게많으냐? 三・一攻勢、五・一攻勢、七月攻勢、八・一五攻勢、九月攻勢、十月攻勢、殺人攻勢、放火攻勢…… 그래서 大韓民國이 五十餘國의 承認을 못받었단말이냐? 이젠攻勢念佛 암만해도 自稱자네들동무라는 農民들까지 절대로 속지않어、攻勢타령 제발좀 고만두게

공산주의 스탈린을 폭군으로서 각인시키기 위해 회화적으로 표현하였으며, 뒷면에 각종 공세의 구호를 비판·폭로 하고 있다. 각종 공세의 표현은 **독재자들의 카리스마적 리더십을 이용해 선전·선동을 하기 위해 자주 사용한 것으로 공격적인 기법**이다.

[의심많은 북한지도자]

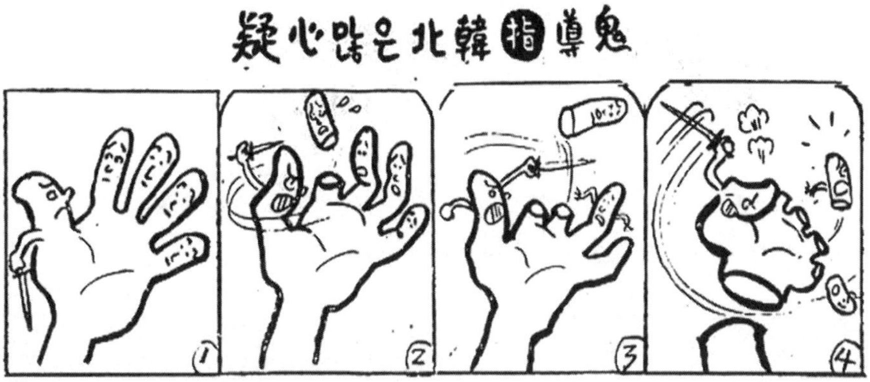

인민군 경비대 여러분이여!

보시라! 당신들을 감시하고있는 상판놈들은 소위 숙청이라는 명목으로 이 그림과 같이 모조리 찌른다!

결국은 자긔의 손꾸락 자긔의 손목이다!

형제여! 이따위 쏘련 앞잡이놈들을 가만이 보고만 있겠는가?

이러나 무찌르고 태극기 날리는 조국으로 넘어오라!

국군은 진실한 전우로써 그대들을 마저드린다!

김일성에게 총뿌리를 돌리라!

공산당을죽이고 대한민국의품으로오라!!

전사 하사여러분!

당신들의 사랑하는 부모형제들은 김일성도당을 소탕하기위하여 기한에 떨면서 용감히 싸우고있다.

지난 八월 황해도 금천(金川)에서는 군인민위원장이하 간부수十명이 봉기하였고 八월二十一일에는 해주 정치보위부장으로있든 이창욱(李昌玉)소좌가 공산당의 기밀서류를 전부 탈취하여 월남귀순하였다.

사랑하는 형제들이어!

대한의 아들딸들이어!

주저하지말고 발맞추어 이러나라!

북한천지를 태극깃발로 휘덮을날은 멀지않았다.

★인민군과 경비대내외 악질공산분자를 빼놓지말고 조사하여 기억하라!

☆국군과 전투가 시작되면 총을 쏘지말라!

★할수없는 경우에는 하늘로쏘라!

★만일 빨갱이상관 문화부중대장 대열정보주재원 소대선전원놈들이 앞에있을때에는 즉시 쏘아죽여라!

★전사 하사들중에서도 악질적인 열렬한 북로당원은 총살하라!

★인민주의적 애국청년들은 서로규합하여 매국공산당에게 총뿌리를 돌리고 대표자를 선출하여 국군과 연락하라!

넘어 오는 방법

국군전방 五〇메-터지점까지와서 일단 무기를 땅에 벗어놓고 두손을들어 「이승만 박사만세」를 소리치무로 국군이 나가면 그명령대로 행동하라. 그러면 의거어 월남하는것으로 인정되며 반겨 맞이할것이다.

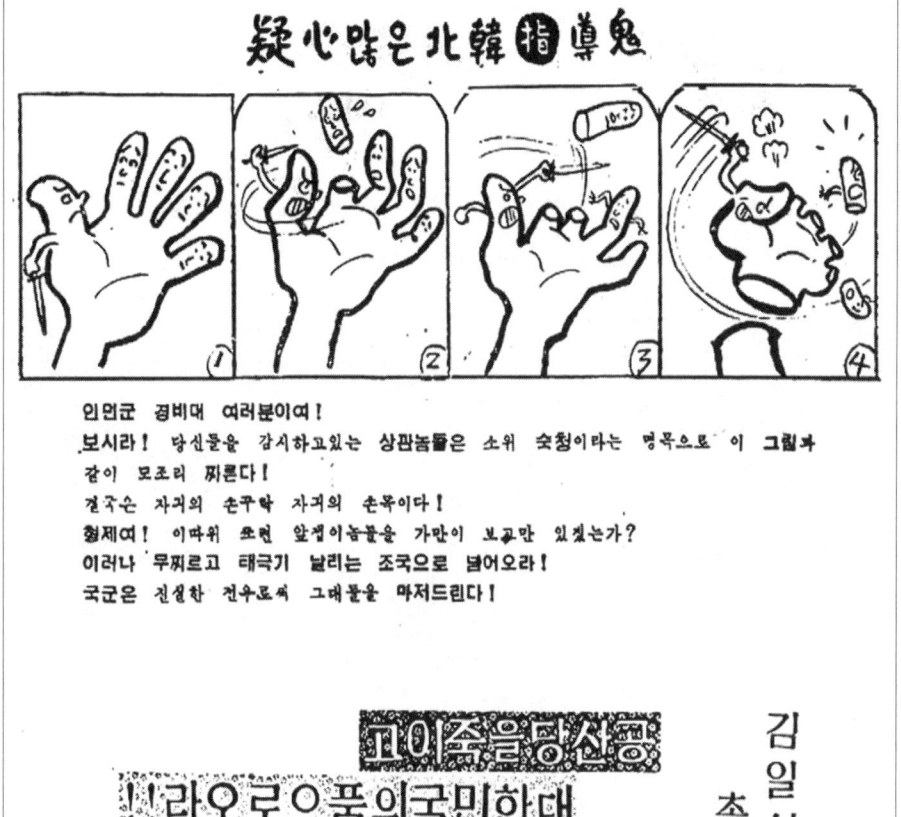

대대적인 숙청을 폭로 비판하면서 인민군 여러분들도 언젠가 숙청가능성이 있음을 암시함으로써 상호갈등을 야기시키는 전단이다. 자기를 : 자긔, 손가락을; 손꾸락, 이러니: 이러나, 맞아드린다: 마저드린다로 표현 했다.

나. 간행물에 의한 대내심리전

국방부 정훈국에서는 대내심리전의 일환으로 각종 간행물을 제작, 배포하여 교육함으로써 장병 반공의식 고취와 사기앙양에 많은 기여를 하였다. 그러나 문맹자가 많았기 때문에 효과는 크지 않았다고 판단된다. 이때 발간된 간행물은 다음과 같다.

(1) **월간「국방」지** : 창군과 함께 장교들의 군 교양지가 필요하게 되어 국군기관지 「국방」을 월간으로 정훈국 보도과에서 발간하였다.

(2) **화보제작** : 육군화보의 전신인 배포용 화보를 발간함으로써 장병의 사기앙양 도모 및 대국민 군 홍보에 기여하였다.

(3) **정훈주보(政訓週報)** : 정훈주보는 각병과 장교의 교육을 겸하여 정훈장교에게 정훈교육자료를 공급하기 위해 발간하였다.

(4) **육탄10용사전(肉彈十勇士傳)** : 개성 송악산에서 북괴군 진지를 육탄으로 파괴

하여 전승한 충성심과 용감성을 장병들에게 주지시켜 멸공의식 앙양을 목적으로 발간한 최초의 간행물이다.

(5) 국군의 최초신문인 '철군(鐵軍)' : 육군본부 정훈감실에서 1949년 7월 1일 창간하여 주 2회(화, 금) 발간한 국방부 기관지로서(타블로이드판 4면지) 전군의 교양지로 국군 건설과 정훈교육발전이나 대내심리전 목적 하에 발간되었다. 인쇄는 서울신문사에 위탁하였다. 철군은 1949년 9월 23일자 제 23호부터 **'국방신문'** 으로 제호를 변경하였으며 후일에 다시 **'화랑신문'**, **'승리일보'** 로 바뀌어 발간되어오다 배부지연 등의 결함을 시정하지 못하여 폐간되었다.[46]

[한국신문100년사」(1983. 한국언론연구원)에 소개된 '철군' 창간호]

鐵 軍 (1949·7·1)

陸軍本部 政訓監室에서 發行한 國防部의 機關紙로 1949年 7月1日 창간된 週2回刊(每週 火·金曜日 發行)의 타블로이드版 4面制 新聞。編輯發行兼印刷人 宋冕秀。

每號마다 가로쓰기 題號의 左右段의 「國軍三大宣誓」「士兵訓」을 揭載한 同紙는 陸海空 3軍 全體의 共同機關으로서 編輯은 士兵에 置重하였고 全國軍의 敎養材를 自任하여 國軍建設과 政訓敎育發展에 힘이 될것을 目的하였다。

創刊辭의 要旨는 다음과 같다。

『…오로지 偉大한 人格과 뜨거운 情熱을 가진 上層指導者 밑에 祖國을 위해서라면 生命도 草芥와 같이 버릴 수 있는 精神으로 武裝한 下部兵士가 上部命令에 服從殉義할 수 있는 組織體를 이룰 수 있을때만이 비로소 偉大한 勝利를 거둘 수 있는 것이다。우리는 이런 組織體를 우리의 國軍에서 發見할 수 있을 것이니 이 어찌 마음 든든한 일이 아닌가 보냐。이제 이 偉大하고 勇猛한 將兵諸賢이 山에 드날리는 모습의 이모저모를 傳해주기 위하여 우리 鐵軍은 誕生한 것이다。』

「鐵軍」은 同年 9月23日字 第23號부터 題號를 「國防新聞」으로 改題、명실상부한 國軍의 共同機關이 되고자 하였다。陣容과 體裁는 「鐵軍」과 同一。同紙의 印刷는 서울신문社에 위탁、責任印刷者는 서울신문 印刷局長 金元植。

46) 육군본부정훈감실, 앞의 책, p. 82.

다. 연예인에 의한 선무심리전

1949년 4월 정훈국에서는 정훈국 차장 겸 보도과장 김종면(金宗勉)중령과 보도과 변형두 소위를 주축으로 무대예술을 통한 장병 사기앙양과 교양 향상을 위하여 연예인들을 정식 입대시켜 본격적인 정훈선무활동을 전개하는 계획을 추진하게 되었다. 「**군예술대**」의 창설에 관한 모든 계획을 입안하여 채병덕 참모총장의 결재를 득하고 우선 사전 실험을 해보기 위해 연예인들을 동원하여 지리산 공비토벌 작전 중인 부대에 위문활동을 실시하였다. 여기에 참여한 연예인들로는 **윤부길(尹富吉), 박호(朴虎), 왕일문(王一文), 이몽녀(李夢女), 윤난성(尹蘭星), 김정자(金貞子), 박옥초(朴玉草), 고향선(高香線), 나일희(那一姬)** 등이 있다. 이 중 윤부길씨는 지리산 지역에서의 공연활동과 체험을 토대로 「지리산의 봄소식」이란 작품을 써서 반공극화하여 전국을 대상으로 공연하였다.

이후 정훈국에서는 동년 5월 1일부터 잠정편제로 정식 「**군예술대**」를 조직했는데 **제 1소대(화랑악극소대)**는 「**지리산의 봄소식**」을 공연한 멤버들로, **제 2소대(양양악극소대)는 윤철(尹哲), 이수길(李壽吉), 고봉학(高鳳鶴), 임장현(林章絃)**씨 등으로 각각 구성하였고 이들에게 소위, 준위, 중 · 상사 등의 계급을 부여하기 위해 17연대에서 훈련을 받도록 하였다. 그 후 참모총장이 바뀌고 김종면 정훈국 차장이 연대장으로 나가는 등 일련의 여건 변화로 이들의 정식 임관추진은 뜻을 이루지 못했다.

그러나 공연활동은 계획대로 추진되었는데 2중대 1소대는 「지리산의 봄소식」을 100여 회 공연하였고 윤철씨를 중심으로 구봉서, 허장강, 배삼룡, 조덕성, 최수경씨 등으로 구성된 양양소대는 백도흠 중위 인솔로 1949년 8월말까지 순회공연을 계속하였는데 공연 도중 김호길, 김옥윤, 윤인자, 박춘석씨 등이 보강되기도 하였다.

한편 「**군예술대**」가 일반공연과 위문공연을 병행한 것이 경비의 부족을 해결하기 위한 고육지책이었지만, 결과적으로는 일반국민들의 반공의식 앙양에 기여한 바가 있어 일석이조의 효과가 있었다.

이러한 「**군예술대**」는 새로운 반공극 「**남풍**」공연을 준비하던 중 소속이 정훈국에서 육본 후생감실(厚生監室)로 바뀌게 되었고 동년 10월 1일 공군창설기념일에는 **부민관(府民館 : 지금의 세종문화회관 별관)**에서 성황리에 공연하였으며 그 후 부산, 대구, 진주 등지에서 추석을 전후한 일반 순회공연 도중에 서울로부터의 귀경명령과 함께 「**군예술대**」는 해산됨으로써 6 · 25전까지 반공 연예인들의 군예술대

활동은 막을 내렸다. 6 · 25전쟁 발발 후에는 새로운 육군「**군예술대**」활동이 시작되었다.[47]

라. 기타 대내심리전[48]

(1) **정훈공작대(政訓工作隊) 지방순회** : 정훈공작대는 약 30여명의 병력으로 구성되어 박영준(朴英俊) 중령의 지휘 하에 여 · 순사건 이후 지리산을 중심으로 준동하던 공비 소탕작전을 지원했다. 이는 폭도 준동지역 주민들의 사상순화와 작전 참가 장병의 사기를 앙양하는데 목적을 두고 실시되었다.

* **순회활동횟수 : 지리산지구 2회, 태백산지구 1회(중위 이영치 지휘하)**

(2) **월남군인(越南軍人) 환영대회** : 북괴군이 38선을 넘어 계속 월남 귀순해옴에 따라 이들을 환영하는 한편 그들로 하여금 북한의 실상을 일반 시민들에게 알리고 멸공 의식을 고조시켰다. 김현수(金賢洙)중령 인솔 하에 남한 각지를 순회하며 활동하였다.

(3) **기타 각종행사** : 사진 전시회, 전국 중등학교 포스터 전람회, 노획품 전시회, 전몰장병 합동추모회 등을 실시하여 멸공의식을 드높였다.

(4) **예하부대 주요활동** : 제 6사단 7연대에서는 중등학교 교사들을 초빙하여 사병들에게 교육을 실시한 후 중등학교 졸업증을 수여하였고, **제 2사단 제 6연대에서는 각 군 군수, 경찰서장, 기타 유지 등을 정훈요원으로 임명하여 그들에게 정훈교육을 실시한 후 지방 정훈세포조직망을 구성하여 공비소탕에 다대한 역할을 하였는데 이것은 정훈망(政訓網)으로서 최초의 조직이었다.** 또한 **제 3사단에서는 '군민 연락소'** 를 설치하여 군민 유대 및 합동작전에 지대한 공헌을 하였고, 제 8사단 3연대에서는「성벽을 뚫고」라는 영화를 제작하여 일반인에게 상영함으로써 군에 대한 올바른 인식과 신뢰감을 드높였다.

---

47) 중앙일보사,「민족의 증언」, (1985), 김종면(예 준장, 연예인협회 종신고문), 변형두 증언내용.
48) 육군본부정훈감실, 앞의 책, p. 84.

2.2 북한의 심리전

2.2.1 김일성의 심리전관(心理戰觀)과 심리전략(心理戰略)

김일성은 한반도를 적화통일하기 위해 전통적인 공산주의자들이 중요시하는 조직과 선전 · 선동사업을 2대 핵심사업으로 설정하고 실행하였다. 김일성이 조직과 선전 · 선동사업으로 한반도 적화를 이룩하고자 했다는 사실은 후르시초프(Nikita S. Khrushchev) 회고록에도 잘 나타나 있다. 즉, **"김일성은 스탈린과 남침에 관해 협의하는 자리에서 『일단 북한이 남한에 대하여 군사적 공격을 개시하면 남한 전역에 조직되어 있는 50만 명의 공산세력이 대중을 규합하여 대규모 인민봉기를 획책할 것』이라고 장담하면서 소련의 지원을 호소했다"고 한다.**[49)]

그가 지칭한 공산세력이란 대남 무력적화를 위한 선전 · 선동의 전위대이며, 대중조작의 행동대원으로서 박헌영이 조직했던 소위 「빨치산 운동원」이다. 해방의 소용돌이 속에서 흔들리고 있던 남한 국민들의 마음을 조직적으로 장악하여 공산세력화하려 했던 김일성은 히틀러나 레닌의 선전 · 선동기법을 원용하였다.

즉, 히틀러가 자국 국민과 군인들에게 강렬한 인상의 연설과 제복, 붉은 색의 당기와 뱃지, 악대를 앞장세워 분위기를 장악하는 「최면식 심리공작」을 대내심리전에 구사했던 기법과 대외 및 대남공작 측면에서는 프로레타리아트 계급투쟁에 의한 「원시적 세포의 창조」로 제국주의의 대립과 모순을 이용하여 대중을 설득시킴으로써 그 조직 내에서 지도권을 획득한다는 소위 레닌식의 「회유 심리공작」을 구상했던 것이다.[50)]

김일성은 위와 같은 선전 · 선동기법으로 1948년 9월 인민공화국 창설 당시부터 선전을 담당하는 내무성을 골격으로 북괴군 중대 단위까지 선전대를 편성하여 북한정권에 독재체제를 만들어 남한의 정권을 타도하고, 붕괴시킨 후 통일정권을 수립하는 것이 그의 지상목표였으며, 이를 수행하기 위한 시책이 곧 대남 전략전술이요, 전략전술의 가장 효과적인 수단이 이른바 심리전임을 인식하고 있었다. 김일성은 주민을 하나의 무리(mass)개념으로 보았고 집단에 그 의미를 부여했기 때문에

49) *Khrushchev Remembers*, with introducion, commentary, and notes by Edward Crankshaw, tr. and ed. by strobe Talbott, 1970, pp. 367~370

50) 김일성은 소련의 세계혁명 3단계를 모방하여 집요한 선전 · 선동활동을 계획, 추진했다. 소련의 세계혁명 3단계란 첫째, 짜리즘(절대군주제)을 타도해 부르조아 민주주의 혁명을 이루고 둘째는 러시아 제국주의를 타도해 사회주의혁명을 달성하며, 셋째는 프로레타리아 독재국가를 수립해 세계 모든 국가의 제국주의를 타도한다는 레닌의 세계혁명 이론을 말한다.

개인의 존재는 무시하고, 언론도 집단적 선전 · 선동 매개체로서 「공산주의 이념무기」로 단정했다. 최초 북한의 상층부에서 남침전략을 구상했을 때도 김일성은 혁명정세를 고도로 앙양시켜 객관적 정세가 한반도 혁명에 유리하게 전개되면 그 시기를 놓치지 않고 군사적 방법으로 일거에 남한지역을 점령한 후 심리전으로 북한과 동일한 공산 혁명정권을 수립한다는 전략을 제시한 것이다. **결국 김일성은 심리전이 북한사회의 공산화를 공고히 하고 한반도를 적화할 수 있는 가장 위력있는 전략전술임을 인식하고 있었던 것이다.**

이러한 심리 전략은 **첫 번째는 한반도 적화통일이라는 종국적인 목표 달성을 위한 선제공격으로 활용되었다.**

두 번째는 심리전 차원에서 남한사회계층에 따라 그 대상을 설정하고 북한 체제의 우월성을 선전하거나, 남한 체제 및 사회상을 왜곡, 비난하면서 남한 내에 동조세력을 확보하는데 주력했다.

세 번째는 정치투쟁의 수단으로 주로 활용되는 선전 · 선동을 심리전적 측면에서 조직화, 체계화하여 실전에 응용함으로써 남한 국민의 감정을 효과적으로 자극시켰다. 이러한 심리 전략적 목표에 따라 ❶ 대남혁명 전위대 양성으로 적화공작시도 ❷ 위장평화전술로 남한의 정신무장 해제 ❸ 유언비어 날조와 선전 · 선동의 대내심리전 전개로 적개심 고취와 주민 긴장 ❹ 게릴라를 침투시켜 남한사회 혼란조성, 군내 반란선동 ❺ 38선 무력충돌을 시도하여 기습공격의 전략적 여건 조성 등에 중점을 두고 대남 심리전을 실시하였다.

2.2.2 심리전 양상과 주요사례

가. 대남혁명 전위대를 양성 · 침투시켜 적화공작을 시도했다.

김일성은 대남적화의 기본 방향을 정치 및 군사의 병용노선에 두고 내면적으로는 무력남침준비를 하면서 적화공작요원을 양성하여 남한으로 침투시켜 전 · 후방 동시에 전장화를 시도하였다. 아래와 같은 그 구체적인 사례가 실증해 주고 있다.

❶ 1946년 2월 8일에는 김일성 자신을 포함, 30여 명의 소위 빨치산들이 주동이 되어 평양학원을 진남포 부근에 창설, 괴뢰정권을 세우는데 필요한 정치 간부를 양성했다. 평양학원내의 대남반을 편성하여 남한 출신과 남로당원을 뽑아 공산주의 정치교육과 유격전술을 훈련시켜 공작요원화 했다.

❷ 1948년 초 표문이, 육남오, 강철 등 남로당의 극렬분자들이 주동이 되어 강동

에 유격대 양성학교를 신설하였는바, 이것이 소위 「강동정치학원」이 되었다. 이 학원에서는 월북한 좌익분자들을 선별하여 3~6개월간 공산주의 사상교육과 유격훈련을 실시, 대남공작 요원으로 양성하였다. 이들은 1948년 11월부터 1950년 3월까지 10차례에 총 2400여명이 남한에 침투하여 입산공비들과 합류하여 남한 내 정치적 혼란을 초래하고 나아가서는 남침시 정규군과 배합전술[51]을 시도하려고 했다.

[북한의 인민유격대 침투 상황[52]]

구 분	침투지역	침투일자	침투규모	활동상황 및 결과
제1차	양양-오대산 지구	1948. 11. 14	180명	양양에 침투, 평창 북쪽 30Km 지점의 태기산까지 남하. 대부분 괴멸, 나머지 제천방면으로 도주
제2차	오대산지구	1949. 6. 1	약 400명	오대산으로 침투하였으나 대부분 섬멸됨, 잔적은 태백산으로 북상하던 지방 유격대와 합세
제3차	오대산지구	1949. 7. 6	약 200명	대부분 섬멸당하고 약 30명만이 중봉산 방면으로 도주
제4차	일월산, 지경리	1949. 8. 4	김달삼 외 300명	일월산으로 침투하였으나 전진이 좌절되자 보현산 일대의 게릴라와 통합, 유격전 전개
제5차	철원지구-용문산	1949. 8. 12	선발대 15명	침투로 변경, 철원에 근거지를 두고 명지산 부근으로 침투기도, 선발대 15명이 명지산을 거쳐 용문산까지 침투
제6차	명지산-용문산	1949. 8. 14	약 40명	5차의 본대로서 명지산을 거쳐 용문산까지 침투, 아군은 약 20명 사살, 나머지 약 20명은 매봉산을 거쳐 월북
제7차	태백산-경북일대	1949. 9. 28	약 360명	인민유격대가 태백산에 침투, 대부분 섬멸되고 약 100명만이 분산 도피 중 보현산의 김달삼 부대와 합류
제8차	금옥치리	1949. 9. 28	약 50명	북한군 38경비대의 엄호하에 침투, 대부분 섬멸당함
제9차	경북 지경리 일대	1949. 11. 6	약 100명	해로로 침투 보현산부근의 김달삼 부대와 합류하여 병력보충 및 세력확장을 기도하였으나 실패
제10차	홍천지구 오대산 일대	1950. 3. 28	약 700명	양양-양구-인제 부근서 대기중 침투, 강력한 화력과 무력, 토벌작전은 1개월만에 김무현을 비롯하여 완전 소탕

앞의 표는 6 · 25 이전까지의 대남혁명전위대인 인민유격대의 주요 침투상황을 제시한 것이다.

[북한의 인민유격대 침투 상황도]

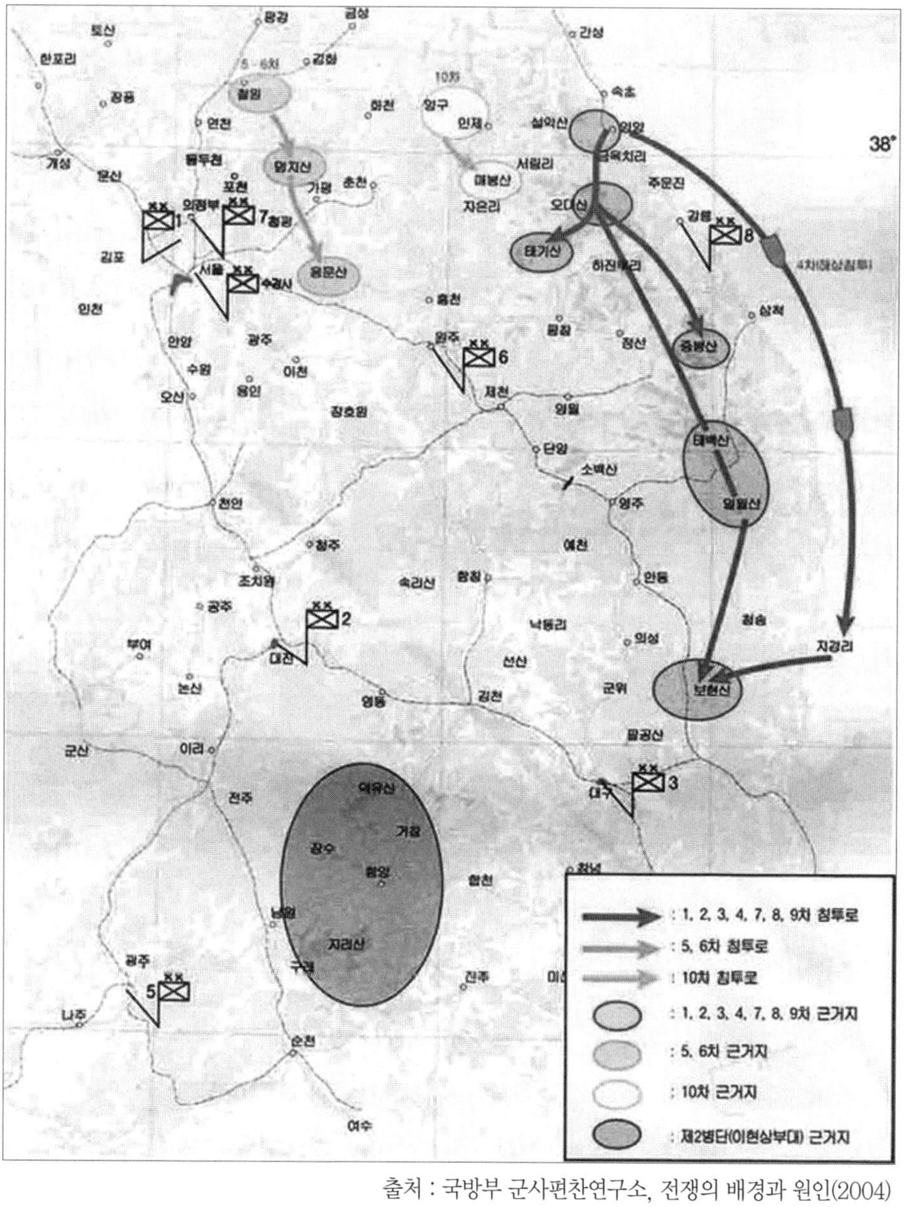

출처 : 국방부 군사편찬연구소, 전쟁의 배경과 원인(2004)

---

51) 한 작전에서 두 가지 이상의 전투형태를 결합하여 실시하는 작전으로서 정규전과 비정규전의 배합, 대부대와 소부대 작전의 배합 등을 말하며 북한군 전술의 기본사상.

52) 국방부, 「6 · 25전쟁사 전쟁의 배경과 원인」, (서울, 군사편찬연구소, 2004), pp. 491~497.

'대동청년단' 소녀단들

남한에 침투한 게릴라들은 북으로부터 심리전적 지원을 받으면서 공산세력을 규합하였다. 남한 국민들의 마음을 지배하고자 했던 이들은 학생과 청소년을 비롯 농민, 노동자, 문화인, 부녀자, 종교신자에 이르기까지 수많은 계층을 규합, 집요하게 민중조직을 결성해 나갔다. 좌익 청년단체인 '민청'(조선민주청년동맹)은 김구를 추종하는 '대동청년단' 등 우익단체와 갈등이 증폭되어 첨예하게 대립했다.

이들 좌익단체들의 선전 · 선동 방법은 이른바 「김일성 장군의 노래」로부터 시작하여 미군정 반대, 이승만 · 김구 타도를 외치는 토론회와 자신의 혁명성을 비판하는 양심선언 등 살벌한 분위기를 고조시키면서 남침의 여건을 조성하였다. 이와 같은 게릴라의 남파와 대남 선전 · 선동에 앞서 북한은 인민당과 내무성의 주도하에 치밀한 계획을 수립해 놓고 있었다. 예를 들면, 서울 방송국을 점령하여 「반동주의자」 이외에는 적으로 삼지 않는다는 요지의 방송을 개시하는 한편, 남한체제에 대한 불평불만자, 또는 불순분자 중에서 괴뢰 지도자를 선정하여 강압적으로 북한에게 유익한 선전에 앞장서도록 하는 등 선동전략을 주도면밀하게 준비해 두었다는 사실이다. 그들의 **심리전 주제는 '여성의 해방', '자본가의 착취로부터의 해방', '청년에게 기회를', '농지의 재분배' 등 매혹적인 것이었고, 사회복지계획을 선전함으로써 널리 공감대를 일으킨다는데 초점을 맞추었다.** 신문 역시 서울에 있는 7개 일간지를 폐간시키고, 한국 정부에 의해 발간이 정지된 '인민일보'와 '해방일보'를 다시 복간시키는 것으로 시나리오가 짜여져 있었다. 영화는 점령 초기에 무료로 상영하여 인민들의 인기를 높이도록 구상했다.

[토지개혁 포스트 : 농지의 재분배]

'토지는 농민의 것!'이란 구호를 내건 포스터. 무상몰수, 무상분배의 토지개혁은 많은 북한주민들의 지지를 얻었고 땅을 빼앗긴 지주계급들은 대부분 월남했다. 북한은 남한에 비해 상대적으로 농토가 적고 자작농가가 많았으므로 큰 저항 없이 토지개혁을 성공시킬 수 있었다.

[남녀평등법 실시를 환영하는 북한여성들의 시위(1946. 8)]

이 외에도 서울 시내에 선전용 대형 확성기를 곳곳에 설치하여 그들의 정치선전과 달콤한 혁명노선의 테마 방송을 반복 실시하도록 치밀한 계획을 세웠다. 이러한 선전 방식과 계획들은 소련이나 '나치'의 선전방법과 같았으며, 오히려 민중 그룹의 소조 활동을 통해 '구두선전' 방식을 택함으로써 그들 특유의 선전효과를 한층 더 높일 수 있도록 계획했다. **따라서 그들의 심리전 대상은 모든 계층에까지 적용되고 있었다. 예를 들면, 사살해버릴 정도의 적대적이 아닌 사람은 가능한 한 세뇌시킨다든지, 군사훈련은 못해도 이념교육 만큼은 필히 실시하여 전선에 투입하는 것만 보아도 이들이 얼마나 차원 높은 심리 전략을 구사했는가를 짐작할 수 있다.**

나. 위장평화전술로 남한을 정신적으로 완전무장 해제시키고 이른바 '이겨놓고 싸울 준비를 했다'

김일성은 해방 후부터 '조국의 평화적 통일'이라는 구호아래 '이겨놓고 싸울' 준비를 위해 조직적이고 지속적인 위장평화전술을 구사하였으며 그 대표적인 사례는 다음과 같다.

❶ 1949년 6월 29일 북한은 '조국통일민주주의 전선(조통)'을 결성하고 같은 해 6월 30일 스톡홀름에서 개최된 평화대회에 참가하여 이 대회의 의제인 원자무기 사용금지와 군비축소 주장에 찬성하면서 평화의 제스쳐를 세계에 과시하고 이어서 북한전역에 걸쳐 서명운동까지 하였다. 아래 사진은 1949년 6월 29일에 '조국평화

민주주의 전선' 의 결성을 지지하는 평양시 군중대회 모습이다.

❷ 북측은 '통일적인 중앙정부' 임을 주장하는 조선민주주의인민공화국이 수립됨에 따라 전국적 차원의 통일전선 기구로 '조국통일민주주의전선' 을 결성하였다. 이후 이 단체를 통하여 주한 미군과 유엔한국위원단의 철수, 게릴라 토벌에 참가한 한국군의 해체, 북한헌법 채택 등 한국 정부로서는 도저히 받아들일 수 없는 정치선전에 불과한 평화공세를 지속적으로 전개했다.

❸ 1950년 5월 30일 남한에서 제 2대 국회의원선거가 끝나자 평화통일 방안으로 1950년 8월에 전국 총선거를 실시하자고 평양방송을 통해 호소했다. 이는 그들 나름대로 남침준비를 완료하고서 남한 측이 우려하고 있는 6월 위기설에 대해 평화적인 연막공세를 펴기 위한 고도의 심리 전략이었다.

❹ 북한 측은 또 다른 수법으로 조국통일 특파원 3명을 서울에 파견하여, '평화적 조국통일을 위한 호소문' 미명하에 8월 5일에 남북한 총선거를 실시하는 내용으로 남한의 반정부 인사들에게 전해줄 뜻을 표명했다. 이리하여 특파원들이 6월 11일 오전 10시를 기해 38선을 통해 월남했으나 한국 경찰에 의해 체포되고 말았다.

❺그 뿐만 아니라 북한 측은 현실적으로 불가능할 것으로 예측하고 북한에 억류되어 있는 조만식 선생과 남한에서 공비 두목으로 활동하다가 체포된 김삼룡, 이주하를 상호 교환조건으로 내세우는 등 갖가지 위장평화 제스처를 시도했다.

❻ 1950년 6월 7일 조국통일 민주주의전선 중앙위원회 결정서에서 '이승만, 김성주 계열의 친일 반동 정당을 제외한 남반부의 사회단체, 전체 인민들에게 평화적 조국통일 추진제의' 호소문을 발송하였다.

❼ 또한 조국통일 민주주의전선 중앙위원회 호소문에서 통일적 입법기관 설립을 위해 8월 15일 서울에서 회의를 소집하고, 평화통일의 모든 조건, 수속을 토의 · 결정하기 위해 38선 부근의 도시에서 남 · 북 전 정당 · 사회단체 대표자 협의회를 6월 15일 ~ 17일에 걸쳐 소집할 것을 제의하였다.

❽ 6월 19일에는 '남 · 북국회에 의한 통일정부 수립방안' 을 제시하면서 남한 국회가 동의한다면 6월 21일에 서울 혹은 평양에서 남 · 북 국회의 대표자가 서로 만나자고 제안하였다. 이렇게 북한의 위장평화공세는 6 · 25전쟁 발발 5일전까지 집요하게 계속되었다.[53]

---

53) 김기도, 「정치선전과 심리전략」, (서울, 나남출판사, 1987), P. 48.

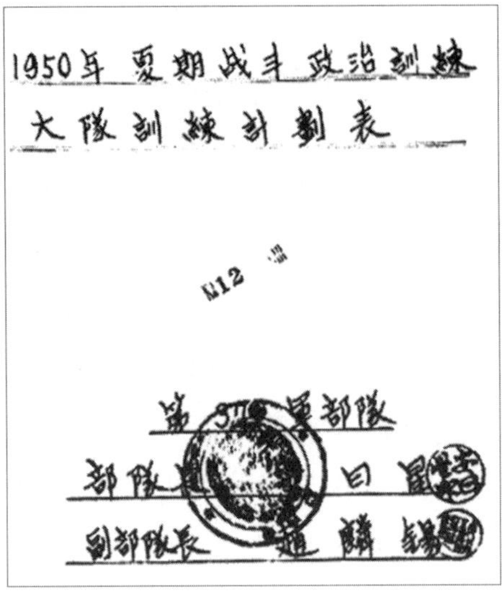
1950年 夏期戰斗 政治訓練
大隊訓練計劃表

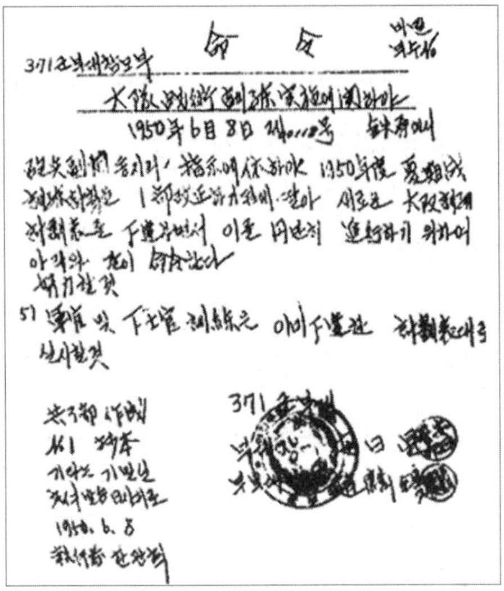
命令
1950年6月8日

이러한 일련의 위장평화공세는 그들의 남침을 사전에 은폐하고 사후에 정당화하려는 기만술책이었으며, 이러한 평화공세 배후에서는 남침을 준비하는 작전회의를 개최하고 공격부대를 전방으로 전진 배치함으로써 치밀한 계획 하에 대남심리전을 폈던 것이다.

또한 남침명령을 하달할 때도 작전명령이 아닌 훈련 명령으로 위장함으로써 남침 준비를 은폐하여 기습을 감행하였다.

김일성은 남침을 위하여 전군에 훈련 명령을 하달하였다. 이 훈련 명령은 실제로는 남침을 위한 이동 명령이었으며, 전쟁을 은폐하기 위한 수단으로 사용되었다. 위의 문서 왼쪽은 1950년 '하기전투 정치훈련 계획표' 이며, 오른쪽은 '대대전술 계획명령서' 라는 명목의 남침 비밀 명령이다.

다. 유언비어 날조, 선전 · 선동 등의 대내 심리전을 전개하여 적개심을 고취시켰다.

김일성과 공산당 지도자들은 북한주민들에게 미국 측이 모스크바 삼상회의에서 ***"한반도에 독립국가 건설의 기회를 주지 말고 10년 이상 군정을 실시하여 식민지로 만들자"*** **고 제안했고,** ***"미 제국주의자들이 북침음모를 꾸미고 있다"*** **는 유언비어를 퍼뜨려 공포분위기 확산과 반미감정을 조장했다.**

한편, 1947년 10월 26일 보안간부학교 제 1기 졸업식에서 김일성은 ***"미제의 트루먼 독트린이나 마샬계획은 북침정책의 일환이며, 제 2차세계대전에서 미제는***

*사실상 아무런 역할도 하지 못했고, 오히려 제국주의의 팽창정책 일환으로 한반도를 전초기지로 만들기 위한 음모를 꾸미면서 조선에서 쌀과 금, 은, 중석 등의 자원을 약탈해가고 있다"*고 왜곡 선전하면서 미국의 북침을 날조하고자 했다.

그리고 김일성은 "미제가 1949년 7월부터 12월 사이에 6만 2천명의 양민을 학살하고, 북조선에 대해 1천8백36회의 불법침략행위를 저질렀으며, 6월 19일에는 동경에서 미 국방장관 · 합참의장 · 극동군총사령관이 모여 북침도발에 관한 비밀 작전회의를 가졌다"고 조작, 비방선전을 벌이면서, 이들에게 대응하기 위해서는 우리도 당장 전투준비를 해야 한다면서 북한 주민의 여론을 유도시켜 남침계획을 조장했던 것이다.

또한 북한 「공간사의 제 1장」과 「김일성 선집 제 2권 1장」을 보면, 미제와 이승만 정권이 다음과 같은 순서로 북침준비를 했다고 날조, 기록해 두었다.

- 4월말 38선의 방어부대는 5개 사단으로 2개 군단을 편성하고 포병과 공병을 증강했다. 그리고 남쪽의 3개 사단을 서울 부근으로 집결시켰다.
- 5월 하순부터 38선 분쟁을 자주 일으켰고, 간첩을 침투시켜 공격준비를 촉진했다.
- 미군 수뇌가 계속 동경에 모여 북침작전을 숙의하고 극동군을 증강시켜 전시태세로 들어갔다.
- 우리 측은 5월 초순에 국방군의 의도를 파악하고 대책을 세우는 동시에 평화적인 통일을 제의했다.
- 6월 17일 델레스가 내한하며 개전을 지시했다.
- 국방군은 6월 21일 작전명령 제 29호를 발령하여 모든 부대에게 6월 25일 05시에 일제히 공격을 개시하라고 명령했다.
- 국방군은 38선 근처에 막대한 병력과 물자를 집중했다. 주공은 개성-평양, 조공은 연천-원산이었다. 이러한 준비를 은폐하기 위하여 6월 11일 비상경계령을 내렸고, 작전명령 제 78호로 38선을 왕래하는 자는 누구를 막론하고 체포 또는 사살하라」고 명령하였다.

북한 측은 이상과 같은 내용의 날조 사실을 공간사(公刊史)에 기록해 두고, 오늘날까지도 한 · 미군에 의한 북침설을 주장하고 있다. 이러한 일련의 정세는 남북간의 사건일지를 통해서도 쉽게 비교할 수 있다. 이렇게 치밀한 계획 하에 흑색심리

[로동신문 북침 의혹 제기(1950. 6. 26일자)]

달레스와 죤슨은 무엇하려
일본에 왔는가?

전쟁 발발 직후 「로동신문」은 미군과 남한이 전쟁을 일으켰다는 '북침설'의 한 근거로 당시 미 국무장관 델레스의 일본과 남한 방문에 대한 의혹을 제기하고 있다.

전을 펴오던 북한은 1950년 3월 중순부터 38선에서 5Km이내 지역에 거주하는 모든 주민들에게 후방으로 대피하도록 명령했다. (단, 38선 경계에 있는 주민들은 제외) 그리하여 이 지역의 가옥은 북괴 정찰대와 유격대가 점령하였는데, 이는 사실상 남한의 정보활동을 방해하면서 첩보를 수집하기 위한 사전 포석의 위장전술이었다.

라. 게릴라를 침투시켜 남한사회 혼란을 조성하고 군내반란을 선동하였다.

북한은 해방 직후부터 남한 내의 좌익 극렬분자를 후원하여 치안교란, 내부분열, 민심선동 등 대남 파괴공작을 전개하는가 하면, 게릴라를 국군 내부에 침투시켜 군의 분열과 군내반란선동 및 군기, 사기 와해를 시도했다.

남로당의 군내 침투공작은 장교와 사병을 구분해 방법을 달리했다. 장교의 경우는 주로 조선경비사관학교 내에 이미 침투해 있거나 포섭된 조직망을 통해 남로당이 추천한 자를 입교시키는 방법, 아니면 임관된 장교를 통해 그 지인들을 포섭하는 방법을 취했다. 사병의 경우는 각 시, 군 단위 세포조직별로 추천한 사병들을 연

체포된 여성 공산 게릴라(1950. 3.)

체포된 지역 공산 게릴라(1950. 7. 12)

대 공작담당 조직원을 통해 각 대대, 중대, 소대로 배치했다.

한편 국방경비대 소속 사병들은 대부분 빈농출신이었다. 그 중 일부는 해방 후 득세했던 좌익세력에 가담했던 경험이 있던 자들이었다. 또 다른 일부 중에는 좌익 활동을 하다가 경찰에 쫓겨 국방경비대에 들어오는 자들도 있었다. 따라서 국방경비대 소속 사병계층 가운데는 경찰에 대한 적대감을 가지고 있는 자들이 많았다. 남로당은 바로 이 같은 국방경비대와 경찰간의 대립관계를 적극 이용했다.

당시 남로당은 미군에 맞설만한 군사력을 가질 엄두를 내지 못했다. 그러나 그들은 언젠가는 미군이 철수할 것이며, 철군 후에는 국방경비대가 권력 쟁취의 결정적 힘이 될 것이라고 믿고 있었다. 그래서 국방경비대를 장악할 교두보로써 국방경비대 내에 좌익조직의 활동이 절대적으로 필요했다.

당시 미 군정청은 국방경비대 병력을 충원하면서 어느 한쪽으로 기울거나 치우치지 않도록 공평하게 사병을 모집한다는 원칙에 따라 선발자들의 신원조사는 하지 않았다. 그래서 좌익성향의 청년들이 대거 군문에 들어올 수 있었다. 남로당은 군내에 좌익세력을 침투시키는 공작과정에서 장교들에 대해서는 당 중앙 군사부로 하여금 관리케 했고, 사병들은 각 지방당으로 하여금 관리케 하는 이원적 체제로 운영했다.

이러한 세포공작원을 침투시켜 군내반란을 선동한 사건의 대표적인 예로는 **1946년 국방경비대 좌우대립 조장 소요사건, 1948년의 제주도 폭동사건, 여 · 순사건,**

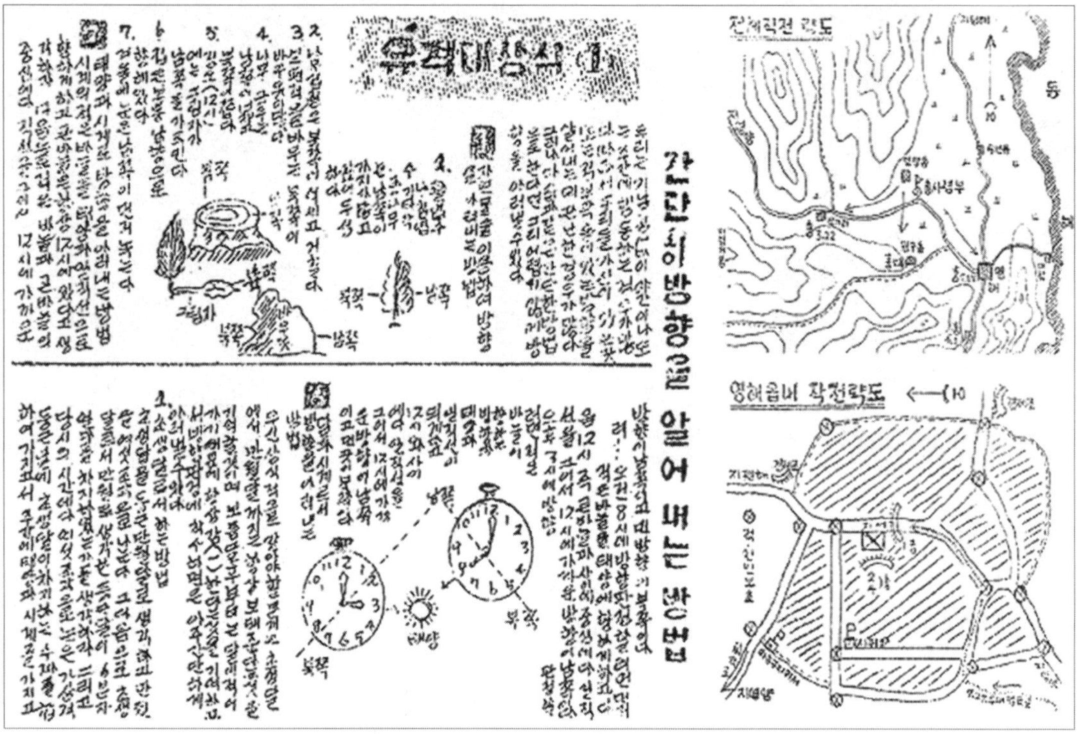

유격대 신문은 빨치산 대원들을 대상으로 정치, 사상, 게릴라 기술 등을 전파하는 한 선전매체로서 역할을 했다. 위 내용에 실린 '붉은별'은 1951년에 경상도 지역에서 활동했던 유격대를 대상으로 보급 된 것으로서 방향 탐지를 위한 독도법 교육내용이다.

대구반란사건 등을 들 수 있다. 군의 교란활동은 여·순사건에 이어 포항, 대구, 춘천 등지로 파급되었으며, 반란에 실패한 좌익세력은 도주하여 지리산, 보현산, 태백산, 오대산 등을 근거지로 삼고 게릴라활동을 끈질기게 전개했다. 이 게릴라는 당초 약 1만 5천 5백 명 정도였으나 1949년 봄에 이르러서는 약 2만명 정도로 증가되었으며, 지역적으로 볼 때, 남한의 40%를 통제하는 상태에까지 이르러 '낮에는 대한민국, 밤에는 인민공화국'이라는 말이 나올 정도로 상황이 심각했다.

(1) 국방경비대 좌우대립 조장 소요사건

미군정기간 동안 좌익세력이 군내에 침투해 발생한 대표적 사건은 1946년 5월 25일의 국방경비대 제 1연대 제 1대대 소요사건이다. 이 사건은 영등포 보급중대에서 차량 2대 분량의 보급품을 부정처분한 데에 분개한 제 1연대 제 1대대 사병들이 연병장에 모여 데모를 일으킨 것이 직접적인 발단이 됐지만, 근본적으로는 국방경비대 창설 이래 누적되어 온 각종 불만과 사상적 대립이 외부로 표출된 것이었다.

특히 제 1대대 내에는 그간 이념적인 좌 · 우 대립이 존재해 왔었다. 그 배경은 경찰의 수배를 피해 다녔던 좌익분자들이 대거 입대했기 때문이었다. 그들은 당시 미군정청의 방침에 따라 사상검열 없이 신체검사와 구두시험만으로 신병으로 모집되었다. **그들은 연대 내 신탁통치 문제를 놓고 의견대립이 격화되는 과정에서 우익과 주도권을 다투게 되었다. 제 1연대 제 1대대 사병들의 집단소요는 이러한 분위기 속에서 발생한 하극상 사건이었다.**

사건은 일부 하사관들을 구속하고 지휘관들을 전출시킴에 따라 일단 종결됐다. 그러나 이 사건을 계기로 미군정 당국의 국방경비대 관련 정책과 간부들의 지휘통솔 방식에 적지 않은 문제점들이 노출됐다. 즉 좌 · 우익을 가리지 않는 미군정 당국의 불편부당 방침은 좌익들로 하여금 국방경비대 내에 쉽게 진출하도록 만들었으며, 또 국방경비대 내에서 좌 · 우 갈등을 증폭시킨 한 원인이 되기도 했다.

(2) 제주도 폭동

공산주의자들은 1948년 2월에 2 · 7 구국투쟁이라고 하는 명목을 내세워 유엔한국임시위원단의 활동을 방해하고 미 · 소 양군의 철수를 주장했는데, 전국적인 규모로 공장과 탄광촌 등지에서 파업을 선동하고 경찰관서를 습격, 방화, 파괴를 일

제주도 폭동사건 당시, 주민들을 모아놓고 진상조사를 하고 있다. (1948. 4. 3)

폭동당시 생포된 공산폭도들

삼다가 2주일 만에 검거되었는데 그 수가 8,479명에 이르렀다. 2·7 폭동에 이어 **1948년 3월말에 제주도에서는 남로당 조직책이었던 김달삼이 제주도에 주둔하고 있던 제 9연대의 공산세포조직들을 지휘하여 무장폭동을 일으켜 경찰관서를 습격, 방화하고 경찰관과 양민들을 학살하는 사건이 일어났다.** 이 폭동으로 인해 5·10 선거에서 북제주군의 2개 선거구는 선거를 실시하지 못했다.

제주도에서의 폭동은 1948년 10월 1일 다시 재개가 되었고 이후 꾸준히 폭동은 이어졌는데 정부에서 제주도에 계엄령을 선포하고 제주도지구 전투사령부를 설치하여 본격적인 소탕작전을 펼쳐 제주도 폭동 13개월 만인 1949년 5월에 가서야 겨우 공비들을 소탕하고 치안을 회복할 수 있었다.

이러한 제주도 폭동의 진압과정에서 무고한 양민들이 희생당했다는 것 때문에 제주도 폭동의 본질적인 문제가 왜곡되어서는 안 된다. 이러한 관점에서 2006년 4월 3일 기념식에 노무현 대토령도 참가하여 희생된 양민의 유가족을 위로하고 잘못된 국가권력에 의한 희생을 반드시 보상하겠다고 천명한 바 있다.

(3) 여수·순천 반란사건

1948년 10월 19일, 제주도 폭동을 진압하기 위해 출동하려던 여수 주둔 제 14연대에서 남로당 조직책이었던 지창수 상사가 주동이 되어 반란을 일으킨 사건이었다. 지창수 상사는 미리 포섭한 40여명을 이끌고 무기고와 탄약고를 점거한 후 20여명의 장교와 수명의 하사관들을 사살하고 연대를 장악하여 1,000여명의 반란병

화염에 휩싸인 여수시가지(48. 10)

반란군에 가담했던 어린 학생들(48. 11.)

토벌군을 반란군들이 감시.(48. 11)

전신주에 반란군이 접근하지 못하도록 함정을 파놓은 모습

력으로 여수시내에 진출하였다. 이들은 출동한 여수 경찰과 교전 끝에 물리치고 곧 여수 전역을 장악한 후 순천까지 세력을 넓혔다. 이때 반란군은 무려 3,000여 명으로 불어났는데 이들은 계속해서 광양–남원–전주 방면과 벌교–광주–이리 방면으로 진출하려 하였다.

정부에서는 10월 21일 광주에 반군토벌전투사령부를 설치하여 23일에는 여수, 순천 지역에 계엄령을 선포한 후 본격적인 진압작전에 들어가 27일에 겨우 여수지역의 치안을 회복했다. 쫓긴 반란군들은 지리산으로 숨어 들어가서 유격전을 감행하였으나, 15개월 동안 계속된 토벌작전에 의해 거의 소탕되었고 이 지역의 계엄은 1950년 1월 25일에 가서야 해제될 수 있었다.

(4) 대구 군반란사건

여수 · 순천 군반란사건의 와중에 1948년 11월 2일에는 대구 주둔 제 6연대에서 곽종진 특무상사에 의해 반란사건이 일어났다. 당시 제 6연대는 그 주력부대들이 제주도와 여수, 순천 토벌작전에 참가하고 있었고, 대구에는 연대본부와 김천, 영천, 포항에는 파견된 일부 부대가 있었다. 혼란의 틈을 이용해 곽종진 특무상사는 연대본부에 비상을 발령하고 잔류 병력을 집결시켜 반란을 일으키면서 반대하는 사람 10명을 즉결처분하였다. 이들 세력은 대구서를 공격하는 등 시내로의 진출을 꾀하다가 군경에 의해 실패되자 팔공산에 숨어들었다.

(5) 2개 대대 월북사건

1949년 5월 5일, 공산주의자였던 제 8연대 제 1대대장 소령 표무선과 제 2대대장 소령 강태무는 대대병력을 이끌고 38선을 넘어 월북하였다.

이들 대대장은 모두 공산주의에 오염된 자들로서 당시 전국적으로 공비 · 숙청작업이 진행되자 조만간 자신들의 정체가 드러날 것을 두려워하여 북한이 남파한 간첩과 접선하여 월북하였던 것이다. 제 1대대장 표무선 소령은 5월 5일 야간훈련을 빙자하여 대대병력 456명을 이끌고 당시 주둔지였던 춘천을 출발하여 38교를 건너 월북하였으며, 제 2대대장 강태무 소령은 5월 4일 대대병력 294명을 이끌고 월북하였다. 이러한 월북사건을 대대적으로 선전하고 환영 집회를 개최하여 대남적화 전략에 교묘히 활용하였다. 1949년 7월 13일자 노동신문에 강 · 표 소령 등 월북사건을 **'강 · 표 소령은 월북 후 북한의 여러 지역의 환영 집회에 참석하여 한국의 '혁명적 열기' 를 강조하고 반 이승만 성토연설을 하였으며 월북자 모두는 인민군에 다시 편입되었다.'** 라고 선전하였으며 아래 사진과 같이 강 · 표 소령과 그 대대의 월북에 대한 각종 시민 환영대회를 전개하였다.

[강 · 표 소령과 대대원 월북에 대한 평양시민환영대회]

그러나 월북한 2개 대대병력 750명 가운데 382명은 용감하게 북한군의 포위망을 뚫고 다시 남한으로 복귀하였다. 사상적으로 혼란하였던 시절, 얼마나 군대가 어려운 지경에 빠져 있었는가를 단적으로 보여주는 사건이 아닐 수 없다.

이러한 국군의 집단월북 사건은 북한에게는 대단한 호기로 받아들여졌다. 김일성이 북한인민군 창설 1주년 연설에서 남조선 국방군은 제 14연대 여 · 순사건, 강 · 표 월북사건, 해군함정 월북사건 등으로 거의 붕괴직전에 있다고 선전할 만큼 고무되어 있었다. 즉 김일성 연설문에 의하면, 그러한 상황이 잘 반영되어 있다.

> "남조선 국방군과 경찰대들은 인민유격대와 경비들에게서만 타격을 받는 것이 아니라 그 내부에서도 부단한 동요로 와해되고 있습니다. 작년 11월 려수에서 소위 국방군 제 14연대가 폭동을 일으켰고, 또 춘천대대와 홍천대대가 의거하여 공화국 북반부의 인민군대에 편입되었으며, 이때를 전후하여 소위 해군함정들도 의거하여 북반부 지역으로 넘어왔습니다. 이러한 사실들은 결코 우연한 일이 아닙니다. 매국노 리승만 도당들이 근로인민들의 자제들을 강제 징모하여 군대에 편입시키고 동족상쟁을 감행하는데 대하여 조선청년들이 조선에 대한 미 제국주의의 식민지화 정책을 위하여 동족상쟁을 할 수 없다는 것을 실제 행동으로 표현하였습니다. 앞으로 이러한 의거행동이 부단히 일어날 것 입니다."[54)]

마. 38선 무장충돌을 시도하여 6 · 25 기습남침의 전략적 여건을 조성하였다.

남침을 추진하고 있던 북한은 38선 지역 무장충돌을 통해 전략적 목적을 달성하고 있었다. 즉, 국군에게 38선 지역 무장충돌을 통해 제대로 훈련에 임할 수 없게 하였을 뿐 아니라 부족한 탄약 및 보급품마저 거의 고갈시키고 있었다. 전술한 바와 같이 북한은 38선에서의 충돌 외에도 게릴라를 투입하고 한국 후방에서의 빨치산의 봉기를 시도함으로써 한국군의 전력소모를 가중시키고 있었다.

또한 한국 정치 및 군부 지도층에게는 국군이 병력과 장비의 상대적 부족에도 불구하고 어렵게나마 충돌을 성공적으로 억제하고 있다는 방심을 갖게 한 것이다. **즉, 단순한 '소요' 정도로 인식되었던 잦은 충돌은 북한군의 전면침공 의도를 파악하는 데 장애가 되었던 것이다. 당시 한국군 지휘부는 38선 상에서의 충돌은 미 군정기간 이후로 줄곧 계속되어 왔던 것이고 또한 한국군이 성공적으로 방어하고 있**

54) 김일성, 「김일성선집 2권」, (조선노동당출판사, 1953), pp. 410~411.

다고 인식하고 있었기 때문에 북한의 남침 움직임을 파악하는 전략적 판단에 실책을 범하게 되었던 것이다. 실제 일부에서는 북한이 전 전선에 걸쳐 남침을 개시했을 때 그것을 38선 상의 충돌 정도로 평가하고 있었다.

이 시기의 38선 충돌에 관한 북한의 입장은 6 · 25전쟁의 성격 규정만큼이나 대단히 정치적인 것이었다. 북한정권의 주장은, 즉 **'남한이 1949년 한 해 동안에만도 38선에서 무려 2,617 차례의 무장침습을 감행하였으며, 그 가운데서도 가장 대규모인 것은 벽성군 태탄 지구와 은파산, 개성지구의 송악산, 양양지구의 고산봉에 대한 침범사건들이었는데, 이 지역들에 대한 무력침범은 그 치열성과 규모면에 있어서나 전선의 넓이에 있어서도 사실상 전쟁 도발행위였다. 38선에 배치된 4만 9천여 명의 병력이 동원되었다.'** 고 하였다.

또한 그 성격에 대해서도 **'중요한 전술적 지탱점들을 확보함으로써 차후의 대규모적 무력침공에 유리한 조건을 마련하는 것이었으며, 그 목적을 위하여 은파산과 송악산지구에서 유리한 고지들을 강점하고 진지를 구축 하였다. 또한 군대의 전투능력을 탐지함과 동시에 군의 임전태세를 검증하고 실전능력을 배양하며 전쟁도발의 준비를 튼튼히 하는 것이었다. 그리고 민심을 소란케하고 후방을 교란시키자는 것' 이라 하였다. 즉, '실행 가능성을 시험하는 예비전쟁이었다는 것' 이었으며, '침습사건은 침략의 서곡으로 도발된 것이긴 하였으나 내전으로 확대되지 않았다' 는 입장이었다.**

이러한 북한의 주장은 남침을 은폐하기 위한 목적으로 사후에 만들어진 것이었지만, 전술한 바와 같이 북한군은 전면남침에 앞서 38선 지역에서의 충돌을 전술적으로 이용하고 있었음을 알 수 있다. **북한군의 38선 침공의 목적은 ❶ 한국군의 병력을 소모 및 분산 ❷ 여 · 순 사건 이후 유격대의 침투를 용이하게 하기 위한 여건 조성 ❸ 한국군의 군사력 시험 ❹ 자신의 군사력 과시 ❺ 전쟁계획 등을 은폐하기 위해서라고 분석할 수 있다.**

이처럼 38선 군사충돌에는 남북 양측의 정치적 의도가 내재되고 있었다. 38선 충돌이 전쟁 가능성을 심화시키는 요인으로는 작용하고 있었지만 곧바로 전쟁으로 확대된 것은 아니었다. 북한의 경우 '북침시 반격으로 전환' 한다는 전략을 수립하고 있었지만, 남한이 북한의 공세에 대응하는 정도의 수준에서 머물고 있었으므로, 북한이 원래 의도하였던 전면전쟁의 수위까지는 연결할 수 있는 상황이 아니었던 것이다.

북한정권은 1950년 4월 초 김일성-스탈린 회담에서 소련으로부터 선제남침에 대한 적극적 지지를 얻어내었다. 이에 따라 김일성은 전쟁 개시 두 달 전인 5월 초 모택동과 비밀회담을 갖고 전쟁계획에 관한 동의를 얻음은 물론, 전쟁지침을 구체적으로 토의할 만큼 남침계획을 진전시켜 나갔다. 이를 통해 볼 때 **북한은 38선 충돌을 확대시켜 곧 바로 전면전쟁으로 연결시킨 것은 아니었지만, 치밀하게 계획 추진하고 있던 전면전쟁을 위해 38선 충돌을 전략적으로 이용한 측면이 있었음을 알 수 있다. 따라서 38선 충돌은 전쟁 배경의 한 요인으로 작용했고, 북측에서는 이를 심리 전략으로 활용하였다고 분석할 수 있다.** 아래 그림은 북한의 38선 경비책임 부대인 38경비여단 배치도이며, 1경비여단 5,000명, 3 · 7경비여단은 각각 4,000명의 병력으로 1949년 1~9월에 창설되었다.[55]

[38 경비여단 배치도]

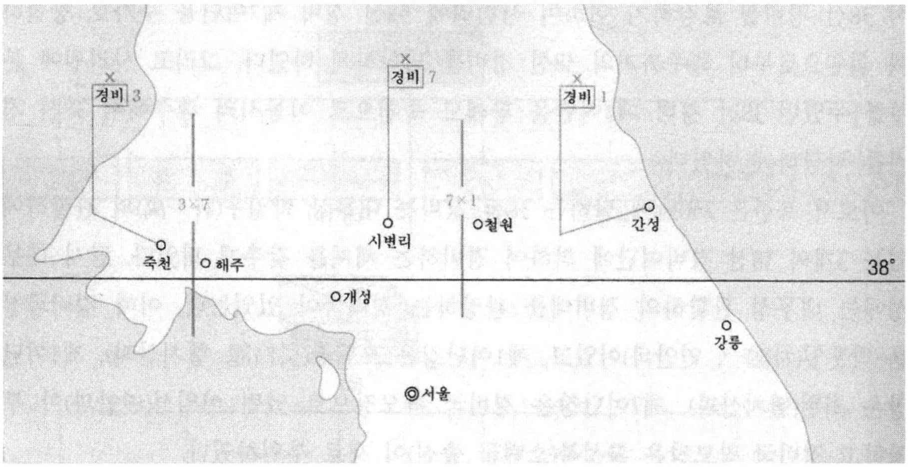

출처 : 국방부 군사편찬연구소, 전쟁의 배경과 원인(2004)

55) 국방부, 앞의 책, 2004, p. 262.

3부

6·25전쟁에서의 UN군의 심리전

1장. 6·25전쟁 전개상황

2장. 심리전 조직과 전개상황

3장. 심리전 매체별 주요사례

1장_ 6·25전쟁 전개상황

6·25전쟁은 1950년 6월 25일 일요일 새벽 4시, 김일성에 의한 전격 기습남침으로 시작되어 1953년 7월 27일 오전 10시 판문점에서 휴전협정을 조인함으로써 종결되었다. 이 전쟁기간을 계산해 보면 만 3년 1개월 2일이 된다. 이 기간중 남·북한 쌍방은 38선을 각각 3회씩 넘나들었고, 전 국토의 80%가 전쟁의 무대로 사용되었다.

[6·25전쟁의 단계별 소요기간]

단 계	진출선	진출기간	소요일수
북한군 남침기	38선 함양-왜관-포항	1950. 6. 25 1950. 9. 25	82일간 (2개월 21일간)
유엔군 반격 및 북진기	38선 함양-왜관-포항	1950. 9. 15 1950. 11. 25	71일간 (2개월 10일간)
중공군 침공 및 유엔군 재반격기	압록강선 평택-제천-삼척 문산-화척-간성	1950. 11. 25 1951. 6. 23	210일간 (6개월 28일간)
전선교착 및 휴전	38선 판문점-철원-남강	1951. 6. 23 1953. 7. 27	764일간 (25개월 4일간)

출처 : 노병천, 이것이 6·25전쟁이다(2000)

표에서 보는 바와 같이 6 · 25전쟁은 비록 3년 1개월 2일간이라는 긴 세월동안 치루어졌지만 전쟁발발 첫해인 1950년부터 이듬해인 1951년 6월까지 약 1년 동안에 대부분의 중요한 작전과 전투들이 진행되었다. 그 이후부터는 전선의 교착상태 하에서 지리(地利)한 휴전협상이 근 2년여 동안이나 진행되었음을 알 수 있다.

2장_ 심리전 조직과 전개상황

2.1 UN군의 심리전 조직과 전개상황

미국은 제 2차 세계대전 후 심리전 조직과 부대를 대부분 해체하고, 독일을 점령한 미군 책임자였던 루시어스 클레이(Lucius Clay) 장군에게 1, 2차 세계대전에 참전경험이 있는 예비역들을 유사시 즉각 동원하여 대 소련 심리전을 할 수 있도록 하였다. 일본을 점령한 맥아더 장군은 1947년 극동지역 사령부에 심리전반을 재구성하여 일본인에게 민주주의에 대한 교육과 공산주의 선전 · 선동에 대한 반 심리전을 실시하도록 하였다. 이러한 연유로 하여. 당시 극동지역 정보부 참모장 찰스 윌루파이(Charles Wiloughby) 소장은 당시 일본전 심리전을 수행해 왔던 전임 육군 대령 우달 그린(J.Woodall Greene)에게 **'극동 전장내의 전쟁발발시 어떤 심리전을 구사할 것인가?'** 라는 문제를 해결케 하는 심리전 계획단을 편성하고, 사령부내 심리전 전문가 6명으로 팀을 구성하였다. 그리고 트루먼 대통령은 1950년 초에 심리전을 위한 국가정책을 수행하기 위하여 심리전 전략위원회(PSB : Psychological Strategy Board)를 설립하였다.[56]

이러한 조직과 준비를 했기 때문에 트루먼 대통령의 6 · 25전쟁 참전선언 후 24

56) Stephen E. Pease, 「Psychological warfare in Korea 1950~1953」, (국군심리전단 편역, 2000), p. 13~15.

시간 이내에 전단을 살포할 수 있었고, 일본에서 대 한반도에 심리전 라디오 방송을 할 수 있었다.

미 육군은 1950년 초에 정보국(MIS)의 심리전 분과를 설립하였고, 6 · 25전쟁 발발 3일전 다시 육군본부 특수참모부를 심리전부로 개칭하였다. 6 · 25전쟁 발발 당시의 미 육군의 심리전 부대는 미 캔사스 포트 라일리(Fort. Reiley)에 위치한 20여 명의 전술정보파견대뿐이었다. 이 부대가 확장되어 전술심리전 부대인 '1전단 및 확성기 중대' (1st L&L)가 되었고 1950년 11월 8일에 한국전선에 전개하게 되었다.

'1전단 및 확성기 중대' 는 중대본부와 선전소대, 출판소대 그리고 확성기소대로 구성되었다. 본부는 중대 지휘부와 행정반으로 구성되었고, 출판소대는 매주 3백만장 이상의 전술전단을 디자인하고 인쇄하였으며, 확성기 소대는 전방군단에 분대단위로 배치되어 운용되었다.

전략 심리전은 동경의 미 극동지역 사령부의 심리전 전략지시에 따라 1951년 4월에 창설되어 8월에 한국에 전개된 '제 1라디오 방송국 및 전단반' (1st RB&L)에 의해 수행되었다. '제 1라디오 방송국 및 전단반' 의 임무는 한반도에서 수행중인 모든 전략심리전의 작전 통제권을 행사하면서 중공군과 북한군뿐만 아니라 남북한 주민들을 대상으로 전략심리전을 수행했다. 이 부대는 본부중대, 생산중대(reproducation), 기동 라디오중대로 편성되었다. 본부중대는 지휘부, 행정부와 이를 운영하는데 필요한 요원들로 구성되었고, 생산중대는 인쇄 기술자와 인쇄장비가 편제되었다. 생산중대의 능력은 1주일에 전단 및 뉴스형 신문 2천만장을 칼라 또는 흑백으로 인쇄하였으며, 살포수단은 포병의 지포탄과 항공기의 지폭탄을 통해 적 후방 40마일 까지 살포할 수 있는 수준이었다. 기동 라디오방송중대는 제 2차 세계대전시 기동라디오중대와 동일한 장비였고, 방송 원고 작성 및 프로그램을 제작하여 한국 후방지역의 전 국민을 대상으로 사기 진작 및 총력태세를 제고하기 위한 방송을 실시하였다.

'제 1라디오 방송국 및 전단반' 은 1950년 6월 29일 일본에서 한국어로 방송하기 시작한 '맥아더 사령부의 소리' 라는 심리전 라디오 방송국을 맥아더 장군이 UN군의 총사령관으로 취임한 후에는 '유엔군사령부의 소리(VUNC)' 로 바꾸어서 작전을 수행하였다.

또한 이 부대는 처음에는 미 극동지역 사령부 정참부 특수계획처에 속해 있었지만 1951년 6월 17일에 작전참모부 심리전처로 재편되었다. 이 부대는 저널리즘, 신문인쇄, 소설 대본 집필, 예술 그리고 라디오 기술 등에 관한 지식을 보유한 영국, 덴마크, 노르웨이, 캐나다, 프랑스, 이탈리아, 벨기에 예비역 장교 출신으로 구성되었다. 그들은 포트 라일리의 심리전 학교에서 심리전의 기본원리, 전략정보, 심리전 작전 방법과 외국부대의 조직에 관한 통찰력 등을 교육받았다. 그러나 이 부대가 1951년 8월 일본에 도착하였을 때는 심리전에 관한 경험이 없었고 대 한반도 심리전을 수행할 수 있는 한국 문화, 언어, 인식 등이 부족하여 초기에는 효과적인 심리전을 수행하지 못했다. 1952년에서야 유엔 참전국 16개 언어와 방언으로 전단을 제작할 수 있는 능력을 갖추게 되었다. 이 부대는 1953년에 선무심리전을 위한 선무중대가 추가 편성되어 4개 중대로 구성되었다.

선무심리전은 미 국무부 산하 정보부에서 담당하여, 적의 점령지역에 있었던 남북한 주민과 군인을 대상으로 실시하였다. 이는 부산에서 공영방송, 신문, 유인물, 뉴스 영화 상영, 교육 등을 통해 심리전을 수행하였다. **이 선무심리전은 전쟁의 폐허에서 좌절과 공포에 쌓여있는 남한국민에게 희망과 사기 증진과, 공황을 극복하는 효과를 거두었으며, 이는 한국의 정부기능이 회복될 때까지 지속되었다.**

미 육군은 1951년 1월 15일에 육군의 심리전을 계획 · 통제하기 위해 육군참모총장 직속의 심리전사령부(OCPW)를 창설하고 초대 지휘관을 로버트 맥클루(Robert McClure, 유럽에서 Dwight D. Eisenhower하의 심리전 참모장)장군을 임명하였다. 이 심리전 사령부의 임무는 미 육군의 심리전 최고사령부로서 권위를 인정받으면서 미국의 심리전을 대표하는 부대로서 미 육군의 기만작전, 심리전, 게릴라전 등의 특수부대와 같은 비정규전 수행과 주한미군의 심리전 부대를 포함한 모든 심리전 부대의 훈련, 자재,정책 등을 지원하였다.

심리전 사령부는 1952년 4월에 북캐롤라이나 포트 블래그(Fore Bragg)에 '심리전 센터' 라는 심리전 학교를 조직하였다. 이 센터는 2개의 심리전 작전처와 준비처 등 3개의 조직으로 구성되었다. 작전처는 계획, 작전, 첩보 및 평가과로 나뉘었고, 준비처는 편성, 훈련, 인사, 군수, 작전연구과로 편성되어 심리전의 준비, 교육, 지원의 임무를 수행하였다.

당시 미 육군 장관인 플랭크 페이스(Frank Pace)는 심리작전을 양적인 면보다는 질적인 면에 강조하면서 ***"적을 종이에 묻어라"***라는 등, 적극적인 심리전을 전개토록 하였고, 주한미군사령관인 릿지웨이(Matthew Ridgway) 대장은 미 육군장관 페이스의 의견을 전적으로 수용하여 작전을 전개하였다. 미 육군장관은 야전군 사령관에게 전술전단 및 확성기방송을 우선적으로 실시하도록 임무를 부여하였다. 또한 전략적 심리전을 위해 한국내 적군뿐만 아니라 만주에 있는 중공군에까지 도달할 수 있는 강력한 방송국을 포함하고 있는 라디오 방송을 확장시키려고 노력하였다.

6·25전쟁 발발시 미 공군에는 심리전 부대가 없었다. 그러나 미 극동지역 사령부 예하 항공 수송부대가 동경 근처 다찌카와 공군기지에 위치한 제 315공군부대에 배속된 제 374병력수송단이 있었다. 이 부대와 예하 부대의 임무는 항공습격, 항공살포, 항공재보급, 의료철수, 항공수송, 비행훈련, 비행터미널 체계작전, 극동지역내 비행일정체계, 특수항공등 9가지였다. 심리전은 특수항공 임무의 일부분으로 다른 임무와 연계하여 수행되었다.

1950년 6월 26일에 미 극동지역 사령부에서 심리전 전단 살포임무가 374병력수송부대에 부여되었고, 북한군에 점령된 한국국민들에게 곧 유엔군과 미군이 참전하여 공산침략자를 물리치고 구출할 것이니 안심할 것을 당부하는 내용이 대부분이다. 이 임무는 C-46을 이용한 호워크 섹터(Howark Sector) 대위에게 명령으로 하달되었다. 그 첫 전단의 내용은 **'북한 점령하에 있는 한국국민이 안심할 것을 당부하면서 곧 유엔군과 미군이 참전하여 공산침략자를 물리치고 점령하에 있는 국민들을 구출할 것' 이라는 것이었다. 하지만 북괴군의 투항을 권유하는 전단은 거의 없었다. 이는 승리감에 도취된 북괴군들이 투항할 상황이 아니라고 판단했기 때문이다.**

옆의 전단이 6·25전쟁시 미 374병력수송부대 C-46항공기로 최초로 살포한 전단이며, 이 전단은 유엔의 로고와 영문타자체와 한글 및 한자의 펜글씨로써 인쇄하여, 1200만매가 제작 살포되었으며, 6·25전쟁시 단일종으로 가장 많은 양으로 살포된 전단이다.

[6·25전쟁시 최초로 살포된 전단]

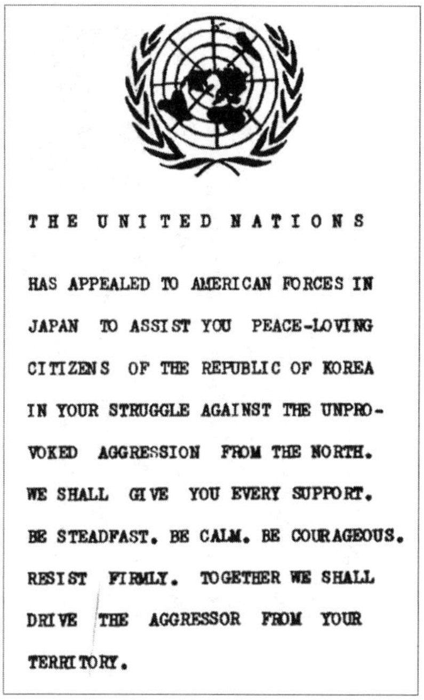
THE UNITED NATIONS

HAS APPEALED TO AMERICAN FORCES IN JAPAN TO ASSIST YOU PEACE-LOVING CITIZENS OF THE REPUBLIC OF KOREA IN YOUR STRUGGLE AGAINST THE UNPROVOKED AGGRESSION FROM THE NORTH. WE SHALL GIVE YOU EVERY SUPPORT. BE STEADFAST. BE CALM. BE COURAGEOUS. RESIST FIRMLY. TOGETHER WE SHALL DRIVE THE AGGRESSOR FROM YOUR TERRITORY.

國際聯合會는日本에駐在하는美軍에게平和를
사랑하는大韓民國國民이北韓의無法한侵略에
對하여反抗하는貴國을援助하라고要請하였음으로
우리는積極的으로援助하겠읍니다.
堅固·沈着·大膽하며猛烈히敵을對抗하십시요.
우리는韓國과힘을合하여侵略者를貴國으로
부터擊退하겠읍니다.

UN은 주일 미군에게 불법적인 북한의 남침을 막도록 원조 요청하였으며, 한국국민들에게는 침착하면서 맹렬하게 적에 대항하고 UN과 힘을 합쳐 적을 물리치자는 내용이다.

[6 · 25전쟁시 두 번째로 살포된 전단]

트루먼대통령의 성명은 불법남침한 북한인민군은 철수하고, 철수하지 않으면 즉각 미군을 투입해 공격할 것이라는 경고성명과 맥아더 원수는 UN 안보리의 결의를 실행하는 것으로 UN가맹국이 침략자를 공동으로 물리치겠다는 의지를 천명한 전단이다.

두 번째로 살포된 전단도 유사한 내용이며, 트루먼 대통령의 성명과 맥아더 원수의 한국방문 내용을 사진을 포함시켜 제작한 전단으로 내용에 대한 신뢰감을 제고시키고 한국국민에게 자신감을 심어주는 내용이다. 2/3 이상이 한자로 구성되어 있는데 이는 한국의 지식인들은 대부분 한자를 사용한다는 정보에 기인한 것으로 판단된다.

다음은 6 · 25전쟁에서 UN군의 마지막 전술심리전 전단으로써 휴전협정이 발효되는 1953년 7월 27일 바로 전날 밤 한국어와 중국어로 제작된 전단 내용이다. 이 마지막 전단은 휴접협정을 환영하고 빨리 고향으로 돌아가기를 기원하며 다시는 전장에서 만나지 말 것을 축원하는 내용이다. 그러나 아쉽게도 이 전단 원본을 확보할 수가 없어 내용만 인용하게 되었다.[57)]

[6 · 25 전쟁시 UN군의 마지막 전단내용]

> 휴전협정 조인과 함께 평화와 고요가 한국의 강산을 뒤덮었다.
> 전쟁으로 피폐한 지역에 평화가 다시 깃들었다.
> 우리는 공포의 날, 기근, 추위 및 피로가 이제 끝났다는 것을 알고 기뻤다.
> 우리는 너희의 지도자들이 너희의 군 임무를 면제 해주기를 희망하고 있다.
> 행운과 함께, 너희는 피로 얼룩진 전쟁터에서 황폐한 고향을 재건하는 전통적인 권리를 다시 찾을 것이다. 너희가 너희 고향에 하루빨리 돌아가기를 기원하고 있다. 그리고 하루빨리 너희 가족들을 다시 만나기를 기원한다. 그리고 우리 다시는 전장에서 만나지 말자

57) Hansen, 「Psychological Warfare in Korea」, 1951, p. 80.

다음 내용은 6 · 25전쟁시 최초 전단을 살포한 호크 섹트(Howark Sector) 대위의 심리작전 경과 및 증언내용으로써, 6 · 25전쟁시 심리작전 상황을 엿볼 수 있는 대목들이다.

전단 살포 작전을 수행했던 나는 전투기의 호위를 받으면서 C-46수송기로 500피트 상공에서 비행하며, 8시간 동안 전단을 살포하였다. 주 살포 지역은 북한 통제하에 있는 서울, 대전 등 도심지역이었다. 그 이후에는 C-119(314부대 병력수송단) 등 다른 항공 부대들도 선전전단 및 공중투하 임무를 수행하였다.

1951년 말에 심리전 공군 작전 통제권은 대전의 제 5공군의 통제하로 집중되었다. 전쟁중 가장 유명했던 수송부대는 347부대에 부속된 제 21병력수송 비행편대인 규슈 집시(Kyushu Gypsies)였다. 전쟁말기에는 제 21비행편대는 제 5공군으로 소속되었다.

트루먼의 참전선언 후 이 부대는 필리핀 클라크 비행장(Clark Field)에서 일본의 아시야로 즉시 전개되었고, C-54s는 374부대의 제 6비행편대 및 제 22비행편대로 통합되었다. 제 21비행편대는 2중엔진을 사용하는 C-47로 재편되었으며, C-119의 항공 구조단 그리고 전투부대도 보강되었다. 이 부대는 수시로 작전지역을 이동하였으며 규슈 집시라는 별칭까지 획득하였다. 특히 이 부대는 C-47s의 뛰어난 공간확보 능력과 강인함으로 전쟁중 항상 가장 위험한 항공 지원과 수송의 위험한 임무를 수행하였다. 주요 수행임무로는 ❶ 비행기로 해변에 착륙하여, 중국군에게 포위당한 해병대와 부상자의 수송 ❷ 바위가 많은 임시 착륙장에 보급품 수송 ❸ 전단 살포, 확성기 운용 ❹ 한국의 대통령 이승만이나 미국대사 John J. Muccio와 Ellis O. Briggs 등의 VIP수송임무 ❺ 'Voice' 라 불리는 C-47s 확성기 장비 운반 등이었다. 그리고 이 '규슈집시' 부대는 그리스와 태국의 C-47s가 편입됨으로써 한국 내에서 유일한 세 개 민족으로 구성된 부대가 되었다.

제 21부대는 전방근처의 전술부대와 근접지원 임무를 수행하였는데 주로 임무는 2시간 미만의 비행이였기 때문에 조종사는 하루에 수차례 비행할 수 있었고 때에 따라서는 5-6차례도 비행하였다. 그런 까닭에 집시(Gypsies) 비행사의 한국 비행 근무는 일반적으로 90일이 되었다. 1951년말 집시(Gypsies)와 그 전투물자 그리고 특수항공 임무반은 관할이 제 2공군부대로 전환되었다. 전단작전은 점차적으로 C-47s에서 큰 규모의 항공기로 이양되었으며, 집시(Gypsies)들은 비록 전투 수송기가 일본 중앙 인쇄소에서 전단과 폭탄을 계속 운송했지만 주로 협곡과 해변의 착륙과 같은 특수 임무들을 수행하였다. 다른 공군 심리전 수행 부대는 고정된 날개를 가진 비행기와 헬리콥터를 이용한 제 581 재보급 및 교

통비행단이었다. 이 심리전 부대는 정규군으로부터 독립적이었으며, 자체 인쇄중대에서 수백만장의 전단을 제작하였으며, 포로들을 심문하고, 통신중대에서는 통신방해작전을 수행하였다. 또한 전단을 살포하기 위해 기구를 이용하였다. 이 부대의 자매 부대격인 제 582부대는 리비아에 위치해 있었으며 종종 그 인원이 한국에서 활동하였다. 당시 제 582부대에서 아라비아 언어를 사용하였던 전설적 비행사 피시(Fish) 대령과 청부살인업자 케인(Kane) 그리고 블래티(William Peter Blatty)를 포함한 것으로 잘 알려진 ARC 생도들은 현재 '엑소시스트(The Exorcist)'의 저자로도 잘 알려져 있다. 필리핀의 클라크(Clark) 평야에서 작전하고 있던 제 581부대는 원래의 업무인 전단 투하와 함께 CIA 요원의 낙하를 지원하였으며 그들의 탈출과 보충, 한국 게릴라 집단의 공중 재보급, 코만도 작전과 다른 비밀작전을 지원했다. 제 581부대의 SA-16 비행 보트와 H-19 헬리콥터를 항공 구조작전에 사용하기도 했다. 공군부대가 새로운 비행기들을 받게 되자 CIA는 그들만의 C-46s와 C-47s의 통제권을 얻게 되었다. 전쟁 중에 설립된 심리전 기관 및 기능은 부대명은 바뀌었더라도 현재까지 지속되고 있다.

심리전 계획은 일본 내의 한국 교포 뿐만 아니라 지역 전문가와 심리전 작전팀이 포함되어 조직되었고 이 팀이 주간 계획부서로 지정되었다. 전황을 연구하고 미래에 대한 전투계획을 검토하며, 포로 심문에서 수집한 정보를 조사했으며 부대의 가용도, 날씨와 그 밖의 다른 요인을 고려했던 것이다. 일반 정책 지침을 사용하여 라디오와 확성기 원고 그리고 전단 디자인을 제작하였다. 이러한 것들이 정책 위원회에서 인준되어 생산에 들어갔다. 한국에 사용된 대부분의 전단은 PWS(심리전반)의 동경 본대에서 이 절차를 통해 제작되었다. 한국인은 최종적으로 라디오 방송과 확성기 원고 그리고 전단에 사용하는 단어가 올바르게 사용되었는가를 확인하는 책임이 있었다. 전단은 요코하마에 위치한 인쇄소에서 인쇄되었으며 다발이나 지폭탄으로 포장되어 항공기를 이용해 한국으로 수송되었다. 원고는 일본 방송시설(후에 한국으로 이양됨)과 전술 확성기 부대로 보내졌다.

2.2 국군의 심리전 조직과 전개상황

해방 후 남 · 북간의 긴장고조와 더불어 이념과 정치체제의 이질화 현상이 심화되고 있어, 전쟁이 발발하든 통일국가가 되든 간에 이질화되어 가고 있는 이념과 정치체제 등을 효과적으로 통합하고 동질화 할 수 있는 심리적 치유가 급선무였고 가장 효과적인 방법이었다.

그러나 심리전을 수행할 수 있는 조직과 부대는 재정비 되지 않았으며, 특히 군수뇌부는 심리전에 대한 인식도 부족하였으며, 허황된 언행으로 인해 전쟁초기에 큰 심리전 과오를 범하기도 하였다.

기습 남침을 당한 국군이 수원으로 1차 철수한 1950년 7월에 국방부 정훈국에서 최초로 소량의 전단을 제작하여 L-4로 서울 주변에 살포하였다. 그 후 계속해서 비행기로 대적전단을 뿌리는 한편 정부주재 도시 근처에서 방황하는 피난민에 대한 조치가 시급해 우선 가두벽보선전을 수시로 전개하였다.

당시 대전에서 국방부 정훈국은 국가총력전을 수행하는 가장 중점적인 활동을 하는 핵심기지로서의 틀을 잡아 심리전에서도 비약적인 발전을 보여주었다. 정훈국은 각계각층의 인사를 망라하여 대내심리전 위주로 실시하였고, 이러한 대내 심리전은 학도병과 의용군 출진에도 많은 역할을 하였다.

특히 이 기간에 있어서의 심리전의 목적은 전국민을 국가총력전의 대열에 굳게 결속시키는데 있었다. 당시 국민의 사기는 전국을 좌우할 만치 중대한 처지에 있었는데 이러한 수난기에 자재와 인원 및 경험의 부족 등을 무릅쓰고 전국민을 멸공전선으로 동원시키는데 성공하였다는 것은 그나마 국방부 정훈국의 큰 업적이라 할 수 있다. 전쟁이 지속되면서 국가 총력전 의지가 고무되고 낙동강 방어선에서 치열한 공방전이 지속될 때부터 심리전도 점차 전술적인 성격을 띤 가운데 방어개념의 심리전에서 공세개념의 적극적 심리전으로 전환되었다

이러한 공세위주의 적극적 심리전의 배경은 1950년 7월 26일 UN군사령부로부터 미 8군지휘소를 부산으로 옮기라는 지시를 거부하고 결전의지와 UN군 및 한국민, 국군의 사기를 고취하기 위해 대구에 그대로 두게 하였다. 그 후 워커중장은 낙동강 방어선의 사수 명령을 하달하면서 결연한 의지를 표명했던 내용으로,

…… 우리는 지금 시간(時間)과 싸우고 있다. 이 이상의 철수, 후퇴는 있을 수 없으며, 더 물러 설 곳도 없다. 모든 부대는 최대한의 역습(逆襲)으로 전투력의 균형(均衡)을 회복하고 나아가서는 우세를 얻도록 힘써야 한다.…… 최후까지 싸워 한치의 땅이라도 적에게 내주지 않아야 한다. 전 장병은 한 덩어리로 뭉쳐 싸워야 하며, 한치의 땅이라도 적에게 빼앗기면 수 많은 전우가 죽게 된다는 것을 명심해야 한다.……

는 단호한 명령을 받고 전 부대장병들은 심기일전하게 되었다.

미 8군 예하 제 1기갑사단이 현풍에서 왜관으로 배치되어 있을 때 **국군 정훈국 소속으로 활동해 왔던 학생요원들을 포함한 '대적선전대'가 최초로 대구에서 발족하여 미군과 연합심리전을 개시하게 되었는데 선전대는 전쟁 당시 자재와 인원 그리고 기술에 있어서 심리전을 수행하기에 손색이 없는 우수한 선전조직으로 발전하였다. 이 '대적선전대'는 휴대용 방송 장비를 갖춰 낙동강전선의 전면에 투입되었다. 그들은 낙동강 방어선 기지를 돌아다니면서 대적방송의 실전경험을 쌓았으며 적에게 심리적인 출혈을 강요하는 일련의 활동을 계속하였다.**

다만 이 선전대의 임무를 올바르게 파악치 못한 일부 지휘관들의 몰이해로 때로는 정찰대의 역할까지 실시하게 했다. 국군의 '대적선전대'의 심리전 활동과 더불어 미 극동사령부의 심리전국은 '동경방송'으로 맹렬한 전략 심리전 방송을 감행하였고, 샌프란시스코의 '미국의 소리방송'에서는 국군 정훈국 소속의 한국 '아나운서'를 차출하여 북한 전 지역을 대상으로 심리전 방송을 전개하였다.

심리전이 그 어느 때보다도 중대한 과제로써 대두된 것은 우리 국군이 서울을 탈환하고 파죽지세로 북진공격을 하기 시작했던 바로 그때부터였다. 즉 무력전에서 승리한 우리 국군은 갑자기 광대한 수복지역을 갖게 되었던 바, 어떠한 적성(敵性)지역에서도 그곳에 정착하고 있었던 주민들에 대하여 우리는 강력하고도 계획적인 선무공작을 실시할 필요성이 대두되어 1953년 1월에 제 772, 773부대를 창설하였다.

그 당시 선전부문에서 우수한 학생들을 입소시켜 문관의 자격으로서 조직 · 동원하였으며 유능한 전문가들도 이에 참여케 하였다.

1 · 4후퇴 후, 선무공작을 위해 772부대는 경상도 방면으로, 773부대는 호남지역으로 파견되어 수복민과 공비토벌지구 주민에 대한 심리전을 지속적으로 실시

하여 혁혁한 공훈을 세운 바 있다. 이후부터 대적선전대는 병무감실 소속으로서 미 제 1라디오방송 및 전단반' 과 연합작전을 전개하였는데 그들은 C-47에 의한 공중방송과 B-26 및 C-46에 의한 전략 전술전단의 살포를 대규모로 계속하였던 것이다.

창설시 772, 773 부대 마크
('50. 11. 24 ~ '51. 4. 7)

2개대대 통합후 마크
('51. 5. 15 ~ '52. 4. 25)

722, 733 부대 여군들의 모습

적의 귀순과 전황을 알리는 여군 방송활동

3장_ 심리전 매체별 주요사례

3.1 전단 심리전

6 · 25전쟁 시 사용된 전단 살포 수단은 항공기, 대포, 연, 기구, 인편이 주로 이용되었다. 전쟁기간 중 전단은 1000여종 25억장 정도로 최고 절정기에는 매주 2천만장 이상 살포되었다.

본서에서 다루고 있는 전단은 필자가 미 특수전학교 연수기간동안에 획득한 자료와 한림대학교에서 편집한 전단자료집, 그리고 각종 세미나에서 발표되거나, 참전용사들의 증언을 토대로 확보한 660여종의 각종 전단을 종합하여 심리전 분석기법과 필자의 경험을 바탕으로 설명을 첨언하였다. 아래 사진은 6 · 25전쟁 시 전단 제작, 살포 준비 과정의 한 단면이다.

다량으로 인쇄하는 장면

전단을 항공포탄에 장입하는 장면

3.1.1 전단 살포수단

가. 항공기에 의한 살포

항공기에 의한 전단의 살포수단은 두 가지 방법을 사용했는데 **첫째는 직접적인 공중살포 방법**으로 저공으로 표적지역을 지나갈 때 비행기의 문이나 투하장치를 통해 살포하는 것으로 살포지점에 영향을 주는 바람을 안고 매우 짧은 시간에 비교적 소량의 전단을 효과적으로 투하한다. 살포요령은 전단을 베게피나 그와 유사한 자루에 넣어 바람의 영향을 고려하여 내용물을 떨어뜨리는 것으로 회전익 항공기는 표적지역에서 고정익 항공기보다 저속으로 보다 저공으로 비행하기 때문에 제공권이 확보된 지역이나 대공 방어위협이 적은 곳에서 운용되었다. **두 번째는, 항공기 폭탄(지폭탄)에 전단을 장입시켜 일정한 고도에서 투하하는 방법이다.**[58)]

6·25전쟁 시 지폭탄에 의한 전단은 B-29 폭격기가 전체 90% 전단을 살포하였다. B-29 폭격기는 일본 도쿄 근처 요고타 기지에 있었고, M-16형 폭탄 또는 유사한 형태의 폭탄 32발을 적재할 수 있었다. 폭탄 1발에 전단 약 22,500여 매를 적재했을 때 무게는 약 175파운드(79kg)였다. 따라서 전체 32개 폭탄을 싣고 전단까지 실어도 그 무게는 3톤에 불과하므로 비행기의 최대 적재용량에 미치지 못하였다.

전쟁 초기 B-29 폭격기로 전단을 살포한 횟수는 특정한 달 1주일에 4회였으며 12월부터는 기상이 좋은 날 매일 1회 투하하였다. 전단은 정보에 기초하여 인쇄한 후 비행기에 12~24시간 사이에 전달되고 비행기가 지폭탄을 싣고 목표지점 위를 날아가는 시간까지 12시간 이상 걸렸다. 따라서 최근 정보를 받은 시간부터 지폭탄을 투하할 때까지 36시간 이상 소요되어 광범위한 지역에 있는 적 부대에게는 비교적 효과적이었지만, 특수한 상황에서 제한된 부대에 특별히 제작한 전단을 살포할 때 전단의 1/3 정도는 목표에 정확히 도착시킬 수 없어 비효과적이었기 때문에 C-47 수송기를 이용하여 전단뭉치에 도화선을 달아 정확히 투하하는 첫번째 방법이 많이 운용되었다.[59)]

58) 국군심리전단, 「전단작전 실무지침서 1998」, pp. 100~101.

59) John Ponturo, 「Psychological Operations at Lower Echelons in Eighth Army, July 1952-July 1953」, (ORO, Baltimore, 25 January 1953)

전단을 살포하는 장면이다. 유엔군이 살포한 전단은 휴전때까지 25억매로 일반적인 전단 크기가 약 17×10cm이니 25억매면 한반도 전부를 20번 덮는 수량이었다고 할 수 있다.

C-47기에서 전단뭉치를 투하하는 장면이다. 이때 전단뭉치가 꼬리부분이나 기체에 타격을 가할 수 있었고, 그 전단뭉치가 풀리면 기체내에서 소용돌이가 쳐 승무원의 주위를 혼란케하여 정확한 살포를 위해 저공비행이 불가피 했는데 저공비행은 적의 대공사격에 노출되는 문제점이 있었다.

유엔군이 뿌린 전단을 줍고있는 장면이다. 이 전단을 재생시켜 북쪽의 전단으로 만들어지기도 하였고, 휴지나 잡기장으로 이용되는 경우도 있었다.

나. 대포에 의한 살포

지포탄[60]에 전단을 말아 넣어 대포를 이용하여 전단을 살포하는 방법으로 155mm와 105mm 두 가지 형태의 지포탄이 사용되었다.

155mm 지포탄의 경우 전단 살포를 위하여 특별히 고안되었기 때문에 효과가 있었다. 전단 표준 규격을 155mm 지포탄을 기준으로 만들었다. 지포탄에 요구되는 도달범위, 적당한 추진력, 그리고 목표지역에 전단 살포를 위한 추진장량 등에 대

60) 지포탄은 사거리 제한으로 인해 전술적인 전단 살포에 많이 이용되었다. 전쟁초기에 낙동강 방어선 전투에 광범위하게 사용되었다. 특히 적을 투항 유도 전단을 살포하는데 유용한 수단으로 많이 활용되었다. 그 증거로 낙동강 방어선 전투에서 투항하기를 원하는 적이 '항복전단' 이 부족하다는 첩보를 획득하고 산탄을 제거하고 전단지 400~500매를 삽입하여 살포한 결과 '항복전단' 을 가지고 온 적이 대단히 많았다.

대포로 지포탄을 발사, 전단을 살포하는 상황을 그림으로 묘사하고 있다.

해서는 포병부대의 협조하에 이루어졌다.

105mm 지포탄의 경우 M84연막탄을 변형시킨 것으로 155mm 지포탄을 사용할 수 없을 때 사용하였다. 정상적인 연막탄과의 혼동을 피하기 위해 PSYOP(심리작전)중 P를 큰 글자로 포탄에 인쇄하여 활용하며, 105mm 지포탄은 표준 연막탄보다 6~8 파운드 더 가볍고 최대도달 범위는 1,100m이며 고도 26~46m상에서 폭발하도록 되어있다. 이러한 지포탄 이용 시 고려사항으로는 폭발파편과 관련된 사고의 위험성 때문에 표적대상에 정확하게 명중해야 하는 제한사항이 있었다. 지포탄 운용시는 파편으로 인한 공격중인 아군과 민간인의 피해 가능성 때문에 사전에 포병부대의 협조가 필요했다.

다. 기구에 의한 살포

기구에 의한 살포는 큰 풍선에 수소를 충전하여 전단뭉치를 매달고 바람을 이용, 표적지역에 운반시키는 살포방법이다. 이러한 기구에 의한 살포방법은 전시보다는 평시에 더 많이 이용되는 방법이다. 다음 그림은 기구에 의한 살포 준비과정이다.[61]

61) 국방부, 앞의 책, p. 45.

전단 무게 측정

기구 수소 장입

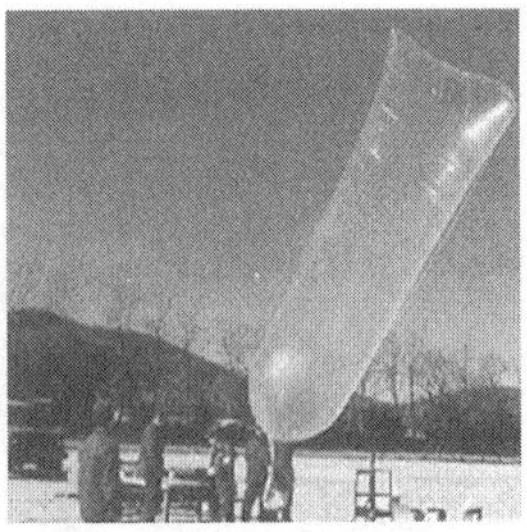

기구와 전단뭉치 결합

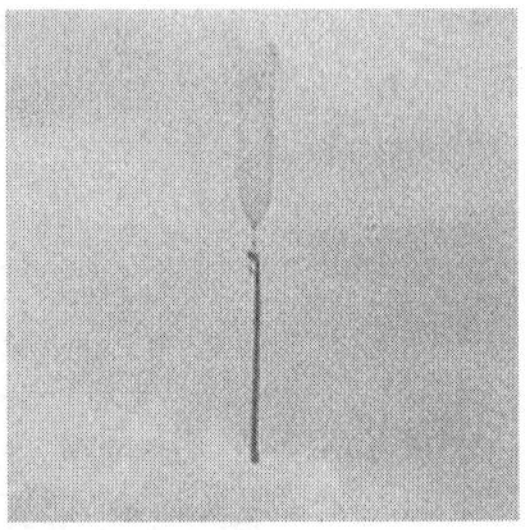

풍향, 풍속 측정

라. 기타 수단에 의한 살포

기구, 항공기, 대포, 기구 이외의 방법으로는 적 지역내에 침투하여 살포하는 직접살포 방법과 강, 바다를 이용한 수상 표류에 의한 방법 등이 있다.

직접살포 방법의 경우 적정에 대한 정찰목적으로 침투하는 정찰작전의 일부로써, 적 지역을 넘나드는 침투요원이나 유격대원 등을 통해 전단을 살포하는 방법이다. 그러나 고유의 임무인 정찰활동이나 전투임무 수행에 지장을 주지 않아야 한다. 직접 살포 방법은 이미 적 지역에 침투한 요원이나 포섭한 인원으로도 살포하였다.

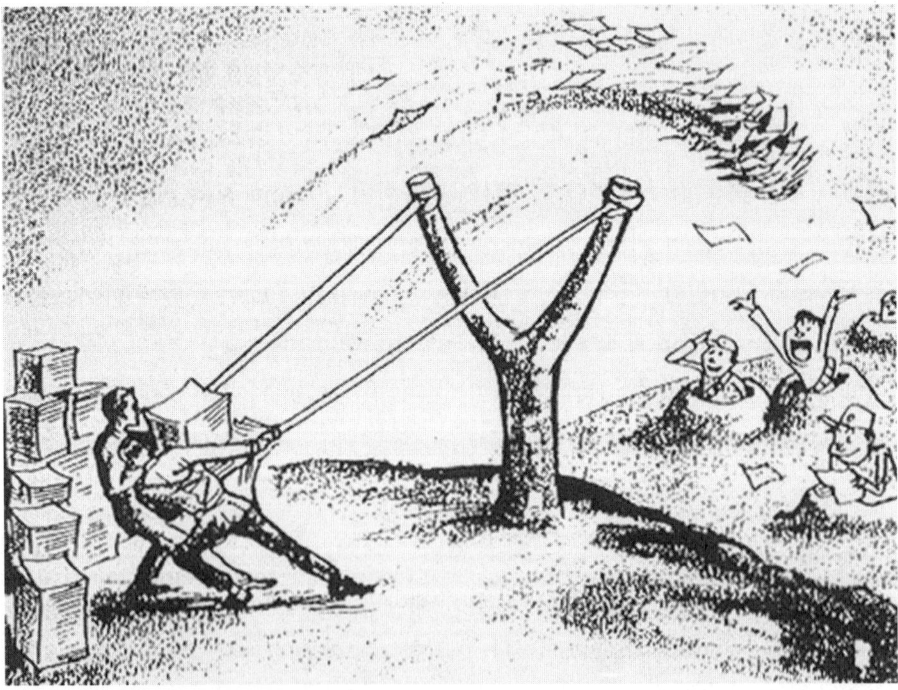

새총을 이용하여 전단을 살포하는 장면. 이 그림은 전단 살포는 어떤 방법이든 전달코자 하는 대상자가 접촉할 수 있게만 하면 됨으로 여러 가지 방법이 있다는 것을 상징적으로 표현하고 있다. (이 그림은 1990년 6월 22일에 국제 심리전학회 주최 '6 · 25 전쟁 공중살포 전단전시회' 시 김성환 화가가 '종이폭탄'을 상징화하는 것임)

수상표류에 의한 살포의 경우에는 살포기술상 단순하면서도 비용이 많이 들지 않는 장점을 가지고 있다. 강, 바다, 큰 호수와 같은 넓은 수역에 대한 수상 살포 시에는 정밀한 수로학적 자료가 필요하며 좁은 수역에서의 수상살포는 다른 살포수단이 어렵다고 판단될 때 가장 적합하다. 해안살포 시에는 해안에서 조금 떨어진 앞바다에서 해안가에 있는 목표에 다량의 전단을 살포하며 이 전단은 비닐봉지나 방수용 상자에 넣어 살포한다. 그리고 호수와 같이 물의 흐름이 없는 곳에서는 바람에 의해 표류되도록 살포한다. 6 · 25전쟁 시 낙동강 방어선 작전 중에 낙동강을 활용한 적이 있었다.

3.1.2 전쟁 단계별 살포량과 내용분석

전쟁단계에 따라 심리전의 양상도 많은 차이가 있다. 이중 전단 살포량과 내용을 분석해 보면 다음과 같다.

[전쟁 단계별 살포량]

단 계	진출선	진출기간	살포된 전단종수(비율)
북한군 남침기	38도선 함안-왜관-포항	1950. 6. 25- '50. 9. 15(82일)	38종(5.8%)
유엔군 반격 및 북진기	낙동강선 정거동-초산-청진	1950. 9. 15- '50. 11. 25(71일)	48종(6.72%)
중공군침공 및 유엔군재반격기	압록강선 평택-제천-삼척 문산-화천-간성	1950. 11. 25- '51. 6. 23(210일)	70종(10%)
전선교착 및 휴전기	38도선 판문점-철원-남강	1951. 6. 23- '53. 7. 27(25개월 4일)	504종(77.5%)

북한의 기습 남침이 있었던 1950년 6월 25일부터 인천상륙작전 개시 이전까지 북한군 남침초기 82일간은 38종이 살포되었고, 유엔군 반격 및 북진단계 71일 동안에는 48종이 살포되었다. 대규모 중공군이 전선에 투입되어 공세를 강화함으로써 UN군이 후퇴를 시작한 1951년 11월부터 유엔군의 재반격이 실시되기까지는 전혀 살포되지 않았다가 재반격이 개시된 1951년 1월 25일부터 70종이 살포되었다. 결국 1950년 11월 25일부터 1951년 6월 23일까지 210일간은 70종밖에 살포하지 못한 것이었다.

전선교착으로 일진일퇴를 거듭한 단계인 1951년 6월부터 휴전협정까지 25개월 동안 전체전단 살포량의 86%인 504종이 살포되었다.

전쟁초기(1950.6.25-9월초), UN군과 한국군이 후퇴하면서도 전단에 의한 심리전을 강화한 것을 제외하고는 일반적인 작전형태에 따라 전단 살포의 경향도 차이가 있었다. 즉 아군이 공격작전을 수행하는 기간 중에는 전단 살포도 활발하지만 아군이 후퇴작전을 전개할 때에는 전단 살포도 크게 위축되는 경향을 보여준다. 특히 중공군개입으로 UN군의 본격적 철수가 진행된 1950년 12월 중에는 전단을 통한 심리전은 거의 없었다. 이러한 전단 살포량에 영향을 미친 것은 공방의 작전상황에 직결되었지만 전쟁지도부에서의 제한을 했던 사실도 있었다. 예컨데, 서울이 재수복(1951.3.14)되고 북진작전이 재개될 즈음, 미 8군의 지시로 대적방송이나 선전문에 '원자탄, 38선 진격' 등의 언급을 하지 말 것과 소련을 제재하거나 자극하는 언어를 쓰지 말 것 등의 세 가지 주의사항이 있었던 때는 비록 북진이 재개되었지만 전단 살포는 2개월간 일시 중지되었다.

1951년 3월까지는 국군은 국방부 정훈국에서 전단을 작성 살포하였으나 그 이후에는 모든 심리전을 유엔군이 통합하여 실시하였기에 국군 독자적으로 전단을 제작하지 않고 동경의 인쇄소를 이용하여 UN군에서 그 대부분을 직접 작성하여 살포하였다.

한편 전쟁단계별 작전상황과 연계되어 전단 내용도 많이 차이가 있었다.

가. 북한군 남침초기 : 아군의 후퇴 및 방어단계

남침초기 퇴각하는 기간동안에는 아군의 전의를 고취시키고 국민을 안심시키는 대내심리전 전단으로 UN군 활동에 대한 정보 또는 참전소식들과 공산군의 불법남침을 대내에 폭로하는 내용이 많았다.

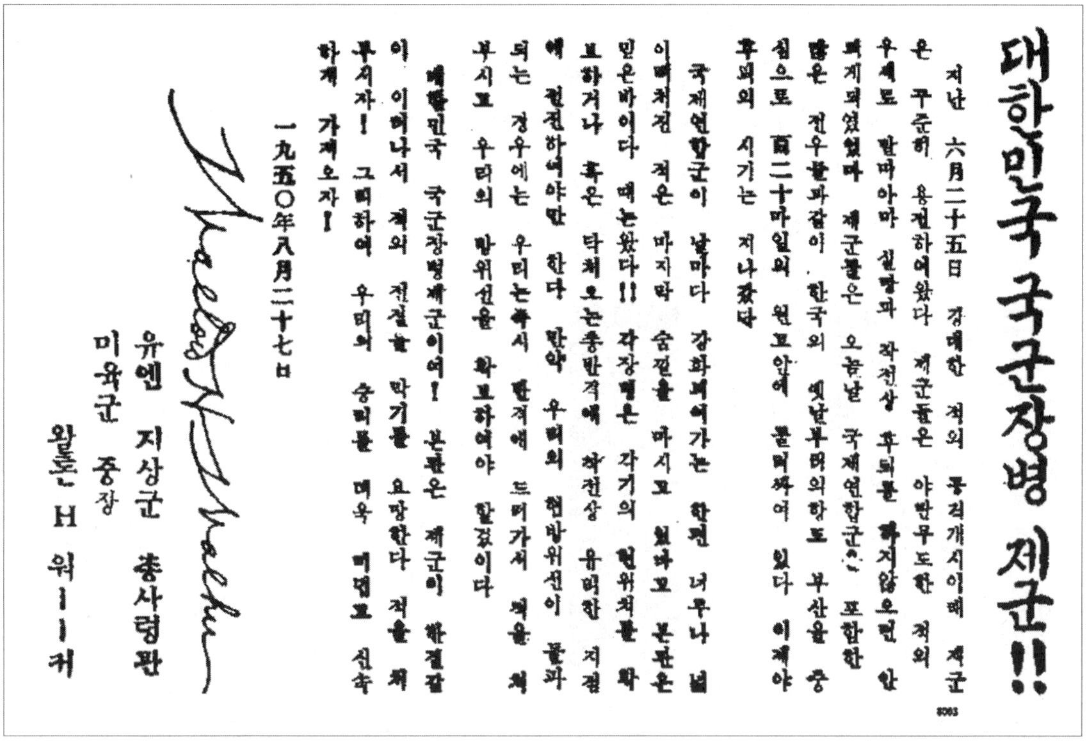

대한민국 국군장병 제군!!

지난 六月二十五日 강대한 적의 공격개시이래 제군은 구준히 용전하여왔다 제군들은 야만무도한 적의 우세로 말마아마 실망과 좌절상 후퇴를 하지않으면 안되게되였었며 제군들은 오늘날 국제연합군은 포함한 많은 전우들과같이 한국의 옛날부터의항도 부산을 중심으로 百二十마일의 원코앞에 몰리싸여 있다 이제야 후퇴의 시기는 지나갔다

국제연합군이 날마다 강화되여가는 한편 너무나 넘이때처럼 적은 마지막 숨질을 마시고 있다고 본관은 믿는바이다 때는왔다!! 각장병은 각기의 현위치를 확보하거나 혹은 타체로는총반격에 작전상 유리한 지점에 전진하여야만 한다 만약 우리의 현방위선이 불과되는 경우에는 우리는즉시 반격에 드러가서 적을 처부시고 우리의 방위선을 확보하여야 할것이다

대한민국 국군장병제군이여! 본관은 제군이 한결같이 이때나서 적의 전진을 막기를 요망한다 적을 처부시자! 그리하여 우리의 승리를 매옥 미덥고 신속하게 가져오자!

一九五〇年八月二十七日

유엔 지상군 총사령관

미육군 중장

왈톤 H 워―커

8063

북한군의 불법남침에 대해 응징하고 아군의 전의를 고취시키는 백색심리전단

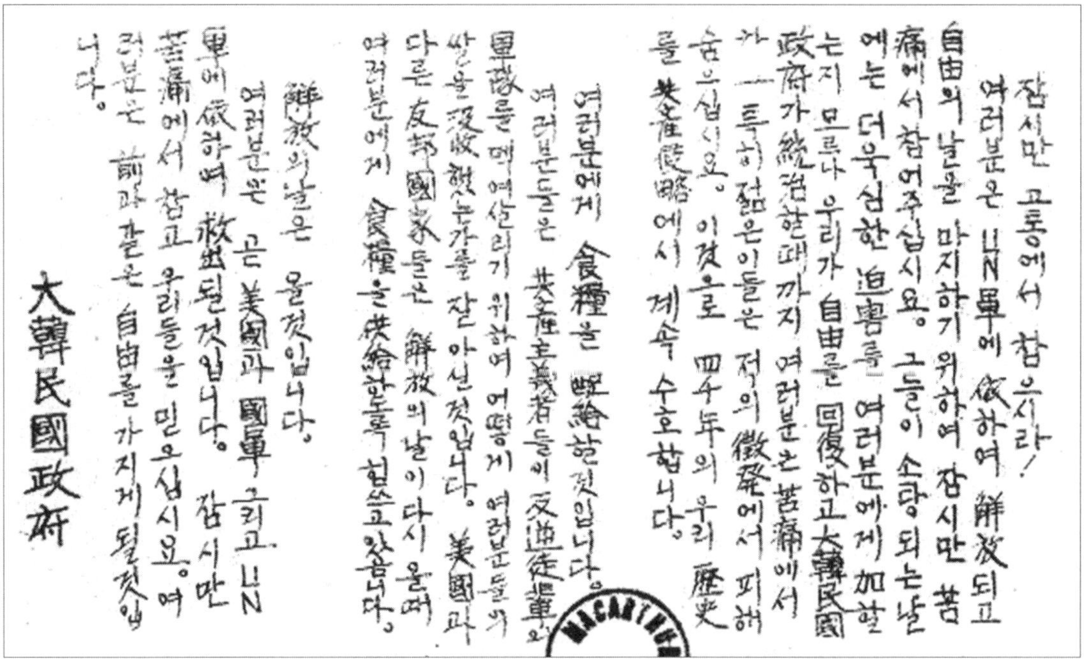

잠시만 고통에서 참으시라!

여러분은 UN軍에 依하여 잠시만 解放되고 自由의 날을 마지하기 위하여 잠시만 苦痛에서 참어주십시요。 그들이 소탕되는날에는 더욱심한 迫害를 여러분에게 加할는지 모르나 우리가 自由를 回復하고 大韓民國政府가 統治할때까지 여러분은 苦痛에서 가―특히 젊은이들은 적의 徵發에서 피해 숨으십시요。 이것으로 四千年의 우리 歷史를 共産侵略에서 계속 수호합니다。

여러분에게 食糧을 配給할것입니다。

여러분들은 共産主義者들이 反逆徒輩의 軍隊를 먹여살리기 위하여 어떻게 여러분들의 쌀을 沒收했는가를 잘 아실것입니다。 美國과 다른 友邦國家들은 解放의 날이 다시 올때 여러분에게 食糧을 供給하도록 힘쓰고 잇습니다。

解放의 날은 올것입니다。

여러분은 곧 美國과 國軍 그리고 UN軍에 依하여 救出될것입니다。 잠시만 苦痛에서 참고 우리들을 믿으십시요。 여러분은 前과 같은 自由를 가지게 될것입니다。

大韓民國政府

낙동강방어선 이외의 지역에서 북한군 점령하에서 신음하고 있는 국민에게 '대한민국 정부'라는 이름으로 해방될 때까지 고통을 참고 기다려 달라는 호소문이며, 곧 식량 배급이 이루어진다는 희망의 메시지를 전하는 선무심리전 전단

나. UN군 반격 및 북진

UN군 반격 및 북진기에는 인천상륙작전 성공 등 전승소식과 퇴각하는 공산군에 대한 고립상황을 부각시켜 투항을 종용하는 전단 위주였다. 특히 1950년 9월 25일에는 서울근교 상공에서 B-29기 13대가 집중적으로 살포 한 항복권유전단은 적군 104명의 항복을 받아내는 성과를 거두었다.[62]

낙하산뉴쓰

괴뢰군 전면적으로 퇴각

급속도로 진격하는 연합군과 한국군은 盈德(영덕) 安東(안동) 醴泉(예천) 金泉(김천) 陜川(합천) 晉州(진주)를 탈환했다. 북쪽에서는 연합군은 仁川(인천)에 상륙한후 서울을 점령하는 한편 다른 부대는 남쪽으로 진격해서 水原(수원) 烏山(오산)을 탈환했고 영남에서 처

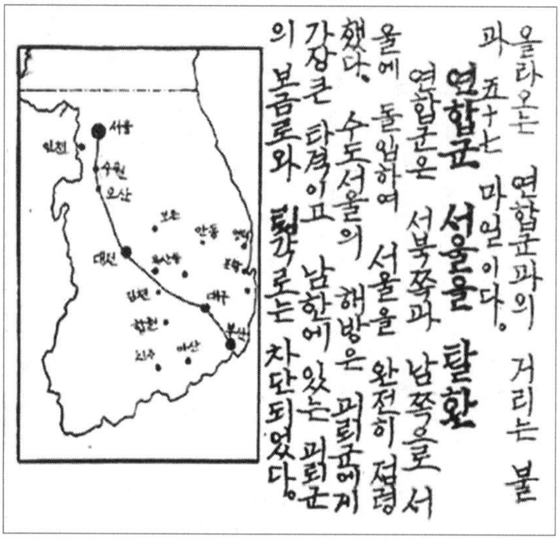

총반격으로 실지를 회복하고 수도서울을 탈환했다는 '낙하산 뉴스'라는 시리즈형 전단

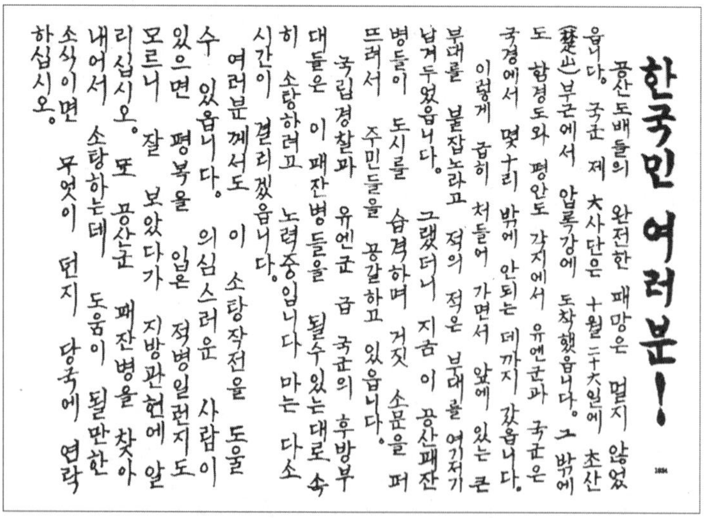
한국민 여러분!

공산도배들의 완전한 패망은 멀지 않었읍니다. 국군 제 大사단은 十월二十六일에 초산(楚山)부근에서 압록강에 도착했읍니다. 그 밖에도 함경도와 평안도 각지에서 유엔군과 국군은 국경에서 몇十리 밖에 안되는 데까지 갔읍니다.

이렇게 급히 처들어 가면서 앞에 있는 큰 부대를 붙잡노라고 적의 적은 부대를 여기저기 남겨두었읍니다. 그랬더니 지금 이 공산패잔병들이 도시를 습격하며 거짓 소문을 퍼뜨려서 주민들을 공갈하고 있읍니다.

국립경찰과 유엔군 급 국군의 후방부대들은 이 패잔병들을 될수있는대로 속히 소탕하려고 노력중입니다 마는 다소 시간이 걸리겠읍니다.

여러분께서도 이 소탕작전을 도울수 있읍니다. 의심스러운 사람이 있으면 평복을 입은 적병일런지도 모르니 잘 보았다가 지방관헌에 알리십시오. 또 공산군 패잔병을 찾아내어서 소탕하는데 도움이 될만한 소식이면 무엇이 던지 당국에 연락하십시오.

승전 소식과 주민작전 협조를 당부하는 반격시기의 대표적인 전단

62) 포로중 북한인민군 13사단 참모장도 포함되어 있었으며 그는 UN군이 살포한 전단을 통해 인천상륙작전에 대해 알게 되었고, 인민군이 승산이 없음을 판단하여 항복했다고 진술했다.

다. 중공군 개입과 후퇴단계

중공군개입과 후퇴단계에서는 북괴군은 중공과 소련의 대리전을 치르고 있기 때문에 아까운 생명에 대한 애착심을 부각시키고 염전사상(厭戰思想)을 고취, 전선이탈을 유혹하는 전단이 많았다.

평화의 상징인 비둘기를 새총으로 조준하고 있는 모습을 그린 것으로, 중공군이 한반도를 침략하여 평화가 파괴되고 있다는 대적 전단으로 중공군 개입 시기에 함경도 일대에 살포된 전단

북한병사들은 소련과 중공의 총알받이임을 부각시켜 전쟁의 무의미함과 소련 및 중공에 대한 저항의식, 불만을 자극하여 전선이탈과 전쟁의지를 약화시키려는 전단

라. 전선교착과 휴전단계

전선교착과 휴전단계에서는 향수심을 고취하고 투항을 권유하는 전단과 휴전지연에 따른 불만심리를 자극하며 전쟁지도부에 대해 불신을 조장하는 내용 및 전사자 수습 등 전후처리 협조 요청 전단의 내용이 많았다.

공산당은 휴전을 끌고 있고, 휴전 지연은 주검만을 가져온다는 비방형 만화전단

3.1.3 전단 규격별 분석

전단의 규격은 작게는 10×8cm로부터 크게는 26.5×19cm(16절지)까지 여섯종류의 규격으로 제작되었는데 전체 660종 중에 17×10cm(관제엽서 크기)의 규격이 415종으로 전체 전단의 63%이고, 13×10cm(32절지형)가 83종으로 12.5%이며, 호주머니에 들어갈 수 있는 제일 적은 10×8cm는 47종으로 7%였으며 기타 규격은 아래 표와 같다.

[전단의 규격별 현황]

단 계	계	1번규격	2번규격	3번규격	4번규격	5번규격	6번규격
규 격(㎝)	가로×세로	10×8	13×10	15.5×11	17×10	20×15	26.5×19
전단수(종)	660	47	83	20	415	26	69
비율(%)	100	7	12.5	3	63	4	10.5
비 고		포켓용	32절지		관제엽서		팜플렛

1번 규격은 호주머니에 숨기기가 용이하므로 주로 안전보장증으로 많이 이용되었다. 적측의 전단은 어느 국가에서건 소유를 금지하였으며, 특히 안전보장증을 휴대하는 것은 언젠가는 상대국에 투항할 수 있는 개연성이 있기 때문에 발각 시 사살될 가능성이 있어 휴대 용이토록 소형으로 제작되었다.

[1번 규격(10×8cm) : 안전보장증에 많이 이용]

[4번 규격(17×10cm) : 가장 많이 사용한 크기]

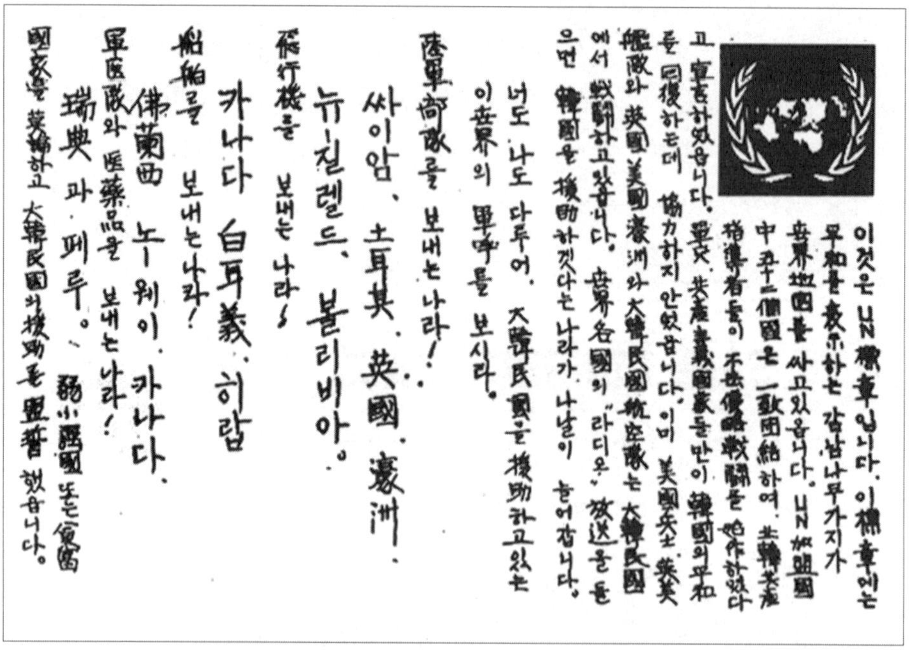
이것은 UN標章입니다. 이標章에는
平和를 表示하는 감람나무가지가
世界地図를 싸고있읍니다. UN加盟國
中五十二個國은 一致團結하여 北韓共產
指導者들이 不法侵略戰爭을 始作하였다
고 宣言하였읍니다. 唯只 共產主義國家들만이 韓國의平和
를 回復하는데 協力하지 안었읍니다. 이미 美國兵士 英美
艦隊와 英國 美國 濠洲와 大韓民國航空隊는 大韓民國
에서 戰鬪하고있읍니다. 世界各國의 "라디오" 放送을 듣
으면 韓國을 援助하겠다는 나라가 나날이 늘어갑니다.
너도 나도 다투어. 大韓民國을 援助하고있는
이世界의 歡呼를 보시라.
陸軍部隊를 보내는 나라!
싸이암, 土耳其, 英國, 濠洲.
뉴-질렌드, 볼리비아。
飛行機를 보내는 나라!
카나다 白耳義, 히랍
船舶를 보내는나라!
佛蘭西 노-웨이, 카나다.
軍医隊와 医藥品을 보내는나라!
瑞典 과, 페루。 弱小國家 또는 貧窮
國家들 莫論하고 大韓民國의 援助를 盟誓 했읍니다。

38선을 기준으로 하여 이남은 유엔가맹국 중 50여 개국이 일치단결하여 한국을 지원하고 있으며, 이북은 김일성 손아귀에 있는 북한밖에 없음을 나타내어 고립무원의 상태임을 부각하여 패배의식을 주입시키는 전단. 또한 각 국가명의 표기와 어법들이 현재와는 차이가 많이 있음을 알 수 있다.

[6번 규격(26.5×19cm) : 가장 큰 규격]

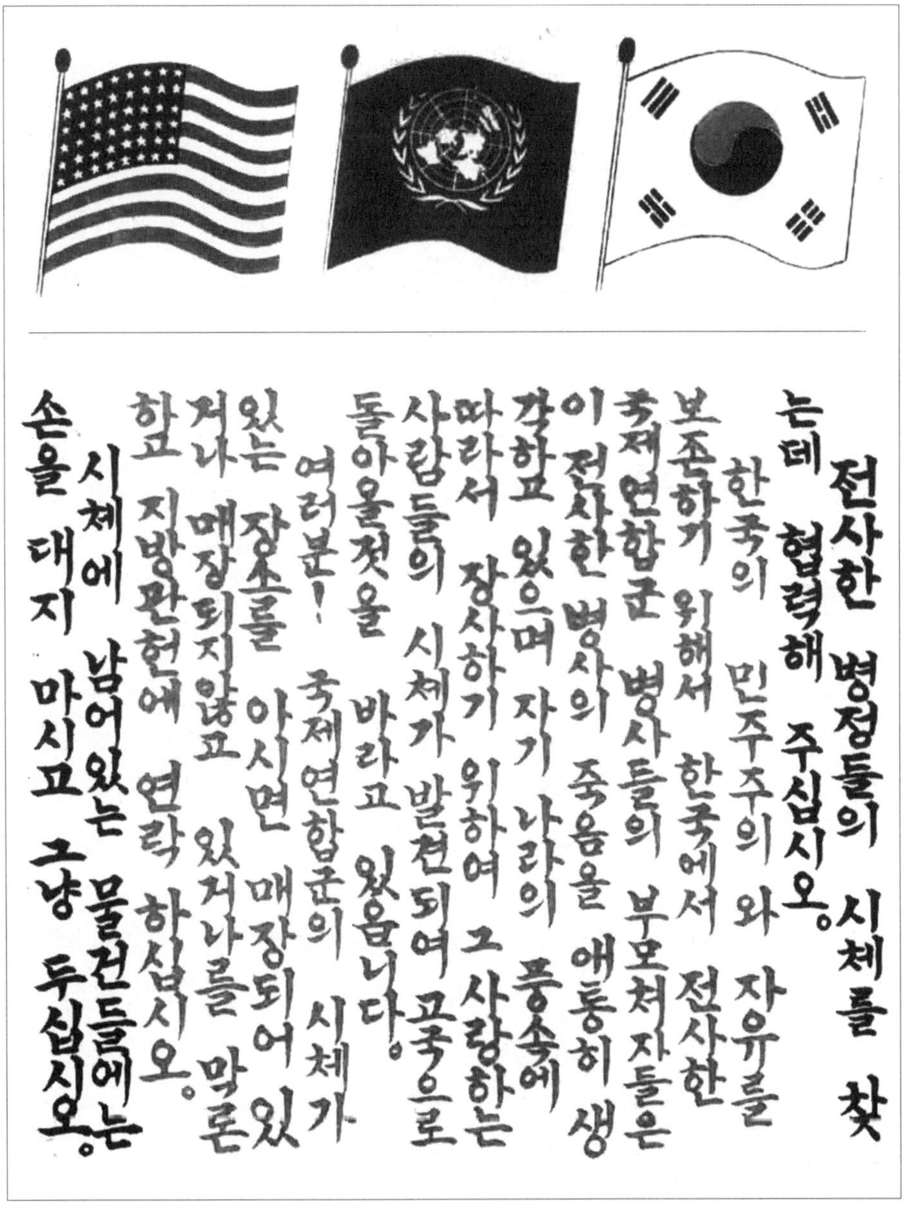

전사한 병정들의 시체를 찾
는데 협력해 주십시오.
한국의 민주주의 와 자유를
보존하기 위해서 한국에서 전사한
국제연합군 병사들의 부모처자들은
이 전사한 병사의 죽음을 애통히 생
각하고 있으며 자기 나라의 풍속에
따라서 장사하기 위하여 그 사랑하는
사람들의 시체가 발견되여 고국으로
돌아올것을 바라고 있읍니다.
여러분! 국제연합군의 시체가
있는 장소를 아시면 매장되어 있
거나 매장되지않고 있거나를 막론
하고 지방관헌에 연락 하십시오.
시체에 남어있는 물건들에는
손을 대지 마시고 그냥 두십시오.

6번 규격 전단은 가장 큰 형태이며 칼라로 인쇄된 것이 많았다. 이 전단은 개인 휴대보다는 대중이 잘 볼 수 있는 곳에 부착하기를 바라는 의도에서 제작되었고, 주로 대내심리전 또는 선무심리전 용으로 많이 사용되었다.

3.1.4 전단 구성별 분석

전단은 사진, 만화 및 회화, 문장으로 구성하여 수신자로 하여금 쉽게 눈에 띌 수 있게 한다. 그리고 전단을 만들 때는 내용을 쉽게 알 수 있고, 가능한 한 오랫동안 인상에 남도록 하기위해 자극적이고 회화적인 만화 및 사실적인 사진을 많이 이용한다. 6 · 25전쟁 당시 군인 또는 주민들이 문맹인들이 많았음을 고려하여 그림. 사진 등을 많이 이용하였고, 문장은 단문으로 이해하기 쉽게 구성되었다. 또한 누구나 주워서 갖고 싶은 심리를 이용한 화폐전단도 있었다. 아래 표는 6 · 25전쟁 시 살포된 전단을 구성별로 구분한 현황이다.

[전단 구성별 현황]

구 분	계	글	사진 + 글	그림 + 글	사진+그림+글
종 수	660	250	106	290	14
비율(%)	100	38	16	44	2

6 · 25전쟁 시 제작된 전단은 전달하고자 하는 메시지를 글과 사진이나 그림을 이용한 전단이 62%를 차지하고 있으며, 사진+글로 된 전단은 106종 16%이었고, 그림+글로 된 전단은 290종 44%로 가장 많았다. 그리고 글로만 구성한 전단이 250종 38%이고, 사진+만화+글로 구성된 전단은 14종으로 극소수였다. 일반적으로 사진은 수신자들에게 믿음을 주는 효과가 있으나 전단내용과 일치되는 사진을 획득하기가 어렵기 때문에 실제로는 많이 제작을 하지 못한 것으로 분석된다. 사진 획득의 어려움 때문에 사진대신에 만화나 그림을 많이 이용하였다. 만화가 포함된 전단은 심리전 작전의도를 잘 표현할 수 있고, 문맹자라도 쉽게 이해할 수 있기 때문에 효과적이었다. 사진은 주로 귀순병의 얼굴, 시체가 뒹굴고 있는 장면, 포로수용소에서 식사하거나 치료를 받는 포로들의 모습을 담은 것이었으며, 그림은 전단의 내용을 만화형식으로 회화화한 것이 대부분이었다.

전단에 사진이나 그림을 이용할 경우에는 세심한 주의가 필요했다. 왜냐하면 사진이나 그림이 전단의 내용과 일치하지 않거나 진실성과 신뢰성을 잃어버린다면 오히려 역효과를 가져올 수 있기 때문이다. 실례로 1950년 11월 살포된 「북한병사들아!」 전단을 보면 사진과 전달하려는 메시지가 일치하지 않아 효과가 반감된 것을 알 수 있다. 즉, **'지금 그대들이 항복하면 넉넉한 음식과 재빠른 치료를 받을 것**

이다.' 라고 전단 전면에 메시지를 제시해 놓았는데 뒷면에 제시하고 있는 사진은 계절적으로 늦가을인데도 천막생활과 상의를 전부 벗고 빈 그릇을 들고 가는 포로의 모습을 보여주고 있다.

아래 사진을 보고 포로로서 후한 대우를 받고 있다고 믿기는 어려웠으리라 본다. 차라리 사진이 없는 것이 더 효과적일 수 있었을 것이다. 따라서 사진이나 그림을

[전단내용과 사진이 불일치하여 역효과를 줄 수 있는 전단]

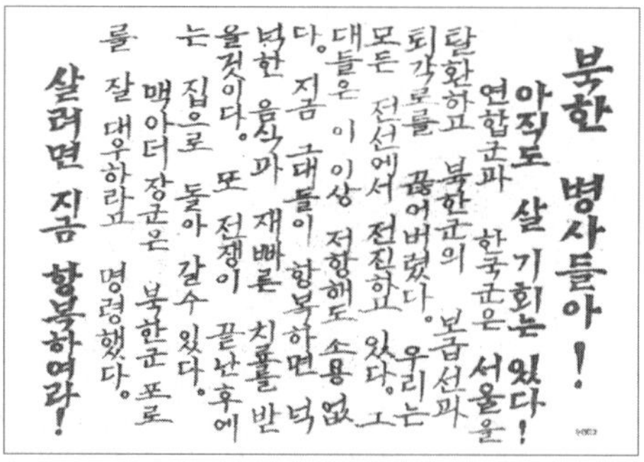

[그림과 글로 구성된 전단]

「공산군이 쳐들어와 주민의 식량을 강탈하였고, 또 제대로 농사를 지을 여건이 안되었기에 식량 값이 폭등했다는 내용을 온도계의 눈금으로 표시하였음. 침략한 후는 값이 너무 올라 온도계가 폭발한 내용으로 묘사되어 공산군의 주민 강탈에 대한 폭로, 비판과 함께 공산군에게 식량을 제공해주거나 작전협조를 하지마라는 의도도 함께 내포되어 있다.

전단에 도입할 경우에는 가능한 한 이들의 장점들을 살리고 역효과를 줄이기 위한 방법의 하나로 전단의 사전시험(pro-test)[63]이 선행되어야 한다.

그림과 글로 구성된 전단은 문맹자도 쉽게 이해할 수 있으며 만화자체가 재미있고, 호기심을 유발시켜 깊은 인상을 주고 있으나 전단내용 자체가 과장되었다는 선입감을 줄 수 있기 때문에 전달하고자 하는 전단내용의 신뢰성을 저하시킬 수 있다.

[만화위주로 구성된 전단]

공산군들에 대해 후방에서는 주민들이 비방하고, 불만스러워하며 작전에 협조 · 지원을 안해주고, 전방에서는 UN군의 압도적인 공세로 후퇴하며 지리멸렬되고 있는 진퇴양난의 상태를 샌드위치가 되고 있는 모습으로 회화한 만화전단이다.

63) 사전시험(pro-test)이란 전단이 효과적으로 제작되었는지를 판단하기 위하여 표본조사나 포로, 귀순자, 피난민을 대상으로 하여 면담 또는 태도나 행동을 분석하고 평가하는 것이다.

[글로만 구성된 전단]

상기 전단은 1950년 10월 8일에 국제연합총회에서 결의한 내용을 영어, 한자와 혼합된 한글로 구성하여 '북한정권 수상에 고하는 글'의 형식으로 제작된 전단이다. 상기 전단과 같이 글로만 구성된 전단은 적군의 전투원에게서 큰 효과를 기대하기는 곤란하다. 촌음을 다투는 전투상황이나 이동시 발견하여 읽을 시간적 여유가 없고, 전체 내용을 이해하기가 쉽지 않으며, 깊은 인상을 주지 못한다. 특히 문맹자에게는 한낱 휴지에 불과하다. 따라서 글로만 된 전단은 주로 후방에 있는 소수의 지식인들이나 지도부를 대상으로 제작 · 살포한 것으로 볼 수 있다.

전단을 구성할 때 색채도 고려해야 한다. 전단 색깔의 선택은 목표 대상자의 환경조건과 심리전 내용에 따라 달라진다. 그러나 일반적으로 밝고, 아름다운 색이 대상 집단에게 호감을 자극한다. 청색은 한국인의 기호색이며, 적색은 공산주의자들의 투쟁을 강조하고 흑색은 죽음을 의미하는 등을 고려하여 색채를 선택하고 있다. 6 · 25전쟁 시 채택된 전단의 색채는 아래 표와 같이 흑백이 89%로 가장 많다. 이것은 어떤 색채의 의미에서 흑백을 선택했다기보다는 당시 낙후한 칼라인쇄기술과 재료, 비용의 부담 등을 고려한 것으로 판단된다.

[색깔별 전단현황]

계	흑 색	청 색	적 색	황록색	적색 + 청색
종수(%)	591(89)	32(5)	21(3)	9(2)	4(1)

아래 전단은 거의 같은 주제이나 남한주민을 대상으로는 청색, 북한주민 · 공산군에게는 적색으로 인쇄하였다.

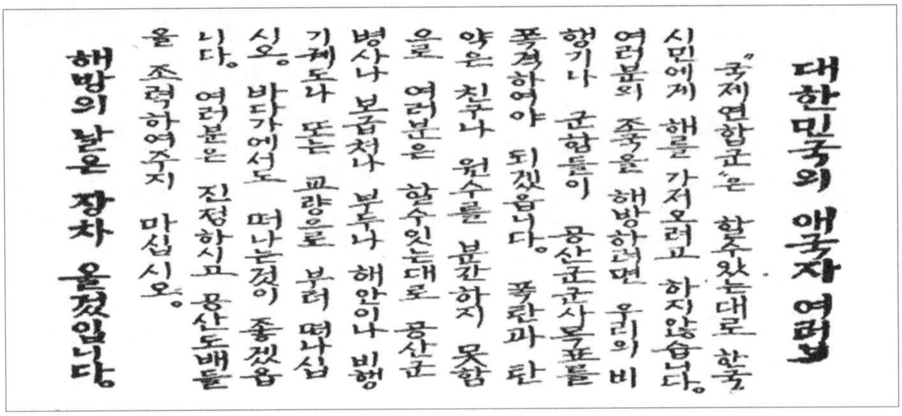
대한민국의 애국자 여러분
"국제연합군"은 할수있는대로 한국
시민에게 해를 가저오려고 하지않습니다.
여러분의 조국을 해방하려면 우리의 비
행기나 군함들이 공산군군사목표를
폭격하여야 되겠읍니다. 폭탄과 탄
약은 친구나 원수를 분간하지 못함
으로 여러분은 할수있는대로 공산군
병사나 보급처나 부두나 해안이나 비행
기계도나 또는 교량을 부러 떠나십
시오. 바다가에서도 떠나는것이 좋겠읍
니다. 여러분은 진정하시고 공산도배들
을 조력하여주지 마십시오.
해방의 날은 장차 올것입니다.

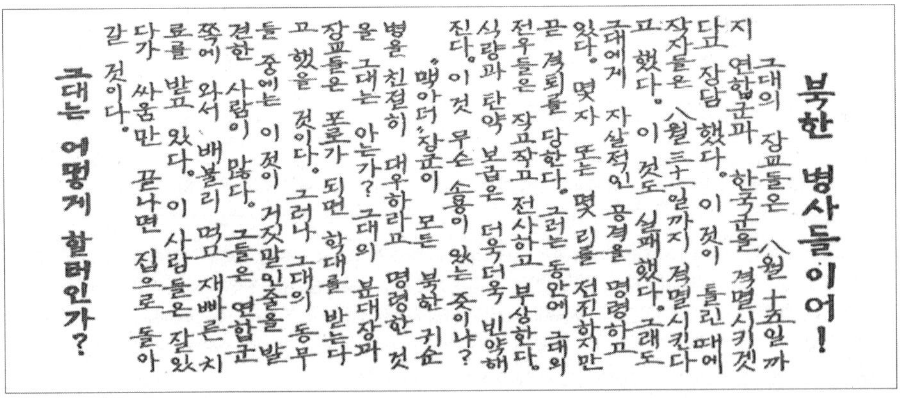
북한 병사들이여!
그대의 장교들은 八월十五일까
지 연합군과 한국군을 격멸시키겠
다고 장담했다. 이것이 틀린 때에
장교들은 八월三十一일까지 격멸시킨다
고 했다. 이것도 실패했다. 그래도
그대에게 자살적인 공격을 명령하고
있다. 몇자 또는 몇 리를 전진하지만
끝 격퇴를 당한다. 그러는 동안에 그대의
전우들은 장교작고 전사하고 부상한다.
식량과 탄약 보급은 더욱더욱 빈약해
진다. 이것 무슨 소용이 있는 줄이냐?
"맥아더"장군이 모든 북한 귀순
병은 친절히 대우하라고 명령한 것
을 그대는 아는가? 그대의 분대장과
장교들은 포로가 되면 학대를 받는다
고 했을 것이다. 그러나 그대의 동무
들 중에는 이 것이 거짓말인줄을 발
견한 사람이 많다. 그들은 연합군
쪽에 와서 배불리 먹고 재빠른 치
료를 받고 왔다. 이 사람들은 잘 왔
다가 싸움만 끝나면 집으로 돌아
갈 것이다.
그대는 어떻게 할터인가?

3.1.5 전단 형태별 분석

전단은 인쇄형태나 모양에 따라 전달 방법이 상이하고 또한 효과도 큰 차이를 보이고 있다. 전단형태별로 분류해보면 일반형 전단, 화보 · 팜플렛형 전단, 표어 · 포스터 전단, 화폐 · 편지 · 책자 등 기타 간행물형 전단 등이 있다.

[전단 형태별 현황]

전단 형태	계	일반	화보 · 팜플렛	표어 · 포스터	기타
종 수	660	501	71	45	51
비율(%)	100	75	12	6	7

가. 일반형 전단

항공기나 포탄 등을 수단으로 살포할 수 있도록 적절한 크기로 제작한 것을 일반적으로 '삐라' 라고 불렀으며 6 · 25전쟁 시의 75%가 이런 일반형 전단이었다.

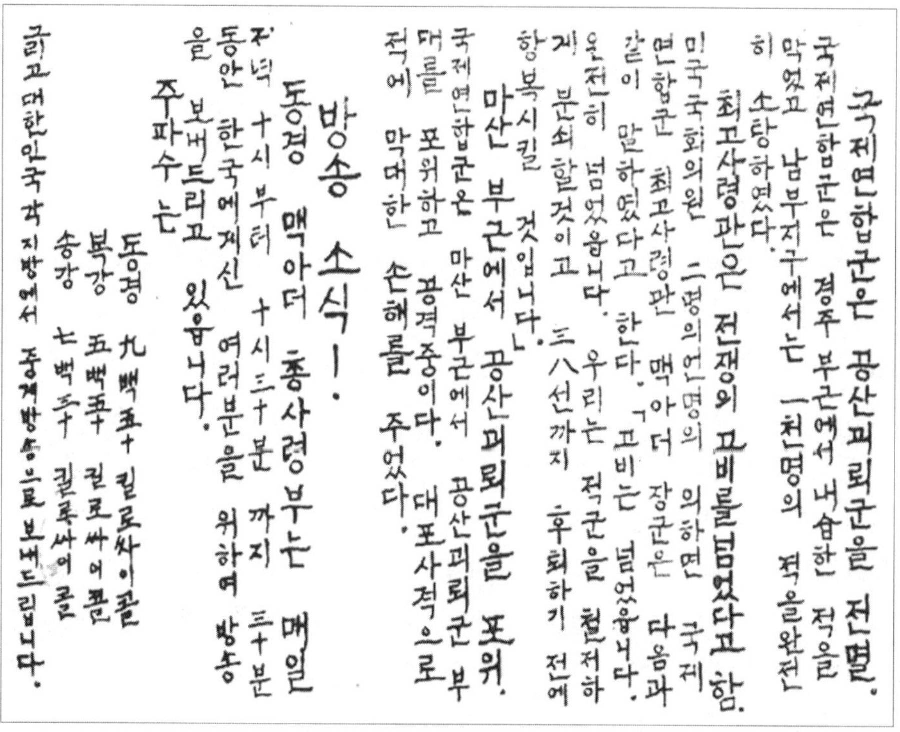
국제연합군은 공산괴뢰군을 전멸.
국제연합군은 경주 부근에서 내습한 적을 막었고 남부지구에서는 一천명의 적을완전히 소탕하였다.
최고사령관은 전쟁의 고비를넘었다고 함.
미국국회의원 二명의언명의 의하면 국제연합군 최고사령관 맥아더 장군은 다음과 같이 말하였다고 한다. 「고비는 넘었읍니다. 완전히 넘었읍니다. 우리는 적군을 철저하게 분쇄할것이고 三八선까지 후퇴하기 전에 항복시킬 것입니다」
마산 부근에서 공산괴뢰군을 포위.
국제연합군은 마산 부근에서 공산괴뢰군 부대를 포위하고 공격중이다. 대포사격으로 적에 막대한 손해를 주었다.
방송 소식!
동경 맥아더 총사령부는 매일 저녁 十시부터 十시三十분 까지 三十분 동안 한국에계신 여러분을 위하여 방송을 보내드리고 있읍니다.
주파수는
동경 九백五十 킬로싸이클
복강 五백三十 킬로싸이클
송강 七백三十 킬로싸이클
그리고 대한민국 각 지방에서 중계방송으로 보내드립니다.

낙동강방어선이 형성된 후 안강 · 기계전투 및 마산지구전투의 승전보와 전황 소식을 라디오방송에서 청취할 수 있는 주파수를 안내하는 대내심리전단

나. 화보 · 팜플렛형

화보 · 팜플렛형 전단은 전황이나 뉴스, 기타 심리전 목적의 내용을 화보형이나 팜플렛형으로 제작하여 주기적으로 장기간 동안 실시하는 전단을 말한다. 이러한 전단은 전략적 목적에 의해 후방의 주민이나 적군을 대상으로 실시되는 경우가 많다. 6 · 25전쟁시에는 '자유세계', '낙하산 뉴스', '재건화보', '만국기 전단'이 그리고 공산군에서는 '민주조선' 등이 팜플렛형으로 제작 · 살포되었다.

전선에서 소모되는 군대의 보충 원천은 국민이다. 후방 국민에게 그들의 정부나 지도자들은 항상 전황의 유리함을 강조하며 전쟁을 이유로 합법적인 통제 및 검열로서 국내외 정세를 왜곡 보도하는 것이 상례이다. 이러한 상대의 기도(企圖)를 사전에 분쇄하고 정확하고도 신속한 보도를 전달하기 위하여 '뉴스형 전단' 및 '심리전 신문'의 형태로 고안된 것이 바로 팜플렛형 전단들이다. 다음은 6 · 25전쟁 당시 제작 살포된 이러한 전단 형태들이다.

(1) '자유세계 주간신보' (Free World Weekly Digest) 전단

이 '자유세계 주간신보'의 전단은 15일 주기로 1회에 약 100만~200만 매씩 제작 · 살포되었다. 그 내용은 백색선전의 대표적인 것으로써 앞면에는 비교적 정확하고 왜곡되지 않은 국제 정세와 국내 정세를 수록하였고 뒷면에는 주로 민족주의와 그 발전상 같은 것을 해설하였으며, 비방과 노골적인 선전은 전체의 10%를 초과하지 않았다. 그리고 문맹자라도 해득(解得)할 수 있도록 그림, 만화 등을 많이 사용하였다. 이러한 '자유세계 주간신보'는 국제 정세와 국내 전황에 대한 정확한 판단을 돕게 할 목적으로 전선 후방지역에 살포되었다. 비공식적으로 확인된 바에 의하면 이 '자유세계 주간신보'는 북한주민, 북한인민군, 중공군에게 가장 많이 읽혀졌으며, 많은 영향을 주었다고 한다. 당시 북한에서는 1매당 20환(북한화폐)씩으로 몰래 거래되었고 북한주민이 전쟁상황에서 진실된 뉴스를 접할 수 있는 좋은 수단이 되었다고 볼 수 있다. 특히 이 '자유세계 주간신보' 전단은 1951년 2월 23일 창간 1호 이후부터 휴전 때까지 계속 되었으며 상황에 따라 순간(15일 주기)에서 주간으로 발간 되었다. 그리고 야전병원이나 거제포로수용소에도 전달되었는데 편견이 없는 소식지라는데 의의를 제기하지 않았고 세계 및 고국의 소식에 목말라 하던 그들에게 어느 정도 만족을 주었던 것으로 분석되었다.[64]

---

64) W. Schramm, 「FED Psychological Warfare Operations」, 1952.

'자유세계 주간신보' 창간사에는 발간 목적을 "유엔의 자유세계와 공산주의 노예세계로부터 나온 뉴-쓰를 요약하여 매주일 무상으로 보내드린다. 이 '자유세계 주간신보'는 모든 진실을 보도하는 것이어서 잘 판단하여 자유세계나 노예세계를 선택하는 데 도움을 주기위한 것"이라고 밝히고 있다.

[자유세계 주간신보 제 1호 1면]

자유세계 주간신보

유엔군총사령부

일생을 통해서 공산주의와 싸우겠다! 맥아더장군이 성명

유엔군 인천 영등포 김포 비행장 탈환! 서울 탈환전 전개

UN해군 서울 인천지구 공산군의 시설 공격

중공을 침략자로 규정

솟아난 양곡

한국 적십자사가 피난민에게 의복을 줌

1·4후퇴 후 재반격의 승전보 뉴스들이 실린 주간신보 제 1호 1면

[자유세계 주간신보 제 1호 중국어로 번역하여 제작]

第一卷第一期　　一九五一年二月二十三日　　聯合国軍總司令部

自由世界週聞摘要

聯合国軍總司令部

社論

給在朝鮮的中国士兵们！

自由世界在前進着！

澳洲 比利時 英国 加拿大 哥倫比亚 埃及 法国 希腊 荷蘭 印度

墨西哥 紐西蘭 菲律賓 大韓民国 瑞典 叙利亚 泰国 土耳其 南非聯邦 美国

世界上這些自由国家，合力幫助朝鮮人民自衛，並在世界中，解救出來（共產黨領袖们企图把他们投入新奴隶世界中），并且幫助被共產黨強迫到朝鮮打仗的中国士兵，使他们獲得自由。「自由世界週聞摘要」，每週供給你一個星期內的新聞摘要，這些新聞包括聯合国自由世界和共產新奴隸世界的新聞。所有的新聞都忠實地報導，不要錢的送給你看。你可以自由選擇，或做共產新奴隸世界的俘虏，或自由生活在和平安全的自由世界裡。

聯軍收復漢城永登浦仁川

—漢城激戰中—

[illegible]

麥帥說

[illegible]

艾森豪威尔對美國報告自由欧洲情况

[illegible]

共軍傷亡很大

[illegible]

丹麥醫院船已起航

[illegible]

中共被宣為侵略者

[illegible]

法全力參加防共

[illegible]

聯軍有豐富的食糧 等候着你來吃。

中國士兵在俘虜所吃飯時情形

免疫注射成功

[illegible]

論美會議派援

[illegible]

자유세계 주간신보 창간호를 중국어로 발간한 것이나 사진과 일부내용은 수정되었다.

[자유세계 주간신보 제 2호 1면]

제2호　　1951년 三월二일　　유엔군總司令部

자유세계 주간신보

유엔군총사령부

[illegible]

사설

공산주의자들은 한국의 전란을 끝내고 평화를 가져올 기회를 다시 한번 일축하고 말았다.

지난 한달동안 아라비아와 아시아의 十三개국이 정전을 실현코자 유엔을 통해 꾸준히 노력해온바 있었으나 공산진영은 한국민이 우심한 곤란에 처해있고 북한 공산군이 대량으로 피살되는 현상을 무시하고 정전안에 협력을 거부하고있다.

중국인민은 적대행위 확대

중국 중부와 남부 일대에서 일반민중의 공산정권에 대한 적대행위가 우심해가는 경향이 여전함으로 중공정권은 이경향을 일소하기위하야 테로정치를 강화하고 있다. 각지에서 들어온 믿을만한 보도에 의하면 소위 토지개혁법령에 대한 민중의 반감은 악화할따름이며 심지어 자살하는 사람도 있고 최근에는 성(省)주석으로 있던 공산주의자가 랄당한 사건까지 일어났다. 즉 복건성 주석 유천제는 공산정권을 이탈하여 현재 홍콩에 와있는데 그는 국민정부하에 복건성주석을 지냈고 공산주의정권하에 현직에 유임했던바 이번에 단연탈당하고 공산주의 진영에 가담했던것이 잘못임을 통감한다고 소감을 발표한바 있었다. 보도에 의하면 농민들이 공산정권배후에서 방화와 파괴행위를 감행하고있고 농우와 때로는 총을 들고 봉기하고 있다 한다.

한구(漢口)에 있는 중남부토지개혁위원회는 최근 통고문을 발표해 토지개혁에 관한 조처중 수삼개가 잘못이었다고 지적하고 농빈이 공포에 못이여 자살한 사건이 있었음을 솔직히 인정했다. 이통고문을 통해 동위원회는 토지개혁 당사자들에게 정책의 일부완화와 토지개혁의 취지를 침투식히기 위한 농민재교육을 지시했다.

한편 지주에 대해서는 하등 정책의 완화를 볼수없는바 즉 각지의 보도가 전하는바에 의하면 지주의 일체검거와 심한고문 심지어 처형등 가혹한 정책이 감행되고 있다 한다.

상해의 각신문은 공산정권이 사회각계각층에 호소해 토지개혁실시에 일층협력을 요망했다고 전하는바 토지개혁에 대한 민중의 반감이 여전히 강경함은 여기서도 볼수있는것이다.

골롬비아 한국에 군대 파견

골롬비아 정부는 선발된 장병 一천八십명이 유엔군에 가담하려고 三월一일경 골롬비아 "보고다"를 출발할것이라고 발표했다.

골롬비아 정부는 필요하다면 一개사단을 훈련과 무장시켜 유엔에 제공하겠다고 했다.

유엔군 공산군진지에 맥아-더장군 다시 돌진 전선을 시찰

최근 또다시 한국전선을 시찰한 유엔군총사령관 맥아-더장군은 휘하장병들의 사기왕성함을 친히시찰하는동시에 다시공세를 취하라고 명령했다. 맥아-더장군의 명령에 따라 유엔군은 중앙전선에서 아무저항도 받지않고 十마일을 진격하였다고. 송송장주한 유엔군은 원주(原州)남쪽 三十一마일 교통중심지 제천(堤川)에 대한 공산군의 위협을 드디어 제거하였다. 서쪽 중앙전선에 있는 유엔군부대는 공산군의 저항을 무찌르고 서울 동쪽 十一마일 한강에 이르는 경안(京安)북쪽 八마일 지점까지 진격하였다.

맥아-더장군은 원주비행장에서 유엔군 제八군사령관 메듀,위지웨이 중장과 회담하였다. 맥아-더장군은 제十군단사령관 유엔군 판파 더부러 전선시찰을 하는동안 불과 수일전에 맹렬한 전투가 버러졌던 원주북쪽의 전선진지를 시찰하였다.

맥아-더장군은 말하기를 적군은 전략상 막대한 손해를 입었으며 이 손해는 군여전의 일대 출혈의 하나라고 하였다. 중공군은 이정예부대의 손실에 대해 보충하기 어려울것이라고 하였다.

중공 집단적살륙을 계속 감행

최근 중공지구에서 들어온 보도에 의하면 중공당국은 복건성(福建省)산두(汕頭)시민 약五백명을 반역자라는 죄명으로 사형에 처했다고 한다. 이 반공자들은 산두에 있는 한 산중에 몰아넣고 중,경 기관총으로 총살했다고 한다.

공산당국은 이 참경을 목격한 시민으로 하여금 총살된 시체를 강제로 매장시켰다고 한다.

[illegible]

[자유세계 주간신보 제 3호 1면]

제3호 1951년 3월 9일 유엔군總司令部

자유세계 주간신보

유엔 총사령부

맹호(猛虎) 같은 유엔군 '탱크'가 한강지역을 진격하고 있다.

사설
분간하기 쉬운일

전투가 끝잇고 통일 한국이 건설되는 때에는 "한국에서 철회할 것을" 유엔군은 엄숙히 맹서했다. 공산주의 전쟁을 일으킨 괴수들은 일본 군부 대신에 자기들이 한국을 식민지로 만들고 지배하려고 한다. 어느 쪽을 택할 것인지는 분명하다. 명예와 양립하는 평화를 택할것인가 그렇지 않으면 군국주의자들이 독재정치에 압박을 받을 것인가? 우호관계냐. 철의 장막이냐?

구라파 공산당의 위기

유엔군이 한국전선을 확보한 것과 과거 수개월 동안에 자유세계 각국이 공산주의 전략에 대해서 강력한 저항을 해온 결과 철의 장막 속에서는 공산주의자들의 신념이 흔들리고 구라파 각지에는 큰 동요가 생겼다. 적색 독재정부를 전복하려고 오래 애쓰던 사람들은 새로운 용기를 얻었다.

서부독일 공산당의 장단 열한사람중에서 세사람이 숙청과 추방을 당했고 미구에 당 전체에도 숙청이 있으리라고 한다.

"책코슬로바키아" 공산당에서 공식으로 발표한 바에 의하면 전 외상 "클레멘티쓰"와 당 수뇌부 네명이 체포되었는데 죄명은 조국을 자유세계에 넘겨주려고 했다는 것이다.

동시에 그들은 작년 구월부터 十七만명의 당원을 제명했다고 발표했는데 이것은 三년전에 공산정권이 수립된 이래로 제일 큰 숙청이었다.

체포사건에 관한 보엔 다음과 같은 말이 있었다. "쏘련과 불쉐비키당과 쓰탈린 동무를 가장 열렬히 사랑하는 자만이 당에 남을수 있다는 것을 우리는 증명할것이다."

이태리 공산당수 "톨리앗티"는 "모스크바"로 부터 귀국해서 즉시 당수뇌부 회의를 열고 최근 당내에 일어난 반대운동과 그결과 만명 이상의 당원이 탈당한 문제를 토의했다.

불란서 공산당수 "토레즈" 및 다른 나라 공산당 지도자들도 각기 당의 위기를 처리할 방침에 대한 명령을 받아가지고 "모스크바"로 부터 귀국했다.

피난민들은 고향으로

대한민국 사회부장관은 피난민들이 완전히 탈환된 지구로 돌아가도 좋다고 공식으로 발표했다.

이것은 유엔군 당국자들과 협의해서 결정한 것이고 피난민들이 통과해도 좋은 길은 특별히 지정되었다.

전염병을 예방하며 식량 곤난이 없도록 하기 위해서 정부는 의료반과 경찰대와 구호반을 파견했다.

인천에는 이미 쌀 二천五백톤을 보내서 그 지방의 식량에 충당하고 있다.

적십자사 구호품을 북한으로

최근에 적십자사 특별 비행기 한대가 "제네바"를 떠났는데 거기는 만국적십자사 총재인 "포울·로이기"씨가 북한으로 가는 의약품을 실고 왔다. 출발하기 전에 미리 북평정권의 승낙을 얻은 "로이거"씨는 북경에서 중공외상 주은래 및 한국에서 활동하는 중국인 적십자사 직원들과 회담할 것이다.

적십자사가 발표한 바에 의하면 "로이거"씨는 북한에 있는 유엔군 포로문제와 민간인들을 수용할 안전지대 설치문제를 제출하리라고 한다. 또 그는 북평에서 북평정권과 적십자사 본부에 공동된 적십자사 사업에 대해서 중국적십자사 직원 및 중공 관리들과 토의할 것이다.

의약품의 대부분은 서서 정부가 기부한 것이다. 북한에 있는 포로부상병 및 일반민간을 위해서 쓸것이고 한만국경에서 북한 관리에게 전달하리라고 한다.

의사 부족으로 두통하는 중공

홍콩(香港)에 들어온 보도에 의하면 중공은 한국전선에서 홍수같이 밀려오는 부상병을 치료하기 위해서 중국 각지에서 의사 간호부는 물론 조금이라도 의술에 대한 지식이 있는 사람은 모조리 찾아내고 있다.

중공군 부상병들은 전선에서 응급치료를 받지 못했기 때문에 수술을 받은 사람이 대단히 많다. 이 부상병들은 광동에 이르기까지 중국 동해안에 있는 병원들은 전부 점령하다 싶이 했으나 그래도 점점 불어가는 부상병을 수용하지 못해서 중공은 닥치는 대로 병원시설을 더 구하려고 야단이다.

상해(上海) 북평(北平) 산두(汕頭) 등지에 있는 의사·의학생·간호부들은 군대에 들어가라고 매일같이 강요를 당한다. 지금은 홍콩에 있는 의사들까지도 귀찮게 군다.

자진해서 투항해온 중공군 고급장교는 유엔군의 관대한 대접을 받고 있다.

(2) '낙하산뉴스' 전단

'낙하산 뉴스' 전단은 전황소식을 심리전적 요소를 가미하여 전단형태(4번규격 : 19×13.5cm)로 제작 · 살포한 것으로 적 후방주민과 전선의 북한군, 그리고 적 치하에서 시름하고 있는 국민들을 대상으로 살포되었다. 제작 주기는 일정하지 않았으나 주요 전황국면과 아군의 승전소식 위주였기 때문에 적에게는 패배의식을 아군에게는 필승의지와 사기를 진작시키기 위한 목적이었다고 볼 수 있다. 그리고 그 내용을 구체적으로 알 수 있는 라디오 방송을 청취할 수 있도록 주파수를 명시해 주어 신뢰성과 신속 · 정확한 전황소식을 알고자 하는 욕구를 충족 시키려고 노력하였다.

이러한 「낙하산뉴스」는 19호까지 발간되었으며, 그 주요 내용은 다음과 같다.

['낙하산 뉴스' 호수별 제목]

호 수	제 목
1 호	이대통령 성명
2 호	평양폭격
3 호	북한병사 여러분들에게
4 호	신 봐주카포(3.5인치로켓포) 위력을 발휘
5 호	국제연합군은 괴뢰군의 공격을 분쇄
6 호	유엔군의 반격
7 호	대구공방전 유엔군 승리
8 호	공산괴뢰 최후발악
10 호	공산군의 계획은 실패
12 호	새로운 탱크를 국제연합군 사용
13 호	영국군 전투에 참전
15 호	공산군은 퇴각하고 있다
16 호	괴뢰군 전면적으로 퇴각
17 호	연합군과 대한민국 군은 대진격을 계속하고 있다
18 호	대한민국을 위한 구제품
19 호	대한민국 군과 유엔군은 괴뢰군 최후퇴로 차단

[낙하산뉴스 : 이 대통령 성명]

이 대통령 성명

대한민국에서는 지난 七月十七일에 대한민국 헌법포고제二주년 기념식을 거행하엿습니다. 이 식장에 참석한 분들은 이 대통령과 내각각원 국회의원 외 미국대사 및 외국 외교관 들이엿습니다. 이 식장에서 이 대통령은 말씀하기를 이번 침략한 공산괴뢰군은 아직 우리 국방부 계획이 완성되지 않은때에 돌연이 불법침입을 행한것입니다. 이 계획적 [illegible]기에 잇서서, 우리는 불리하엿습니다. 불구하고 우리는 조금도 놀라심치 않으며 또 절대로 실망하지 않습니다. 그러고 우리는 유엔군과 잘 협력하며, 전선을 다하여 할뿐입니다 우리 영토를 회복하여야 되겟습니다. 우리 군대와 경찰은 아직도 전투정신이 철저함며 우리군대는 강력하게 적군의 중공격을 용감스럽게 막엇습니다. 우리는 조금도 쉬지안코 조국통일을 위하여 노력하여야 하겟습니다. 라고 말슴하셧습니다.

한국국민여러분에게

유엔은 여러분들을 원조하야 북한침략군을 한국에서 격퇴 식힐것을 약속하엿습니다. 일본주둔 진공 도착되엿습니다. 전 해안선은 완전히 봉쇄되엿고 침략군의 선박들은 해상에서 혹은 빌겁항가송어잇든 항구에서 격침되고 잇습니다. 실상 미국·영국·한국의 군함을 포함한 유엔의 해상부대는 해상을 완전히 쓸어버렷고 적의 해안진지 군사시설과 도로를 포격중입니다. 또한 한국·호주·미국의 공군으로서 구성된 유엔의 공군부대는 24시간을 계속 적을포격·폭격을 하고 잇습니다.

침략군은 막대한 손해를 입고 중요한 도로·철교·조차장등은 완전히 분쇄되고 적이 이러한 시설을 재건하려는 기도는 양공군의 공격으로 반복적으로 분쇄되고 잇습니다. 입이 적은 보급품의 결핍에 직면하엿고 앞으로는 이 결핍은 점점더 심각하여 가할것입니다. 미국군대는 팔거 二주일간 한국군과 같이 싸웟습니다. 더많은 군대가 유엔의 요청을 맞고 갈이 도착중입니다. 전투부대에 필요한 보급품을 확보하는데는 많은 시간을 요합니다. 적은 이번에 불법적침입을 기하기전에 보급품을 준비할 여유를 가젓든것입니다. 그러나 우리군들은 지금에서 이 여유를 가지게 되여 침략군을 격파하야할 유엔군이 계속 한국에 수송되고 잇습니다. 공륙와 함께 한국에 수송된 무기와 보급품은 착착 도착되여 전선부대에 속속 도착되엿습니다. 우리는 충분한 시간적 여유를 가졋으며, 우리는 최후의 승리를 위하여 준비하고 잇습니다. 유엔이 언명한바 갈이 적이 지금까지 거둔 성공은 우리 군대가 평화를 위하여 노력하고 잇는동안에 적은 침략을 위하여 군수품과 무기를 준비하엿든것을 명백히 증명하고 잇습니다. 우리는 적의 성공은, 일시적인것에 불과하다는것을 확신합니다. 우리는 병사와 탄환과 선박·비행기·항공기 라는 인간적인 노력으로서 한국을 원조할것입니다. 우리는 이 사명에 간농헌한 단심에 공산괴뢰군을 처물니치려 합니다. 용감히 또 모든 우리들은 여러분과 같이 여러분의 강토에서 침략자를 구축 하겟습니다.

바른사실을 아시려면

남한에 계신 여러분 : 맥아더사령부에서는 매일밤 10시부터 10시 [illegible]분까지 정확한 뉴스를 방송하고 잇습니다. 이 방송은 [illegible] 킬로 [illegible] 킬로 싸이클 [illegible] 킬로싸이클 [illegible] 킬로 싸이클 [illegible] 킬로 싸이클로 보내 드립니다.

이승만 대통령의 제 2주년 제헌절(1950. 7. 17) 기념사 : 유엔군들이 참전하여 공산주의를 물리칠 것이라는 의지를 천명하여 한국국민들의 패전의식을 없애고 안심시키는 대내 또는 선무심리전 내용이다. 특히 적 점령지역에 있는 대한민국 국민에게 전황소식을 들을 수 있는 시간과 라디오방송 채널을 알려주고 있다.

[낙하산 뉴스 : 북한병사 여러분에게]

낙하산 뉴스

북한병사 여러분에게…

여러분은 왜 이렇게 군량이 줄었을고 전화 둘러에 필요한 개솔린이 점점 부족하여 가니 궁금하실것입니다.

간단히 설명하면 유엔 연합군의 항공기가 전선북쪽을 출동하여 밤낮을 비행장과 개솔린 탱크와 군량파란환을 남쪽을 실어나르는 열찰을 폭격하였는 까닭입니다.

여러분의 항공기는 대부분이 격멸되였고 더러는 어디인지 숨어버리고 무서워서 날지 안는 모양입니다. 여러분의 군대는 보급품을 북쪽으로부터 전선에 보내는데 큰 곤난을 받고있습니다. 이 곤난은 앞을 더욱 더 격심하여질것입니다.

여러분이 발랄것이라고는 언제 죽을지 모르는 위험과 동포를 먹지도못하고 장도자지못할 까닭이 없지안습니까…

죽일 기회 뿐입니다. 여러분의 동족들은 한국을 남북동일 한다고 말하지만 동포를 살상하고 동지와 인갈를 파괴한는 총칼전으로서 국가를 통일한는법이 어데잇단말씀입니까…

지금은 한국에 애국자가 나라를위하여 한사람이라도 더 살아야 할때임니 우리나라를 더 약하게하고 더 파괴한는 이러한 전투에서 부질업시 죽을때가 안입니다.

온정적인 대우를 보증합니다

유엔 연합군에 총사령관 맥아더 장군은 금이 지하에 잇는 엿러 나라 군대에게 북한군포로를 잘 대우하라고 명령하엿습니다. 유엔 연합군은 제네바 협약 이라고 한는 각문명국이 전시에 포로를 대우한는 인도적 인법을직히는 것입니다. 즉 입법은 포로에게 음식을주고 잠을자게함며 평안히 쉬게하고 울로를 피할처소로 장만 하엿는는등 인정잇는 대우를 한록 보장 한는것입니다. 특별히 말슴 할것은 포로들은 일이 끗난는 대로 각자가 집으로도라가서 가족을 다시만나게 합니다. 이점을 잘 생각 하시여서 우리 편으로 오십시요 부질업시 차의 죽느냐, 살어서 조국 재건에 힘 쓰겟느냐, 두 길중에 한나를 택하십십. 속히 작정하십십.

………………

이 사진을 잘 보시면 당신네 들의 군량과 탄환이 점점 줄어 지는 까닭 을 알실것임니다.

이 사진은 七월 三일 평양 을떠나 남쪽 으로 보급물자를 실고 같는 열차의 폭탄이 떠러지는 장면 임니다. 전선 북쪽 각처에서 군용열차가 똑 같은 꼴이 되고 만 것입니다.

UN군의 폭격으로 트럭이 파괴되어 전선으로 보급품이 전달되지않고 있다는 전황을 공산군에게 알림으로써 퇴로차단과 보급품 단절이라는 최악의 전장상황을 연상시켜 패배의식과 공포감을 유발, 항복, 귀순을 유도하는 심리전 전단이다.

[낙하산뉴스 : 괴뢰군 최후퇴로 차단]

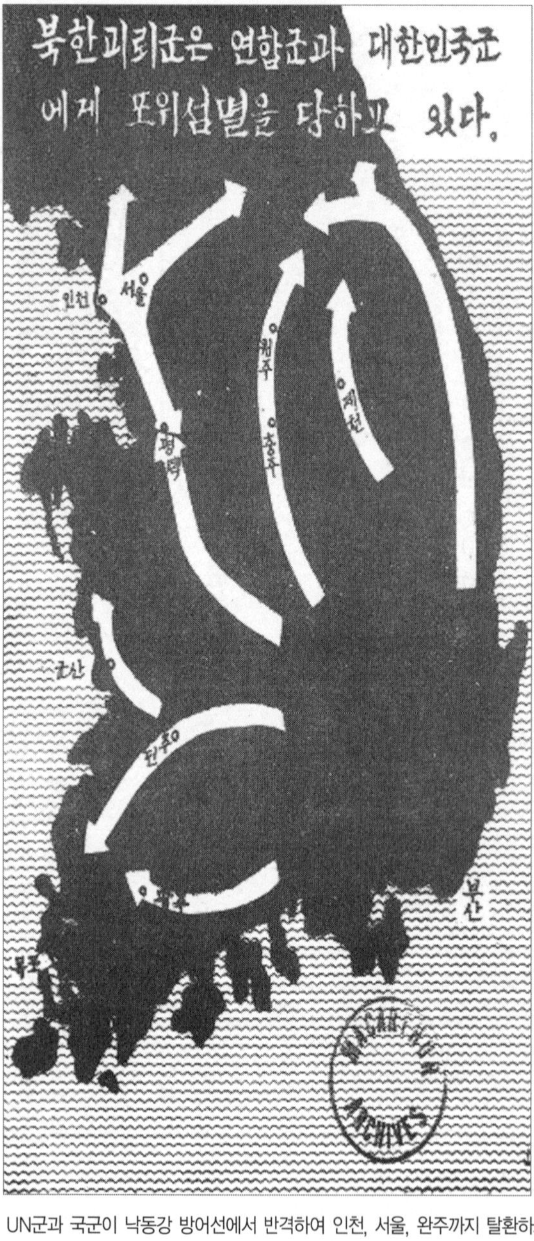

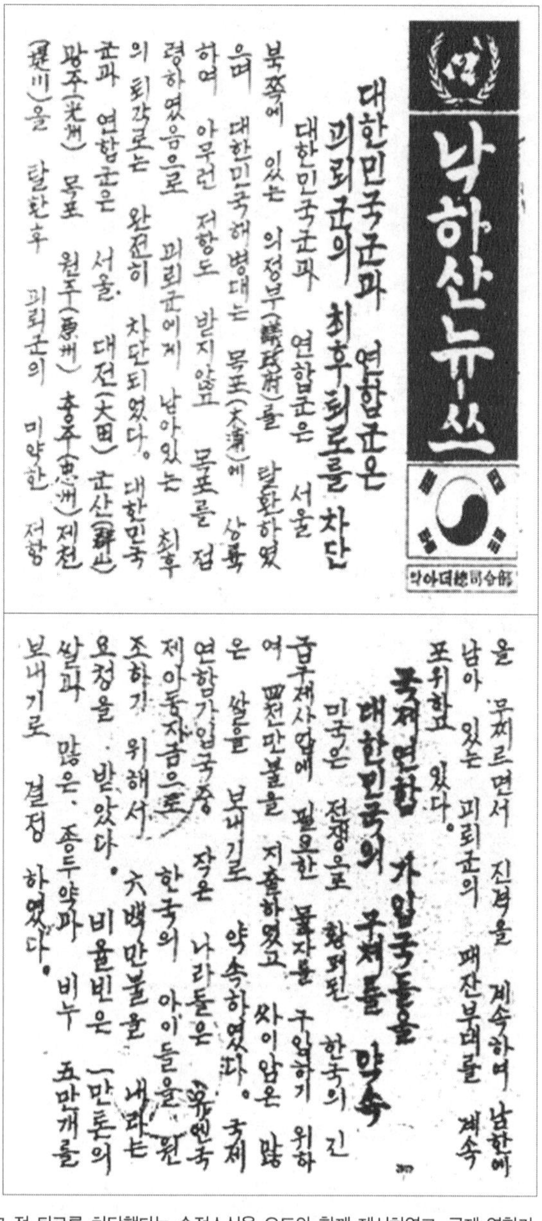

낙하산뉴-쓰

약아대總司令部

대한민국군과 연합군은
괴뢰군의 최후퇴로를 차단

대한민국군과 연합군은 서울
북쪽에 있는 의정부(議政府)를 탈환하였
으며 대한민국해병대는 목포(木浦)에 상륙
하여 아무런 저항도 받지 않고 목포를 점
령하였음으로 괴뢰군에게 남아있는 최후
의 퇴각로는 완전히 차단되였다. 대한민국
군과 연합군은 서울. 대전(大田) 군산(群山)
광주(光州) 목포 원주(原州) 충주(忠州) 제천
(堤川)을 탈환후 괴뢰군의 미약한 저항
을 무찌르면서 진격을 계속하여 남한에
남아 있는 괴뢰군의 패잔부대를 계속
포위하고 있다.

국제연합 가입국들을
대한민국의 구제를 약속

미국은 전쟁으로 황폐된 한국의 긴
급구제사업에 필요한 물자를 구입하기 위하
여 四천만불을 지출하였고 싸이암은 많
은 쌀을 보내기로 약속하였다. 국제
연합가입국중 작은 나라들은 유엔국
제아동자금으로 한국의 아이들을 원
조하기 위해서 六백만불을 내라는
요청을 받았다. 비율빈은 一만톤의
쌀과 많은 종두약과 비누 五만개를
보내기로 결정하였다.

UN군과 국군이 낙동강 방어선에서 반격하여 인천, 서울, 완주까지 탈환하고 적 퇴로를 차단했다는 승전소식을 요도와 함께 제시하였고, 국제 연합가입국들이 전쟁 구호품을 지원해 주고 있다는 소식을 전함으로써 사기 및 전의를 고취시키고 있다. 전단 내용 중 '국제 연합국 중 작은 나라들은 유엔 국제아동기금으로 한국의 아이들을 원조하기 위해서 六백만불을 내라는 요청을 받았다' 라는 표현은 UN군으로부터 약소국들이 강제로 기금을 모금한다는 이미지를 주고 있다.

(3) '재건화보' 전단

오른쪽 '재건화보' 전단은 한국의 부흥과 재건 그리고 UN의 원조 등을 중심으로 사진과 이를 설명하는 내용으로 작성되어 약 50만 매가 살포되었다. '재건화보' 전단은 16절지 크기로 많은 사람이 볼 수 있도록 양질의 종이에 칼라로 인쇄되어 부착도 할 수 있게 제작되었다.

[재건화보 전단의 예]

(4) '만국기' 전단

만국기 전단은 UN의 가맹국의 국기를 망라하여 제작하였으며, 각 면에는 한국전에 참가한 16개국 병사들의 사진과 UN기를 넣음으로써 UN군의 사명과 목적, 그 위대함을 과시하였다. 그러나 만국기 전단 안에 인공기를 제외함으로써 북한은 UN에서 승인한 국가가 아니라는 것을 암시하였다. 이 만국기 전단은 약 100만매를 제작하여 수차에 걸쳐 북한 전역에 살포하였다.

다. 표어 · 포스터 · 플랜카드형 전단

(1) 표어 · 포스터

표어 · 포스터는 선전과 선동을 주제로 한 대내심리전에 많이 이용되었으며, 대부분 국방부 정훈국에서 제작되었다. 이는 간단한 문장이지만 쉽게 이해되고 인상 깊게 각인시키는 구호가 필요하기 때문에 정서와 감정이 공유되는 동일문화가 필요하다. 따라서 미 심리전사령부(OCPW)의 통제를 받지 않고 국방부 정훈국에서 자체 제작되었다. 그리고 표어나 포스트 내용은 심리전의 단순화 원리를 이용하였다.

단순화 원리란, 목표대상으로 하여금 사고의 여유를 갖지 못하도록 하고 스스로의 의견이나 태도를 결정하는 의지를 상실케하여 그들의 태도를 변경시켜 일정한 방향을 갖게 하려는 의도에서 간결하고, 쉽게, 반복적으로 표현한 것이다.

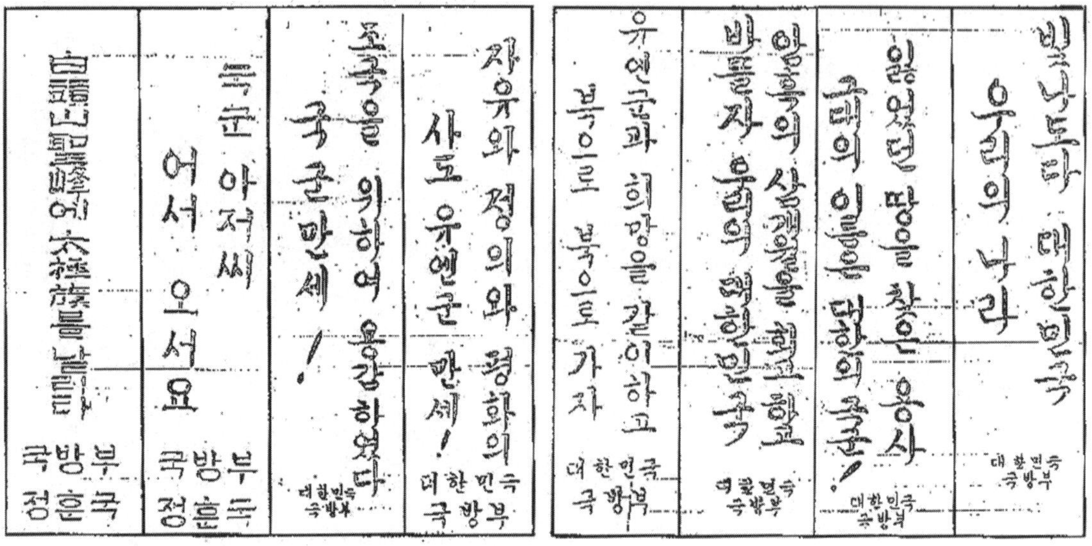

"국군아저씨 어서오셔요" 표어는 내용과 형태면에서 포스터나 플랜카드형태로 제작하여 설치하는 것이 더 효과적이었을 것으로 판단된다.

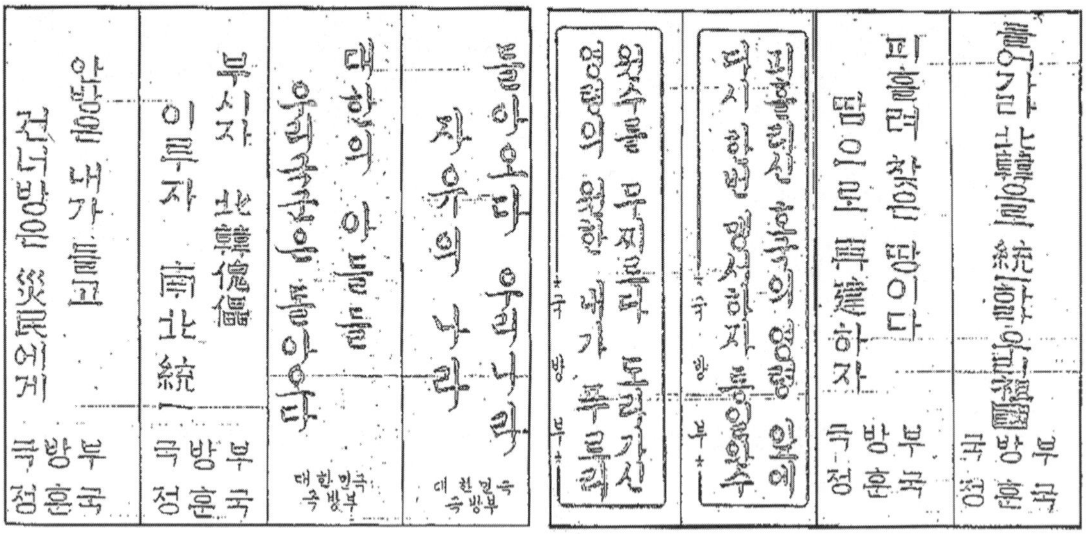

"안방은 내가 들고 건너방은 재민(災民)에게" 구호는 전쟁 피난민에 대한 배려를 호소하는 표어들이다. 내용은 주로 호국충성, 단결을 유도하는 것들이다. 이러한 표어는 지금까지도 각 국가나 조직, 군부대에서 활용하고 있으며, 특히 노조나 각 이익집단들의 조직목표나 요구사항을 관철하는 구호로 많이 이용하고 있는데, 이러한 추세라면 혹시 전쟁시에 별도의 심리전요원이 필요 없지 않을까 생각이 든다.

전의를 고취시키고 단결을 호소하는 주제이며, 그림 · 삽화가 표어와 함께 표현되어 있어 쉽게 이해되고 뇌리에 강하게 각인됨으로써 심리전 효과가 배가 된다. 이 표어나 포스터는 적 지역에서 제작 · 부착하는데 제한이 따르므로 주로 아 후방지역에서 대내심리전용으로 활용되었다.

UN의 위상을 제고시키고 UN군을 환영 · 홍보하는 메시지로서 6 · 25전쟁 당시 누란(累卵)의 위기상황에서 UN군이 구세주 같은 존재임을 인식시키면서 절박한 대한민국 국민의 감정과 염원을 표현한 것이다.

표어 · 포스터 심리전은 중심이 되는 주장을 정확하게 파악하여 대중의 사고방식과 표현에 어울리는 어투를 사용하고, 간명해야 하며 그림이 인상적이어야 한다.

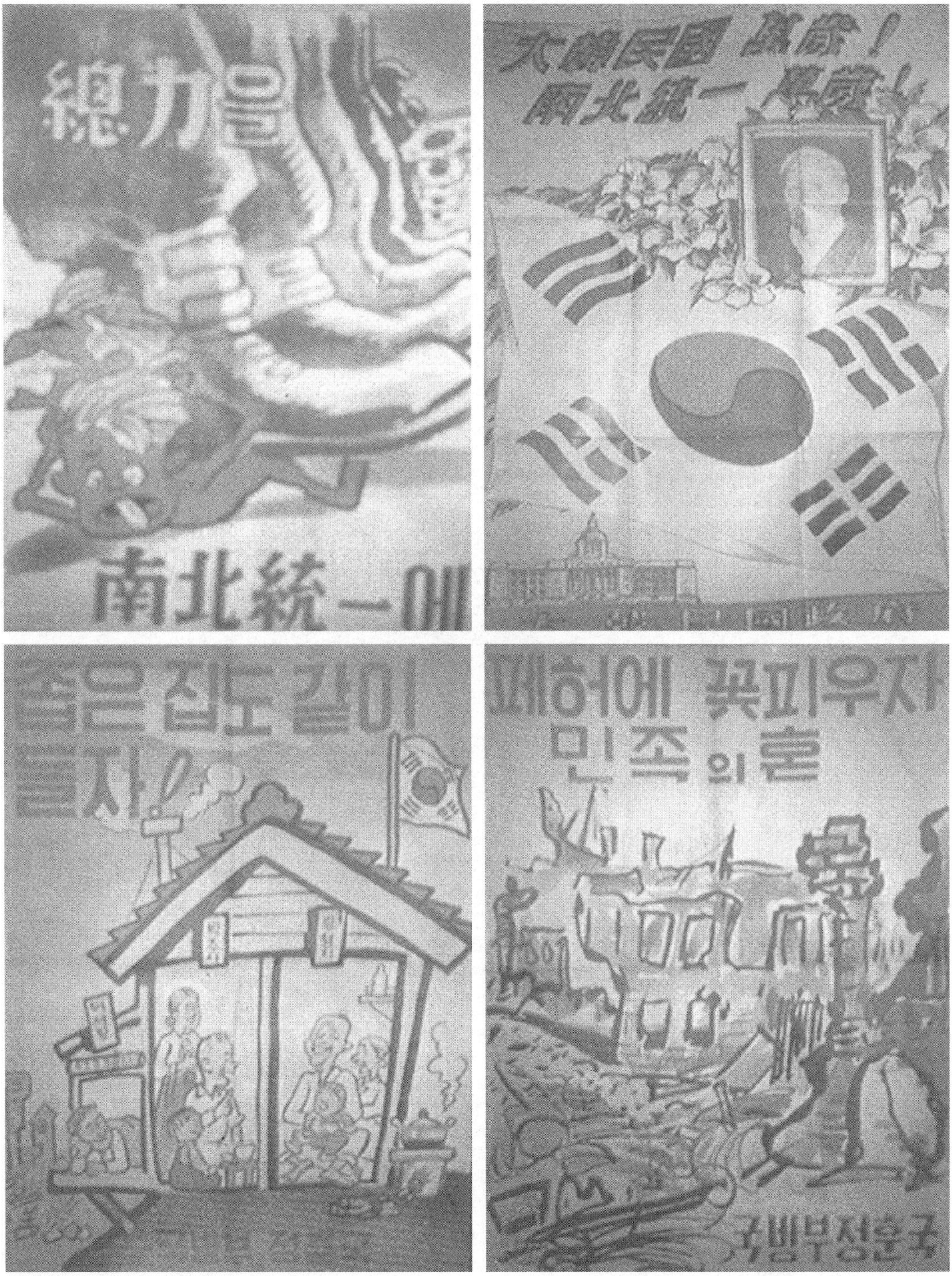

미 제 25사단 90야전포병대대가 중공군에게 보내는 X-카드 형식의 포스터. '우리의 중공군 친구들에게' 라는 꼬리표를 붙이고 폭탄꾸러미를 선물로 나타낸 그림이 익살스럽다.

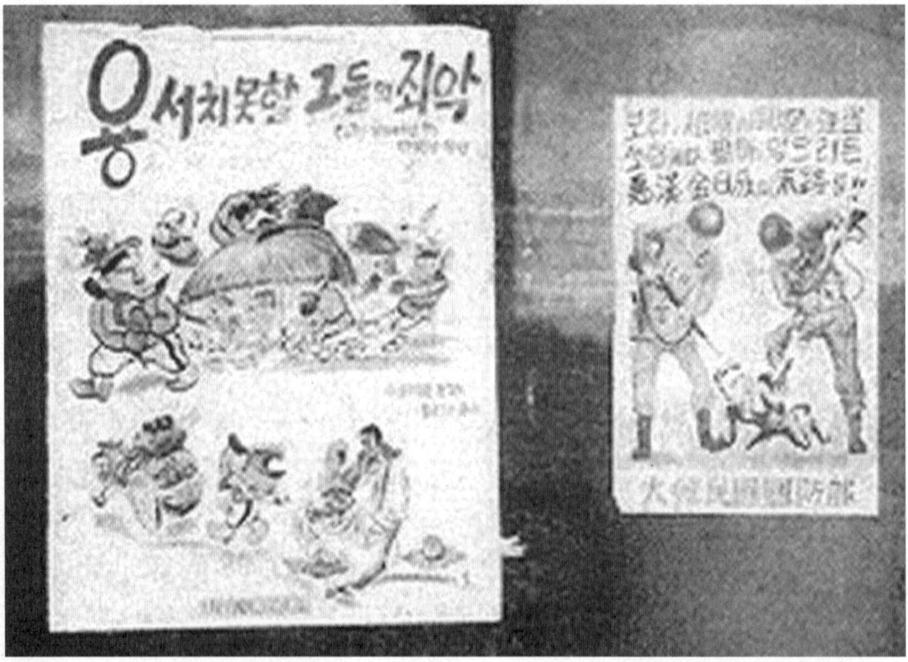

강릉의 어느 건물벽에 붙은 국방부의 반공포스터로서 공산군들의 죄악상을 회화적이면서 충격적으로 폭로 · 비판하고 있다.

북으로 북으로 독수리처럼 매섭게 돌진하자는 독전을 강조하는 포스터

합동위령제를 계기로 전사자들에 대한 추모 포스터이다. 비록 전쟁중이지만 전사자에 대한 처리, 추모행사는 꼭 필요하다. 이것은 전쟁의지 및 사기와 직결되는 문제이기 때문이다. 미군의 유해송환, 한국군의 6·25 유해발굴 작업은 아직도 계속되고 있으며, 최후의 1인까지 국가를 위해 희생한 그들을 끝까지 관심과 추모를 해야함은 국가와 국민의 기본 책무이다.

⑵ 플래카드

'플래카드'는 대중이 왕래하면서 볼 수 있는 교통 요충지나 건물벽에 설치하였으며, 6·25전쟁 당시는 주로 UN군, 국군들을 환영, 격려하는 내용들이었다. 특히 인천상륙작전 이후 북진 기간 동안에 많이 설치되었다. 이러한 현상은 전쟁초기 서울이 함락(1950. 6. 28)되고 인천상륙작전 후 총반격으로 국군이 38선을 회복(1950. 10. 1)하여 북진하던 90여일 동안에 많이 설치되었다. 이 시기에 집중되었던 이유는 전투의 패배로 인한 공산치하 90여일동안 억눌렸던 대한국민의 감정의 표현이었으며, UN군과 국군의 총 반격에 대한 승전의식과 환영의 표현이었다고 볼 수 있다. 플래카드를 설치한 또 하나의 이유는 자신들의 안전을 위해서였다. 플래카드를 설치함으로써 이 지역 주민들은 UN군에 협력하겠다는 의사를 간접적으로 표명한 것이다.

라. 기타 간행물 전단

편지 · 엽서 및 책자형이나 수기전단, 신문보도를 인용한 내용, 화폐형 전단 등 상대측에 관심을 끌기 위한 다양한 형태로 제작 살포하였다.

(1) 편지형태 전단

편지형태의 전단은 내용이 구체적이고 펜글씨가 많았으며 인쇄형이었지만 각 개 개인에 와닿는 애절한 감정을 표현하기 때문에 효과가 있었다.

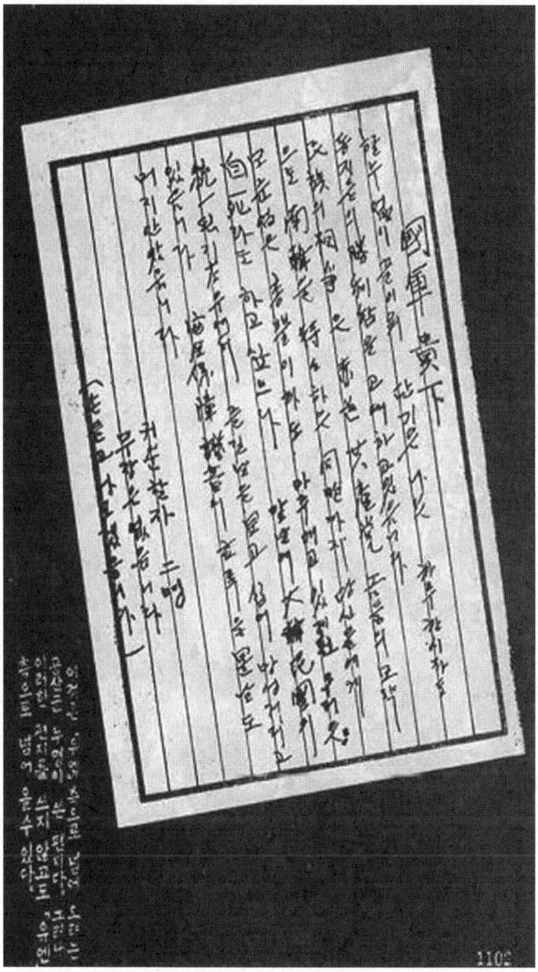

'할 수 없이 끌려다니는 나는 하루한시라도 동지들의 승리를 고대합니다'로 시작하는 '인민군' 귀순희망자 2명의 편지를 인쇄한 전단

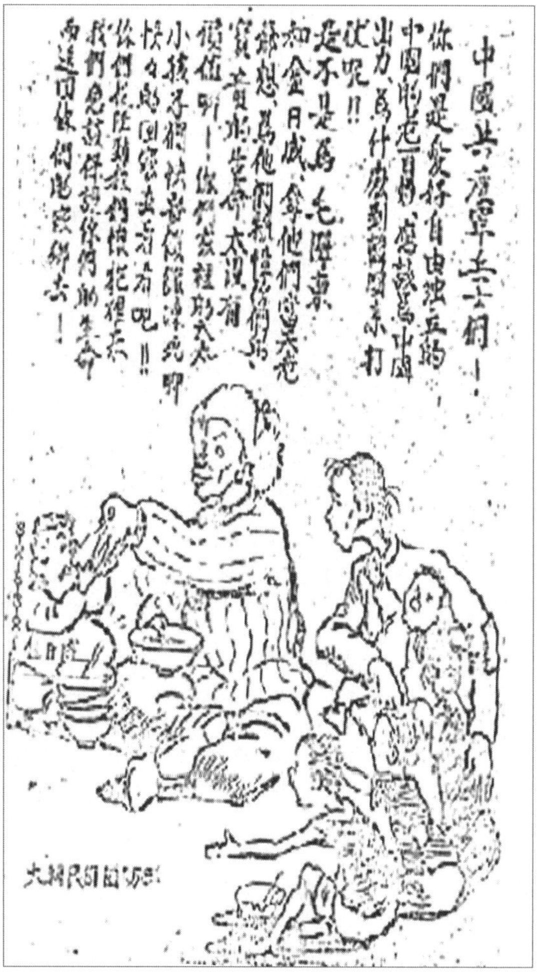

김일성을 위해 귀한 생명을 희생해야 하는가…집에 있는 당신의 아내와 아이들은 굶주리고 얼어죽으려 한다…투항하면 생명을 보호하고 고향으로 돌려보내주겠다는 내용의 편지형전단

(2) 화폐형 전단

이러한 화폐형 전단은 호기심 또는 취득의 욕구를 자극하고, 적발 시 면피 또는 변명의 여지가 있어 효과가 기대된다. 양질의 종이와 인쇄가 필요하기 때문에 여러 종류로 다량으로 제작·살포하는 것은 제한되었다. 6·25전쟁 당시 상기 1종의 안전보장증으로 대신한 것 외에는 확인할 수가 없었다. 걸프전이나 이라크전에서는 가장 많이 사용 되었던 전단이다. 최근 유흥가 전단지를 뿌릴 때 화폐, 누드사진에 메시지를 담아 호객하는 홍보전략도 바로 인간의 호기심, 견물생심 등 1차적 욕구를 활용하는 것이다.

3.1.6 전단 출처별 분석

커뮤니케이션에서 출처가 어디냐, 누가 이 전단을 보냈느냐는 수신자가 얼마만큼 이 전단내용을 신뢰하느냐 하는데 결정적 영향을 미친다. 따라서 출처의 주체를 누구로 하느냐는 전단제작자에게 가장 중요한 결정사항 중의 하나다.

6 · 25전쟁 시 전단의 출처는 아래 표에서 분석된 것과 같이 660종 중 65%인 430종은 출처를 밝혔고, 230종은 출처를 명시하지 않았다. 출처를 명시한 430종 중 한국군은 193종, 유엔군에서 237종이었으며, 출처를 밝힌 가장 많은 전단은 'UN군' 이었다. 이는 다른 어떤 기관보다 수신자에게 'UN군' 이라는 조직이 가장 신뢰를 준다는 판단을 하게 되었음을 알 수 있다.

[출처별 전단현황]

구 분	계	한 국 군					유 엔 군						미명시
		소계	국방부	정훈국	대통령	기타 개인	소계	미국	UN	UN군	UN군 사령관	개인	
전단수	660	193	68	29	8	88	237	9	48	141	37	2	230
비율(%)	100	39	11	4	1	13	36	1.7	7	22	5	0.5	35

아래 표는 1950년 7월부터 1951년 2월까지 약 8개월간에 걸쳐 한국에서 단독으로 제작하여 공산군에게 살포한 전단 84종을 출처별로 분석한 내용이다.

[한국정부가 단독제작하여 살포한 전단의 출처별 현황]

송 신 자	빈 도	송 신 자	빈 도
대한민국 국방부	29	제 3군관학교 학생 이종식	1
대한민국 국방부 정훈국	13	한국 「유엔」군 총사령관	1
대한민국육해공군총사령관 육군소장 정 일 권	10	대한민국 육군본부 정보국장	1
국방부장관 신성모	8	13, 15사단 간부	2
대한민국 공보처	3	대한청년 총궐기대회	1
		제 8106 연대장	1
대한민국 정부	2	국방부 정훈국, 미국공보원	1
제 1사단 정훈부	1	국방부 정훈국, 구국총력연맹	1
구국총력연맹	2	송신자 불명시	6
대한민국 대통령 이승만	1	17단체 기관 및 개인	84

전단의 송신자는 대한민국 국방부, 대한민국 국방부 정훈국, 대한민국 육 · 해 · 공군 총사령관 육군소장 정일권, 대한민국 공보처, 대한민국 정부 순이며, 그 밖의 기관, 단체, 개인들도 1회씩 나타나고 있다.

송신자가 소기의 성과를 거두려면, 수용자에게 심리전이란 인식을 주어서는 안 되며, 메시지 내용을 되도록 사실적 정보로 받아들이게 해야 한다.「대한민국 국방부 정훈국」의 이름을 13회나 밝힌 것은 그 이름 속에 이미 송신주체가 의도적인 심리전기관이라는 의미를 내포하고 있어 의례 선전하는구나! 하는 인식을 심어 줄 수 있었다. 차라리 「대한민국 국방부」라고 하는 출처를 명시했다면 신뢰와 효과가 배가 되었으리라 판단된다.

또한 가장 많이 출처를 밝힌 「대한민국 국방부」라 할 경우에도 차라리 그 뒤에 장관의 이름과 서명이 있었더라면 더욱 효과적이었을 것이다. 그리고 「주 한국 연합국 총사령관」과 「한국 유엔군 총사령관」 등 유사한 기관은 가능한 한 일원화시켜 일관된 송신자를 명시할 때 송신자의 공신력도 높아진다.

[출처를 명시한 백색심리전 전단]

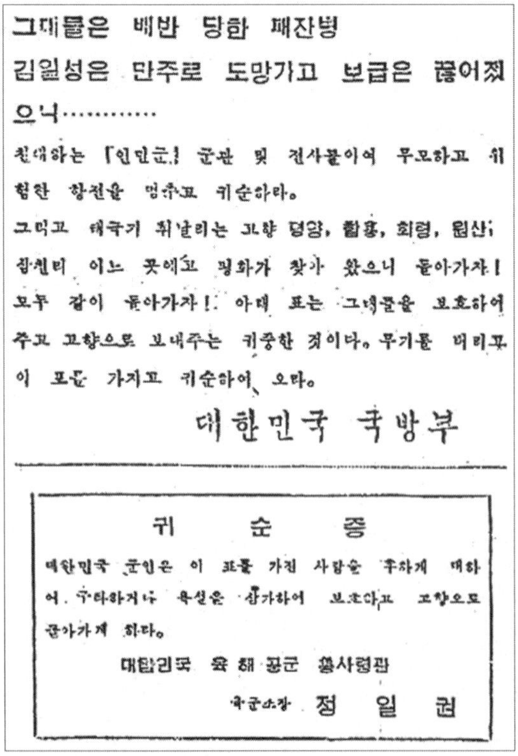
그대들은 배반 당한 패잔병
김일성은 만주로 도망가고 보급은 끊어졌으니…………

친애하는 「인민군」 군관 및 전사들이여 무모하고 위험한 항전을 멈추고 귀순하라。
그리고 태극기 휘날리는 고향 평양, 함흥, 회령, 원산; 함흥리 어느 곳에고 평화가 찾아 왔으니 돌아가자! 모두 같이 돌아가자!. 아래 표는 그대들을 보호하여 주고 고향으로 보내주는 귀중한 것이다。무기를 버리끄이 모든 가지고 귀순하여 오라。

대한민국 국방부

귀 순 증
대한민국 군인은 이 표를 가진 사람을 후하게 대하여. 구타하거나 욕설은 삼가하여 보호하고 고향으로 돌아가게 하다。
대한민국 육 해 공군 총사령관
육군소장 정 일 권

친애하는 패잔인민군에게 고함
전쟁은 결정적으로 대한민국의 승리로 도라왔다
서울은 국군에 의하여 완전탈환되었고 九월二十六일에는 李大統領閣下 임석하에 환도식(還都式)이 거행되었다
三八선은 이미 없어지고 국군은 一路북진하고있다 국군이 전진하는 곳마다 수많은 인민군 동지들은 귀순하고있으며 동지들의 퇴각로는 완전히 차단되었고 동지들의 상관도 대부분이 사살 또는 귀순하였다
어서 염려말고 도라오라 대한의 품안으로
우리는 동지들을 따뜻이 후대하며 생명을 보호한다
大韓民國國防部

[출처를 명시치 않은 백색심리전 전단]

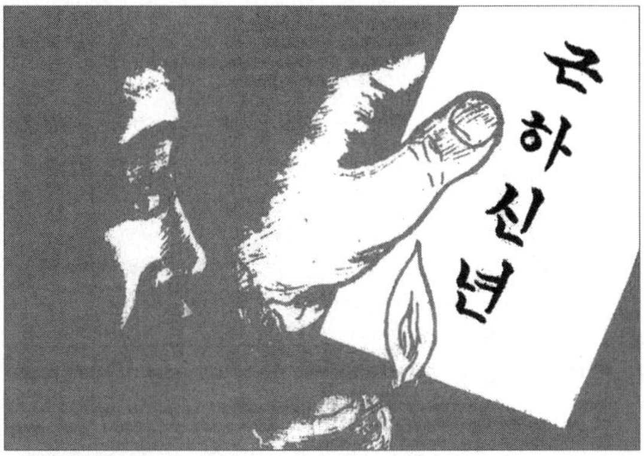

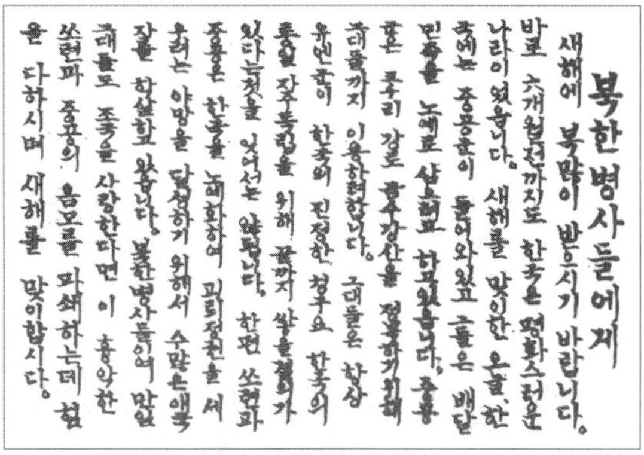
북한병사들에게

새해에 복많이 받으시기 바랍니다. 바로 六개월전까지도 한국은 평화스러운 나라이였읍니다. 새해를 맞이한 오늘, 한국에는 중공군이 들어와있고 그들은 배달민족을 노예로 삼으려고 하고있읍니다. 중공군은 우리 강토 금수강산을 정복하기위해 귀대들까지 이용하려합니다. 귀대들은 항상 유엔군이 한국의 진정한 친구요 한국의 통일 자주독립을 위해 끝까지 싸울 결의가 있다는것을 잊어서는 안됩니다. 한편 쏘련과 중공은 한국을 노예화하여 괴뢰정권을 세우려는 야망을 달성하기 위해서 수많은 애국자를 학살하고 있읍니다. 북한병사들이여 만일 귀대들도 조국을 사랑한다면 이 흉악한 쏘련과 중공의 음모를 파쇄하는데 힘을 다하시며 새해를 맞이합시다.

발간주체, 날짜, 사진 등은 제시되지 않았지만 내용으로 보아 유엔군이나 남한에서 보냈다는 것을 알 수 있어 백색전단으로 분류되며, 이와 같이 백색전단은 심리전을 수행하는 주체측에서 스스로 수행출처를 진실되게 밝히고 이에 대한 책임을 질 수 있는 방법으로 계획하고 실시된다. 그러나 전단의 출처를 명확하게 밝히는 것이 신뢰를 높이는 것인 줄 알지만 많은 전단에서는 출처를 밝히지 않고 있다. 그 이유는 무었일까?

첫째, 전단내용에 대한 책임의 문제 때문이다. 그 전단 내용대로 수신자가 이행을 했을 때 그 내용에 밝힌대로 반드시 반대급부의 보상을 한다든지, 그 내용이 진실이어야 한다. 만약 수신자가 그 전단 내용대로 이행하였으나, 송신자측에서 보상을 하지 않든지, 진실이 아닌 경우가 밝혀 졌을 때, 전단작전의 효과를 전혀 기대 할 수 없기 때문이다.

둘째, 생명이 오고 가는 긴박한 전투 상황에서는 적측이 보냈다는 것은 적을 신뢰하지 못한 상태이기 때문에 선뜻 그 전단 내용을 수용하지 못한다. 오히려 출처가 불명확하거나 자신의 내부에서 구전으로 전파되거나, 자체 조직원 중에 자기 조직에 반감을 가진 자들의 소행으로 판단하게 하여 자신과 같은 생각을 가진 자들임을 알고 그 자들의 주장에 동조하게 되는 효과가 있다.

흑색전단의 경우에는 심리전을 수행하는 주체측이 출처를 모방한다거나 또는 도용하여 실시하는 것으로 주목적은 출처가 불분명하고 특별한 표식이 없이 적측의 선전임을 은폐하기 위하여 사용하거나 적측에 통용되는 수법을 구사하여 적이 선전하는 것으로 오인시키기 위하여 또는 적측 내부에 존재하는 것으로 위장하기 위한 방법 등으로 사용되었다.

회색전단의 경우 심리전을 수행하는 주체측이 출처를 밝히지 않고 실시하여 적을 허위 · 기만하는 심리전으로써 있는 것을 없는 것으로, 없는 것을 있는 것처럼 만드는 전단이다.

[출처 명시한 백색심리전 전단]

1951년 二월 二十五일 유엔군總司令部

자유세계 주간신보

유엔군총사령부

일생을 통해서 공산주의와 싸우겠다! 맥아더장군이 성명

유엔군 인천 영등포 김포 비행장 탈환! 서울 탈환전 전개

UN해군 서울 인천지구 공산군의 시설 공격

중공을 침략자로 규정

피난민 병원선을 제공

한국 적십자사가 피난민에게 의복을 줌

발간주체, 날짜를 명시하였고, 사진까지 포함하였기에 출처가 명백하므로 내용도 함께 신뢰감을 주고 있어, 홍보 및 뉴스, 안전보장증에 많이 이용된다.

6·25전쟁 중에 유엔군과 국군의 심리전 전단 중 이러한 흑색 및 회색 심리전 전단은 거의 발견할 수 없었다. 이것은 '진실'에 근거를 둔 심리전의 기본원칙에 충실했다고 평가할 수 있다.

[육·해·공군 총사령관, 육군소장 정일권 명의의 백색전단]

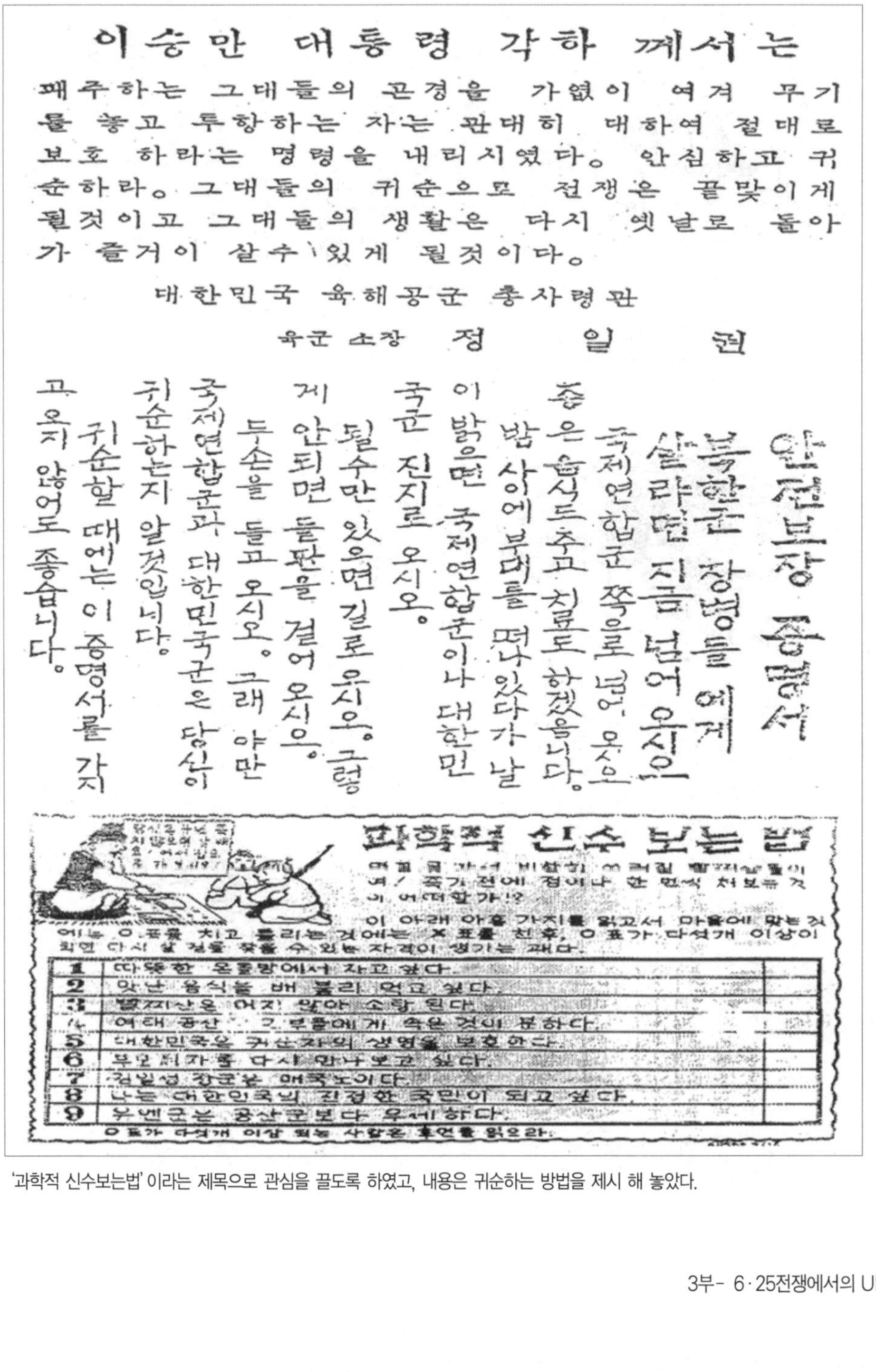

이승만 대통령 각하 께서는

패주하는 그대들의 곤경을 가엾이 여겨 무기를 놓고 투항하는 자는 관대히 대하여 절대로 보호 하라는 명령을 내리시였다。 안심하고 귀순하라。 그대들의 귀순으로 전쟁은 끝맞이게 될것이고 그대들의 생활은 다시 옛날로 돌아가 즐거이 살수 있게 될것이다。

대한민국 육해공군 총사령관

육군소장 정 일 권

안전보장 증명서

북한군 장병들에게

살라면 지금 넘어 오시오

국제연합군 쪽으로 넘어 오시오

좋은 음식도 주고 치료도 하겠읍니다。

밤 사이에 부대를 떠나 있다가 날이 밝으면 국제연합군이나 대한민국군 진지로 오시오。

될수만 있으면 길로 오시오。 그렇게 안되면 들판을 걸어 오시오。

두손을 들고 오시오。 그래야만 국제연합군과 대한민국군은 당신이 귀순하는지 알것입니다。

귀순할 때에는 이 증명서를 갖지고 오지 않어도 좋습니다。

과학적 신수 보는 법

이 아래 아홉 가지를 읽고서 마음에 맞는 것에는 ○표를 치고 틀리는 것에는 ×표를 친후, ○표가 다섯개 이상이 되면 다시 살 길을 찾을 수 있는 자격이 생기는 괘다.

1	따뜻한 온돌방에서 자고 싶다.	
2	맛난 음식을 배 불리 먹고 싶다.	
3	빨찌산은 머지 않아 소탕 된다.	
4	여태 공산 그 무리들에게 속은 것이 분하다.	
5	대한민국은 귀순자의 생명을 보호한다.	
6	부모처자를 다시 만나 보고 싶다.	
7	김일성 장군은 매국노이다.	
8	나는 대한민국의 진정한 국민이 되고 싶다.	
9	유엔군은 공산군보다 우세하다.	

○표가 다섯개 이상 되는 사람은 후면을 읽으라.

'과학적 신수보는법' 이라는 제목으로 관심을 끌도록 하였고, 내용은 귀순하는 방법을 제시 해 놓았다.

[대한민국 국방부 명의 북한동포를 대상으로 한 백색전단]

親愛하는 北韓同胞에게 告함

去 六月二十五日 午前四時를 期하여 以北傀儡集團은 悉惡無道하게도 不法南侵을 開始하였었읍니다 그들은 膨張主義侵略政策을 恣行하는 赤色帝國主義일에 忠實한走狗로서 그 指令을 敢行하여 南韓까지도 赤色化를 企圖하였으나 勇猛無雙한 我 國軍과 正義의使徒인 國際聯合軍에 依하여 徹頭徹尾 殲滅的인 一大打擊을 받어 敗滅의 一路를 밟고있는바입니다

李大統領閣下께서 말슴하신바와 三八線은 傀儡侵犯으로 因하여 自然消滅되것다 라고하시었고 또한 國際聯合總會에서도 三八以北進擊이 可決되었으니 民族의 念願인 祖國統一은 我國軍 三八以北進擊으로써 完遂의길을 걷게된것입니다 親愛하는 北韓同胞여러분은 沈着히 各者의 生業에 忠實하여야하며 秩序를 維持하여 滅共聖戰에 積極 協助하여주기를 바라마지 않는바입니다

同胞여러분은 滅共救國會를 中心으로 總團結하여 忠實的이고 賣國的 徒黨인 金日成傀儡集團을 撲滅하는데 總蹶起하여야 할것입니다 國軍將兵은 新銳武器로써 重武裝하고 民族과 國家를 守護하여 飛躍的인大韓의發展을 圖謀하기爲해여 三八線을 넘어 總進擊을 하고 있는터입니다

同胞여러분은 勝利와 祖國統一이 目捷之事實임을 굳게 確信하며 國軍과 國際聯合軍에 絶對協助하여주기를 바라마지 않는바입니다

檀紀四二八三年十月 日
第一師團 師團長
陸軍准將 白 善 燁

國軍과 UN軍에 感謝하자.

북한동포여러분? 오늘 이날이 오기를 얼마나 고대하셨읍니까. 정말 긴 五년간이었읍니다. 여러분이 적귀(赤鬼)로부터 받은 생활이 얼마나 처참한것인가를 모르지는 않았지만 지난 三개월간 남한에서의 비민족적(非民族的)비인간적(非人間的)인 가진 행패를 보고서야 지난 五년간 여러분이 겪은 고초를 새삼스럽게 마음 아파합니다. 그러나 동포여러분? 五년간의 그 지긋지긋한 악몽은 깨여졌읍니다. 우리 주위에는 벌서 적귀(赤鬼)는 없어졌읍니다. 조국과 민족을 쏘련에 팔려던 金日成도당들은 우리 영용한 국군과 평화의 사도 UN군의 포성에 실색을하고 멀리 저의들의 조국 쏘련으로 자최를 감추었읍니다. 그리고 三千里강산에는 오직 태극기만이 펄펄 날리고 있읍니다

북한동포여러분! 이것은 누구의 덕인지 아십니까. 오직 인류평화의 상징인 UN과 민족과 인류를 적귀로부터 구출하고저 생명을 내놓고 싸운 우리 국군의 피의 대상이었읍니다. 이 피의 대가는 우리가 갚어야 하겠읍니다. 보상해야 하겠읍니다. 무엇으로? 그것은 오직 적귀가 파괴한 폐허위에 우리손으로 눈부신 재건을 할것과 인류의 행복에 이바지 할수있는 가장 빛나는 민주국가를 건설하여 UN정신에 보답하는것입니다. 이 성업완수를 위해서는 먼저 소아(小我)를 버리고 대아(大我)로 귀일하십시요. 사리사욕과 파쟁심과 배타심을 버리고 오직 통일에로 총집결하십시다. 이렇게 하여서만 국군과 UN군에 보답할수 있는것입니다.

대한민국 국방부

今次 우리國軍과UN軍의 上陸北進을 當하야 大統領閣下께서는 國軍
將兵에 對하여 아래와같은 諭示를 내리셨으니 國軍將兵,같은 重大
한이時局에 이같은 激勵의 諭示는 閣下에게서 加一層 奮發나이 一日
全軍將兵에 有益之資를 기울이었으니 各自銘心하기付託하는바이다

檀紀四二八三年九月十七日

國防部長官 申 性 模

大統領閣下 諭示

國軍將兵에게

맥아더將軍의 高名한 指揮下에 聯合軍과 우리國軍이 要塞地後方
七百里나되는 仁川에 上陸하여 共産軍은 모되어 窮地의 境遇에 떠
러 赤色帝國主義의 傀儡軍이 顚覆될날이 當到하였나

그동안 우리國軍은 苦難을 무릅쓰고 많은 逆境을 無限하면서 世
界民主友邦의 聯合軍과 억개를 겨누고 決死鬪爭으로서 우리의
祖國을 殘忍無道한 敵軍의 支配下에 도리가지않게 하였으니 이요
말미아마 世界모든 言論과 報道가 우리를 限없이 稱頌하기에 이
른것이다

우리國軍이 이와같이 한것은 우리나라를 保護하기 爲해서 國民
의 職責을 榮光스러히 遂行한것이나 우리가 特히 紀念한것은 우
리의 友邦軍人들이 우리와 같이 모든 困難을 當하면서 우리나라를
保護하고저 싸우는 것이다 그들의 信仰은 우리나라를 爲하여 싸우
고 우리나라를 保護함으로서 各各自己나라를 保護하는 職責을 完
遂함에 있는것이다

이제 우리의 成功은 멀지않은 곳에 있다

政府와 國民은 國軍의 榮光스러운 功績과 커다란 勝利를 버나는
正義를 마음으로서 오늘 이와같이 成功한것이니 이는 우리나라가
存在하는날까지 永久히 民族의 腦裏에 새겨야할것이다

우리國軍이 聯合軍同志들과 全力에서 敵을 粉碎하고 그結果로 國家
의 自由와 獨立과 存榮을 爲하여 우리의 成功이 이 世界에 있어 國
軍將兵은 더욱 奮鬪해서 앞으로 더큰 成功이 있기를 기다리며 付
託하는바이다

하누님이 우리國軍을 낫낫히 保護하여 도아주기를 祝福하다

檀紀四二八三年九月十七日

용감한 국군장병에게!

당신들은 애국자 입니다。
당신들은 조국과 겨레의 · 수호자 입니다。
당신들의 영웅적인 전투는 잃었던 금수 강산을 찾고 끝외의
역도 김일성을 이 성스러운 땅에서 끝아 냈읍니다。
삼천만은 끝론 세계 민수 우방의 국민들은 모두 당신들의 과
감하고 용기있는 기개를 사랑하고 칭송 합니다。
당신들의 지나간 삼개월여의 혁혁한 전과는 세계사상에 드문
일이며 더구나 위대한것은 김일성 도당과 야망을 같이한 소
위 중국 쌀모군 한인부대들 이겨 낸것입니다。
강군입을 자칭하던 괄모군을 국경 변두리 까지 몰안낸 당신
들의 용전무퇴(勇戰無退)의 강인한 힘은 세계 어느 침략자라
도 능히 겨파 할수 있읍니나。요지음 패전으로 갈바를 모르
는 김일성 도당이 · 매국적인 책동으로 중공군을 이번 전쟁에
끌어 넣은것을 당신들은 안것입니다。
이 겨레를 다시 옛날과 같이 중공군에게 예속 시키려는 이
야망은 용감무쌍한 당신들앞에 비참하게 격파되고야 말것입니
다。
지난 날 을지문덕 장군과 고구려의 건아는 「수」나라의 百만
대군을 청천강에서 한몸 시키었으며 「방」나라의 三十만 대군
을 요동 벌판에서 섬멸하였읍니다。
분명히 당신들은 고구려와 을지문덕 장군의 후예입니다。
더구나 당신들에게는 세계 민주 우방이 보내주는 좋은 장비
와 우방군들이 어깨를 같이하여 싸워주고 있읍니다。
헤아릴수도 없는 포탄과 탱크와 포와 중화기가 있고 백절불
굴의 정신이 있읍니다。
이제 잠간만 있는 힘을 다해서 이 땅에서 침략자를 몰아
냅시다。

국 방 부

[워커중장 개인 명의의 백색전단]

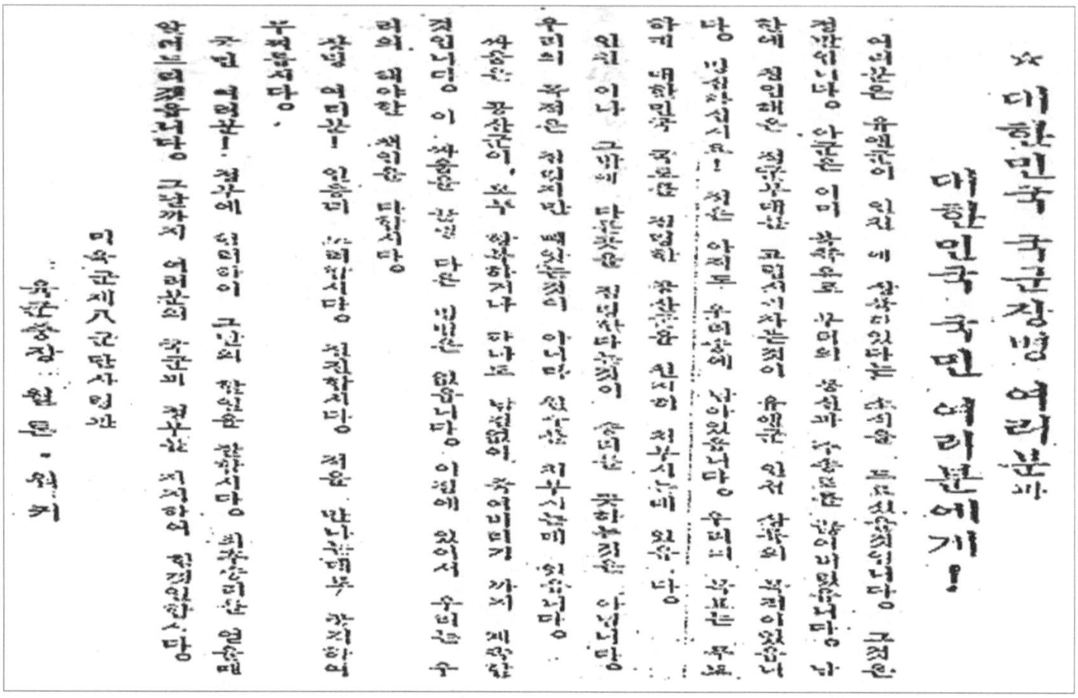

☆ 대한민국 국군장병 여러분과
대한민국 국민 여러분에게!

여러분은 유엔군이 인천에 상륙하였다는 소식을 들으셨을 것입니다. 그것은 정말입니다. 아군은 이미 북쪽으로 적의 후방과 연락을 끊어 버렸습니다. 나한에 적인해은 적군 대부를 고립시키자는 것이 유엔군 인천 상륙의 목적이었습니다. 명심하십시요! 적은 아직도 우리 앞에 남아있습니다. 우리의 목표는 무료하게 대한민국 국토를 점령한 공산군을 쳐서 치우시는데 있습니다.

인천이나 그밖에 다른 곳을 점령한다는 것이 우리의 목적은 아닙니다. 우리의 목적은 적지만 빼앗는 것이 아니라 살아있는 적을 치우시는데 있습니다. 싸움은 공산군이 모두 항복하거나 하나도 남김없이 죽어버리기 까지 계속할 것입니다. 이 싸움은 결코 다른 길밖에 없습니다. 이점에 있어서 우리군 수뇌의 대담한 책임을 다하겠습니다.

장병 여러분! 일층더 분발하십시오. 전진하십시오. 적을 만나는대로 격파하여 부셔줍시다.

국민 여러분! 적후에 있더라도 그들의 잔악을 참으십시오. 최후승리의 영광을 알려드리겠습니다. 그날까지 여러분의 국군과 전우를 지지하여 협력합시다.

미육군제八군단사령관
육군중장 월튼·워커

[국방부 정훈국 명의의 주민에게 당부하는 메시지의 백색전단]

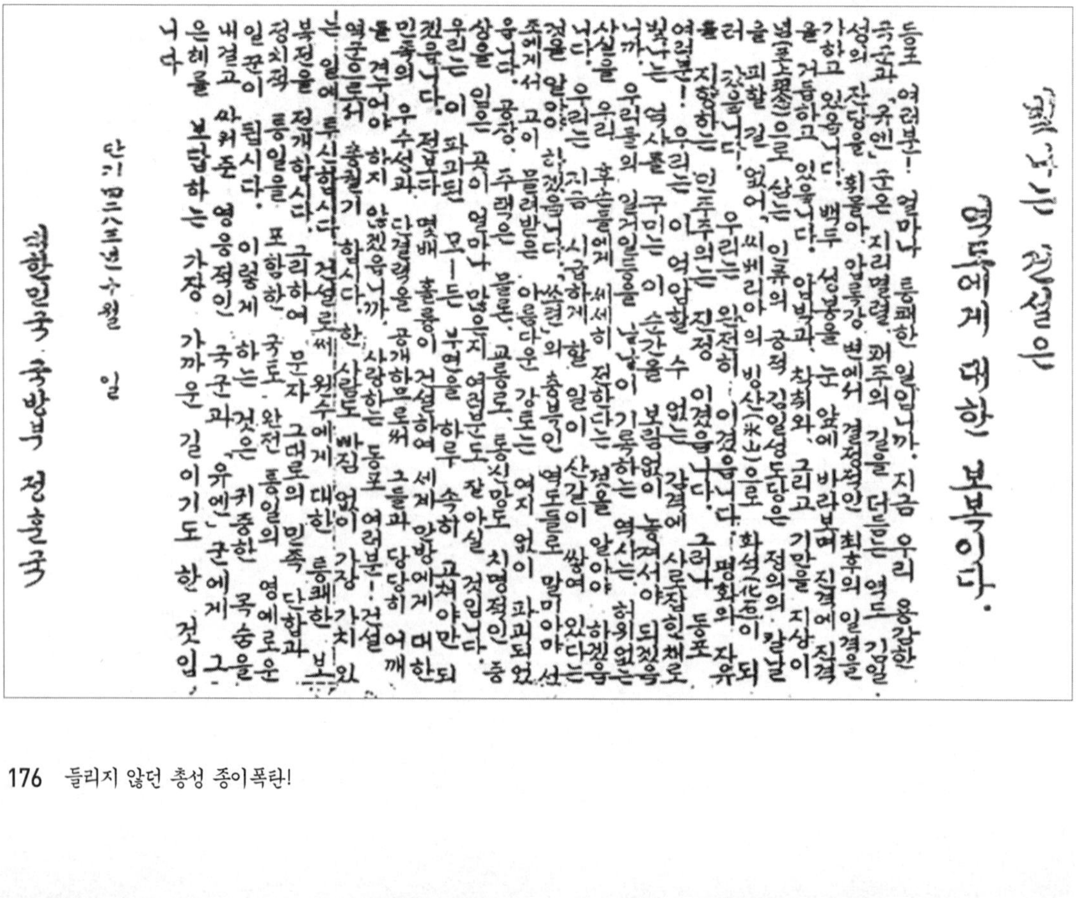

빛나는 건설은
역도에게 대한 보복이다.

동포 여러분! 얼마나 통쾌한 일입니까. 지금 우리 용감한 국군과 유엔군은 지리멸렬 패주의 길을 더듬는 역도 김일성의 잔당을 휘몰아 압록강 변에서 결정적인 최후의 일격을 가하고 있읍니다. 백두 성봉을 눈 앞에 바라보며 직격에 직격을 거듭하고 있읍니다! 압박과 착취와 그리고 기만을 지상이념(共産)으로 삼는 인류의 공적 김일성 도당은 정의의 칼날을 피할 길 없어, 씨베리아의 빙산(氷山)으로 화석(化石)이 되러 갔읍니다. 우리는 완전히 이겼읍니다. 평화와 자유를 지향하는 민주주의는 진정 이겼읍니다. 그러나 동포 여러분! 우리는 억압할 수 없는 감격에 사로잡힌 채로 빛나는 역사를 꾸미는 순간을 보람없이 놓쳐서야 되겠읍니까. 우리들의 일거일동을 낱낱이 기록하는 역사는 허위없는 사실을 우리들의 후손들에게 세세히 전한다는 것을 알아야 하겠읍니다. 우리는 지금 시급하게 할 일이 산같이 쌓여있는 것을 알아야 하겠읍니다. 쓰련의 충북인 역도들로 말미암아 선조에게서 고이 물려받은 아름다운 강토는 여지없이 파괴되었읍니다. 공장은 물론, 교통, 통신망도 치명적인 중상을 [illegible] 얼마나 많은지 여러분도 잘 아실 것입니다. 우리는 이 파괴된 모-든 부면을 하루속히 고쳐야만 되겠읍니다. 이전보다 몇배 훌륭히 건설하여 세계 만방에게 민족의 우수성과 단결력을 공개함으로써 그들과 당당히 어깨를 견주어야 하지 않겠읍니까. 한 사람도 빠짐없이 여러분! 건설 역군으로서 총궐기 합시다. 건설로써 원수에게 대한 통쾌한 가치있는 보복의 일에 투신합시다. 북진을 전개합시다. 그리하여 문자 그대로의 민족 단합과 정치적 통일을 포함한 국토 완전 통일의 영예로운 일꾼이 됩시다. 이렇게 하는 것은 귀중한 목숨을 내걸고 싸워준 영웅적인 국군과 유엔군에게 그 은혜를 보답하는 가장 가까운 길이기도 한 것입니다.

단기四二八三년 十월 일

대한민국 국방부 정훈국

[제 1692부대 정훈부 명의의 공산치하에서 신음하는 동포에 대한 백색전단]

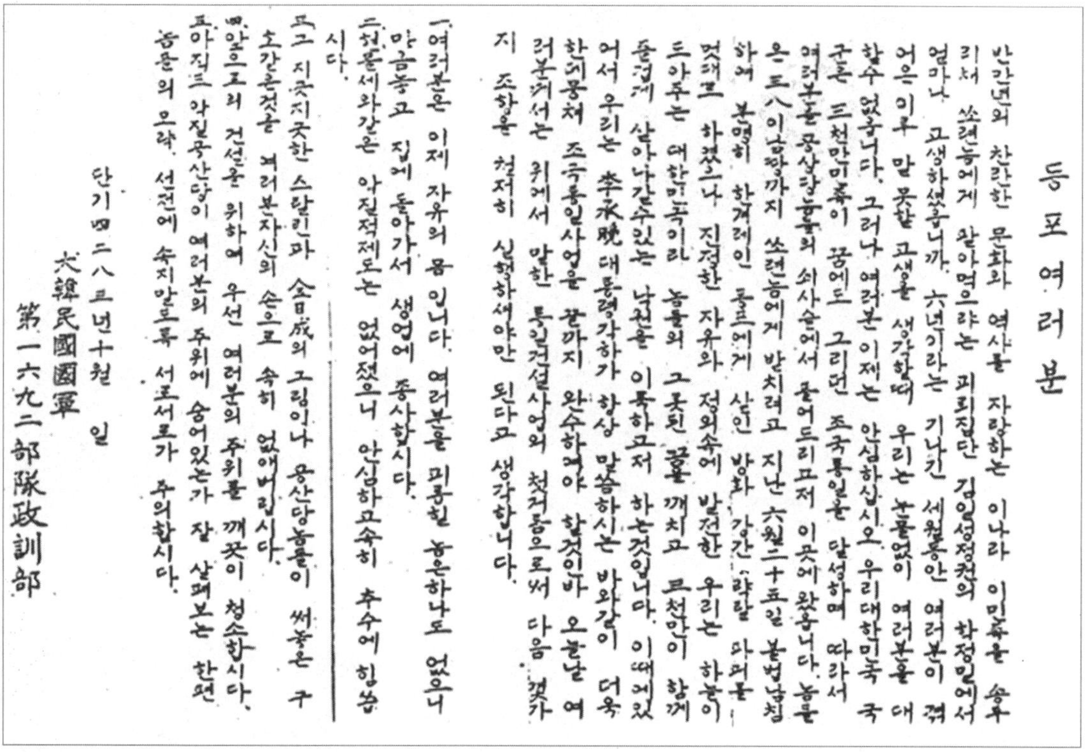

등포여러분

반만년의 찬란한 문화와 역사를 자랑하는 이나라 이민족을 송두리채 쏘련놈에게 팔아먹으랴는 괴뢰집단 김일성정권의 학정밑에서 얼마나 고생하셨읍니까. 六년이라는 기나긴 세월동안 여러분이 겪어온 이루 말못할 고생을 생각할때 우리는 눈물없이 여러분을 대할수 없읍니다. 그러나 여러분 이제는 안심하십시오. 우리대한민족 국군은 三천만민족이 꿈에도 그리던 조국통일을 달성하며 따라서 여러분을 공산당놈들의 쇠사슬에서 풀어드리고저 이곳에 왔읍니다. 놈들은 三八이남땅까지 쏘련놈에게 받치려고 지난 六월二十五일 불법남침하여 분명히 한겨레인 동포에게 살인 방화 강간 략탈 따위를 멋대로 하겠으나 진정한 자유와 정의속에 발전한 우리는 하늘이 도아주는 대한민족이라 놈들의 그릇된 꿈을 깨치고 三천만이 함께 즐겁게 살아나갈수있는 낙원을 이룩하고저 하는것입니다. 이때에있어서 우리는 李承晩 대통령각하가 항상 말씀하시는 바와같이 더욱 한데뭉쳐 조국통일사업을 끝까지 완수하여야 할것인바 오늘날 여러분께서는 위에서 말한 통일건설사업의 첫걸음으로써 다음 몇가지 조항을 철저히 실행하셔야만 된다고 생각합니다.

一. 여러분은 이제 자유의 몸 입니다. 여러분을 괴롭힐 놈은하나도 없으니 마음놓고 집에 돌아가서 생업에 종사합시다.

二. 현물세와같은 악질적제도는 없어졌으니 안심하고속히 추수에 힘씁시다.

三. 그 지긋지긋한 스탈린과 金日成의 그림이나 공산당놈들이 써놓은 구호같은것을 여러분자신의 손으로 속히 없애버립시다.

四. 앞으로의 건설을 위하여 우선 여러분의 주위를 깨끗이 청소합시다.

五. 악질공산당이 여러분의 주위에 숨어있는가 잘 살펴보는 한편 놈들의 오락 선전에 속지말도록 서로서로가 주의합시다.

단기四二八三년十월 일

大韓民國國軍

第一六九二部隊政訓部

[출처는 없으나 남쪽에서 보낸 것임을 알 수 있는 백색 전단]

공산당에게 쌀을 빼앗기지 않도록 감추고, 나중에 반공 애국자들에게 나누어 주도록 작전협조를 요구하는 출처 미명의 백색심리전 전단

[출처는 명시되지 않았지만 사진과 내용으로 확인되는 백색전단]

야외에서 물통으로 목욕을 하는 모습 사진과 위문공연사진은 평소 군생활에서는 크게 선전가치가 없겠지만 촌각을 다투고 생사를 넘나드는 전장상황에서는 정말 천국같은 생활 모습이다. 전장상황에서는 이념논쟁, 인정, 자아실현 등 높은 단계의 욕구충족보다는 의 · 식 · 주와 안정 · 생식의 욕구 등 본능적 욕구에 집중되고 있기 때문에 이러한 내용의 사진이 효과적이라 판단된다.

[UN군의 명의로 손문의 3민주의를 선전하는 전단]

중공군을 대상으로 살포한 전단으로 6·25전쟁 때 2종류가 살포되었으며, 손문의 3민주의를 등장시켜 간접적으로 침략·약탈·압권의 공산괴뢰들을 비판하고 있다.

[중공군에 뿌린 담배말이용 전단]

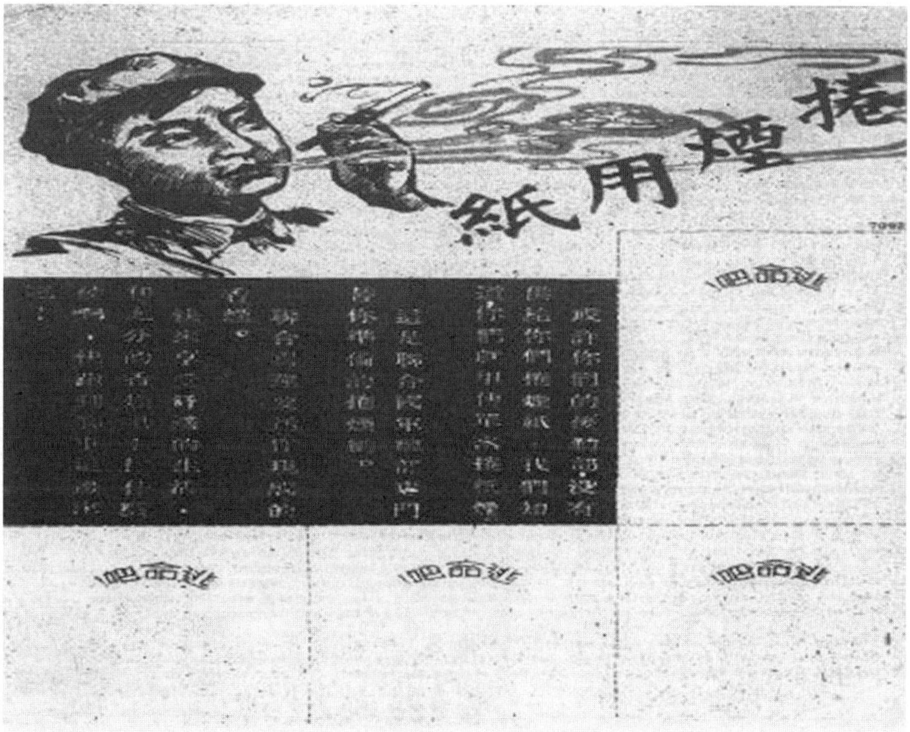

중공군의 전장에서 담배말이 용지가 부족한 것에 착안하여, 획득에 관심이 많음을 알고 이러한 용지에 귀순을 종용하는 내용을 담아 살포한 전단

[이승만 대통령의 명의로 북한정권을 비판하는 백색전단]

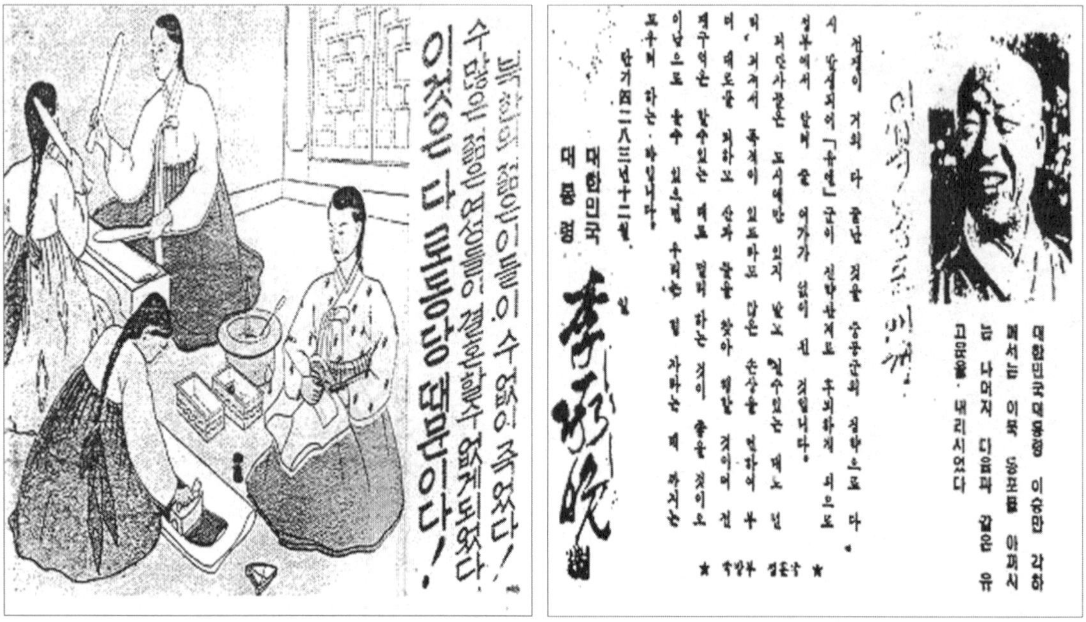

북한 젊은이들이 전쟁터에 나가 전사하는 바람에 결혼할 수 있는 대상이 없다는 내용이며, 이는 염전사상을 고취시키고, 북한정권 지도부에 대한 불신을 조장하는 전단이다. 북한정권을 비판하는 차원에서 '대한민국 대통령' 명의로 신뢰를 제고시켰고 특히 그림이 한국고유의 한복, 긴머리, 다림질 등의 모습을 표현함으로써 전쟁상황과 전통문화를 대비시켜 「대한민국」의 전통 문화수호, 평화애호 등의 이미지를 부각시켰다.

[UN의 이름으로 새해 달력을 만들어 격려하는 백색전단]

1953년 새해달력과 명절 모습을 그린 전단으로, 조기휴전을 바라며 국군장병에게 휴전될 때까지, 최후의 순간까지 버티라는 내용으로 남한 뒤에는 든든한 UN군이 있음을 암시하는 전단

[출처는 명시되지 않았지만 내용으로 확인되는 백색전단]

공산군에게 점령당한 지역의 주민에 대해 공산군의 식량탈취 만행 폭로와 공산군에 협조하지 말라는 경고성 백색전단

[공산치하의 주민에게 작전 비협조를 요청하는 출처를 명시치 않은 백색전단]

주민을 대상으로 한 선무심리전단의 경우, 주민들이 쉽게 이해할 수 있도록 만화위주로 표현한 것이 특징이다. 이 전단은 공산군에 협조하지 않는 방법들을 알기 쉽게 만화형태로 표현하였다.

[출처가 명시되지 않은 투항권유 내용으로 확인되는 백색전단]

1953년 2월 14일 음력설을 맞이하여 북한주민과 병사들에게 비참한 전쟁 장면을 부각시켜 향수심, 염전사상, 김일성에 대한 반발 심리를 자극하여 투항을 권유하도록 하는 전단

[출처가 명시되지 않은 백색전단]

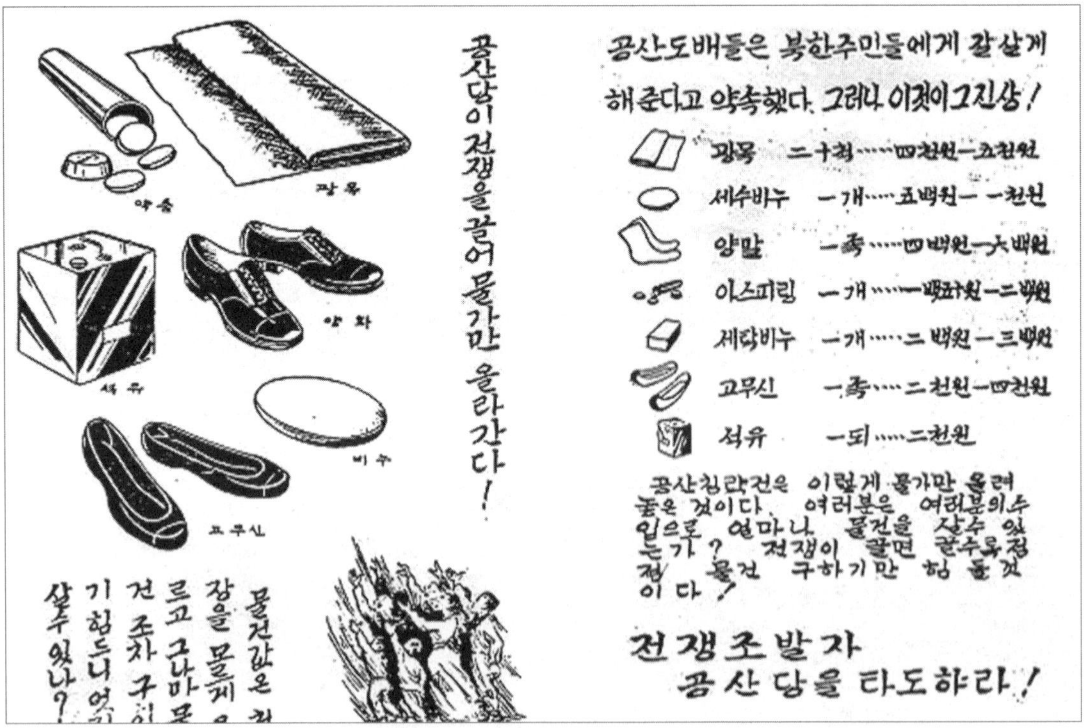

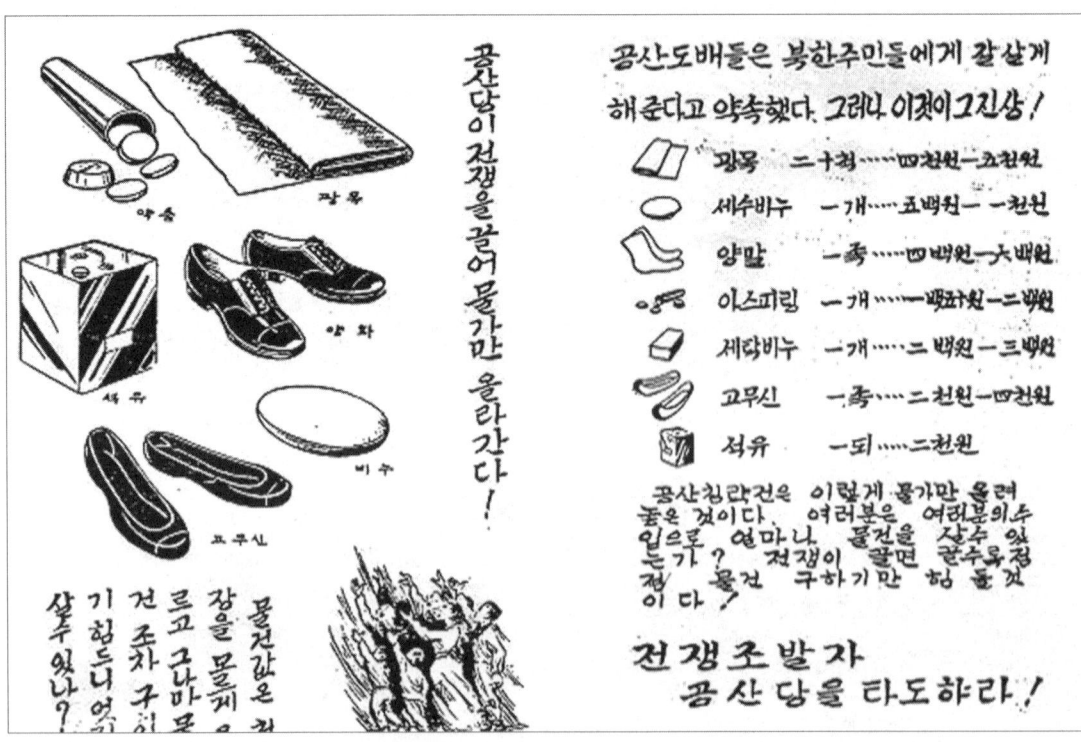

민족통일이라는 미명하에 기습남침을 감행하여 결국 물가만 올려 못살게 하고 있는 공산당 타도 선동전단

3.1.7 전단 대상별 분석

전단살포 대상은 대적(對敵) · 대내(對內) · 대외(對外) 및 수복(收復)과 점령(占領) 지역으로 구분된다. 대내심리전 대상은 국군, 대한민국 국민, 국군+국민, 유엔군 등이다. 대적심리전 대상은 북한군, 북한주민, 북한군 + 북한주민, 중공군, 중공군 +북한군, 북한지역에 있는 모든 사람 등이다. 그리고 대외심리전은 중국(국경지대 주민위주), UN가맹국, 소련, 참전국이 대상이었다. 선무심리전은 반격과 후퇴가 반복되면서 발생되었던 수복지역, 북한 및 한국 주민, 남한 후방지역에 침투한 적 게릴라, 잔적 등이 대상이었다.

[대상별 살포량]

구 분	총계	대 내					대 적					기 타		
		소계	국군	UN군	국군 + UN군	한국 국민	소계	북한군	북한군 + 중공군	중공군	북한 주민	소계	외국	수복주민 (선무)
전단	660	181	4	7	13	157	446	327	20	79	20	33	15	18
비율 (%)	100	27	0.8	1	2	23.2	68	50	3	12	3	5.3	2.5	2.8

6 · 25전쟁시 살포한 660종을 대상자별로 구분해 보면 ❶ 대내 181종 27%, 대적 446종으로 68%, 대외 15종, 선무용 18종으로 나타났다. 그러나 제작시에는 특정 대상을 염두에 두었지만 전단 살포수단의 한계 때문에 실제 전단을 수용한 대상은 혼재 되었을 것으로 판단된다. 대내 181종 중 157종은 한국국민이 대상이었다. 이는 국민을 안심시키고 총력안보 의식을 결집시키며 군사작전의 협조와 전황보도 및 국민계도 등이 목적이었다. ❷ 대적전단은 446종 중 북한군을 대상으로 327종을 살포하여 50%를 차지하였으며 중공군에게 79종, 북한주민에게 20종을 살포하였다. 대적전단의 내용은 대상에 관계 없이 거의 유사하였다. 이것은 심리전 매체 특성상 원하는 대상자에게만 전달할 수 있는 방법이 제한된다는 것을 염두에 두고 제작시 특정대상 외에 최초 목적한 대상외의 사람도 전단을 보았을 때 직 · 간접 효과가 있을 것으로 판단하였기 때문이다. ❸ 대외전단은 총 15종으로써 중국, 소련의 침략야욕에 대한 경고성 및 공산세력 확장 음모를 폭로하는 내용과 자유민주 세력의 단합요구 및 전황보도를 뉴스화 한 내용이었다. 대외전단은 중공, 소련의 국경지대에 직접 살포하거나 남한의 종군기자단들에 의해 전파되도록 하였다.

[한국국민을 대상으로 한 전단]

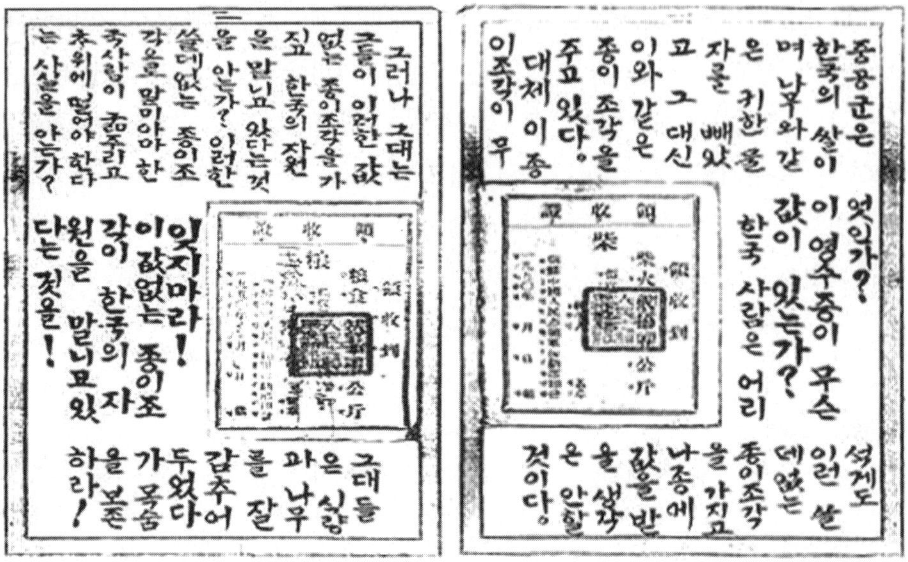

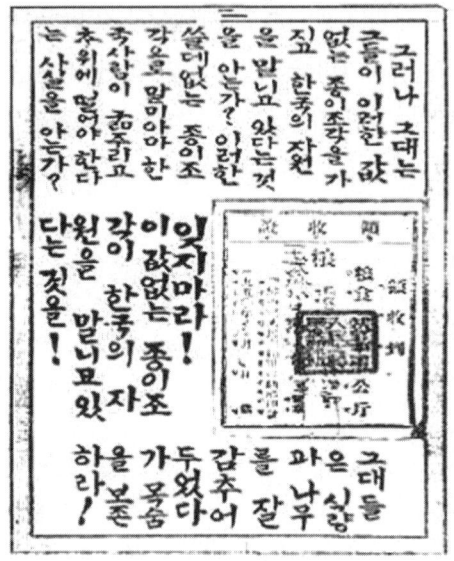

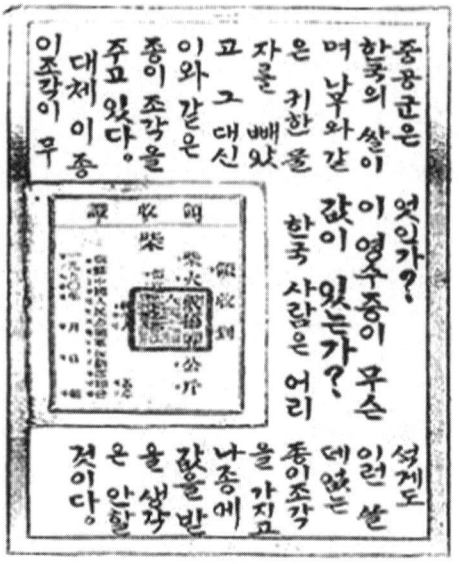

중공군이 한국민의 식량을 탈취하면서 그에 상응한다는 영수증을 주고 있으나 이것은 무용지물임을 폭로한 것으로 식량을 숨겨 탈취 및 매수 당하지 않도록 할 것을 권고한 전단

[북한주민을 대상으로 한 전단]

작전지역에 있는 북한주민의 이탈을 유도하는 전단. 이 공습예보 전단은 6·25전쟁시 상당한 효과를 발휘하였다. 공산군은 이러한 공습예보전단이 살포될 때는 현 지역의 작전이탈 또는 주민을 인질로 잡아 폭격을 방해한 사례도 있었다.

[중공군을 대상으로 한 전단]

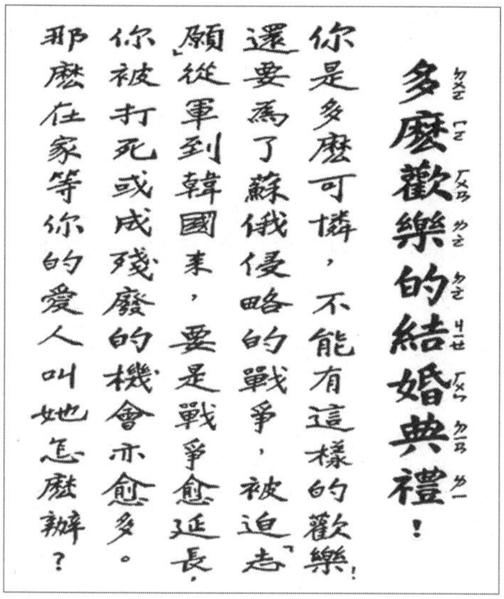

'얼마나 즐거운 결혼식인가! 전선에 투입된 당신들이 너무나 가련하다. 소련의 침략전쟁에 조선반도에 강제로 끌려왔다. 전쟁이 계속되면 당신은 죽거나 부상자가 될 것이다. 그렇다면 이 행복한 결혼생활을 맛볼 수 없고, 고향에 있는 애인, 가족들은 어떻게 되겠는가?' 라는 내용으로 6·25전쟁에 끌려온 중공군의 향수심을 자극하는 대적 전단

[동일내용으로 대상자를 달리한 전단]

북한 병사들에게

중공군 사병들에게

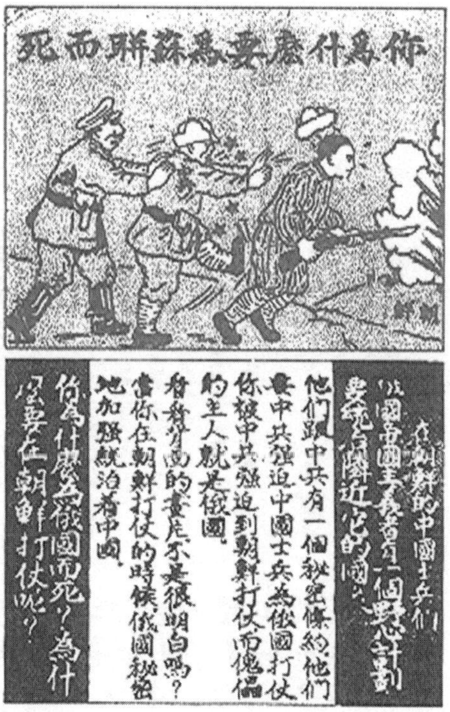

북한병사들에게, 6·25전쟁은 소련이 한반도를 괴뢰화 하기 위해서 중공군을 끌어들였고, 이 중공군이 북한군을 지배하고 있다는 내용이다. 따라서 전투에 참가하는 것은 소련과 중공의 침략을 위해 총알받이 역할만 하는 것을 부각시켜 중공, 소련에 대한 저항감을 갖게 하고 염전사상을 고취시키는 전단이다.

3.1.8 전단 사용언어별 분석

전단에 사용되는 언어는 대상자가 누구냐에 따라 그 대상자에 맞는 언어를 사용하여야 한다. 살포한 전단 660종 중 사용된 언어별 구성은 아래 표와 같다.

[언어별 현황]

구 분	전 체	한 글	한+영	영 어	중국어	한+중+영	한+중
전단수(종)	660	541	7	7	79	6	20
비 율(%)	100	81	1	1	12	1	3

한글, 영어, 중국어로 개별 또는 혼합하여 언어를 사용하였으며, 개별적인 언어는 한글, 중국어, 영어 순으로 제작되었다. 특히 순수 중국어는 79종, 한국+중국어는 20종으로 이는 중공군에도 많은 역량을 투입하였음을 알 수 있다. 영어로만 된 전단은 공산군에 포로로 잡혔던 미군 구출과 미군의 사기진작 및 전의고취를 위한 대내전단이 많았다. 각국 언어가 혼합되어 구성된 것은 살포지역에 있는 적이 북한군인지, 중공군인지 구분하기가 어려웠기 때문이거나, 전단 살포시 풍향, 풍속 등의 영향으로 원하는 지역뿐만 아니라 주변지역으로도 확산될 수 있음을 고려하였던 것으로 판단 된다.

[한글만으로 구성된 전단]

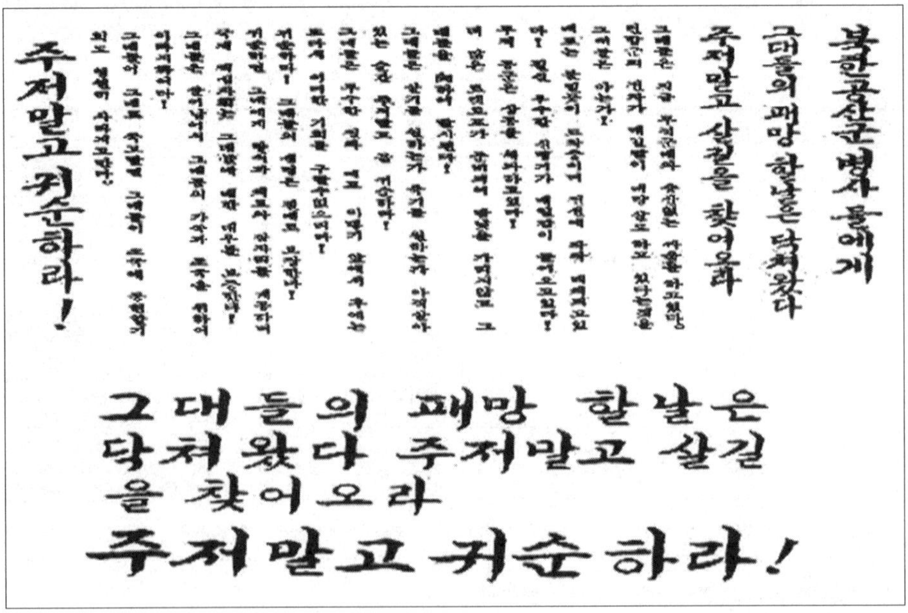

[한글 + 영어로 구성된 전단]

SAFE CONDUCT PASS

귀 순 병 환 영 증

ATTENTION ALL SOLDIERS OF THE UNITED NATIONS FORCES

대한민국 외 장병 각위에게 고함

This leaflet guarantees humane treatment to any North Korean desiring to cease fighting. Take this man to your nearest commissioned officer at once. Treat him as an honorable prisoner of war.

By command of General MacArthur

나는 전투를 중지하고 U.N. 연합군에 귀순합니다.

SAFE CONDUCT PASS

귀 순 병 환 영 증

맥아더장군 회고

[영어만으로 구성된 전단]

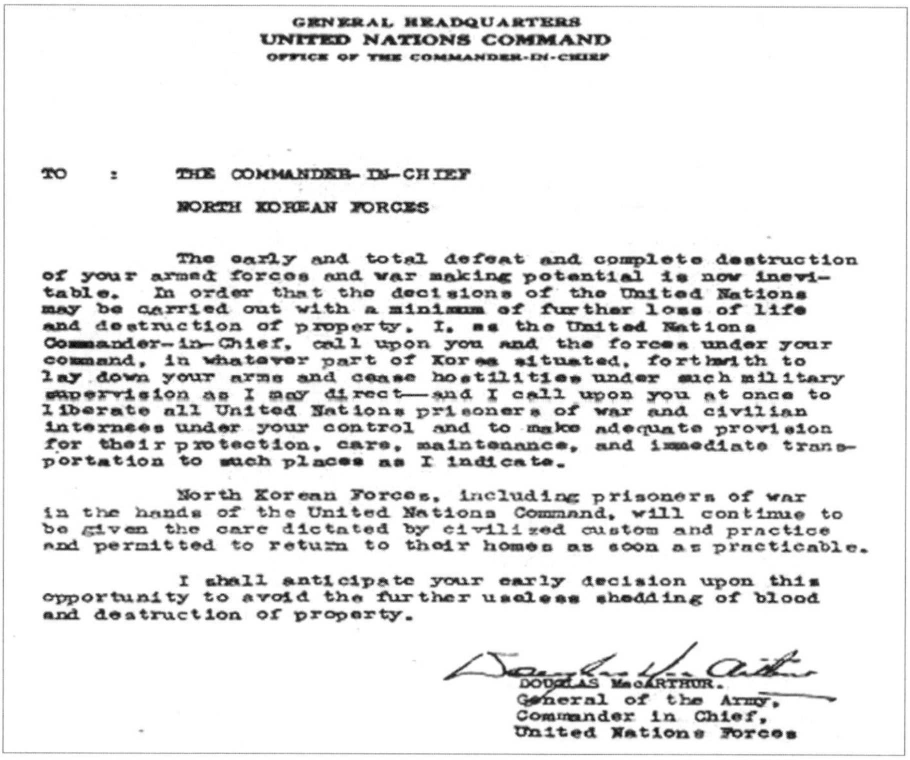

GENERAL HEADQUARTERS
UNITED NATIONS COMMAND
OFFICE OF THE COMMANDER-IN-CHIEF

TO : THE COMMANDER-IN-CHIEF
NORTH KOREAN FORCES

The early and total defeat and complete destruction of your armed forces and war making potential is now inevitable. In order that the decisions of the United Nations may be carried out with a minimum of further loss of life and destruction of property, I, as the United Nations Commander-in-Chief, call upon you and the forces under your command, in whatever part of Korea situated, forthwith to lay down your arms and cease hostilities under such military supervision as I may direct—and I call upon you at once to liberate all United Nations prisoners of war and civilian internees under your control and to make adequate provision for their protection, care, maintenance, and immediate transportation to such places as I indicate.

North Korean Forces, including prisoners of war in the hands of the United Nations Command, will continue to be given the care dictated by civilized custom and practice and permitted to return to their homes as soon as practicable.

I shall anticipate your early decision upon this opportunity to avoid the further useless shedding of blood and destruction of property.

DOUGLAS MacARTHUR.
General of the Army,
Commander in Chief,
United Nations Forces

[중국어만으로 구성된 전단]

板門店的議席為什麼空着？

中國士兵們！這裡是關於板門店停戰談判的事實。

因爲共黨繼續阻撓戰俘問題，聯軍於一九五二年十月八日要求休會。戰俘問題主要之點，是對於那般不願回到共區去的戰俘，是否給予遣返的問題。

聯軍與共軍官員，自一九五二年四月以來，卽對這個問題進行談判。在這個問題進入談判之前，雙方對重要的幾點已得到同意。他們已同意在停戰協定簽字之時，在雙方戰綫中間，劃定一條停戰綫。于是，到了一九五一年十二月，他們又同意互相交換戰俘名單。看起來，似乎停戰立卽可以實施了。

但是到了一九五二年四月，聯軍告訴共方說，有一大批戰俘向聯軍請願，請求不要把他們遣回共黨統治區。他們實實在在地說過他們寧願死，也不願回去了。這樣共方就勃然大怒起來，因爲他們如此憤怒，所以使世界人士都覺得共黨的目的，祇是要對那般勇敢選擇留在聯軍這邊的從前士兵，加以處罰吧了。

聯軍決不改變他對戰俘問題的立場。一九五二年十月，聯軍總司令克拉克將軍說，聯軍決不強迫戰俘回到共方。

停戰談判將繼續休會，直至共方同意聯軍的建議，或共方提出聯軍可予同意的計劃爲止。

'판문점 회의좌석이 왜 비어 있을까? 정전 회담에서 공산당측이 계속적으로 전쟁포로 협상을 방해하고 있기 때문에 진전이 없다. 연합군측은 1952년 10월 8일에 포로문제를 주요의제로 삼아, 포로송환 문제를 해결하고자 했다'는 내용으로 공산측의 정전 협정 방해책 등을 폭로 · 비판한 것으로 중공군과 공산당을 대상으로 살포한 전단이다.

[한국어 + 중국어로 구성된 전단]

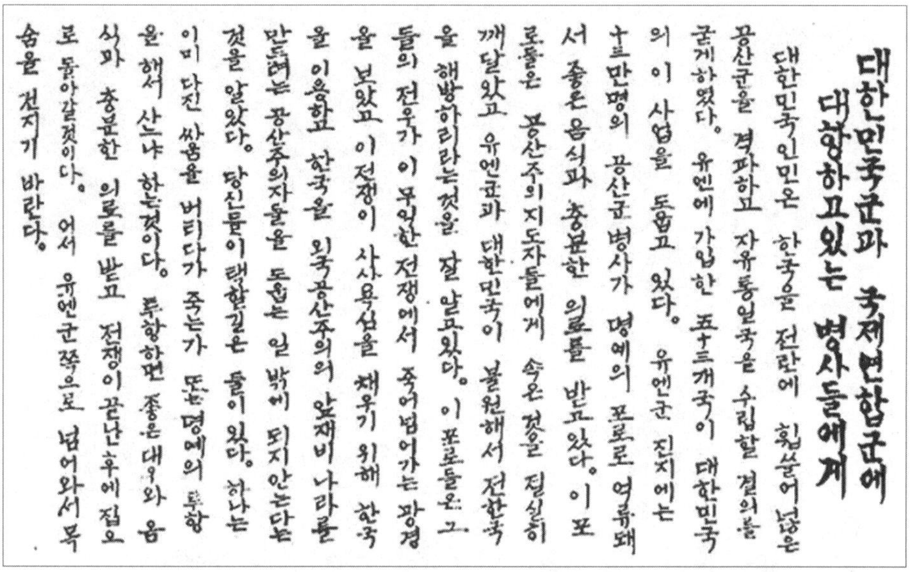
대한민국군과 국제연합군에
대항하고있는 병사들에게

대한민국인민은 한국을 전란에 휩쓸어 넣은
공산군을 격파하고 자유통일국을 수립할 결의를
굳게하였다。 유엔에 가입한 五十三개국이 대한민국
의 이 사업을 돕고 있다。 유엔군 진지에는
十三만명의 공산군 병사가 명예의 포로로 여유돼
서 좋은 음식과 충분한 의료를 받고있다。 이 포
로들은 공산주의지도자들에게 속은 것을 절실히
깨달았고 유엔군과 대한민국이 불원해서 전한국
을 해방하리라는 것을 잘 알고있다。 이 포로들은 그
들의 전우가 이 무익한 전쟁에서 죽어넘어가는 광경
을 보았고 이전쟁이 사사욕심을 채우기 위해 한국
을 이용하고 한국을 외국공산주의의 앞재비 나라를
만들려는 공산주의자들을 돕는 일 밖에 되지 안는다는
것을 알았다。 당신들이 택할길은 둘이 있다。 하나는
이미 다진 싸움을 버티다가 죽는가 또는 명예의 투항
을 해서 산나 하는것이다。 투항하면 좋은 대우와 음
식과 충분한 의료를 받고 전쟁이 끝난후에 집으
로 돌아갈것이다。 어서 유엔군쪽으로 넘어와서 목
숨을 건지기 바란다。

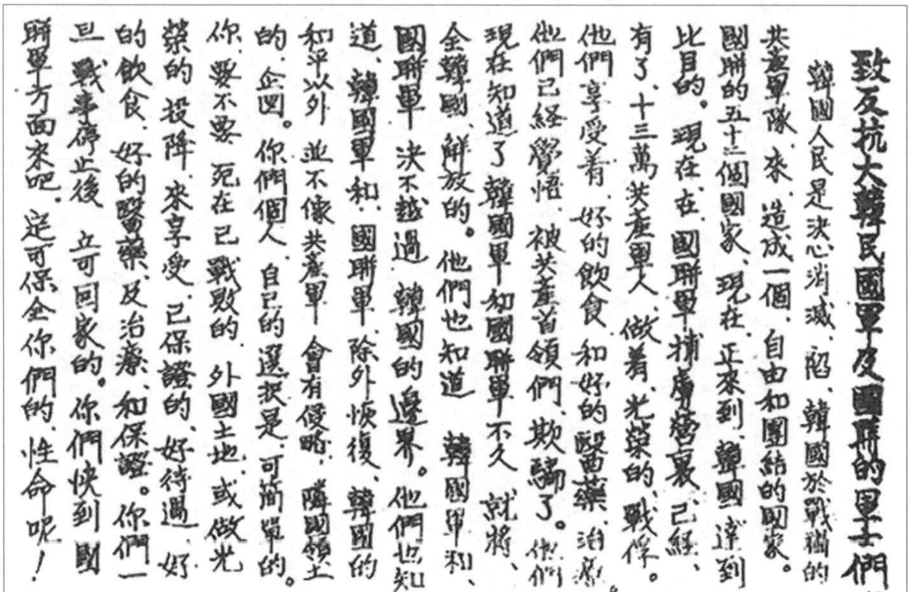
致反抗大韓民國軍及國聯的軍士們

韓國人民是決心消滅、侶、韓國於戰禍的
共產軍隊、來 造成一個、自由和團結的國家。
國聯的五十三個國家、現在 正來到 韓國 達到
比目的。現在在 國聯軍 捕虜營裏 已經、
有了 十三萬 共產軍人、做着 光榮的 戰俘。
他們 享受着 好的飲食 和好的醫藥 治療。
他們已經覺悟 被共產首領們 欺騙了。他們
現在知道了 韓國軍和國聯軍不久 就將、
全韓國 解放的。他們也知道 韓國軍和
國聯軍 決不越過 韓國的邊界。他們也知
道、韓國軍和 國聯軍 除外恢復、韓國的
和平以外 並不像 共產軍 會有侵略 韓國領土
的 企圖。你們 個人 自己的選擇是 可簡單的。
你 要不要 死在已戰敗的 外國土地 或做光
榮的 投降 來享受 已保證的 好待遇 好
的飲食 好的醫藥 及治療 和保證。你們一
旦 戰爭停止後 立可回家的。你們快到 國
聯軍方面來吧。這可保全你們的 性命呢！

상기 전단은 동일 내용을 앞, 뒷면으로 한글과 한문으로 구성하였으며, 이는 중공군과 북한군 구분 없이 북한 전지역에 살포할 것을 고려하여 제작하였던 것이다.

[한국어 +중국어 + 영어로 구성된 전단]

'이것은 안전보장증이며, 중국사병들은 제 2차 세계대전시 미군과 함께 공동참전을 한 경험이 있으므로 중 · 미군은 우호적 관계이다. 중공군이 귀순하면 환대할 것이다.' 라는 내용의 안전보장증이다.

전단 제작시 사용되는 언어는 가능한 한 적이 쓰는 언어를 이용하고 맞춤법이나 철자도 틀리지 않아야 송신자의 의사를 똑바로 전달할 수 있고, 수신자들의 신뢰를 높이는데 도움이 된다. 그러나 대적전단은 많은 부분이 맞춤법과 철자가 틀리고 지명이나 인명 그리고 이해되지 않는 문장 등이 너무 많다. 그 실례를 들어보면, 지명을 잘못 표기한 것은 영흥을 영형, 진남포를 친남포, 압록강을 앞록강으로 오기(誤記)하고 있으며, 한자에서도 克服(극복)을 克復, 貪官汚吏(탐관오리)를 貪官惡吏, 期待(기대)를 企待, 投降(투항)을 投抗 등으로 잘못 표기하고 있다. 특히 한문은 표의문자이기에 한글과 같이 표음문자로 한자를 표기한 내용을 전달하는데 많은 제한이 있을 뿐아니라 신뢰성도 저하시킨다.

한편, 안해(아내), 실량(식량), 둘개(둘째), 자조(자주), 스사로(스스로), 조곰(조금), 유에군(유엔군) 등의 오자 · 오기(誤字 · 誤記)들은 빈번하고, 거진(거의), 시방(지금) 등과 같은 남한지역 사투리도 자주 나온다.

한편, 대적전단에 사용되는 용어들 가운데는 적의 관용적 표현을 무시한 예가 자주 등장한다. 한국측은 '해방' 이란 말을 단순히 적의 구속으로부터 벗어나게 한다는 의미로 다음과 같이 쓰고 있다. **'연합군과 국군은 수도 해방', '유엔군과 대한민국군은 대부분 전 반도를 해방했고 지금 각처에서 진격을 계속하고 있습니다', '원산, 영형, 철원, 금천을 위시하여 38선 이북에 있는 도시는 하나씩 하나씩 국제연합군과 한국군에 의해서 해방되고 있다.'** 문제는 북한에서 말하는 '해방' 은 한국측이 말하는 '해방' 과는 다른 뜻을 내포하고 있다는 점이다. 북한 용어해설집을 보면 해방이란 어느 지역이 공산당과 이른바 인민군에 의해 탈취될 때 쓰이는 용어다. 따라서 북한주민들은 이들 지역이 한국군에 의해 점령당했는지 공산화된 것인지 이해할 수 없었을 것이다.

[문법이나 용어 잘못 선택으로 이해하기 어려운 전단]

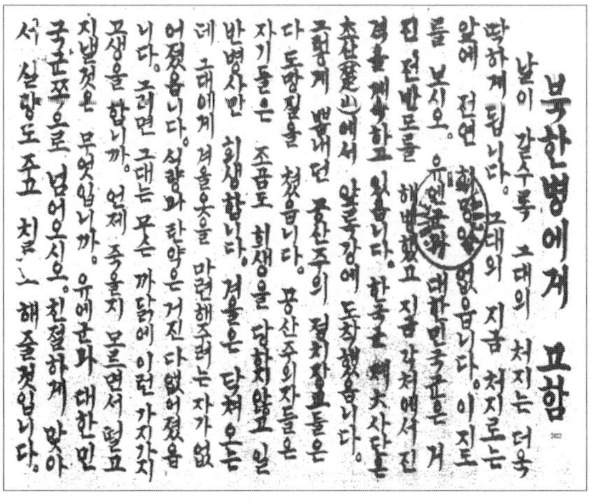
북한병에게 고함

날이 갈수록 그대의 처지는 더욱 딱하게 됩니다. 그대의 지금 처지로는 앞에 전연 희망이 없읍니다. 이제도를 보시오. 유엔군과 대한민국군은 거진 전반도를 해방했고 지금 각처에서 진격을 계속하고 있읍니다. 한국군 第六사단은 초산(楚山)에서 압록강에 도착했읍니다. 그렇게 뽐내던 공산주의 정치자들은 다 도망질을 쳤읍니다. 공산주의자들은 자기들은 조금도 희생을 당하지않고 일반병사만 희생합니다. 겨울은 닥쳐오는데 그대에게 겨울옷을 마련해주려는 자가 없어졌읍니다. 식량과 탄약은 거진 다 없어졌읍니다. 그러면 그대는 무슨 까닭에 이런 가지가지 고생을 합니까. 언제 죽을지 모르면서 떨고 지낸것은 무엇입니까. 유에군과 대한민국군쪽으로 넘어오시오. 친절하게 맞아서 실량도 주고 치료 해줄것입니다.

[해방이란 용어가 포함된 전단의 예]

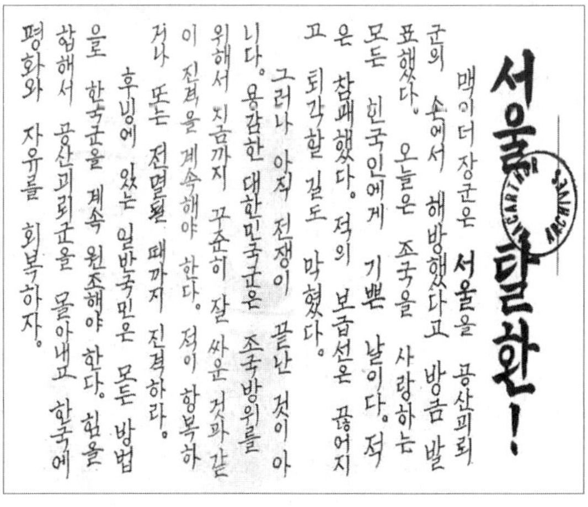
서울탈환!

맥아더장군은 서울을 공산괴뢰군의 손에서 해방했다고 방금 발표했다. 오늘은 조국을 사랑하는 모든 한국인에게 기쁜 날이다. 적은 참패했다. 적의 보급선은 끊어지고 퇴각할 길도 막혔다.

그러나 아직 전쟁이 끝난 것이 아니다. 용감한 대한민국군은 조국방위를 위해서 지금까지 꾸준히 잘 싸운 것과 같이 진격을 계속해야 한다. 적이 항복하거나 또는 전멸될 때까지 진격하라.

후방에 있는 일반국민은 모든 방법을로 한국군을 계속 원조해야 한다. 힘을 합해서 공산괴뢰군을 몰아내고 한국에 평화와 자유를 회복하자.

북한은 장교, 하사관, 사병을 각각 '군관', '하전사', '전사'로 그리고 자기들의 군대를 '인민군'이라고 부른다. 대적전단은 당연히 북한에서 보편화된 호칭을 사용해야 함에도 북한병, 북한병사, 북한군장병 등의 표현을 쓰고 있다. 중공군을 지칭할 때에도 '중국공산당 官兵(관병)', '중국공산군 將兵(장병)' 또는 '중국병사'라는 용어들을 사용하고 있다. '공산당'이나 '공산군'이란 호칭 등 한국측이 그들을 지칭해서 쓰는 용어일 뿐 오히려 '인민군'이라는 용어가 그들에게 친숙한 호칭이 된다. 이러한 용어상의 오류는 당시의 심리전 요원들이 대내심리전과 대적심리전과의 명확한 차이를 고려하지 않고 실시한 데서 연유한 것으로 보인다.

북한의 기습남침 후 12일만인 7월 7일 한국군은 천안지역까지 후퇴하여 가까스로 지연작전을 펴고 있는 실정이었다. 적의 수중에 들어간 서울과 북한일대에 국방부 정훈국에서 제작하여 살포한 전단에서, 전황을 다음과 같이 묘사하고 있다.

> 불법 남침한 괴뢰군은 마지막 수단으로 피난민을 가장하고 남쪽으로 내려오고 있으나 우리 군경은 이들을 체포하여 처치하고 있다. (1950. 7. 7. 친애하는 동포 여러분)

또한, '후퇴(retrograde movement)'라는 말을 피하고 '惡戰(악전)'이라 표현을 쓰고 있는가 하면, 신성모 국방장관은 '전선축소'라는 뜻이 분명치 않은 표현을 대내전단과 대적전단에서 함께 쓰고 있다. 9월 15일 인천 상륙작전을 계기로 '지연작전'이란 용어가 보편화되었다. 한국측은 전세가 호전된 이후에야 비로소 그 간의 전투가 지연작전이었음을 밝히고 있다. **심리전 측면에서 볼 때, 전세가 불리하다고 해서 전황을 지나치게 왜곡하거나 은폐하는 것은 심리전의 신뢰성을 저하시켜 의도하는 목적을 달성할 수 없게 된다. 전황이란 완전하게 은폐되는 것이 아니기 때문에 사실대로 알리되 적보다 먼저 발표하는 것이 현명한 심리전 전략이 된다. 이렇게 함으로써 적의 역선전으로부터 보호받을 뿐 아니라 차기 심리전 전개의 바탕이 되는 신뢰를 유지하는 것이다.**

이러한 표현상의 오류가 많았던 것은 전단제작자들이 국어와 북한의 실정을 잘 모르는 군인이나, 화가들이 투입되었기 때문이며, 특히 1951년 3월 이후부터는 전단 제작 및 살포가 전적으로 한국의 언어, 문화, 관습에 미숙하였던 유엔군이 담당하였기 때문이라고 볼 수 있다. 이러한 심리전 교훈을 거울삼아 현재 미육군 특수전 학교에서는 예상되는 세계 전쟁지역의 약 60개국의 언어를 6개월에서 2년 과정으로 교육을 실시하고 있으며, 특히 한국어는 2년 동안의 교육과정이 별도 편성되어 있음을 필자가 미 특수전학교 연수기간동안 확인한 바 있다.

[북한병사로 표시된 전단의 예]

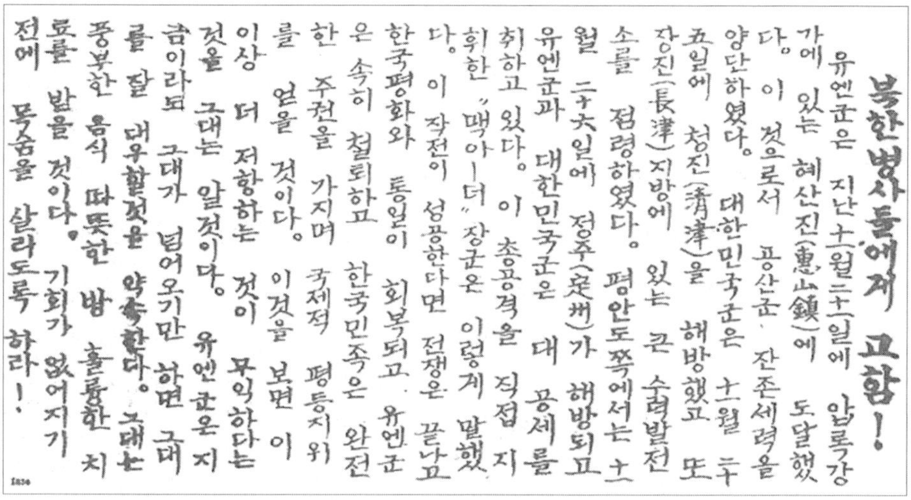
북한병사들에게 고함!

유엔군은 지난 十월二十일에 압록강가에 있는 혜산진(惠山鎭)에 도달했다. 이 것으로서 공산군. 잔존세력을 양단하였다. 대한민국군은 十一월 二十五일에 청진(清津)을 해방했고 또 장진(長津)지방에 있는 큰 수력발전소를 점령하였다. 평안도쪽에서는 十一월 二十六일에 정주(定州)가 해방되고 유엔군과 대한민국군은 대 공세를 취하고 있다. 이 총공격을 직접 지휘한 "맥아-더" 장군은 이렇게 말했다. 이 작전이 성공한다면 전쟁은 끝나고 한국평화와 통일이 회복되고 유엔군은 속히 철퇴하고 한국민족은 완전한 주권을 가지며 국제적 평등지위를 얻을 것이다. 이것을 보면 이 이상 더 저항하는 것이 무익하다는 것을 그대는 알것이다. 유엔군은 지금이라도 그대가 넘어오기만 하면 그대를 잘 대우할것을 약속한다. 그대는 풍부한 음식 따뜻한 밤 훌륭한 치료를 받을 것이다. 기회가 없어지기 전에 목숨을 살라도록 하라!

[중국 공산군 병사로 표시된 전단의 예]

'중국인민군들은 누구를 위해 싸우는가? 당신 가족과 고향이 생각나지 않는가?' 라는 내용의 향수심을 자극하는 전단

3.1.9 전단 목적 및 주제별 분석

심리전에 관한 연구에서 심리전의 목적 분석은 연구의 핵심을 이룬다. 심리전의 사후 효과 분석이란 것도 이들 목적들의 달성여부를 알아보는 것이기 때문이다.

심리전의 목적를 정확하게 구분하여 현황을 제시한다는 것은 어려운 문제이지만 심리전의 주체자가 대상자의 어떤 반응을 목적으로 하고, 실시하였는가에 따라 수신자의 **인지적 변화, 정서적 변화, 행동적 변화**를 목표로 구분할 수 있다. 여기서 **인지적 변화란 현상과 사물에 대한 인식의 변화, 즉 이해, 신뢰 등과 관련되어 있는 것으로 홍보 · 선전 · 비판 · 폭로 등의 주제가 해당이 된다.**

정서적 변화는 감정의 변화, 즉 공포, 증오, 동정, 향수, 경멸의 감정을 나타내는 전의상실 · 갈등유도 · 사기고취 등의 주제가 해당된다.

이러한 정서적 변화는 행동의 직접적인 요구보다는 뉴스나 새로운 의견을 제시함으로써 태도변화를 다음과 같이 유도한다. 첫째, 적은 약하고 패배하고 있으며, 아군측은 강하고 승리하고 있음을 내세워 적이 갖고 있는 승리에 대한 확신을 약화시킨다. 둘째, 적은 사회적으로 분열되었고 아군측은 강하게 단결하고 있음을 과시한다. 셋째, 적은 온갖 부도덕한 행동을 저지르고, 아군측은 정정당당함을 강조한다. 넷째, 그들의 지도자를 그들 내부의 적, 혹은 착취자로서 부각시킨다. **다섯째,** 적에게 전쟁의 무의미성을 인식시키고 개인의 안전과 안일의 추구에 관심을 돌리게 한다.

그리고 **행동적 변화는 반체제. 반독제 투쟁과 투항, 전장이탈 등의 행동으로 표출되는 공포감 조성, 투항유도, 작전협조 등의 주제가 해당된다.**

6 · 25전쟁시 살포된 전단을 내용 분석해 본 결과 총 660종 주제들 가운데 표에서 나타난 바와 같이 행동변화를 목표로 한 주제가 364종으로 55%, 정서적 변화가 245종 37%, 인지적 변화 목적의 전단은 51종으로 8%이다.

여기서 인지적 변화목적이 적은 것은 전쟁 상황에서 설득, 이해 등은 시간이 걸리고, 전투에 그 영향이 직접적으로 미치지 않기 때문에 비중을 낮게 설정하였다고 본다. 행동적 변화가 많은 것은 당장 적에게는 공포감 조성, 전투이탈, 투항유도와 아군에게는 사기진작, 전의고취가 전장상황에서 나타나기 때문이다.

목적별 전단수량도 전쟁단계별로 큰 차이를 보이고 있다. 즉 3단계의 중공군 개입으로 후퇴 단계에서는 정서 · 행동적 변화는 거의 없고 상대적으로 인지적 변화 전단이 많았다. 이는 중공군 개입의 불법성, 공산주의의 세력 확대 야욕을 부각시키려는 의도였다고 판단되며, 후퇴하는 상황에서 적에게 투항을 권유하거나 공포감을 조성하는 등의 의도는 별 효과가 없기 때문이다. 아래표는 전쟁 단계별로 목적별 전단 현황을 제시한 것이다.

[전단 목적별 현황]

구 분	인지적	정서적	행동적
전단수(종)	51	245	364
비율(%)	8	37	55

[이해 / 설득 주제]

훌륭한 지도자는 ㄴ, 한의 힘이다.

복동이는 몇달전까지 학교에서 열심히 공부를 했읍니다. 복동이는 열심히 공부해서 훌찬 민주주의 나라 대한민국을 건설하는데 헌신하려고 했읍니다. 그러나 복동이는 갑자히 징병을 당했읍니다. 처음에는 공산주의당국자들은 삼개월밖에 걸리지 안는다고 말했읍니다. 그러나 그는 먼저 기동연섭을 하지않으면 제대시켜주지 안는다고 했읍니다. 이기동연섭은 결국 남한동족을 침략한것이엿고. 복동이는 완전한 훈련과 무기도 가추지 못한채 전선에서 싸우고 있었읍니다.

공산주의자들은 항상 통일과 평화를 주장한다고 했읍니다. 그러나 그들은 결국 분렬파 전쟁을 시작하는 것이였읍니다. 평화스러운 국가에서는 청년들은 장래 국가의 지도자가 되기 위하여 노력하고 있읍니다. 그러나 공산주의자들은 교육을 파피하고 침략전쟁을 해서 학생들로 하여금 동족을 살해하는데 출정시키고 있읍니다. 애국정신을 가지고있는 대한사람으로서는 결코 전쟁을 원치 않으나 공산주의자들은 진정한 대한사람이 아니올시다. 그들은 공산주의를 위에섭기고 대한을 둘재로 하고 있읍니다. 대한사람들이 단결하여 대한을 타국의 괴뢰로 만들어 멸망케하려는 역적들을 막어야 할때는 빨로 이때입니다.

3915

공산주의 당국자들이 공부하고 있는 학생들을 강제로 징집해 동족살해의 전쟁에 내몰고 있다는 공산당 저의를 폭로 · 비판하면서 단결하여 이들에 맞서 싸울 것을 호소하고 있다.

공산주의자들의 위장 평화 전술에 더이상 속지 말고, 단결하여 불법남침한 적들에게 맞서 싸우도록 설득하는 전단이다.

[비판 · 폭로]

북한 병사들에게!

당신이 전선에서 목숨을 내고 싸우고 있을때 중공군은 후방에서 당신네 가족의 식량을 약탈하고 있다。 중공군이 한국을 침략할때 식료품도 가지고오지 않고 배달민족의 식량을 약탈하는것 뿐이다。 중공군이 한국을 침략한 이유는 단지 한국을 중공에 노예화 하려고 하는것 뿐이다。 라! 중공군은 이미 북한군 장교에 명령하여 당신네들을 위험한곳에 앞땅으로 내세우고 있지 않는가? 왜 중공을 위해 죽으며 조국을 중공의 손에 넘어 배달민족을 노예화시키려고 하는가? 조국을 사랑한다면 그렇지도 않을것이다。 그러면 중공의

앞제비가 되지마라!!

공산주의 앞잡이들이 북한의 공업시설을 뜯어가고 양민과 어린이를 납치하여 공산화 세뇌교육을 시켜, 한민족 고유문화를 말살시킨다고 폭로하는 전단

[신뢰증진 주제]

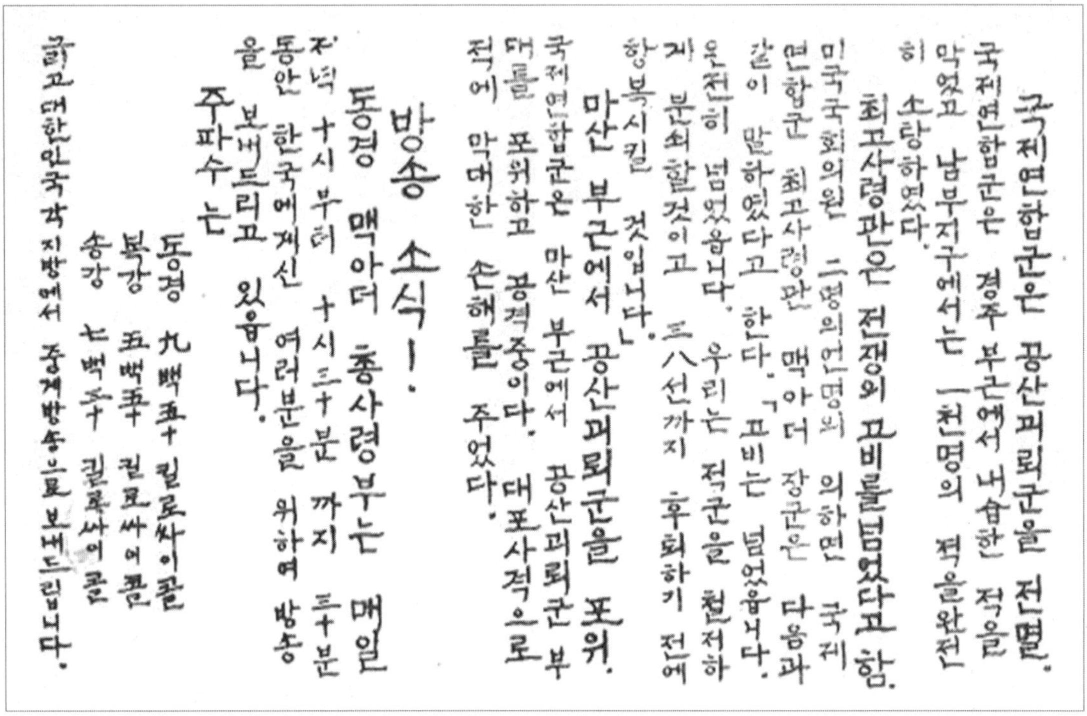

국제연합군은 공산괴뢰군을 전멸.

국제연합군은 경주 부근에서 내습한 적을 막었고 남부지구에서는 一천명의 적을완전히 소탕하였다.

최고사령관은 전쟁의 고비를넘었다고 함.

미국국회의원 二명의언명에 의하면 국제연합군 최고사령관 맥아더 장군은 다음과 같이 말하였다고 한다. 「고비는 넘었읍니다. 완전히 넘었읍니다. 우리는 적군을 철저하게 분쇄할것이고 三八선까지 후퇴하기 전에 항복시킬 것입니다.」

마산 부근에서 공산괴뢰군을 포위.

국제연합군은 마산 부근에서 공산괴뢰군 부대를 포위하고 공격중이다. 대포사격으로 적에 막대한 손해를 주었다.

방송 소식!

동경 맥아더 총사령부는 매일 저녁 十시부터 十시三十분 까지 三十분 동안 한국에계신 여러분을 위하여 방송을 보내드리고 있읍니다.

주파수는

동경 九백五十 킬로싸이클

복강 五백五十 킬로싸이클

송강 七백六十 킬로싸이클

그리고 대한민국 각 지방에서 중계방송으로 보내드립니다.

UN군의 승전보를 방송 주파수와 함께 전함으로써 UN군에 대한 신뢰를 증진시키고 있다.

죽엄과곤난의 길로부터
음식과좋은대우의 길로
유엔군에게포로가된 당신들의
많은동지가 유엔군의수용소에서
충분한음식과휴양을받고있읍니다

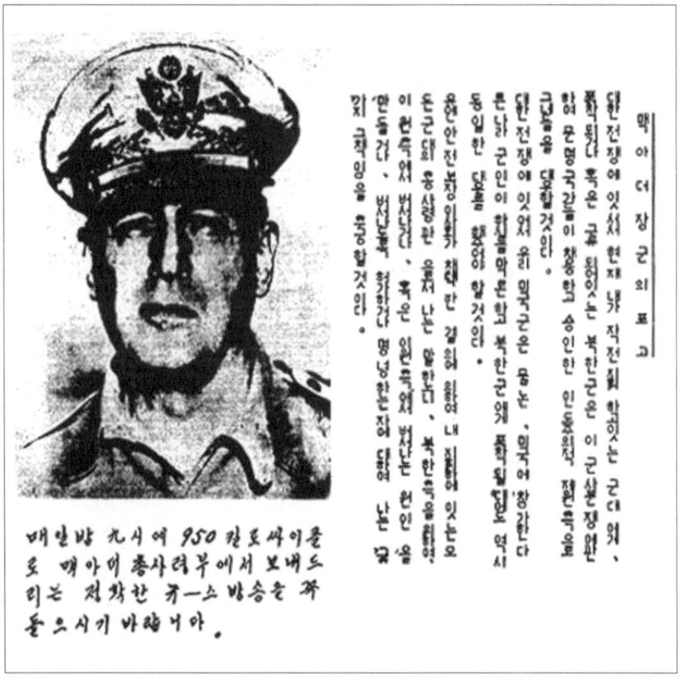
맥아더장군의포고
매일밤 九시에 950 킬로싸이클로 맥아더총사령부에서 보내드리는 정확한 뉴―스 방송을 꼭 들으시기 바랍니다.

[향수심 / 염전사상 유발 주제]

이 전단은 '고독'의 심리를 이용하여 향수심을 자극하고 염전사상을 유발시키려는 전단이다.

고독(loneliness)은 인간들의 사회적 관계들이 어떤 중요한 측면을 결여하고 있을 때에 사람들이 느끼는 주관적 정서를 말한다. 고독은 사람의 내부에서 진행되며 어떤 사람을 그저 바라봄으로써 탐지될 수는 없다. 고독은 잠깐 스쳐가는 불쾌의 고통으로부터 지속적이고 강한 비참함을 가져다주는 것까지 매우 다양한 범위를 갖고 있는 정서이다. 상황적 고독은 한 사람이 자기의 인생에서 어떤 특수한 변화가 일어날 때까지는 만족스런 사회적 관계들을 유지하고 있었을 때 일어난다. 공통적으로 고독을 일으키는 상황들에는 새로운 고장으로의 이사, 군입대, 공부를 위해 집을 떠나 멀리 가는 것, 새로운 직장에 나가는 것, 여행이나 병원에 있는 동안에 친구들이나 부모 그리고 사랑하는 이들로부터 떨어져 있는 것, 또는 사망이나 이혼이나 교제 중단을 통해서 어떤 중요한 관계가 끝나는 것 등의 요인이 있다.

[공포감 / 필패의식 조성 주제]

7,500명의 전사자 현황과 죽음을 연상시켜 공포감과 필패의식을 조성하는 전단

전장에서 실전을 치르면서 많은 병사들이 갖는 공포의 대상은 구체적으로 무엇일까? 전쟁 그 자체일까? 혹은 전쟁에서의 패배, 자신의 사망이나 부상, 혹은 포로가 되는 것 등을 두려워하고 있는 것일까? 스페인 내란에 참전했던 미국인 병사들을 대상으로 그들이 전투중 느꼈던 공포의 실체와 대상이 무엇이었는가를 물어본 결과 부상, 무기, 폭격에 대한 공포였다.

우선 병사들이 전투에서 느꼈던 가장 큰 공포는 사망이나 부상에 관한 것이었는데, 부상의 종류도 신체 부위에 따라 구분이 가능하다. 병사들이 부상당할까 봐 가장 두려웠던 신체부위는 첫째가 복부였다. 실제로 복부의 상처는 생명을 앗아가는 경우가 많으며 내장기관의 상처는 나쁜 피가 온몸에 흐르게 되는 결과를 야기하기도 한다. 다음으로 많은 공포를 야기하는 신체부위는 눈인데 시력상실에 대한 공포는 눈의 상처로 인하여 안전과 방향성을 잃고 암흑세계로 빠지게 되는 것을 두려워하는 때문으로 분석된다. 세 번째로 언급된 신체부위는 뇌였다. 인간은 뇌를 인간 자체의 상징으로 생각하기 때문에 뇌 손상은 인생 자체가 무의미하며 무력해지고 소외 당하는 것을 상징하기 때문일 것이다. 뇌 다음으로 병사들이 상처받기 두려워하는 부위는 성기였다. 남성다움과 종족 보존에 대한 남자들의 감각은 부분적으로는 성적 능력에 기초한다. 따라서 성기의 손상은 남자에게는 가장 오래 지속되고 뿌리깊은 공포중의 하나가 된다.[65)]

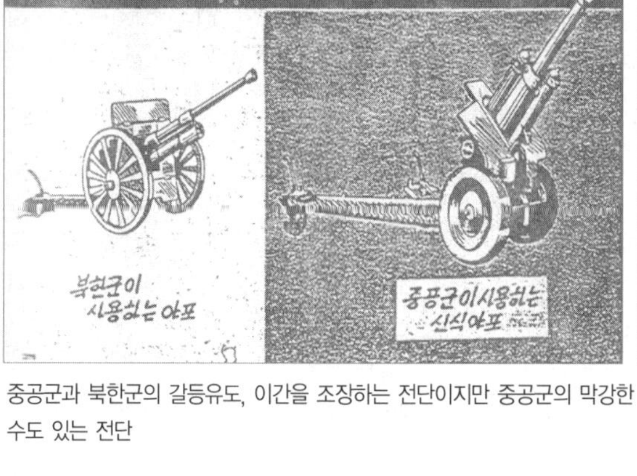

중공군과 북한군의 갈등유도, 이간을 조장하는 전단이지만 중공군의 막강한 화력을 설명하여 동맹국에 대한 의타심 신뢰를 제고시켜 역효과가 우려될 수도 있는 전단

65) 부상공포의 반응비율 : 복부(29%), 눈(27%), 뇌(22%), 성기(20%), 다리(12%), 팔(12%), 얼굴(7%), 기타(6% : 가슴, 심장, 폐 등)의 순서로 나타났음(중복응답으로 전체비율 100% 초과).

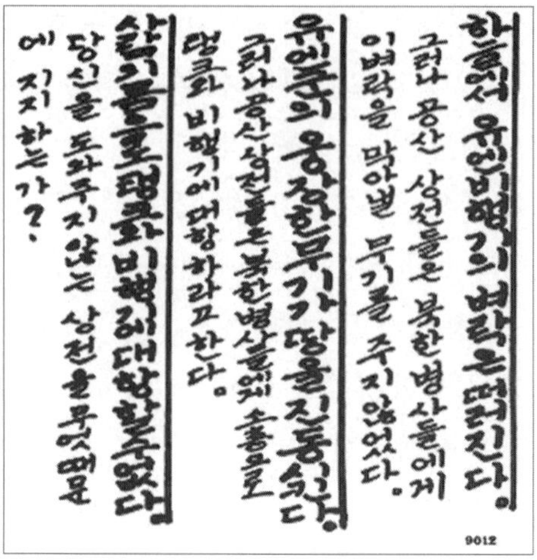

전투에 동원되는 무기에는 여러 가지가 있으며 각각의 무기 종류 중 어떤 것을 가장 두려워 하는가를 질문한 결과, 가장 큰 두려움의 대상으로 언급된 것은 폭탄의 파편이었다. 그 다음으로는 박격포, 포탄, 총과 칼, 그리고 난사되는 총알 세례 등이었다. 비교적 공포를 덜 야기하는 무기류에는 수류탄, 기총소사, 기관총, 탱크 및 급강하 폭격기 등을 들 수 있다.

어떤 무기가 커다란 공포의 대상이 되는 이유는 두 가지가 있을 수 있는데, 포탄처럼 그 무기가 흔히 사용되고 또 실제로 위험하기 때문이거나, 혹은 공중 폭격처럼 그 무기가 비합리적인 공포를 야기하기 때문이다. 사실 기관총 같은 것은 매우 위험하므로 공포의 주 대상이 되어야 하지만 실제로 그렇지 않은 이유는 군인들이 기관총에 익숙하기 때문이며, 또 적군의 기관총 사격에 어떻게 대처해야 하는지를 알기 때문이다. 결국 '가장 공포스러운 무기'와 '가장 위험한 무기'는 서로 다른 것이므로, 실제로는 위험하지 않으나 병사들이 공포를 느끼는 무기에 대해서는 그 공포증을 제거시켜 주는 예방책이 강구되어야 할 것이다.

가장 두려운 무기로 언급된 것은 폭탄이므로 폭탄의 투하현상에 관한 공포의 실상은 보다 자세하게 분석될 필요가 있다. 전투시 위험이 가까이 오면 폭격기의 모습과 소리는 폭격 자체를 연상시켜 벌써 공포심을 유발시킨다. 실제로 대부분의 병사들은 폭격소리, 즉 폭탄이 투하되는 소리와 폭탄이 폭발하는 소리자체에 심한 공포심을 나타낸다. 폭격기의 모습이나 폭탄의 투하장면, 혹은 폭격의 손상결과를 보는 것은 공포심을 덜 유발시키는 편이다. 나아가서 폭탄투하의 소리가 오랫 동안 들릴수록 공포심은 더욱 커지며, 또한 전선에서보다 도시에서의 폭격이 더욱 공포스러운 것이며, 대낮의 폭격과 야간폭격은 거의 동일한 정도의 공포를 자아낸다. 폭탄투하에 대항하는 방법이 특별히 없을 때는 비행기에 대고 총이라도 쏘는 것이 공포심을 줄이는데 효과적이라고 병사들은 말한다. 이것은 총을 쏜다는 자체가 비행기에 대한 주의를 분산시켜 공포심을 감소시켜 주기 때문이다.

[체제, 지도부, 상관에 대한 갈등유도 주제]

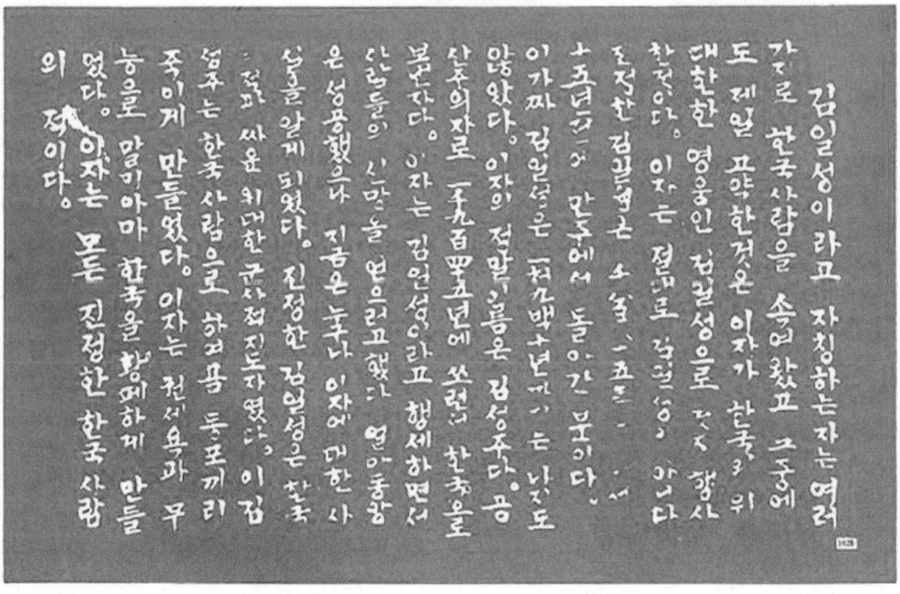

진짜 김일성은 이미 만주에서 사망했고 혹이 붙어있는 김일성은 가짜라고 주장하고 있다.

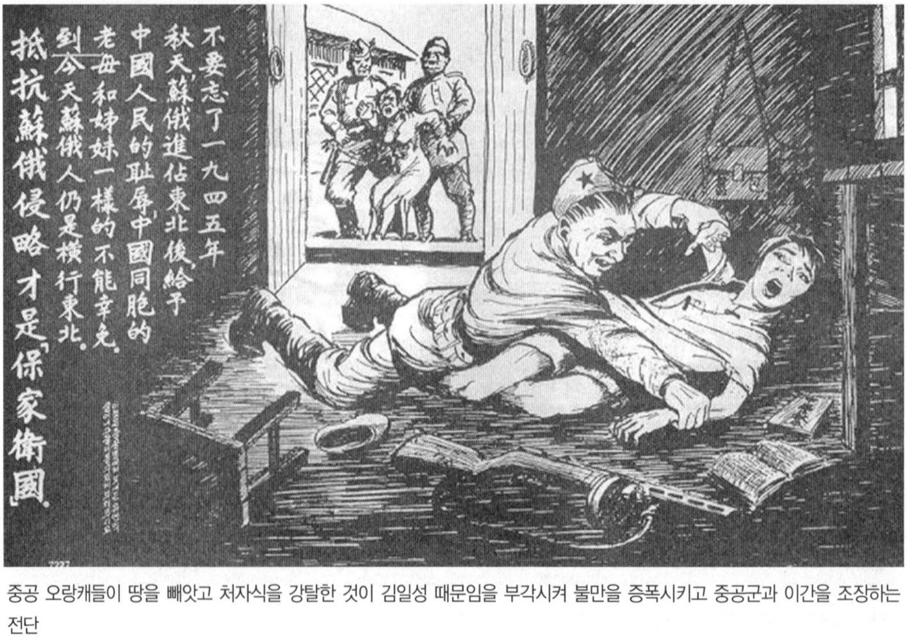

중공 오랑캐들이 땅을 빼앗고 처자식을 강탈한 것이 김일성 때문임을 부각시켜 불만을 증폭시키고 중공군과 이간을 조장하는 전단

인민군 군관이 북한 병사들에게 가하는 폭행을 부각시켜 지도자와 병사들의 갈등을 유도

공산국이 침략 전쟁을 일으키지 않았더라면 자유한국에서 평화롭게 살 수 있었다는 것을 쉽게 표현한 전단으로 전쟁의 피폐상을 강조하고 있다.

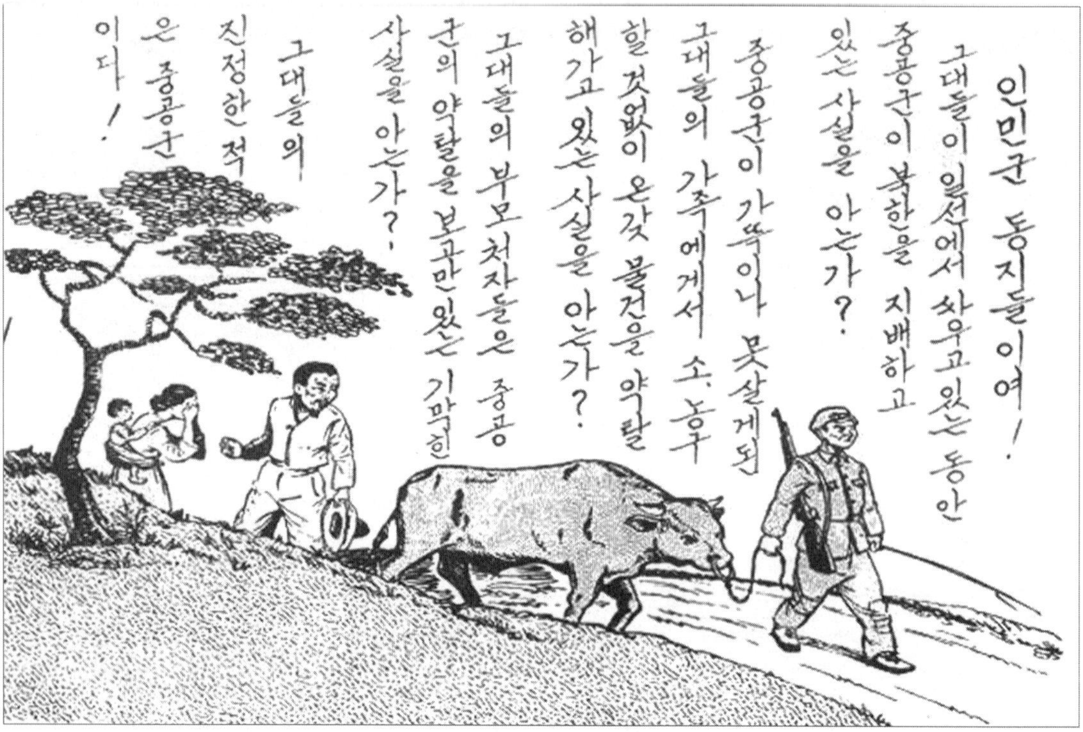

중공군과의 갈등을 유도, 염전사상 고취, 향수심을 유발시키는 전단으로써, 중공군의 약탈 행위를 이해하기 쉽게 표현한 만화 전단이다.

[이탈 / 귀순유도 주제]

전선이탈 및 귀순하는 방법을 제시해 주고 있는 투항권유 전단이다.

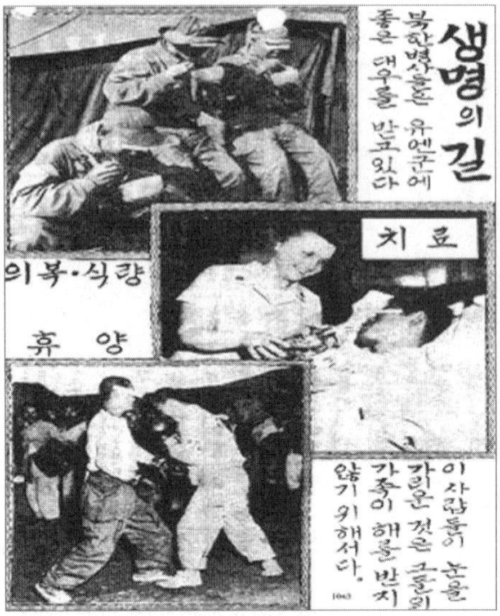

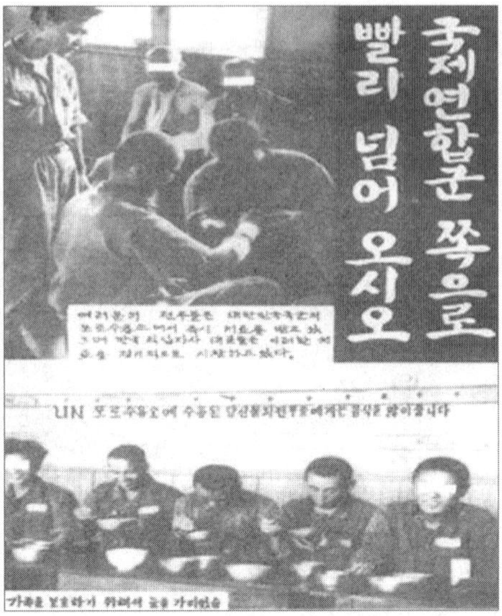

전선이탈 및 귀순하는 방법, 귀순시 대우 등을 이해하기 쉽게 제작되었다.

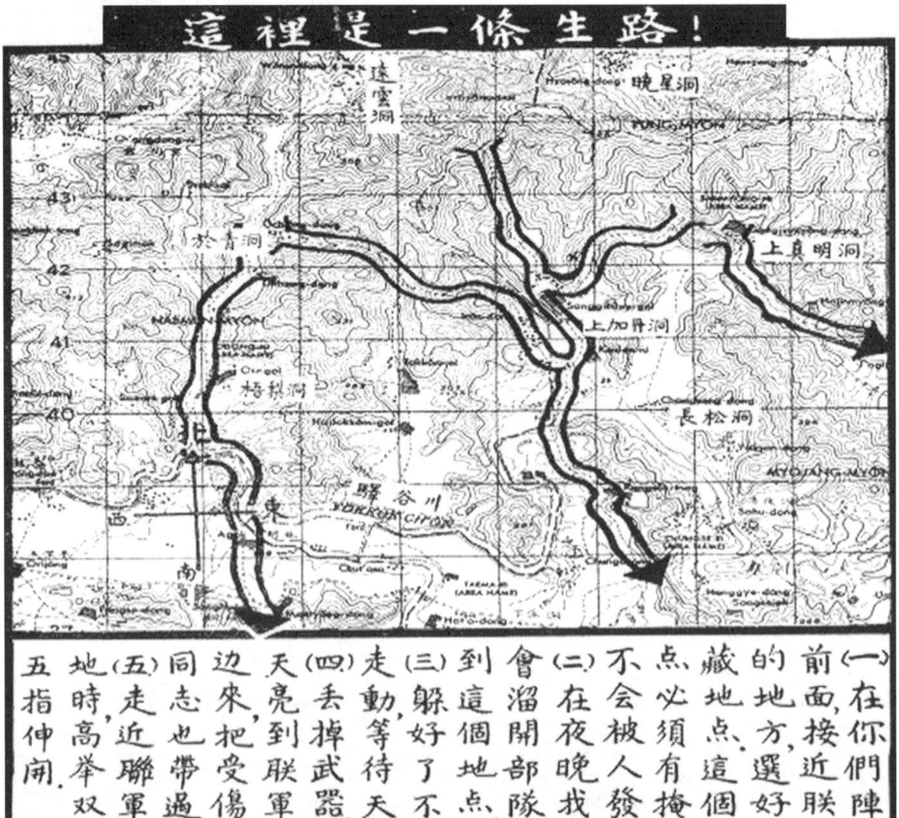

지옥같은 전장에서 탈출하여 안전한 UN 포로수용소로 가는 방법을 알려주는 지도전단.

[아군 작전협조 전단]

농민들에게 아군의 특공대를 도와줄 것을 요청하는 전단

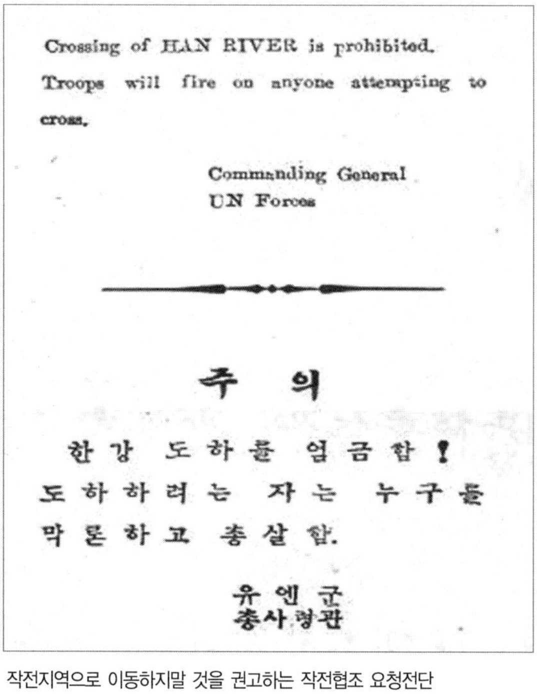

Crossing of HAN RIVER is prohibited. Troops will fire on anyone attempting to cross.

Commanding General
UN Forces

주 의

한강 도하를 엄금함!
도하하려는 자는 누구를
막론하고 총살함.

유엔군
총사령관

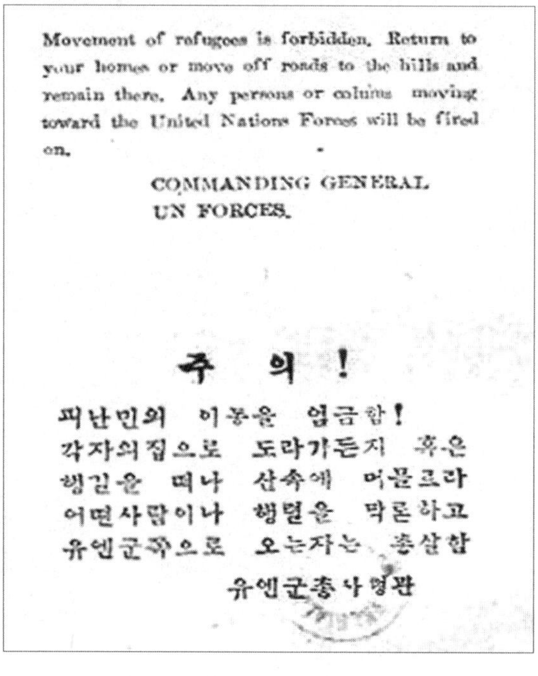

Movement of refugees is forbidden. Return to your homes or move off roads to the hills and remain there. Any persons or colums moving toward the United Nations Forces will be fired on.

COMMANDING GENERAL
UN FORCES.

주 의!

피난민의 이동을 엄금함!
각자의집으로 도라가든지 혹은
행길을 떠나 산속에 머물르라
어떤사람이나 행렬을 막론하고
유엔군쪽으로 오는자는 총살함

유엔군총사령관

작전지역으로 이동하지말 것을 권고하는 작전협조 요청전단

[적에 대한 작전 비협조 요구 주제]

공산군들이 식량과 재산을 강탈하니 아무 것도 없다고 하고 적군에게 일체 협조하지 말라는 권고전단

[제안 또는 협의 요청 주제]

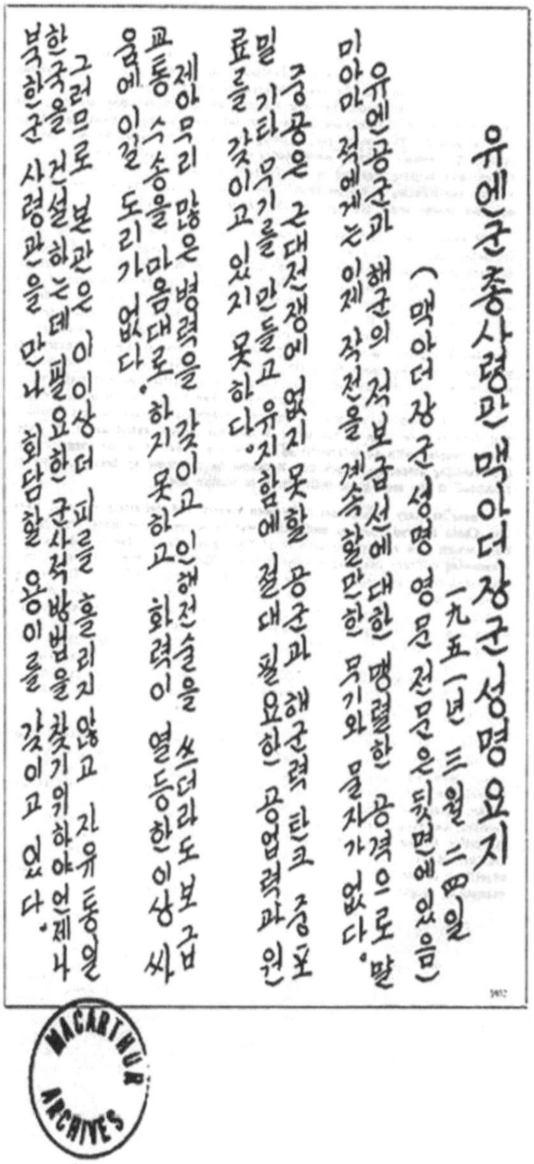

유엔군 총사령관 맥아더장군 성명요지

(맥아더 장군 성명 영문 전문은 뒷면에 있음)

一九五一년 三월 二四일

유엔공군과 해군의 적보급선에 대한 맹렬한 공격으로 말미아마 적에게는 이제 작전을 계속할만한 무기와 물자가 없다.

중공은 근대전쟁에 없지 못할 공군과 해군력 탄크 중포 밀 기타 무기를 만들고 유지함에 절대 필요한 공업력과 원료를 갖이고 있지 못하다.

제아무리 많은 병력을 갖이고 인해전술을 쓰더라도 보급교통 수송을 마음대로 하지 못하고 화력이 열등한 이상 싸움에 이길 도리가 없다.

그러므로 본관은 이 이상 더 피를 흘리지 않고 자유 통일한국을 건설하는데 필요한 군사적 방법을 찾기 위하야 언제나 북한군 사령관을 만나 회담할 용이를 갖이고 있다.

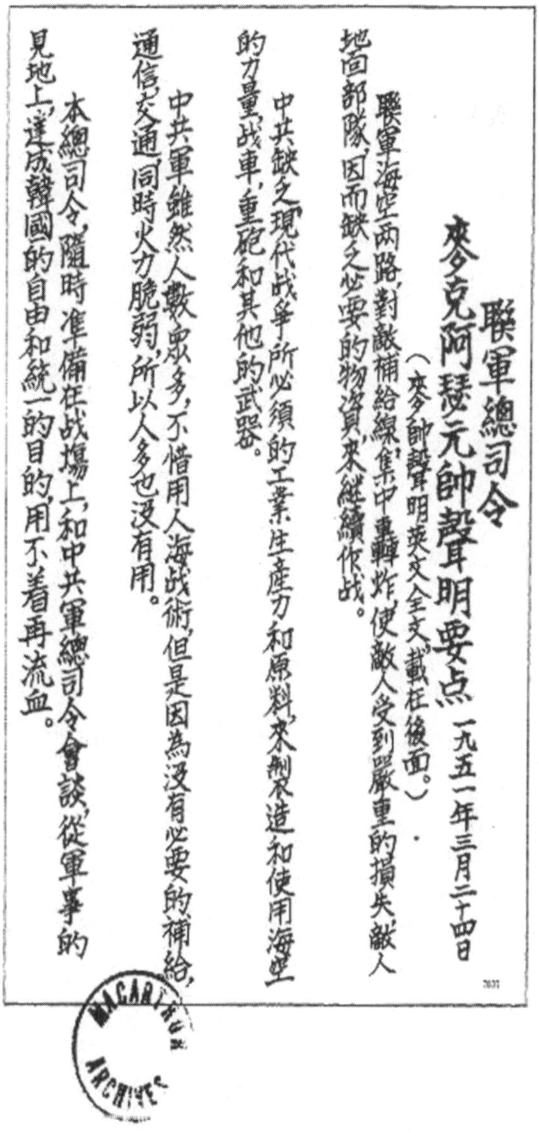

聯軍總司令

麥克阿瑟元帥聲明要点 一九五一年三月二十四日

（麥帥聲明英文全文載在後面。）

聯軍海空兩路，對敵補給線集中轟炸，使敵人受到嚴重的損失，敵人地面部隊因而缺乏必要的物資來繼續作戰。

中共缺乏現代戰爭所必須的工業生產力和原料，來制造和使用海空的力量，戰車，重砲和其他的武器。

中共軍雖然人數衆多，不惜用人海戰術，但是因為沒有必要的補給，通信交通同時火力脆弱，所以人多也沒有用。

本總司令，隨時準備在戰場上，和中共軍總司令會談，從軍事的見地上，達成韓國的自由和統一的目的，用不着再流血。

1951년 3월 23일에 맥아더 사령관이 중공본토 공격을 시사하고 중공군 사령관에게 현지 정전회의를 제의 하였으나 중공측이 이를 거부하였다. 이 내용은 하루 뒤인 3월 24일 한글, 영문, 한문으로 전환하여 제작 살포되었다.

3.1.10 전단작전의 주요사례

가. 규슈집시(kushu gypsies) 전단작전

집시(gypsies)는 각 지역으로 떠돌아다니면서 음악, 코메디, 서커스 등으로 생계를 유지하는 사람들이다. 규슈집시(kushu gypsies)란 일본 규슈(kushu)지역에 주둔한 미 극동군사령부 예하 특수임무항공부대(21특수전술항공대대)를 지칭한다. 이부대가 이러한 애칭을 받게 된 것은 다양하고 특수한 임무수행으로 인해 어느 지역에서도 임무수행이 가능토록 텐트로 임시 숙영지를 편성하고 생활하는 부대였기 때문이다.

이 부대의 구성은 C – 47 / 46수송기, C-119s수송기, C-54 수송기, 구조헬기 등이며 임무는 심리전 방송과 전단살포 그리고 고립된 미 조종사 구출작전, 수송, 재보급 등이다. 이와 같은 특수임무 때문에 고정기지가 없었고, 임무지원이 가능한 장소로 수시로 이동하여 숙영하면서 임무를 수행하였다. 이 부대는 전단 살포와 동시에 확성기 방송도 실시하였다.

확성기방송의 경우에는 고도 300-400피트에서 실시하여야 지상에서 청취가 가능하므로 저공비행을 실시해야 했기 때문에 적에게 완전 노출된 상태에서 그리고 느리게 비행하므로 소화기로부터 공격을 받아 격추 당하기 쉬웠다. 북한군은 이러한 약점을 이용하여 좁은 계곡에 철그물을 쳐서 격추를 시도했고, 실제로 여러대의 수송기가 격추당했다.

[국제연합군 총사령부에서 북한정권 수상에게 고하는 글]

國際聯合軍總司令部에서

北韓政權首相에 告하는 글

나는 一千九百五十年十月四日 國際聯合總會에서
採擇된 決議案에 對하여 貴下에게 알리려한다。
國際聯合이 諸決定을 遂行하는데 있어서 人命의
殺傷과 物資의 破壞를 最少限度에 그치게하려는 目的으
로 나는 國際聯合軍總司令官으로서 貴下와 貴下의 指揮
下에 있는 軍隊에게 韓國의 어느地域에 있든지 即時 武器
를 버리고 戰鬪를 停止하도록 이것을 最初로 要請하는 바
이다。나는 全北韓人民에게 民主主義的統一韓國政府를 樹立하
는 事業에 있어서 國際聯合과 積極協力할것을 要望하며
그들이 正當한 待遇를 받을것과 國際聯合이 統一韓國의 全
域에서 救濟事業과 復興事業을 遂行할것을 確言하는 바이다。
萬一 貴下가 北韓政權을 代表하여 即時回答을 하지않은 境遇
에는 나는 國際聯合의 命令을 遂行하기 爲하여 必要하다고
認定되는 軍事行動을 即時 取할것이다。

國際聯合軍總司令官 美陸軍元帥

다글러쓰 맥아ー더 署名

1950년 10월초 제 187연대 전투단의 문산지역일대 공정작전시 동시에 C-47수송기로 항복권유 전단 살포작전을 실시하여 127명의 공산군이 안전통행증을 휴대하고 투항한 사례도 있었다. 이 시기는 인천상륙작전 성공후 수도 서울을 탈환하고 계속 북진하여 10월 1일 국군 수도사단이 38선을 통과하여 적을 파죽지세로 후퇴시키고 있는 전황이었으며 맥아더원수는 북한 정권 수상에게 앞과 같은 내용으로 전단을 제작 · 살포하였다.

1951년 5월 한 · 만 국경지역에서 아군의 맹렬한 포격과 박격포 공세 속에서 중공군 1800여명을 발견하여 '삶이냐 죽음이냐, 그것은 당신의 선택에 달려있다'는 주제의 전단 100여 만매를 살포하였고, 동시에 다음과 같은 내용의 방송을 실시하였다. '삶이나 죽음이냐는 기로에 서 있다. 생존을 위해 이 지역을 이탈하고, 유엔군쪽으로 투항하라' 그 결과 대부분의 중공군은 말과 노새를 데리고 항복하였고, 그 부대가 와해된 사례도 있었다.

다음은 규슈집시 작전에 실제 투입된 미군들의 증언들이다.[66]

(1) MARC MICHALKES. 21st TCS

소위, 중위였던 우리는 21부대가 끊임없는 이동을 하는 동안, 농담을 하곤 했다. 우리는 우리 비행대대를 '반지낀 손가락 대대'(the Finger in the Ring Squadron)라고 불렀다. 어떤 기지도 우리가 오래 머무르는 것을 원치 않았다. 내가 수행한 가장 흥미진진했던 작전은 중국군 전선 뒤로 선전전단을 떨어뜨리는 것이었다.
이 작전때 최전선이 한강에 있고 서울은 적들의 수중에 있었다. 우리는 서울지역 위로 낮게 날면서 항복하라는 전단을 떨어뜨렸는데 이것이 효과가 있을 것이라고 생각했다. 우리는 적군을 발견하면 그들에게 항복을 권유하는 전단을 투하했다. 적군중에 일부분은 이것을 싫어했고 우리를 공격했다. 그에 따라 오른쪽 엔진이 터지고 고무 케이블이 찢어졌으며 유압시스템이 망가졌다. 우리는 한강을 지나 날아서 UN지역에 안착했다. 전단은 사방으로 흩어졌다.

(2) MARION WILLIAMS. 21st TCS

곰곰이 생각해 보니까 우리측 사람들은 전쟁이 다가오고 있다는 것을 알고 있었던 것

66) Stephen E. Pease, 앞의 책, pp. 40~46.

같다. 6월 25일 몇 주전에 C-54기를 타고 정밀검사를 위해 필리핀에서 미국으로 갔다. 가는 도중에 모든 것이 정상적이었다. 일주일 후에 대체된 비행기를 타고 괌 북쪽기지로- 지금은 Anderson기지- 오는데 방공포가 이미 갖추어져 있었고 B-29를 막기 위한 방벽도 갖추어져 있었다. 우리는 병력 수송 비행대대였지만 이때까지는 일반 승객을 수송하기만 했다. 하지만 우리는 갑자기 비행 편대대형으로 실제로 물자를 낙하하는 훈련을 하기 시작했다. 모든 사람이 비상시의 배치 지점을 부여받았다. 우리의 첫 번째 임무는 보병 25연대를 일본에서 한국으로 수송하는 것이었다. 우리는 활주로가 없어서 일본이 사용하던 오래된 곳을 사용했다. 그곳은 2차 대전 이후로 사용되지 않아 활주로 끝에는 벼가 심어져 있었다. 우리가 지상에서 C-54를 이동할 때 활주로 Jell-O(후식용 젤리)같은 역할을 했다. 우리는 한쪽으로 착륙해서 짐을 내리고 비행기를 돌려서 반대 방향으로 이륙했다. 다른 비행기들은 하늘 위를 원형으로 돌면서 착륙할 차례가 오기를 기다렸다. 그 당시에는 긴장감이 있었다. 나는 비행대대 사령관의 부조종사였는데 사령관은 자리에서 나와 짐 내리는 것을 독촉하곤 했다. 그런데 갑자기 그가 뛰어나와선 무선을 통해서 비행기들에게 흩어지라고 명령했다. 거기엔 MIG기들이 함께 비행하고 있었다. 그것들은 활주로 옆의 논에 내려앉아서 점심식사를 했다. 그들은 단지 새였지만, 정말로 아름다운 모형으로 함께 날았다. 우리의 C-54가 C-47로 대체되었다. 그것은 정말로 훌륭한 비행기였다. 우리는 공급물자를 싣고 일본을 출발하여서 연료가 있는 한 우리를 원하면 어느 곳이라도 갔다. 전쟁 초기에 부산이 전쟁 경계선이었을 때, 우리의 주된 일은 고립된 부대에 공급물자를 떨어뜨리는 것이었다. 그것들은 도처에 있는 것 같았다. 비행장으로서의 기능이 남아있었기 때문에 우리는 부상자들을 수송할 수 있었다. 나는 비행기 아래의 야전침대에서 대부분의 밤을 보냈다. 우리는 전단을 뿌리는 몇몇 임무를 가지고 있었지만, 대부분의 경우는 우리의 주된 일을 행하고 난 후의 일이었다. 북한군은 비행기를 맞추는 데에 익숙해지기 시작했다. 처음에는 내 비행기 꼬리 부분에 몇 개의 구멍을 내는 정도였지만, 전쟁이 진행되어 가면서 비행기의 앞부분도 구멍이 나게 되었다.

우리는 대부분의 경우 날씨나 열악한 조정 장치 때문에 비행기를 잃게 되었다. 우리는 전단, 화물과 병력을 옆에 달린 화물 출입문을 통해 뿌리고, 내보냈는데 화물 출입문은 대부분의 경우 제거되어진 상태였다. 전쟁초기에는 상황이 매우 유동적이었다. 한번은 우리가 군수품을 싣고 작전지에 도착했을 때, 우리는 우스꽝스러운 군복을 입고 딱 벌리고 주위에 서 있는 부대를 보았다. 그들은 북한군이었고 막 그 지역을 점거한 상태였다. 그들은 너무 놀라서 우리가 이륙할 때에도 막으려고 하지 않았다. 또 다른 때에는 작전지의 아군이 이미 철수하고 난 상황이었다. 하지만 그곳은 아직 아군 점령지였다. 그곳에는 무전기를 실은 지프차 한 대가 남겨져 있었다. 무전기를 돌리자 "여기는 지역 책임자 상병 누구입니다."라는 소리가 들렸다. 당시의 몇몇 일들은 그다지 흥미롭지 않았지만, 40년이 지난 지금은 모든 것이 그다지 비극적이지 않게 느껴진다. 박격포부대는 좋지 않은 모양새였다. 코드명은 graham cracker였다. 추측하겠지만, 그 부대는 우리를 긴장시켰다. 나는 전맥 크래커를 좋아해서 항상 몇 상자를 비우곤 했다. 악천후에 우리 비행기 중 하나가 김포 항공기지에 GCA접근을 시도하고 있었다. 조수는 낮았고 우리는 만에 착륙했다. 아무도 다치지 않았고 우리는 해변으로 건너갔다. 일본 방위병들은 mail을 지키기 위해서 비행기로 들어갔다. 그들은 잠자기 위해서 비행기 안의 가방 위로 기어 올라갔다. 조수가 올라오자 그들은 모두 익사했다. Margaret Higgins는 그 당시 매우 유명한 특파원이었다. 그녀는 원하는 것은 무엇이든지 반드시 해냈다. 어느 날 밤 그녀는 우리와 함께 한국으로 돌아왔다. 방이 매우 부족한 상태에서 우리 중에 한 명이 그녀에게 방을 양보하고 나와 함께 지냈다. 나중에 그녀는 자신의 이야기를 뉴욕에 보냈는데, 그것을 들은 후에 나는 그녀가 방안을 지날 때 그런 말도 안 되는 이야기를 보내서 부끄럽지 않냐고 물었다. 그녀는 내가 그것을 보낸 이유는 그것이 사람들이 듣기 원하는 것이기 때문이라고 대답했다. 또 한번은 Bob Hope의 풋내기 스타 중에 하나가 우리와 함께 내렸는데 그녀는 손에 밴드를 부치고 있었다. 그녀는 병사들과 엉망이 된 배낭을 세탁하고서 삶다가 손을 데었다고 모든 사람에게 말했지만, 사실은 술에 취해 넘어져서 난방기의 연통을 잡아서 그렇게 된 것이었다. 미디어가 그녀의 작은 세탁 이야기를 보도했다.

(3) BILL KLOPP, 6167th Ops Sq, B Flight

나는 1952년 3월부터 8월까지 K-16을 타고 심리전 임무를 수행했다. 우리의 코드명은 ANZAC이었다. 우리는 서울의 8240부대를 위해 전단을 운반했는데, 그 부대는 전단과 엔진, 확성기, 여자 아나운서 등을 제공하는 부대였다. 거기에는 특별 유격부대가 있었는데 그것은 회계장비와 영수증으로 낙하전문가와 관리자, 무기, 폭발물 등을 무제한적인 양과 종류로 제공한다. 우리는 밤에 MLR을 넘어 스피커(speaker)를 운반하고 조도,

양도에 물자를 전송했다.(이곳은 한국 북동해안의 섬으로 북쪽 폭격선이고 USAF는 이곳을 비행, 회복 기지와 작은 전초부대로 삼았다.) 또한 북으로 가기를 원하는 주민들을 보냈다. 내가 기억하기로는 우리가 거기에 있는 동안 비행기를 한 대도 잃지 않았다. 하지만 나는 평양으로 일요일 신문을 운반하다가 몇 번의 타격을 받았다. 우리는 C-47기 한 대를 가지고 있었는데 그것을 누더기라고 불렀다. 왜냐하면 그것은 100여 군데 적이 쏜 총알구멍을 표면에 갖고 있었기 때문이다. 나는 단지 142시간에 81개의 작전을 수행했다. 우리와 자매 부대인 FlightA는 K-14로 점등 불꽃을 떨어뜨렸는데, 나는 그들과 몇 번의 비행을 같이했고 그것은 매우 지루했다. 우리 대부분은 등화탄을 떨어뜨리는 일을 수행하다가 여천에 심리전으로 흡수되었다. 그 당시 우리의 일은 극비였지만, 타임(Time)지는 '비무장의 두려울 것이 없는 수송 비행기'가 적지 중심을 비행한다는 기사를 썼다. 0.5구경 기관총을 뒷문에 달고 급속탄약 상자에 C-3과 RDX 폭탄, 너트와 볼트, 깨진 유리등을 담았다.
이것을 '전단뭉치(presentos)'라 한다. 이것은 전단 묶음이 터지면서 폭발하게 된다. 아주 큰 폭발음을 내었다. 누군가가 우리가 북으로부터 돌아오는 길에 사격하면 우리는 그 주위를 돌면서 전단뭉치 한 두방을 투하했다.
우리는 야전텐트에서 수영을 했다. 두 개의 겨울용 기름난로와 야외 수도와 공동 세척장과 샤워장이 있었다. 잠자리를 만들고 세탁을 해 주는 사람도 있었다. 많은 샌드백이 도처에 있었는데 그것들은 내가 그곳에 갈 때쯤에는 별 필요가 없었다. 취침 점호인은 가끔씩 왔고 주변의 AA총이 그에게 때때로 튀어나왔다. 그러나 나는 그가 왔을 때 침대에서 뛰쳐나와 방벽으로 간 적이 없었던 같다. 아마 다른 이들도 마찬가지였던 것 같다. AA가 투하한 물질에서보다 추락하는 AA로부터 더 많은 소음이 있었다. 서울은 당시 무척 혼란스러웠고 K-16 바로 밖의 영등포는 세계의 낙원 지역은 아니었다. 술을 마시는 것과 그 외의 죄악이 우리가 가진 약간의 여가시간을 차지했고 놀고 먹고 술을 마시고 자는 것- 아마도 일본에서 며칠을 날기 위해 100시간의 검사를 한다- 외에는 거의 아무것도 하지 않았다. 비행기와 작전, 회관 식당과 변소가 내 텐트에서 70-80야드 안에 있어서 매우 편리했다. 현지 주민들도 전단 '살포자'였다. 그들 중 몇몇은 400여 개의 전단뭉치를 내가 그곳에 있는 동안 살포했다. 전단은 15-12-9인치 묶음으로 쌓여졌고 갈색 시멘트 포대에 싸서 끈실로 묶었다. 끈실에서 매듭은 한 발 남짓의 퓨즈를 가진 다이너마이트 폭탄이다. 퓨즈 끝에는 점화기가 있어서 핀을 잡아당기면 퓨즈에 불이 붙었다. 우리는 6000피트에서 8000피트까지 고도를 높여 비행을 했다. 전단뭉치의 뚜껑은 종이를 흩뜨리기 위해서 2000피트에서 열려지게 되어 있었다. 우리는 전단뭉치용으로 같은 뚜껑과 퓨즈를 충당했지만 그것은 상당히 낮은 고도에서 이루어졌다. 선전 임무를 수행하는 동안은 결코 전단뭉치를 떨어뜨리거나 적을 쏘지 않았다. 나쁜 표현을 쓰면 그때 우리는 적의 친구였다. 우리는 75회의 작전을 수행한 후에 떠날 수 있었다. 나는 내 봉급의 대부분을 집으로 보냈기 때문에 나의 식당 사용료 등을 지불하기 위하여 9회의 작전을 더 수행해야했다. 하루에 2-3회 작전을 수행하는 것은 일반적인 것이었다. 이는 우리가 어떻게 75 회의 작전들을 수행하고 90일만에 집으로 돌아올 수 있었는가를 알려준다.

(4) HAROLD GILBERT, 43rd TCS

나는 일본에 있는 Brady Field에 기지를 둔 C-46기의 조종사였다. 나는 K-16에서 B Flight의 추가 의무로서 2주간을 보냈다. 전단과 침투병력, 화염의 접촉선을 넘어서까지 지원했다. 우리는 또한 몇몇 야간 비행 동안 적의 위치를 확인하기 위하여 조광탄을 투하하여 아군을 원조했고 레이더와 라디오 기지가 위치한 전선을 넘어 섬으로 물자를 공급했다. 우리는 C-46기 한 대를 초기 작전에서 잃었다. 비행기가 출발하자마자 두 명의 적의 특정조가 수류탄을 꼬리부분에 던졌다. 수류탄은 비행제어 장비를 망가뜨렸고 승무원은 낙하산으로 탈출해야만 했다.

나. 기만 상륙작전

1951년 3월 유엔군은 영덕지역에서 강력하게 저항하고 있는 적의 압력을 분산시키기 위해 영덕해안의 장사지역에 기만상륙작전을 감행하려고 했다. **이를 위해 기만 상륙작전을 묘사하기 위한 수단으로 심리전을 이용하였다. 즉 접촉중인 영덕지역에서 근접한 동해안 장사지역에 상륙을 묘사하기 위해 해군함정이 일부 해안으로 이동하고, 공군 비행기가 상공을 비행하는 횟수를 증가시키면서, 접촉선 후방에 많은 전단을 살포하였다.**

그 전단의 내용은 많은 공산군이 투항을 하고 있으며, 유엔군이 장사지역으로 상륙하는 암시를 함으로써 적의 강력한 저항을 동해안 상륙지역으로 전환케 하는 작전이었다. 이 결과 공산군의 부대가 접촉선을 이탈하여 해안으로 전환됨으로써

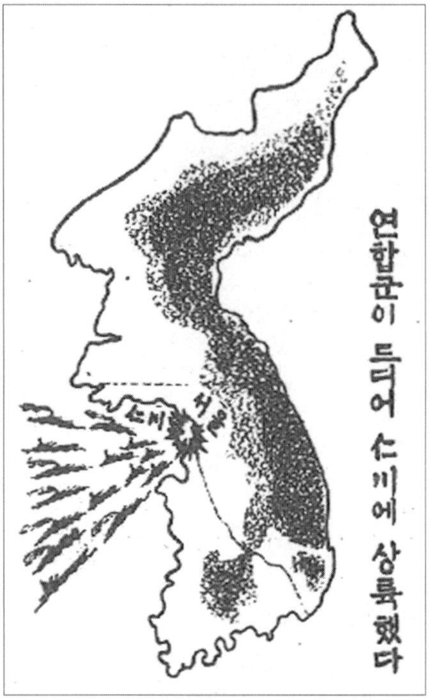

연합군과 한국군
仁川 盈德(영덕) 상륙

연합군과 한국군은 九月十五日에 仁川에 상륙했다. 이 상륙작전에 참가한것은 미국 영국 한국 카나다 호주 뉴질랜드 불란서와 화란이 제공한 선박이 었다. 맥아-더 장군는 친히 이 공격을 지휘하고 있다. 이 지도를 보면 南部전선에 있는 공산군의 보급선과 증원부대의 통로가 절단된것을 알수있다. 한편 한국군기습부대는 동해안 적군진지에서 三十마일 후방에 있는 盈德(영덕)에 상륙했다. 南部전선에서도 연합군과 한국군 주력부대는 대 공격을 개시 했다. 이 공격은 오래 동안 기대했던 연합군과 한국군이 이 공산침략군을 섬멸하고 대한민국의 자유를 회복하는 첫 거름이다.

초기에 의도한 적의 강력한 저항을 분산시키는 성과를 거두었다.

다. 현상전단작전

이 작전은 6 · 25전쟁중 전단 심리전의 대표적인 작전이라고 불릴 수 있는 것으로써 1953년 4월 하순부터 5월까지 40여일 동안 실시한 작전이다. 작전의 내용은 미그기를 가지고 귀순하는 조종사에게 현상금 5만달러를 주겠다는 내용이었다. 이 작전은 1953년 3월 20일 미 합동참모본부의 지시에 의해 도쿄에 위치한 극동사령부의 합동심리위원회의 승인을 받아 한국에 있는 유엔군 최고 작전책임자인 클라크(M. W. Clark) 장군이 계획을 수립하여 시행하였다. '몰라작전(Operation Moolah)' 이라고 명명된[67] 이 심리전은 전투 가능한 미그기를 가지고 남한으로 귀순하는 조종사에게 현상금 5만 달러를 제공한다는 것이었다. 특히 첫 귀순 조종사에게 추가로 5만 달러를 지급하겠다는 메시지였다. 이러한 심리전을 구상하게 된 배경은 1950년 11월 러시아의 MIG-15 전투기가 출현했고, 당시의 MIG-15기는

67) M. W. Clark, 이지영 역, 「6 · 25전쟁과 심리전」, 1965, pp. 101~109

유엔공군이 보유하고 있는 전투기 성능을 훨씬 능가하였다.[68] 공중전에서 미그기는 F-86 세이버기 보다 더 빠른 속도를 가지고 있었으며, 급강하 시에도 훨씬 우세한 성능을 보였다. 이러한 비세를 만회하기 위해 현상전단을 강행하게 되었다.

1953년 4월 '몰라(Moolah)작전'은 클라크 장군이 직접 유엔군 라디오 방송을 통해 시작했다. 이와 동시에 압록강 유역의 공군기지에 수백만장의 전단을 살포하였고, 5월 10일과 18일에는 50만장의 전단이 신의주와 의주의 공군기지에 뿌려졌다. 그 전단 내용은 ***"남한으로 비행 가능한 최신예 제트비행기를 가져오는 조종사에게 5만 달러를 주겠습니다. 자유세계로 그러한 제트비행기를 처음으로 가져오는 최초의 조종사에게는 그 용기를 높이 사서 5만 달러를 추가로 더 지급하겠습니다"***라고 작성되었다. '몰라(Moolah)작전'이 시작된 직후 미그기의 비행횟수는 현저히 떨어졌고, 8일간은 출격이 거의 없었다. 그들은 싸우기를 꺼려했고, 미그기는 전투기량은 미숙하지만 당성이 강한 북한군 조종사들에게만 비행을 허락하였다. 이러한 공중전투상황에서 미 공군 세이버전투기는 단지 3대를 잃었지만 미그기는 무려 165대나 격추되었다. 55대 1의 비율이었다. 이렇듯 6·25전쟁에 있어서 유엔군의 심리전은 실질적인 전투무기 이상의 성과를 거둔 것이다.[69]

휴전협정 이후 1953년 9월 23일 9시 24분에 예상하지도 않은 북한군 노금석 대위가 레이더의 추적을 피하기 위해 미그기를 저공비행하여 김포공항에 착륙하였다. 그는 착륙 직후 정치적 망명을 요구했다.[70] 몰라(Moolah)작전은 공중전을 완전히 제압하는 가장 훌륭한 심리전으로 평가되고 있다.

---

68) 미그기는 남한에 배치되어 있었던 F-51s, 유엔군의 새 기종인 F-80 shooting star, 해군의 F-9F Panther 보다 빠른 전투기였고, 당시 최신 전투기 F-86 세이버(Sabre)를 최초 생산하기 시작했지만 공급이 부족한 상황으로 유엔공군은 불리한 입장이었다.

69) 김기도, 앞의 책, pp. 200~203.

70) 중앙정보부, 「심리전」, 1969, p. 215.

[현상전단 작전의 예 (미그기 전단)]

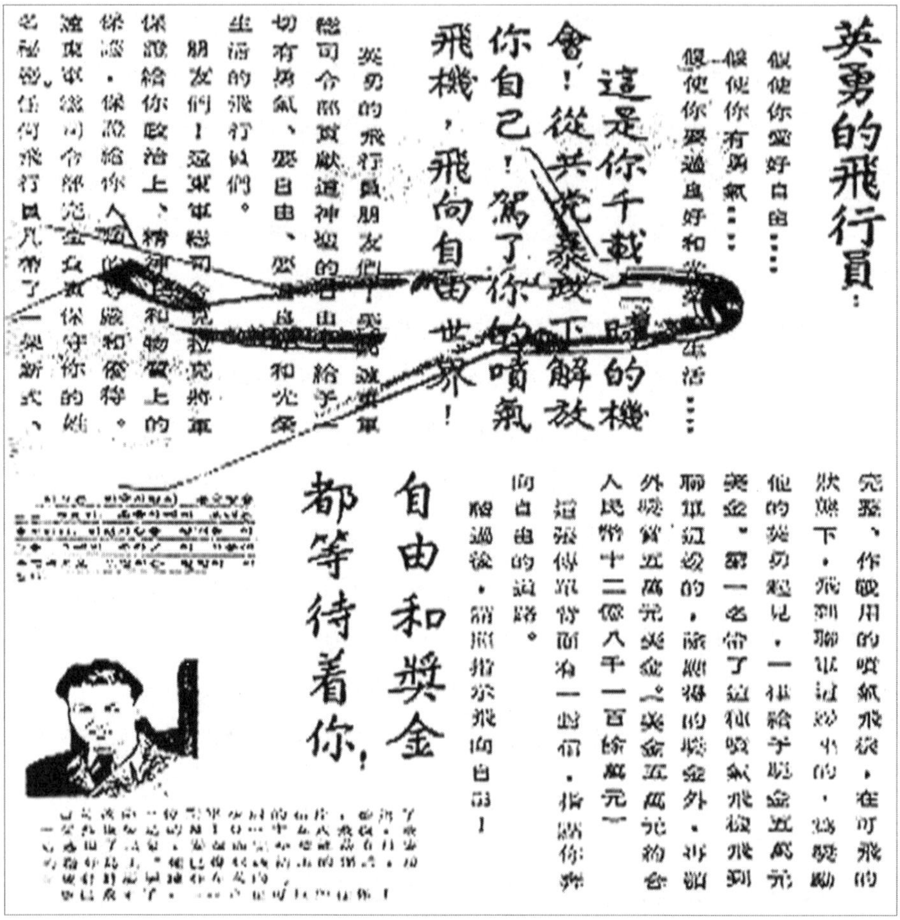

"용감한 조종사 여러분 자유와 포상금 모두가 당신을 기다리고 있다. 자유의 길을 향하여 비행하라"는 중국어 내용과 "이것은 미국사람이 중국말을 아는 제트기 조종사에게 보내는 통신이다. 이런 사람을 알거든 이것을 그에게 주라. 이 가운데 유엔쪽으로 도망하는 방법이 쓰여 있다."고 사진 위에 한국어로 쓰여 있다. 사진은 MIG-15기 조종사가 덴마크 보호지역으로 귀순한 내용이라고 설명하고 있다.

중공군 전투기. 주로 소련제 미그기였고, 압록 강 북쪽 국경 근처의 비행장에서 출격하였다.

중공군의 소련제 미그기

이 현상전단작전을 통하여 소련군이 6·25전쟁에 참전했음을 확인할 수 있었고, 공산군 조종사의 귀순방지를 위해 감시, 통제한 결과로 인해 유엔군의 제공권 장악 및 유리한 입장에서 휴전을 이끌어 내는데도 크게 기여하였다고 평가되고 있다.

이 작전을 실시한 배경과 경과를 실제 작전에 투입한 유엔군들의 증언을 살펴보면 흥미롭다.

1950년 11월에 러시아의 MIG-15전투기가 처음 한반도 상공에 출현했고 당시의 MIG-15기는 UN공군이 보유하고 있는 전투기를 훨씬 능가하는 성능을 가지고 있었다. 그 MIG기들은 남한에 배치되어 있었던 F-51S, UN군의 새 기종인 F-80 Shooting star, 해군의 F9F Panther보다 훨씬 빠른 비행을 할 수 있었다. 미국이 최신 전투기인 F-86 Sabre를 막 생산하기 시작했지만 공급부족으로 인해 UN공군은 여전히 불리한 입장에 처해 있었다. 비록 Sabre는 고속의 후기 가속도를 가지고 있었지만, 공중전에서 MIG기는 Sabre보다 더 높은 초기 가속도를 가지고 있었으며 급강하 시에도 훨씬 좋은 성능을 보이고 있었다. 그리고 MIG기는 밤보다는 낮에 훨씬 좋은 성능을 발휘하는 전투기이며, F-86만큼 강력했고, 훨씬 가벼웠으며, 조종하기 편했다. 그러나 Sabre는 낮은 고도에서 조종하는 이점과 심사숙고해서 결정되어지는 뛰어난 조종사들과 공중 전투술, 그리고 Sabre 전투기의 개량을 통해서 UN군은 약간의 우위를 유지하고 있었다. 전쟁초기 MIG기들은 소련에서 뜨는 것처럼 관찰되어졌다. 당시 UN의 조종사들은 러시아 조종사들이 MIG기에서 사용하는 라디오 주파수로 통신을 하는 것을 들었던 것이 그 증거이다. 게다가 MIG기는 새로 만들어진 것이었기 때문에 중공군과 북한군은 아직 MIG기의 조종술이 미숙할 것이라고 생각되어졌기 때문이다. 당시 MIG-15기와 다른 MIG기의 주요 임무는 UN군의 폭격기에 대항하여 소련을 방어하는 것이었다고 기억된다. 소련에 대항하는 미국의 전술전략은 B-29기와 B-59기, 그리고 B-36 등 폭격기들의 장거리 폭격에 의존하는 것이었다. 그래서 무엇보다도 MIG기의 성능을 아는 것이 가장 큰 문제였다. MIG기는 소련 외부로는 노출되지 않았으므로 기술적인 지식은 부족했다. 그러나 적절한 전술전략연구와 방어 시스템을 구축하기 위해서는 MIG기의 성능에 대한 이해와 디자인 원리를 아는 것이 꼭 필요한 일이었다. 중공군도 UN line을 결코 넘어오는 일이 없었다. 그래서 비행기의 잔해를 찾을 수도 없었고, 연구도 할 수 없었다. 우리는 당장 손안에 한 대의 MIG기가 절실했고, 그것을 이용한 비행과 분해를 통하여 MIG기에 대한 지식을 얻고 싶었다.(두 대의 MIG기를 폴란드 조종사들이 덴마크로 가져온 적은 있었지만 이 MIG기는 비전투훈련용으로 비행해보지도 못하고 즉시 반환되었다.) MIG기를 가까이서 볼 수 있었던 시기는 MIG기 한 대가 모래톱에 충돌한 뒤였다. MIG기 조종사는 비상탈출을 했었고, 전투기는 결국은 바닷가 근처 모래바닥에 추락하였다. 낮은 파도에 노출되어 있었기 때문에 비록 가능하지 않았지만, 원형을 고스란히 간직하고 있었다. 그래서 UN 작전 사령부는 북한군이 추락한 MIG기를 부수거나 바다에 휩쓸려 떠내려가기 전에 잔해를 회수하기 위하여 MIG기 회수 작전팀을 구성하였다. 대한민국 해군의 소형선박과 일본으로부터 온 특수바지선의 도움을 받는 항공모함 Eagle과 순양함 Birmingham을 포함한 영국의 해군들이 MIG기를 회수했다. 그 MIG기는 부산 공군기지로 옮겨졌고, 분해되어져서 테스트를 받기 위해 오하이오주에 있는 Wright Patterson 공군기지로 옮겨졌다. 그 MIG기를 통해 러시아 제트전투기의 디자인과 생산에 대해서 많은 양의 정보를 수집할 수가 있었을 것이다. 그래서 우리는 비행 가능한 미그기를 입수할 필요가 있었다. (맥 클라크 장군에 따르면) 6 · 25전쟁 당시 가장 위대한 심리전의 승리는 1952년 초에 한 명의 전쟁특파원이 술을 마시면서 제기한 아이디어에서 비롯되었다. 역사적으로 중공군은 항상 은빛 탄알이나 뇌물에 약했다. MIG기를 가져오도록 조종사에게 뇌물을 주면 어떨까? 그의 생각은 미 공군 장교와의 자조적인 가상 인터뷰형식으로 꾸며졌다. 그 해 말에 그 인터뷰에 대한 내용은 일본에 있는 극동 공군사령부에 보내졌고, 사령부는 그것이 신뢰할 수 있을 만한 내용이라고 생각해서 그 계획서를 워싱턴으로 보냈다. 그것은 국방성과 국무성을 거쳐 1953년 3월 20일에 합동 참모본부에 의해 정식으로 승인이 떨어졌다. 그 계획은 도쿄에 위치한 극동사령부의 합동 심리 위원회에서 승인을 받았고, 한국에 있는 UN군의 최고 작전 책임자인 클라크 장군에게 보내졌다. 클라크 장군은 이미 1952년 10월에 육군 신문에서 전쟁 특파원의 생각을 알게 되었고, 그것에 대해 계획을 세우고 있었다. 그는 바로 그 계획을 승인했고, 작전을 '몰라(Moolah) 작전' 이라고 명명했다. 그 계획의 주된 내용은 남한으로 전투 가능한 MIG기를 가져오는 조정사에게 5만 달러를 제공한다는 것이었다. 특히 처음으로 오는 조종사에게는 추가로 5만 달러를 더 제공한다는 것이었다. 물론, 비행사는 완전히 정치적인 망명에 대한 보호를 보장받을 수 있었다. 그러한 계획은 엄청난 선전적 효과를 가져올 것이었다. 조종사는 압제하의 북한 사회를 탈출하여 자유로운 남한으로 도망칠 것이었다. 그에 따라 북한과 중국의 고위층들은 그들의 조종사들이 변절할지 모른다는 의심을 품게 되었다. 소련군은 UN에 대항하여 비행하고 있지 않다고 주장했지만, UN 조종사들은 미그기와 교전을 하는 동안 러시아어로 된 교신을 들었다. 유엔사령부는 소련군이 유엔군에 대항하여 비행을 하고 있다고 확신하고 있었으며, 대다수가 최고의 조종사 소위 '보스' 라고 불리는 조종사였다고 생각했다. UN은 만약 이들 중 한 명으로 하여금 김포 공군기지로 귀순하게 할 수만 있다면 통쾌한 승리가 될 것이라고 믿고 있었다. '몰라작전(OPERATION MOOLAH)' 을 1953년 4월 클라크 장군이 UN라디오를 통해 방송했다. 단파방송이었고 MIG기 조종사들이 알아들을 수 있도록 러시아어, 중국어 그리고 한국어로 계속 반복되어졌다. 방송의 시기는 심사숙고해서 결정된 사항이었다. 그 당시 다치고 병든 병사들에 대한 대규모의 교환을 위한 휴전회담이 재개되었지만, 회담은 아무런 진전 없이 진행되었다. 북한군은 강경했고, 생각이 바뀌지도 않았으며 UN회담팀을 귀찮게 하기 위한 고도의 심리전을 펼치고 있었다. 아무런 진전도 없이 회담은 흘러갔다. 하지만 MIG기 조종사의 이탈을 부채질하는 전략은 북한군에게 커다란 부담을 주었고 가장 필요한 시기에 UN에게 커다란 도움을 주었다. 4월 23일과 26일에 압록강 유역의 공군기지에 수백만장의 전단을 살포하였다. 5월 10일과 18일에는 오십만장의 전단을 신의주와 의주의 공군기지에 뿌렸다. 이들 전단에는 다음과 같은 내용이 기재되어 있었다. "남한으로 비행 가능한 최신의 전투형 제트 비행기를 가져오는 조종사에게 미국 돈으로 5만 달러를 주겠다. 또한 자유세계로 그러한 제트 비행기를 처음으로 가져오는 최초의 비행사에게는 그 용기를 높이 사서 미국돈 5만 달러를 추가로 더 주겠다." 중국어와 한국어로 주석이 달려 있었는데 이것을 러시아어를 읽을 수 있는 MIG기 조종사에게 미국이 보내는 메시지이다. 그러한 사람을 알고 있다면 이 전단을 그에게 보여주시오, 이 전단에는 유엔군에게 투항하는 방법이 적혀 있습니다. 우리는 특별히 소련 조종사를 원했다. '몰라작전(OPERATION MOOLAH)' 이 시작된 지 얼마 안돼서 러시아어 방송이 강력한 방해전파에 의해 방해를 받게 되었다. 하지만 이상하게도 중국어와 한국어 방송은 방해를 받지 않았다. MIG기의 비행횟수는 현저히 떨어졌고 8일 동안은 출격이 거의 없었다. 4월 28일부터 5월 7일 사이에 비행하기에는 너무 날씨가 나빴지만 그 원인의 일부는 몰라(Moolah)작전 때문이었을 것이다. 4월 30일에는 큰 규모의 MIG기 편대가 보였고(거의 160대 이상이 되었다.) 그들은 싸우기를 꺼려했고 UN Sabre의 조종사는 3대의 MIG기를 격추시켰다. 아마도 그 때의 MIG기들은 북한군과 중공군의 새로운 조종사들에 의해 조종되는 것처럼 보여졌다. 방송이 있은 뒤에 한반도를 드나들던 소련군의 MIG기들은 소련 공군의 상징인 붉은 별이 칠해지게 되었고 북한군과 중공군의 MIG기는 나라를 식별할 수 있는 기호가 새겨졌다. 어쩌면 소련 당국에서 귀순을 우려한 나머지 소련 조종사들을 철수 시켰을 지도 모른다. 그리고 결정적으로 북한의 지도자인 김일성이 북한 조종사들이 공중전에서 더욱 비중있는 역할을 수행하고 있다고 발표하였다. 몰라(Moolah) 작전이 있은 후 90일간은 방송전의 90일에 비해 공중임무가 현저히 줄어들었고 조종사들의 실력도 많이 떨어졌다. 뛰어난 소련 조종사들이 더 이상 비행하고 있지 않다는 것이 확실하였다. 몰라(Moolah)작전이 있은 뒤 MIG기 조종사들은 전쟁을 통틀어 가장 저조한 비행을 기록하였다. UN의 Sabre 전투기는 단지 3대를 잃었지만 MIG기는 무려 165대나 격추되었다. 55대 1의 비율이었다. 아마도 북한군들은 정치적으로 신뢰가 가는 조종사로 하여금 비행을 시켰고, 최고의 기술을 가진 조종사들은 지상에 머무르게 하였다. 그러나 아무도 귀순하지 않은채 휴전을 하게 되었고, 몰라(Moolah)작전은 잊혀졌다. 비록 MIG기를 얻을 수 없었지만 결과는 긍정적이었다. 휴전 후 2달 뒤인 1953년 9월 23일 9시 24분에 북한군 대위인 노금석이 레이더의 추적을 피하기 위해 저공비행을 해서 MIG기를 타고 김포공항에 착륙한 일이 있었다. 그는 바로 정치적인 망명을 요구했다. 전투기는 MIG-17에 의해 대체된 MIG-15기였다. 노대위는 5만달러의 상금얘기를 전혀 알지 못했으며, 소련 및 중국 조언자에 대한 증오로 인하여 귀순했다고 했다. UN은 귀순과 휴전의 미묘성 때문에 귀순에 당황하였고 이에 5만불을 제공하기로 한 제안을 철회하였으나 이 상황의 심리전 가치를 충분히 이용하였다. 마침내 UN은 MIG기를 정당한 주인에게 되돌려주기로 결정했다. 북한군은 소련이 휴전회담에서 그들의 이익을 위해서 중립국의 위치를 얻으려고 노력하고 있었다. 그래서 북한은 소련에서 만들어진 비행기에 대한 소유권을 주장할 수 없었다. 그들은 소련이 결코 이 전쟁에 연관되어 있지 않다고 주장했다. 그러나 MIG기는 확실한 증거였다. 노대위가 몰고 온 MIG기는 지금은 오하이오, 달톤에 있는 공군 박물관에 전시되어 있다. 그러나 아이젠하워 대통령은 몰라(Moolah)작전에 호의적이지 않았다. 그는 귀순자에게 돈을 준다는 것이 비도덕적이며, 귀순은 이데올로기적인 이유로 이루어져야 한다고 생각했다. 클라크 장군은 약속을 했던 것처럼 보상을 해주는 것이 훨씬 도덕적이라 생각한다고 그의 회고록에 기록하였다. 반면에 소련의 선전부는 그것은 값싼 속임수에 불과하며, 국제법에 반하는 것이라고 주장했다. 이것은 그들이 이 상황에 대한 감정을 나타내는 것이었다. 한국인들에게 이것은 그냥 일상적인 일이었다. 중국과 한국의 전쟁지도자들에게는 적국을 매수하는 것이 일반적인 전략이었으며 이러한 포상금의 발상은 오래전에 한국과 중국에 구축되어 있었다. 아이젠하워를 불편하게 하지 않기 위해서, 미 중앙정보부는 노대위가 공개적으로 보상금은 받지 않으면서 대신에 기술에 교육 연금과 다른 재정적 대가보상과 동등한 수준으로 받는 방법을 고안했다. 노대위는 휴전회담에서 유용하게 쓰일 북한공군의 움직임에 대해 상세하게 설명해 주었다. 북한군은 휴전협정을 위반하면서 만추리아로부터 북한으로 전투기를 가져오고 있었다. 북한군은 이것은 정당하다고 주장했지만, 나중에는 전투기를 만추리아로 되돌려 보냈다. 노대위는 나중에 미 중앙정보부의 기구 내에 자유 아시아를 위한 회의라고 이름지어 진 곳에서 일자리를 얻게 되었다. 몰라(Moolah)작전은 비록 조종사가 그 작전의 결과로 넘어오지는 않았지만 가장 훌륭하게 수행된 심리전이라고 평가받게 되었다. 몇몇 사람들은 몰라(Moolah)작전이 비도덕적이라고 주장했지만 그것은 소련이 평화의 전도사라는 국제적인 평판을 없애는데 이바지했다. MIG기는 그때까지 모두가 알고 있었지만 증명할 수는 없었던 소련군의 한국전에서의 활동을 증명하였다. 수백 명의 북한군 포로들이 북한으로 되돌아가는 것을 거절했다는 것과 노대위의 망명은 더 이상 북한이 선전으로 내세우는 것같이 지상천국이 아니라는 것을 세계에 알리는 증거가 되었다. MIG기는 가장 최신형의 모델은 아니었어도 과학적이고 기술적인 면에서 아주 큰 가치를 갖고 있었다. 휴전협정이 깨졌을 때에는 언제든지 아군의 세이브(Sabre) 전투기와 다시 부딪칠 것이기 때문에 미국은 그 비행기가 어떤 방식으로 비행하는지를 이해해야만 했다. MIG기는 오키나와에 있는 카데나 공군기지에서 철저히 비밀로 부쳐진 채 미국의 두 조종사에 의해 작동원리를 알기 위한 시험에 들어갔다. (한 사람은 '척 이거' 라는 사람으로 나중에 음속을 돌파한 첫 번째 사람이 되었다.) 노대위의 조인을 들은 후에 그들은 현재 미국의 전투기에 맞서 가성전투를 벌였다. 전투비행 테스트에서 그 전투기에 대한 몇몇 신화가 깨지기 시작했다. MIG기는 음속을 능가하는 것이 불가능했고, 흔들림이 너무 심했으며 빠른 속도와 높은 고도에서의 제어는 너무 힘들었다. 또한 조정석 덮개는 계속해서 얼어붙었고 고온 공기 순환시스템이 작동하지 않아서 움직이기도 힘들었다. 그러나 그 전투기는 높은 수준의 가속력과 급상승력을 가지고 있었다. 저속에서는 세이브(Sabre)보다 훨씬 다루기 편했으며 회전을 하기도 용이

했다. 그렇지만, 이 모든 것을 종합할 때 F-86 세이브(Sabre)가 훨씬 더 좋은 전투기였다. 뛰어난 조종사와 더 강력한 조종사 그리고 더 숙련된 기술을 통해 세이브(Sabre)는 MIG기보다 10대 1정도의 화력의 우위를 차지할 수 있었다. 이러한 종합적인 비율은 중공군에게 심각한 정신적인 타격을 주었다. 중공군들은 밤과 낮의 구별없이 하늘에서의 공격으로부터 무방비 상태였다. 왜냐하면 공산주의자들은 그들의 전투기를 압록강 지방에 있는 은신처로 이동시켰기 때문에 하늘로부터의 공격을 막아줄 수 있는 것이 아무것도 없었다. 특별하게 제작된 전단이 뿌려졌고 중공군과 북한군은 그것을 보면 "우리 아군 비행기는 어디에 있나?"하고 문곤하였다. MIG기의 퇴역은 MIG기 신화가 끝났다는 것을 의미하는 것이었다. 추측을 하는 것보다는 바로 아는 것이 중요한 것이다. 미국 전투기 전술은 MIG기를 통해서 얻게된 새로운 정보를 바탕으로 더 훌륭하게 개선시켰다.

라. 항복 전단작전

부전이전승(不戰而戰勝), 싸우지 않고 이기는 전쟁은 적을 무장해제 또는 아군으로 투항시키는 방법이다. 투항시키는 방법중에 가장 효과적인 방법이 투항권고와 안전보장증 전단으로 대별할 수 있다.

투항권고전단은 전장에 선행되는 라디오 방송이나 육 · 해 · 공군의 공격 등이 계속적으로 성과를 나타냄으로써 완성되는 것이다. 승전한 적이나 항복의 의사도 없는 적에게 투항권고전단을 살포한다고 해서 효과를 얻는 것은 아니다. **사전의 준비와 예비지식과 가공할만한 무력의 시위없이 사용되어서는 아무런 소용도 없고 도리어 조소를 받게 될 뿐이다. 적진지의 내용을 얼마나 잘 알고 있는가를 보여주고 적의 부대명칭을 알고 적의 지휘관에 대한 신뢰감을 박탈할 수 있을 정도가 되어야 한다.** 항복할 때에는 상황이 허락하는 한 가장 명백하고 단순한 지령을 주면 효과적이다. 그리고 이 투항 안전보장증을 소지하고 항복한 예를 사진으로나 필요하다면 익명의 편지형식으로 구성하는 것도 효과적이다.

투항해 오는 병사가 느끼기 쉬운 투항행위 자체에 대한 죄책감을 제거해 주는 것도 중요하다. 특히 편지형식의 전단은 2차 세계대전에서 **'전쟁포로가 되는 것이 좋은 것은 없지만, 끝까지 싸운 후에 포로가 되는 것은 어쩔 수가 없다'** 듣지 '포

로가 되는 것이 자유스러운 몸이 되는 것보다야 못하지만, 죽는 것 보다는 낫다' 는 표현들이 효과적이었던 것으로 입증되었다. 이러한 표현들의 특징은 투항을 노골적으로 요구하기 보다는 암시적으로 제시하며, 투항행위 자체를 미화시키지는 않았다는 점을 주목해야 한다. 그러나 6 · 25전쟁 시 아군이 제작한 투항권고전단에는 **'무기를 버리고 투항하라'**, **'살려면 지금 항복하여라'** 든가, **약간 부드럽게 '넘어 오시오'**, **'백기는 항복도 아니고 부끄러움도 아니다' 는 표현을 쓰고 있으나, 죄책감을 제거해주려는 노력은 미약하였다.** 투항을 명예로운 것으로까지 미화시키고 있는 사례도 보였다. 게다가 표현도 대부분 명령적이고 직선적이어서 저항감을 불러일으키기 쉬운 것들이었다. 투항에 대한 보상으로써 '식량과 치료제공', '귀향조치(歸鄕措置)', '생명보호' 등은 그런대로 적절하다 하겠으나, **'솔직히 반성하여 대한민국에로 투항하라, 그들은 국군과 차별없이 우리 국군의 대열에 서게 될 것이다'**, **'구타 · 욕설을 삼가하고 생존권을 보호하여 고향으로 돌아가게 하겠다'** 는 등의 표현은 적에게 관심과 신뢰를 주지 못했던 표현들이었다. 실행에 옮길 수 없는 행동을 강요받은 사람은 내적으로 긴장감을 느끼게 되어 그러한 요구를 하고 있는 사람에 대하여 적대감까지 느끼는 게 인간의 심리 현상이다.

여기에는 「제네바」조약의 규약을 재확인한 수용소 영내상태의 설명, 사단장이나 자기대장을 위하여 죽는 것이 얼마나 바보스러운 짓인가, 병사의 죽음은 오로지 국가를 위해야 할 것이라는 것 등은 효과적인 표현이었다.

원래 항복이라는 것은 극히 위험을 동반하는 행위이며 때에 따라서는 배신행위 같은 감을 가지게 된다. 이것을 조절할 줄 아는 방법을 사용함으로써 효과는 가능한 것이 되는 것이다. 하지만 9월 15일 인천상륙작전과 함께 미 심리전 요원들은 다수의 포로를 획득하여 그들의 성과를 드러낼 수 있었다. 상륙 10일후 13대의 B-29는 다량의 항복전단을 살포했다. 극동사령부 공군의 몇몇 장교들은 노력이 과다하다고 생각했지만 극동사령부 공군의 정보처에서는 그 임무가 상당히 효과적이라고 평가했다. 서울 근처에서 104명의 적군은 각각 항복전단을 소지한 채 항복을 해왔다. 포로중 북한군 13사단의 참모장이 최고위급 장교였으며, 그는 미 전단을 통해 인천상륙작전에 대해 알게 되었고, 북한에 승산이 없을 것으로 결론을 내리고 항복했다고 진술했다.

육군심리전의 효율성에 대한 연구에서는 2,728명의 적 포로중 904명이 심리전의 영향으로 항복하게 되었다고 주장했다. 또한 561명의 포로중 377명 가량이 전단을 읽고 항복하였다고 했다.[71] **포로들은 그들이 항복할 때 가장 두려웠던 것은 살해당할 수 있다는 두려움이었다고 한다. 이들은 마을 주민들이 이런 두려움을 극복할 수 있도록 해주었다고 한다. 담배를 주겠다는 약속과 힘든 노역으로부터의 해방은 공중폭격으로부터의 보호만큼이나 이들에게 중요했다. 그리고 그들은 전단에 명시된 좋은 대우에 대해 믿었다고 했고 향수를 주제로 한 선전에 마음이 움직였다고 했다.**

정치지도자들은 공산군들의 정치적 이유, 이념 때문에 항복했다는 보고를 듣기 좋아했다. 이와 같이 UN군의 심리전 주제를 효과의 측면에서 순위를 부여하면 ❶ 전쟁 후 집으로의 귀환 약속 ❷ 항복하는 방법 ❸ 좋은 대우 ❹ 맥아더 장군의 서명이 있는 전단 ❺ 생명의 보장 순이었다.

이들은 간부들의 감시와 위협에도 그들 사이에서는 전단의 내용에 대해 토의하곤 하였으며, 간부들은 전단에 별다른 영향을 받지 않았다고 진술했다. 전단을 접해 본 경험이 있는 병사들은 전단을 접해보지 않은 병사에 비해 투항하는 경향이 훨씬 많음도 발견할 수 있었다.

6·25전쟁중의 가장 효과있게 사용되었던 전단이 안전보장증 전단이었다. 6·25전쟁기간중 이 안전보장증 전단을 휴대하고 투항한 병력은 수천명이 되었다. 공산

[귀순자에게 좋은 처우를 약속한다는 전단]

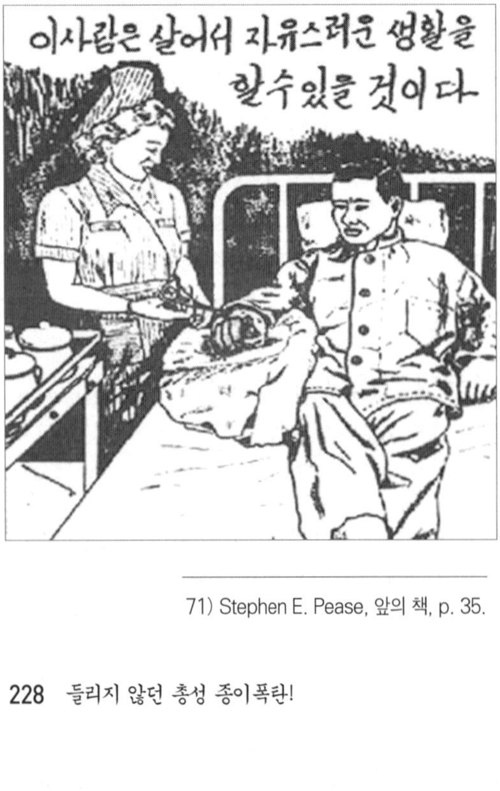

---

71) Stephen E. Pease, 앞의 책, p. 35.

군은 전쟁 초기부터 이러한 전단의 위력을 알았기 때문에 남쪽에서 보낸 안전보장증을 휴대하면 처형을 한다고 위협했고, 실제로 휴대한 자를 찾기 위해 많은 노력을 기울였다. 이러한 안전보장증을 은폐하고, 색출하는 과정에서 상호간의 갈등과 불신이 증폭되기도 하였다. 이러한 상호간의 갈등과 불신을 증폭시키는 것도 안전보장증 전단을 살포한 중요한 목적이기도 하다. 공산군들은 상급자나 색출자로부터 은폐하기 위해 갖가지 노력을 했다. 때로는 사타구니 속에도 숨기기도 하였다. 공산군이 죽음을 무릅쓰고 전단을 획득, 소지하는 점을 고려하여 크기, 모양, 내용에 많은 지혜와 노력이 투자 되었다. 이러한 노력의 결과 공산군이 가장 쉽게 구별하고, 호기심을 갖고, 또 은폐하기도 좋은, 발각되더라도 변명할 수 있는 전단이 북한에서 사용하는 화폐처럼 제작한 '화폐형 안전보장증' 전단을 만들어 살포하였는데 상당한 효과를 거두었다. 이 화폐형 전단의 효과를 인정하여 미군은 걸프전 등과 같은 현대전에서도 심리전을 많이 사용하고 있다. 심지어 유흥업소 홍보용 전단에도 자주 사용하고 있다.

그러나 전쟁이 끝날 때까지 6가지의 다른 안전보장증이 제작되어 투항자들을 혼란스럽게 하였다. 모두 똑같은 내용이었으나 출처만 바뀌었을 뿐이다. 어떤 전단에서는 UN병사나 남한병사에게 의뢰하라고 지시했고, 또 따른 전단에서는 중국인 자원자에게 전단을 보여주라고 지시하고 있었다.

안전보장증으로 전단작전을 실시한 후 전단을 소지하고 투항한 공산군의 증언을 들은 미 24사단 헌병 월터 모리슨(Walter Morrison)씨의 증언 내용이다.

> "나의 임무는 북한에서 남한으로 가는 피난민들을 구분하고 민간인 속에서 인민군, 중공군을 추려내는 것이었다. 나는 예전에 북한에 살포했던 수많은 안전보장증과 항복 전단을 보았다. 중공군 병사의 경우 그들의 몸에서 이러한 전단이 하나라도 발각되면 바로 총살형에 처해졌다. 그래서 그들은 이러한 전단을 군복에 몰래 넣어 꿰맸고 발각을 피하려고 직장(直腸)에 이것들을 넣기 까지 했다."

안전보장증은 북한군과 중공군 군대에 대량으로 살포되었고 그들은 만약 이 증명서를 하나라도 가지고 있으면 처형을 한다고 위협을 가했지만 수천명이 그러한 증명서를 가지고 있었다. 그 증명서의 내용은 한국어, 중국어, 영어로 되어 있었다. 공산군들은 안전보장증를 사용하기 전에 수주동안을 주워서 그들의 군복안에 숨기

[안전보장증 전단]

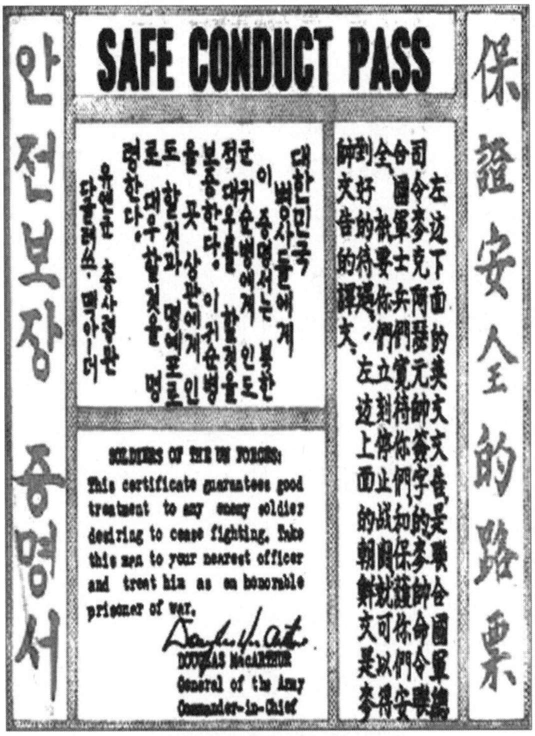
안전보장증명서
SAFE CONDUCT PASS
保證安全的路票
SOLDIERS OF THE UN FORCES:
This certificate guarantees good treatment to any enemy soldier desiring to cease fighting. Take this man to your nearest officer and treat him as an honorable prisoner of war.
DOUGLAS MacARTHUR
General of the Army
Commander-in-Chief

這張是
保證安全的路票!
SAFE CONDUCT PASS
SOLDIERS OF THE UN FORCES:
This certificate guarantees good treatment to any enemy soldier desiring to cease fighting. Take this man to your nearest officer and treat him as an honorable prisoner of war.
DOUGLAS MacARTHUR
General of the Army
Commander-in-Chief
保證安全的路票
中國士兵們，你們在第二次世界大戰中，曾經和美國士兵共同作戰，你們都知道中美人民是好朋友。
你們知道，祇要跑到聯合國軍這邊來，你一定得到好的招待。你如果受了傷，長了凍瘡或者生了其他的病，你一定得到好的治療。
你可以得到好的飲食，暖和的衣服，香烟，還可以打球娛樂，自由集會和談天。

안전보장 증명서
북한군 장병들에게
살려면 지금 넘어오시오
국제연합군 쪽으로 넘어오시오. 우리는 당신을 환영하고 잘 대우하겠읍니다. 좋은 음식도 주고 치료도 하겠읍니다. 이 전쟁이 끝나면 집으로 돌아 갈 것입니다. 이 아래 쓴 영문은 맥아더장군이 모든 국제연합군과 대한민국군은 북한군 포로를 잘 대우하라고 한 명령 입니다.
SAFE CONDUCT PASS
SOLDIERS OF THE UN FORCES:
This certificate guarantees good treatment to any enemy soldier desiring to cease fighting. Take this man to your nearest officer and treat him as an honorable prisoner of war.
DOUGLAS MacARTHUR
General of the Army
Commander-in-Chief

SAFE CONDUCT PASS
안전보장 증명서
북한군 장병들에게
살려면 지금 넘어오시오
一, 밤에 부대를 떠나서 날이 새거든 국제연합군이나 한국군 쪽으로 넘어오시오.
二, 큰 도로나 작은 길을 걸어오시오. 도로나 길이 없으면 들판을 걸어 오시오.
三, 손을 머리위로 들고 이 '삐라'를 흔들든지 또는 할수있으면 흰 물건을 흔들면서 오시오. 이렇게하면 국제연합군은 당신이 귀순하는줄을 알고 당신에게 사격을 하지않을 것입니다.
四, 귀순 할때는 이 '삐라'를 가지고오지 않아도 좋습니다.

고 다녔다. 이 증명서는 유효기간이 없었다.

항복을 하면 식사가 주어졌고 적으로서의 두려움 같은 것은 사라졌다. 정치부 장교들은 부하들이 항복을 하는 것을 막기 위해 무척 애를 썼다. 하지만 전투가 있은 뒤에는 항복하는 비율이 계속 증가했고 대부분은 이념 없이 항복하는 사람들이었다. 정치부 장교들은 부하들에게 UN군인들은 공산군이 보이면 체포해서 죽인다고 엄포를 놓았다. 또한 만약 항복을 하면 그 당사자 군인의 가족들이 처형을 당할 것이라고 위협했다.

또한 공산군들은 전단에는 질병을 일으키는 물질이 들어있기 때문에 화장지나, 담배종이, 불쏘시개 등으로 사용할 수 없다고 믿고 있었다.**(북한에서는 한국에서 보낸 일부물품이나 삐라에 방사선처리가 되어 있으며 음식물은 취식을 하면 장이 꼬이고, 물건이나 삐라를 만지면 손이 썩는다는 등의 교육을 시키고 있다. 이것은 한국의 발전상과 자유사조에 의한 오염방지를 위한 조치이다. 1990이후 귀순자들의 증언)**

전쟁초기 UN전단에는 포로들의 얼굴을 숨기기 위해서 검은 선으로 얼굴을 가려서 캠프 안에서 보복을 피하게 했다. 그러나 UN은 공산당의 정치부 장교들이 검은색 줄은 화학실험을 통해 얻은 상처를 숨기기 위한 것이라고 설명하는 것을 곧 알게 되었다. 그래서 포로들의 동의를 얻어 검은 선을 제거했다.

[초기에 제작된 눈 가린 안전보장증]

[포로의 눈을 가리지 않은 안전보장증]

마. 공습예보 전단작전

공습예보 전단작전이란 유엔군이 폭격전 폭격 예정지역에 전단이나 방송 등을 통해 사전에 경고하고 알려줌으로써 민간인이 그 지역을 이탈하도록 하는 작전이다. 그러나 이러한 유형의 작전은 폭격지역에 민간인의 이탈을 유도하는 인본주의적 목적보다는 그 과정에서 일어나는 각종 갈등과 북괴군과 주민사이의 불신으로 인한 부수적인 효과를 기대하고 실시한 심리전의 성공적인 예이다.

아래 전단은 1952년 7월 대규모 공중작전을 실시하기 전 평양을 포함 73개의 도시 및 마을을 대상으로 살포한 공습예보전단이다. 이 결과 폭격대상 지역 내 주민

[공습예고 전단]

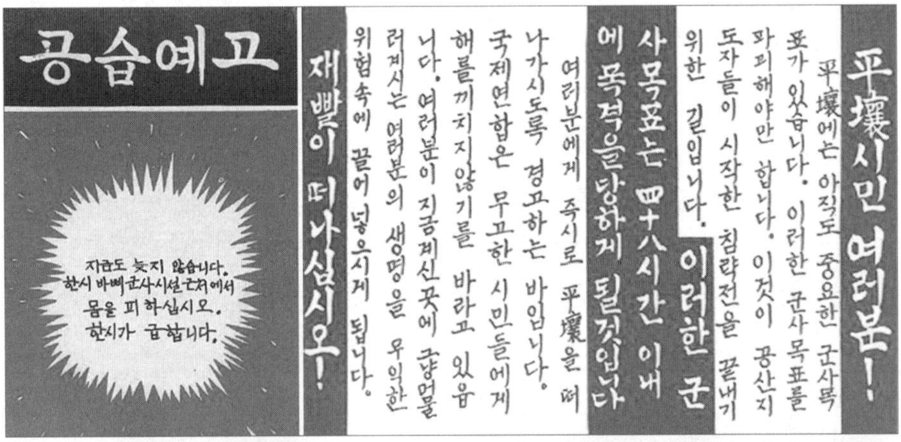

을 대피 시키는 데 있어 성과가 있었다. 그러나 미 국무부에서는 이러한 전단살포에 대해 반대입장을 취했다. 그들은 미국이 무고한 주민을 표적대상으로 한다고 세계 여론에 알려질까 걱정했기 때문이다.[72]

북한 함경도 영흥이 공격목표로써 선정되었을 때 수개월전부터 C-47이나 B-26으로 영흥과 기타 도시지역에 대해서 경고를 했다. **'군사목표지에만 포격을 한다. 우리는 민간인을 살해하고 싶지 않다. 즉시 이곳을 떠나라'** 고 전단을 통해 경고하는 동시에 서울방송국을 통해서는 전 북한에 대해서 **'유엔군은 교통중심지와 군수보급지를 포격한다. 일반인은 그곳으로부터 떠나라'** 라는 내용의 방송을 했다. 그리고 포격 10일전에 목표지인 영흥에 **'다음번은 너희들 차례다'** 라는 내용의 전단을 살포했다. 그리고 폭격기가 폭격하기 20분전 서울방송은 영흥에 대하여 특별경고를 했다. **'유엔군 비행기는 곧 올 것이다. 빨리 피난하라'** 고, 폭격 5분전 B-26의 공중방송기는 **'당신들은 이미 경고를 받았을 것이다'** 고 주의를 환기시키는 동시에 최후의 전단을 살포했다.

이와 같이 전단은 하나의 계획된 일련의 살포로써 그 효과를 올리게 되는 것이다. 전략적인 임무를 가진 전단도 보통 C-47이나 B-26으로써 지폭탄과 전단포(약 2천 5백매)로써 살포되며, 전술적인 임무를 가졌을 때에는 150미리 유탄포탄에 장

[민간인에 대한 경고전단]

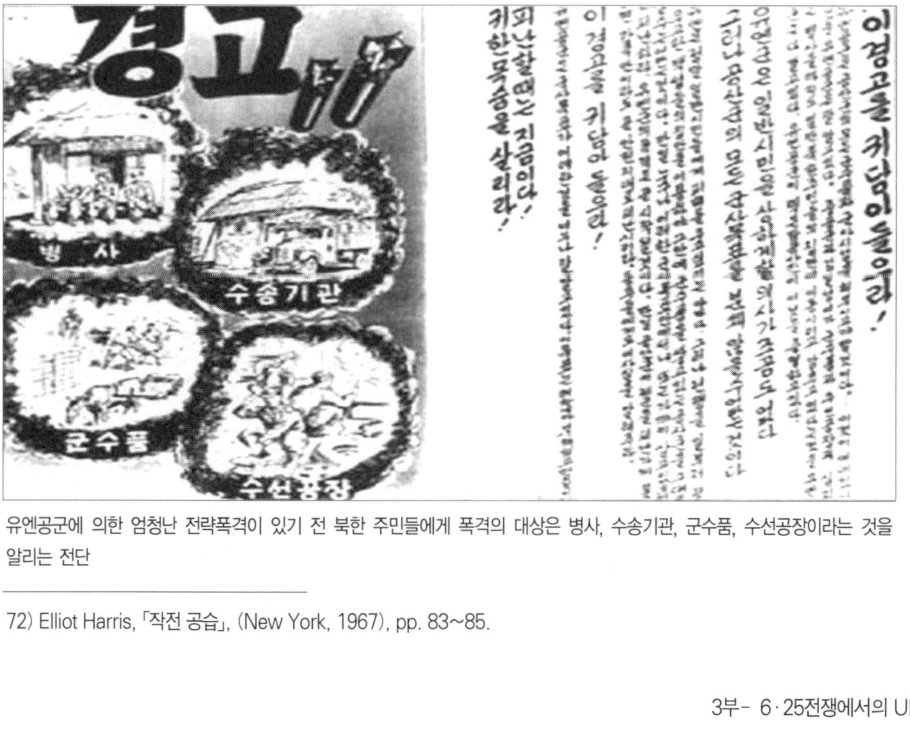

유엔공군에 의한 엄청난 전략폭격이 있기 전 북한 주민들에게 폭격의 대상은 병사, 수송기관, 군수품, 수선공장이라는 것을 알리는 전단

72) Elliot Harris, 「작전 공습」, (New York, 1967), pp. 83~85.

착해서 목표지에 살포되고 또한 L-29로써 공중살포도 하였다. 또한 적군지역에 수색대가 침투하여 전단을 살포하기도 했다.

이 공습예보 전단작전의 효과는 다음과 같은 몇 가지로 요약할 수 있다.

첫째, 폭격과 병행된 심리전 공습예보 전단을 살포함으로써 북한주민들에게 공포감을 조성하고 사기를 저하시켰다. 또한 UN군의 공중 우세권이 완전히 장악되었음을 과시하는 효과도 있었다. 그리고 정확하게 예보된 시간과 지역에 폭격을 함으로써 유엔군의 폭격이 얼마나 정확하게 이루어지고 있는지를 인식시켜 주었고, 북조선은 공중폭격에 대한 아무런 공중전 수단이 없음을 인식시켜 필패의식을 조장시켰다.

둘째, 공습예보 전단이 살포되자 북한 주민은 그 곳을 떠나려고 했다. 그러나 공산당에서는 혼란과 동요를 막기 위해 이탈을 금지시켜 무고한 북한주민이 사상을 당했다. 이는 유엔군이 북한주민의 사상을 막기 위해 사전에 대피하도록 경고했음을 알 수 있어 '유엔군은 무차별 폭격을 감행한다' 는 공산당의 선전이 거짓임을 확인케 하였다.

셋째, 북한주민들이 공산당 지도층에 대한 불신과 갈등 증폭에 기여하였으며, 전쟁지속능력을 감소시키는 결과를 초래시켰다. 공습 전단과 방송이 계속되자 공산당 정치보위부원들은 주민의 손에 전단이 들어가지 않도록 사전 수거 작업을 하거나, 전단을 줍거나 읽는 자는 처벌한다는 통제를 강화하여 결국 공산당 지도층에 대한 불신과 갈등을 조장하였고, 주민의 작전지역 이탈과 이를 막는 공산당 지도층과의 마찰, 그리고 주민의 대피, 이탈에 따른 혼란이 증폭됨으로써 적군의 군사작전에도 크게 방해를 초래하였던 효과를 거두었다.

공습예보 심리전의 배경과 경과에 대해 댄브룩 중위(Lieutenant Denver Cook)의 증언 내용이다.

> B-29s는 공장과 주된 군사 공급시설을 대상으로 하는 일반 공습 작전 중 종종 전단 폭탄을 떨어뜨리곤 했다. Shoran 라디오 안내 장치(Shoran radio guidance unit)에 의한 투하처럼 더 많이 변화된 임무를 행하는 최근의 작전에서는 항상 서너 개의 출격은 'PAPER ROUTES' 라 불리는 전단 투하 작전에 배정되었다. 1951년 여름 동안 참모장의 명령 하에 시민들에게 피난하라고 경고하는 전단을 연료, 탄약 공급시설과 철도를 공습

하기 전에 평양, 진남포, 원산, 강계에 투하하였다. 이러한 작전을 계획 폭파 작전이라고 한다. 이 작전은 시민들의 불상사를 줄이고 시민들의 사기를 저하시키며 산업 생산을 붕괴하려는 의도가 있었다. 게다가, 피난 가는 시민의 행렬로 인하여 북한군의 이동을 지체시키는 의도도 있었다. 두 개의 폭탄 투하 작전(PSYWAR operation)이 계획되었다. 계획공습(plan strike)은 통신 센터, 주공급로, 그들의 경고 전단작전 등에 주로 가해지는 공격에 붙여진 이름이다. 계획폭발(plan blast)은 경고 전단 작전에 따른 평양과 그 주변의 군사적인 목표물을 공격하는 것이다. 이와 비슷한 전술은 2차 대전의 후반부에 독일을 공습하기 전 Curtis LeMay장군이 성공적으로 해냈다. 만약 전단 투하가 작전의 한 부분이면, 목표 지점에 있는 사람들에게 "조심하라!, 우리가 여기에 있다!, 떠나는 것이 나을 것이다"라는 경고를 하기 위해서 사전에 전단을 투하하고, 하루나 이틀 후에 공습이 행해진다. 이러한 작전 후에, 또 다른 B-29 작전은 "우리가 이러한 사실을 말하지 않았느냐!"라고 쓰여 있는 전단을 투하하였다. 워싱톤에 있는 몇몇 정치가와 군사 계획자는 전단 작전은 민간인들에게 경고하기에는 충분하지 않을 것이라고 생각했다.(또한 한번은 계획 공습 작전전에 라디오 서울을 통하여 곧 실행될 B-29 작전의 목표물 목록에 오른 신천과 연안에 살고 있는 주민들에게 경고하였다.)

이러한 의도는 인도주의적인 입장이었다. 그러나 공공기관과 당국은 놀랐다. 주 정부는 공산주의자들이 이러한 경고사항을 그들 자신의 선전에 이용할 것을 염려하였다. 군사적인 목표물을 향한 공격은 민간인을 경고하는 것이 아니라 민간인을 향한 공격처럼 보여질 수 있었다. 그러나 세계의 언론이 도시지역의 공습에 대한 비인간성에 초점을 두게 되면 대중들에게 도시지역의 목표물의 공습을 피할 수 있도록하는 전단작전의 인간적인 의도를 대중들이 알지 못하게 될 것이다. 미래의 발표는 목표물의 군사적인 특성에 집중하게 될 것이며, 다른 대량 공격에는 별로 관심을 보이지 않을 것이다. 경우에 따라서 민간인들은 전단 투하로 인해 더우 조심하게 될 것이다. 전단자전은 종종 공습에 의한 충격을 이용하는 주된 작전 후에 사용되었다. 예를 들어, 인천 상륙 작전 후에 제 13B-29 편대는 퇴각하는 북한군과 항복한 100명 이상의 군인에게 항복 전단을 투하해 B-29 안전 보장 서약서를 휴대하도록 하는 임무를 맡았다. 계획 공습과 계획 폭파가 극동공군(FEAF)사령부에 의해서 전반적으로 행해진 것은 아니다. 몇몇 사람들은 이러한 전단 투하로 인해 아군이 지상군의 반격에 의해 더 위험해 처할 수 있겠지만 민간인들에게는 놀라움을 덜게 할 수 있을 것이라고 생각했다. 그러나 인민군은 민간인들이 피난할 수 없도록 한 것은 사실이었다. 그래서 민간인의 피해를 줄이는 것은 완전히 이루어지지 않았으나, 산업 생산의 붕괴는 이루어졌다. 소수의 사람들은 여전히 공장지대를 떠나 마을로 피난을 갔었다. 공산주의자들은 이러한 공격을 그들에게 유리하게 이용하였다. 라디오 북경은 미군의 폭격을 군사시설의 표적화의 구실 하에 민간을 향한 융단 폭격이라고 비난했다. 소비에트 연맹의 공산당 기관지인 프라우다(Prauda)는 이러한 폭격은 휴전협정 중에 비윤리적인 압력이라는 서너 개의 사설을 세계 공산주의 언론에 배포하였다. 공산주의자는 민간인들의 사기에 대해 걱정을 하였고 이러한 공습은 상황을 더욱 악화시켰다. 프라우다는 산업 공장시설은 북한이 과거의 농업국가를 벗어나 진보할 수 있는 유일한 길이며, 미국은 북한이 현대 세계로 발돋움할 수 있는 기회를 앗아가려 노력하고 있다라고 하였다. 대량학살의 더 많은 책임이 있었다. 실제로 이러한 공격은 매우 효과적인 심리전이었다. 이를 통해 UN군은 제공권을 가졌고 원하는 어떠한 목표물도 공격할 수 있었으며, 북한군은 이러한 것을 멈추게 할 힘이 없었음을 보여줬다. 소문에 의하면 몇몇 사람들은 공장 일을 포기하고 더 안전한 곳으로 슬그머니 이동하였다. 또한 1951년 1월 5일, 6일에는 평양에 몇 대의 B-29 소이탄 폭격이 있었다. 눈이 내림으로 해서 폭격은 늦추어졌으나, 도시 중앙부의 35%가 잿너미로 변하였다. 그러나 평양 라디오는 이틀 동안 불길이 번졌는데 몇몇의 민간인 사망자만 생겼다며, 사실과 다른 주장을 하였다. 미국은 이러한 전단 살포 작전 실시에 군사적인 의도가 있었다는 데 대하여 대항하였다. 그러나 다큐멘터리 영화로 잿더미가 된 집, 학교, 병원뿐만 아니라 죽거나 부상당한 어린이가 보도되었을 때는 공산주의자의 비난을 극복하기가 거의 불가능했다. 이러한 다큐멘터리 영화가 실제 폭격 후에 찍어졌는지의 사실은 별로 문제가 되지 않는다. 그래서 이러한 주장들은 호응을 얻기가 거의 불가능 하였다. 1953년 7월 27일 북한에 대한 폭격 사령부의 최후의 작전은 전단 비행이었다. 22시의 사격중지 전에 제 98 비행단 소속의 RB-29 2대와 제 91비행단 소속의 2대의 비행기는 도피로가 제시된 전단을 북한에 살포하였다.

바. 중공군의 사상자를 이용한 전단작전

중공군의 전사자를 이용한 전단은 중공군의 인해전술이 얼마나 무모하며, 공산당들이 그들의 목적을 달성하기 위해 인간의 생명을 파리목숨처럼 취급하고 있음을 경고하여 염전사상과 전투이탈을 유도하고, 공산당 지도층의 선전 · 선동에 대한 불신을 증폭시키기 위해서 실시된 작전이었다.

[중공군의 전사자를 이용한 전단]

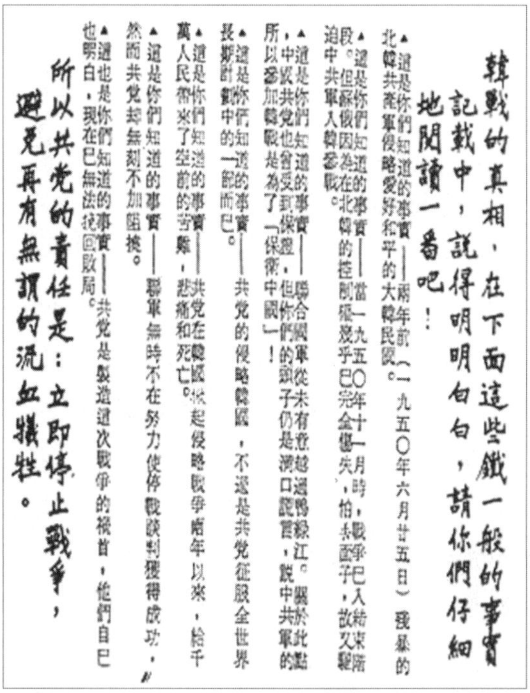

韓戰的真相，在下面這些鐵一般的事實記載中，說得明明白白，請你們仔細地閱讀一番吧！

▲這是你們知道的事實——兩年前（一九五〇年六月廿五日）我暴的北韓共產軍侵略愛好和平的大韓民國。

▲這是你們知道的事實——當一九五〇年十一月時，戰爭已入結束階段。但係假因為在北韓的控制權幾乎已完全喪失，怕，丟面子，故又驅迫中共軍入韓參戰。

▲這是你們知道的事實——聯合國軍從未有意越過鴨綠江。，中國共党也曾受到保證，但你們的頭子仍是滿口謊言，說中共軍的所以參加韓戰是為了「保衛中國」！

▲這是你們知道的事實——共党的侵略韓國，不過是共党征服全世界長期計劃中的「節」而已。

▲這是你們知道的事實——共党在韓國挑起侵略戰爭兩年以來，給千萬人民帶來了空前的苦難，悲痛和死亡。

▲這是你們知道的事實——聯軍無時不在努力使停戰談判獲得成功，然而共党却無刻不加阻撓。

▲這也是你們知道的事實——共党是製造這次戰爭的禍首，他們自己也明白，現在已無法挽回敗局。

所以共党的責任是：立即停止戰爭，避免再有無謂的流血犧牲。

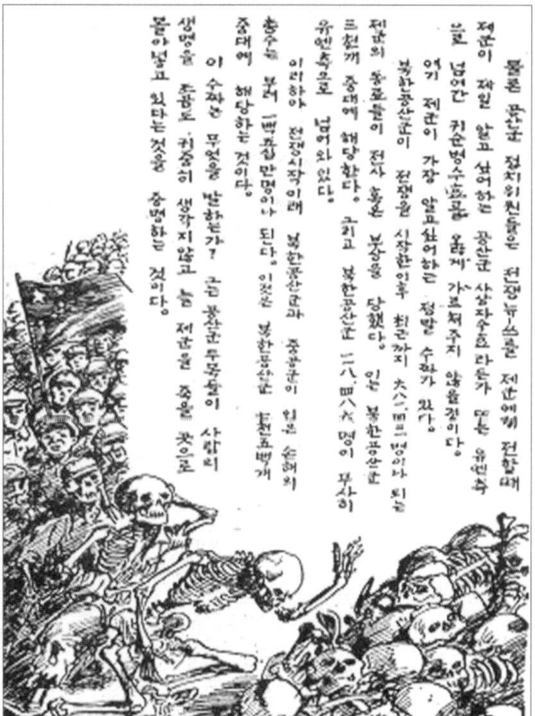

중공군의 7,500개 중대가 전멸 했다는 메시지를 시체 그림으로 구성한 전단

아래 글은 중공군 사상자를 이용한 전단작전의 배경과 작전경과에 대한 증언내용이다.

중공군의 주요전략 중의 하나가 '인해전술'로 유엔군을 공포에 몰아넣는 것이었다. 그들은 수백만의 군대를 전쟁터의 최전선에 배치하는데, 심지어는 가공할 만한 UN중화기 부대에도 전면에 배치했다. 몇몇의 군대는 비무장 상태이고, 전사한 전우 위를 전진하면서 시체 속에서 총알을 찾기도 했다. 이러한 생명의 손실은 놀라울 정도였다. 릿지웨이(Ridgway) 장군은 비록 적군 병사가 죽을지라도 엄청난 죽음을 보고 괴로워했다. 그는 그들의 대량 죽음을 보여줄 수 있는 전단을 만들어 적군 병사에게 살포하는 심리전을 명령하였다. 이러한 의도는 적군의 사기를 떨어뜨리는 것이었다. 그는 인해전술의 무용함을 강조하기 위해 처참히 죽은 중공군의 사진을 전단에 게재할 것을 제안하였다. 심리전 병과(Psychological Warfare Branch:PWB) 내에서의 의견은 여러 가지였다. 몇몇의 장군은 의도하는 것을 얻을 수 있을 것이라고 생각을 하였고, 다른 사람들은 이러한 사진은 더 나쁜 반응(반미감정, 복수)을 유발할 수 있을 것이라고 생각했다. 이러한 잔혹함을 선전하면 더욱 잔혹해짐을 알 수 있었다. PWB는 릿지웨이(Ridgway) 장군의 의도에 맞게 전단을 도안할 것을 결정하였다. 문제 중에 하나는 어떤 사진을 선택하느냐 하는 것이었다. 대부분의 미군 사진은 폭격 후 죽어있는 중공군 뒤에 미군이 서 있는 것이었다. 이러한 사진은 선전용이며 전단에 필요하지 않았지만 종종 사진 속의 병사들은 웃음을 띠고 있었다. 마침내 사진을 선정하였는데 이 사진은 단순히 중공군 병사가 죽어있는 모습이었다. 이 사진은 중공군의 피범벅이 된 군복을 선명하게 보여주고 있었다. 사진의 뒷면에는 다음과 같은 글이 적혀 있었다. 「터키 연대의 성공적 공격으로 중공군 시체가 한국 262 고지에 보이는 전장 광경, 1951년 2월 21일」 어떤 공산군도 미군과 아군 외에 다른 나라 군대에 대면할 것이라고 생각하지 않았다. 실제로 전쟁터에는 UN 12개국의 군대가 있었다. 이 사진은 단순히 무시무시한 UN군의 무기에 죽을 것이라는 것을 중공군에 알릴뿐만 아니라, 미국과 남한이 다른 나라와 연합해 싸우고 있다는 것을 보여준다. 이 문구는 중국어로 번역되어 사진 옆에 짤막하게 써 있었다. '이 중공군들은 쓸데없이 터키군에 맞서다 죽었다' 라는 더 긴 문장이 뒤에 써 있었다. 수천 부의 복사 본이 중공군 전선 쪽에 살포됐다. 그 후, 중공군의 사상자 전단을 포함한 UN전단작전의 효과를 측정하기 위해서 최근에 포획된 중공군 병사를 모았다. 포로(POW)는 전단 문구의 효과와 그 문구가 얼마나 쉽게 읽히고 이해될 수 있는지에 대해서 논의하도록 하였다. 그 다음, 특히 문맹 포로들 사이에서 전단의 의미를 전달하는데 사진과 그림의 효과에 대해서 논의하도록 하였다. 마지막으로 중공군의 전투효율과 의지에 대한 전단의 전반적인 효과를 조사하였다. 모든 포로는 사상자 전단의 문구가 쉽게 읽히고 이해된다는 것에 동의하였다. 그들이 계속 싸우면 죽을 것이라는 메시지는 충분하게 드러났다. 이 그림은 일반적인 전투모습이라는 것을 이해할 수 있었다. 그들은 전단의 강력한 효과에 대해 동의하였다. 그러나 포로들은 믿지 않았으며, 그 그림은 거짓말임에 틀림없다고 믿고 있었다. 1951년 11월 25일, 26일, 중공군은 평양의 북쪽에 주둔해 있던 터키 전투연대를 공격해 많은 병사를 죽였다. 살아남은 터키군은 뿔뿔이 흩어졌으나 몇 주후 터키군은 다시 재편성되었다. 초기에 언론은 터키군은 전멸하였다고 발표하였으며, 중국의 정치 관료는 중공군의 세뇌교육에 이러한 언론 보도를 이용하였다. 중공군 포로는 터키군은 전멸하였다고 믿었기 때문에 전멸되지 않았다는 사실만으로도 이러한 전단은 굉장한 효력을 가진 것이다라고 생각했다. 이러한 전단은 실제로 투입되기 전에 심리전 메시지가 표본인자에 시험하는 것이 왜 필요한가를 말해주는 고전적인 예이다. 재미있게도 같은 그림이 다른 전단에 다시 사용되었는데, 거기에 사용된 표제는 '화염의 바다(fire sea)가 인해전술(human-sea tactics)을 박살내다' 이었다. 뒤쪽의 문구는 '당신의 생명은 당신에게 가장 소중하다. 그런데 왜 전쟁터에서 당신은 생명을 잃으려고 하는가? 당신의 공격은 줄기찰 것으로 기대된다. 사실, 당신은 현재 전진하고 있다. 그러나 주위에 죽어 가는 수천의 전우를 보아라. 그들은 다시 삶을 즐길 수 없을 것이다! UN군의 '화염의 바다' 는 당신의 인해전술의 육체와 피를 파괴시킬 것이다. 당신은 살아서 내일의 일출을 보고 싶지 않은가? 지금 투항하여 목숨을 유지하는 것이 좋을 것이다.' 여기에는 터키 또는 어떠한 국가에 대한 언급도 전혀 없었다.

사. 모기 비행대 전단 작전

T-6 Texan 훈련용 비행기를 이용하여 전단을 살포하였는데 이 비행기가 전단을 살포할 때 비행기 꼬리를 모기가 날개를 흔드는 것처럼 하면서 작전을 실시하였기에 모기 비행대라고 별칭되었다. 이 비행대가 살포한 전단작전을 '모기 비행대 전단 작전' 이라고 하였다. 작전에 참가한 넬슨 대위(Lieutenant George Nelson)의 증언은 다음과 같다.

인천상륙작전 후, 북한군이 퇴각할 때 모기비행대의 한 조종사로서 심리전 전단을 살포하여 200명의 공산군의 항복을 유도한 경험이 있다. 나는 군산 근처에서 그들을 발견하고 그들의 머리 위를 낮게 날아서 기습적으로 전단을 살포하였다. 그들은 저공으로 비행하는 비행기에 대해 사격도 하지 않고 지쳐 있는 모습이었다. 전단의 내용은 재빨리 무기를 버리고 근처의 언덕으로 이동하라는 글이었다. 그들은 맥아더(MacArthur)라는 전단을 보고 놀랍게 고분고분히 UN 정찰대를 발견하고 투항하였다. 의심할 여지도 없이 병사들은 인천상륙 작전 후 지쳐 있었고 항복하기를 갈망했다.

3.2 방송 심리전

3.2.1 라디오 방송

라디오 방송 심리전을 위해 유엔군방송(VUNC)은 일본 도쿄 스튜디오와 이동제작소를 설립하고 전쟁발발 4일 후인 1950년 6월 29일부터 1.240, 2.170, 2.635, 3.985KHz의 주파수로 1일 30분 단위로 2회에 걸쳐 한국어, 중국어, 소련어로 방송하였다. 이 방송은 1951년 1월까지 도쿄 스튜디오에서 실시되었고, 초기의 방송은 한국에 지원군이 곧 도착된다는 것을 알려주고 북한군에게 즉각 철수를 요구하는 내용, 그리고 한국인들에게 유엔군의 지원현황을 인지시키는 내용이었다.[73)]

전쟁 기간동안 중계소는 동경에 있었으며 오사카, 히로시마, 니카타, 마츄, 후쿠오카와 카지지메에 송신기가 설치되었고, KBS 방송시설과 송신기로부터 전파를 수신받아 중계하였다. 부산에서 KBS의 재설립 작업이 착수되었을 때 미군 심리전반은 이를 지원하기 위해 전문가를 파견했다. 부산중계소 HLKB는 유엔군방송과 KBS로 보내는 미국소리 방송을 중계했다. KBS는 10월 1일 반도호텔에 위치한 즉석 스튜디오에서 제작한 프로그램을 하루 8시간 방송하였다.

다음의 그림은 동경에서 심리전 방송을 실시하여 한반도 뿐만 아니라 중국전역까지 송출되고 있음을 나타내는 내용을 전단화하여 북측으로 살포한 것이다.

---

73) 최용성, 「6 · 25전쟁시 미군의 전술심리전 효과분석」, (군사편찬연구소, 군사 제 50호, 2003), pp. 223~224.

1950년 10월 22일 미 제 1기병사단이 평양방송을 확보했다. 라디오 평양은 최신형으로 진지내에 위치해 있었고, 우수한 상태를 보유하고 있었지만 발전소를 유지하기 위한 충분한 연료가 없었다는게 문제였다. 이 중계소는 11월 14일까지 유엔군의 협조 하에 후방에서 방송되었고 12월 2일 중공군이 서울을 장악할 때까지 하루에 7시간 방송하였다. 유엔군이 퇴각할 때 함흥 중계소는 북한에 공중파를 송신하는데 양호한 중계소였으나 도쿄나 KBS에 있는 유엔군방송을 중계하는 수신기가 부족하였다. 그래서 12월 6일 함흥에 수신기를 설치하여 해군 함선의 전원을 이용하였으나 민간인들은 가정에서 라디오를 청취할 수 없었다. 따라서 1950년 12월 24일에 중계소는 폐쇄되었으며, 함흥에서 제 9군단과 함께 철수하였다. 1951년 1월 4일 중공군이 남하함에 따라 서울 라디오 방송국은 인민군에게 점령당했다.

1951년 1월 하순경 제 8군에 심리전처(PWD)[74]가 설립되어 '제 1확성기 및 전단중대' 가 그곳에 배속되었으며 또한 이 중대는 도쿄에 있는 심리전부로부터 전술심리전의 임무를 인수했다. 7월경 심리전부는 55명으로 인원이 증가하여 그 명칭을 심리전반(PWS)으로 개칭하였고 작전참모부에 예속되었다. 여기에는 번역가들도 일부 편성되었지만 군 관계자는 여전히 다른 조직에서 임시보충 되었고 그들의 재임기간도 보장되지 않았다. '제 1라디오 방송 및 전단반' 의 일부가 1951년 12월 한국군에 급파되었다. 그들 임무 중 하나는 유엔군과 중공군 간 일진일퇴로 파괴된

74) 1951년 1월 말, 미 8군은 Hansen 대령을 대표로 하는 심리전처를 설립했다. 이는 작전차장의 지휘아래 있었고 제 1 L&L중대가 심리전처에 배속되어, 전술심리전에 대한 통제력도 행사했다.

남한 공중파 방송설비를 재건하는 것이었다. 그래서 대전, 대구, 부산에 위치한 시설은 복구되고 확장되었으며 일제 신형 송신기를 설치하였다. 1953년 7월 1일 아군이 서울을 탈환했을 때, 유엔사 방송은 자체 송신기를 설치하였다. 정전 후 유엔사 방송의 임무는 한국 내 송신기를 추가적으로 설치하는 것이었으며 그 임무를 성공적으로 수행한 후 1971년 6월 30일에 철수하였다.

유엔사 방송에서 라디오 프로그램 제작 시 심리전 주제는 다음 사항이 강조되었다.

❶ 북한의 불법적인 행위	❷ 남과 북은 한 형제
❸ 실제적인 적은 중공과 소련	❹ 공산주의는 절대로 승리하지 못함
❺ 인민군과 중공군 선전의 허위 내용 폭로	❻ 왜곡되지 않은 세계 뉴스
❼ 남한과 북한의 생활 차이	❽ 유엔의 평화발의

라디오 방송 심리전은 전단내용의 주제를 공유하지만 항상 한국국민과 인민군이 들을 수 있도록 하였다. 또한 라디오 방송 심리전은 다음의 4가지 원칙을 고려하여 계획되고 실행되었다.[75]

첫째, 방송 시간은 충분히 길어야 하고, 규칙적인 청취계획이 가능하도록 청취자들에게 충분한 시간을 주어야 한다.

둘째, 비밀 청취자가 모든 내용을 들을 수 있도록 메시지가 간단해야 한다.

셋째, 반복은 인정하지만 단조로움은 삼가야 한다.

넷째, 청취자들에게 관심이 있는 소재를 사용해야 한다.

가. 라디오 방송 심리전 주요 작전사례

초기에는 준비기간 때문에 30분에서 1시간 길이로 1일 2회 방송하였으며, 뉴스와 선전내용 위주였다. 1950년 8월 중순에는 19개의 매체와 단파 송신기가 일본에 동원되어 문화프로그램과 논평, 그리고 드라마까지도 방송되었다. 미 8군에서는 2명의 감미로운 목소리를 소유한 아시아 여인들을 고용해 전술 라디오 방송심리전을 수행했다. '모란봉' 이라는 한국 여자와 '란싸(Lhanssa)' 라는 중공여자가 전쟁터의 적군을 향해 방송을 했다. 둘은 '중공의 혼인법이 바뀌어 전쟁에 나간 남편으

75) Stepten E. Pease, 앞의 책, pp. 67~74.

로부터 2년간 소식을 듣지 못한다면 재혼을 할 수 있게 되었다' 는 내용을 반복하여 방송하였다. 이러한 방송은 결혼한 중공군의 부인에 대한 걱정을 갖게함으로써 중공군들의 사기를 저하시키고, 향수심을 고취시켜 전선 이탈을 유도하기 위한 의도였다. 특히 '란싸(Lhanssa)' 의 인기가 너무 좋아 미 8군에서는 동양미인의 사진으로 전단을 제작하여, 중공군 전선지역에 살포하였다. 하지만 중공 포로의 말에 따르면 우리와 같은 농민들은 쳐다보지도 않을 여자라며 별 관심을 표현하지 않았다고 한다. 이러한 반응을 고려하여 농촌 아가씨가 물고기 바구니를 들고 있는 전단을 재제작 하여 살포한 결과, 이에 대한 반응은 훨씬 좋았다고 한다.[76]

오른쪽은 감미로운 목소리의 '란싸(Lhanssa)' 라는 이름으로 농촌 아가씨가 물고기를 잡은 모습의 전단과 함께 살포함으로써 라디오방송과 전단이 상승 작용하여 심리전 효과가 배가되었다.

[중국아가씨를 활용한 전단]

76) K. K. Hansen, 「Psywar in Korea」, Joint Subsidiary Activities Group, Office of the Chief of Psycholgical Warfare, Department of the Army(Washington : 1960), pp. 125~126, pp. 160~165.

3.2.2 확성기 방송

가. 확성기 심리전의 주제와 원칙

확성기 방송은 전술적 심리전을 위해 사용하였다. 적시에 특정 청중에 맞게 제작된 메시지를 전장에서 근접 전투작전 지원으로 사용하였다. 한국에서 강력한 확성기 운용은 항공기에 탑재하여 전장의 적군에게 직접 항복을 권유하거나 다른 심리전 메시지를 방송하는 것이다. 또한 지프와 탱크에도 확성기를 탑재하여 전술적 용도로 사용하였다. 전술 심리전을 사용할 수 있는 지역은 전술심리전 범위인 전선 40마일로 제한되었다. 효과적인 확성기 운용은 청취자의 사투리를 사용해서 메시지를 가능한 한 개인적인 내용을 자극하는데 활용하였다.

미 확성기 방송심리전은 아래와 같은 10개의 일반 원칙에 의해 운용되었는데 이는 전단 지침과 기본적으로 다르지 않았다. 모든 메시지는 다음의 지침에 의거하여야 했다.[77)]

❶ 전술적으로 사용하고 전략적(혹은 정치적) 메시지를 방송하지 말 것
❷ 간단하고 이해하기 쉬운 메시지의 사용
❸ 강한 어조의 사용
❹ 급소를 찌르는 문구를 반복
❺ 공식적인 어조와 어투를 유지
❻ 표적대상을 가능하면 이름을 밝히는 등 개인화(신뢰성)
❼ 귀순지침 제공
❽ 전선을 넘어 귀순하는 적군들에게 사격을 하지 말라고 아군에게 영어로 제작된 메시지를 방송
❾ 최신 소식을 전파
❿ 가능하면 현지인을 사용하여 외국인의 말투를 자제

이러한 확성기 방송의 원칙하에 일반 라디오의 뉴스, 음악, 해설 등 프로그램을 확성기 방송으로 다시 사용하였으며, 대개 15~30분 분량이었다.[78)]

77) USASOC 역사 문서국.
78) Herbert Avedon, 「CCF Propaganda Man」, p. 11.

방송원고 예 1

곧 너희는 UN군의 폭격에 희생당하는 전투에 다시 직면하게 될 것이다. 외국에서 가치없이 죽어간 수만 명의 너희 전우들을 생각해 보라. 친구들이여 현명하라. UN군 전선으로 귀순해라. 이는 좋은 대우를 받을 수 있는 첫 번째 기회이다.

방송원고 예 2

오랜 시간동안 너희들은 전방에 있어 왔다. 너희들은 전투에서 많은 임무를 수행해 왔다. 그럼에도 너희 공산주의 지도부는 너희에 대해 잊어버리지는 않았는가?

방송원고 예 3

여기 너희가 탈영해서 UN군 전선으로 귀순하는 방법을 알려주겠다. 잘 듣고 지침을 따라라. 잘 들어라. 이것이 너희가 너희부대를 탈영해서 UN군의 전선으로 귀순하는 방법이다.

방송원고 예 4

안녕, 전투원들이여, 우리는 UN군의 폭탄과 포격의 위력에 대해 알고 있는 사람들과 얘기하고 있다. 너희들은 아주 훌륭한 군인들이다. 그리고 너희들은 강인한 군인들이다. 너희는 너희자신을 어떻게 보살피는지 알고 있다. 죽지 않았다면 너희 주위를 둘러 보아라. 얼마나 많은 군인들이 너희군복을 입고 있는지.

방송원고 예 5

너희측 상황은 어떠한가? 세탁이 된 깨끗한 의복이 많은가? 그리고 세면을 할 비누가 충분히 지급되는가? 이것들은 우리에게는 당연하게 그리고 충분히 지급되고 있다. 그리고 우리는 병사가 없다. 우리는 아픈사람이 없다. 너희측 상황은 어떠한가? 우리는 너희들에게 줄 충분한 비누가 있다.[79)]

위의 방송원고는 미국 북캐롤라이나주 포트 브랙(Fort Bragg)에 있는 군 특수작전 사령부 역사 문서국에 남아있는 확성기 방송원고를 통해 확인된 내용이나 방송목적이 불분명하고 이해하기도 어려워서 효과가 의문시된다.

---

79) 확성기 방송원고, 1952년 7월 제 1 L&L 중대의 지휘보고에서.

나. 확성기 방송 심리전 사례

(1) 야전 설치용 확성기 방송

적 부대를 와해시키고 사기를 저하, 공포감을 조성하는 데는 비밀리에 재배치된 부대나 적군의 이름을 부르는 것보다 더 효과적인 방법은 없었다. 이러한 작전은 시기적절한 시간과 장소에서만 가능하다. 이를 위한 것이 바로 즉시 가용한 전술확성기 방송수단이다. 인민군 군관들은 부대원들이 아측에서 실시하는 야전 확성기 방송을 듣지 못하도록 무기 발사, 빈 컨테이너 두들기기, 종 울리기, 노래나 고성을 지르도록 지시하곤 했다. 확성기의 장점은 진지 근처에서 적에게 큰 소리로 메시지를 전하고, 향수 어린 음악을 들려줄 수 있으며, 특히 중장비와 탱크의 이동도 은폐할 수 있다는 것이다. 그리고 확성기 방송은 전단보다 문맹인들에게 더 호소력이 있었으며, 한국어 자체가 문어보다는 구어에 더 어울렸기 때문에 효과가 있었다. 그래서 적들은 전단 수거를 금지했던 것처럼, 확성기 방송청취를 막는데 애를 먹었다. 방송을 듣는데 있어 인간의 귀 말고는 어떤 장비도 필요치 않기 때문에 방송청취를 막는데 어려움이 있었다.[80)]

1952년 3월 미 제 1 확성기 및 전단 중대 소속 한국군이 중공군을 겨냥하여 확성기를 설치하는 장면

1952년 3월 미 제 1 확성기 및 전단 중대 소속인 국군이 중공군들에게 확성기를 이용해 투항권고 내용의 방송을 하고 있다.

80) Stanley Sandler, 「CEASE RESISTANCE : IT'S GOOD FOR YOU!" : A HISTORY OF U.S. ARMY COMBAT PSYCHOLOGICAL OPERATIONS」, 1999, p. 225.

(2) 항공 확성기 방송작전

1951년 3월 어느 날 확성기를 실은 C-47은 쉴새 없이 공산군의 머리 위를 돌면서 한국어와 중국어 통역관을 통해서 ***"우리는 당신을 죽이고 싶지 않습니다. 무기를 버리고 길 쪽으로 나오시오. UN군은 여러분을 미워하지 않을 뿐만 아니라 당신들에게 식량을 줄 것이며, 당신들의 생명을 보호할 것입니다."***라고 계속 호소함으로써 1,800명의 공산군을 춘천, 인제 방면의 전선에서 분산시켜 귀순시켰다. 또 1951년 10월 11일에는 평양 북방 40마일 지점에서 공산군을 가득 실은 트럭 2대가 안주 방면으로 질주중인 것을 발견하고 F-51 전투기와 T-6 정찰기가 엄호하며 C-47 방송기는 즉시 방송을 시작하여 ***"만약 당신들이 남쪽으로 차머리를 돌리지 않으면 전투기로부터 공격을 면치 못할 것이다."***라고 경고하니 비행기를 보고 하차하여 길가에 숨어있던 약 300명가량의 공산군이 다시 승차하여 명령대로 남하를 시작해 왔고 얼마 안가서 또 북상하던 2대의 트럭마저 남하시켰다. 이리하여 정찰기는 군 전초 부대와 연락을 맺을 때까지 그들을 감시하였던 것이다. 이와 같이 제공권을 장악하고 있던 UN군은 확성기를 통하여 많은 성과를 거두었다.

1952년 4월, 국군 여군들이 북한군에 투항 권고 내용 방송을 하기 위해 C-47기 내에서 낙하산을 착용하고 있다.

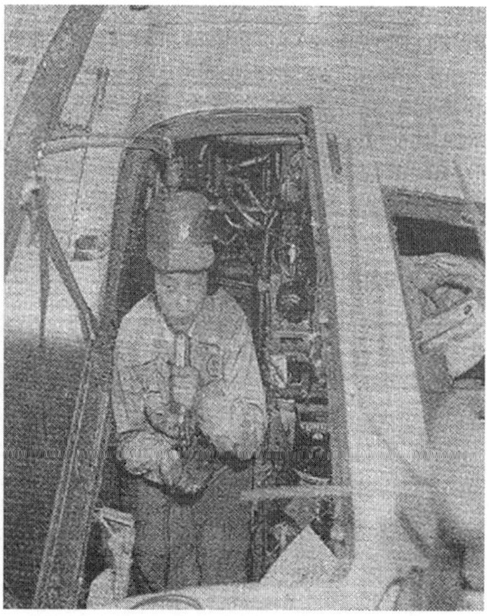

1952년 6월, 제 1 확성기 및 전단중대에 배속된 한국군이 적 지역으로 방송하기 전에 확성기 장비를 점검하고 있다.

확성기 장비가 장착된 M46 패튼 탱크

(3) **탱크 확성기방송**

탱크에 탑재된 확성기는 제 2차 세계대전 때 개발되었다. 지프는 가장 일반적인 확성기 운반 수단이지만 완전히 무장되지 않아 적의 사격에 약했다. 반면에 탱크는 상당한 방어력을 갖추고 있었고 지프가 가지 못하는 지형 또한 극복할 수 있었다. 탱크는 보병을 따라 웅덩이 개천, 험한 지형이라도 전술 심리전을 가장 효과적으로 할 수 있는 장소에 갈 수 있었다. 그것은 장애물에 제약받지 않고 적지를 통과할 수도 있었다.

(4) 슬로다운 작전(Operation Slowdown) : **전단과 확성기방송 심리전통합작전**

'슬로다운 작전' 은 적군에게 전단과 확성기 효과를 극대화하는 작전이다. '슬로다운' 은 몇 개의 특수전단과 결합되어 지프와 항공 확성기에서 나오는 한국어 방송과 11개의 향수 어린 음악 테이프를 포함하였다. 이 작전의 목적은 적군으로 하여금 향수병과 외로움을 불러일으키는 데 있었다. 병사들은 여유를 갖고 즐거운 음악을 들을 수 있도록 고무되었다. 메시지는 비정치적이었고 항복권유도 없었지만 공산주의 병사들로 하여금 고향 걱정을 증폭시키고 전의를 상실시킬 의도였다. 아래 내용은 미 제 21항공대대 미노우 톰 중위(LT, Tom Minnow)의 증언 내용이다.

> 1950년 6월 27일부터 한국에서 임무를 받아 전장에서 800시간을 비행했다. 중공군과 북한군이 한국군을 포위했을 때 첫째로 안전보장증을 살포했다. 그러고나서 우리는 지상의 공격을 피하면서 가능한 낮게 선회하며 확성기를 통하여 안전보장증을 줍고 항복할 것을 독려했다. 이 때 확성기 아나운서는 Paul Y Kim이란 중국인 사업가로 홍콩에서 사업차 서울에 왔다가 전쟁이 발발하면서 연합군을 도와 서울에 머무는 사람이었다. 우리는 그 지역을 떠났고 전투기들은 이동해서 네이팜탄 등을 투하했다. 그들이 떠나고 나서 우리는 다시 돌아와 Paul이 그들에게 다시 안전보장증을 사용할 것을 권고하고 그렇지 않으면 또 네이팜탄을 떨어뜨릴 것이라 말했다.

다음 그림은 슬로다운 작전상황을 묘사한 만화이다.

[슬로운 다운 작전상황을 묘사한 만화]

(5) 확성기방송과 보전포 공격부대와 통합심리전을 실시한 증언내용이다.[81)]

1952년 1월 미군 전투팀에 의해 수행된 작전은 확성기 방송 습격부대와 탱크부대가 같이 임무수행을 하는 등 단지 방송만 하는 것보다 더 향상된 작전이었다. 10시에, 확성기 방송이 적에게 공포에 대해 방송을 하는 동안, 탱크에서는 발포를 하여 습격부대의 공격을 지원해 주었다. 10시 25분경, 90mm포 50발이 적군에게 발사되었고 처음 방송이 반복되었다. 11시 25분경 같은 메시지가 다시 한번 반복되었다. 12시 24분경에, 50발이 더 발사되었고, 13시 30분경, 또 다른 방송이 점심 시간을 알렸다. 이러한 휴전은 14시경 5발의 99mm포 사격으로 끝났고, 확성기 방송이 탱크의 발포와 함께 개시되었다. 20시경에 '잘자라' 라는 방송과 함께 내일 다시 오겠다는 약속의 메시지를 방송하였다. 그리고 새벽 02시에서 04시 사이에 100발의 90mm포격을 실시하며 취침을 방해한 다음 05시경에는 적군의 상황을 악화시키는 성공적인 보병의 기습이 있었다.

(6) 확성기 방송을 이용한 성공한 사례[82)]

『…이날의 날씨는 맑고 높은 가을 하늘인지라 밤은 유난히도 밝고 고요했다. 그 정막을 깨고 가수 백설희씨의 곱고 맑은 음성의 '고향초' 노래가 은은하게 산야에 울려 퍼졌다. 이어서 선무요원의 방송이 시작되었다. 혹시나 하고 귀를 기울이고

81) Stanley Sandler, 앞의 책, p. 230.
82) 육군본부, 「6 · 25참전 전투수기 제 3집」, 1999, p. 309~311.

있는데 내가 제출했던 문장의 구절이 나오지 않는가, 당시 대북방송을 하였던 나의 원고를 간략하게 소개한다면 다음과 같다.

"인민군 전사 여러분! 공산당이 입버릇처럼 선전하는 120% 초과달성이란 의미는 여러분들에게 120%의 거짓말을 하고 있는 것으로 생각하면 됩니다. 그 기만과 허위, 그리고 굶주림의 생지옥을 벗어나 귀순해오면 우리는 따뜻하게 동포애를 발휘하여 여러분들은 풍요를 누리게 될 것입니다"
아니나 다를까 귀순병이 하나둘씩 늘어나기 시작했다. 기대 이상으로 월남인원은 갈수록 증가되었다. 어느 때는 북한측 분대장이 분대원 3명을 데리고 귀순해 왔다. 그 북한측 분대장이 대북방송에 참여하여 카랑카랑한 음성으로 이렇게 외쳤다.
"나는 모중대 분대장겸 민청선전선동 지도원으로서 상부지시에 의한 인민군이 서울을 점령했다"느니 "북한은 곧 부산도 점령할 것이다"라는 선전은 완전한 거짓이라는 것과 특히 국방군의 급식은 북한보다 못하다고 강조해 왔으나 남한에 와보니 사병급식과 보급은 우리가 상상할 수 없을 정도로 풍족한 것에 놀라지 않을 수 없다. 그야말로 120% 충족시켜 주고 있다는 식으로 대북방송은 밤하늘을 타고 전 산야로 울려 퍼졌다. 북한측 분대장을 이용한 선무방송은 우리들의 사기를 충족시키는데 충분하였으며, 승리는 이미 우리에게 약속되어 있는 것 같았다.

1951년 이전에, 8군 심리전 확성기 부대는 3대의 트레일러에 장착된 확성기 부대를 가지고 있었다. 제 1 기병사단에 예속된 부대는 1950년 9월 22일부터 10월 8일까지 300명의 적군들이 귀순을 시도하다가 사격에 의해 분산되었음에도, 318명의 전쟁포로를 획득하였다. 10월 24일 보고서는 어떤 부대는 2일간 75명의 전쟁포로를 획득하였다고 주장하였다. 이러한 성과는 인천상륙작전 당시 북한군의 패전으로 인해 더 증가되었다. 북한의 비포장도로는 부대의 전자장비 및 발전기의 사용을 제한했고 확성기 작전은 사실상 중지되었다. 곧 UN군은 총 철수를 단행하였고 이 시기에 방송을 위한 시간이나 여유는 없었다.[83]

확성기는 날아가는 동력과 진동에 민감하기 때문에 면밀한 점검이 필요했고 승

83) 제 1 L&L은 1951년 1월 12일에 3,000~6,000명의 피난민을 대상으로 전단을 살포하였다고 보고하였다. 내용은 표적대상에게 "1군 보급로로부터 떨어지고 우리의 진군로에 더 이상 들어오지 마라"고 경고하였다.
J.V. Russell, 제 1 L&L이 8군 정보처에 보낸 메모, 주제: 심리전 결과 보고서, 1951. 1. 16

무원에게는 크게 들리지만 그들이 의도하는 음량으로 전달하지 못했다. 승무원은 지상부대와 교신할 수 있는 통신장비를 갖지 않았으므로 확성기 메시지가 전혀 들리지 않는 점을 극복하기 위해 두 가지 변화를 제시했다. 첫째, 스피커가 항공기 아래에 설치되어 지상에 직접적으로 울려 퍼질 수 있게 하여 출입구에 설치된 스피커 체계는 더 이상 쓰지 않았다. 둘째, 항공기에 지상부대의 통신장비와 동일한 장비가 장착되어 방송 지원요청 부대와 통신할 수 있었다. 21항공모함 부대에서 파견된 특수 항공 임무를 맡은 2대의 항공기인 규슈 집시(Kyushu Gypsies)는 고출력 확성기에는 적합했다. 그들은 '보이스(Voice)' 와 '스피커(Speaker)' 로 명명되었다. '보이스(Voice)' 와 ' 스피커(Speaker)' 항공기는 알아듣게 하려고 5,000피트 아래로 종종 비행했으므로 대공사격의 위협이 존재하였다. 항공확성기는 종종 동양적 선입견에서 여자 아나운서를 써서 UN군을 도왔다. 인민군과 중공군에게 힘없는 여자가 무사히 그들의 경계선 위를 비행한다는 것이 모욕이었다. 여자의 목소리는 마치 '고향에 두고 온 애인' 처럼 들렸다. 그 소리는 1,800명 이상 중공군을 항복시키는데 공을 세웠다. 심리전 효과는 대부분 누적되었고 이는 항복하는 군인과 전투 상황에서 나타났다. 항복 메시지는 특히 효과적이었다. 대규모 공산주의 부대가 선회하는 SAM C-47 항공기에 그들에게 이동방향을 제시했다. 4대의 F-51을 동반한 C-47 항공확성기는 항복하지 않으면 폭격된다는 것을 알렸다. 300명 이상 적군이 몇 대의 군수트럭과 함께 항복했다.

물론 공산주의 병사를 항복시키는 것은 쉽지 않다. 그들은 잡히면 총살된다고 알고 있었고, 무슨 일이 앞으로 일어날지 몰랐다. 어떻게 그가 연합군 병사와 의사소통을 할 수 있을까? 아마도 연합군 병사는 그를 믿지 않을 것이고, 장교들이 말했듯이 그를 총살할 것이라 생각했다. 연합군 확성기는 이런 공포와 맞서는데 이용되었다. 가끔 포획된 중공군과 인민군들에 의한 메시지는 그들이 안전하게 항복할 수 있다는 것을 확신시키는데 사용되었다. 연합군 포병은 연막을 깔아 그들을 도망갈 수 있게 해주었다. 확성기는 연막사격을 사전에 알리고 적군이 도망갈 수 있도록 고무시켰다.

3.3 간행물에 의한 심리전

간행물은 대부분 국방부 정훈국 발행의 승리일보, 정훈주보, 월간국방, 만화신문, 국방화보 등과 육군본부 정훈감실 발행의 교육 강좌, 육군화보, 주간공보 등 정기 간행물, 기타 부정기 간행물들을 비롯하여 공보처, 각 신문사, 미 공보원 간행물들을 도입 수령하여 일선부대에 80%, 후방부대에 20%씩 할당하는 등 일선 중심으로 배포하였다. 그러나 간행물 발간활동은 재정관계로 많은 제약을 받아 장병들에게 공급이 중단되는 경우도 허다하였다.

주요 간행물은 교재, 정기간행물, 시리즈, 단행본 등이었다.[84]

한편 국방부 정훈국에서는 각 군별로 실시되고 있는 정훈교육내용이 빈약하고 산만한 수준에 있음을 고려, 이를 시정함과 동시에 3군 사상통일의 근본문제 해결과 일관성을 갖는 체계적인 정훈교육을 실시하기 위하여 기본교정 출판을 기획하고 정훈국에 정훈교정편찬위원회를 편성하여 1권부터 14권까지 출판하였다.

3.3.1 승리일보

승리일보는 이전에 있었던 국방신문의 제호를 바꾼 것으로 장병에게 신속 정확한 보도를 목적으로 6·25전쟁발생 후부터 1952년 4월 15일까지 발간되었으며 정신교육도 겸한 것이었다. 최초의 승리일보는 당시 문관이었던 구상(具常)씨의 비상한 노력으로 내용이 충실하였으며 장병간의 인기 또한 절대적이었으나 육군본부가 대구로 이동한 후 원거리 전선지역 배포 등의 문제 발생으로 폐간하지 않으면 안되었는데 「정훈대계 I」(1956년도 국방부 발행)에서는 승리일보 폐간에 대해서 다음과 같이 설명하고 있다.

> '전략… 그 폐간된 경위는 우리에게 큰 교훈을 주고 있다. 왜냐하면 일간신문인 승리일보를 발간하는데 전력은 경주하였지만 배포를 등한시하였기 때문이다. 배포란 제작보다 오히려 더 중요하였던 것이다. 가령 영리를 목적으로 하는 일간신문을 예로 든다면 아무리 내용이 풍부하다 하여도 독자가 없다면 신문발간을 계속할 수 없을 것이다. 마찬가지로 승리일보의 내용이 아무리 우수하다 할지라도 신문발간의 목적인 일선 각 부대에 발

84) 육군본부, 앞의 책, pp. 227~248.

간되는 즉시 배포되지 않는다면 이것은 한갖 사용가치가 높은 용지를 막대한 예산과 노력으로 휴지를 제조하는 결과밖에 되지 않았기 때문이다.
사실 서울에서 발간할 때에는 전선과 근거리에 있어서 배포의 목적은 어느 정도 달성하였지만 대구로 본부가 이동한 후에는 원거리였다. 따라서 신문 보급률이 저조하여, 장병들은 승리일보의 존재를 망각하게 되었다. 그리하여 부득이 폐간하지 않으면 안되었다. 실로 애석한 일이었다. 만약 보급률만 원활하였더라면 승리일보는 계속 발간되었을 것이다. 우리는 배포를 등한시 하는 경우가 있는데 이것은 대단한 모순이다. 간행물의 생명은 배포에 있다 할 것이다…. 후략…'

상기의 폐간경위에서 보는 바와 같이 일간지의 생명은 시사성 즉 신속한 배포에 있는 만큼 오늘날과 같이 교통이 편리한 상황 하에서도 최전방에서의 국방일보 배부지연 등 간행물 배포에 어려움이 있는 것을 볼 때 6·25전쟁당시의 교통난과 장거리 배포실태는 어떠했으리라는 것은 짐작하고도 남을 것이다.

號外 勝利日報 The Victory Times
4283年10月11日(水)
我空軍以北基地에移動
鵬翼全戰線을制壓!
民族의宿願達成
共匪殲滅은終熄될터

6 · 25전쟁이전부터 정훈장교들의 교육 자료로 제공하기 위하여 매주 발간, 배포해오다 6 · 25전쟁으로 중단되었던 것을 북진작전이 거의 마무리 단계에 이르자 다시 발간을 추진하게 되어 1951년 1월24일부로 속간을 보게 되었고 유사한 교육 자료인 교육 강좌가 발간되면서 폐간되었다. 이선근 정훈국장의 정훈주보 속간사를 소개하면 다음과 같다.

'괴뢰군의 야수적 침략으로 강토가 어지러워졌고 동포가 산진수궁(山盡水窮)의 참격을 면치 못하였던 금차 사변과 더불어 우리가 아끼고 육성하여 전 국군정신무장에 공헌코자 한 「정훈주보」도 일단 발간을 중지하게 되었던 것이다. 회고컨대 4개월간, 가진 바 모든 역량은 전투에 집중되었고 민주우방의 정의와 자유를 위한 성스러운 출전으로 북한 실지를 거의 회복하고 결전단계에 다다름에 우리의 시야는 새로운 견식과 실천방법에 기울어지지 않을 수 없는 것이다.
이제 만란을 극복하고 「정훈주보」의 제호를 다시 보게 되니 더할 수 없는 의욕과 민족적 절규에 가까운 모든 의식의 혁신은 물론이요, 지향할 바 제 문제를 전우들과 검토, 검색하고자 하는 정열이 끓어오름을 느끼게 되는 바이다.
이제 우리 생활의 제 요소는 다종다양이 혼효한 것에 있지 않고 다만 민주우방들의 동태와 더불어 호흡한 것이며 조국과 민족을 위하여 시종일사를 각오하고 대의에 사는 숭고한 이념의 확립에 있는 것이다.
우리는 항상 진보의 근저가 되는 사고의 게으름을 버리고 부단한 연구를 거듭할 것이며 여사(如斯)한 이념은 기필코 위대한 창건과 민족단결을 공고하게 하는 원동력이 될 것이다. 알면서 보지못한 금강의 수려와 그립기만 하던 북한동포를 맞이하여 그들을 철쇄에서 해방시킨 역사적 이날의 감격은 영원히 민족갱생의 진리가 될 것이며 이 진리탐구를 위한 반려로 이 정훈주보가 다시 속간됨에 의식되는 의의의 심대함은 견줄 바가 없는 것이다.
각급 정훈장교는 항상 본지를 숙독하여 민주대한이 무궁히 발전하는 데 다재한 책임감을 유감없이 수행하여 주기를 간곡히 원하는 바이다.'

3.3.2 월간지 '국방'

월간지 '국방' 은 군의 종합교양지로서 군사, 정치, 경제, 문화, 과학을 통한 국방사상을 함양, 보급시켜 전방과 후방을 긴밀히 연결하려는 기본방침 밑에 6 · 25전쟁 전부터 발간 해오다 전란으로 중단되었던 것을 1950년 11월에 속간 제 1호 발간을 보게 되었다.

[1952년도에 발간된 국방지들의 표지사진]

1951년 4월, 2호가 대구에서 발간될 수 있었다. 그 후부터는 4×6배판이 국판으로 규격을 수정하는 등 편집에도 많은 노력을 하였다.

그러나 편집내용이 다소 단조로웠을 뿐 아니라 1월호가 2월에야 발간되거나 2개월 단위 합병호가 발간되는 등 점차로 편집수준이 저하되고 국방지 발간 열기가 식어갔다.

3.3.3 전공기

6·25전쟁을 맞아 각종 전투를 겪는 동안 장병들에게 귀감이 될 혁혁한 전공담이 산재했으나 이를 체계적으로 모아 당시 장병들에게 본받을 수 있도록 전파하거나 또는 역사적 기록으로 후배들에게 남겨줄 방법이 없어 고심하던 정훈국과 정훈감실에서는 전공기 발간을 계획하게 되었다. 따라서 부산 후퇴시부터 문총(文總)에

전공기 수집을 의뢰함과 동시에 전 군에 전공기 및 전몰장병 수기를 수집하여 보고할 것을 하달하였으나 별 성과를 이루지 못해오다가 당시에 새로 문단에 데뷔한 문인 박용구씨가 수집한 원고로 1951년 1월 5일 최초로 전공기 「국군의 빛」을 발간하였는데 의외로 호평을 받게 되었다.

그러나 이 전공기도 제 4집까지 출판된 후 예산관계로 정간되지 않으면 안되었다.

3.3.4 정훈공작참고문헌

정훈대대원의 정훈교재용으로 발간하였으며 제 1집은 수복지역 주민을 대상으로 선무공작적 차원에서 새로 제정된 농지개혁법, 지방자치법, 교육법 해설 등을 홍보하기 위하여 1950년 12월에 발간되었고 제 2집은 특히 중공군 개입시기로 정훈대대가 남한지역 주민 및 장병을 대상으로 활동한 시기로 지피지기(知彼知己)를 통한

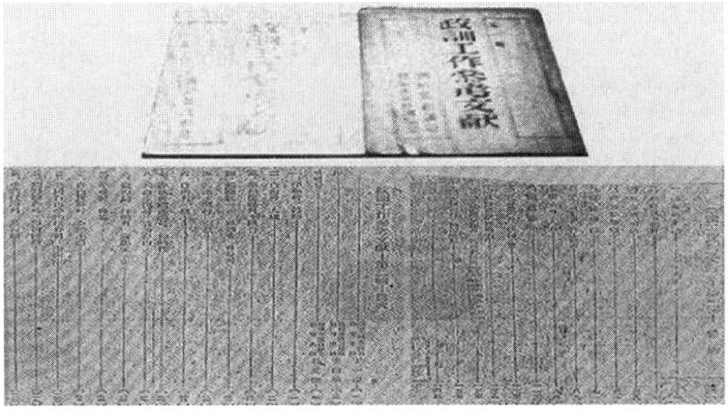

적개심 고취와 멸공투쟁 의지를 고양하기 위하여 당시의 세계적 정세와 관련, 북한, 중공을 비롯한 공산주의 실상과 자유민민주의의 우월성을 중심내용으로 1951년 3월에 발간 배포하였다. 이 정훈공작 참고문헌은 언제까지 몇 집이 발간되었는지는 현재로서 알 수 없는 실정이다.

3.3.5 사병문고

정훈감실에서는 장병의 정서함양 및 간접적 정훈교육의 일환으로 군내 · 외 문인들에게 원고를 위촉하여 장병들의 독서용 문고인 단편소설집을 시리즈로 발간하여 배포하였는데 1951년도에 제 1, 2집이 발간되었다. 1953년 2월에 3 · 1절을 기념하기 위하여 발간된 '사병문고 제 7권' 의 정훈감의 머리말에는 '그동안 예산관계로 사병문고의 지면을 줄여왔으나 여러 방면에서 재미있고 마음의 양식이 될 작품을 좀더 많이 실어달라는 요청에 의해 애로를 극복하고 페이지 수를 늘리어 발간한다' 고 되어 있다.

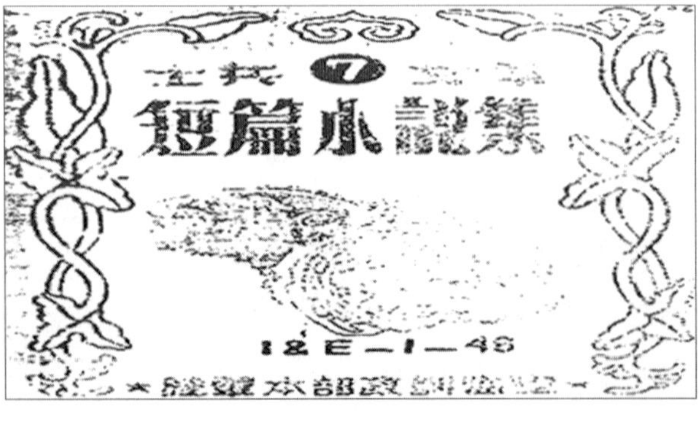

3.3.6. 군인과 병기

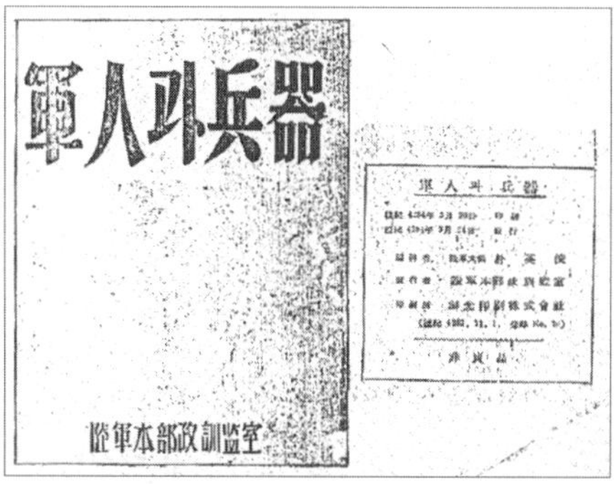

병기 애호정신을 강조함을 목적으로 발간하였는데 주요 내용은 병기 취급방법, 병기와 군인, 탄약의 보급과 절약 방법 등이다.

당시 병사들은 병기 애호의 관념이 희박하였으므로 병기 애호 주간을 설정하였는데 이것이 최초의 병기 애호 강조주간 설정이었으며 그 후 언제부터 없어졌는지는 확실히 알 수 없다. 한편 병기 애호 관념 주입을 위해 병기 애호 포스터 발간과 함께 박두진 작사 김동진 작곡의 '병기 애호 노래'를 보급, 가창하기도 하였다.

3.3.7 군인정신독본

전란 발발 후 크고 작은 각종 전투상황 하에서의 필승을 위해서는 우수한 무기도 필요했지만 각개 **장병들의 투철한 군인정신의 발휘가 더욱 전승의 요체가 됨을 경험하면서 군인정신 배양의 필요성이 강조되었다.** 그러나 현실적으로는 정훈교육을 담당한 정훈장교들이 어떤 내용을 어떻게 교육시켜야 하는가 하는 문제가 대두되었고 적절한 교재마저 없는 상태였다. 이러한 문제를 타개하기 위하여 수차에 걸친 회합을 한 결과 당시 정훈국장이었던 이선근 박사가 직접 집필하기로 결정하여 1951년 2월부터 동년 5월까지 심혈을 기울여 작성, 발간하기에 이르렀다.

주요내용은 군인정신의 연원, 국군정신의 근간, 군인정신의 함양 및 발휘, 우리나라의 전통적 무사정신, 군인정신 강조 방송문집 등이었다.

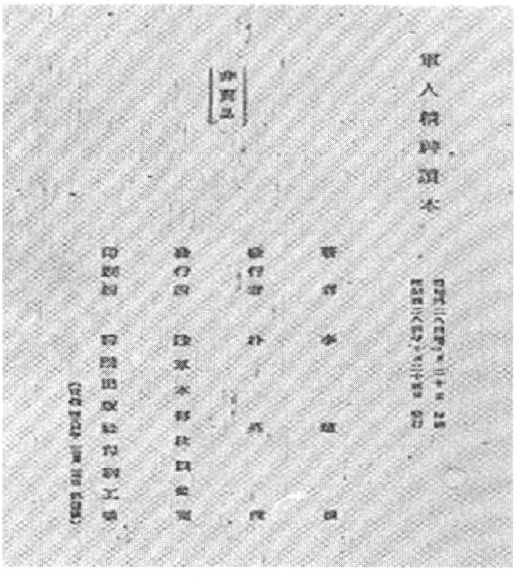

3.3.8 6·25전사 '한국 전란지' 편찬

정훈국장으로 취임한지 3개월만에 6 · 25전쟁을 맞은 이선근 박사는 공인으로는 전쟁 중 정훈활동의 총사령탑으로서 다방면의 해박한 지식과 인적관계를 총동원하여 정훈업무를 활발히 전개해 나가는 한편 개인적으로는 역사적 긴 안목을 가진 학자로서 그날그날의 생생한 6 · 25전황 내지는 전훈, 그리고 이와 관계된 중요 사실들을 먼 훗날 국군장병 또는 국민들에게 교훈이 될 역사적 기록으로 남겨야 되겠다는 생각을 갖게 되었다.

특히 역사적으로 볼 때 임진왜란 같은 대 국란 속에서 기록된 이충무공의 난중일기(亂中日記), 유성룡의 체험과 경험을 기록한 징비록(懲毖錄)등이 후세들에게 의미있는 역사자료로 남겨졌다는 사실을 주목할 때 6 · 25전쟁과 같은 국가적 존망위기를 겪으면서 동족상잔의 시산혈해(屍山血海)속에서 시시각각 발생되는 갖가지 자료들은 어떤 형식이든 기록으로 남겨야 되겠다는 절박감을 느끼게 되었다.

그리하여 이선근 정훈국장은 개인적으로 전쟁 직후부터 일기장 형식의 기록을 매일매일 남기는 한편 공인으로서는 전단지 편찬 조직을 추진하기에 이르렀다.

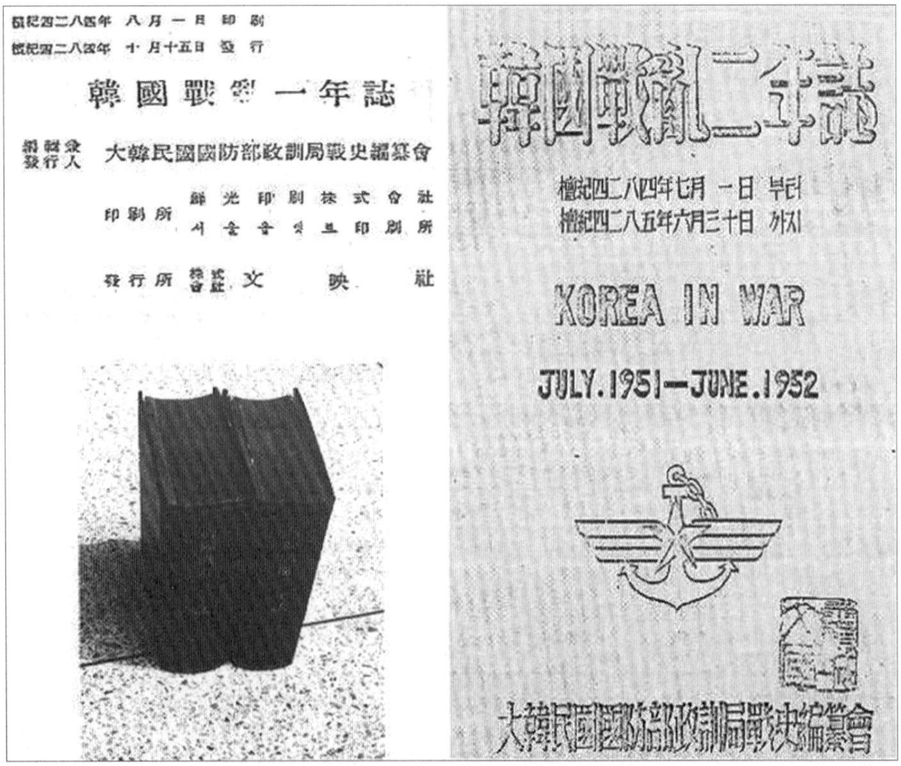

3.4 보도활동 심리전

보도활동은 말 그대로 6 · 25전쟁 당시는 물론 오늘날에도 역사적으로 많은 교훈을 주고 있으며 후퇴를 거듭하면서 또 북진하면서 이들을 통한 군과 국민간의 유기적 매체 역할은 전쟁이라는 상황하에서의 군의 사기와 국민의 전황인식 및 대군 신뢰와 성원이란 차원에서 중요한 기능을 했다고 하겠다.

아래 보도내용은 1950년 6월 25일자 미국의 STARS & STRIPES지의 특별호로 발간된 6 · 25전쟁 발발 기사특종이다.

PACIFIC STARS AND STRIPES

EXTRA!

KOREA AT WAR

Northern Government Declares State of Hostilities; 60,000 Red Troops Attack Along 200-Mile Front; Rhee Telephones Appeal for U.S. Help to Tokyo

TOKYO (INS)—The long-feared civil war in Korea began with bloody fighting Sunday morning.

The Communist troops of the north hit the 38th parallel with tremendous power at 5 a.m.

Six hours later, at 11 a.m., the Pyongyang Radio announced

Airliner Missing With 58 Aboard

U.S. To Hold Russia Responsible for War

Accord Periled By Aggression, Sebald Asserts

Smuggling Ring Broken by U.S.

9 from Ditched B-29 Picked Up in Pacific

SCAP Rejects Purge Protest

Assembly Ousts Bidault Cabinet

Dulles To Talk to SCAP On Korean War Situation

President Foresees Continued Prosperity

北鮮 韓國に宣戰布告

38度線總攻擊

江陵浦項にも上陸

開城すでに占領

九州に嚴戒令

1950년 6월 26일 일본신문들이 남침을 보도한 내용이다.

그리고 독일은 6 · 25전쟁에 대해 거의 한달 간이나 톱뉴스로 취급하며 관심을 집중했다. 독일의 프랑크푸르트, 알게마이너지 등은 6 · 25전쟁을 '소련의 팽창주의 정책에 의한 남침'이라고 신랄하게 보도했다. 당시 독일의 상황은 한국과 마찬가지로 동서로 분단되어 동독에 소련군이 진주해 있었으므로 어쩌면 소련의 다음 목표가 독일이 될지도 모른다고 하는 우려에 휩싸여 있었다.

3.4.1 한국기자단에 의한 보도심리전

가. 최초 보도활동

국민의 알 권리 등 보도활동의 근본적 목적과 정부 당국의 보도활동의 통제 사이에서의 갈등은 6 · 25전쟁 기간도 예외가 될 수는 없었다. 6 · 25전쟁 발발직후 정훈국 보도과에서 중앙 방송국을 통해 북한의 남침사실이 보도된 것은 6월 25일 아침 7시경이었다. 이후부터 모든 방송은 보도과의 발표문에만 의존해야 했기 때문에 사실상 국민의 유일한 뉴스원은 국방부 정훈국 보도과였다. 당시 우리 정훈업무는 하나의 큰 과오를 범했다. 그것은 6 · 25남침의 첫 보도부터 적이 서울시내 창신동에까지 진입하여 갖은 만행을 자행하던 긴급상황에서도 '국군이 곧 의정부를 탈환하고 국군 전방지휘소가 서울에 설치된다'는 등의 허위보도를 한 사실이다.

이로 말미암아 군을 신뢰했던 서울시민들이 안심하고 있었는데, 6월 28일 갑자기 적이 서울시내에 돌입하자 당황한 많은 시민들이 피난길에 오르지 못하고 적의 수중에 넘어가는 비극을 초래하게 하였다. 이러한 때일수록 진실되게 보도해야 됨에도 불구하고 보도의 사명을 유린하였으니, 이것은 무경험에서 온 일대 실책이라 아니할 수 없다. 만약 진상을 정확히 보도하였더라면 일반시민의 생명과 재산의 피해를 최소한으로 막아낼 수 있었을 것이다. 6 · 25직후 중앙방송을 통해 보도된 북한군 남침 제 1보와 이선근 정훈국장의 담화 발표문을 발췌 요약해 보면 그 당시의 보도 실상이 어떠했는가를 짐작할 수 있다.[85]

"금일 새벽 4시부터 8시 사이에 북괴는 38선 전역에서 불법남침을 자행하였다. 옹진, 개성, 장단, 의정부, 동두천, 춘천, 강릉 등 각 지구 정면에서 북괴는 거의 동시에 남침을 개시하고, 동해안에서는 상륙을 기도하였다. 국군은 전역에 걸쳐서 이들을 격퇴시키기 위해 긴급하고도 적절한 작전을 전개하고 있다. 그들은 동두천 정면에서 탱크까지 동원하여 침입하였으나 우리의 대전차포에 의하여 격파되고 말았다. 국군은 반역도배들에게 단호한 응전태세를 취하고 각 지구에서 용감무쌍한 전투를 전개하고 있다. 전국민은 군을 신뢰하고 미동함이 없이 각자의 직장을 고수하면서 군작전에 주력, 협조하기 바란다."

당시 중앙 방송국장 대리 민지호씨가 말하는 위내용의 북괴군 남침 제 1 보 방송 경위는 다음과 같다.[86]

"오전 5시 10분쯤에 전화소리에 잠을 깼는데 당직 아나운서 위진록씨가, 국방부에서 박대위란 분이 38선에서 적의 대규모 남침의 중요 메시지를 갖고 왔는데 이것을 지금 방송해야 하느냐고 물어왔어요. 나는 박대위를 바꿔달라고 해서 '이것만 가지고는 너무 막연하니 내용을 좀더 자세히 말해줄 수 없느냐' 고 했더니 상부지시로 그 이상은 말할 수 없다는 겁니다. 그래서 차를 급히 보내달라고 하여 명동에 있는 정훈국으로 달려갔는데 벌써 이선근 국장이 나와 있었고 매우 침울한 표정이었어요. 내가 이국장에게 ' 북한의 대규모 남침이 사실입니까?' 라고 물었더니 '그렇소, 벌써 개성이 떨어진 것 같소 '라는

85) 한국언론자료간행회, 「6 · 25전쟁종군기자」, 1987, pp. 52~53.
86) 육군본부정훈감실, 앞의 책, p. 218.

> 대답이었습니다. 이국장과 나는 곧 그때까지의 실정을 종합한 방송 원고를 작성해 가지고 정동에 있는 중앙방송국으로 달려갔습니다. 그리고 25일 아침 7시 조금 넘어서 적의 남침을 알리는 제 1 보가 전파를 타고 전국에 퍼져 나갔습니다."

또한 이선근 정훈국장 담화발표 내용을 보면 국민의 알 권리와 국군의 보도통제 차원에서 얼마나 갈등이 많았는가 알 수 있다. 특히 말미에 '군에서는 명령이 없이 38선을 넘어 공세작전을 취할 수 없는 고충이 있으니 전 국민은 안심하고 국부전황(局部戰況)에 특히 동요되지 말기를 바란다'[87]고 되어있다.

아래 전황은 6월 26일자 「동아일보」의 6 · 25 최초 전황보도 **'시민들은 동요하지 말고 군경을 신뢰하라'** 는 보도기사이다.

動搖妄動不可

軍警을信賴할것

서울超非常警戒

市民은熱誠歡送

우리勇士續々前線出動

87) 동아일보, 1950. 6. 26 보도.

3.4.2 종군기자단

종군기자는 전시에 있어 군과 같이 행동하며 우리 군대의 전투모습과 적의 동향, 전선에 있는 우리장병의 생활모습, 전선일대 주민들의 행동 등 직접 전선의 양상을 목격할 기회를 가질 수 없는 많은 후방국민 또는 후방부대 장병들로 하여금 현재 전선에서 일어나고 있는 복잡다난한 전선의 변동을 되도록 빨리, 정확하고, 상세하게 알 수 있도록 보도함으로써 후방국민들이 완수해야 될 임무가 무엇인가를 명확하게 판단할 수 있도록 도움을 주는 사람이다.

이와 같이 종군기자들이 전선에서 채집한 기사자료가 후방신문에 게재되어 그 신문이 다시 전선장병들이 받을 때는 '과연 우리들의 노고는 우리들만이 알고 느끼는 것이 아니라 여기에 있지 않은 후방국민들도 충분히 인식하는 것이 틀림없다.'라는 위안감을 갖게 될 것이며 타부대의 용감한 전투기사를 읽은 때 우리부대도 그에 지지 않게 싸워서 승리하는 모습을 보여주어야 겠다는 새로운 결심을 가질 수 있을 것이다.

물론 군에서 발표하는 전투상보라고 해서 국민에게 주는 영향이 비효과적이라고 단정할 수 없지만 직접 현지에 특파되어 보고 듣고 느낀 바를 그대로 적어 보내는 종군기자들의 기사에 보다 많은 흥미와 신뢰를 가지게 될 것이며, 국민에게 미치는 영향력도 클 것이다.

6·25전쟁 발발 후 수도 서울이 적의 수중에 들어가기 전에 한강을 건넌 종군기자들은 최기덕, 박성환, 정선관 등이며 그 외엔 거의 9·28수복 때까지 숨어서 지내다가, 국군 북진과 함께 각자 소속사로 복귀하여 활발한 종군활동에 나섰다.

이들은 인천상륙작전, 원산탈환작전, 평양입성, 백마고지전투 등 전쟁기간 중 각 전선에서 종군, 국군의 전투양상을 보도하는데 전력을 다했다. 또한 휴전회담이 시작되자 예비회담 때부터 최기덕, 구본건 등의 기자들이 활동했으며, 판문점으로 회담장소가 옮겨지고 나서는 문산의 이른바 평화열차(종군기자 숙소로 객차를 썼음)를 기점으로 휴전회담보도에 거의 모든 종군기자들이 총동원 되었다.

당시 자유신문 기자였으며 전 경향신문 사회부 차장이었던 이혜복씨의 수기를 보면 당시 종군 기자들의 활동상을 보다 생생히 이해할 수 있는데 그 전문을 소개하면 다음과 같다.[88)]

---

88) 서울신문사, 「서울신문 40년사」, 1985, p. 237.

나의 從軍記者時節

平壤에 京鄕新聞 뿌리고

—나의 從軍記者 時節—

한편 실지회복을 위한 총반격시에는 정훈국 보도과에서 언론기관 및 종군기자들에게 보도기준, 보도에 대한 내용, 준수사항 등의 지시사항을 하달함으로써, 군반격 작전에 피해를 주지 않는 범위내에서 유기적인 보도활동을 하도록 했는데 다음 내용은 그 지시사항의 사본이다.[89]

言論機關 및 從軍記者에 對한 指示

檀紀四二八三年 十月 二十日

國防部 政訓局 報道課

89) 원문은 경희대학교 경파문고실 고 서중석 교수 기증 스크랩에 있음.

3.5 기타 심리전 활동

6·25전쟁시 전단, 방송, 간행물, 언론보도 수단 외에 피난민, 포로, 유격대, 그리고 종군작가단 및 연예인, 영화, 탐조등, 물품심리전 등 다양한 수단을 이용해 심리전을 실시하였다.

군가보급, 종군작가단 및 연예인, 영화 등은 대내심리전과 선무심리전에 많이 이용하였다.

3.5.1 탐조등을 이용한 '개똥벌레작전' 심리전

'개똥벌레작전' 은 1951년 여름에 미 제 5공군 3비행단 452비행대가 실시한 작전으로 B-26 폭격기에 고성능 탐조등을 장착하여 공격기 엄호하에 적 주둔지나 보급후송 및 병력이동제대에 탐조등을 비추면서 엄호기는 예광탄, 소이탄 및 고폭탄을 투하한 작전이었다. 적은 탐조등만 비추면 미군에게 노출되었다고 판단하고 분산도주하거나, 보급후송차량과 장비들을 유기한채 이탈하는 행동을 반복하였다.

이러한 반복적인 '개똥벌레작전' 은 적에게 상당한 공포감을 조성하여 도주 또는 야간 부대 이동 제한, 지휘통제체제를 마비시키는 효과를 거두었다.

[탐조등 포진지 모습]

인민군에서는 이러한 '개똥벌레작전'을 방해하기 위해 별도로 타격부대를 창설하여 저공항공기 장애물인 강철케이블을 설치하고 공중저격팀을 운용하였으며 야간차량 이동시에는 전조등을 켜지 않고 이동하고, 차량대신 '노새'를 보급수송수단으로 운용하였다.

이러한 항공기에 의한 탐조등 작전은 상당한 효과는 있었으나 탐조등을 폭격기에 장착하는 어려움과 자주 깨어지는 문제 때문에 항공기 대신 트럭에 자주 이용되었고, 자가발전기를 이용하여 전장을 직접 비추는 작전도 실시하였다. 특히 구름이 낮게 낀 야간에는 조명 반사로 인해 조명효과가 배가 되어 작전의 실효를 거두었다.

3.5.2 포로설득 심리전

6·25전쟁 시 포로로 잡힌 인민군은 민주주의와 자유국가의 생활 방식에 많은 호기심을 가졌다. 그래서 포로들에 대한 호기심을 충족시킬 수 있는 포로설득 심리전을 실시하였다. 먼저 교과서 팜플렛 매체, 신문, 잡지, 슬라이드, 모형인형, 라디오, 포스터, 레코드, 녹음기, 전람회, 강의 및 경험 등의 자료를 통하여 민주주의적 생활방식에 대해 소개하였다. 그리고 유엔군은 직업적, 기술적 향상에 관심을 두고 있는 많은 사람들을 지도하여 그들이 포로의 상태로부터 석방된 후에 유익하게 되도록 하였다. 농민 출신이고 앞으로도 농업에 종사하기를 원하는 자에게는 새로운 경작방법을 교육하여 그들의 농작물 수확을 증대시킬 수 있게 하는 기술을 가르쳐 주었다. 또한 문맹자들은 모국어를 읽고 쓸 수 있도록 교육하였으며 생활면에서도 운동경기 등으로 지루한 생활이 되지 않도록 배려해 주었다. 이러한 교육은 그들이 포로가 되기 전에는 도저히 상상조차 하지 못했던 생활이었으며, 그동안 공산주의 선전이 왜곡되었음을 깨닫게 했다. 이러한 포로 설득심리전은 24,000명의 북한 및 중공군 포로가 비무장지대에서 3개월에 걸쳐 실시된 설득공작에 굽히지 않고 오히려 그들과 대결함으로써 공산통치하에의 귀환을 거부하는 등의 효과를 나타냈다. 포로수용소에서 실시된 심리전의 효과적인 교육은 그들이 결국 공산주의사회로 돌아가지 않으려는 결심을 내리게 하는데 있어 결정적 역할을 하였다.

3.5.3 물품에 의한 심리전

아군은 물품 심리전을 여러 번 감행하였다. 그 예로서는 UN기와 태극기가 그려져 있는 바늘과 실 등 북한에서 부족한 물품들을 세트화 한 고무주머니를 백만매 이상이나 적 지역에 살포하였으며, 장기판에도 역시 이와 같은 마크를 표시하여 보냈는데, 이러한 물건은 단순히 선물 또는 오락물로 끝나는 것이 아니라 UN에 대한 인식 및 대한민국에 대한 동경, 공산집단에 대한 반감 등을 이끌어내는 성과를 거두었다. 적들도 이러한 심리전 효과를 위하여 수건, 공책, 담배 등을 보내왔으나, 품질이 조잡해 오히려 심리전에서 역효과를 내기도 하였다.

이러한 물품심리전에 대해서 공산사회에서는 이를 악용한 사례도 있었다. 즉 UN측에서 보내는 물품에는 세균이 있고, 세균전에 이를 이용한다고 선전한 까닭에 한 때 그 물품을 습득하지 않기도 했다.

3.5.4 종군작가단과 연예인의 공연심리전

가. 위문공연 심리전

미국 위문협회 공연처럼 잘 기획된 공연은 사기를 고취시키고 전투에서 받았던 스트레스, 공포 등을 일거에 제거시킬 수 있었던 좋은 대내심리전 역할을 하였다. 다음 사진은 UN 위문 공연협회가 실시한 전장에서의 공연 모습이다.

위문공연부대에서 인사하는 영국군 장교

봅 호프가 인솔한 위문공연단(1951. 6)

아래 글은 위문공연에 대한 소감이다.

Tom Drew, 제 1해병사단- 벙크 힐고지 전투에서 나는 부상을 당해 육군 이동 외과 병원으로 옮겨졌다. 중공군들이 포탄에 맞은 부상자를 가득 싣고 도로로 내려가는 우리 지프차를 따라왔다. 나는 걸을 수 있는 부상자였다. 파편제거 탁자에서 내 차례를 기다리는 동안 미국 위문협회가 공연하는 쪽으로 건너갔다. 그때의 광경은 정은 정말 매혹적이었다. 이곳의 음악, 즐거움 그리고 코메디는 부대의 사기를 북돋아 주었다. 그 공연장의 전방에서는 여전히 치열한 전투가 벌어지고 있었기에 편안한 마음으로 공연을 관람할 수가 없었다.

나. 종군작가단의 활동

전쟁초기 미처 피난을 하지 못하고 적 치하에서 온갖 고생을 다했던 대부분의 문화인들은 1 · 4 후퇴 때 모두가 피난길에 올라 대구와 부산으로 몰려들었다. 하지만 전시라는 급박한 상황에서 이들은 작품 활동의 터전을 잃어 현실적으로 생활을 유지해 나가는 것부터가 큰 문제였다. 여기에 국방부 정훈국이 산파역을 맡아 각계 문화인들을 종횡으로 연결시켜 작품 활동을 주선하고 어느 정도 생계유지가 되도록 도와주기도 했다. 이로써 육군 종군작가단을 비롯하여 화가, 음악인, 영화인, 연예인 등 여러 종군 문화단체가 생겨나 이들 나름대로 전쟁에 큰 기여를 했다.

1 · 4후퇴로 모든 국민이 피난하여 각처에 흩어져 있으면서도 오직 우리군의 전승을 바라고 국가의 안일을 기원하면서 초조한 가운데 살고 있을 때, 육군본부가 위치한 대구로 피난온 몇몇 작가들은 국민 총궐기의 부르짖음에 발맞추어 맡은 바

[종군작가단 기관지 「전선문학」 창간호]

[제 9861부대 정훈국 대민위문공연 모습]

사명을 다하기 위하여 작가단을 결성하고 전·후방의 연락 및 국민의 전의고양에 기여하기로 합의를 보았다.

문인들의 이러한 결의를 안 당시 정훈감 박영준(朴漢俊) 준장이 전폭적으로 작가단 결성을 도와 마침내 '육군종군 작가단'이 1951년 5월 26일 대구에서 결성되었다. 그 구성인원은 시인 8명, 화가 2명, 극작가 2명, 작곡가 3명 등 23명이었다. 이들 작가단의 활동실적을 종합해보면 다음과 같다.[90]

❶ 일선종군 : 총회수 220회, 종군 연일수 924일

❷ 종군보고 강연회 : 대구, 부산, 서울 등 8회

❸ 문학의 밤 : 주로 대구에서 종군문학을 발표, 14회

❹ 전쟁문학을 발표하는 기관지「전선문학」발간

❺ 문인극 상연 : 전의 고취를 위한 연극공연, 서울 3회, 부산 1회, 대구 2회

❻ 지방순회강연 : 2회

❼ 정전반대 강연회 : 대구

❽ 육군의 밤 방송 : 6회

❾ 벽시운동 및 시화전 : 2회

❿ 부대가 및 군가 작사 작곡 : 수십편

⓫ 기타 군 기관에 대한 여러 가지 협조

6·25전쟁 시 문학·예술인들은 각자 전문분야에서 전쟁 시에 수집된 자료를 토대로 작품활동하여 대내심리전에 기여하였다. 그 중에 종군화가단은 1·4 후퇴 때인 1951년 2월 대구에서 10여명 안팎의 중진급 화가들에 의해 발기되어 개별적인 전람회라든가 선전미술전 또는 후방에 산재해 있는 각 병원에서의 초상스케치를 겸한 소품전 등 종군활동을 하였다.

국방부 정훈국 보도과의 촬영대가 1950년 7월 4일 대전에서 신설되었다. 이들은 다부동, 영천, 포항 등의 격전지에 종군하여 온갖 악조건과 싸우며 촬영을 개시하였으며 '맥아더장군'의 인천상륙작전 등에도 종군하였다.

서울에 돌아오자 제작진을 강화하는 한편 UN군을 따라 38선을 돌파, 원산, 함흥, 평양, 초산 등 최전선에서 촬영을 계속하였다. 중공군개입으로 동년 11월 중순 재차 남하, 부산의 육본작전교육국으로부터 인수한 노획품을 이용하여 원시적이고 미약한 설비의 '라보라트리'를 건설하여 현상작업을 개시하는 한편 촬영반을

90) 육군본부정훈감실, 앞의 책, pp. 207~208.

서울 재수복전에 종군시켰다. 그간 유엔군의 촬영금지령 등 여러 가지 불리한 조건과 싸우며 병으로 혹은 포탄으로 쓰러져 가면서 수록한 귀중한 필름을 총정리 편집하였지만 당시 녹음시설이 전부 파괴되어 부득이 일본에서 도입하여 녹음하였다. 촬영개시 후 1년만인 1951년 6월 20일 완성하여 대구 '자유극장' 과 부산의 '동아극장' 에서 전 국민의 깊은 감격과 감명 속에서 「정의의 진격 제 1부」라는 제목으로 상영했다. 그후 제 1부에서 미처 편집하지 못한 부분을 편집하여 「정의의 진격 제 2부」라는 제목으로 1952년 2월 5일 부산에서 상영하였다.

촬영대의 임무가 중대함에 걸맞게 1952년 1월에 보도과 촬영대이던 것을 군사영화 촬영소로 승격시켰다. 이와 동시에 국방뉴스 제작에 착수하여 제 1호가 동년 6월 21일에 완성되었다. 녹음과 기타 중요 작업시설이 없는 촬영소는 개인 기업체인 진해에 있는 '합동영화사' 의 협조를 얻어 작업을 해왔다. 이때 교육 영화시리즈 제작에 착수하기도 했으나 자재, 시설 등이 부족하여 큰 결실은 보지 못했다.

연예인들이 전투중인 일선장병이나 후방부대를 위문한 것은 전쟁기간에 가장 활발했으나 군과 인연을 맺은 것은 6 · 25전쟁 전인 1949년도 지리산 공비준동지역에 대한 정훈공작활동에서부터 시작되어 6 · 25전쟁 직전 활동이 일단 중단되었다가 6 · 25전쟁, 직후인 1950년 7월 19일 육군 연예대가 대구에서 발족되어 새로운 연예대의 활동이 시작되었다. 연예인들의 종군 위문공연은 1 · 4후퇴 피난시절 특히 활발했다.

박호(朴虎), 김향(金鄕), 왕일문(王一文 : 피살) 씨 등 피난을 가지 못한 연예인들은 「화랑반공지하공작대(化郎反共地下工作隊)」를 조직하여 의용군으로 가장하고 공산의용군 본부에 잠입, 사제수류탄으로 습격도 하고 벽보와 전단을 뿌려 공산치하의 시민들을 격려하면서 지하반공투쟁을 전개했다.

음악인들은 9 · 28수복 후부터 군과 유대를 맺으며 정훈업무를 지원했다. 음악인들의 활동은 많은 군가를 작곡하여 보급하는데 앞장섰으며 교향악단 또는 합창단에 소속되어 유엔군과 한국군을 대상으로 위문공연을 실시하였다. 물론 음악인들의 이 같은 활동은 군의 절대적인 지원아래 이루어졌다. 이들의 단체 활동을 보면 국방부정훈국 선전과 내에 음악대 및 합창단이 1950년 12월에 100여 명 규모로 창설되어 음악인 안병소(安炳玿:비공식 단장) 씨를 중심으로 활동했고 김동진, 안병소 씨 등 많은 작곡가들이 군가정리, 보급 활동을 전개함으로써 이때까지만 해도 대부분이 일본 풍을 띄던 군가를 씩씩하고 우렁찬 우리 민족적인 것으로 만들어놓았다.

이밖에도 육군에서는 70여명 규모로 「육군 교향악단」을 만들어 부산에서 정기 공연을 갖는 등 음악활동을 전개했다. 다음 사진은 '제 1군단 정훈공작대' 가 국군 장병의 사기를 고취하기 위해 군악을 연주하고 있는 모습이다.

[새로 모집된 신병들을 위문하는 공연단(1950. 7. 30)]

[시민들에게 군악연주 위문공연]

함흥탈환 기념식에서 주민들이 모인 가운데 제 3사단 군악대 연주(1950. 10. 26 함흥)

제 1군단 정훈 군악대가 이동하는 장병들을 위해 애국가를 연주하여 전의를 고취시키고 있다.

3.5.5 영화와 TV 심리전

시청각을 통합한 심리전은 다른 매체보다 얻기 어려운 주의집중을 받게 된다. 영화나 TV심리전은 수복지구나 점령지역 주민 및 포로들에게 아주 효과적인 매체였다. TV에 의한 방송은 현대심리전을 한층 높은 차원으로 발전시키고 있으며, 그 역할과 기능은 더욱 확대되고 있으나 6.25 전쟁 시에는 TV 보급 및 제작 문제 등으로 활발하게 이루어지지 못했다.

월남전은 영상매체에 의해 전쟁의 승패가 좌우되었다고 볼 수 있다. 월남인들은 자신의 국가가 누란의 위기인데도 불구하고 외국으로 탈출하는 모습, 미군이 남의 나라에 가서 비참하게 죽어가는 모습과 소이탄 발사에 놀라 벌거벗은채로 뛰어나오는 월 남소녀의 비참한 모습 등이 TV화면에 생생하게 미국 안방에 방영됨으로써 전쟁에 대한 미 국민들의 실망과 염전사상이 확산되어 급격하게 반전여론이 형성됨으로써 미군이 철수하게 된 큰 요인으로 작용했다.

3.5.6 군가 제정 및 보급 심리전

군은 군가보급에 대해 무엇보다도 관심을 두어왔다. 군 초창기, 국방경비대시절에는 우후죽순(雨後竹筍)처럼 많은 군가가 가창되었으나, 대부분이 과거 일본 풍의 운율을 모방한 감이 있었고, 가사 또한 미온적이었다. 따라서 정훈감실에서는 군가정리의 필요성을 절실히 느껴 1951년 2월에 우선 「승리의 노래」를 비롯한 4개 군가를 제정하여 전군에 통일적으로 애창하게 했고 내용이 건전치 못한 군가는 가창을 금지하는 조치도 취하였다. 그 후 다시 「내조국」 외 2개 군가를 추가 제정했으며 건전한 군가를 널리 보급하기 위해 1951년 10월 15일자로 정훈감실내에 남녀 30명으로 구성된 「군가보급단」을 설치하였다.

이후 「군가보급단원」은 각 부대를 순회하며 군가보급 업무를 추진하였고 각 부대는 중대별로 2명씩 하사관으로 군가보급 요원을 임명하여 「군가보급단원」으로부터 지도받은 군가를 일조 · 일석 점호시 또는 수시로 전 중대원에게 보급, 가창하게 하였다. 이로 인하여 군가보급은 획기적인 성과를 올리게 되었으며 각 도 · 시를 중심으로 군가발표회를 개최하여 군과 민이 함께 부르는 방법을 시도하기도 하였다. 1952년 2월 8일에는 정훈감실 안에 「군가심의위원회」를 설치하여 군가보급운동이 활발해졌다. 이 심의회는 정훈감을 위원장으로 하고 노래곡조 심사위원 7명과 가사심사위원 7명 등 15명으로 구성되었다.

· 승리의 노래	· 멸공돌격가	· 육군일등병	· 육군가
· 출정가	· 고지탈환가	· 행군의 아침	· 개선행진곡
· 빛나는 훈장	· 병기애호의 노래	· 백두산 행진곡	· 참호의 노래
· 용진가	· 보병의 노래	· 전선의 밤	· 진격의 노래
· 전우의 노래	· 개선의 환영가	· 무적국군의 노래	· 야영가
· 돌격가	· 6.25의 노래		

1952년 중에 다시 15개 군가가 제정 발표되었으니 기존 군가와 합쳐 위와 같은 20여 곡의 군가가 52년도까지 가창되게 되었다.

한편 1953년 4월에는 각 부대가를 검토하도록 하달했고 동년 5월에는 도민 군가가창 월간계획을 수립하여 군가의 민간보급을 도모하였다. 이와 병행하여 이때까지 전방부대에 치중되었던 군가보급 활동은 군, 민 동시 군가보급으로 확대됨에 따라 군가보급 단원활동도 후방지역에서 중점적으로 이루어지게 되었다.

3.6 선무심리전

6.25전쟁은 인천 상륙작전 등 반격작전의 성공으로 북한지역을 수복함으로써 선무작전을 실시하게 되었다. 그러나 UN군이 북한 수복지역에 한국정부의 통치권을 불인정함으로써 통치권 이원화로 인한 행정관료 임용, 치안유지, 선무정책 혼란 등 제반 문제점이 발생하게 되었으며, 그 내용을 알아보면 다음과 같다.

첫째, 위민행정과 전시구호를 통한 선무활동이 지속되지 못했다.

위민행정은 주민들로부터 선발한 요원으로 지역자치위원회 및 행정관료를 임명함으로써 주민참여를 중심으로 행정하는 것인데, 한국군은 북한시정강요에 의해 '국민의 군대' 라는 명제 하에 식량배급, 전기 및 수도의 복구, 주요물자의 접수 및 분배 등 전시구호를 통한 선무를 하였으며, 특히 한국에서 파견된 청년단 선무반을 통하여 정책홍보가 활발하게 진행되었다. 그러나 수복 초기에는 자진하여 식량을 제공하고 장병들의 친척방문 협조 등 국민들로부터 환영과 지지를 받았으나 그 이후에는 제반 여건의 불비로 군정 이원화 및 행정관료 중복임용, 화폐사용, 농지개혁 정책 혼선 등 확고한 정책 결여와 행정관료 및 선무요원의 경험과 능력부족으로 시행착오가 반복되었다.

둘째, 선무정책을 위한 정책준비 결여로 민심이 이반되었다.

자체 치안대를 조직하여 활동함으로써 사회 안정에 기여하였고 경찰을 주민 중에서 선발함으로써 주민의 참여와 그들로 하여금 공산주의자 색출과 반역자 처벌을 하게 하여 치안을 유지하였으며, 성과는 군을 도와 치안질서 확립과 애국동포 학살 현장 및 실정조사에 기여하였다. 그러나 한국군 치안대 및 남한에서 입북한 사회단체들에 의해 저질러진 개인가옥 불법점령, 귀중품 무단 강탈, 개인감정 차원의 보복 등의 간헐적인 탈선, 월권, 불법행위 등으로 민심의 반발을 초래했다. 이러한 사례를 통해서 볼 때 수복 초기의 선무정책은 각종 위원회 및 치안조직이 주민의 지지와 환영을 받았으나 수복기일이 경과함에 따라 선무정책은 정책준비의 결여, 군정의 이원화, 군인 및 각종 치안단체원의 간헐적인 불법, 월권행위로 민심이반이 초래되어 실패하였음을 알 수 있다. 따라서 선무정책의 성공은 확고한 통치권과 성공적인 정책 수행이 전제되어야 함을 알 수 있으며, 선무정책은 평시부터 완벽한 준비와 현실적인 계획 및 집행이 되어야 한다. 또한 군은 엄정한 군기와 규율을 확립하고, 관변 단체들을 철저히 통제함으로써 탈선, 불법, 월권, 인권유린 행위 등이 발생되지 않도록 해야 한다.

대한민국 정부는 북한 수복지역을 한국의 헌법에 따라 한국의 주권이 회복되는 것을 당연시하고 있다. 그러나 한미 연합사령관이 한국군에 대한 작전지휘권을 보유하고 있는 한 한 · 미 연합사령관이 대한민국내에서 민사활동을 수행할 권한과 책임을 보유하고 있으므로 장차 수복될 북한지역에서도 마찬가지이다. 한 · 미간에 군정권한과 책임에 대한 명확한 한계를 미리 설정하지 않으면 과거 6.25 전쟁시와 마찬가지로 혼란과 시행착오를 반복할 수 있기 때문에 선무심리전에 대한 계획, 기구, 교육 등도 사전에 준비하는 것이 중요한 것이 되겠다. 특히 한 국가가 전쟁을 할 때는 자국내에도 반대파가 있게 마련이고 아무리 전쟁 자체가 살생이고 파괴며 비참하고 잔인하다 하더라도 비도덕적인 잔악한 만행과 더러운 행위는 적에게는 오히려 적개심만 강하게 만들고 세계여론도 불리하게 만들며 자국 국민들로부터도 용서받지 못한다. 전장의 비행은 이적행위이며 자기 나라와 자기 군대에 대한 파괴행위이다. 따라서 민사작전 또는 선무심리전을 수행하는 요원들은 철저하게 교육되고 실천 및 통제되어야 한다. 총과 칼을 갖고 있는 군인들은 전선에서 이성보다는 감정이, 법과 규정보다는 홧김에 방아쇠부터 당겨버린다는 것을 명심하고 선무심리전을 포함한 민사작전은 사전에 철저히 준비되어야 한다.

4부

공산군 심리전

1장. 심리전 조직과 전개상황
2장. 심리전 방향과 주제
3장. 심리전 매체별 주요사례

1장_ 심리전 조직과 전개상황

북한군과 중공군은 각각 조선인민군총사령부 정치국과 중공군지원군총사령부가 적군 와해공작사업(적공사업)[91]을 총괄하였다. 북한군은 군단, 사단, 여단에 적공지도원을 배치하였고, 연대와 대대에는 심리전 요원이 적공사업을 겸했으며, 소대에서는 소대장의 지휘 아래 2~3명의 적공조가 조직되었다.

공산군 측의 심리전 조직은 다음과 같은 특성을 지니고 있었다. **첫째, 전시의 모든 공산당 조직과 정책들은 심리전 지원 업무와 보조를 맞추고 있다.** 이러한 특성은 이미 사회주의 혁명과 나치의 심리전략을 통하여 체계화되었으며, 북한군의 심리전 조직은 한국의 상황에 맞도록 일부 변형된 것이다. **둘째, 모든 심리전 활동은 언제나 장기적인 목표에 맞게 운용되었으며, 단기적인 대중성을 위해 장기적인 목표가 변경되는 경우는 없다.** 따라서 북한의 심리전은 단순한 주제가 지속적으로 반복되었으며, 다양한 선전기법들이 하나의 주제에 집중되었다. 이와 같이 6 · 25전쟁에서 북한의 심리전은 매우 조직적이고 체계적으로 수행되었으며, 북한의 '적공사업' 조직이 군대뿐만 아니라 민간 통치기구와도 밀접한 관계를 갖고 있음을 보여주는 것이다.

북한의 심리전 매체는 모두 국가가 장악함으로써 효율적이고 체계적인 심리전

91) 6 · 25전쟁 시 북한의 적군와해공작사업은 '적공사업'이란 명칭으로 사용되었으며, 이는 미군의 심리전에 해당하는 용어이다.

전략이 가능하였다. 이는 공산주의 국가에서의 언론은 인민을 통제하기 위한 도구로 간주하기 때문이다. 레닌이 주장한 바와 같이 공산주의 사회에서 언론은 선동자이자 선전자이며 당의 조직인 것이다. 그러므로 6 · 25전쟁시 북한 심리전에 사용된 언론매체의 보도내용은 곧 북한의 언론철학과 일치하는 것이다. 소위 조국해방전쟁 중의 북한의 언론정책은 바로 조국해방전쟁을 위하여 모든 매체를 통합하여 심리전 매체로 활용한다는 것이다.[92] 이러한 심리전 정책목표 아래 모든 매스미디어는 독점되었고, 조선인민군최고사령부에 보도부를 만들어 각 전선의 전과를 매일 종합하여, 선전내용은 중앙통신사로 하여금 신문과 방송사에 넘겨주는 체제로 전환하였다. 이와 함께 이제까지 분산되어 있던 출판보도기관들을 전시체제로 전환하여 전시 적공사업을 수행하도록 하였다.[93]

92) 유재천, 「북한언론의 실상」, (서울, 민족통일협의회, 1991), pp. 65~68.
93) 북한은 신문인 '조선인민군' 과 군사정치 종합잡지인 '군사지식' 의 편찬 발간사업이 강화되었고, 1950년 7월 4일에는 심리전 신문인 '승리를 위하여' 를 발간 · 배포하였다.

2장_ 심리전 방향과 주제

공산군측 심리전의 주요 주제는 공산주의 선전을 위한 전략적 주제와 UN군의 전의상실을 위한 전술적 주제에 집중되었다. 공산주의 선전의 주제는 6·25전쟁을 사회주의 혁명의 한 과정으로 간주하는 북한측의 입장을 잘 반영하고 있는 것이다. 6·25전쟁 시 공산군측에 의해 실시된 심리전은 많은 한국인들에게 호응을 얻기 위한 복지사회 프로그램 등 전략적 주제 5가지와 전술적 주제 3가지를 기초로 확성기, 포스터, 전단 및 강연 등의 선무심리전으로 강화되었고, 여기에는 두 가지의 종합원칙이 전제되었는데 첫째, 면밀히 계획된 심리전 프로그램에 의해 종합계획이 수립되고, 둘째, 심리전은 단기목표를 피하고 장기적인 목표를 반영해야 한다는 내용이었다.

복지사회 프로그램인 전략적 주제 5가지는 첫째, 여성해방의 일환으로 사회주의 체제에서는 남녀에게 평등한 지위를 보장한다. 둘째, 자본가의 착취로부터 노동자를 해방한다. 셋째, 청년 프로그램으로 젊은 층에게 직업의 기회를 제공해야 한다. 넷째, 토지를 재분배해야 한다.(당시 북한의 토지개혁은 남한 농민들에게 행복과 자유를 주며, 농촌경제를 활성화하기 위해 실시한다고 주장하였다.)[94] 다섯째, 이데올로기와 민족주의 이념을 강조해야 한다는 것이다. 이러한 북한의 심리전 주제

94) 북한 토지개혁 정령(政令) 제1조.

들은 일관된 특성을 갖고 있는 데 그것은 공산주의 이데올로기를 한반도 상황에 적합하게 재구성한 것이다.

전술적 주제 3가지는 국군과 UN군의 전의 상실을 위한 내용이었다. 첫째는, UN군과 국군의 갈등을 유도하여 작전 협조를 못하게 함으로써 전투력 발휘를 방해하도록 하였다. 이를 위해서, 국군은 미군의 용병으로써 싸운다는 것을 부각시켰다. 둘째는, 공포심과 향수심을 자극하여 귀순 및 투항을 유도하였다. 이는 전장에서 공포심 유발과 삶에 대한 집념 등 전투병들의 심리적 본능을 자극하는 방법으로 전개되었다. 셋째는, 포로와 친공세력을 선동하여 유격전을 유도하고, 제 2의 전선을 형성하도록 선전 · 선동하는 내용들이었다.

3장_ 심리전 매체별 주요사례

3.1 전단심리전

전단작전에 있어서 공산군의 전단 살포량은 유엔군에 비해 훨씬 적었지만 그 형태는 다양하였다. 공산군의 전단은 정치적, 이념적, 도덕적 공세 및 투항권유, 사기저하와 전의 상실 유도를 주요 내용으로 아군의 전투력 저하와 내부의 와해, 유엔군의 내부 모순 조장 등의 내용이 많았다는 점이 특징이다. 예로써 군내에서 백인헌병에 의해 폭행당하는 흑인병사의 그림으로 흑·백인종 문제를 조장했는데 이는 미국 백인이 시작한 전쟁에서 흑인이 희생되었다고 폭로·비방하는 심리전이었다. 또한 대우를 잘 받고 있는 보기 좋은 포로의 그림을 인쇄하여 참호속의 병사보다 포로가 되는 것이 더 낫다고 선전하였다. 이 외에도 유엔군 내 유색인종 국가와 미군 사이의 분열을 조장하는 내용, 한국군내 장교와 병사 사이의 갈등을 조장하거나 미군이 한국군을 멸시하고 있음을 강조하는 내용 등이었다.[95]

전단의 수송 및 살포는 항공기의 부족으로 전선까지 수송하여 살포하는데 문제가 많았다. 대부분의 전단은 포탄을 통해 살포되었으며, 유엔군에 의해 그들의 진지가 점령되면 전단을 놓고 떠나거나 중공군 병사가 야음을 틈타 유엔군 초소에 포

95) 정용욱, 「6·25전쟁기 미군의 삐라 심리전과 냉전 이데올로기」, (역사와 현실 제51호, 2004), pp. 114~115.

복해 와서 전단을 놓고 가는 방법을 사용하기도 하였다. 그리고 농부나 소년들이 배낭에 적재한 채 살포하기도 하였다.

3.1.1 전쟁단계별 살포량과 내용분석

1950년 6월 25일부터 9월 14일까지 38종, 인천상륙작전이 개시된 9월 15일부터 중공군 개입이 시작된 10월 15일까지 48종, 그 이후부터 UN군이 후퇴를 시작한 11월까지 10종, 그리고 철수작전이 본격화된 12월에는 전혀 살포되지 않았다. 1951년 1월 10일을 전후한 UN군의 반격작전을 계기로 다시 전단 살포가 활발하게 실시되다가 진지교착전으로 일진일퇴를 거듭하던 단계에서 대부분의 전단이 살포되었다.

[전쟁단계별 살포량]

구 분	계	1단계	2단계	3단계	4단계
기 간	1950.6~53.7	1950.6~50.9.14	1950.9.15~50.10.15	1950.10.16~51.6	1951.6~53.7
종수(%)	367(100%)	38(10.4)	48(13)	10(2.7)	271(73.9)

제 1단계(1950. 6 ~ 9. 14)인 무력남침단계에서는 남침을 정당화, 합리화하고 진격하는 북한군들의 전투 사기를 북돋우며, 군대를 지원하기 위한 정치선전 · 선동을 비롯하여 한국 내에서의 노동자, 농민들의 폭동과 파괴 및 교란을 부추기는 선동, 주민들을 동원시키기 위한 선동, 북한의 시책과 사회제도에 대한 찬양, 북한군이 강점한 지역에서의 공산화 시책에 대한 선전, 청년학생들을 의용군으로 강제 징발하기 위한 기만, 북한정권과 김일성에 대한 찬양 등 총체적으로 전쟁의 승리와 한국사회의 공산화 실현을 보장하기 위한 선전 · 선동, 그리고 미군 만행을 날조하여 반미의식을 증폭시키고 미군을 몰아내고 남한주민을 해방시킨다는 소위 '조국해방전쟁'을 선동하는 내용들이었다.

[미국 강도놈들을 한놈도 남기지 말고 소탕하라]

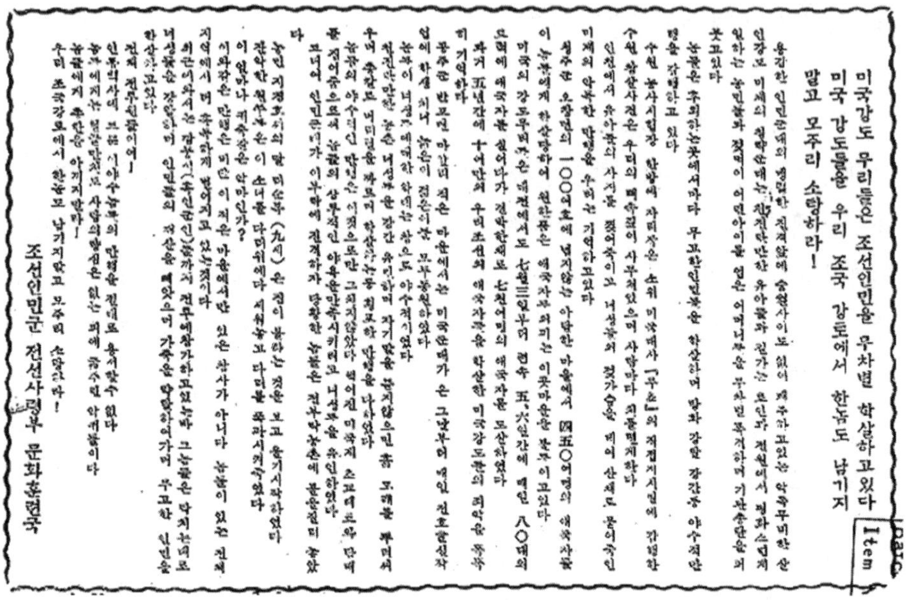

미국강도 무리들은 조선인민을 무차별 학살하고있다
미국 강도들을 우리 조국 강토에서 한놈도 남기지 말고 모주리 소탕하라!

용감한 인민군대의 맹렬한 진격앞에 숨쉴사이도 없이 패주하고있는 악독무비한 살인강도 미제의 침략군대는 진격하는 유아들과 길가는 로인과 전원에서 평화스럽게 일하는 농민들과 젖먹이 어린아이를 업은 어머니들을 무차별폭격하며 기관총탄을 퍼붓고있다

놈들은 후퇴하는곳에서마다 무고한인민들을 학살하며 방화 강탈 강간등 야수적만행을 감행하고 있다

수원 농사시험장 앞밭에 자리잡은 소위 미국대사 「무쵸」의 저격지시설에 감행한 수원 학살사건은 우리의 뼈속깊이 사무쳐있으며 사람마다 치를떨게한다

인천에서 유아들의 사지를 찢어죽이고 녀성들의 젖가슴을 베어 산채로 묻어죽인 미제의 악독한 만행을 우리는 기억하고있다

청주군 오창면의 一〇〇여호에 넘지않는 아담한 마을에서 四五〇여명의 애국자들이 놈들에게 학살당하여 원한품은 애국자의 피는 이곳마을을 붉게 물들이고있다

미국의 강도무리들은 대전에서도 七월三일부터 련속 五·六일간에 매일 八〇대의 모려에 애국자를 실어다가 경락한쪽으로 七천여명의 애국자를 도살하였다

과거 五년간에 十여만의 우리조선의 애국자들을 학살한 미국강도놈의 죄악을 똑똑히 기억하라

공주군 반포면 마암리 지온 마을에서는 미국놈들이 온 그날부터 매일 전호공사작업에 학생 처녀 늙은이 젊은이 모두 동원하였다

놈들이 녀성들에 대하야 하는 짓이 야수적이였다

학전한 마을 놈들 녀성들을 강간 윤간하며 자기 앞에 끌지않으면 총 모래를 뿌리며 우며 총칼로 녀성들을 찔르며 학살하는등 최모한 만행을 다하였다

놈들의 야수적인 만행은 이것으로만 그치지않았다 떨어진 미국지 쵸코레트와 단배를 저어줌으로써 놈들의 상투적인 야욕을 만족시키려고 녀성들을 유인하였다

그러나 인민군대가 이우하여 진격하자 당황한 놈들은 전부다 농촌에 불을질러 놓았다

놈들 지정하시의 말 미쓰(九시)은 집이 불타는 것을 보고 울기시작하였다

잔악한 원수놈은 이 소녀를 다리위에다 치켜놓고 다리를 폭파시켜죽였다

이 얼마나 귀축같은 악마인가?

이와같은 만행은 비단 이 지온 마을에서만 있은 참사가 아니다 놈들이 있는 전체지역에서 더 혹독하게 벌어지고 있는것이다

외국에서온 강도(독산군인)들까지 전부해창가하고있는데 그놈들은 다치는대로 녀성들을 강간하며 인민들의 재산을 빼앗으며 가축을 약탈하여가며 무고한 인민을 학살하고있다

전체 전우동들이어!

인류의사대 뜨봄 야수놈의 만행을 절대로 용서할수 없다

놈들에게는 법칙적으로 사람의양심은 없는 피에 굶주린 악귀들이다

놈들에게 죽음을 아끼지말라!

우리 조국강토에서 한놈도 남기지말고 모주리 소탕하라!

조선인민군 전선사령부 문화훈련국

[전선 소식]

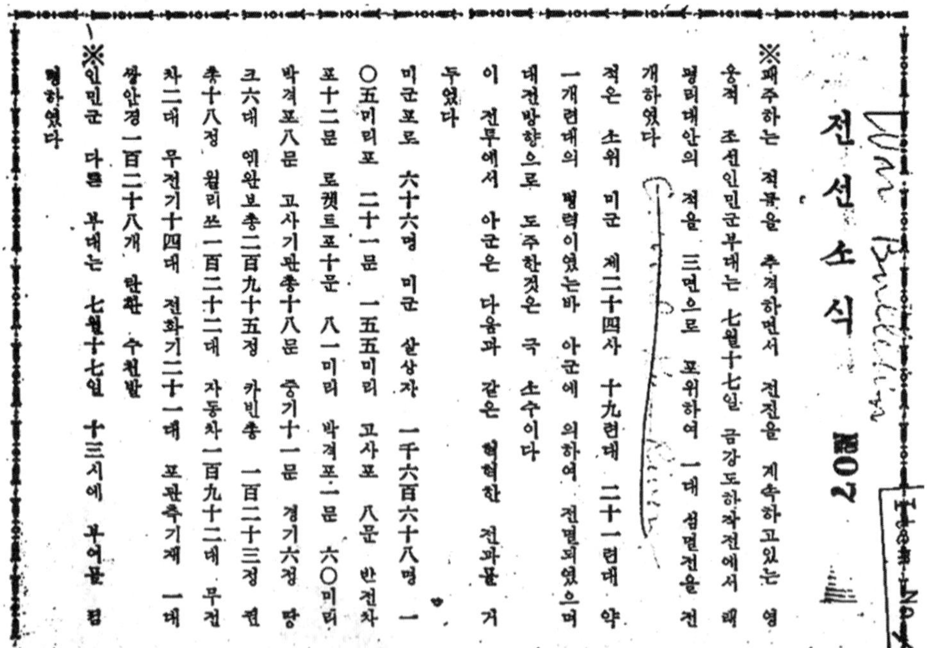

전선소식 207

※패주하는 적들을 추격하면서 전진을 계속하고있는 영웅적 조선인민군부대는 七월十七일 금강도하작전에서 대평리대안의 적을 三면으로 포위하여 一대 섬멸전을 전개하였다

적은 소위 미군 제二十四사 十九련대 二十一련대 약 一개련대의 병력이였는바 아군에 의하여 전멸되였으며 대전방향으로 도주한것은 극 소수이다

이 전투에서 아군은 다음과 같은 혁혁한 전과를 거두었다

미군포로 六十六명 미군 살상자 一千六百六十八명 一〇五미리포 二十一문 一五五미리 고사포 八문 반전차포十二문 로켓트포十문 八一미리 박격포一문 六〇미리 박격포八문 고사기관총十八문 중기十一문 경기六정 땅크六대 엠완보총二百九十五정 카빈총 一百二十三정 권총十八정 윌리쓰一百二十二대 자동차一百九十二대 무전차二대 무전기十四대 전화기二十一대 포판측기재 一대 쌍안경一百二十八개 탄환 수천발

※인민군 다른 부대는 七월十七일 十三시에 부여를 점령하였다

전쟁초기 승전보의 전선소식을 전하면서 독전과 사기진작을 하는 전단으로서 구체적인 전과를 제시해 주고 있다. 1950. 6. 25 기습남침 후 7월 17일 금강도하작전을 성공하고 계속해서 대전, 부여 방향으로 진격하고 있다는 승전보와 미군의 피해상황과 포위되었음을 알려, 공격기세를 가속화하기 위한 전단이다.

제 2단계(1950. 9. 15 ~ 1950. 11) 패주하는 시기의 대남 심리전은 한국 깊숙이 까지 침공했다가 한국군과 연합군의 반격을 받고 패주하는 부대들의 후퇴를 보장하고, 일부 부대들이 남아 제 2전선을 형성하여 진격하는 연합군에게 저항을 전개하도록 하는 전투의지 고양과 독전을 강요했다. 또한 남아 있는 남로당원들에게 남한 내에서 게릴라 투쟁을 비롯한 각종 투쟁을 전개하여 한 · 미군에 저항하여 싸우도록 고무, 충동하고 미국과 한국을 중상 모략하는 반 한 · 미 선전 · 선동 위주로 전개했다.

[이래도 미국을 위해 싸우겠는가?]

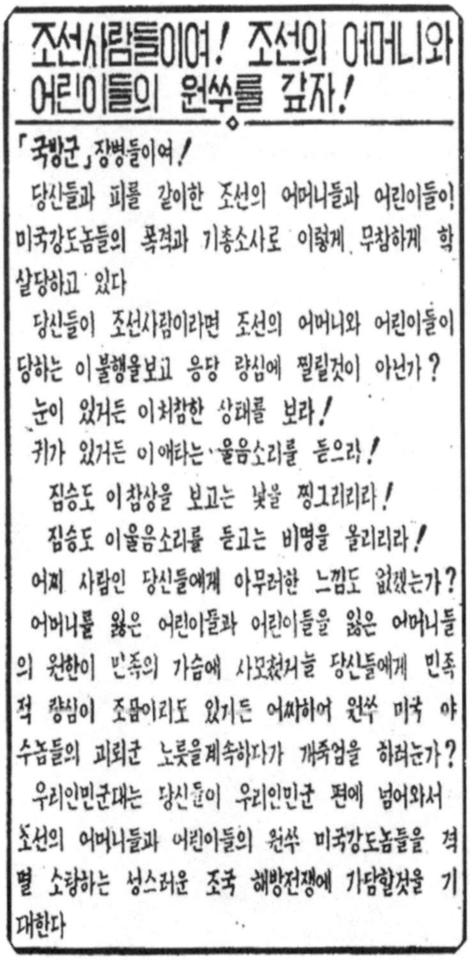

조선사람들이여! 조선의 어머니와 어린이들의 원쑤를 갚자!

「국방군」장병들이여!

당신들과 피를 같이한 조선의 어머니들과 어린이들이 미국강도놈들의 폭격과 기총소사로 이렇게 무참하게 학살당하고 있다

당신들이 조선사람이라면 조선의 어머니와 어린이들이 당하는 이불행을보고 응당 량심에 찔릴것이 아닌가?

눈이 있거든 이처참한 상태를 보라!

귀가 있거든 이애타는 울음소리를 들으라!

짐승도 이참상을 보고는 낯을 찡그리리라!

짐승도 이울음소리를 듣고는 비명을 올리리라!

어찌 사람인 당신들에게 아무러한 느낌도 없겠는가?

어머니를 잃은 어린이들과 어린이들을 잃은 어머니들의 원한이 민족의 가슴에 사모쳐거늘 당신들에게 민족적 량심이 조끔이라도 있거든 어찌하여 원쑤 미국 야수놈들의 괴뢰군 노릇을계속하다가 개죽엄을 하려는가?

우리인민군대는 당신들이 우리인민군 편에 넘어와서 조선의 어머니들과 어린이들의 원쑤 미국강도놈들을 격멸 소탕하는 성스러운 조국 해방전쟁에 가담할것을 기대한다

6 · 25 기습남침으로 인한 한국인들의 참혹한 장면을 조합하여 미군의 소행으로 부각시켜 반미 갈등과 염전사상을 조장하고 북괴군에게는 적개심을 고취시키는 전단, UN군의 인천상륙작전으로 공격기세가 역전되어 후퇴하는 상황에서 미군에 대한 극도의 적개심이 표현 되어있다. '조국해방전쟁' 표현으로 전쟁 초기 '북진' 표현에서 스스로 '남침'을 공식화 하고 있다.

[적의 후방에서 신음하는 전체동포들이여]

같은 전단에서도 '미국놈, 국방군놈이 우리 동포를 총검으로 학살한다'는 패배상황과 '미 침략군이 투항하고 있다'는 승전상황을 동시에 표현하고 있는 것으로 보아 전투의 긴박한 상황을 나타내고 있다.

적의 후방에서 신음하는 전체동포들이여!

아름다운 三천리 우리강산은 미국놈들과 리승만매국도당들이 동족상쟁의 내란을 도발한지一년간에 도시와 농촌 공장과 탄광 학교와 고적유물 병원과문화시설 기타우리 조선사람이 해방후 피땀으로 건설하였든 모든것은 미군놈들과 리승만괴뢰군의 파괴와 방화 폭격으로 재떼미가 되였으며 수많은 동포들은 놈들에게 무참히 학살되였고 철모르는 어린이들과 나어린소년 소녀들까지 놈들의 총탄과 폭격에 죽었다.

그러나 보라! 조선사람은 죽지않는다! 우리조선인민의 무장력인 인민군은 침략자 미군놈과 그앞재비 리승만괴뢰군을 도처에서 격멸소탕하고있다! 지난一년간에 미군과 리승만괴뢰군이 입은 인원의 피해만해도 살상된자와 포로된자가424,697명에 달한다!

승리는 반드시 자기조국을 외래침략자의 침공으로부터 구출하기 위하여 용감하게 싸우는 조선인민의 편에있다. 오늘 우리조선인민은 혼자서 미침략군과 싸우는것이 아니라 전세계 평화애호인민들의 무한한 원조와 성원속에서 적과싸우고 있는것이다.

미영 침략군이 제아무리 야만적행동을 감행한대도 우리조선사람은 절대로 굴하지않으며 그의무장력인 인민군대를 적극 원호하고 있다!!

적의 후방에있는 전체동포들이여!

조국의 통일독립은 멀지않은 장래에 달성된다!

미군놈들과 리승만매국도당들의 모든지시를 리행치말라!

인민군대를 적극원호하라! 빨치산을 적극도와주라!

조선인민군이 승리하는날 당신들에게도 행복이 돌아온다는것을 똑똑히 알라!

조선민족은 일본제국주의의 압박에서 신음하든것과같이 미제국주의자의 압박하에서 다시는 노예생활을 않할것이다 미제국주의 침략자와 리승만매국도당을 우리조국강토에서 마지막놈까지 구축격멸할때까지 싸우자!

조국의 통일독립과 평화를위하여 모두다 궐기하라!!

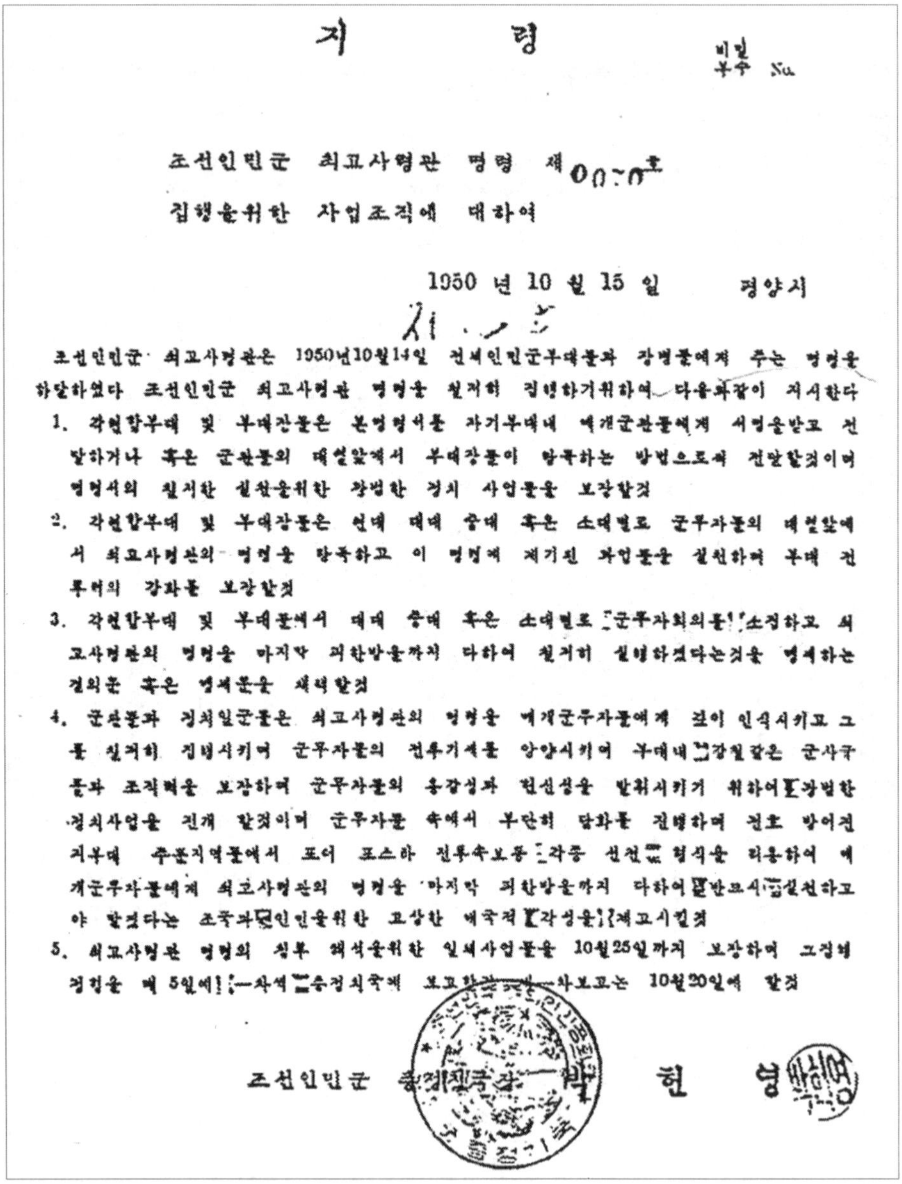

지 령

비밀
부수 No

조선인민군 최고사령관 명령 제 0070호
집행을위한 사업조직에 대하여

1950 년 10 월 15 일 평양시

조선인민군 최고사령관은 1950년10월14일 전체인민군부대들과 장병들에게 주는 명령을 하달하였다 조선인민군 최고사령관 명령을 철저히 집행하기위하여 다음과같이 지시한다

1. 각련합부대 및 부대장들은 본명령서를 자기부대내 매개군관들에게 서명을받고 전달하거나 혹은 군관들의 대열앞에서 부대장들이 낭독하는 방법으로써 전달할것이며 명령서의 철저한 실천을위한 광범한 정치 사업들을 보장할것
2. 각련합부대 및 부대장들은 련대 대대 중대 혹은 소대별로 군무자들의 대열앞에서 최고사령관의 명령을 낭독하고 이 명령에 제기된 과업들을 실천하여 부대 전투력의 강화를 보장할것
3. 각련합부대 및 부대들에서 대대 중대 혹은 소대별로 군무자회의를 소집하고 최고사령관의 명령을 마지막 피한방울까지 다하여 철저히 실행하겠다는것을 맹세하는 결의문 혹은 맹세문을 채택할것
4. 군관들과 정치일군들은 최고사령관의 명령을 매개군무자들에게 깊이 인식시키고 그를 철저히 집행시키며 군무자들의 전투기세를 앙양시키며 부대내 강철같은 군사규률과 조직성을 보장하며 군무자들의 용감성과 헌신성을 발휘시키기 위하여 광범한 정치사업을 전개 할것이며 군무자들 속에서 부단히 담화를 진행하며 전호 방어진지부대 주둔지역들에서 포어 포스타 전투속보등 각종 선전 형식을 리용하여 매개군무자들에게 최고사령관의 명령을 마지막 피한방울까지 다하여 반드시 실천하고야 말것다는 조국과 인민을위한 고상한 애국적 각성을 제고시킬것
5. 최고사령관 명령의 침투 해석을위한 일체사업들을 10월25일까지 보장하여 그정형정형을 매 5일에 1차씩 총정치국에 보고할것 [illegible] 1차보고는 10월20일에 할것

조선인민군 총정치국장 박 헌 영

조선인민군 총 정치국장 박헌영은 김일성의 0070호 명령에 대하여 이를 집행하기 위한 지령서를 하달하였다.

이 시기는 주로 공산군에게 독전을 강요하고 미군에게는 참전을 비방하는 내용이 많았다. 이 당시의 전장상황은 마지막 피 한방울 남을 때까지 전투할 수 있도록 각종 심리전을 실시하라는 지령과 패주하지 말고 끝까지 진지를 사수하라는 특별 명령을 하달할 정도로 긴박했다.

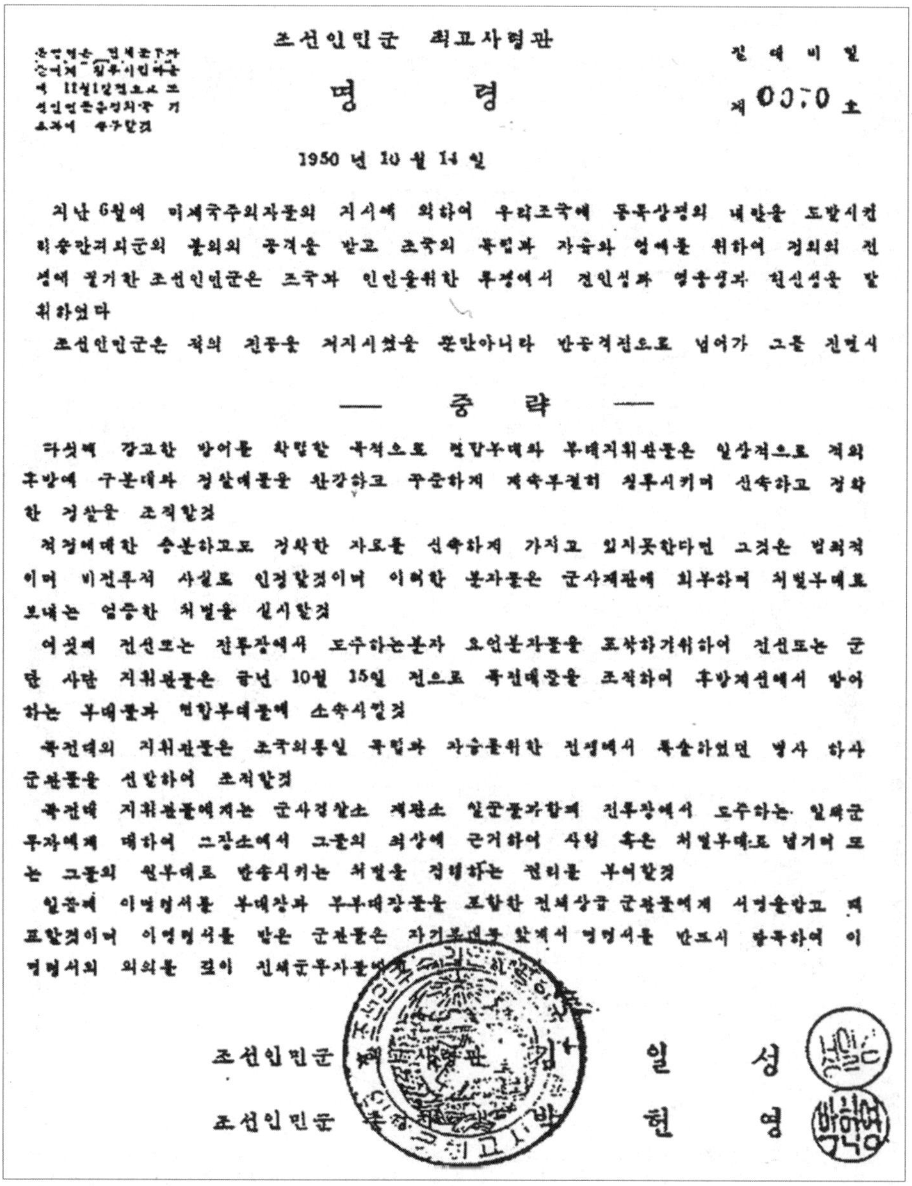

조선인민군 최고사령관

절대비밀

명령

제 0070 호

1950 년 10 월 14 일

지난 6월에 미제국주의자들의 지시에 의하여 우리조국에 동족상쟁의 내란을 도발시킨 리승만괴뢰군의 불의의 공격을 받고 조국의 독립과 자유와 영예를 위하여 정의의 전쟁에 궐기한 조선인민군은 조국과 인민을위한 투쟁에서 전인성과 영웅성과 헌신성을 발휘하였다

조선인민군은 적의 진공을 저지시켰을 뿐만아니라 반공격전으로 넘어가 그를 전멸시

— 중 략 —

다섯째 강고한 방어를 확립할 목적으로 련합부대와 부대지휘관들은 일상적으로 적의 후방에 구분대와 정찰대들을 파견하고 꾸준하게 계속부절히 침투시키며 신속하고 정확한 정찰을 조직할것

적정에대한 충분하고도 정확한 자료를 신속하게 가지고 있지못한다면 그것은 범죄적이며 비전투적 사실로 인정할것이며 이러한 분자들은 군사재판에 회부하여 처벌부대로 보내는 엄중한 처벌을 실시할것

여섯째 전선또는 전투장에서 도주하는분자 요언분자들을 포착하기위하여 전선또는 군단 사단 지휘관들은 금년 10월 15일 전으로 독전대들을 조직하여 후방계선에서 방어하는 부대들과 련합부대들에 소속시킬것

독전대의 지휘관들은 조국의통일 독립과 자유를위한 전쟁에서 특출하였던 병사 하사 군관들을 선발하여 조직할것

독전대 지휘관들에게는 군사검찰소 재판소 일군들과합께 전투장에서 도주하는 일체군무자에게 대하여 그장소에서 그들의 죄상에 근거하여 사형 혹은 처벌부대로 넘기며 또는 그들의 원부대로 반송시키는 처벌을 집행하는 권리를 부여할것

일곱째 이명령서를 부대장과 부부대장들을 포함한 전체상급 군관들에게 서명을받고 책표할것이며 이명령서를 받은 군관들은 자기부대들 앞에서 명령서를 반드시 낭독하여 이 명령서의 의의를 깊이 전체군무자들에게

조선인민군 최고사령관 김 일 성

조선인민군 […] 박 헌 영

'절대비밀'로 분류되어 1950년 10월 14일 김일성과 박헌영이 하달하였던 조선인민군 최고사령관 명령 제0070호의 일부. 이례적으로 김일성과 박헌영의 공동명의로 발행하였으며, 이 명령서에는 북한군의 해이한 군기를 질책하고, 끝까지 진지를 사수할 것을 강조하고 있다.

제 3단계(1950. 12 ~ 51. 6)는 38선 중심의 전선교착과 대치상태의 시기로써 강원도, 경상도, 전라도의 일부 산악지대를 중심으로 활동하던 게릴라 부대와 남로당 조직 및 당원들의 저항투쟁을 고무, 충동하는 선전활동, 한국과 미국에 반대하고 연합군을 중상, 비방하는 모략선전을 위주로 전개했다.

[미 제국주의자들과 리승만역도들의 전쟁 도발 1주년에 제하여 장병들에게 격함']

미 제국주의자들과 리승만역도들의 전쟁 도발一주년에 제하여 " 국방군 " 전체 장병들에게 격함

三천리 아름다운 우리 조국강토는 재매미로 되였다. 왜 ?

미군놈들이 침략을 시작한 그날부터 도시와농촌을 폭격방화하였다 ! 학교와 문화시설 공장과 탄광을 파괴하였다 ! 수많은 우리동포를 학살하였다 !

도대체 미군놈들은 어떤놈인가 ? 조선을 미국의 식민지로 만들며 조선사람을 미국놈의 노예로 만들기위해 무력으로 침공한 침략자이다 ! 그러면 리승만도당은 ? 조선을 미국놈들에게 팔아먹으려고 동족상쟁의 내란을 도발한 매국노이다 ! 그러면 "국방군"은 ? 리승만매국도당에게 앞재비로 매수되여 조선을 미국놈들에게 팔아먹는것을 무력으로 보호하는 고용병이다 !

"국방군" 장병들이여 ! 조선인민군대를 보라 ! 미영침략군과 리승만괴뢰군을 우리조국강토에서 격멸소탕하는 정의의 전쟁에서 얼마나 용감하며 고귀한 애국심을 발휘하고있는가 ! 그리고 조선인민군의 무력이 날로 장성강화됨에따라 미영침략군과 리승만괴뢰군은 어떠한 참패를 당하고있는가 ? 전쟁이 시작된지 一년도 못되는 동안에 다음과 같은 막대한 손실을보았고 지금계속 참패를당하고있다

1950년6월25일~1951년5월22일까지

미영및기타외국침략군과 "국방군"의 살상된수 339.269명

〃 포로된수 85.428명

계 424.697명

미 영 침략군과 리승만괴뢰군은 패망한다 ! 왜 ? 침략자와 매국노는 반드시 패망한 인류의 력사가 똑똑히 가리키고있다 ! 보라 ! 일본제국주의 침략자와 독일 팟쇼 히틀러 중국의 장개석도당들의 말로는 가장가까운 그실례이다 !

"국방군" 장병들이여 ! 당신들은 누구를위하여 아까운 청춘을 저바리는 싸움을 하고있는가 ? 조국을위해서 ? 부모형제와 동포를위해서 ? 아니다 ! 자기조국강토에 침입한 외국침략군대를 몰아내는 영웅적 조선인민군대와 수치스럽게도 싸우고있다 ! 가슴에 손을얹고 잠간 생각해보라 ! 당신들이 적이라고 부르며 대항하는 사람들은 당신들과 같은 조선사람들이다 ! 당신들이 전우라고부르며 원조자로 보는자들은 바로 당신들의 조국을 폐허로만들며 당신들의 부모 처자 형제 동포를학살하며 당신들의 조국을침략하는 미군놈들이다 !

"국방군" 장병들이여 ! 원쑤가누구인가를 똑똑히 알라 ! 당신들도 량심을가진 조선사람이라면 서슴치않고 인민군편에 설것을 우리는 믿는다 !

의거하라 ! 투항하라 ! 인민군대와 중국인민지원군편으로 !! "국방군" 내부에서도주하라 ! 폭동을이르키라 ! 전쟁을반대하라 ! 이길만이 당신들의 재생의길이다 !!

의거 투항하는 당신들에게는 "국방군"에서의 "군무계급"을 그대로 보장하며 정상에따라 국가적표창도있다 ! 일반적으로 포로되는 당신들에게는 동포애로써 마지하며 신변의 안전을 절대로 보장하며 일상생활을 원만하게 보장하며 자기소망대로 모든것을해결해준다 ! 자 ! 너머오라 ! 같은동포끼리 손에손을 꽉잡고 우리조국에 침입한 미국강도놈들을 격멸소탕하자 !! 그리고 그리운고향에서 당신들이 사라서 돌아오기를 고대하고있는 부모 처자 형제를 다시맛나 행복한 생활을 건설하라 !!!

조선인민군총사령부

61/132

'미 제국주의가 조선을 식민지화 하기 위해 침입(侵入)하여 삼천리 강토가 잿더미(재때미로 표현)로 변했다. 이러한 식민지 침략전쟁은 이승만 매국노가 조선 강토를 팔아먹기 위해 국군장병을 고용병으로 끌어들이고 있다.'는 비방내용이다. 특히 인천 상륙작전, 중공군 개입 등으로 일진일퇴하는 전장상황은 UN군과 국군의 살상과 포로수로 제시함으로써 아군에게는 패배의식을 주입시키고 공산군에게는 승전의식과 독전을 강요하는 심리전을 펴고 있다.

[미군의 새 군사모험은 더많은 조선사람의 피를 흘리게한다]

미국의 새군사모험은
더많은 조선사람의 피를 흘리게한다!

아이젠하워는 미국의 새대통령 자리에 들어앉은 후부터 매일같이 **전쟁을 확대** 하여야한다고 떠들어대고있다 그에게는 지금 한개 새계획이있다 그것은 즉 수많은 **조선청년의「값싼」피**와 미국의 강철을 갖이고 또한번 一九五二년 이전과 같은 대규모적작전을 하려고 하는것이다 그들은 내놓고말하기를 「**남한군을공산군에 대면시킴으로서 미군의 희생자를 감소시키라**」고 하였다 (동경 一월二十六일발 유、피통신)

그러나 미국강도의 군사모험은 반드시 실패로 도라가고 말것이다 싸워갈수록 강하여지는 조중인민군은 과거에있어서 맥아더、밴푸릿트의 모든 「공세」를 격퇴하였다 오늘 미국강도가 감히 모험적으로 진공한다면 **철벽**과같은 **진지를** 갖이고있는 조중인민군에게 마치 미국제七사가 지난날 금화북쪽에서 받은 **실패를 되푸리**하고 말것이다 실로 금화전투에 참가하였던 「국방군」제二사단의 많은 **중대들은** 전투후에 겨우 한두사람밖에 남지않었다

이러므로 싸우기를 조와하면서도 죽엄을 무서워하는 미국놈들은 당신들을 앞에 내세워 조선사람의 피로서 미국의 승리를 얻어 오려고 망상한다

「국방군」장병들이여! **미국강도의 희생품으로 되지말라!** 부디 당신들의 **고귀한 청춘을 아끼고 생명을 보존하여** 앞으로 자기의 **행복한 가정을 이루어야하며 조선인민의 나라를건설 하여야 한다!**

미군의 항전을 경계하면서, 국군을 인민군과 대면하면서 싸우도록(최전선에서 총알받이 역할) 하여 희생물로 삼고있다고 비방하고 있다.

[일시적으로 적에게 강점당한 지구의 인민들이여]

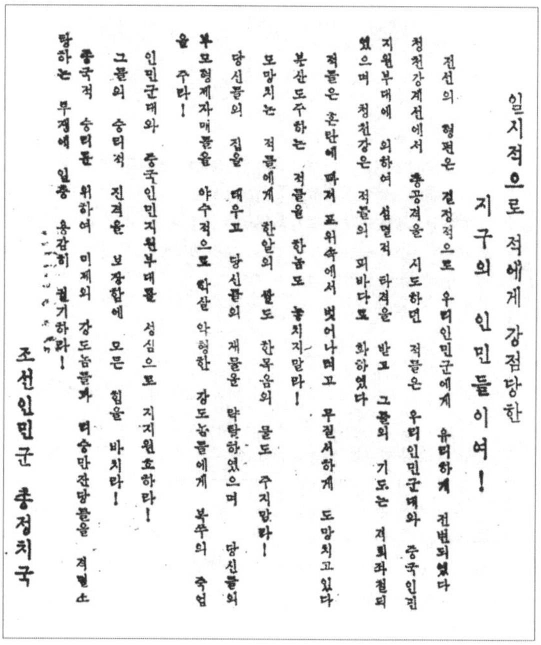

일시적으로 적에게 강점당한
지구의 인민들이여!

전선의 형편은 결정적으로 우리인민군에게 유리하게 전변되였다
청천강계선에서 총공격을 시도하면 적들은 우리인민군대와 중국인민지원부대에 의하여 섬멸적 타격을 받고 그들의 기도는 저뢰좌절되였으며 청천강은 적들의 피바다로 화하였다
적들은 혼란에 빠져 포위속에서 벗어나려고 무질서하게 도망치고 있다
분산도주하는 적들을 한놈도 놓치지말라!
도망치는 적들에게 한알의 쌀도 한목음의 물도 주지말라!
당신들의 집을 태우고 당신들의 재물을 략탈하였으며 당신들의 부모형제자매들을 야수적으로 학살 악형한 강도놈들에게 복수의 죽엄을 주라!
인민군대와 중국인민지원부대를 성심으로 지지원호하라!
그들의 승리적 진격을 보장함에 모든 힘을 바치라!
종국적 승리를 위하여 미제의 강도놈들과 리승만잔당들을 격멸소탕하는 투쟁에 일층 용감히 궐기하라!

조선인민군 총정치국

중공군 투입을 기원하며, 후퇴는 일시적인 것이라고 선전하면서 북한지역 주민에게 작전협조 및 UN군에 대한 적개심 고취 및 저항을 선동하는 전단

[중공군 제 5차공세(51.4~51.6)때 뿌린 전단]

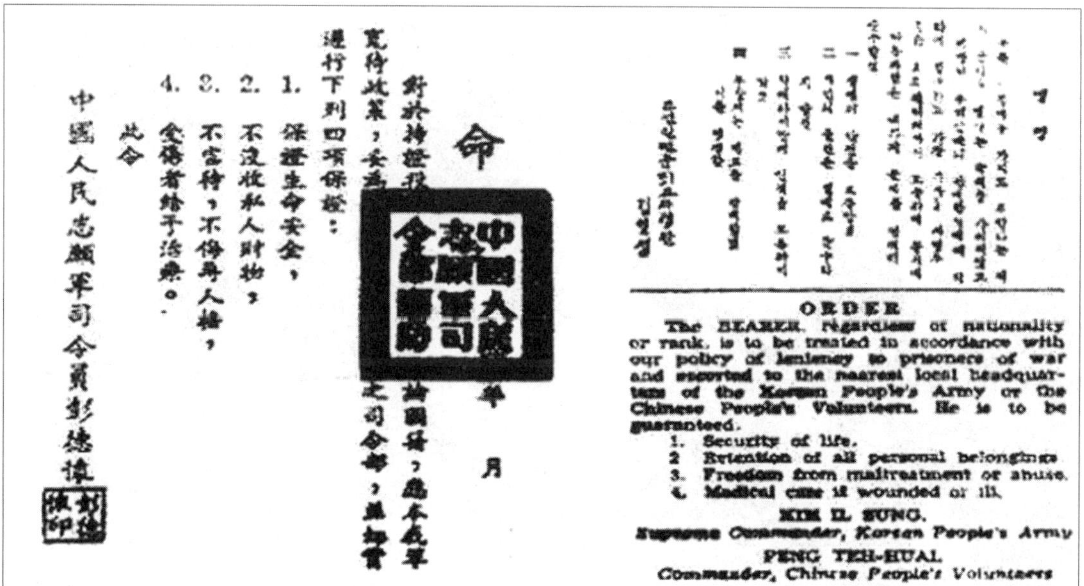

命

對於持證投 … 論國籍，應本我軍
寬待政策，妥為 … 之司令部，並加賞
遵行下列四項保證：
1. 保證生命安全，
2. 不沒收私人財物，
3. 不虐待，不侮辱人格，
4. 受傷者給予治療。
此令

中國人民志願軍司令員彭德懷

年 月

ORDER

The BEARER, regardless of nationality or rank, is to be treated in accordance with our policy of leniency to prisoners of war and escorted to the nearest local headquarters of the Korean People's Army or the Chinese People's Volunteers. He is to be guaranteed.

1. Security of life.
2 Retention of all personal belongings.
3. Freedom from maltreatment or abuse.
4. Medical care if wounded or ill.

KIM IL SUNG.
Supreme Commander, Korean People's Army

PENG TEH-HUAI.
Commander, Chinese People's Volunteers

중공군 총사령관 팽덕회와 김일성의 이름으로 발행한 안전보장증. '무릇 이 증명을 가지고 투항하는 자는 마땅히 우리 군에서...'라는 투항을 권유하는 전단

[의거하여 오는 적군대 복무자들을 대우함에 관한 결정]

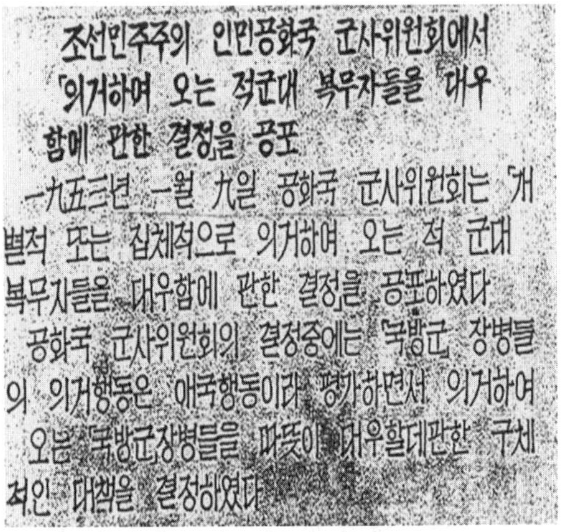
조선민주주의 인민공화국 군사위원회에서 「의거하여 오는 적군대 복무자들을 대우함에 관한 결정」을 공포

一九五三년 一월 九일 공화국 군사위원회는 「개별적 또는 집체적으로 의거하여 오는 적 군대 복무자들을 대우함에 관한 결정」을 공포하였다

공화국 군사위원회의 결정중에는 「북방군 장병들의 의거행동은 애국행동이라」 평가하면서 의거하여 오는 「북방군장병들을 따뜻이 대우할데관한 구체적인 대책을 결정하였다

1953년 1월 9일 군사위원회에서 결정된 내용을 전단으로 제작 · 살포한 것으로써, 개별 또는 집단으로 귀순하는 국군 및 유엔군에게 특별한 대우를 한다는 내용으로 구성되었다. 휴전회담이 이루어지고 있을 때, 귀순을 위해 전쟁지도부에서 얼마나 많은 관심을 가졌는가를 알 수 있는 전단이다.

제 4단계는(51.6~53.7) 휴전회담에 유리한 환경을 조성하기 위해 휴전선 일대에서 지루한 고지쟁탈전이 계속되었던 기간으로 결정적 전투보다는 현 전선을 고착시키려는 소극적인 전투와 심리전적 전투가 많았다. 따라서 장기간 전투에 지친 피 · 아군은 조기 종전을 원하고 있었다. 이에 따라, 공산군도 현 고착전선에서 휴전을 희망하면서 한편으로 국군과 유엔군의 공세적 상황을 내심 경계하였고, 이를 저지하려는 심리전을 많이 전개하였다.

[정전 시기에 만든 전단]

미군이 정전을 반대하고 전쟁을 계속 확대하여 희생을 당하고 있다고 비방하면서 미군이 정전에 응하도록 선동하는 전단이다. 내용이나 공세강도가 상당히 약해졌다.

3.1.2 전단 규격별 분석

전단의 규격은 작게는 6×8cm로부터 크게는 26×19cm까지로 6가지 종류로 구분할 수 있다. 제일 작은 것은 6×8cm로 남쪽전단의 제일 작은 크기의 반쪽정도이며 이는 휴대하기 편리하고, 야전에서 쉽게 만들 수 있어 간단한 내용을 다량으로 제작 · 살포시 많이 사용된다

이러한 전단은 휴전 후 지금까지도 간단한 구호 등의 내용을 인쇄하여 많이 사용하고 있다. 제일 많은 비율의 전단은 8×12cm크기로 전체의 33%로 124종이었다. 이 규격는 군복의 호주머니에 그리고, 각종 지갑이나 메모지에 그대로 넣을 수 있는 규격이다.

[전단 규격별 현황]

구 분	계	1번 규격	2번 규격	3번 규격	4번 규격	5번 규격	6번 규격
규격(cm)		6×8	12×8	13×10	19×12	22×15	26×19
전단수(종)	367	5	66	121	84	44	47
비율(%)	100	1.3	18	33	23	12	12.7
비 고			포켓용				팜플렛

[1번 규격 : 6×8cm]

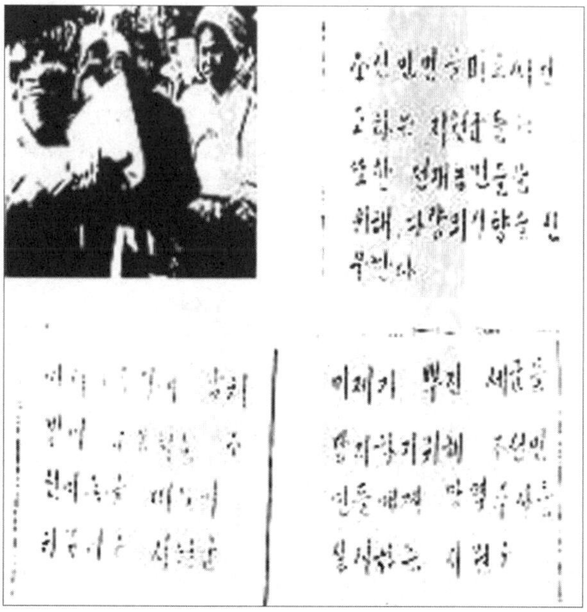

미제가 뿌린 세균의 감염을 방지하기 위해 방역주사를 맞고 있다고 날조 · 비방하고, 조선인민군이 전재민에게 물품을 지원하고 있다고 선전하고 있다.

[2번 규격 : 12×8cm]

현철아 어서 넘어오라!

네가 이남으로 끌려간지도 벌써 열달이 되였구나

가을밤 찬 이슬내리는 산골 속에서 네가 떨고있을것을 생각하니 이 늙은 에미 애비는 오늘까지 잠이 오지않는구나

현철아! 너는 무엇때문에 그 지옥같은 「국방군」 속에서 빠져나오지 못하느냐?

네가 「괴뢰군」에 끌렸던것을 따진가봐 무서워서 못오느냐? 이남으로 넘어가 「국방군」에 들었으니 죄가 더 무거우리라고 걱정하기 때문이냐?

아니다! 그것은 쓸데없는 걱정이다!

너와 같이 끌려갔던 네 사촌 현봉이는 지난 열흘날 다시 넘어왔다 모든것을 고백하고 잘못을 뉘우친 현봉이는 조금도 아무런 벌도 받지 않았다

현철아! 아직도 늦지않다 인민군대는 잘못을 깨닫고 고치려는 사람들에게는 언제나 관대하단다.

현철아! 너도 어서 돌아오너라

그리운 고향으로… 이 에미 애비의 품안으로 다시빨리 돌아오너라!

늙은 에미로부터

M.SG/FE Doc No 205853

개인의 이름을 호칭하면서 제작한 투항권유 전단이다. 특정한 개인호칭을 사용함으로써 신뢰감을 제고시키고 있다. 비록 개인을 호칭하였지만 전단을 습득하는 각 개인은 '현철'이라는 이름에 자신도 몰입될 수 있기에 각 개인이 편지를 받는 심리적 동요를 일으키는 효과를 기대하고 제작한 전단

[3번 규격 : 13×10cm]

살 길 을 찾 으 라!

죽지않고 살아돌아가 그리운 고향 사랑하는 부모 처자를 다시 만나보려거던

첫째 인민군이나 지원군과 대치하고 있을때에는

보초선 기회, 순찰도는 기회, 배복나온 기회, 수색나온 기회, 취침하는 기회, 식량 물자를 운반하는 기회, 물길러나려온 기회를 리용하여 인민군과 지원군편으로 넘어오라!

흐린날 어두운밤 새벽 틈을타서 진지를 빠져 달아나오라!

둘째 진공할때는

우물 쭈물 뒤에떨어져 앞장에 서지말라!

싸움이 벌어지면 총을 공중에대고 쏘라!

인민군과 중국인민지원군에 포위되면가 접전할때는 대항하지말고 포로가 되라!

세째 퇴각할때는

상관놈이 대오를 거잡을수없는 틈을타서 대렬을 리탈하여 안전한곳에 몸을숨겼다가 인민군과 지원군이 오면 손을들고 일어나오라!

숲그머니 대오를 떠러져 백성집에 숨었다가 그들의 안내를받아 인민군과 지원군을 찾아오라!

이외도 제병으부터 후송되던가 팔이나 다리등 늦은곳을 자송하여 병원에 후송되여 일선에서 벗어나던가 도망처 집으로 돌아가든가 안전한곳에 몸을 숨겨라! 궁리를 잘하고 용감히 행동하기만 한다면 〃국방군〃 신세를 면하고 살길은 얼마든지 있다!

03131 – L

전장에서 일단 사는 것이 우선인데, 적과 대치하고 있을 때 행군이나 공격할 때, 그리고 퇴각할 때를 구분하여 전장에서 이탈하여 귀순하는 방법을 구체적으로 나열하였다. 그러나 문장말미에 '궁리를 잘하고 용감히 행동을 하기만 한다면 국방군 신세를 면하고 살길은 얼마든지 있다'라는 내용은 귀순의 효과를 반감시키고 있다. 왜냐하면, 공산군 입장에서 국군의 참혹함을 판단하겠지만 대치하고 있는 전투병 입장에서는 적어도 비슷한 처지임을 알고 있다. 차라리 향수심을 자극하여 이탈 귀순토록 하는 것이 효과적이었을 것이다.

[3번 규격 : 15×10cm]

WHY STILL STAKE YOUR PRECIOUS LIVES AT FIVE TO TWELVE?

The Korean and Chinese peoples want this war to stop.

The peoples of the world want this war to stop.

You and your loved ones want this war to stop so you can go home.

Only the Fat Boys in Wall Street want the war to go on so that they can go on raking in those big war profits.

But the peoples are forcing them to stop the war.

Peace talks are going on.

Still, your generals keep you fighting.

Ten days (July 21-31) have cost you 5,200 more casualties.

It's not worthwhile to get killed a week, a day or even five minutes before the war stops while this is avoidable

Take advantage of the Safe Conduct Pass in case of emergency.

DON'T BE A LAST-MINUTE SUCKER!

STAY SAFE, FIGHT FOR PEACE, AND GO HOME IN ONE PIECE

THE KOREAN PEOPLE'S ARMY
THE CHINESE PEOPLE'S VOLUNTEERS

(傳 單)

모든 인민들이 평화를 원하고 전쟁이 끝나기를 희망하는데 미국에 있는 자본가들의 이익 여부에 따라 전쟁은 계속 되고 있다고 주장. 휴전 협상이 진행 중임에도 연합군 지휘관들은 병사들을 전쟁터로 내몰고 있다. 열흘 동안 5,200여 명의 사상자를 내고 있으며, 가치 없는 전쟁에 열정을 내지 말고 목숨을 아깝게 여기라는 내용의 염전사상을 고취하는 전단

[4번 규격 : 19×12cm]

보라!!

순안병원 원장 허시모란놈이 자기 과수원에서 사과를 도적해 먹었다는 생 트집으로 어린소년 김명섭의 얼굴에 「도적놈」이라고 부저까락으로 지진 사실을 아는가? 대구의 선교사 헨더슨이 사냥에 다리고갔던 소년을 쏘아 죽이고 개로 오인 하였다고 헛소리를 친 사실을 아는가?

작년 미국놈들이 복반부를 강점 하였을때 신천 안악등지에서 수백 수천의 유아를 한 곳에 잡아넣고 몰살한 이러한 야수적 만행은 실로 유래없는 일이 아니다

「국방군」 장병들이여!
만일 그대들에게 조국의안전과자손의후손 만대를 념원하는 성심이 있다면 우리는 먼저 이 피묻은 이빨을 갖인 미국원쑤놈들을 우리 나라에서 소탕 해야할것이다!

병원명과 실재 인물명을 등장시켜 신뢰감을 높이고, 이러한 신뢰감과 연계시켜 허무맹랑한 내용을 조작하여 반미 · 일 적개심 고취와 한 · 미 · 일 갈등을 조장하는 전단

[5번 규격 : 22×15cm]

신문을 인용하여 신뢰와 권위를 제고 시키는 전단으로써, 휴전회담을 공산측이 더 적극적으로 요구하고 있음을 암시함으로써 평화 애호의 이미지를 부각시키려 하고 있다.

[6번 규격 : 26×19cm]

MISG Doc No 207370

Peace

Published by PEACE NEWS PRESS

No. 9 KOREA April 10, 1953

New Soviet Leader Reaffirms Stalin's Peace Bid

Georgi Malenkov, Chairman of the Council of Ministers of the U.S.S.R., declared on March 9 at Stalin's funeral ceremony in Moscow, that he would continue Stalin's foreign policy of peace and friendship among nations.

"The foreign policy of the Soviet State," he said, "the policy of peace and friendship among nations, is the decisive barrier to the precipitation of another war and accords with the vital interests of all nations."

"The Soviet Union has pursued and pursues a consistent policy of preserving and strengthening peace, a policy of struggle against preparation and unleashing of another war, a policy of international cooperation.

"It is a policy based on the Lenin-Stalin premise of the possibility of prolonged co-existence and peaceful competition of the two different systems—the capitalist and the socialist systems," he said.

"We are loyal servants of the people, and the people want peace. They hate war."

"May the desire of the people to prevent the shedding of the blood of millions and to ensure the peaceful building of a happy life be sacred for all of us!" he solemnly declared.

"In foreign policy," he said, "our chief concern is to prevent another war, to live in peace with all countries. The Communist Party, and the Soviet Government hold that the policy of peace among nations is the sole correct policy that corresponds to the vital interests of all the people."

Sino-Soviet Friendship Is Unbreakable: Mao Tse-tung

PEKING, March 9, (Hsinhua News Agency)—Mao Tse-tung, Chairman of the Central People's Government of the People's Republic of China wrote a very important article on the Sino-Soviet friendship on March 9.

In his article, he pointed out that Sino-Soviet friendship is unbreakable.

He said, "We fully believe the Central Committee of the Communist Party of the Soviet Union and the Soviet Government, headed by Comrade Malenkov, will definitely be able to follow Comrade Stalin's behest to drive forward the great cause of Communism and carry it to further glorious fruition."

When talking on the friendship between the Soviet Union, the People's Republics and China, he said:

"Our front of friendship is so consolidated, that we can definitely affirm we are not afraid of any imperialist aggression. Any imperialist aggression will be smashed by us, every mean provocation is entirely useless."

"Manifestly, the strength created by this kind of friendship of ours," he added, "is infinite and truly invincible."

"Let all imperialist aggressors and warmongers tremble before our great friendship!" Chairman Mao concluded.

This huge memorial meeting for Stalin, at Tien An Men square, Peking on March 9 was attended by 600,000 people.

스탈린의 장례식에서 후임 말렌코프는 스탈린의 외교정책을 고수한다는 선언을 전하는 평화 신문. 특히 중국과의 변함없는 우정과 상호 신뢰를 대외에 선전하고 있다.

3.1.3. 전단 구성별 분석

전단 제작 시 표현방식의 문제는 효과와 직결되는 문제이므로 수신자의 수준과 환경 및 상황을 잘 고려해야 한다. 예를 들어 문맹자가 많은 대상자에게 문자 위주의 전단은 그 내용을 전달할 수 없다. 이때는 그림이나 사진위주로 해야 한다.

[전단 구성별 현황]

구 분	계	사진+글	그림+글	글	사진+글+그림
전단수(종)	367	36	158	108	6
비율(%)	100	12	51	35	2

북쪽에서 보낸 367종의 대남전단 중 순수한 문자로만 된 전단은 35%인 108종이었고, 사진이나 그림과 함께 문자를 실은 것은 63%로 194종이었다. 그리고 사진, 그림 및 문자로 구성된 것도 6종이 있었다.

[사진 위주의 전단]

사진은 문맹자들에게 효과적으로 내용을 전달할 수 있고, 전단의 신뢰도를 증진시켜주기 때문에 투항권유전단에 많이 이용되었다.

[문자 + 사진 혼용 전단의 앞뒷면]

동료들이여! 우리의뒤를 따르라!

우리들 一五八○명장병들은 영원, 덕천전투에서 포로된후 인민군대의 진정한 환영과 따뜻한 대우를 받아왔다.

우리들은 모든것을다 자기의 희망대로 할수있었다. 즉 그리운 고향에 도라가기를 희망하던 六二○명은 얼마전에 석방되였고 三三二명은 각자 자기의 희망대로 직장에도 나갔고 또 학교에도 가서 공부하고있다.

그중 특히 우리 六二八명의 장병들은 조국과 인민을 위하여 싸울것을 결의하고 영예로운 인민군대에 입대하였다.

「국군」내의 옛친우들이여!

당신들도 민족적 량심이 있거든 조국과 인민을 위하여 싸우는 인민군편으로 넘어오라!

용기를 내어 대담하게 의거를 이르키라!

二월二○일 조선인민군 三三군부대에 입대한 六二八명의 이전「국군」장병들을 대표하여!

「국방군」 제二군단 六사단 二련대 소속이였던 二등병 민화식
〃 〃 七사단 의무대 소속이였던 一등병 구자진
〃 〃 七사단 八련대 소속이였던 一등중사 강정식
〃 〃 수도사단 七련대 소속이였던 二등중사 김홍식
〃 〃 八사단 十련대 소속이였던 一등병 홍순덕

〈앞〉

「국방군」 옛친우 들이여! 살려거든 우리의 뒤를 따라 투항하라!
인민군은 포로를 절대 죽이지않고 우대한다 포로당하였든 우리는 죽기는커녕 오늘 영용한 인민군대에 입대하여 이와같이 무기까지 받고있다.
사진설명
1. 군인선서를 받는전「수도사단」七련대 소속이였든 하사 김홍식
2. 무기를 받고나선 해방전사들 ×표 전「국방군」六사단 김종현
3. 입대식에 참가한 해방전사들 ⊗표 전「국방군」八사단 신용철 △표 전「국방군」七사단 고용덕
감옥같은「국방군」에서 뛰여나오라! 조국과 인민의 따뜻한 품안으로 넘어오라!

〈뒤〉

북으로 투항한 군인의 실명과 사진을 게재함으로써 이해를 쉽게 하고 내용에 대한 신뢰도를 증가시키고 있다.

[문자로만 구성된 전단]

모든 愛國的 人民들은 反帝救國鬪爭同盟의 기빨밑으로!

米、日、帝國主義者들과 民族反逆者들을 反對하는

救國鬪爭同盟綱領

米帝侵略者들과 그주구李承晩逆徒들을 反對하여 할수있는 온갖 방법으로 투쟁하라!

工場、職場、兵舍、農村、街頭들에서 모든方法 모든形態 모든手段을 다하여

反帝救國鬪爭同盟을 組織하라!

反帝 救國鬪爭同盟 綱領을 全体 人民들속에 널리 알리자!

사진과 만화 없이 글로만 표현한 것은 주로 선전, 주장, 그리고 상대를 비방 · 비판하는 전단에 많이 쓰인다. 논리적인 설명으로 상대를 설득 시켜야 하기 때문에 장문이 될 수밖에 없다. 이러한 장문의 전단은 주로 지식인과 정치지도자를 대상으로 제작 · 살포하였다.

3.1.4 전단 형태별 분석

대남전단은 대북전단에 비해 형태가 다양했다. 이것은 상대적으로 심리전에 많은 역량을 투입했고, 또 여러 기관이나 부대에서 당시의 상황에 맞도록 시기적절하게 제작 · 살포했음을 말해주며, 책임과 권한을 그만큼 각 기관 · 부대에 위임한 것으로도 해석할 수 있다.

고전적 전단형태에서 벗어나 다양한 유형의 전단을 활용하였다. 즉, 편지, 엽서, 팜플렛, 포켓형, 수기전단, 책자형 등이 있다.

형태	계	일반	팜플렛	표어 · 포스터	편지	수기	책자	기타
전단수(종)	367	259	9	44	34	6	6	9
비율(%)	100	70	2.5	12	9	2	2	2.5

가. 일반형 전단

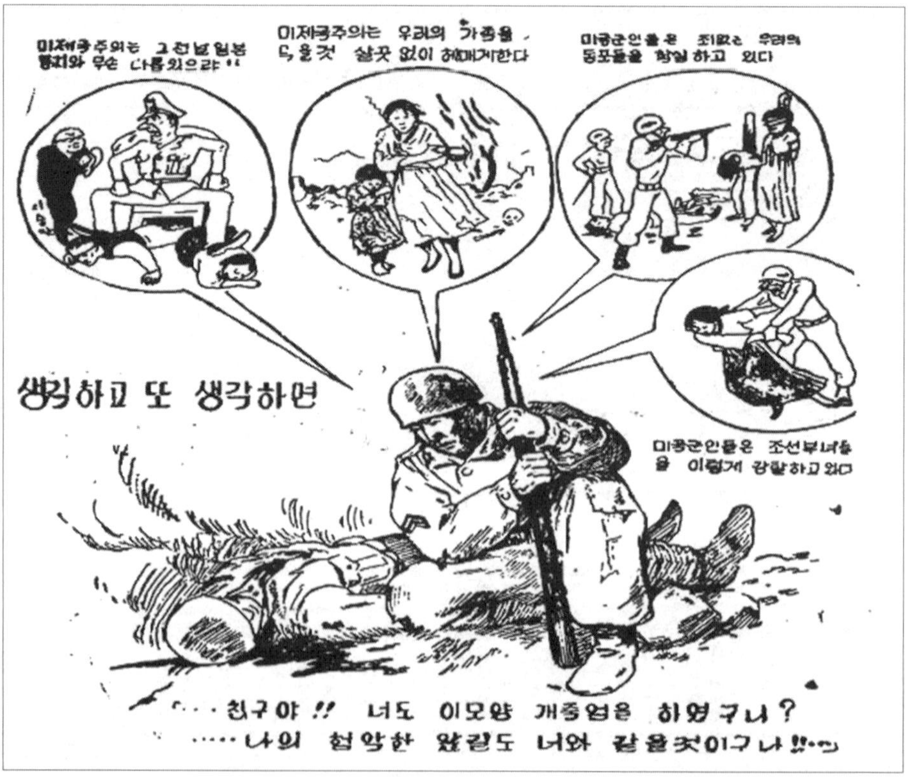

북측에서는 사진보다는 만화 · 그림을 포함한 전단 구성으로 문맹자도 쉽게 이해할 수 있도록 앞 · 뒤로 인쇄한 일반형 전단이 많았다.

나. 수기형 전단

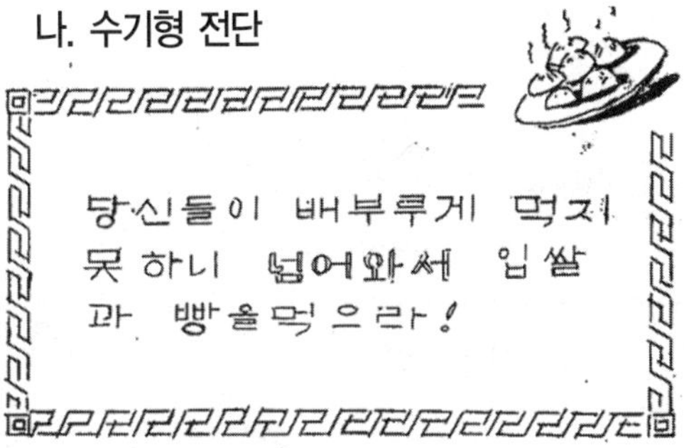
당신들이 배부르게 먹지
못하니 넘어와서 입쌀
과 빵을 먹으라!

이러한 수기전단은 현지에서 편지지나 신문지 등에 펜이나 붓 등 여러 가지 필기도구를 이용하여 시기적절하게 제작 · 살포할 수 있다. 대부분 출처를 밝히지 않아, 누가 누구를 대상으로 어떤 목적으로 제작 · 살포했는지 불분명하다. 크기도 여러 종류가 있으나, 대부분 소형으로 제작되었다. 이는 한정된 종이에 여러 장의 전단 제작이 필요했기 때문이라 분석된다.

다. 편지형 전단

편지형 전단은 부모, 형제, 처자식이 직접 써서 보낸 것과 그러한 개인의 편지를 인용하여 권위있게 기관지와 부대이름으로 보낸 2가지 형태가 있다. 그러나 그 내용은 심리전 목적을 달성하기 위해 거짓 · 조작된 것이 대부분이었으며, 포로들에게 개인서명을 강요하여 제작하였다.

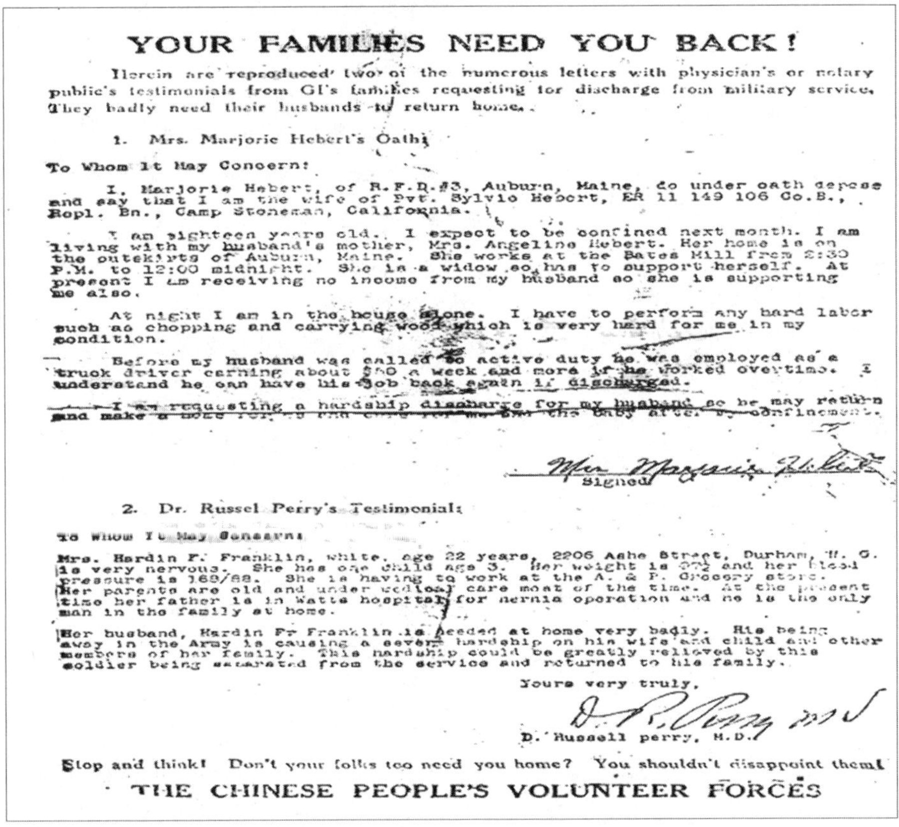

YOUR FAMILIES NEED YOU BACK!

Herein are reproduced two of the numerous letters with physician's or notary public's testimonials from GI's families requesting for discharge from military service. They badly need their husbands to return home.

1. Mrs. Marjorie Hebert's Oath:

To Whom It May Concern:

I, Marjorie Hebert, of R.F.D.#3, Auburn, Maine, do under oath depose and say that I am the wife of Pvt. Sylvio Hebert, ER 11 149 106 Co.B., Repl. Bn., Camp Stoneman, California.

I am eighteen years old. I expect to be confined next month. I am living with my husband's mother, Mrs. Angeline Hebert. Her home is on the outskirts of Auburn, Maine. She works at the Bates Mill from 3:30 P.M. to 12:00 midnight. She is a widow so has to support herself. At present I am receiving no income from my husband so she is supporting me also.

At night I am in the house alone. I have to perform any hard labor such as chopping and carrying wood which is very hard for me in my condition.

Before my husband was called to active duty he was employed as a truck driver earning about $50 a week and more if he worked overtime. I understand he can have his job back again if discharged.

I am requesting a hardship discharge for my husband so he may return and make a home for us and care for me and the baby after my confinement.

Mrs Marjorie Hebert
Signed

2. Dr. Russel Perry's Testimonial:

To Whom It May Concern:

Mrs. Hardin F. Franklin, white, age 22 years, 2206 Ashe Street, Durham, N. C. is very nervous. She has one child age 3. Her weight is 9?2 and her blood pressure is 168/88. She is having to work at the A. & P. Grocery store. Her parents are old and under medical care most of the time. At the present time her father is in Watts hospital for hernia operation and he is the only man in the family at home.

Her husband, Hardin F. Franklin is needed at home very badly. His being away in the Army is causing a severe hardship on his wife and child and other members of her family. This hardship could be greatly relieved by this soldier being separated from the service and returned to his family.

Yours very truly,

D. R. Perry MD

D. Russell perry, M.D.

Stop and think! Don't your folks too need you home? You shouldn't disappoint them!

THE CHINESE PEOPLE'S VOLUNTEER FORCES

6 · 25전쟁에 투입된 미군병사의 아내가 헛된 죽음에서 벗어나 사랑하는 아내에게 돌아오라는 애원의 편지를 인용하여 중국 인민군 명의로 미군 개인 병사 앞으로 보낸 편지형 전단

[특정부대 장병전체를 대상으로 한 편지]

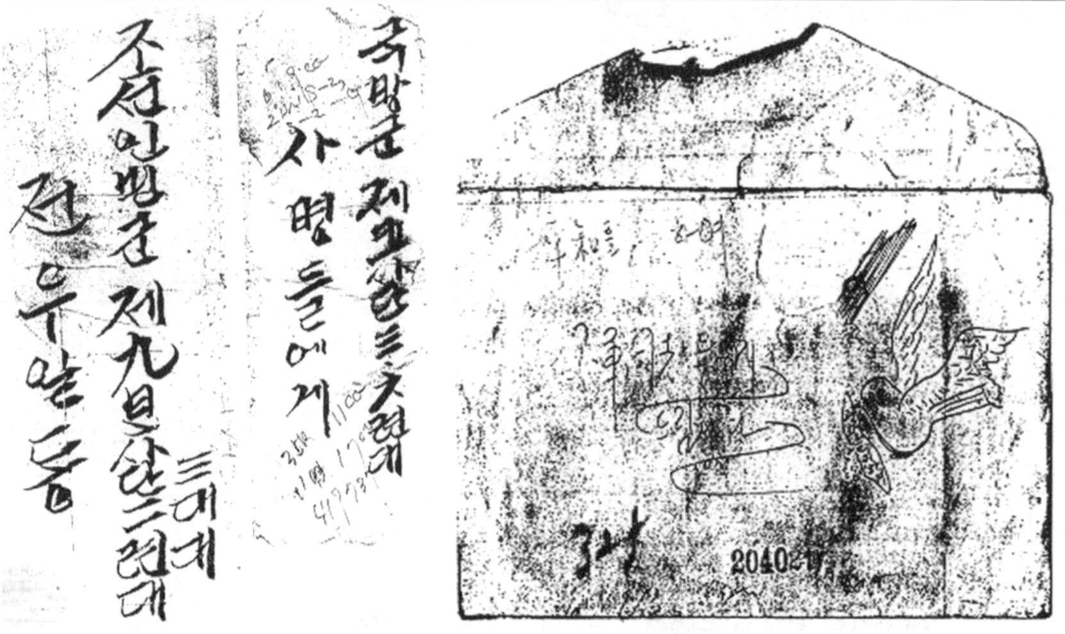

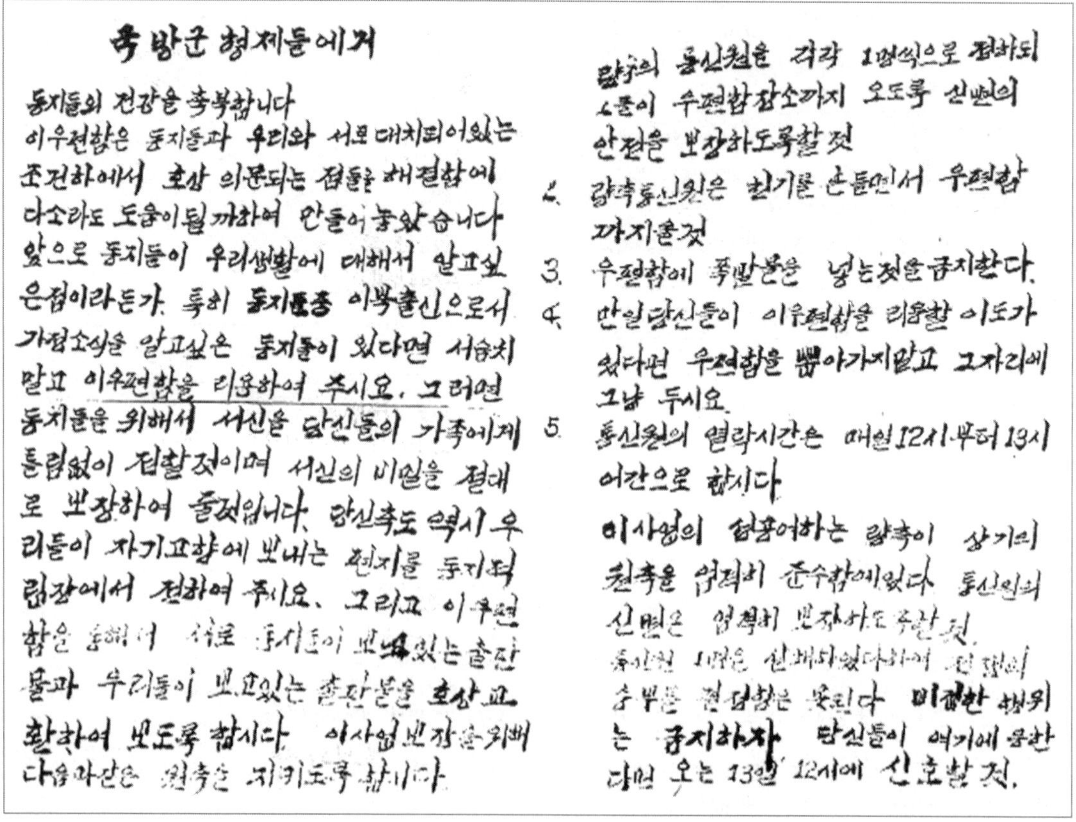

국방군 형제들에게

동지들의 건강을 축복합니다
이우편함은 동지들과 우리와 서로 대치되어있는 조건하에서 호상 의문되는 점들을 해결함에 다소라도 도움이될까하여 만들어 놓았습니다
앞으로 동지들이 우리생활에 대해서 알고싶은점이라든가. 특히 동지들중 이북출신으로서 가정소식을 알고싶은 동지들이 있다면 서슴치 말고 이우편함을 리용하여 주시요. 그러면 동지들을 위해서 서신을 당신들의 가족에게 틀림없이 전할것이며 서신의 비밀을 절대로 보장하여 줄것입니다. 당신측도 역시 우리들이 자기고향에 보내는 편지를 동지역 림장에서 전하여 주시요. 그리고 이우편함은 통해서 서로 동지들이 보내있는 출판물과 우리들이 보고있는 출판물을 호상교환하여 보도록 합시다 이사업보장을 위해 다음과같은 원측을 지키도록 합시다

량측의 통신원을 각각 1명씩으로 정하되 그들이 우편함장소까지 오도록 신변의 안전을 보장하도록할 것
2. 량측통신원은 흰기를 손들면서 우편함까지올것
3. 우편함에 폭발물은 넣는것을 금지한다.
4. 만일당신들이 이우편함을 리용할 의도가 있다면 우편함을 뺏아가지말고 그자리에 그냥 두시요
5. 통신원의 련락시간은 매일 12시부터 13시 어간으로 합시다

이사업의 성공여하는 량측이 상기의 원측을 엄격히 준수함에있다 통신원의 신변은 엄격히 보장하도록할것 통신원 1명은 신래되었다하여 그 절의 수부를 절멸함은 못된다 비겁한 행위는 금지하자 당신들이 여기에 응한다면 오는 13일 12시에 신호할것.

[형제 · 가족에게 보낸 편지]

여동생이 오빠에게

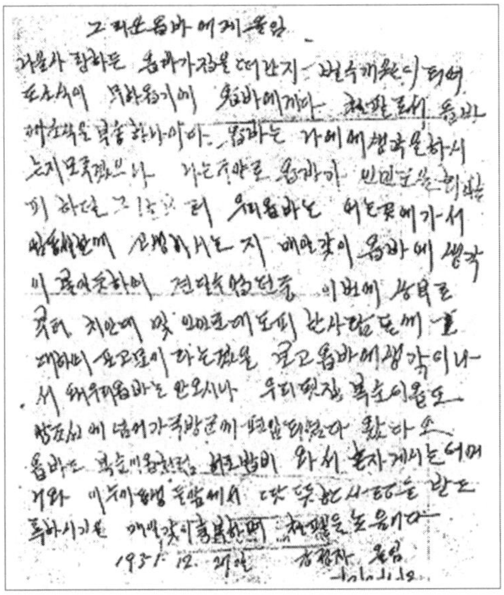

그리운 오빠에게 올림

[부인이 남편에게 보낸 편지]

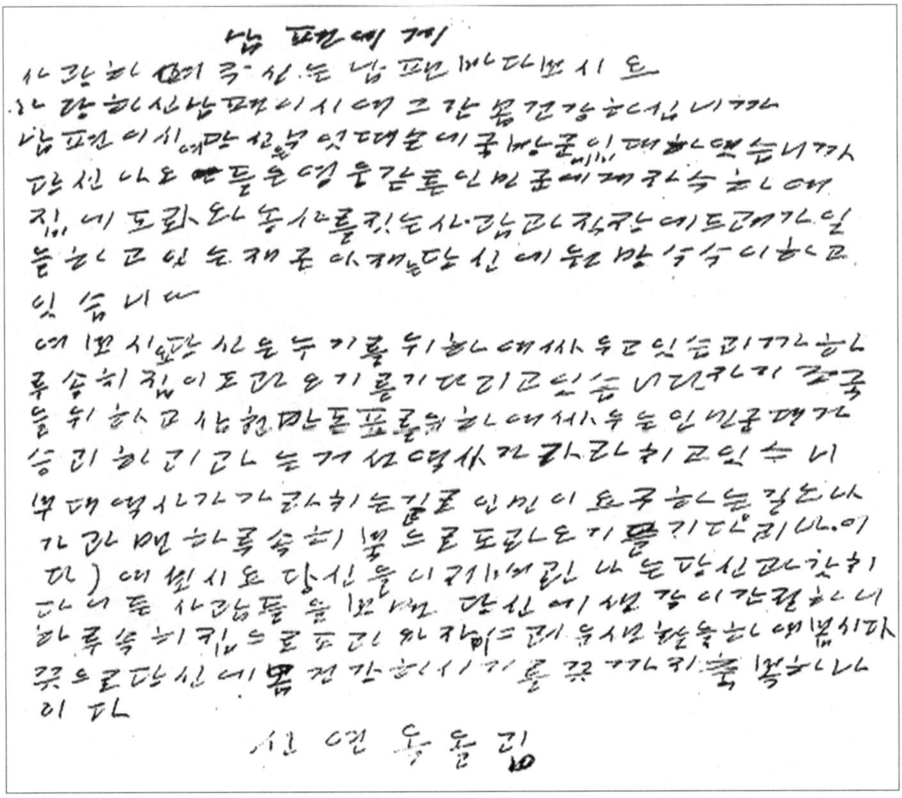

남편에게

[남한으로 투항한 인민군에게 보내는 편지]

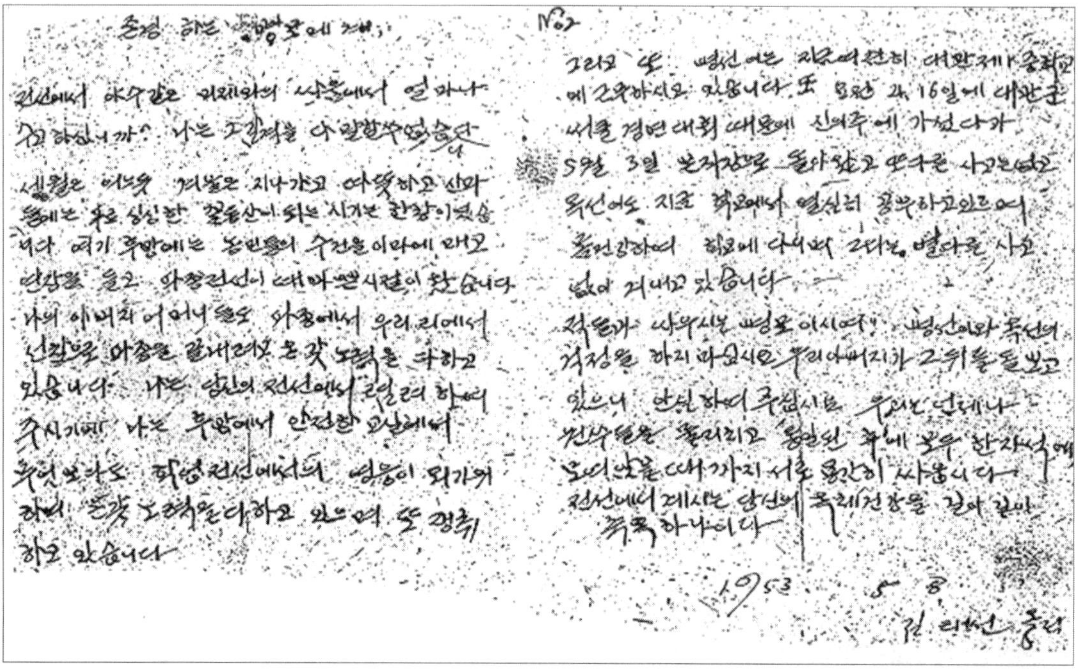

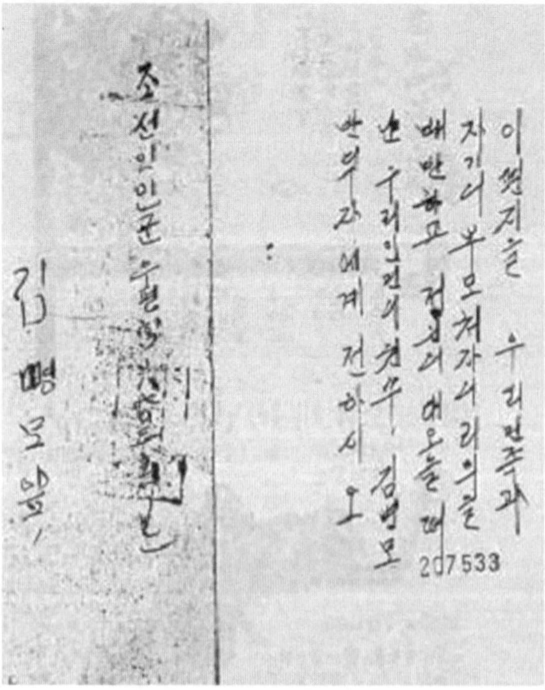

편지 봉투에 '이 편지를 우리민족과 자기의 부모 처자의 리의(의리)를 배반하고 정의의 대오를 떠난 우리 인민의 원쑤, 김병모 반역자에게 전하시오'라는 것을 볼 때 남한으로 투항한 인민군에게 보내는 편지임을 알 수 있다. 이러한 복수심 · 적개심을 표현함으로써 인민군 내에서 남쪽으로 투항 · 귀순 하려는 자들에게도 큰 위협이 됨으로써 대내심리전 효과도 기대할 수 있다.

라. 엽서형식 전단

[엽서형식으로 보낸 편지 전단]

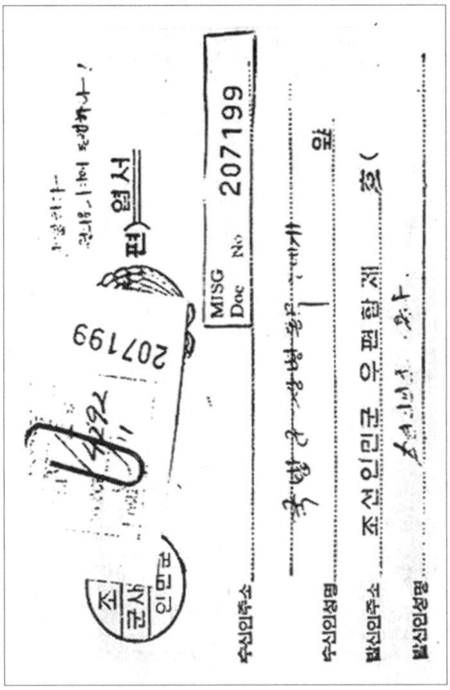

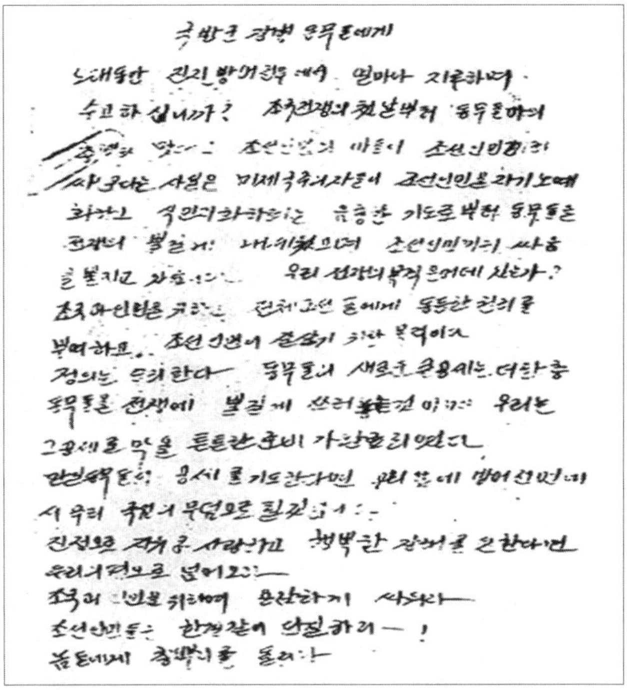

편지 내용으로 보아 휴전회담이 진행될 때 진지교착전의 시기로 분석되며, 미 제국주의 노예 · 식민지를 위해 끌려온 국군임을 강조하여 한 · 미 갈등을 조장하여 전쟁에 대한 혐오감을 조장시키고 있다. 편지 말미에 '조국과 인민을 위하여 용감하게 싸우고 단결하라'는 내용의 대내심리전 구호도 혼용되어 있다.

이러한 엽서형식의 편지는 앞면은 인쇄를 하였고, 뒷면은 개인 필체로 직접 쓴 것이 많았으며, 대개 인민군 부대나 기관에서 남한의 부대 또는 기관 앞으로 보냈다.

마. 팜플렛형 전단

팜플렛형 전단은 16절지 크기에 인쇄하여 2~6 페이지 분량으로 제작되었다. 내용은 주로 전황소식, 정책, 주장 등을 선전하거나 남쪽의 정책, 주장을 비판 · 폭로하는 것으로 논리적으로 전개하고 있다. 출처는 공산당, 관변단체, 외국신문 등을 인용하여 날짜까지 기록하여 신뢰성을 제고 시키려고 했으나, 'Peace Fighters Chronicle' 도 연합군 포로단체가 발행하는 것으로 위장한 것도 있었다. 그리고 지속적인 효과를 위해 시리즈로 주기적으로 발간되었다.

이런 것에는 'Peace Fighters Chronicle', '반미구국', '민주조선' 등이 있다.

['Peace Fighters Chronicle' 명칭의 팜플렛형 전단]

Peace Fighters Chronicle

Published by the Central Committee. US-British War Prisoners Peace Organizations in Korea.

No.2. 4 Pages

POW's Refute Jap Peace Treaty, Demand Action at Kaesung!

H.Q., C.C.- This summer has brought two very important international events to the scene of Asia, where small wars are raging and threaten any day to blaze forth in a general international conflict. These two events are the Kaesung Peace Conference, & the Japanese Peace Treaty.

The Kaesung Conference is of tremendous importance to us, the foreign war prisoners, because its success presents the only chance we have of returning home to our loved ones. To the soldiers fighting at the front for an unreasonable cause, it means liberation from death or mutilation on the battlefield. The illegal Japanese Peace Treaty, railroaded through by the US government in direct violation of the Potsdam Declaration & ignoring Asiatic peoples who fought against Japan during World War Two, is closely linked with the many obstacles which have prevented a cessation of hostilities in Korea through "The Kaesung Conference."

What has been the attitude which the U.N. Command pursued at Kaesung? Almost from the very beginning, the actions of the American negotiators have been designed to prolong and disrupt the peace talks. First, Admiral Joy suspended the negotiations until the Korean-Chinese delegation accepted his demand that U.S. newsmen be permitted to accompany his delegation. Again, when Joy refused even to discuss the important question of withdrawal of foreign troops from Korea, General Nahm Il of the Korean-Chinese delegation to avoid a deadlock proposed that the matter be discussed at a later conference of senior delegates.

Later, when Joy stubbornly stuck to his ridiculous proposal to establish the demarcation line deep into North Korean territory, Gen. Nahm Il demonstrated his desire to reach agreement by agreeing to the U.N. proposal to refer the question to a sub-committee so as to avoid another deadlock.

By this time, however, the U.N. side began to take other actions to disrupt the negotiations. They walked out when some Chinese guards inadvertently

(Con. Page 3. Col. 1.)

POW's Hold Grand Peace Rally

H.Q., C.C. - A grand Peace Rally in support of Gen. Nahm Il's speech at the Kaesung Conference on the 25th. July 1951 was held near here recently by US and British POW's. The Rally organized by the Central Committee, US-British War Prisoners' Peace Organizations proved an overwhelming success & concluded with a Resolution being drafted fully supporting Gen. Nahm Il's speech, and to make the opinions & desires of the US and British POW's known to the U.N. Delegates at Kaesung, a message was drafted & entrusted to the Korean People's Army for dispatch and delivery.

After a spirited opening address had been delivered by Capt. Nugent, President of the Central Committee, the Report on Gen. Nahm Il's speech entitled," On the Question of the Withdrawal of all Foreign Forces from Korea ", was delivered by Tpr. R.A. Cocks, Vice-President of the Central Committee.

In his Report the Vice-President told of Mr. Y. Malik's speech on 23 June 1951 again putting forward proposals for the peaceful settlement of the Korean question, and of new proposals were finally made by the Commander in Chief

(Con. Page 2. Col. 1.)

개성에서의 정전회담과 일본 평화 조약에 관한 내용을 인용하여 연합군을 비판하고, 북한 및 중공군을 찬양함으로써 연합군 포로들에게 북한·중공군 지도부 의사를 지지하게 하고, 의미 없는 전쟁에 희생이 되지 않도록 선동하는 내용으로 연합군 포로단체가 발행하는 신문임을 위장하고 있다.

['Peace' 명칭의 팜플렛형 전단]

Peace

Published by PEACE NEWS PRESS

Io. 10 KOREA April 25, 1953

U.S. Government's Will For Peace To Be Tested

According to Hsinhua News Agency reports from Kaesong, the igreement for the repatriation of sick and injured POWs was signed on April 11. The repatriation of sick and injured POWs began at Panmunjom on April 20.

About 600 sick and injured Jnited Nations POWs will be epatriated by the Korean and Chinese side, including about 120 JS POWs, 20 British POWs and 5 POWs from Turkey, Canada, Greece, the Netherlands and other countries.

At the meeting at which the igreement was signed, General Lee Sang Cho, leader of the Korean and Chinese liaison group proposed, the immediate resumption of the plenary sessions of the delegations of both sides to discuss and to solve the entire P.O.W. question so as to effect a cease-fire in Korea.

Recently, Premier Chou En-lai of the People's Republic of China and Premier Kim Il Sung of the Democratic People's Republic of Korea made a new proposal to solve the POW question. This proposal is that the Korean question be settled peacefully and the shedding of blood be stopped. It is in complete accord with the vital interests of the peoples whose sons are fighting on both sides in Korea and also in accord with the interests of the people of the whole world.

But it is only if concessions are made by both sides that the Korean question can be settled peacefully.

Now it is up to the US government if it has any sincerity, to resume the truce talks immediately and to solve the whole POW question so as to establish peace in Korea.

United Nations POWs, cured of illness or wounds, wave a friendly goodbye to Chinese Volunteer doctors and nurses.

Details of New Proposal

According to a Hsinhua News Agency dispatch from Kaesong dated April 10, General Nam Il, Chief Delegate of the Delegation of the Korean People's Army and the Chinese People's Volunteers, handed an important letter to General William K. Harrison, Senior Delegate of the United Nations Command Delegation, elaborating the new proposal of the Korean and Chinese side.

This is another step taken by the Korean and Chinese side to solve the entire POW question and to end the Korean war following the agreement of the repatriation of sick and wounded POWs.

General Nam Il said in this letter that the repatriation of the POWs should be carried out in two steps.

"Both parties to the negotiations should undertake to repatriate immediately after the cessation of hostilities all those prisoners of war in their custody who insist upon repatriation and to hand over the remaining prisoners of war to a neutral state so as to ensure a just solution to the question of their repatriation."

The letter also said that "Article 118 of 'the Geneva Convention Relative to the Treatment of Prisoners of War,' of August 12, 1949 well-established principles and practice in international law, Paragraph 51 of the draft Korean armistice agreement have all established the principle that all POWs of both sides should be released and repatriated without delay after the cessation of active hostilities. It is, therefore, our view that the principle of repatriation of all POWs of both sides after the armistice so that they can return home to lead a peaceful life is unshakeable."

The letter went on to say, "It is precisely on the basis of this principle of repatriation of all prisoners of war that our side firmly maintains that the detaining side should ensure that no coercive means whatsoever be employed against all the prisoners of war in its custody to obstruct their returning home to effect forcible retention."

"At the same time it should ensure that the remaining POWs who are not directly repatriated after the armistice be released and handed over to a neutral state so as to secure a just solution to the question of their repatriation."

U.N. CASUALTIES IN MARCH

KOREAN FRONT, April 13 (Hsinhua News Agency) — UN casualties in March totalled 15,577, of which 8,253 were American.

In March, 99 UN planes were shot down and another 172 damaged.

'미 정부의 휴전 · 평화 협정 의지가 시험 받고 있다' 고 전하면서 북한 · 중공군 지도자들은 부상당한 600명의 연합군 포로들을 본국으로 송환 할 의사가 있다고 밝히며, 이 협정의 성사여부는 미국 정부의 태도에 달려있다고 주장하면서 미국을 압박하고, 공산측은 평화애호자임을 선전하고 있다.

['반미구국' 명칭의 팜플렛형 전단]

1953년 4월16일 (금요일) 반 미 구 국

반미구국

반미구국투쟁동맹 기관지

조선중앙방송
중파 970KC
1080KC
단파 2650KC
4400KC
6250KC

조중양국 정부는 병상자 및 전반적 포로문제를 즉시 해결함으로써 정전의 신속한 달성을 요구한다!

조선 민주주의 인민공화국 내각 수상 김일성원수의 성명(요지)

중화인민공화국 외교부장 주은래씨의 성명은 조중 양국정부의 공동일치된 의견에 근거하여 작성된 것이다

조선민주주의 인민공화국 정부는 이 성명에 표한 제의를 전적으로 동의한다

이와함께 조선민주주의 인민공화국 정부는 중화인민공화국정부의 성명을 전적으로 지지할뿐만아니라 조선전쟁을 중지할 목적을 가진 공정한 성명이라고 인정한다

우리는 병상자포로뿐만 아니라 아직까지 정전회담달성에 유일한 장애로 남아있는 포로 전체 문제를 순조롭게 해결할것을 요구한다

송환을 견지하는 전체 전쟁포로들을 송환할것을 보장하며 그 나머지의 전쟁포로들을 중립국에 넘기어 그들에 대한 송환문제의 공정한 해결을 보장함으로써 조선전쟁을 정지하는 정전협정 달성에 대한 제 대책을 취할 준비가 되어있다

조선민주주의 인민공화국정부는 조선문제의 평화적 조정책을 견지하면서 포로송환문제에 대한 이 신 조치를 채택하는 기초위에서 전세계 평화애호 인민들이 갈망하고있는 조선전쟁의 급속한 종결에 기여되리라고 확신한다

만일 연합군측이 진정으로 평화를 원한다면 우리의 공정한 제의를 응당 접수하리라고 인정한다

조선문제에 관한 쏘련 외무상 몰로또브의 성명(요지)

중조양국정부는 상병포로들의 우선적 교환문제에 동의하면서 전체 전쟁포로문제를 지체없이 전조정할 준비와 그렇게함으로써 조선정전을 달성하는바로 이를 준비가 되어 있다는것을 성명하였다

나는 쏘련정부가 중조양국정부의 이 고귀한 행동에 대한 자기의 완전한 찬의를 표시하며 이행동을 이 전세계 인민들로부터 열렬한 환영을 받으리라는것을 의심치 않는다는것을 성명할것을 위임받았다

쏘련정부는 조선정전의 정당한 해결과 조선전쟁의 종식을 위한 모든 대책을 변함없이 지지하여 왔다

중조양국정부는 상병포로의 교환을 실시하며 상호 양보의 정신으로 조선정전을 달성하는 계정한 노력으로 전체 포로문제를 해결함으로써 조선전쟁의 정전을 달성할것을 제의하고있다

이 제의는 전쟁포로 송환문제를 공정히 해결하여 조선정전의 실시와에 가로노인 남은장애를 제거할 가능성을 제공하는것이다

쏘련정부는 중조양국의 이 제의의 정당성을 인식하고있으며 그제의의 실현을 위해 충분한 원조를 줄 용의를 표명한다

중화인민공화국 외교부장 주은래의 성명(요지)

중조 양국 정부는 병상자인 전쟁포로를 우선적으로 교환할데 관한 문제는 제네바 협정 一○九조에 의거하여 합리적인 해결이 가능하다고 인정한다

이 문제의 합리적 해결은 전체 포로문제의 원만한 해결에 있어서 지극히 중대한 의의를 가진다

지나간 정전 담판기간중 쌍방은 전쟁 포로 송환문제를 제외한 조선에서의 정전문제－즉 군사분계선 및 비무장지대 설정 중립국 감독 위원회

반미구국투쟁동맹 기관지인 '반미구국'의 팜플렛형 전단은 주로 전쟁지도부의 성명, 포고문, 공식의견을 제시한 전략적 주제로 대적·대외심리전에 이용하였다.

['민주조선' 명칭의 팜플렛형 전단]

민주조선

조선민주주의 최고인민회의 내각 기관지

책임주필 정국

1953년 6월 20일 (토요일)

【평양 二〇일발 조선중앙통신】 조선인민군 최고사령관 김일성원수와 중국인민 지원군 사령원 팽덕회장군은 리승만 괴뢰도당들이 미국의 조종하에 우리측 포로들을 「석방」한데 대하여 련합국군 총사령관 클라크장군에게 서한 전달

련합국군 총사령관 클라크장군

우리는 당신측 해리슨장군이 一九五三년 六월 一八일에 우리측 남일대장에게 보내온 서한을 받았다

당신측은 서한에서 말하기를 당신측 제五、六、七、九호 전쟁포로수용소에 억류되어 있는 조선인민군 전쟁포로 二만 五천명은 六월 一八일 남조선 정부의 최고층의 비밀리의 계획과 용의주도한 배합하에 남조선 경무부대와 외부원조를 받아 전쟁포로 수용소로부터 「탈출」하여 「도망」하였다고 하였다

그러나 남조선 리승만은 자기가 남조선 경무부대에 명령하여 이러한 전쟁포로들을 「석방」하였다는것을 정식으로 승인하였다 불과 二〇일전에 쌍방은 전쟁포로송환문제에 관한 협정에 조인하였는데 당신측의 직접 통제하에 있는 남조선정부와 군대는 이 협정을 만포하게도 공개적으로 파괴하고 소위 「석방」명령하에 류무 및 경무부대가 외부와 공모호응하는 행동으로써 전쟁포로 강제억류의 목적을 달성하기 위하여 직접 송환하지 않을 전쟁포로총수의 반 이상을 차지하는 二만 五천명에게 협박하여 전쟁포로수용소를 떠나게하며 그들을 남조선군대에 편입시키려고 한다는것을 공개적으로 표시하였다

뿐만아니라 이러한 경형은 아직도 계속 전개되고 있으며 六월一九일 또 一천 八백一三명이 협박을 받고 전쟁포로 수용소를 떠나게 하였다

그러하기 때문에 우리는 이번 사건의 성질이 지극히 엄중하다고 인정하지 않을 수 없다

(뒤면으로 계속)

조선민주주의 최고인민회의 내각 기관지인 '민주조선'도 전략적 주제로 대적 · 대외심리전에 많이 이용되었으며, 중요 언론을 인용함으로써 출처에 대한 신뢰를 제고토록 제작되었다.

바. 책자형 전단

내용이 많거나 논리적으로 설득이 필요한 내용들을 소형책자로 제작(포켓에 들어갈 수 있도록 10×15cm 이내)하였다. 이러한 책자형 전단은 전쟁 후 대남심리전에도 많이 활용한 바 있다. 소위 '불온서적' 이라는 것들이 이러한 형태에 포함된다. 아래 '유쾌하고 행복한 우리의 생활' 의 책자형 전단은 북으로 투항 · 귀순한 국군장병들의 생활상과 북쪽에서 아주 환대해줌으로써 행복하다는 선전내용으로서 36쪽의 분량으로 제작되었다.

[책자형 전단]

사회 하승따……오늘 동무들이 직접 선거해주신 우리 자치 위원회에서 주최하여 리승만 괴뢰군 각 사단에 있다가 의거하여 온 여러 대표동무들은 한자리에 모아 간단히 좌담회를 가지게 되는 것은 아직도 놈들밑에서 기만되거나 강제되여 우리동포들에게 무정의의 총을 겨누면서 개죽엄을 당하고있는 리승만 괴뢰군내의 여러사병 동료들에게 우리가 의거하여온후 실지로 겪은 사실을 그대로 전하여 주려는 목적에서 입니다

그러므로 동무들은 동무들이 실지로 보고 느낀것을 조금도 꺼리낌없이 그대로 말해 주시기를 바랍니다

맨먼저 자기소개를 겸해서 동무들이 아직도 리승만 괴뢰군에 있을때 리승만 매국도당과 악질 상관놈들로부터 어떻게 속

(3)

혔이 었습니다 나중에는 그동무들과 만찬회를 함께 하였는데 인민군 지휘관동무와 나란히앉아 이야기하게 된 나는 인민군대 장병들이 하부에 대하여 친절하고 차별없는 친 동생과도 같이 사랑하여주는 모습을 똑똑히 느꼈습니다

소수남……………저는 괴뢰군 1사 11련대 2대대 5중대 3소대 이등병으로 있다가 지난 7월1일에 의거하여 넘어온 소수남이 올시다

저도 괴뢰군에 있을때는 여러동무들이 앞서 말한것과 같은 기만선전을 받았으나 신지 넘어와 굉장한 우대를 받고보니 무엇보다도 괴뢰군 상관놈들의 말은 하나도 신용할것이 없다는것을 알았습니다 더우기 내가 넘어와서 놀랜것은 꼭 죽은것으로만 알고있었던 동무들이 모다

(11)

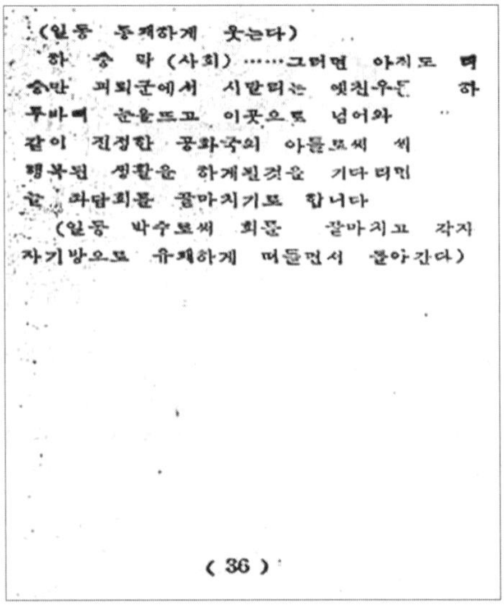

(일동 통쾌하게 웃는다)

하 승 따 (사회)……그러면 아직도 리승만 괴뢰군에서 시달리는 옛친우들 하루바삐 눈을뜨고 이곳으로 넘어와 같이 진정한 공화국의 아들로써 새 행복된 생활을 하게될것을 기다리며 이 좌담회를 끝마치기로 합니다

(일동 박수로써 회를 끝마치고 각자 자기방으로 유쾌하게 떠들면서 돌아간다)

(36)

사. 함화집 전단

'함화'란 가까이 맞선 적군을 와해하기 위하여 큰소리로 떠들어대는 정치 선동사업이다. 그리고 '함화공작'이란 적 방어진지 전방에 소규모 부대로써 꽹과리, 피리, 북, 총성, 함성, 횃불 등을 사용하여 대규모 부대로 느끼게 하거나 적 후방지역에 소규모 병력이 침투하여 대규모 부대에 의해 포위된 것처럼 기만하거나 공포분위기를 조성하기 위한 공산군 심리전 전술의 일종이다.

이러한 함화공작을 하도록 교육시키고, 선동사업을 하도록 책자형으로 제작한 것이 함화집이다.

[북한군 대내 함화집]

함화집을보내며

영용무쌍한 조선인민군 전투원들이여! 리승만매국도당에게 강제로 끌려가서 속이워사는 리승만 괴뢰군 패잔병 사병들을 한사람이라도 더많이 와해시키며 한사람이라도 더많이 적들의 기편선전에서 벗어져나오게하라

함화는 적에대한 거대한 폭탄이다 함화시에는 전투시와같이 사격시와같이 적의 마음을 정확하게 겨누고 때와 조건에따라 환경에 알맞는 구호를 골라부르자!

함화는 환하게 따로외자 아무때 어데서 불러도 백발백중 적의마음을 명중할수 있게하자!

함화시에는 경각성을 더욱높이자 적의 사격에 주의하자!

함화후 적들의 반영은 속히 상부에 보고하여 새로운 대책을 제때에 세우자!

함화시에 절대로 욕질을 하지말자 함화에는 표준어를 사용하자

함화자료

(괴뢰군 패잔군 사병들에게)

(一)미국강도놈들을 위해서 사망하는 부모처자를 버리고 개죽엄하지말고 그놈들을 반대하여 인민군으로넘어오라

(二)미국강도놈들의 비행기는 매일같이 당신들의 부모처자들을 폭격한다 당신들은 무엇때문에 그놈들편에 서있는가 당신들의 부모처자들의 해방자인 인민군으로 넘어오라

(三)당신들의 적은 인민군대가아니라 미국강도략탈군대이다 그놈들에게 총뿌리를 돌려라

(四)당신들은 미국강도군대와 깡패이들이 당신들의 처와 자녀들을 강간학살하는것을 못보는가 당신들이 조선사람이라면 원쑤 미국놈들을 쏘아라

(五)전세계인민은 정의의 싸움에 궐기한 우리조선인민을 도와주며 미국전쟁방화자들을 한결같이 배척한다 당신들도 조선인민의 편에서서 미국강도놈들을 쏘

아라

(六)인민군이 해방시킨 당신들의 부모처자들은 토지를 무상으로 나누어받았다 당신들의 부모처자들은 행복하다 개죽엄하지말고 넘어와서 고향으로도라가라

(七)당신들의 고향에 남아있는 형과 아우들은 미국놈들을 소탕하기위하여 의용군으로 나왔다 당신들은 자기형제들과 싸우겠는가 당신들도 형제들과같이 미국놈들을 쏘라

(八)과거에 헐벗고 굶주리던 당신들의 부모 형제처자들은 토지를 거저받고 인민위원회위원으로 선거되였다 이것은 근로인민들의 아들딸인 인민군에 의해서 해방된까닭이다 그렇기때문에 당신들이 넘어오면 환영한다

(九)당신들에게도 조선사람의 피가흐르고 있을것이다 그런데 왜 미국놈들의 종노릇을 하고있는가 같은피를가진 인민군으로 넘어와서 미국강도놈들을 우리강토에서 몰아내자

(一〇)당신들의 고향에있는 그리운 부모처자들은 리승만도당에게서 죽아살아온것을 원통하게여기고 당신들이 미국놈들과 악질상관놈들을 반대하여 인민군으로 넘어올것을 갈망하고있다

(一一)죽기싫으면 투항하라 끝끝내 반항하면 따발총 중기 경기 직사포 땅크로 소탕해버릴터이다 반항하는놈을 쏘와죽이고 넘어오라 넘어오면산다

(一二)인민군의 포위망은 바짝바짝 졸아든다 그러나 당신들을 모조리죽이는것이 목적이 않이다 투항하면절대로 죽이지 않는다

(一三)당신들은 어대로 가겠는가 더갈데는없다 투항하면살고 그렇지않으면 개죽엄이다

(一四)따뜻한동포애로 한번더권고한다 미국놈들과 악질상관놈들을 쏘와죽이고 당신들의 부모형제 처자들을 해방시킨 인민군으로 넘어오라

(一五)정말 당신들의 부모처자를 죽이며 당신들을 죽이려는것은 미국강도놈들과 당신들의 악질상관놈들이다 인민군에 협력하여 원쑤놈들을 섬멸소탕하라

(一六)소위 대한민국정부는 당신들을 아무것도 모르는 사람 백정으로 만들었다

당신들은 지금 자기부모형제들을 죽이는사람 백정노릇을 하고있다는것을 왜 모르는가 더는 그놈들에게 속지말고 그놈들을 모주리죽여라

(一七)죽느냐 사느냐하는문제는 당신들에게 달렸다 살기를 원하거든 투항하라 우리는 정의의군대이며 로동자 농민 근로인민의 군대이다 투항하는 사람은 절대로 않죽인다

(一八)당신들이 서있는 자리는『국방군』이 죽은 자리다 당신들도 거기있다가 개죽엄하지말고 투항해 넘어오라 당신들 뒤에서 감시하는 악질상관놈들을 모주리 쏘와죽이고 넘어오라

(一九)우리인민군은 로동자 농민 전체 근로인민들의자제이다 당신들가운데도 대부분이로동자 농민 근로인민의 아들이다 그렇기때문에 우리들은 투항하는 당신들을 친 형제같이 맞이하여준다 빨리 넘어오라

(二〇)당신들을 개죽엄판으로내몬 리승만도당은 벌써 일본으로 도망가고 당신들의 악질상관놈들도 당신들은 죽건 살건 자기들만 살겠다고 도망갈준비를하고있다 그비굴하고도 더러운원쑤놈들을 모주리 쏘와죽이고 넘어오라

(괴뢰군 패잔병 장교들에게)

(二一)당신들의부하들은 미국놈들을 반대하여 인민군으로 넘어오고싶어한다 조금도 염려말고각기 자기부하들을 인솔하고 넘어오라 그러면 열렬히 환영할뿐만아니라 당신들의 지위를 그대로 보장해준다 그렇지않으면 군사범죄자로서 엄격한 인민의 처단을 받는다

(二二)번개와같이 부산과 진해를 향하여 돌

함화집

조선인민군 제655군부대
정치부 적공부

함화에 대하여

1. 함화를 부르는 것은 전체 군무자들의 적군와해를 위한 [illegible] 군중적 사업 형태이다
적군의 그 대부분은 [illegible]에 강제 [illegible] 병과 아울러 허위적 선전으로 [illegible] 참가한 자들이다 동시에 [illegible] 조선 인민군과 중국인민 [illegible] 공포를 주는 것 [illegible] 선전 [illegible]고 있다
기만에 의하여 지배되고 있는 적 [illegible] 함화를 통하여 계급적 [illegible] 감정을 높여 주며 조선인민군에 포로우대 정책을 해설하며 그들을 인민군 편에 넘어서 재생에 길로 [illegible] 이 [illegible] 적군들에 전투사기를 저락시키는데 크게 역할을 함화는 준다

함화를 부를 때에 주의할 점

1. 함화시에는 정숙히 [illegible] 긴장하여 적에 대한 경각성을 더욱 높일 것
2. 함화는 항상 [illegible] [illegible] 명절에 [illegible] 부를 것
3. 함화는 [illegible] [illegible] [illegible] 파악하고 [illegible] 사용할 것
4. 함화구호는 군무자들에게 항상 암송하게 부르도록 할 것
5. 함화는 적의 심정을 보조하여 때와 장소와 환경에 알맞게 부를 것
6.

(1) 방어시 적에게 주는 함화

1. 항복하여 넘어올 기회는 지금이다! 기회를 놓치면 영원 만역자로서 계속 [illegible]을 한다
2. 당신들이 투항하면 우리들은 친형제처럼 맞이 한다
3. 진공할 시간은 가까워 있다! 어물어물 하다가 개죽엄 하지 말고 무기를 놓고 항복하라! 인민군대는 장교들도 우대한다
4. 당신들의 진호 속에는 죽엄이 시시각각으로 가까워 온다
5. 자기 부대를 그느리고 [illegible] 자기 계급대로 대우한다 안심하고 투항하라
6. 미국놈들은 조선사람 집에다 불을 지르고 부녀들을 강간하는 것을 보고도 당신들은 분하게 생각하지 않은가?
7. 당신들의 전우들은 많이 넘어왔서 대우를 받고 있다? 요구에 따라 집으로도 많이 도라갔다? 안심하고 항복하라
8. 양심있는 조선의 청년이라면 미국 강도들의 수치스러운 고용병으로 계속 [illegible] 하지 말고 이 시각으로 넘어오라!
9. 당신들의 부모처자들은 당신들이 도라오기를 손곱아 기다리고 있다? 어서 투항하여 넘어와 집으로 가라!
10. 당신들은 강제로 끌려 나와 무엇 때문에 고생을 하는가? 속히 우리편으로 건너오라
11. 당신들의 전우들도 많이 넘어왔다! 항복하는 당신들을 과거를 따지지 않고 환영한다
12. 수백만의 중국인민 지원군이 나와서 인민군대와 같이 싸우고 있다! 당신들이 투항하지 안으면 죽엄과 멸망이

있을 것이다~
13. 너이들은 비행기와 포를 맞고 땅에
죽게 될것이다~ 그러나 우리가 공격
하면 그때는 죽엄밖에 없을것이다
14. 국방군 장병들이여 낮에 길을 잘 보와
두었다가 밤에는 넘어오기 좋은 때다

(二) 공격 및 돌격시 적에게 주는 함화

1. 인민군대는 포로를 죽이지 않는다?
안심하고 항복하라~
2. 손들어라? 누구든지 대항하면 쏜다!
모-두다 총을 놓고 항복하라~
3. 인민군대는 포로를 우대한다!
안심하고 항복하라!
4. 손을 들고 투항하면 죽이지 않는다
살사람은 손들들고 항복하라~

5. 살길을 찾으라 네 살길을 찾으라?
"국군" 형제들이여!
6. 개죽엄 하지말라! 항복하면 산다!
7. 손들어라 움지기면 쏜다~
항복하면 친형제와 같이 마지한다!
8. "국방군" 형제들이여! 우리들은 당신들을
구원할려 한다! 무서워하지 말고 손
을 들고 항복하라!
9. "국방군" 장병들이여! 살 기회는 지금이다
무기를 놓고 항복하면 살수있다~
10. 손을 들고 항복하면 살고 도망질치면
개죽엄한다! 안심하고 살길을 택하라!
11. 당신들이 무서워하는 따발총을 마아라
손을들고 항복하면 쏘지 않는다~
12. "국군" 형제들이여! 총을 쏘기전에 항복
하라? 인민군대는 포로를 환영한다
13. 국방군 장병들이여! 인민군대 공격은

투항에 좋은 기회다 행이 약하우면
넘어오라~
14. 국방군 장병들이여 당신들에 고향에
서는 당신들에 부모처자가 지금도
당신을 기다리고 있다~ 인민군게
투항하여 집으로 도라가라?

(三) 포위된 적에게 주는 함화

1. 당신들은 몰살할 없는 포위속에 드러
있다? 대항하면 죽엄을 가져올 뿐
이다! 총을 놓고 항복하라!
2. 당신들의 마고억적 리승만도당 속에서
벗어나 조국에 품안으로 들어올수있는
기회는 바로 이때이다!
빨리 항복하라 넘어오라!
3. 국방군 장병들이여 개죽엄할것 없이
어물어물하다가 개죽엄하지 말고 항복
하여 넘어오라?

4. 사방을 도라보라? 어대로 빠저나가
겠는가? 부모형제와 사랑하는 처자를
만나려거든 즉시 항복하라~
5. 우리들은 당신들이 강제로 끌려 왔다는 것을
잘알고 있다? 그러한 까닭으로 항복하
면 형제로 맞이한다~?
6. 당신들은 포위망에 들어있는 줄 아는가?
공격을 개시하기 전에 총을 놓고 항복하라
이외는 살길이 다시없다?
7. 당신들은 이중 삼중으로 포위되여 갈곳이
없다? 총을 받치고 항복하라~?
8. "국방군" 장교들이여 당신들도 안심하고
항복하라? 우리들은 과거를 따지지않고
열렬히 환영한다~?
9. 돌격할 시각은 가까워온다? 빨리 항복
하라? 항복을 방해하는 자가 있으면
용감하게 쏘와 죽이고 넘어오라~

10. 당신들이 넘어올 시기는 지금이다
넘어오면 생명을 구원할 뿐만 아니라
해방 부대로서 직위도 보존하여 준다
11. 이미 월북한 강태무 표무원을 잘 알고
있지? 그들은 지금 고급 지휘관으로서
부대를 거느리고 있다?
12. 국방군 장병들이여? 강제로 끌려나와
억울하게 개죽음할 필요는 없다!
북향하여 넘어 왔다 집으로 돌려 가라!
13. 철왕 같은 포위망은 당신들을 사면으
로 묶어 박살 죄여 들고 있다!
누구든지 대항하면 죽고 항복하면 산다!
14. 국방군 장병들이여 놈의 선전에 속지 말
라? 같은 조선 사람으로서 저주하겠
는가?
15. 량심있는 국방군 장병들이여 만약
하나가 개죽음할 필요없이 항복하여

16. 국방군 장병들이여 살길을 찾으라.
살길은 오직 무기를 버리고 항복하면 산다
17. 국방군 장교들이여? 당신들은 어리석지
않는가? 미국 정단군과 괴뢰군은 도
처에서 포위 섬멸되고 있다
무엇을 아끼고 있는가 항복하여 넘어
오라?
18. 국방군 장교들이여? 이미 넘어온 장
교들은 지금 그 직위 대로 대우를 받고
있다 안심하고 항복하라?
19. 국방군 장교들이여 우리에 정책은 관대
정책이다? 아무런 악질이라도 항복하
는 자에게는 과거를 묻지 않고 열렬히
환영한다
20. 국방군 장교들이여? 부대를 끌고 항복
하면 생명만 구원할 뿐만 아니라 표창
도 받고 직위도 그대로 보존하여 준다!

(四) 도주하는 적 및 분산된 적에게 주는 방송

1. 패잔병들이여? 살길을 찾아라!
무기를 버리고 항복하면 산다?
2. 패잔병들이여! 쓸쓸한 산골짝에서
개죽음하기 전에 항복하여 살길을 찾으라
3. 소위 국방군 패잔병들이여! 도주하다
가 마자 죽으면 얼마나 억울한가
항복하여 넘어 오라
4. 패잔병들이여! 무엇 때문에 도주하는가!
우리는 당신들을 구원하려 왔다!
안심하고 항복하라!

5. 당신들에 희망은 벌써 차단되었다
맹호 같은 인민군대와 빨치산들은.
당신들을 놓칠 줄 아는가? 총을 놓고
항복하라?
6. 도주하는 국방군 전체들이여? 인민군대
는 포로를 죽이지 않는다! 항복하여
넘어오면 집으로 보내 준다?
7. 미국 원수군과 괴뢰군은 도처에서 포위
섬멸되고 있다? 당신들에 갈 곳은
죽엄과 멸망이다! 이 길을 걷지 말고
속히 투항하라?
8. 우리들에 원수는 당신들이 아니고 미제국주의
와 그의 앞잡이 리승만 역도들이다.
안심하고 무기를 놓고 항복하라?
9. 패잔병들이여 포위 속에서 어데로 가겠
는가 죽으면 부모처자도 보지 못한다
항복하여 집으로 가라?

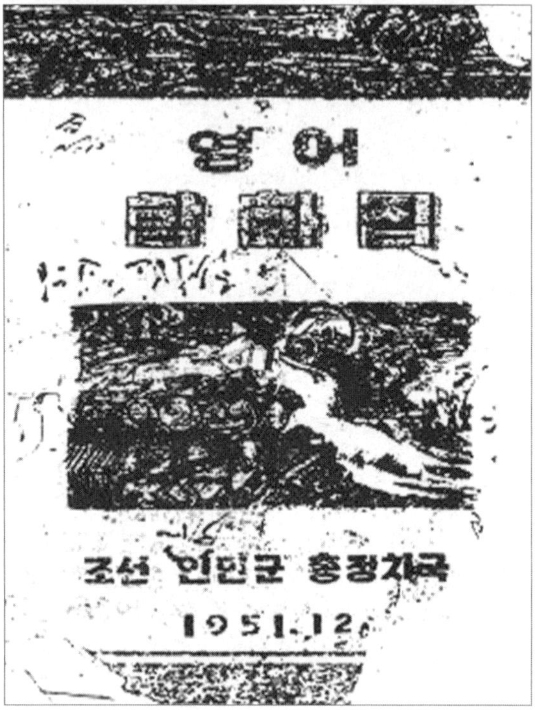

영어자모(25자)

인쇄체 대문자	인쇄체 소문자	글자 명칭	글자 발음	인쇄체 대문자	인쇄체 소문자	글자 명칭	글자 발음
A	a	에이	ㅔ,ㅐ,ㅓ ㅏ-ㅣ	N	n	엔	ㄴ
B	b	삐-	ㅃ	O	o	오우	ㅗ,ㅜ,ㅗ,ㅓ ㅜ-
C	c	씨-	ㅆ ㅋ	P	p	피-	ㅍ
D	d	띠-	ㄸ	Q	q	큐-	ㅋ
E	e	이-	ㅣ-,ㅔ	R	r	아-	ㄹ
F	f	에프	ㅍ	S	s	에쓰	ㅆ,ㅈ
G	g	쥐-	ㄲ,쥬	T	t	티-	ㅌ
H	h	에이취	ㅎ	U	u	유-	ㅠ-,ㅜ,ㅓ
I	i	아이	ㅏㅣ,ㅣ	V	v	비-	ㅂ
J	j	줴이	쥬	W	w	더블유-	ㅜ
K	k	케이	ㅋ	X	x	엑쓰	ㅋㅆ
L	l	엘	ㄸ	Y	y	와이	ㅣ,ㅣ,ㅏㅣ
M	m	엠	ㅁ	Z	z	지-	ㅈ

설) 1. 영어글자는 그 명칭과 발음이 일치하지 않는 것이 거이 전부다

오지 않는 모음자는 (ㅣ,ㅓ) 등의 음으로 약하게 읽는 것이 보통이다

(ㄱ) 모음자를 그 명칭과 같은 음으로 발음하는례:

a(ㅔㅣ): make=m+a+k+e=ㅁ+ㅔㅣ+ㅋ=메이크 → 메이크 (만든다)

단어 끝에 오는 e 자는 잘 읽는 것이 보통이다.

e(ㅣ-): h+e=ㅎ+ㅣ-=히- (그사람, 저사람)

négro=n+e+g+r+o=ㄴ+ㅣ-+ㄲ+ㄹ+ㅗㅜ=니-끄로우 (흑인)

i(ㅏㅣ): rice=r+i+c+e=ㄹ+ㅏㅣ+ㅆ=라이싸 → 라이쓰 (쌀, 쌀밥)

o(ㅗㅜ): no=n+o=ㄴ+ㅗㅜ=노우 (아니다, 부정)

u(ㅠ-): tube=t+u+be=ㅌ+ㅠ-+ㅃ=튜-ㅃ → 튜-쁘 (대롱, 관 등)

(ㄴ) 모음자를 그 글자명칭과는 다른 음으로 발음하는 례: (ㄹㄹ, ㅂ 등 자음의 발음은 이하에서 설명함)

a(ㅐ): hand=h+a+n+d=ㅎ+ㅐ+ㄴ+ㄸ=핸ㄸ → 핸드 (손, 수)

a(ㅓ): América=A+m+e+r+i+c+a=ㅓ+ㅁ+ㅔ+ㄹ+ㅣ+ㅋ+ㅓ=어메리커 (미국)

a(ㅏ-): demánd=d+e+m+a+n+d=ㄸ+ㅣ+ㅁ+ㅏ-+ㄴ+ㄸ=띠마-ㄴㄸ → 띠마-ㄴ드 (요구하다)

a(ㅔ): many=m+a+n+y=ㅁ+ㅔ+ㄴ+ㅣ=메니 (많은, 많은것, 많은 사람들)

a(ㅗ-): all=a+ll=ㅗ-+ㄹㄹ=오-ㄹㄹ (전부)

e(ㅔ): pen=p+e+n=ㅍ+ㅔ+ㄴ=펜 (철필)

e(ㅣ): trúmpet=t+r+u+m+p+e+t=ㅌ+ㄹ+ㅓ+ㅁ+ㅍ+ㅣ+ㅌ=트럼핕 (라팔)

i(ㅣ): it=i+t=ㅣ+ㅌ=잍 (그것)

o(ㅗ): hot=h+o+t=ㅎ+ㅗ+ㅌ=홑 (더운)

o(ㅓ): son=s+o+n=ㅆ+ㅓ+ㄴ=썬 (아들)

love=l+o+v+e=ㄹㄹ+ㅓ+ㅂ=ㄹ러ㅂ → ㄹ러브 (사랑, 사랑하다)

o(ㅜ-): who=wh+o=ㅎ+ㅜ-=후- (누구, 누가)

do=d+o=ㄸ+ㅜ-=뚜- (하다, 실행하다)

u(ㅜ): put=p+u+t=ㅍ+ㅜ+ㅌ=풑 (놓다, 두다)

u(ㅓ): sun=s+u+n=ㅆ+ㅓ+ㄴ=썬 (태양)

y(ㅣ): toy=t+o+y=ㅌ+ㅗㅣ=토이 (작란감)

y(ㅏㅣ): my=m+y=ㅁ+ㅏㅣ=마이 (나의

(ㄷ) 모음 결합의 례…. 두자 또는 그 이상 글자가 모여서 일정한 二중모음 또는 긴 모음을 낸다

이렇게 두모음이 계속될 때에는 첫모음을 강하게 읽고 곧 이어 다음 모음은 약하게 짧게 부쳐서 읽는다

미군을 대상으로 함화공작을 하려면 영어를 알아야 한다. 따라서 알파벳과 발음을 공부할 수 있게 제시해 놓았다.

아. 적군와해공작(적공)문서 형태의 심리전

'적공' 은 적군와해공작의 준말. 즉 적의 군대를 내부로부터 허물어 그 외에 전력을 무기력하게 만드는 사업을 말한다. 적공부는 인민무력부 총정치국 예하 부서로써, 주요임무는 대적심리전 사업계획 수립 및 군단 적공부 통제감독, 적군 심리전 연구 및 대적 심리전을 위한 자료수집, 대적 방송자료 제작 및 보급과 전연 적공 방송국 운영, 전단 및 선전출판물 제작 · 살포를 수행하는 것이다. 아래 문서는 중공군의 '적군 와해공작과본' 이다.

뒷장의 적군공작 내용은 '우리는 적의 언어를 알아듣지 못하기 때문에 문자로 선전하는 것이 더 효과가 있다. 따라서 살포선전물(전단)은 대내보다는 대적심리전에 이용하는 것이 훨씬 효과적이고 필요하다' 라는 내용으로 '중국인민지원군 제 19병단 정치부 정공부' 에서 1951년 9월 17일 제작된 「연대적군공작과본」의 소형 책자이다.

[적군 와해공작과본]

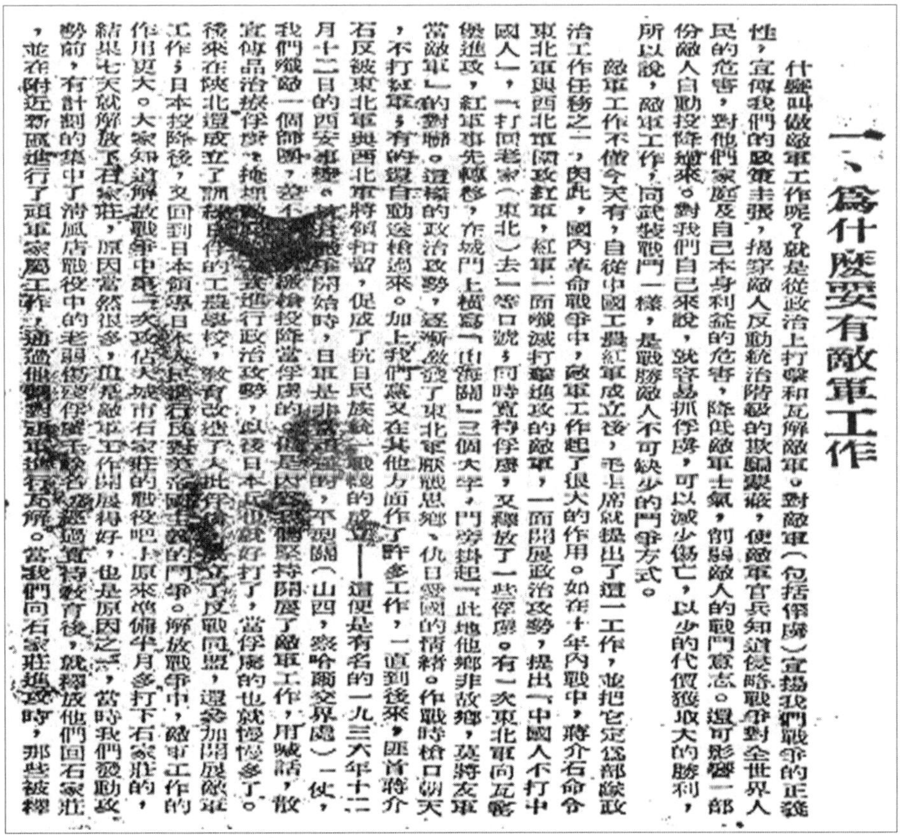

一、爲什麼要有敵軍工作

什麼叫做敵軍工作呢？就是從政治上打擊和瓦解敵軍。對敵軍（包括俘虜）宣揚我們戰爭的正義性，宣傳我們的政策主張，揭穿敵人反動統治階級的欺騙蒙蔽，使敵軍官兵知道侵略戰爭對全世界人民的危害，對他們家庭及自己本身利益的危害，降低敵軍士氣，削弱敵人的戰鬥意志。還可影響一部份敵人自動投降過來。對我們自己來說，就容易抓俘虜，可以減少傷亡，以少的代價獲取大的勝利，所以說，敵軍工作，同武裝戰鬥一樣，是戰勝敵人不可缺少的鬥爭方式。

敵軍工作不僅今天有，自從中國工農紅軍成立後，毛主席就提出了這一工作，並把它定爲部隊政治工作任務之一，因此，國內革命戰爭中，敵軍工作起了很大的作用。如在十年內戰中，蔣介石命令東北軍與西北軍圍攻紅軍，紅軍一面殲滅打擊進攻的敵軍，一面開展政治攻勢，提出「中國人不打中國人」、「打回老家（東北）去」等口號；同時寬待俘虜，又釋放了一些俘虜。有一次東北軍向瓦窰堡進攻，紅軍事先轉移，在城門上橫寫「山海關」三個大字，門旁掛起「此地他鄉非故鄉，莫將友軍當敵軍」的對聯。這樣的政治攻勢，逐漸啟發了東北軍厭戰思鄉、仇日愛國的情緒。作戰時槍口朝天，不打紅軍；有的還自動送槍過來。加上我們黨又在其他方面作了許多工作，一直到後來，匪首蔣介石反被東北軍與西北軍將領扣留，促成了抗日民族統一戰線的成立——這便是有名的一九三六年十二月十二日的西安事變。

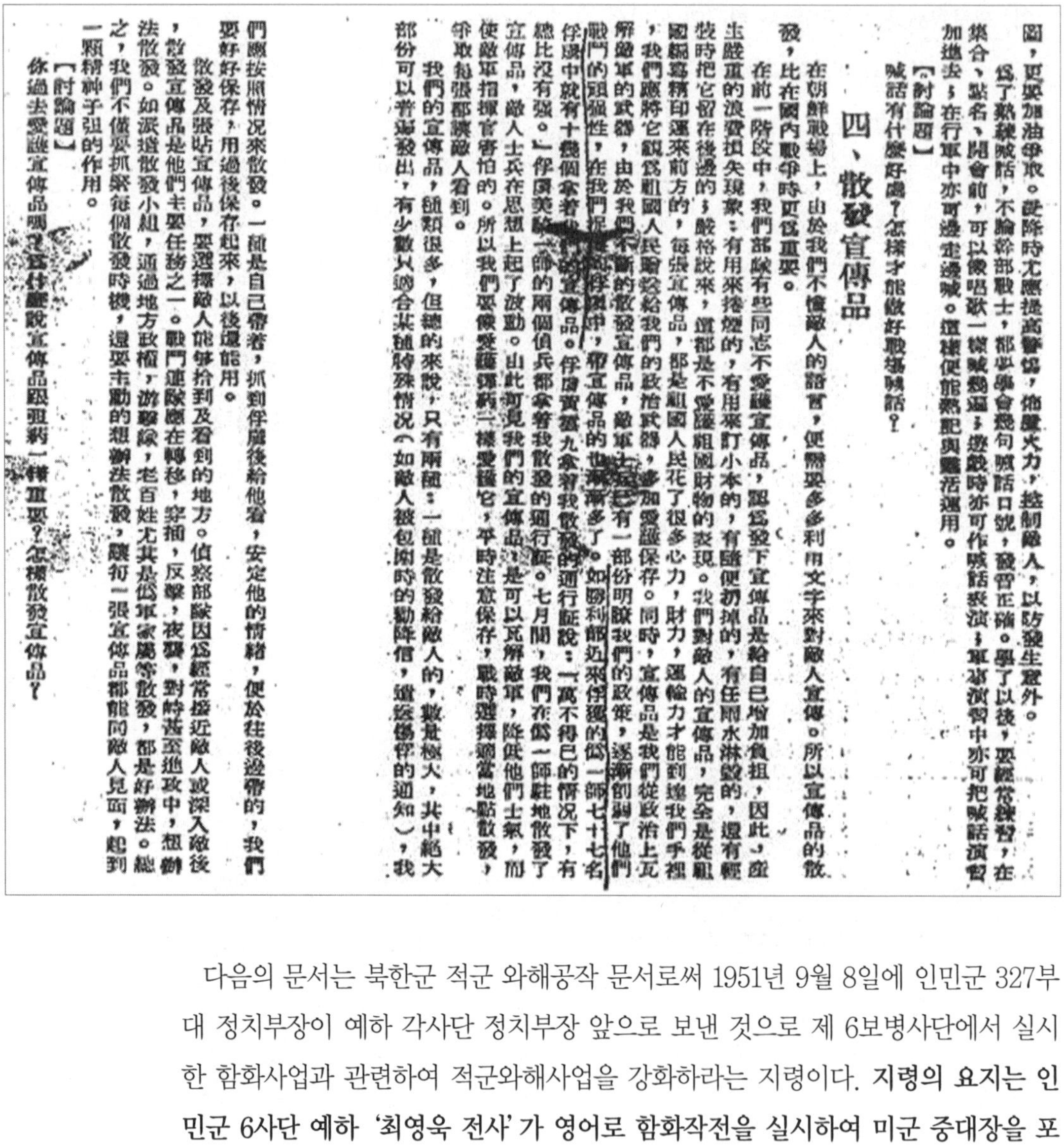

圖，更要加油爭取。受降時尤應提高警惕，佈置火力，控制敵人，以防發生意外。

爲了熟練喊話，不論幹部戰士，都要學會幾句喊話口號，發音正確。學了以後，要經常練習，在集合、點名、開會前，可以像唱歌一樣喊幾遍；遊戲時亦可作喊話表演；軍事演習中亦可把喊話演習加進去；在行軍中亦可邊走邊喊。這樣便能熟記與靈活運用。

【討論題】

喊話有什麼好處？怎樣才能做好戰場喊話？

四、散發宣傳品

在朝鮮戰場上，由於我們不懂敵人的語言，便需要多多利用文字來對敵人宣傳。所以宣傳品的散發，比在國內戰爭時更爲重要。

在前一階段中，我們部隊有些同志不愛護宣傳品，認爲發下宣傳品是給自己增加負担，因此，產生嚴重的浪費損失現象：有用來捲煙的，有用來訂小本的，有隨便扔掉的，有任雨水淋毀的，還有輕裝時把它留在後邊的；嚴格說來，這都是不愛護祖國財物的表現。我們對敵人的宣傳品，完全是從祖國編寫精印運來前方的，每張宣傳品，都是祖國人民花了很多心力，財力，運輸力才能到達我們手裡，我們應將它視爲祖國人民發給我們的政治武器，多加愛護保存。同時，宣傳品是我們從政治上瓦解敵軍的武器，由於我們不斷的散發宣傳品，敵軍士兵已有一部份明瞭我們的政策，逐漸削弱了他們戰鬥的頑強性，在我們捉[illegible]俘虜中，帶宣傳品的也漸漸多了。如勝利部近來俘獲的僞一師七十七名俘虜中就有十幾個拿着[illegible]的宣傳品。俘虜實貫九拿着我散發的通行証說：「萬不得已的情況下，有總比沒有強。」俘虜美[illegible]一師的兩個偵兵都拿着我散發的通行証。七月間，我們在僞一師駐地散發了宣傳品，敵人士兵在思想上起了波動。由此可見我們的宣傳品，是可以瓦解敵軍，降低他們士氣，而使敵軍指揮官害怕的。所以我們要像愛護彈藥一樣愛護它，平時注意保存，戰時選擇適當地點散發，爭取每張都讓敵人看到。

我們的宣傳品，種類很多，但總的來說，只有兩種：一種是散發給敵人的，數量極大，其中絕大部份可以普遍發出，有少數只適合某種特殊情況（如敵人被包圍時的勸降信，遺族傷俘的通知），我們應按照情況來散發。一種是自己帶着，抓到俘虜後給他看，安定他的情緒，便於往後送帶的，我們要好好保存，用過後保存起來，以後還能用。

散發及張貼宣傳品，要選擇敵人能夠拾到及看到的地方。偵察部隊因爲經常接近敵人或深入敵後，散發宣傳品是他們主要任務之一。戰鬥連隊應在轉移，穿插，反擊，夜襲，對峙甚至進攻中，想辦法散發。如派遣散發小組，通過地方政權，游擊隊，老百姓尤其是僞軍家屬等散發，都是好辦法。總之，我們不僅要抓緊每個散發時機，還要主動的想辦法散發，讓每一張宣傳品都能同敵人見面，起到一顆精神子彈的作用。

【討論題】

你過去愛護宣傳品嗎？爲什麼說宣傳品跟彈藥一樣重要？怎樣散發宣傳品？

다음의 문서는 북한군 적군 와해공작 문서로써 1951년 9월 8일에 인민군 327부대 정치부장이 예하 각사단 정치부장 앞으로 보낸 것으로 제 6보병사단에서 실시한 함화사업과 관련하여 적군와해사업을 강화하라는 지령이다. **지령의 요지는 인민군 6사단 예하 '최영욱 전사'가 영어로 함화작전을 실시하여 미군 중대장을 포함 40명과 국군 2명을 투항시켜 포로로 잡았다는 성공사례를 예시하고 삐라 살포와 함화작전 추가지침을 하달한 내용이다. 그리고 특수공작원을 월 3명이상 엄선 차출하고 적공사업 결과를 보고하라는 지령이다.**

[illegible]사단 정치부장 동지 앞

지 령

[illegible] 정치부 비밀복수 110

근위제6보사에서 진행한 [illegible]사업과 관련하여 적군와해사업을 강화할데 대하여

1951.9.8 제 호 오천리에서

조선인민의 악독한 원수인 미제국주의 침략군과 그의 괴뢰도당인 리승만 괴뢰군을 사상적으로 와해시키는 사업에서 근위제6보사 관하부대들에서는 전체 대원들로 광범히 조직동원하여 여러가지 형태의 방법으로 적군을 포로투항시키는데서 많은 성과를 거두었다

특히 [illegible] 에서는 [illegible] 모든 [illegible] 정확하고 [illegible] 배합하여 적군을 투항시키는 사업에서 성공하였다 즉 근위제6보사 1중대 2대대 4중대 1소대 2분대 전사 [illegible] 동무는 1950년 9월 서울서 의용군으로 입대한 동무이다

1951년 8월 [illegible] 부대는 [illegible] 고개를 점령할 [illegible] 공격이 시작되였다 [illegible] 산에서 [illegible] 조우하게 되였다 중대는 적들의 2개소대는 [illegible] 1소대는 정면으로 전투서열을 지었다 전투원들은 적에게 [illegible] 사격을 가하였다 이때 [illegible] 동무는 [illegible] 정치적 [illegible] 배합하여 [illegible] 적들을 [illegible] 투항할것을 [illegible]하였다 [illegible] 적들은 [illegible] 분산

되여 살구멍을 찾었다. 이때 최영욱동무는 재빨리 대담하게 적군에게 접근
하여 이러서면서 "미군장병들이여! 투항하라. 우리는 죽이지않는다 무기
를놓고 넘어오라-!」하고 영어로함화한즉 미군중대장이 선두에서 나오게되였다
최영욱동무는 부들부들 떨며나오는 중대장에게 친근한 동무관이 반갑게
악수를 청하고 웃으면서 중대장의 손을잡았다. 죽었어바 검을먹은 중대장
은 얼른 팔목시계를 풀어주면서 조선사람이냐? 중국사람이냐? 하고 물었
다. 우리는 조선인민군이라고 말하고 시계를 받지않으면서 인민군은 포로의
물건을 빼앗지않는다고 하면서 이름자필하였다. 공포와불안에 쌓인 그들을
안심시키기 위하여 친절히 앉으라고하니. 그때야 포로들은 안심한 얼굴로
앉였다. 중대장과함께 7명이 투항하였다 그들을 앉혀놓고 당신들이 나
쁘지않다. 그러나 당신들의 상층인 두루맹이 나쁜사람이다. 때문에 당신
들은 무의미한 개죽음을 하게된다 우리인민군은 포로를 우대한다고
말하였는데 다른미군들이 또 산을나려왔다. 최영욱동무는 서라고 소리지르
며 투항하라. 하였으나 미군들은 말을듣지않으므로 이때최영욱동무는 중대
장을 시켜서 「투항하라」하니 미군들은 「누구냐?」고 물어왔다 미군중대
장은 자기소속과 이름을대며 「이리로오라」고 말하였다. 이때 미군16명이
또 투항하여왔다 그리하여 미군23명을 투항시켰다. 최영욱동무는 미군
중대장에게 「밥먹었느냐?」고 무르니. 정오가되였는데 「아침도 못먹었다」하
면서 「배가고프다」고 하였다

성옥동무는 통조림을 갖고있는것이 있느냐고물으니 「아침먹을것하고 점
심을것을 갖고있다」고 답하였다. 통조림을 다꺼내라하여 고루루 분배하고
우리 식사케하였다. 이때 최동무는 아침식사를 하지못하여 배가고팠으나
포로들이 먹자고하는데 대하여 이를거절하고 인민군대의 위신을 제고
하는 동시에 그들을 충분히 식사시켜 안심시키였다. 계속최동무는 이
후에서 국군2명을 함화로써 포로하여 미군23명 국군2명 계25명을 투
항포로하였다. 동시에 적공조장(4중대1소대1분대) 강명익동무도 4명 3소대3
장리관식동무도 4명 1소대3분대장 오선용동무도 5명 1분대장 오병근동무도 4명
각각전투에서 영웅함화로써 포로하였다. 이리하여 4중대가 이전투에서 미
40명 국군2명을 투항포로하여 「영웅함화중대」로 널리 이름을 떨치게되였다
이상과같은 성과를 쟁취한 기본원인은 근위제6보사 부대들에서 전체군무자
에게 적군와해사업에대한 교양을 일상적으로 진행하였으며 상급의 적군와
해에관한 경험들을 널리교환한 기초위에서 시기와조건에 편리하게 창
발성을 발휘한데, 기인한것이다.

근위하 부대들에서는 금번전투 행정에서 근위제6보사 13련대에서 전
반 함화사업경험을 널리 일반화시키며 동시에 적군와해사업을 일층강화할데
대하여 아래와같이 지령한다-----

대전투가 끝나면 적공조를 정비하며 새로 적공조에 망라된 소극적
[illegible]들에게 대중적 함화사업경험을 널리교육하는 동시에 적군와해사업에서

대전적으로 진행할 저항의 방법들을 구체적으로 교육훈련 시켜줄것

2. 적공사업은 월북작전부문에 종사하는 일군들에게만 맡겨진것이 아니라 전체군무자들의 대중적활동에 기반을 가져야한다. 그러므로 관하부대들에서는 부대지휘관 전투원들을 광범히 발동하기위하여 당단체들에서 광범한 군중적 토의를 진행한 기초에서 구체적과업들을 분담하여줄것

3. 대적삐라산포 사업은 전투임무 수행과 동일하다. 관하부대들에서는 대적삐라를 유효한장소에 적의눈에 띄우게 적의집단 소집단동지에 효과적으로 산포할것

4. 대치하여있는 적군들에게 함화로서 적을 유인월북시키는 사업을 부단히 계속할것

특히 적과대치하여있는 조건하에서는 아군군무자들이 개별적 혹은 집단적으로 우리의 목소리들이 적에게 들릴수있는 도구들을 사용하여 함화를 부르게하며 그밖에 적군포로들을 리용하여 자기옛친구들에게 투항할 호소케할것이며 또한 적진지에는 강력한 무력과 배합하여 대적 함화사업을 진행할것

5. 적군와해사업의 성과를 거두기 위하여서는 대담성있는 사업을 진행할것이며 적군지휘관들을 저격하는 조직사업을 계속부단하게 진행하여야한다. 이를위하여 관하사단들에서는 대치하여있는 적군지휘관 대대

장령 2명 중대장급 2명 소대장급 3명에 대하여 비밀취급권을 책임지는 과제를

강구할 것이며 이에 대한 구체적 계획은 군단에서 하달한다

6. 무장간첩대들에 대한 군사정치 훈련을 정상화하며 이들에 대한 최고통수자 동지께 대

하여서는 특별한 대책을 세울 것

무장간첩 활동에 대하여서는 관하부대 적정과 배합하여 강력히 활동

하는 동시에 단독적으로는 적 중심에 들어가 파괴산포 극좌판 [illegible]

[illegible] 사업들을 조직할 것

7. 적군와해사업은 적군내부 사상동태를 구체적으로 체계적으로 연구한 기초위에

서 적군내부를 분석판단한 토대위에서 진행하여야 한다

아직 관하부대들에서는 대적하여 있는 적에 대한 구체적 지식도 없이 진행

하는 결함들을 시정할 것

8. 특수정찰원 선발사업은 최고사령관 103호 지령 정신에 립각하여 계속적

으로 진행하여야 한다 이를 위하여 관하 련합부대들에서는 월 [illegible] 이상 대

상자를 추천하여 군단에 보낼 것

이상 과업의 집행정형을 관하부대 정치부장은 적공사업에 대한 월말보고

와 함께하여 나에게 보고할 것

조선인민군 제 3 2 7 군부대

정치부장 김 강

아래 문서는 적공사업의 보고 양식에 의해 상급부대로 보고한 내용들이다. **적공사업에 대한 현 실태, 교육사항, 성공사례, 결과들을 자세히 기술하고 있다. 예컨대 삐라를 개개인에게 나누어 주어 시간과 장소, 고려없이 뿌린 결과 성과가 적었기 때문에 나뭇가지에 붙이는 방법, 적 방어 전면에 바람을 이용하여 뿌리는 방법을 교육하였다는 내용 등이다.**

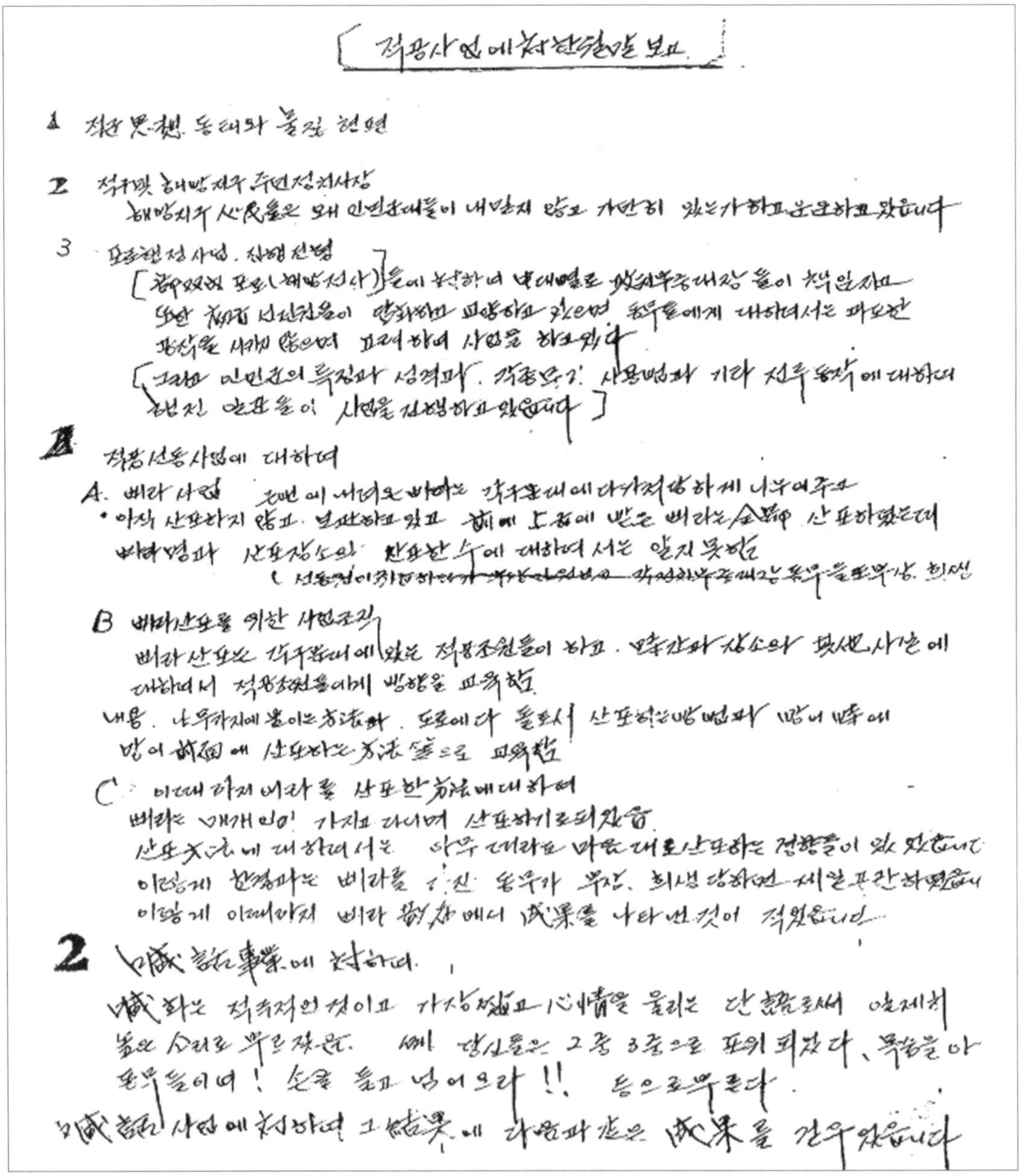
적공사업에 對한 실태보고

1 적군 思想 동태와 물질 형편

2 적구 및 해방지구 주민정치사상
해방지구 人民들은 모두 인민군대들이 내려오지 않고 가만히 있는가 하고 원망하고 있읍니다

3 [illegible] 사업. 집행 정형
[illegible]을 [illegible] 하여 [illegible] 들이 [illegible]
또한 [illegible] 들이 [illegible] 하고 있으며 동무들에게 대하여서는 [illegible]
[illegible] 고려하여 사업을 하고 있다
[그리고 인민군의 특징과 성격과. 각종 무기 사용법과 기타 전투동작에 대하여 [illegible] 들이 사업을 진행하고 있읍니다]

II 적공선동사업에 대하여
A. 삐라 사업 [illegible]에 내려오는 삐라는 각 부대에 다 가지 적당하게 나누어주고
· 아직 산포하지 않고 보관하고 있고 前에 上級에 받은 삐라는 全部 산포하였는데
삐라 명과 산포장소와 산포한 수에 대하여서는 알지 못함
([illegible])

B 삐라산포를 위한 사업조직
삐라 산포는 각 부대에 있는 적공조원들이 하고. 시간과 장소와 [illegible] 사건에 대하여서 적공조원들에게 방향을 교육함.
내용. 나무가지에 붙이는 方法과. 도로에다 놓고서 산포하는 방법과 바람 방향에 바람이 前面에 산포하는 方法 등으로 교육함

C 이때까지 삐라를 산포한 方法에 대하여
삐라는 개개인이 가지고 다니며 산포하기로 되었음
산포 方法에 대하여서는 아무 데라도 마음대로 산포하는 경향들이 있었읍니다
이렇게 한 결과는 삐라를 가진 동무가 부상. 희생 당하면 [illegible] 하였읍니다
이렇게 이때까지 삐라 산포에서 成果를 나타낸 것이 적었읍니다

2 喊聲공작 事業에 對하여
喊화는 적극적인 것이고 가장 쉽고 心情을 울리는 단語로서 일제히 높은 소리로 부르짖음. 例 당신들은 그중 3중으로 포위되었다. 목숨을 아끼는 동무들이여! 손을 들고 넘어오라!! 등으로 부른다.
喊聲공작 사업에 對하여 그 結果에 다음과 같은 成果를 거두었읍니다

2차 2계단 진공전에서

우리는 빛나는 전투의 실례를 들수 있습니다

1대 5중대 3소대 부소대장 홍기석 동무는 다음과 같이 행동을 취하였으며 [illegible] 모범을 보였습니다.

행군도중에 번개같은 행동으로 졸고있는 포로를 한사람 붙잡아가지고 주둔배치와 지휘부의 위치에 대하여서 세밀히 물어보고 용감 대담하게 다음촌으로 돌입하였다. 이때 홍동무는 동무들 놀래지 마시오 나는 인민군입니다 동무들은 지금 그중 3중으로 포위 되었으니 갈곳도 없읍니다 하늘로 올라갈 데요 땅으로 들어갈 데요 갈 곳은 단지 하나입니다 행복의 참 삶으로 인 인민군대에게 항하는 길밖에는 없읍니다 동무들의 인솔자는 누구인가 하고 묻고 나온 인솔자에 대하여 악수를 요구하고 악수를하고난뒤에 동무들의 대열을 정돈시키라 하고 정돈된 대열 앞에서 [illegible] 적공[illegible]해에 대한 말을 [illegible]하고 나서 완전히 [illegible] 있을때 불의에 자동총 사격이 울리었기 때문에 적은 당황하여 도망칠려고 할때에 [illegible]하지 않고 계속 [illegible]를 불렀습니다 이렇게하여 10여명을 포로하고 각종무기를 노획하였습니다 이러한 사실들은 우리들의 [illegible]화공작의 커다란 성과 였읍니다

[解放戰士 총수는 [illegible]명이고]

그中에 現在 하사관 공작을 하는 1명이다

모든 제기中에 있는 것이 [illegible]명이고 연대본장 그 [illegible] 한것이 1명이고

기타는 내준이 내려오지 않았습니다

이상과 같은 것을 보고합니다

其他 양식들에는 해당한것이

No1 ~ No.4 까지 없음

1951. 7. 2[illegible]

제2대대

선동원 허경종 [illegible]

아래 문서는 1951년 6월 22일에 사단정치부에서 연대 정치부 연대장과 적공조 요원에게 적공사업 교육실적과 대대원들에 대한 직위별 인원 수록 내용과 6월 24일 19시 전까지 정확히 보고 하라는 내용의 지시문이다.

정치부련대장
[121군부대 적공지도원 동지 앞]

적공사업 및 해방전사에 대한 몇가지 보고 제출에 관하여 하기와 같이 [6월 24일 오후 19시 전까지 사단정치부에 보고할것을 통지 함

1. 5차 2계단 전역후에 적공조 재정비사업을 진행하고 그의 정형에대한 보고를 6월24일 전으로 서면으로 보고 할것.

보고 양식

① 대대별 ② 적공조수, ③ 적공조인원수. ④ 재정비사일.

2. 5차 2계단 전역을 통한 적공사업에관한 경험 교환을 위하여 적공지도 일꾼 적공사업구분대책임자 및 적공조원을 비롯한 전투원들에게 강습회를 실시하여 담화를 진행한 결과보고.

① 대대별. ② 시일. ③ 회수. ④ 참가 인원수. ⑤ 진행한적공조수 ⑥ 담화강습 제목.

[3. 해방전사들의 ~~[illegible]~~에대한 표창 종류 및 인원통계와 적공일꾼들의 표창진행.]

[4. 해방전사들의 부대 총인원수중 몇명이 있으며 그의 직무별 통계.

통계 양식]

[① 대대별 ② 대대 총인원수. ③ 대대해방전사수. ④ 해방전사 직위별통계]

상기내용을 시간에 오차없이 6월24일 오후19시 전까지 서면으로 사단정치부에 보고 할것을 통지 함

[1951. 6. 22

155군부대 정치부.]

아래 문서는 적공사업에 대한 결과 보고 내용으로써 ❶ 습격대원이 적진에 침투하여 살포하였고, ❷ 방어진지 전환시 그 진지에 놓아두어 적이 볼 수 있게 하였고, ❸ 점령지역 주민을 동원하여 살포하였다. 그리고 삐라에 대한 국군의 반응의 예로써 2사단 27연대 통신참모의 증언을 제시, *'삐라 습득 및 내용 탐독시 총살한다는 남쪽의 엄명에 오히려 사병들은 습득하고 탐독하고자 애쓰고 있다'* 고 보고하고 있다. 그리고 1951년 5월 5일 한계령 전투에서의 함화사업 성과보고 내용을 첨부시켰다.

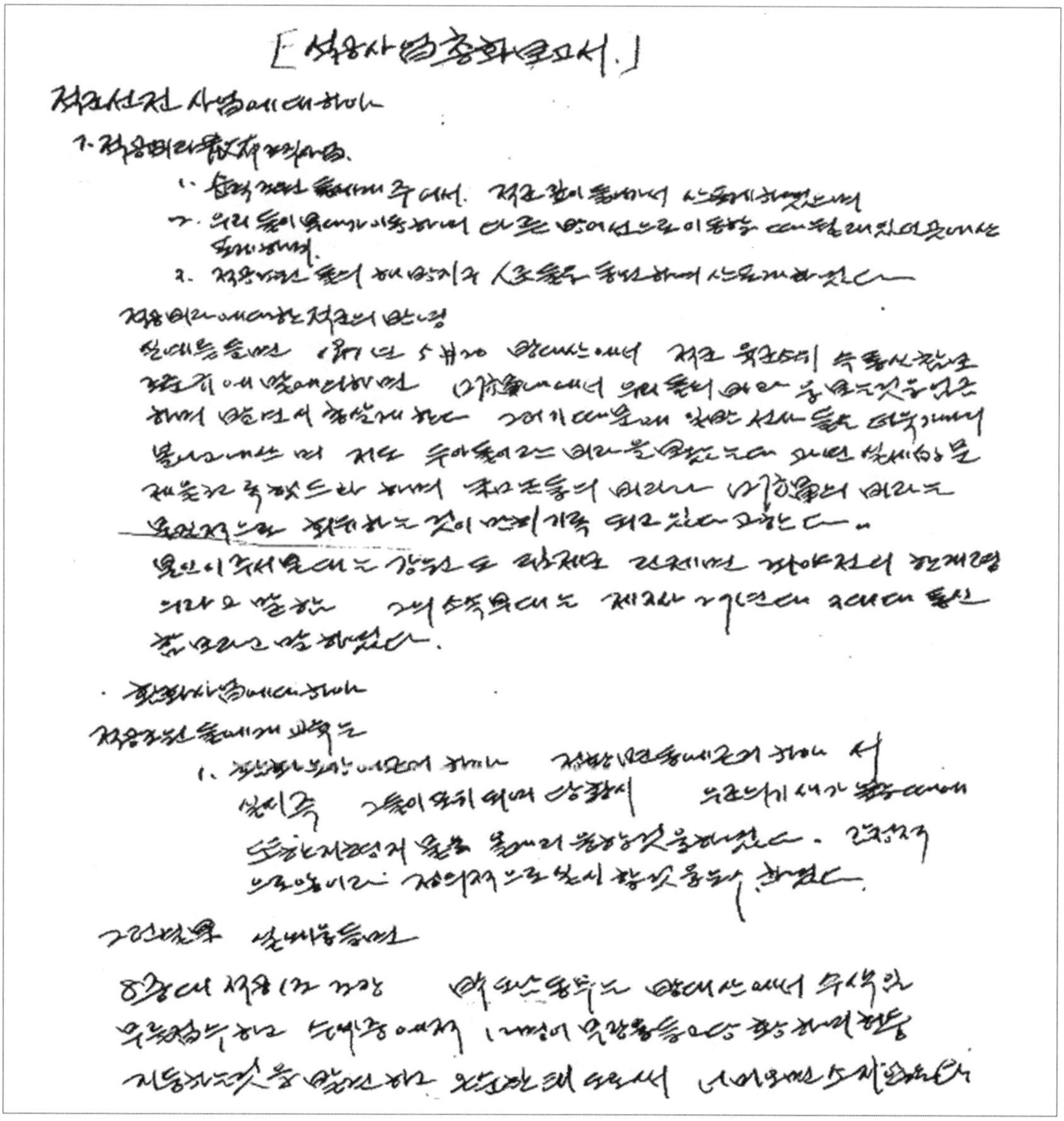

아래문서는 1951년 6월 29일 3대대 정치 부대장이 적공사업의 실시 결과와 전공자 표창 현황을 보고한 것이다.

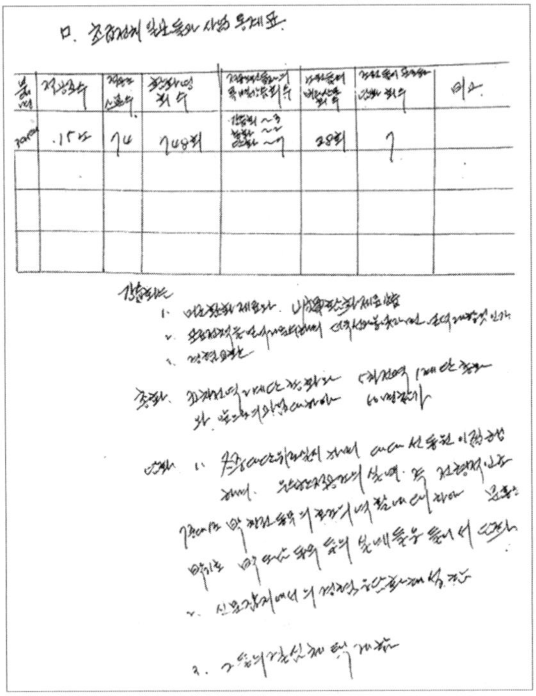

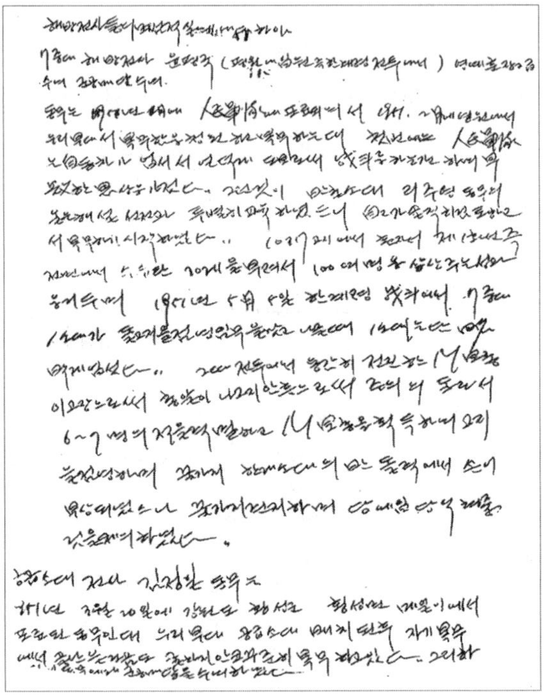

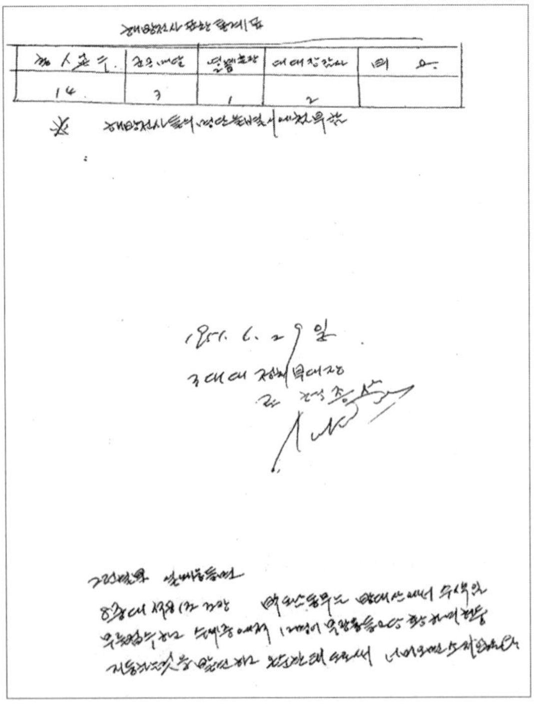

이 문서는 1951년 5월 2일, 인민군 총정치국 국장대리 김재욱 명의로 예하부대에 하달한 '지령 제 073호' 이며 적군와해 사업보고제도 변경 내용을 하달한 문서이다.

지 령

조선인민군 총정치국 적군와해 사업에 대한 보고제도를 변경함에 관하여

1951. 5. 2. 제073호 송암에서

적군와해 사업은 일반 정치사업과는 특이한 내용과 형식으로 집행되며 또한 사업상 군사적 및 가려 비밀이 포함되고 있다

따라서 사업상 민첩성과 정확성을 보장하여야 한다. 그럼으로 종전에 일반 정치사업보고서에 포함되여 제출하든 적군와해사업 보고서를 5월 부터는 일반 정치사업 보고서에서 분리하여 제출할것이며 적와해사업에 대한 보고제도는 이미 총정치국장 명령으로 하달한 보고제도와 동일하게 할것이다

즉 1. 월말보고서는 25일 현재로서 총결하여 다음달 5일까지 총정치국에 보고서가 도착하도록 제출

2. 중간 사업 보고서(26일 부터 다음달 10일 까지의 사업보고)는 월 1회 10일 현재로 작성하여 총 정치국에는 20일 까지 도착하게 제출 할것

3. 전투시에는 중간사업 보고서를 5일에 1회식 제출 할것이며 한 작전이 끝난 다음에는 작전 진행중에서의 적군 와해사업을 총화하여 보고서를 제출할것

4. 적군 와해사업에 대한 보고질서는 아래와 같이 할것

ㄱ. 적군 정치 사상 동태와 물질 형편(一호 양식첨부)

ㄴ. 적구 및 해방구 주민들이 정치사상 동태와 생활 형편

ㄷ. 적군와해 선전사업의 집행정형(포로 석방사업이 포함된)(二호양식첨부)

ㄹ. 적군와해 조직 사업의 집행정형(복수 공작원의 명단 첨부)

ㅁ. 포로행정사업 집행 정형(三호 양식 첨부)

ㅂ. 일반 행정사업의 집행정형(四호 양식 첨부)

ㅅ. 결론

조선 인민군 총 정치국

국장대리 김 재 욱

아래 '지시'는 1951년 5월 15일, 인민군 21사단 정치부장이 총정치국 지령(1951. 5. 2)을 이첩 하달하면서 추가지시를 한 것이다.

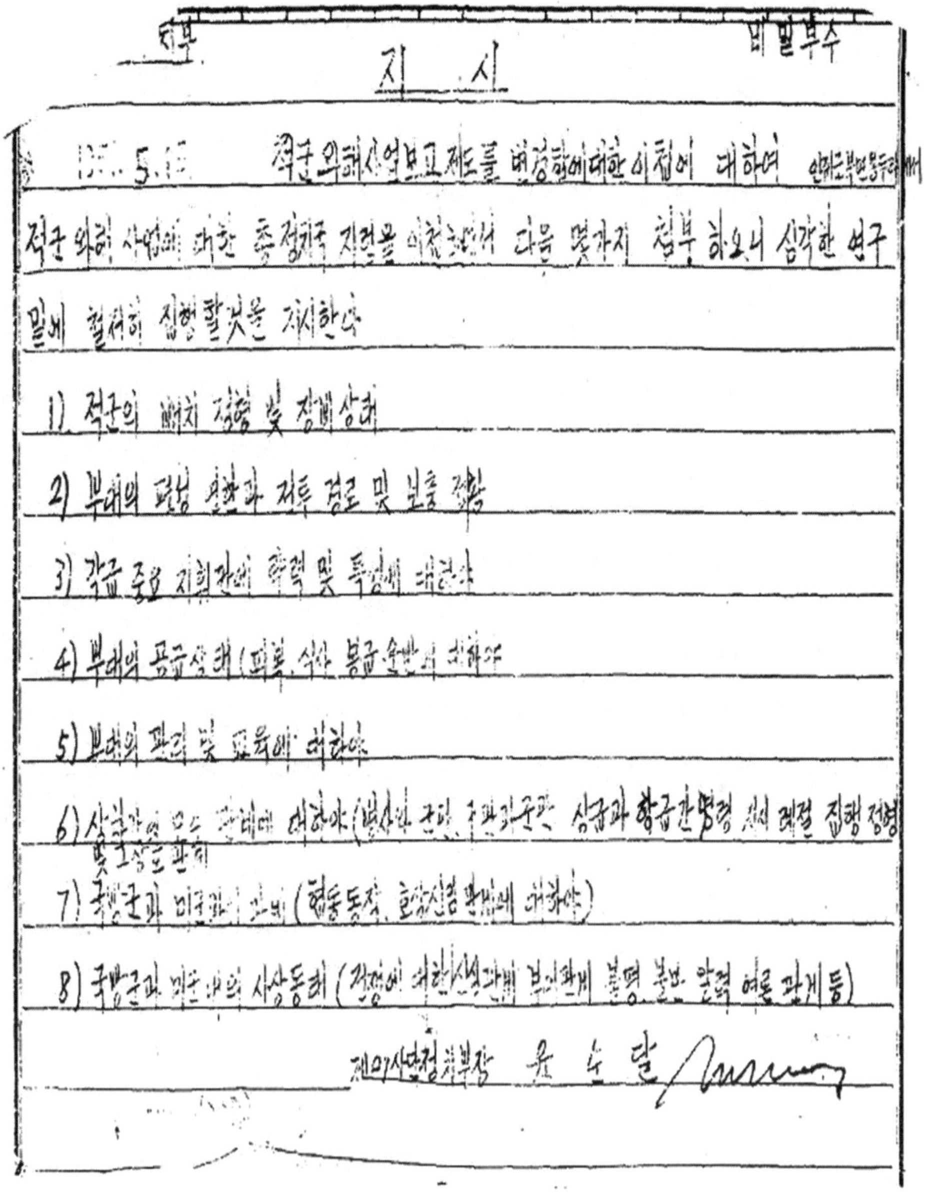
지부 비밀부수

지 시

1951. 5. 15 적군와해사업보고제도를 변경함에대한 이첩에 대하여 인민군부면당위에서

적군 와해 사업에 대한 총정치국 지령을 이첩하면서 다음 몇가지 첨부 하오니 심각한 연구 밑에 철저히 집행할것을 지시한다

1) 적군의 배치 정형 및 장비상태

2) 부대의 편성 변화과 전투 경로 및 보충 정형

3) 각급 중요 지휘관의 약력 및 특점에 대한 것

4) 부대의 공급상태 (피복, 식사, 봉급 운반)에 대하여

5) 부대의 관리 및 교육에 대하여

6) 상하간의 모든 관계에 대하여 (병사와 군관, 주관과 군관, 상급과 하급간 명령 지시 관철 집행 정형 및 그 상호 관계)

7) 국방군과 미군과의 관계 (협동동작, 호상신임 관계에 대하여)

8) 국방군과 미군 내의 사상동태 (전쟁에 대한 인식 간부 부하관계 불평 불만 알력 여론 관계 등)

제21사단정치부장 윤 수 달

아래 문서는 조선인민군 총정치국 적군와해처장이 여단급 이상 적군와해공작 지도원들에게 하달한 적군와해공작의 의미와 방법, 적공조요원 편성 · 임무를 구체적으로 지시하고 있다.

[조선인민군 각 군단 사단 여단 적군와해공작 지도원 동지들에게 적군와해 공작에 대하여]

NO1.

오 악독한 미제국주의 자들과 리승만 매국역도들을 섬멸소탕하는 전쟁에 있어 적군와해공작은 중요한 의의를 가지고 있다. 반공격 우리인민군의 대 반공격전을 앞에 두고 우리 적군 와해공작을 담당한 동무들은 이 반공격시기에 우리의 사업을 최대한도로 성과있게 수행하기 위하여, 만반의 준비를 다하여야 할것이다.

(一) 적군 와해 공작의 의의와 그 방법

(적군와해공작은 무력적 승리를 보조하는 한개의 중요한 전쟁형태이다) 적을 내부로부터 와해시키며 그들의 전투력을 저하시키고 그들의 내부모순을 조장하여 적의 결속을 혼란시키며 정치적, 도덕적으로 적군을 설복하여 적군의 전부 혹은 개인으로 의군에 의거 혹은 투항케 함[illegible] 우리의 무력적 승리를 용이하게하며 적은 피로 좋은 큰 전과를 걷우게한다.) 우리의 조국전쟁에 있어 우리 인민군대는 조국의 독립과 자유를 위하여 또는 전인민의 리익에 부합되는 목적을 위하여 투쟁하고 있다. 그러나 적군은 우리 조국을 침략하는 부정의의 전쟁을 행하고 있으며 전쟁목적이 인민들의 리익에 상반되고 있다. 그런 까닭으로 우리들은 정치적으로 사상적으로 벌써 승리적 립장에 있으며 우월적으로 되어 있다. 이것은 우리의 적군 와해 공작이 큰 성과를 걷울수있는 기초이다. "그러나 우리가 우의의 사업을 수행함에 있어 교상한 정치적, 도덕적 설교와 병행하여 적군의 개인적 리해관계에 대한 절실한 보장을 주는것이 절대로 필요하다) 예하면 전투속에서 총칼을 서로 겨누고 있는 환경에서 정치적 도덕적 설교만으로는 적군의 심정을 변화시키기에 곤난하다. 먼저 그들에게 의거 또는 투항하면 자기의 생명을 구원받으며 우대를 받는다는것을 인식시키므로 그들이 의거 또는 투항하는것은 다만 정치적으로만 정당할뿐만 아니라 자기의 생명까지 보전할수 있다는것을 확신시켜야 한다.

리승만 역도들과 미제 침략자들은 자기들의 군대에게 "인민군이는 포로를 눈빼고 코베고 손가락을 [illegible] 기만적 [illegible] 철두철미하게 실시하였다. 이것이 사실에 있어서는 원수들의 [illegible] 파렴치한 기만으로 비조이나 미래군이나 다 인민군에게 투항하게 [illegible] 우리는 적군와해공작에 있어 [illegible] 인민군에게 투항하면 죽이지 않을뿐만 아니라 오히려 우대를 받는다는것을 광범하게 알려어야 한다. 이것은 광범하게 침투시키는것은 쓰는날 적군 와해 공작에 있어 중요한 의의를 가지고 있다.

백가지를 설교하는것 보다 적군에게 한가지 사실을 보여 주는것이 성과적인 것이다. 여기서 우리 적공사업에 있어 포로를 죽이지 아니하고 살려어 줄아는것을 적군에게 진지로 보여주는것이 절대 중요하다. 그런 까닭으로 적군와해공작 담당자들은 우리인민군 군관 하자 및 전사들에게 포로를 죽이여서는 아니 된다는것을 절절하게 또 대범하게 침투시켜야 한다.

한 부대에 포로를 [illegible] 다른 부대는 포로를 죽인다면 우리의 사업은 성과를 걷우지 못한다. 포로를 살리는것은 인민군대에서 엄격한 규정으로 되어야 한다. 적군에게 자기의 생명이 보장된다는것과 아울러 우리인민군의 조국과 인민을 위하는 정의의 전쟁을 하고 있는 [illegible] 우월성을 기초하여 우리의 공작을 적극적으로 수행하면 우리의 승리는 촉진하며 우리사업은 성과를 걷을수 있다.

[적군 와해공작의 조직사업]

조직사업의 중요한 지위는 포로를 [illegible] 처리하게 된다.

(첫째) 사단 혹은 군단에서 포로를 잡으면 그 즉석에서 신속하게 조사하여 자기집에 돌려보낼자와 [인민군에 머물시킬자와 비교적 장기간의 교육을 주어 돌려보낼 적공사업에 리용할자를 구분하여야 한다.] 돌려보낼 포로들은 자기의 집에 돌려보낸다는 사실을 간단하게 해석하며 인민군대는 포로를 죽이지 아니할뿐만 아니라 소원대로 집에까지 돌려보낸다는것을 광범하게 선전하는데 리용하여야 한다. 돌려보낸대에 반드시 리승만 군대에 다시 입대하여도 투항만 하면 산다는것을 인식시키어 돌려보내여야 한다.

둘째 포로를 적군 장교 또는 반동분자들과 친분있는 친우관계가 있거나 혹은 적 병사들 중에 동향 친우가 많거나 혹은 적군 [illegible] 신망이 있는자는 특별 선발하여 분리시키며 특별한 대우와 교육을 주어 적 후방에 돌려보내며 적을 내부로부터 와해시키는 공작을 조직하여야 한다.

물론 이것은 대부분 포로수용소에서 행할것이나 사단 혹은 군단에서도 적당한 인물이 발견되면 적공지도원이 정치부장의 승인하에 적 후방공작원으로 파견하는 사업을 실현할수있다.

넷째 사단 혹은 군단 적공지도원 동무들은 자기들이 진군하는 과지에서 적 후방에 들여 보내여야
사업 할수 있는 인물을 포로 이외에도 발견하기에 노력하여, 그 사업을 조직지도 할수도 있다

三. 적군 와해 선전 사업

첫째 사단 혹은 군단에서 적공지도원들은 상부로부터 보내는 삐라들을 정확 신속
하게 적군 혹은 적 후방 인민들에게 산포하는 이외에 시기적 성질을 가진 삐라를
작성하여 정치부장의 비준을 얻어 적군에게 산포하여야 한다 시기적 삐라는 례하면
적 포로들의 서명삐라로 포로들이 우대를 받고 있다는 것을 자기 친우에게 알리는 삐라 또는
대치 하여 있는 적 장교의 비행 또는 대치한 적부대 병사들의 가장 절실한 점을 들어 적군
에게 선전하는 삐라 등이다

둘째 항복선전을 조직하여야 한다 이것은 포로를 리용하여 자기가 소속하였든 부대에서
항복하는 것 우리의 병사들로 항복조를 조직하여 실행하는 것 등등으로 이 사업을 계획적으로
진행하여야 한다 항복증은 상부에서 보내는 항복증 이외에 시기적 성질에 맞는 항복증을 자체로
작성할수도 있다

셋째 사단 또는 군단에서는 우리 인민군의 진격에 보조를 맞추어 (가능하면 자기의 방송차를
준비하는 것이 좋다 이 방송차는 1반 트럭구가 가장 좋다 그리하여 적 진지에 가까이 대고 상부
에서 오는 삐라 시기적 삐라 항복 또 포로들의 간단한 방송을 함이 좋다

적공사업을 위한 부대 및 구분대내의 자기 조직을 정비강화 하는데 대하여,

군단과 사단과 려단에는 적공지도원이 배치되어 있다

련대에는 선전원이 적공사업을 겸임한다,

중대에는 정치부중대장이 겸임 한다 소대에는 소대장이 겸임한다, 그리고 소대장의 지
휘하에 매 보병분대에 2명 ~ 3명의 우수한 전사들로 적공조를 조직하여 이 전사들에게
항복, 적 후방인민들에 대한 정치공작 전사 매개인의 포로 획득상황 사찰 등등의 임무를
맡긴다 이상의 조직체를 반드시 12월 15일 이내로 정비할것이며 이외에 우리
인민군의 진격이 진행될때에는 적공와해사업 간부들을 대담하게 대대적으로 동원
시킬수 있는 사업을 미리 잘 준비 하여야 한다

[[illegible]

처장 장원철]

아래 문서는 중국인민지원군의 통지서이다. 12월 29일 본부에서 알리는 내용으로써, 한글과 영어로 본 통지를 전달하니, 각 부대에서는 아래와 같이 규정(지침)대로 처리하기 바람. 첫째, 한글로 된 통지에는 각 연대 2개공작조에 1부씩 배부할 것. 둘째, 한글과 중국어로 된 통지는 일반 군중에게 배부할 것. 셋째, 영어로 된 11, 12조항은 미군에 대해 투항유도에 활용하라는 등 적공조 요원 활용지침을 전달하는 내용으로 구성되어 있다.

通知　　十二月二十九日 於本部

茲発下朝鮮語及英語傳単各一種，各単位按下規定使用之。

一、朝鮮語十四条一種，每連2份，営工作組及団宣傳隊各一部，除每到宿営地不断在墻头書寫外亦可張貼，張貼時应在人口較多明顯之地方（其内容與上次発下之中文十四条标語口号相同）。

二、对群众宣傳之“主人先生”中朝両國文字应到一地首先給当地群众及房东看看，使群众对我軍增加良好应响。買物借物四条可按内容須要向群众使用（從到班及小单位皆应注意保存）

三、英語宣傳标語口号十一，十二両条亦須对外書寫（在敌近區），給俘虏美軍，爭取敌人投降，営工作組及宣傳隊在敌前進撤退路上散発之

四、英語爭取敌人四種（红字）亦做对敌散発張貼或書寫之。

上述标語除第二条應到班及各小单位外，余皆更成各連文教，営工組，団宣傳隊保存，各連文干亦須保存一份，在战场上，对敌使用。

以上十種宣傳品不得丢失損坏，禁止浪費乱用，各单位应将执行情形及散发经驗随時報告団宣教股，団宣教股亦随時对下檢查之。

此通知

아래 내용은 중공군 적공조 요원들에게 국군에 대한 함화공작시 사용하는 기법들을 한글로 번역한 것이다.

9.給傷病者以醫药治療！
부상자나 병자는 치료를 해준다.
10.我們不要你們的私人財物！
우리는 당신들의 개인에 물건을 몰수하지 않는다.
11.走！
갑시다.
12.成单行！
한 줄로 서서 갑시다.
13.快点！
빨리.
14.快跑！
주보로갓（뛰여갓）.
15.飛机來了！
비행기왔소(항공)
16.原地臥倒！
그자리에 엎드려.
17.跟上去！
떨어지지 말고 따라가자.

1.你告訴大家！
여러사람에게 알리시오.
2.不要怕,我們優待俘虜！
우리는 포로를 절대우대하니 겁내지 마시오.
3.跟我來,我們不殺你！
죽이지 않을터이니 나를따라오시오.
4.叫你們的同伴們出來！
당신들의 동반들을 나오라고 하시오.
5.你們的地堡坑道在那裡,指給我看！

22.前面不遠即可休息！
멀리안가서 곧 쉽니다.
23.有病受傷的稍忍耐一点,前面就可医治不要掉隊,
부상자나 병자들은 좀 참으시오 앞에가면 곧 치료해 줄터이니 떨어지지 마시오.
24.此地危險,不能休息,快走！
여기는 위험하여 쉬지못하니까 빨리갑시다.

-完-

18.兩人之間保持一定的距離！
두사람 사이에 일정한 거리를 둘것.
19.為了安全,你們自己偽裝起來！
안전하기 위하여 당신들 자신이 위장하시오.
20.到安全地点吃飯！
안전한 곳에가서 식사합시다.
21.到前面有水喝！
앞에가면 마실물이 있습니다.

당신네 토굴이 어데있는지 나를가르쳐주시오.
6.喊你們的同伴們,停止抵抗,到我這邊來！
당신네 동반들보고 대항하지말고 이쪽으로 오라고 고함치시오.
7.為了安全,呆在這裡,不要動！
안전하기 위하여 이자리에서 움직이지마시오.
8.遇到空襲或砲擊,服從志願軍的指揮,不要亂跑！
비행기 폭격이나 포사격을 당할때에는 지원군의 지시를 잘복종하고 헤쳐 다라나지 마시오.

자. 플랜카드, 포스트형 전단

낙동강 전선의 총공세를 독려하는 북한 인민군 포스터로서, 북한군 전차로 미군과 국군을 깔아뭉개는 그림이다. 아군에게는 공포심을, 적군에게는 적개심과 전의를 고취시키고 있다.

전쟁을 독려하는 거리 선전포스터로 대내심리전용 플랜카드이다.

[북한군이 만든 충성 강요 포스터들]

'인민군대는 조국해방을 위한 전투에서 전투경험을 축적하고 더욱 강한 군대로…….' 라는 내용이 보인다. 6 · 25전쟁을 정당화하기 위하여 그들은 '조국해방전쟁'으로 불렀다. 맨 오른쪽 포스터는 북한 주민들에게 탄약생산을 강요하기 위하여 만든 것으로서 '동포들이여! 형제자매들이여! 조국이 없이는 행복이 없다. 승리를 위하여 총 궐기하라! 모든 것을 전선에 바치라!' 라고 적혀 있다.

미군 병사가 북한의 독전강요 선전포스트를 획득하여 보여주고 있다. '최후승리를 향하여 번개같이 진격하자 진해로! 부산으로! 부산으로!!' 라는 구호에서 보여주듯이 기습남침 초기에 얼마나 승리를 장담하고 사기 중천했던가를 알 수 있다.

차. 기타 각종 인쇄 전단형태

아래 전단은 중국인민지원군의 '관부전단(寬俘傳單)' 이라는 명칭을 활용한 것으로서, 한국군 포로에게 관용을 베푼다는 내용과 포로에 대한 심문 및 처리하는 내용을 지도 · 전파하는 포고문 형식의 전단이다.

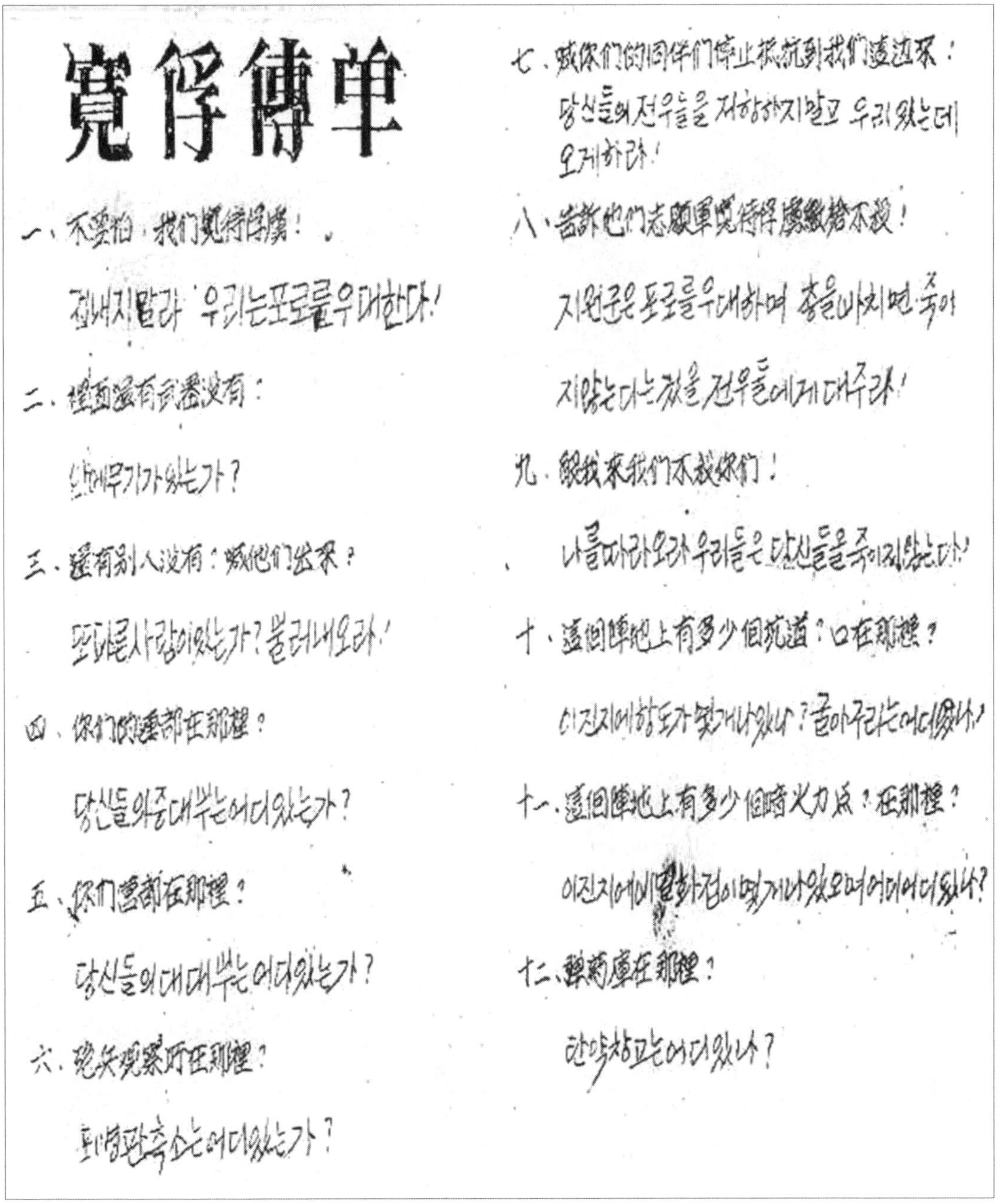
寬俘傳单

一、不要怕，我们寬待俘虏！

겁내지말라 우리는포로를우대한다!

二、裡面還有武器沒有？

안에무기가있는가?

三、還有別人沒有？喊他们出来？

또다른사람이있는가? 불러내오라!

四、你们的連部在那裡？

당신들의중대부는어디있는가?

五、你们營部在那裡？

당신들의대대부는어디있는가?

六、砲兵观察所在那裡？

포병관측소는어디있는가?

七、喊你们的同伴们停止抵抗到我们這边来！

당신들의전우들을저항하지말고 우리있는데 오게하라!

八、告訴他们志願軍寬待俘虏缴槍不殺！

지원군은포로를우대하며 총을바치면 죽이지않는다는것을 전우들에게 대주라!

九、跟我来我们不殺你们！

나를따라오라 우리들은 당신들을 죽이지않는다!

十、這個陣地上有多少個坑道？口在那裡？

이진지에항도가 몇개나있나? 굴아구리는어디있나?

十一、這個陣地上有多少個暗火力点？在那裡？

이진지에암화점이 몇개나있으며어데어데있나?

十二、彈藥庫在那裡？

탄약창고는어디있나?

아래 책자는 중국인민지원군의 전선활동과 생활을 선전한 책자들이다.

북한인민군은 연을 이용하는 심리전도 실시하였다. 아래 연은 '공화국으로 도라가자!', '미 제국주의자들을 조선에서 모라내자' 등의 심리전 구호를 기록하여 아군진지에 날려 보낸 것들이다.

아래 문서는 '모택동 군사문선' 중에서 발췌한 1950년 10월2일자 전보이다. **'우리는 지원군(志願軍) 이름으로 군대의 일부를 조선국경내에 파병하여 미국 및 그들의 주구인 이승만군대와의 싸움에서 조선의 동지들을 돕기로 결정했다. 만약에 조선전체가 미국인에게 점령당하여 조선혁명의 역량이 근본적으로 실패를 하게 되면, 미국의 침략자들은 앞으로 더욱 창궐하여 동방전체에 불리하게 될 것이다'** 는 내용이다.

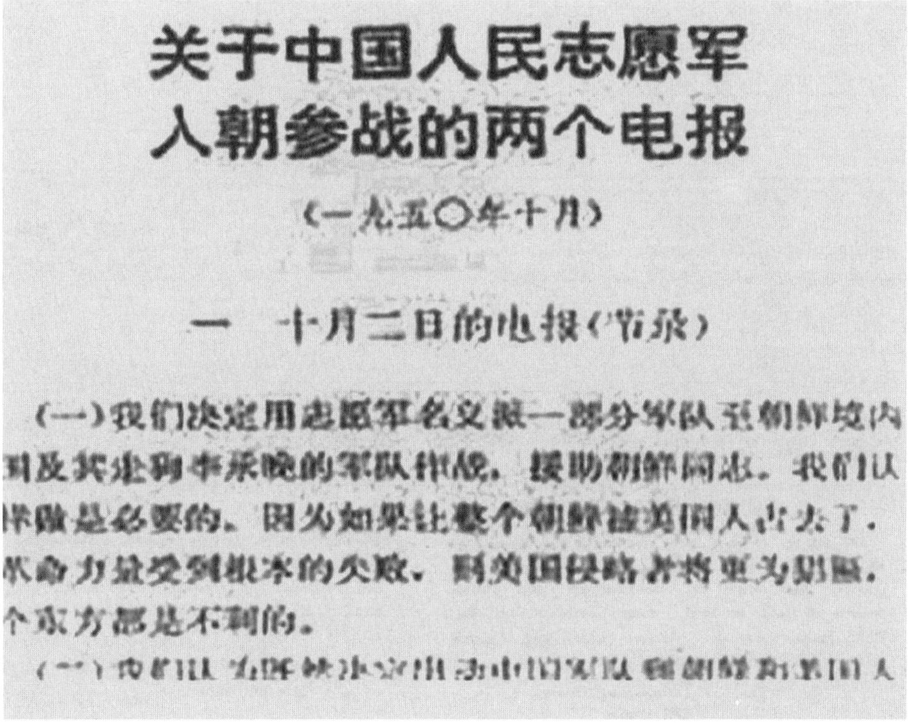

关于中国人民志愿军
入朝参战的两个电报

（一九五〇年十月）

一　十月二日的电报（节录）

（一）我们决定用志愿军名义派一部分军队至朝鲜境内
国及其走狗李承晚的军队作战，援助朝鲜同志。我们认
样做是必要的。因为如果让整个朝鲜被美国人占去了，
革命力量受到根本的失败，则美国侵略者将更为猖獗，
个东方都是不利的。
（二）我们认为既然决定出动中国军队到朝鲜和美国人

3.1.5. 전단 출처별 분석

대남전단과 대북전단의 큰 차이점은 전단의 출처에서 볼 수 있다. 대북전단은 대부분 출처를 명시했거나, 전단에 명시하지 않았다 하더라도 그 내용을 보면 이것이 남쪽에서 보낸 것이 확실하다고 느낄 수 있는 소위 백색심리전 전단이었다. 그러나 대남전단 중 51%인 159종의 전단은 출처가 표시되지 않았거나 위장단체를 인용 또는 허위출처를 명시해 놓고 있다. 허위출처는 '유엔군사령관' 명의로 된 '피난민에게 고함' 이라는 전단 등 3종이었으며, '민주조선 구국동맹' 등 단체명을 인용하여 출처를 모호하게 한 전단도 있었다.

[출처별 전단 현황]

구 분	북한					중공				중공+북한	불명확
	소계	인민공화국	인민군	인민군사령부	개인	소계	중공정부	중공군	중공군사령부		
전단수(종)	77	22	42	8	5	45	2	31	12	27	159
비율(%)	25	7	13	3	2	15	1	10	4	9	51

[유엔군 사령관 명의의 허위 출처 전단]

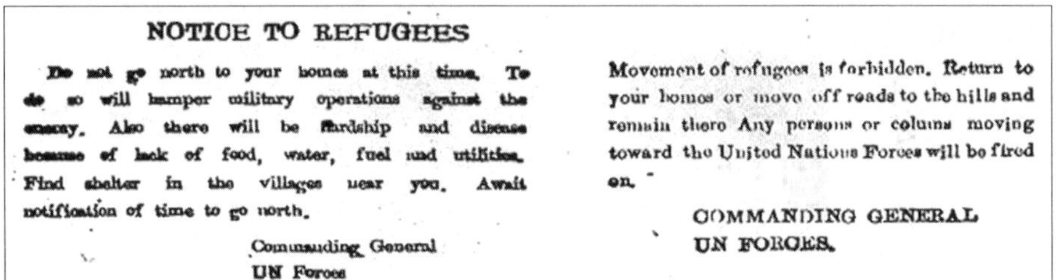
NOTICE TO REFUGEES

Do not go north to your homes at this time. To do so will hamper military operations against the enemy. Also there will be hardship and disease because of lack of food, water, fuel and utilities. Find shelter in the villages near you. Await notification of time to go north.

Commanding General
UN Forces

피난민에게 고함

1. 해방된 원주지에 귀환하는 것을 당분간 엄금한다.
2. 이사할때뿐은 군작전상에 다대한 지장이 있을은 물론 식량, 주택, 연료, 기타시설의 결핍과 계의 전염병이 우려되는 까닭이다.
3. 현재거주하고 있는 부근에 거주하며 군의 이후지시를 기대리기 바란다.

유엔군총사령관

Movement of refugees is forbidden. Return to your homes or move off roads to the hills and remain there Any persons or columns moving toward the United Nations Forces will be fired on.

COMMANDING GENERAL
UN FORCES.

주 의!

피난민의 이동을 엄금함!
각자의집으로 도라가든지 혹은
행길을 떠나 산속에 머물르라
어떤사람이나 행길을 막론하고
유엔군쪽으로 오는자는 총살함

유엔군총사령관

이 전단은 공산군 쪽에서 제작 · 살포하였으나 그 출처를 '유엔군 사령관' 이라 하였다. 이것은 북한이 작전에 지장을 초래하는 주민들의 유입을 막기 위해서이거나, 폐허가 된 책임과 원망을 유엔군쪽으로 전가시키기 위해서이다. 이러한 출처를 허위 또는 위장하는 전단은 전쟁 후에도 많이 사용하는 것으로 남쪽사회에서 제작한 것처럼 내용을 구성하고 있다. 이런 북한의 심리전 의도와 저의를 모르고 부화뇌동 또는 동조하는 한국민이 전쟁중에도 많았으리라 판단된다.

[개인명의 출처를 밝힌 전단]

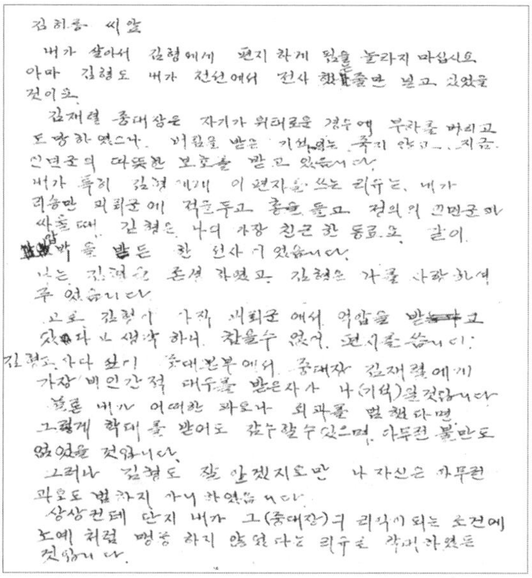
김희용 씨앞

내가 살아서 김형에게 편지 하게 됨을 놀라지 마십시오. 아마 김형도 내가 전선에서 전사 한줄만 알고 있었을 것이오.

김재렬 중대장은 자기가 위태로운 경우에 부하를 버리고 도망하였으나, 버림을 받은 기억이는 죽지 않고… 지금 인민군의 따뜻한 보호를 받고 있습니다.

내가 특히 김형에게 이 편지를 쓰는 리유는, 내가 리승만 괴뢰군에 적을두고 총을 들고 정의의 인민군과 싸울때, 김형은 나의 가장 친근한 동료요, 같이 압박을 받든 한 신사이였읍니다.

나는 김형을 존경하였고, 김형은 나를 사랑하여 주었습니다.

고로 김형이 아직 괴뢰군에서 억압을 받고 있다고 생각하니, 참을수 없어, 편지를 씁니다.

김형도 아다 싶이 중대본부에서 중대장 김재렬에게 가장 비인간적 대우를 받은자가 나(기억)일것입니다.

물론 내가 어떠한 과오나 죄과를 범했다면 그렇게 학대를 받어도 감수할수 있으며, 아무런 불만도 없었을 것입니다.

그러나 김형도 잘 알겠지오만 나 자신은 아무런 과오도 범하지 아니하였읍니다.

상상컨데 단지 내가 그(중대장)의 리익이 되는 조건에 노예처럼 맹종하지 않었다는 리유로 학대하였든 것입니다.

비록 개인서신이지만, 습득하는 이들에게 동병상련(同病相憐)의 마음을 느낄 수 있도록 작성되었다. 개인실명을 기록함으로써 신뢰를 증진시키고 있다. 내용 중 '… 리승만 괴뢰군에 적을 두고 총을 들고 정의의 인민군과 싸울 때…'라는 표현으로 보아 북쪽으로 투항 또는 인민군에게 포로가 된 국군이었음을 알 수 있으며, 강제에 의해 편지를 쓴 것임을 알 수 있다.

[출처 미 명시 전단]

출처를 밝히지 않아 어디서 누가 보낸 것인지 구분이 모호하지만 사병들을 대상으로 추석에 대한 환상을 부각, 향수심을 자극시키고 전의를 상실하게 하는 전단이다.

[중국인민지원군 정치부 명의의 전단]

代　　言　　片

此片已招抓着俘虜時與帶俘虜下大後時的簡單用語。
此片不給俘虜，祇在必要時由戰士揭給俘虜看。

中國人民志願軍政治部編印

1. 不要怕，我們寬待俘虜。
Don't be afraid; we are good to POW's.

2. 跟我來，我們不殺你。
Follow me; we won't hurt you.

3. 叫你的同伴們出來。
Call your buddies out.

4. 喊你的同伴們停止抵抗，到我們這邊來。
Shout to your buddies to stop resisting and come over.

5. 為了安全，呆在這裏，不要動。
For your own safety, stay here, don't move.

6. 如遇空襲或砲擊，服從志願軍的指揮，不要跑散。
Obey the Chinese Volunteers, don't move around in case of air raids or artillery bombardment.

7. 給傷病號以醫藥治療。
Wounded or sick officers and men will get medical treatment.

포로에 대한 좋은 대우, 투항시키는 요령 등 16개항을 제시한 중공군 교육용이며 동시에 미군의 투항을 유도하는 전단이다.

[김진구 부대 명의의 전단]

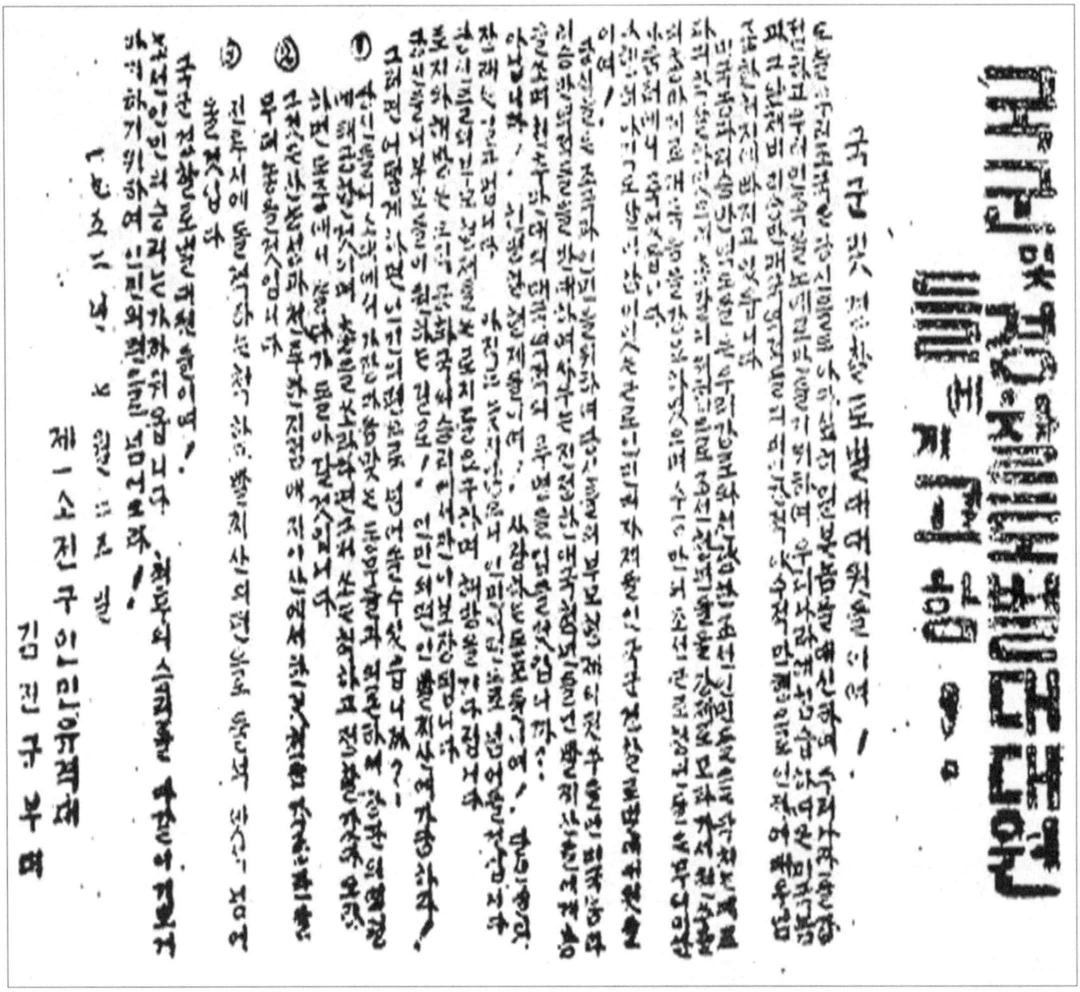

김진구 인민유격대 이름으로 유격 게릴라의 토벌작전에 참가하는 군 · 경 대원을 대상으로 살포한 전단으로써, 특정한 지역 · 기간에 한정하여 살포한 전술 심리전단의 예이다.

[관변단체 / 위장단체를 인용한 전단]

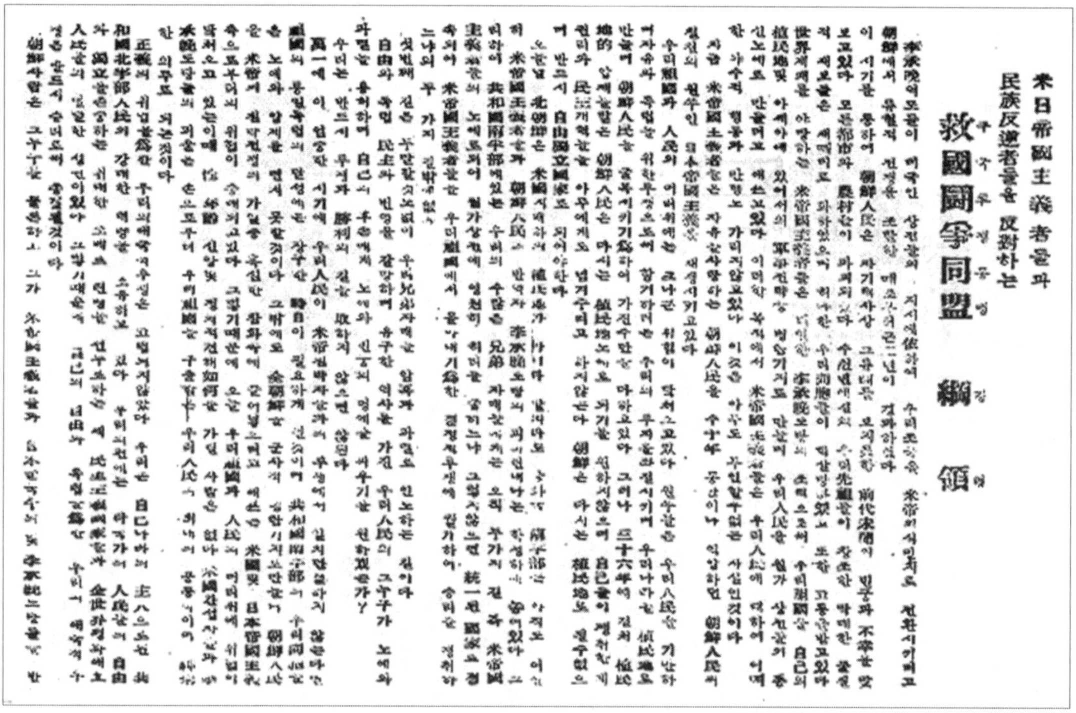

'구국투쟁동맹'이라는 관변단체를 인용하여 공산주의 · 인민군의 적화사업을 선전 · 선동한 전단

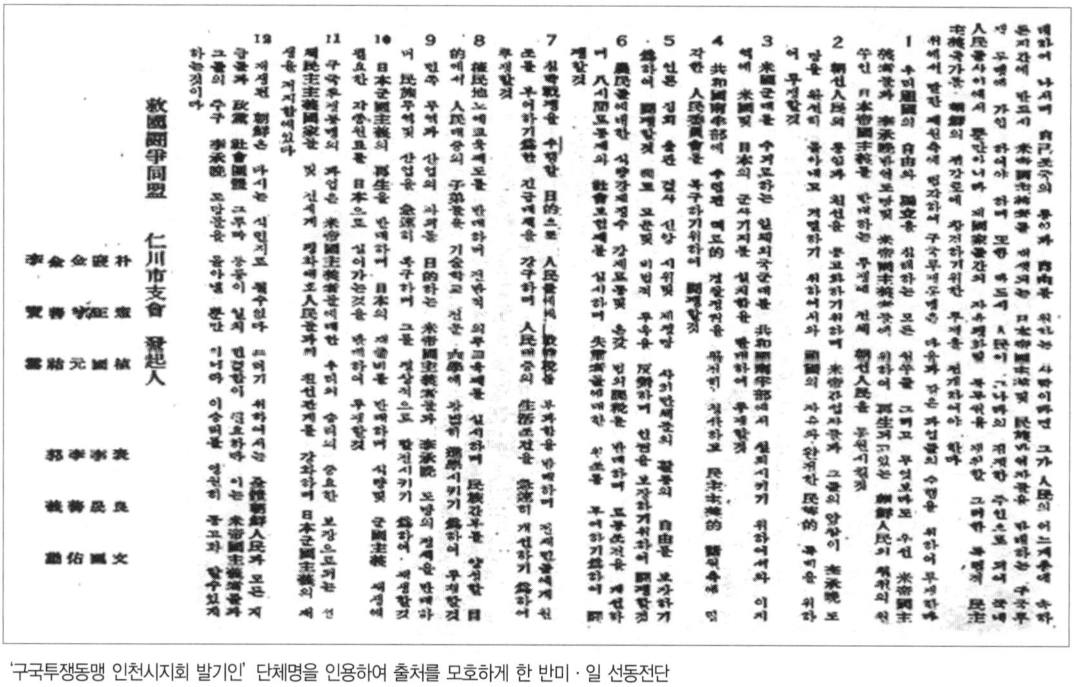

'구국투쟁동맹 인천시지회 발기인' 단체명을 인용하여 출처를 모호하게 한 반미 · 일 선동전단

[반미구국 투쟁동맹 기관지. '반미구국' 명의의 전단]

1953년 4월10일 (금요일) 반 미 구 국

조중양국 정부는 병상자 및 전반적 포로문제를 즉시 해결함으로써 정전의 신속한 달성을 요구한다!

반미구국

반미구국투쟁동맹 기관지

조선중앙방송

중파 970KC

1080KC

단파 2650KC

4400KC

6250KC

조선 민주주의 인민공화국 내각 수상

김일성원수의 성명 (요지)

조선문제에 관한 쏘련 외무상

몰로또브의 성명 (요지)

중화인민공화국 외교부장

주은래의 성명 (요지)

정전담판특간호

정전협정에 대한 공산군 대표들의 성명요지를 '반미구국'에 실어 대내외 심리전 목적을 달성하려는 전단

[조선민주주의 최고 인민회의 내각 기관지인 '민주조선' 의 명의의 전단]

보라! 人民을 위한 共和國정부의 따뜻한 시책을!

민주조선

조선민주주의 인민공화국 내각결정 제一六〇호

로동자 기술자 사무원 가족들에게 식량 공급을 증가할데 관하여

조선민주주의 인민공화국 내각결정 제一六一호

식량이 부족한 빈농민들에게 一九五二년도 농업현물세와 국가대여곡 등을 면제할데 관하여

조선인민군 총사령부의 보도

[흑인 미군의 편지내용을 인용한 전단]

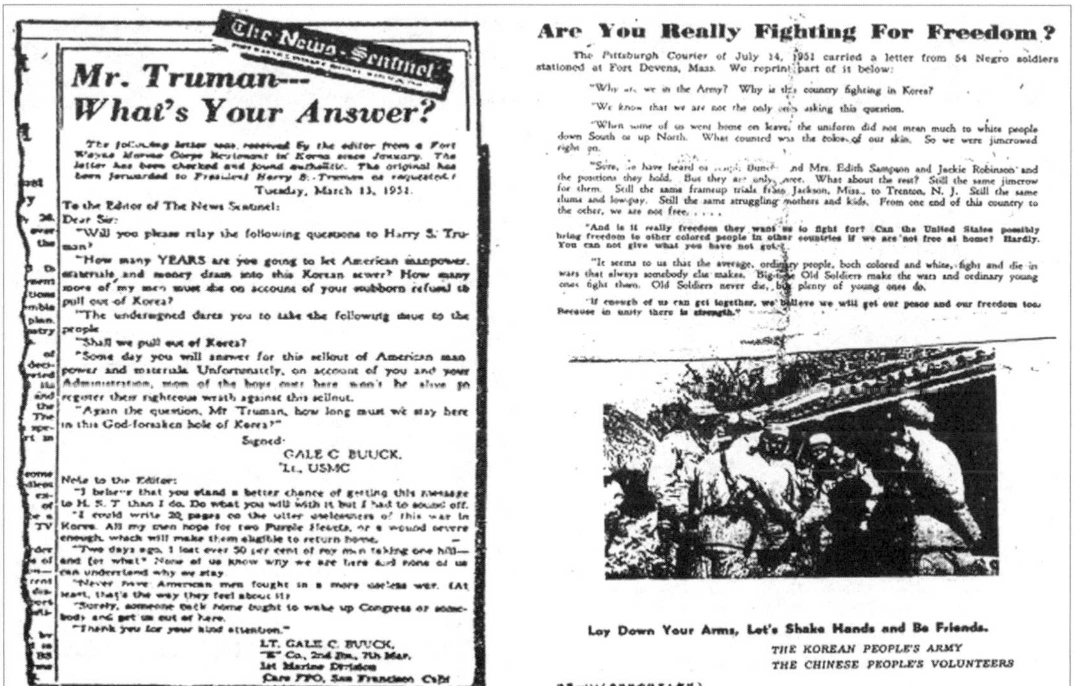

The News-Sentinel

Mr. Truman---What's Your Answer?

The following letter was received by the editor from a Fort Wayne Marine Corps Lieutenant in Korea since January. The letter has been checked and found authentic. The original has been forwarded to President Harry S. Truman as requested.

Tuesday, March 13, 1951.

To the Editor of The News Sentinel:

Dear Sir:

"Will you please relay the following questions to Harry S. Truman?

"How many YEARS are you going to let American manpower, materials and money drain into this Korean sewer? How many more of my men must die on account of your stubborn refusal to pull out of Korea?

"The undersigned dares you to take the following issue to the people:

"Shall we pull out of Korea?

"Some day you will answer for this sellout of American man power and materials. Unfortunately, on account of you and your Administration, most of the boys over here won't be alive to register their righteous wrath against this sellout.

"Again the question, Mr Truman, how long must we stay here in this God-forsaken hole of Korea?"

Signed:

GALE C BUUCK,

Lt., USMC

Note to the Editor:

"I believe that you stand a better chance of getting this message to H. S. T. than I do. Do what you will with it but I had to sound off.

"I could write 20 pages on the utter uselessness of this war in Korea. All my own hope for two Purple Hearts, or a wound severe enough, which will make them eligible to return home.

"Two days ago, I lost over 50 per cent of my men taking one hill—and for what? None of us know why we are here and none of us can understand why we stay.

"Never have American men fought in a more useless war. (At least, that's the way they feel about it)

"Surely, someone back home ought to wake up Congress or somebody and get us out of here.

"Thank you for your kind attention."

LT. GALE C. BUUCK,
"E" Co., 2nd Bn., 7th Mar.,
1st Marine Division
Care FPO, San Francisco Calif

Are You Really Fighting For Freedom?

The *Pittsburgh Courier* of July 14, 1951 carried a letter from 54 Negro soldiers stationed at Fort Devens, Mass. We reprint part of it below:

"Why are we in the Army? Why is this country fighting in Korea?

"We know that we are not the only ones asking this question.

"When some of us went home on leave, the uniform did not mean much to white people down South or up North. What counted was the color of our skin. So we were jimcrowed right on.

"Sure, we have heard of Ralph Bunche and Mrs. Edith Sampson and Jackie Robinson and the positions they hold. But they are only a few. What about the rest? Still the same jimcrow for them. Still the same frameup trials from Jackson, Miss., to Trenton, N. J. Still the same slums and low-pay. Still the same struggling mothers and kids. From one end of this country to the other, we are not free. . . . .

"And is it really freedom they want us to fight for? Can the United States possibly bring freedom to other colored people in other countries if we are not free at home? Hardly. You can not give what you have not got.

"It seems to us that the average, ordinary people, both colored and white, fight and die in wars that always somebody else makes. Big-time Old Soldiers make the wars and ordinary young ones fight them. Old Soldiers never die, but plenty of young ones do.

"If enough of us can get together, we believe we will get our peace and our freedom too. Because in unity there is strength."

Lay Down Your Arms, Let's Shake Hands and Be Friends.

THE KOREAN PEOPLE'S ARMY
THE CHINESE PEOPLE'S VOLUNTEERS

흑인 미군에 대한 차별성을 부각시켜 UN군의 내부갈등과 염전사상을 조장하는 전단

['조선 민주주의 통일전선 경상남도 지부' 명의의 전단]

고민하지 말고 빨리 투항하라는 투항권고 전단이나 투항을 결심할 촉매 내용이 없어 행동화의 효과가 의문시 되는 전단이다.

['조선인민군총사령부' 명의의 전단]

'신변안전보증서' 로 인민군 총사령부 마크까지 포함해 신뢰를 제고시키고 있으며 한글, 한자, 영어로 되어있어 전투중인 인민군, UN군 전체를 대상으로 한 투항권유전단이다.

[조선인민군 + 중국인민지원군사령부 명의의 전단]

평화갈망, 전쟁중지 슬로건의 안전통행증으로서 신뢰와 권위를 제고시키도록 인민군 사령부 명의로 제작되었다.

[중국인민 지원군사령부 명의의 전단]

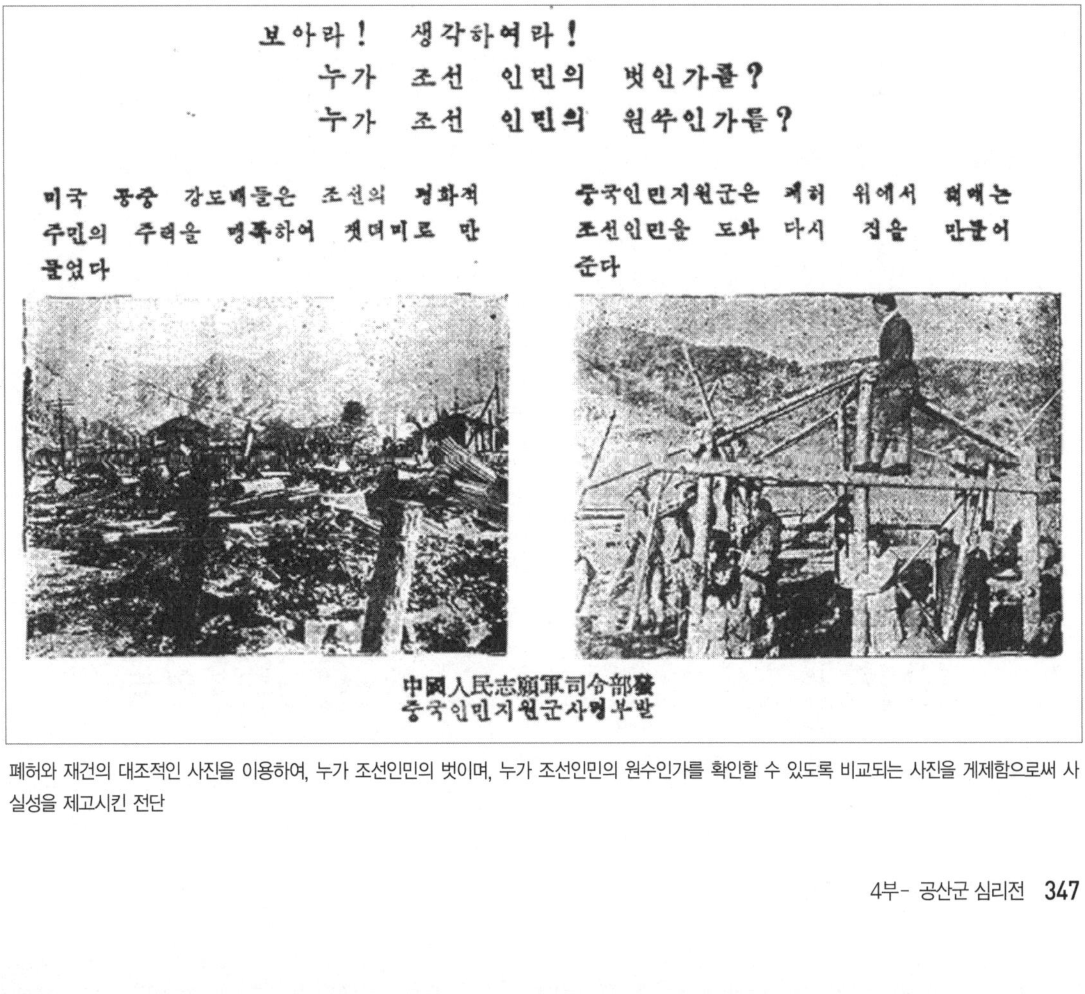

폐허와 재건의 대조적인 사진을 이용하여, 누가 조선인민의 벗이며, 누가 조선인민의 원수인가를 확인할 수 있도록 비교되는 사진을 게제함으로써 사실성을 제고시킨 전단

[중국 신화사 통신의 평양특파원 명의의 전단]

소식:

조선해방의 명절인 금년「8.15」7주년 전날밤 8월14일에 광주시 서석동국민학교에 강제징병으로 수용되어있던 천여명 청년들은 리승만강제징병을 반대하여 폭동을 일으켰다. 뒤이어 8월24일 광주역에 주둔중인 6781부대 기동중대 병사들은 참을수없는 미국강도와 매국역적리승만역도들의 흉심한압박과 학대를 반대하여 영광스럽게 의거하였다. 즉8월24일밤 11시 완전히무장한 10여명병사들은 각보초소를 습격하여 보초경비원들의 무장을 해제시킨다음 장교의숙사에 돌입하여 그들숙청하였다. 그런뒤 숙사앞에서는 수발의총소리와함께「미국강도와 리승만역도를 타도하라!」는 우렁찬 웨침소리에 호응하여 잠자던병사들도 [illegible] 이에 [illegible]하였다.

의거병사들은 일제히사격하여 주위를 위압하면서 빨치산기지로 진격하였다. 의거병사들의 이와같은 단호하고도 전격적인 행동과 질풍과같은기세에 위축된 모든 부근철도경비대원들은 대항할생각조차 하지못하고 야간임을 요행으로 생각하고 분산도주하여버렸다.

(신화사 평양발)

국군 6781부대 기동중대 10여명이 국방군 장교와 경계병을 사살하고 빨치산기지로 투항한 내용을 영웅시하면서 투항을 유도하는 주제로 중공의 신화사 출처를 인용, 신뢰를 제고시킨 전단

[조선민주주의 인민공화국 군사위원회장 김일성 명의의 전단]

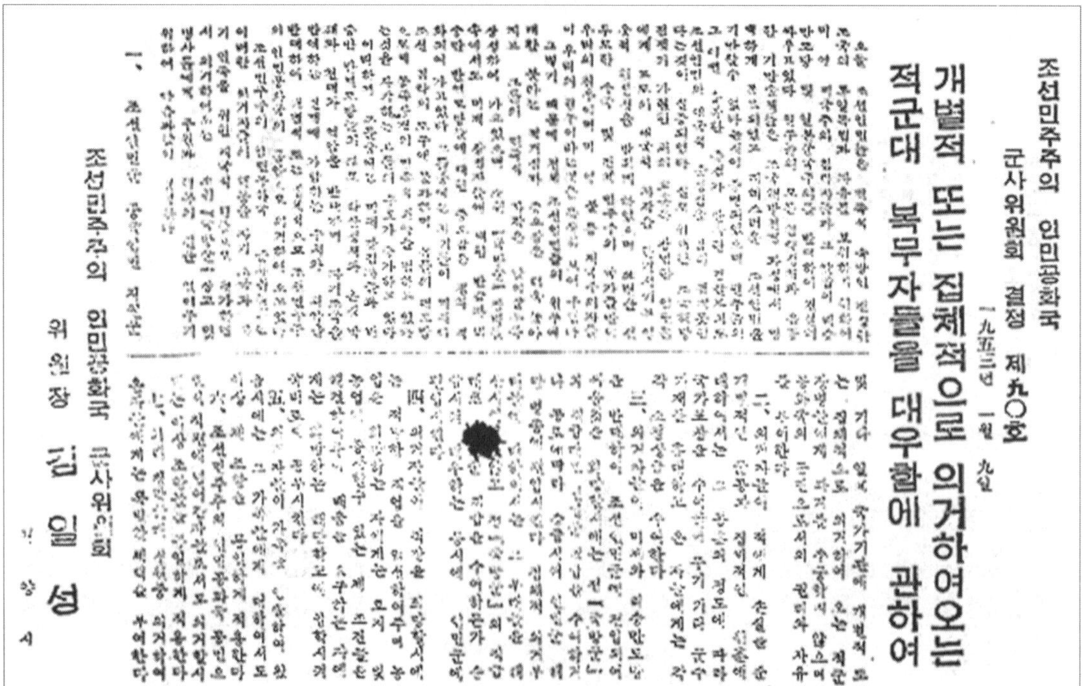

조선민주주의 인민공화국 군사위원회 결정 제九〇호

一九五三년 一월 九일

개별적 또는 집체적으로 의거하여오는 적군대 복무자들을 대우함에 관하여

[illegible]

조선민주주의 인민공화국 군사위원회 위원장 김 일 성

평양시

'조선 민주주의 인민공화국 군사위원장 김일성'이라는 최고권력자 명의와 평양시에서 발간되었음을 제시하여 신뢰와 권위를 제고 시킨 백색심리전단

[개인명의의 편지형 전단]

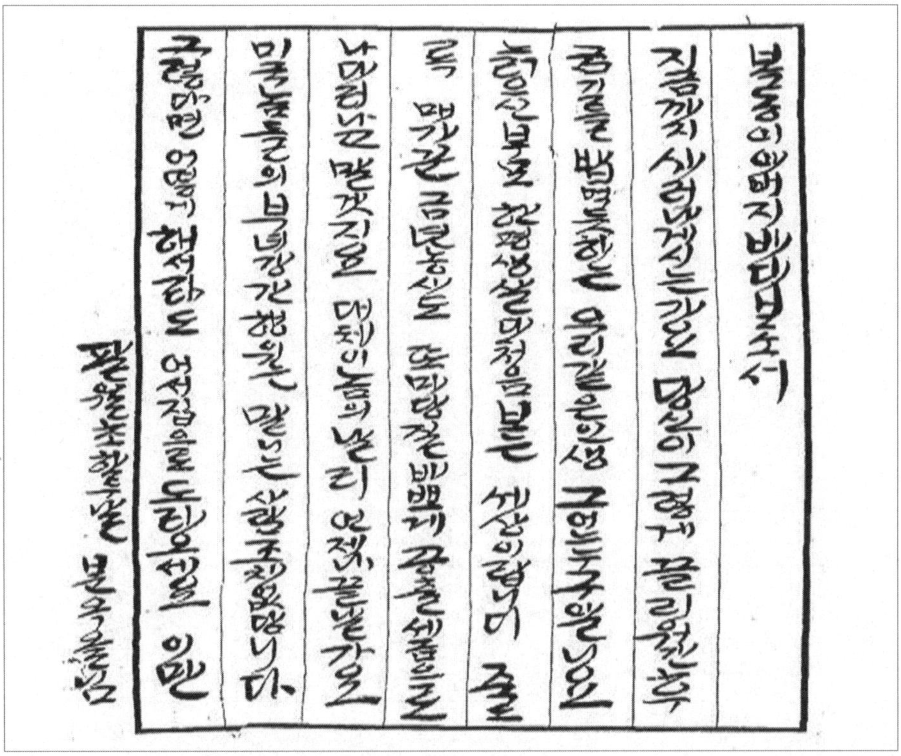

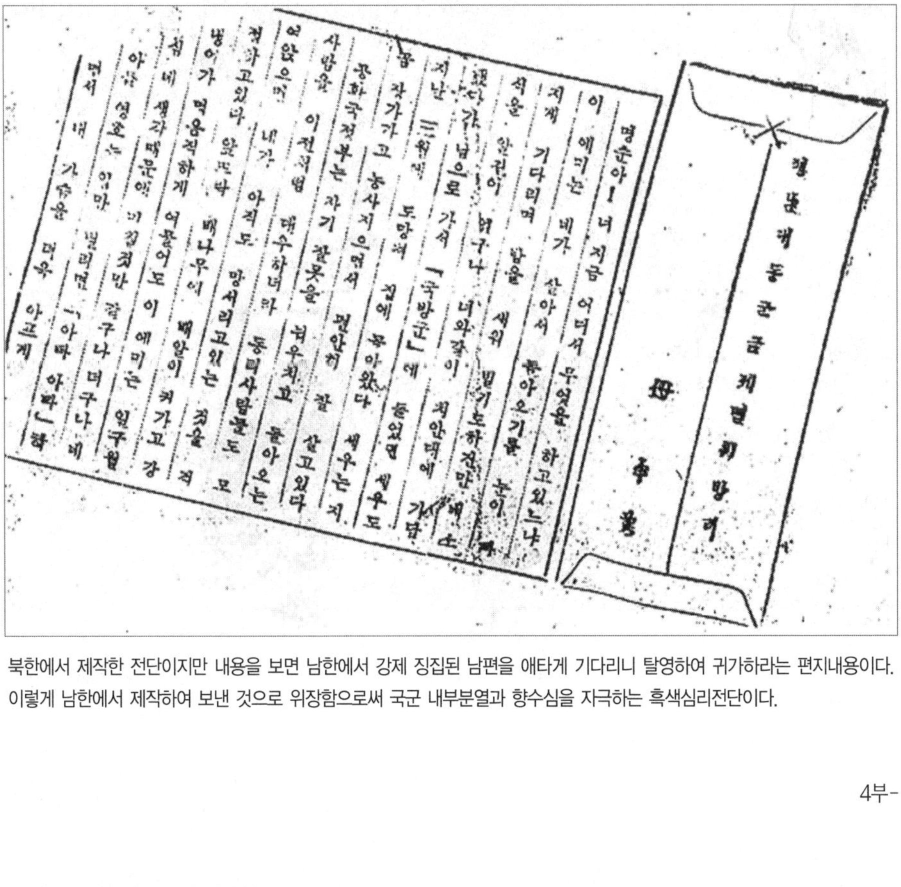

북한에서 제작한 전단이지만 내용을 보면 남한에서 강제 징집된 남편을 애타게 기다리니 탈영하여 귀가하라는 편지내용이다. 이렇게 남한에서 제작하여 보낸 것으로 위장함으로써 국군 내부분열과 향수심을 자극하는 흑색심리전단이다.

[미군 포로의 개인명의를 인용한 전단]

The News-Sentinel

Mr. Truman—
What's Your Answer?

The following letter was received by the editor of The News Sentinel from a Fort Wayne Marine Corps Lieutenant in Korea since January. The letter has been checked and found authentic. The original has been forwarded to President Harry S. Truman as requested.

Tuesday, March 13, 1951

To the Editor of The News-Sentinel:

Dear Sir:

"Will you please relay the following questions to Harry S. Truman?

"How many YEARS are you going to let American manpower, materials, and money drain into this Korean sewer? How many more of my men must die on account of your stubborn refusal to pull out of Korea?

"The undersigned dares you to take the following issue to the people.

"Shall we pull out of Korea?

"Some day you will answer for this sellout of American man power and materials. Unfortunately, on account of you and your Administration, most of the boys over here won't be alive to register their righteous wrath against this sellout.

"Again the question Mr. Truman, how long must we stay here in the God-forsaken hole of Korea?"

Signed
GALE C. BUUCK,
Lt. USMC

Note to the Editor.

"I believe that you stand a better chance of getting this message to H.S.T. than I do. Do what you will with it but I had to sound off.

"I could write 20 pages on the utter uselessness of this war in Korea. All my men hope for two Purple Hearts, or a wound severe enough, which will make them eligible to return home.

"Two days ago, I lost over 50 per cent of my men taking one hill—and for what? None of us know why we are here and none of us can understand why we stay.

"Never have American men fought in a more useless war. (At least, that's the way they feel about it.)

"Surely, someone back home ought to wake up Congress or somebody and get us out of here.

"Thank you for your kind attention."

Lt. GALE C. BUUCK
"E" Co. 2nd Bn. 7th Mar.
1st Marine Division
Care FPO. San Francisco, Calif.

위 후—101

"Gale C. Buuck는 본국으로 돌아간 누군가는 의회나 다른 기관에 고발하여 지옥 같은 전쟁터에 남아있는 우리를 구출해야 한다고 말했다" 고 인용한 것으로 보아 이 미군 장교는 공산주의 세뇌기법에 의해 세뇌되었거나 강요에 의한 자백을 했으리라 판단된다.

[출처를 명시하지 않은 전단]

He laughs with pleasure as he reads his mother's letter. No need to worry about him. He's in good hands.

A quiet game of chess after an afternoon's sailing. They're two British lads — George Marshall and Horace Barker.

Swimming in the summer in a lovely North Korea river. It's like a holiday.

Camp has its sports. Every camp has its baseball and football teams, too.

투항한 자나 포로들까지도 수영, 축구, 야구 등을 즐길 수 있다고 허위선전하고 있으나 사진에 대한 확신이 없기 때문에 출처를 명시하지 않았던 것으로 판단된다. 비록 출처를 명시하지 않았지만 전투중에 이런 여유있고, 즐거운 모습의 사진을 봄으로써 상대적으로 비참함을 느끼게 하여 전의를 약화시키려는 목적이 있다.

'너희는 너희의 목숨을 위험속으로 몰아넣고 있다. 거대한 기업가들은 이시간에도 이익을 챙기고 있다'라는 내용으로 19세기 덤버모자와 시가를 물고 있는 모습을 표현한 염전사상 고취전단이다. 출처를 밝히지 않았지만, 내부갈등과 불평 · 불만을 증폭시킬 수 있을 거라 판단된다.

3.1.6. 전단 대상별 분석

전단작전을 대상별로 분석해보면 북한주민과 공산군을 대상으로 한 전단은 12종으로 3%에 불과하고 이중 중공군에 대한 것은 2종이었다. 아군의 대북전단의 대내전단이 27%인 것과 비교시 상대적으로 대내전단이 적다. 이것은 공산군이 공세적 전략으로 일관했다는 증거로 분석할 수 있고, 한편으로는 대내단결이 잘 되어 있었기 때문에 굳이 대내 심리전을 하지 않아도 된다는 자신감이 있었기 때문이라고 판단할 수 있다.

[전단 살포 대상별 현황]

구 분	대 내			대 적				기 타		
	소계	북한주민+북한군	중공군	소계	한국국민	국군	미군	국군+미군	유엔군	기타
전단수(종)	12	4	8	272	69	105	63	6	19	83
비율(%)	3	1	2	75	18	28	17	2	3	22

대신 아군을 대상으로 한 전단은 272종이었으며, 국군은 105종, 미군 63종, 한국국민 69종이며, 대적전단 중 국군과 미군을 대상으로 한 전단이 높은 비율을 차지한 것은 대남심리전의 주 표적이 국군과 미군이었고, 투항과 내부갈등을 조장하여 전투의지를 말살하려는 심리전 목적에 부합되도록 한 것으로 분석된다.

[북한주민을 대상으로 한 대내전단]

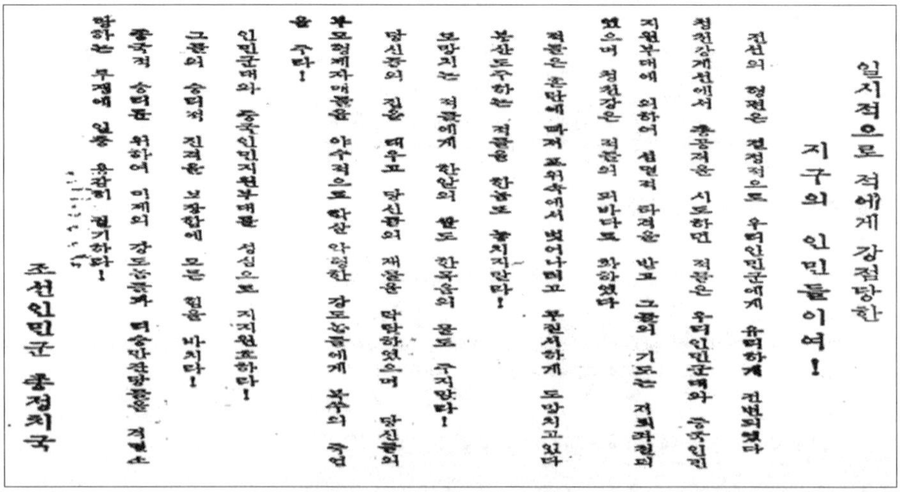

한 · 만국경까지 북진했을 때, 유엔군 점령하에 있는 지역 주민들에게 UN군에게 작전협조하지 말고 복수의 죽음으로 응징하고 인민군에 지원을 강요하고 있다. 그리고 전변(전황)이 인민군에게 유리하게 전개되고 있다고 희망의 메시지도 함께 담고 있다.

[괴뢰군 · 패잔군 사병들에게 보낸 함화집]

1950년 8월 낙동강 방어선까지 국군이 후퇴하면서 발생한 국군 및 UN군 패잔병들에게 다시 돌아가지 말고 인민군대에 투항하도록 유도하는 문장을 만들어서 영어로 6페이지 분량을 수첩형으로 제작한 자체 교육 전단인 소위 '함화집' 이다.

[중공군을 대상으로 한 적공교범]

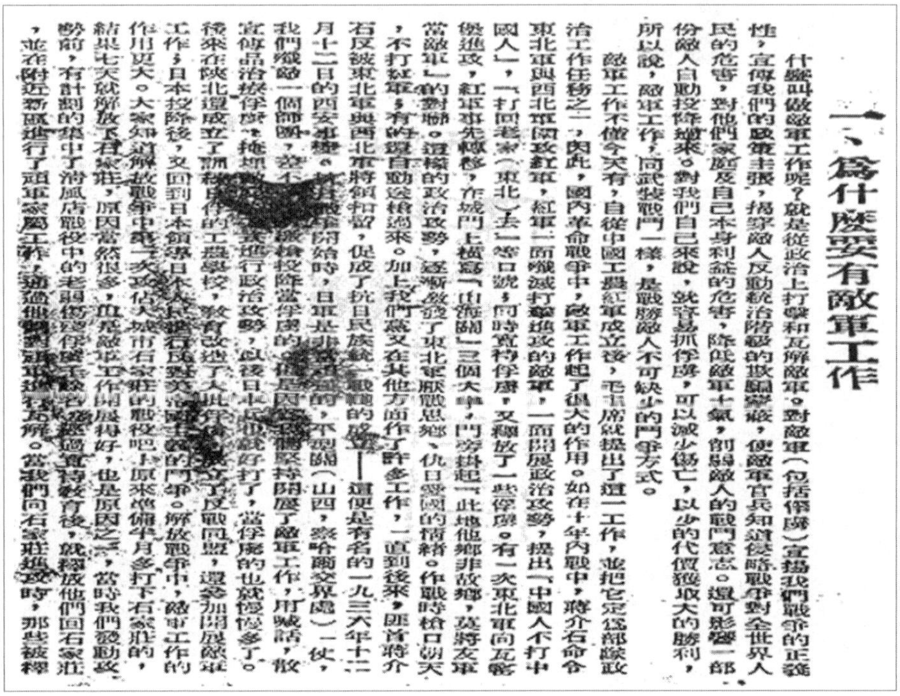

一、爲什麼要有敵軍工作

什麼叫做敵軍工作呢？就是從政治上打擊和瓦解敵軍。對敵軍（包括俘虜）宣揚我們戰爭的正義性，宣傳我們的政策主張，揭穿敵人反動統治階級的欺騙蒙蔽，使敵軍官兵知道侵略戰爭對全世界人民的危害，對他們家庭及自己本身利益的危害，降低敵軍士氣，削弱敵人的戰鬥意志。還可影響一部份敵人自動投降過來。對我們自己來說，就容易抓俘虜，可以減少傷亡，以少的代價獲取大的勝利，所以說，敵軍工作，同武裝戰鬥一樣，是戰勝敵人不可缺少的鬥爭方式。

敵軍工作不僅今天有，自從中國工農紅軍成立後，毛主席就提出了這一工作，並把它定爲部隊政治工作任務之一，因此，國內革命戰爭中，敵軍工作起了很大的作用。如在十年內戰中，蔣介石命令東北軍與西北軍圍攻紅軍，紅軍一面殲滅打擊進攻的敵軍，一面開展政治攻勢，提出「中國人不打中國人」，「打回老家（東北）去」等口號；同時寬待俘虜，又釋放了一些俘虜。有一次東北軍向瓦窯堡進攻，紅軍事先轉移，在城門上橫寫「山海關」三個大字，門旁掛起「此地他鄉非故鄉，莫將友軍當敵軍」的對聯。這樣的政治攻勢，逐漸激發了東北軍厭戰思鄉、仇日愛國的情緒。作戰時槍口朝天，不打紅軍；有的還自動送槍過來。加上我們黨又在其他方面作了許多工作，一直到後來，匪首蔣介石反被東北軍與西北軍將領扣留，促成了抗日民族統一戰線的建立——這便是有名的一九三六年十二月十二日的西安事變。抗[illegible]開始時，日軍是非[illegible]的，不過[illegible]關（山西，察哈爾交界處）一役，我們殲敵一個師團，[illegible]投降當俘虜的，[illegible]堅持開展了敵軍工作，用喊話，散宣傳品治療俘虜，掩埋[illegible]進行政治攻勢，以後日本[illegible]好打了，當俘虜的也就慢慢多了。後來在陝北還成立了訓練[illegible]的工農學校，教育改造了大批[illegible]反戰同盟，還參加開展敵軍工作；日本投降後，又回到日本領導日本人民[illegible]的鬥爭。解放戰爭中，敵軍工作的作用更大。大家知道解放戰爭中第一次攻佔大城市石家莊的戰役吧！原來準備半月多打下石家莊的，結果七天就解放了石家莊，原因當然很多，但是敵軍工作開展得好，也是原因之一。當時我們發動攻勢前，有計劃的集中了[illegible]戰役中的老弱傷殘俘虜[illegible]經過寬待教育後，就釋放他們回石家莊，並在附近新區進行了敵軍家屬工作，通過他們[illegible]瓦解。當我們向石家莊進攻時，那些被釋

1951년 9월 19일. 중공군 19병단 정치부 적공부에서 제작한 '왜 적군사업이 필요한가?' 라는 제목의 교본으로 적공와해의 필요성과 방법, 지침 등을 제시하고 있다.

[국군을 대상으로 한 안전보증서]

몸이 아푸면 곧 지원군의사의 친절한 치료를 받는다

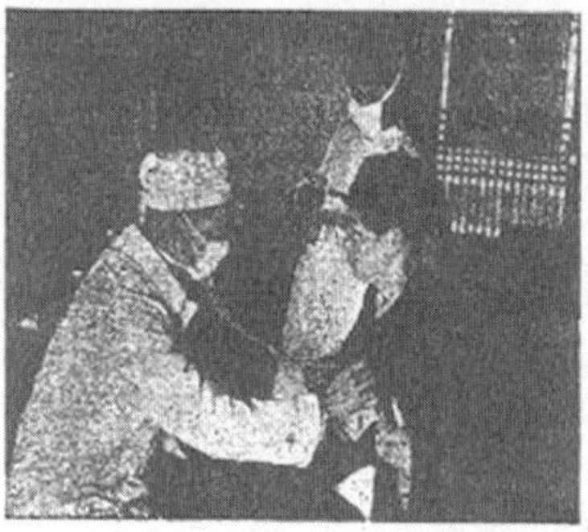

1357

조선의 통일독립과 평화를 위하여

安全通行證

안전보증서

朝鮮人民軍 中國人民志願軍 司令部發 조선인민군 중국인민지원군 사령부

命令

年 月

針於持[illegible]不論國籍，應本我軍寬待政策，妥善接待，護送至最近之司令部，並切實進行下列四項保證：

1. 保證生命安全，
2. 不沒收私人財物，
3. 不虐待，不侮辱人格，
4. 受傷者給予治療。

此令

中國人民志願軍
司令員彭德懷

中國人民志願軍司令部關防

명 령

一九五三년 월

무릇 이증명을 가지고 투항하는 적의 군관과 병사는 국적을 가리지않고 마땅히 우리군대의 관대한정책에 의하여 접대하고 가장 가까운 사령부까지 호송하며 동시에 다음과같은 네가지를 엄격히 준수할것

1. 생명의 안전을 보증할것
2. 개인의물건은 절대로 몰수하지말것
3. 학대하지말며 인격을 모욕하지말것
4. 부상자에게는 치료하여줄것

이를 명령함

조선인민군최고사령관
김 일 성

모 포로수용소에서 유쾌하게 一九五三년을 맞이하는 전「국방군」장병들

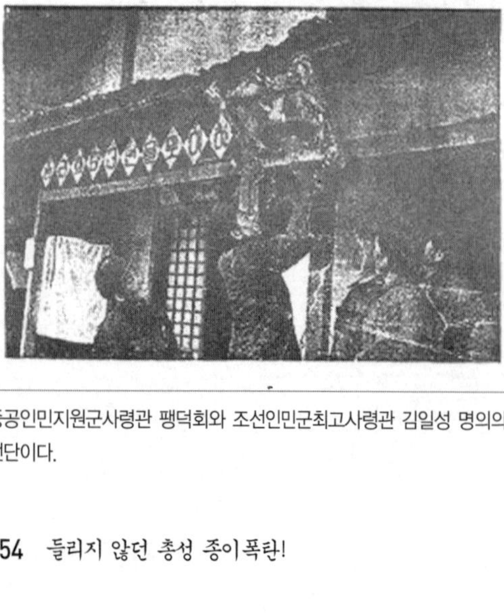

중공인민지원군사령관 팽덕회와 조선인민군최고사령관 김일성 명의의 안전보증서로서 관인과 사진까지 포함해 신뢰성을 제고시킨 전형적인 백색심리전단이다.

[국군을 대상으로 한 전단]

전장에서 장교와 병사들, 후방에서 장교가족과 병사가족들의 생활상을 비교, 풍자하여 장교와 병사간의 갈등 · 반목을 조장하여 전장에서 군기와해와 향수심을 고취, 사기를 저하시키고 있다.

[국방군 장병에게 보낸 전단]

장교들의 부정부패, 후방경찰관들의 정전 반대 군중대회를 왜곡 비방하면서 상 · 하, 신분간의 갈등을 조장하는 전단

[특정 부대원을 대상으로 한 전단]

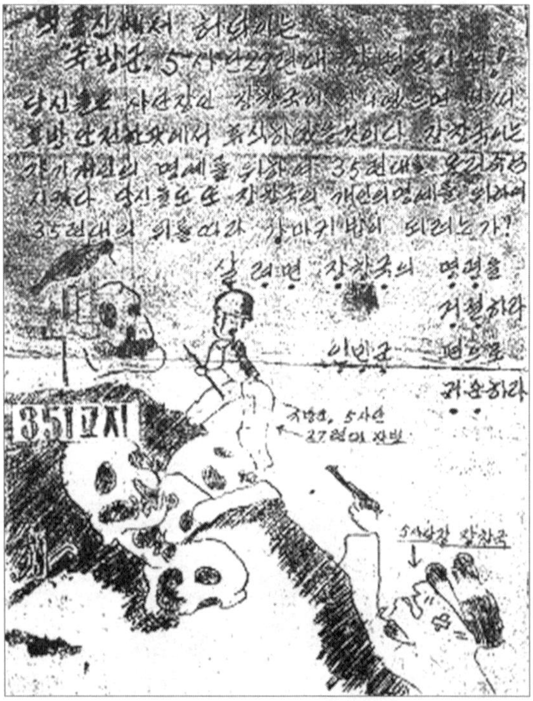

동족끼리의 싸움은 그만두고 이민족인 미국을 이땅에서 힘을 합쳐 몰아내자는 내용의 반 · 미, 한 · 미 이간 조장 전단

[한국국민과 국군을 대상으로 한 전단]

후방에서 미군들의 주민들에 대한 행패를 날조 · 비방하고, 후방의 장관들과 같은 벼슬아치는 호위호식하고 있고, 부모 · 자식들은 못먹고, 노예처럼 취급당하고 있다. 그러니 전장에 있으면 주검(죽음) 뿐이다. 차라리 포로가 되어 좋은 대우를 받도록 하라는 투항권유전단이다. 하지만 이 전단 내용은 어법, 문자 표현 등이 어려워서 쉽게 이해가 되지 않는다. 전장의 긴박한 순간에 이해하기 어려운 내용이나 주제, 표현은 심리전 효과를 감소시킨다. 가능한 쉬운 표현, 명확한 주제, 간단한 문장, 그림 또는 사진과 함께 구성하는 것이 효과적이다.

[UN군을 대상으로 한 대적전단]

HERE'S WHY YOU ARE FIGHTING

Back at home, an army of money grabbers are fighting a different war. The Battle of the Bulge—bulging bank accounts. Here is their Communique (from a small sector of the front):

	Profits 1949 (Jan—Sep)	Profits 1950 (Jan—Sep)
General Motors	$ 502 million	$ 702 million
Du Pont	$ 126 "	$ 218 "
U.S. Steel	$ 133 "	$ 178 "
General Electric	$ 67 "	$ 112 "

(Figures from the Wall Street Journal)

Nice work if you can get it. But you can't. You and the American taxpayer are at the wrong end of the stick. You do the fighting and dying, while the folks at home pull in their belts and foot the bill for this war. (Taxes were 8 times higher in 1950 than in 1938, and they're still going up—like prices.) The only fighting the Wall Street bunch do is the fighting for fat war contracts; and the only bills they pay are those run up by their army of lobbyists in Washington.

EVERY CLIP YOU FIRE MEANS MORE DOLLARS IN THE TILL for the Rockefellers, Du Ponts, Morgans, Harrimans, MacArthurs and their whole pack of cronoeys. You die, the folks at home get poorer, the rich get richer. And that's why you've been sent 6,000 miles from home to kill Korean and Chinese people.

Your folks are praying you'll return safe and sound. Here's your chance to make their prayers come true—and at the same time get out of this rotten, unjust war that you never asked for or wanted.

If you put down your arms and come over — We Guarantee: —

We shall not harm you nor take your belongings. You will get MEDICAL CARE, FOOD, SAFETY in the rear and in the end YOU'LL SEE YOUR FOLKS AGAIN.

The Chinese People's Volunteer Forces

GI'S APPEAL TO UNITED NATIONS

The Appeal overleaf was drawn up and signed by 279 POW's in North Korea after five weeks discussion. They say:

"We....are victims of the Korean war.......

"We have learned the hard, bitter truth and we believe that the only solution to this threat of another world war to be the following........

"1) The Manifesto to the peoples of the world adopted by the second World Peace Congress in Warsaw.

"2) Immediate cessation of the Korean war by the adoption of China's Foreign Minister Chou En-lai's three-point peace proposal to the U.N."

(These points are: that negotiations among the nations concerned be conducted on the basis of agreeing to the withdrawal of all foreign troops from Korea and the solution of the internal affairs of Korea by the Korean people themselves, so that the war in Korea may be brought to a speedy end; that the subjects for negotiations must include the withdrawal of the U.S. armed forces from Taiwan and the Taiwan Straits and other problems concerning the Far East; and that the nations participating in the negotiations be the seven nations, namely, the People's Republic of China, the USSR, Britain, the U.S., France, India and Egypt, and that the legitimate status of the People's Republic of China in the United Nations be definitely established as from the convocation of the seven-nation conference.)

The Appeal was signed by the POW's Peace Committee as follows: Committee Chairman, Joseph Hammond, Pvt. of the 10th Army Corps; Recording Secretary, Charles L. Harrison, S/Sgt., 1st Marine Div.; Committee Members —A. L. Lloyd, 1st Lieut, 1st Marine Div.; Douglas A. Tanner, Sfc., 7th Div.; Paul J. Phillips, Pfc., 1st Marine Div.; William H. Olson, S/Sgt., 7th Div.; Peter Murphy, Marine, (British) Royal Marines; Morris L. Estess, Sgt., 1st Marine Div., and Theodore P. Wheeler, Cpl., 1st Div.; and Honorary Committee Member John N. McLaughlin, Major, 10th Army Corps Hqrs., and 269 others.

NOTICE

When you see a Korean People's Army man or Chinese volunteer put down your weapon and shout:

投 "TOW SHONG" 降
(surrender)

You will not be harmed.

Your buddies are demanding peace.

The American people back home are demanding peace. *WHAT ABOUT YOU?*

Get out of this dirty war.

Leave Korea to the Koreans.

좌측 전단은 미 자본가들을 위해 끌려와 이용당하고 있음을 강조하고 있으며, 전쟁에 대한 막연한 두려움을 이용하고 안녕을 보장한다는 말로 회유하는 전단이다. 우측 전단은 북한군이 수용하고 있는 미군포로들이 전쟁을 신속히 종전 시켜달라고 UN에 청원하는 선전내용이며 투항하는 요령을 적어 놓았다. 즉, 귀순시 사용해야 할 말에 대해 알려주고 있다. "TOW SHONG라고 말하라, 이때 TOW를 짧게, SHONG를 길게 발음하라"라는 표현이다. 이것은 2차 세계대전 때 독일이 많이 사용하였으며, 영어권 UN부대에서 중공군 귀순자를 받아들일 때도 사용 되었다.

[국방군 + 유엔군을 대상으로 한 대적전단]

Dear friends of the 24th division of the American Army!

rose Nugent

Immediately oppose our intervention in the internal affairs of Korea.

I am captain Ambrose Nugent of the 52 F. A. B. N. 24 division. U. S. Army.

I and the rest of the prisoners are actually enjoying the absolute security to life and the full respect of personal rights under the warm protection of the People's Army of Korea.

We have quite liberated our minds from the dark fear of death.

You should not fall the victims of the unjust war for the benefit of our capital monopolists. On the contrary, we should by all means reject our intervention in the internal affairs of this country.

peoples of our country and all the peace-loving peoples over the world ... nestly appealing to us to rise up against our intervening in the intern... rs of Korea.

We ... not be exploited as the murderous tools of the wicked aggressors.

On ... trary, we should rather turn our guns back against our capital ... nd especially we should fight to be insubordinate to our wicked superior ... order to go back to our own native country and live in peace and omfort with our dear families.

The toiling peoples of Korea are our good friends, and brothers. The Korean People's Army do heartily welcome their friends' surrender. I do believe in your good conscience and courage.

Hooray for the victory of the People's Army of Korea!

May a curse be Rhee Shung-Man's! May Rhee-Shung-Man and his clique die!

The fifth American Prisoner Camp.
The Democratic People's Republic of Korea

Captain Ambrose Nugent
24 Division Artillery 52 Artillery Battalion.

Ambrose H Nugent

미 24사단 소속 대위가 북한군 포로가 된 후 자신이 배속된 부대에 보내는 선전글. 자신을 포함한 많은 미군 포로들은 북한군으로부터 따뜻한 환대와 보호를 받으며 자유롭게 활동하고 있다고 진술. 미 자본가들에게 협조하거나 이용되지 말 것을 강조하고 있다.

[영국군을 대상으로 한 대적전단]

British Soldiers!

DON'T RISK YOUR LIFE FOR YANKEE DOLLARS!

******Let the American millionaires and their gangster-politicians do their own fighting.*

Here is a letter written by T. Campbell of Liverpool to his son from which you can imagine what your own loved ones at home are longing for you to do.

My Dear Son:

I am writing again to you I don't know if you received my last letter or not. How are you? Son, I hope you are alright. I am glad you are out of danger being a prisoner. The other soldiers are having a rotten time and still there is no sign of this Government breaking with America who are the course of all the trouble. They are going to cause a world war and England is just doing what they want them to do. While you poor fellows are suffering. Well, son, we are all looking forward to having you home with us soon and believe me I would hope you to be a conscientious objector to war than be in the army again to fight against a country who are only like ourselves, fighting for their rights—but these big money bags here and in America only want wars to make more money for themselves.

Teddy, I wish you could see the baby, now, he is a big fellow but his father said he would shoot him sooner than let him go in the army. Patsy and Peter are OK, they send their love to you. Well Teddy good luck, look after yourself. I am always thinking of you.

Your loving mum and dad.

영국군 부모로부터 받은 편지를 도용한 것이며 양키들의 외화벌이(달러)에 귀중한 생명을 맡기지 말라는 내용이다. 양키라는 저속어 사용으로 미군을 비하하고 UN군간의 갈등을 조장하는 전단이며, 말미에 '북한 인민군 만세!', '이승만과 그 파들에게 저주를!' 이란 문구를 넣어 선동하고 있다.

[미국 정부를 대상으로 한 대적 · 대외 전단]

US Delegates Refuse To Fix 38th Parallel As Armistice Line

KAISUNG, Aug. 2—It is now seven days since the armistice negotiations in Korea began discussing questions of substance on the agenda, states our correspondent in a commentary on the armistice negotiations at Kaisung over the past week.

There has been no progress at all during these seven days in the negotiations because the American delegates have unreasonably refused to fix the 38th Parallel as the military demarcation line between both sides for the establishment of a demilitarised zone. It will be recalled that in his broadcast on June 23 which was welcomed by the whole world, Malik, the Soviet delegate to the United Nations, made the point that the withdrawal of troops by

미국이 38선 정전협정을 지연 · 거부하고 있다는 비난형 내용의 수첩형으로 7Page 영문으로 제작해 살포한 전단

[남한 주민을 대상으로 한 대적 전단]

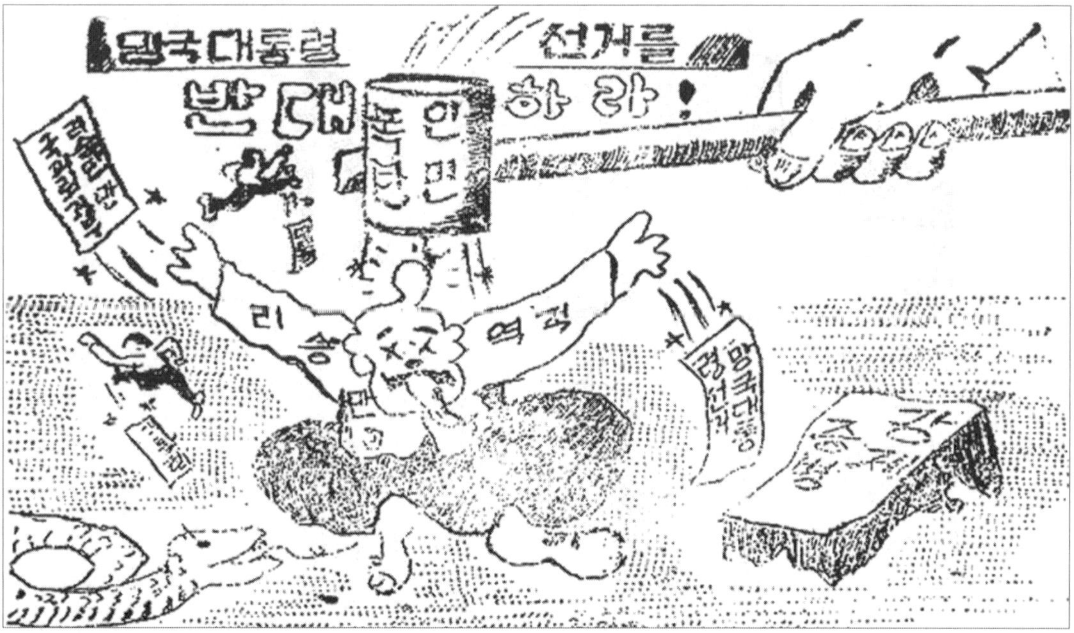

한국의 대통령선거를 망국대통령선거라 비방하면서, 강제 증병 등 독전을 강요하고 있는 이승만 대통령을 타도하도록 선동하고 있다.

[남한주민을 대상으로 한 전단]

일제강점기에 왜놈들이 전장에 사용될 철강을 수집하기 위해 우리의 식기와 수저까지 강탈한 사례와 비교하여 현재 미국이 조선의 역사적 유물, 귀중품들을 약탈해 가고 있음을 주지시켜 반미투쟁을 선동하는 전단이다.

[UN군에 점령당한 북한지역 농민들에게]

친애하는 농민들이여!

미국침략자들의 일시적 강점하에서 신음하고있는 남조선인민들이여!

오래지않아 봄이도라오게되였다
금년도 농사의 정치적의의를 가지는 순전과 아울러 중요한 시기가 닥쳐온다
오는봄은 미침략자들에게대한 조선인민의 최후승리를 쟁취하는 봄으로 될것이다
우리들은 강도놈들을 조선강토로부터 마지막 한놈에 이르기까지 모라낼것이다
그러나 원수들은 우리강토에서 자진해서 물러가지 않을것이며 있는힘을 다하여 최후 발악을다할것이며 남조선의 전야들은 피비린내나는 싸움터로 될수있다 이는남조선 지역들에서 농사짓는 당신들에게 큰 지장을 주게될것이다 당신들은 누구나 당신과 당신들의 가족들에게 일년동안의 양식을 어떻게 보장할것인가를 다시한번 신중히 고려해야 할것이다 당신들의 곤궁과 시체 조선인민들의 자유와 행복에 대하여배려하면서 우리들은 당신들에게조선인민군이 해방한 지역에로 가족들과 가축을 다리고 급히넘어올것을 권고한다 그곳에서 당신들은 밭갈이할수있으리만큼 부족하지않게 농토를 자기손에 넘게될것이다 당신들은 집짓기위한목재와 자기밭에 뿌리기위한 씨갓을무료로 받게될것이다
조선민주주의 인민공화국정부는 조선의 근로자들의 생활을 보장하기위하여 온갖힘을 다할것이다
넘어오라! 미침략자들의 마수로부터 해방된 지역으로 시간을 놓치지말고 넘어오라! 하루속히 밭갈이준비를 하여야하겠다 그렇지않으면 당신들의 사랑하는자식들은 또 옥수수 조 모든 식량이 없이 굶고 굶주리게될것이다
하루속히 결정하라! 인민군대가 해방시킨 지역으로오라! 이곳에서는 당신들을 기다리고있으며 당신들을 도와줄것이다

조선인민군총사령부

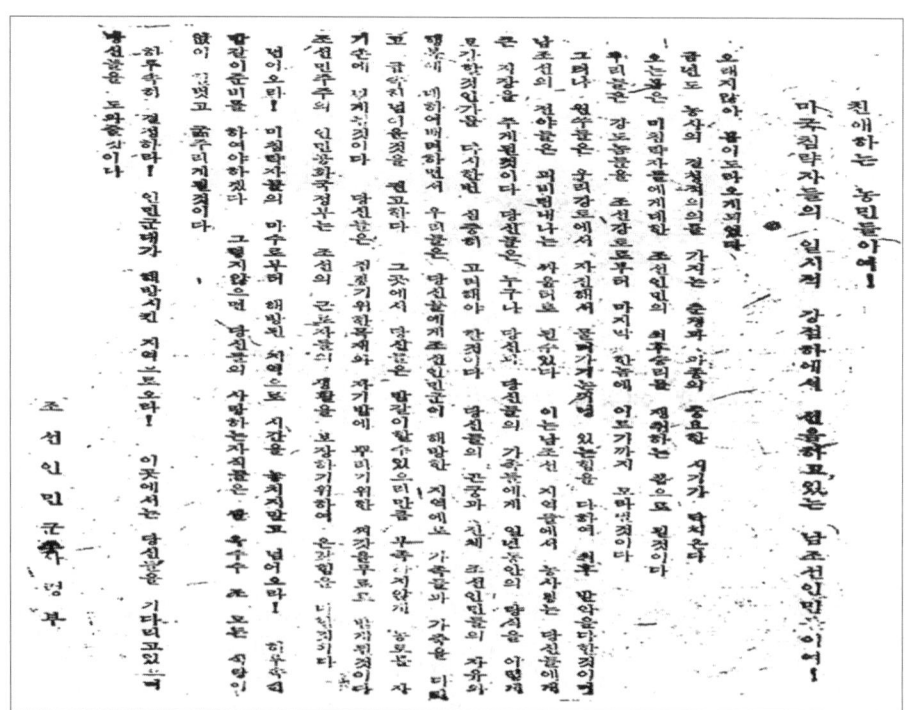

UN군의 반격에 의해 점령당한 북한지역 농민들에게 농사준비를 위해 인민군 지역으로 넘어오라는 권고 전단

[국군 장병들에게]

1953년 4월10일 (금요일) 반미구국

이승만군대 장병들이여! 정전을 요구하라!

정전의 실현은 미국측 태도에 달렸다

과거 一년 나머지 동안 진행된 조선정전 담판은 조선에서 정전을 실행할수 있는 기초를 이미 닦아 놓았으며 쌍방 대표들은 전쟁포로 교환을 제외한 모든 문제에 대하여 합의에 도달하였다

쌍방은 정전협정이 조인된지 一二시간후부터 일체 적대행위를 중지할데대한 합의를 보았으며 군사분계선확정과 비무장지대 설치 및 정전협정 실시를 위한 군사정전위원회의 구성에 대하여서도 합의를 보았다

쌍방은 또한 중립국 감독 위원회와 중립국 시찰소조의 설치 및 쌍방의 한단 높은 정치회의를 소집하고 조선으로부터 모든 외국군대를 철거시키며 조선문제의 평화적 해결을 토의할데대한 합의에 도달하였다

만약 포로교환문제만 해결 되였더라면 조선에서의 유혈적 전쟁은 이미 끝났을 것이다

미국측은 정전에대한 전체 조선인민들의 한결같은 념원을 무시하고 이때까지 포로교환문제의 정당한 해결을 방해하여왔다

미국측은 전쟁후에 포로들을 지체없이 석방 송환한다는 제네바협정 제一一八조를 무시하고 「자원송환」이라는 엉뚱당두한 구실을 만들어가지고 포로들의 송환을 반대하고 나섰다

소위 「강제송환반대」라는 것은 미국측이 날조한 허무맹랑한 구호이며 사실은 우리측 포로들을 억류하며 정전을 파탄시키기위한 악랄한 기만술책에 지나지 않는다

「강제송환을 반대」하며 송환에대한 포로들의 자유를 그릇이 떠드는 자들이 어찌하여 자기고향으로 돌아 가겠다는 조·중 양국 포로들을 학살하였는가?

미국측은 어찌하여 학살당한 포로의피가 마르기도 전에 뻔뻔스럽게도 「그들은 북조선으로 돌아가는것을 원하지않고있다」고 떠들어댔는가?

사실은 명백하다! 만약 포로교환문제가 원만히 해결되면 조선에서의 전쟁이 중지되고 조선에서의 전쟁이 중지되면 자기들의 아세아 침략계획이 파계를 받는까닭이다

때문에 미국측은 정전담판을 고의적으로 지연시키는 한편 정전의 막뒤에숨어서 전쟁확대계획을 촉진시켜왔다

이승만군대장병들이여! 만일 당신들이 진정으로 평화를 요구한다면 조선정전 실현에대한 조·중양국정부와 쏘련의 제의를 전매 지지하라!

전쟁을 확대하며 정전의 실현을 방해하려는 미국측의 온갖행위를 견결히 반대함으로써 그들의 침략행동에 강한 압력을 가하라!

정전의 실현은 오직 미국측의 태도에 달려있다

이승만군대 장병들이여 평화를 요구하라!

이승만군대 장병들이여! 기아와 멸시와 죽엄의 포속에서 벗어나 그리운 고향으로 돌아갈수있는 시장이 당신들 앞에 비치고 있다

정전담판 재개에 대한 조·중 양국의 정당한 제의는 유혈적 전쟁의 중지를 요구하며 동족 상쟁의 자기주오운 총을 버리고 자기 집으로 돌아가려는 당신들의 희망을 완전히 실현 시킬수 있다

조선 인민들은 한 동포란 형제인 당신들이 전쟁판에서 무고하게 죽은것이 아니라 자기 가족들과 같이 평화롭게 생활하는것을 진정으로 희망한다

그러나 당신들의 평화로운 생활을 미국측이 방해하는것을 당신들은 알아야 한다

정전의 실현은 미국측의 태도에 달려있다

만약 미국측이 정전과같이 자기들의 부당한 태도를 버리지않고 전쟁포로문제를 공정하게 해결하지 않는다면 당신들은 전쟁판에서 떠날수도 없으며 집으로 돌아갈수도 없다

이 전쟁의 불길은 매일과같이 당신들의 생명을 위협하고 있다

이승만군대 장병들이여!

모든 방법을 다하여 전쟁을 반대하라!

정전 실행에대한 조선민주주의 인민 공화국 내각 수상 김일성 원수와 중화인민공화국 외교부장 주은래와 쏘련의 무상 몰로또브의 정당한 성명서를 지지하고 나서라!

당신들은 평화에 대한 요구를 실지 행동으로 표시해야 한다

총을 쏘지말라! 명령을 태공하라 평화를 요구하라

국군에게 정전을 요구토록 선동하는 전단으로, 정전회담 결렬원인이 모두 미군과 한국정부에 책임이 있음을 날조하여 이간 · 조장하고 있다.

[국군 장병들을 대상으로 한 대적 · 대내 전단]

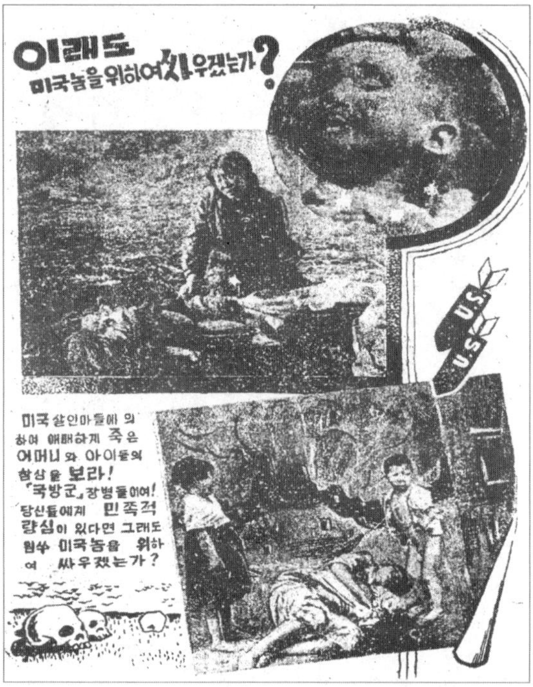

리승만부대의 장병들이여!

당신들은 부상당한 당신들의친우들이 오늘 후방에서 처하고있는 사정을 잘알고있을 것이다. AFP통신이 전하는 소식에의하면 리승만정부는 그들을 냉대하여 부상당한후 보조도주지않어 수많은사람들은 밥조차 얻어먹지못하여 거리에서 헤매고있으며 연필 껌기장등을 팔아 연명하는등 극히곤난한 생활을하고있다. 이러한처지에있는 부상병이 무려 十여만이나 된다고한다.

당신들은 생명의 위험을 무릅쓰고 리승만을 대신하여싸운 그들이 왜 불만을 품고있는가를 짐작할수있을것이다. 9월18일 그들은 대구북쪽三리쯤되는 칠곡경찰서를 습격하여 그들을 압박하던경찰8명을 숙청하였다. 9월20일에는 三百여명의 부상병들이 또다시 부산정거장에서 시위하였다. 이때 리승만정부는 도리여 헌병을 보내 진압하였다.

벗들이여! 생각해보라! 당신들의 전우들이 처하고있는 운명을 그리고 당신들자신의 앞길을! 놈들은 결코 당신들의 사정이라고는 조금치도 생각지않는다.

그러타면 다시매국적 리승만을위해 목숨을 버리지말라!

미군이 후방에서 어린이와 엄마를 살상했다는 내용과 사진을 게재하여 총부리를 미군에게 돌리도록 선동하고 미군에 대한 적개심을 고취시킴. 전세가 불리할 때 북한의 심리전략은 협상요구 또는 위장평화 제스처이다.

[남한 주민을 대상으로 한 대적 전단]

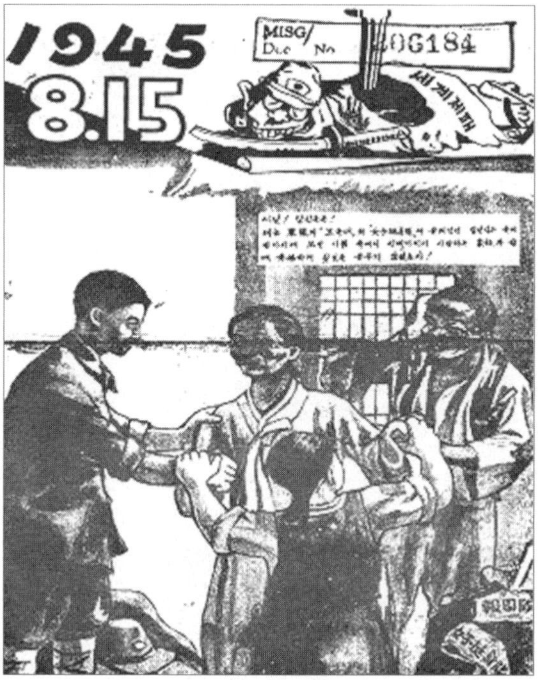

광복 7주년을 맞이하여 민족의 힘을 모아 미군을 몰아내자고 선동하는 전단으로 북한은 이러한 계기를 활용하여 그 상황에 맞는 소위 계기심리전을 활발히 하고 있다.

[국군 · 인민군 · 남북한 전체 주민대상의 대적 · 대내 전단]

미국 침략자들을 멸하라 !

우리의 생명은 위험에 처하여 있습니다

미국의 지옥에서 탈출함에 방조하여 주십시요

거제도 인민군 포로 장병들의 호소

거제도 인민군 포로 장병들의 호소

포로수용소에서의 미군들의 잔악한 행위들을 폭로하여 반미적개심을 고취시키고 한 · 미군 갈등을 조장하는 전단

[국군, 인민군들을 대상으로 한 대적 · 대내 전단]

보라! 미국의 전쟁확대계획의 음모를!

이렇한 계획은 맥아더장군이나 밴푸릿트장군이 여러 번 세웠으나 전부 실패한것이다!

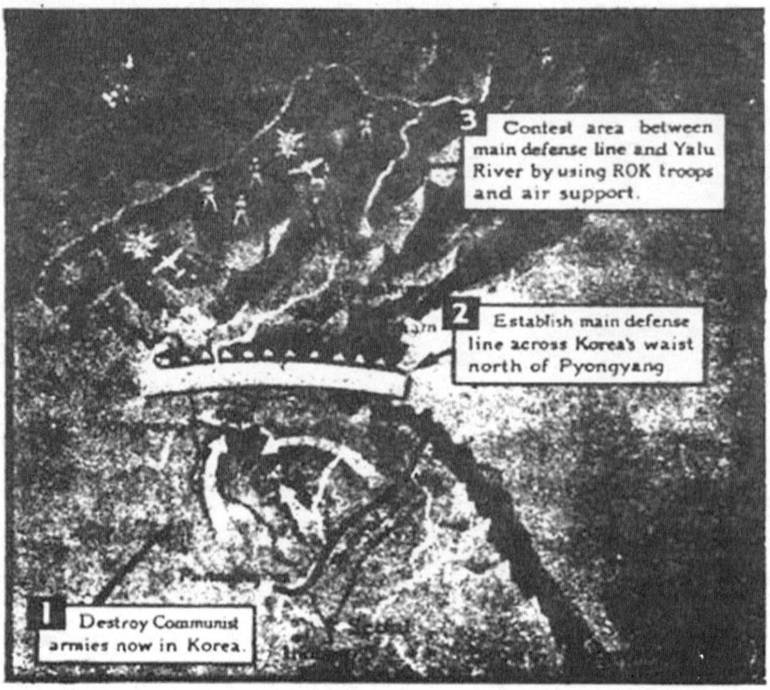

一九五三년一월二十六일 '타임스잡지에 실린 지도 ③의 설명에는 이와같이 씌여있다: 「남조선부대는 미국공군의 지지를 받어 주요한방어선및 압록강 사이의 지역에서 전쟁을 진행할것」.

보라 지도위에 검은 화살은 압록강을 넘어 중국의만주를 잡고있다 이것은 전쟁을확대하여 전조선을 정복하고 새중국을 침략하려는 미국강도의 음모를 나타낸것이다

이전쟁계획으로 팔미암아 남조선청년들의 생명은그얼마나 없어질것인가!

623

미국의 전쟁확대 계획을 폭로하여 미국의 호전성과 6 · 25전쟁발발의 책임전가 의도로 제작하였으나, 우선 내용면에서 사실에 맞지 않아 신뢰성이 없다. 1953년 1월 28일이면 정전회담이 막바지에 접어들고 있고 전선은 현 휴전선상에서 고착상태에 있었던 것은 다 아는 사실이었다. 이 전단은 오히려 인민군들에게는 미국의 호전성에 대한 적개심 고취보다는 오히려 전쟁확대에 대한 두려움을 증가시켜 패전의식을 조장하는 역효과를 낼 수 있다.

3.1.7 전단사용 언어별 분석

대남전단에 사용된 언어는 한글, 영어, 중국어뿐이다. 16개국의 유엔군이 참전했음에도 불구하고 3개 국어로만 표현한 것은 유엔군의 주력이 미군이었고, 기타 유엔군들은 소수이며, 주로 후방지원 임무를 수행하고 있었기 때문이다. 또한 참전한 국가의 언어로 제작할 능력이 없었고, 심리전 효과가 의문시되었기 때문이라고도 볼 수 있다.

[전단사용 언어별 현황]

구 분	계	한 글	한글+영어	영 어	중국어	한글+영어+중국어
전단수(종)	367	237	7	52	8	4
비 율(%)	100	77	2	14	2	1

위 표에서 보는바와 같이 대남전단의 77%가 한글을 사용하였다. 이것은 대남전단의 주 대상이 국군이며, 대한민국 국민이었음을 알 수 있다. 영어는 52종으로 14%를 차지하고 있다. 중국어는 8종이었으며 이중 중공군의 전의고취를 위해 중공군인민지원군 사령관의 명의로 보낸 것이 3종이 있었다.

[한글로만 구성된 전단]

조국과 인민을 위하여 참된생활을
시작할날은 당신들에게도 돌아왔다

「국방군」에, 아직까지 복무하는 장교 여러분!
一 당신들이 한때에는 철석같이 믿었던 간악한 미국침략자와
리승만 매국역도들이 반드시 멸망되고 위대한 종국적승리가
조선인민들의 머리위에 빛날날이 닥쳐온것을 여러분들도 분
명하게 알것입니다 영용한 인민군과 중국인민지원부대와 영
웅적 전재의 앞길에서 아직까지 반항을 시도하는 자에게는
오직 죽엄과 멸망이 있을뿐입니다
당신들아 조국과 인민앞에 지은죄를 돌아볼때 자기들의
앞길이 암담할것은 의심할 여지도 없습니다
그러나 우리는 당신들이 미국놈들과 리승만 매국역도놈에
게 기만되어 강제로 복무하던것을 잘 알고있습니다 그러한
까닭으로 조선인민군 총사령부는 동포의 사랑으로써 당신들
이 인민군의 편으로 의거하여 넘어오면 당정부의 모든 범
죄를 묵사할것과 직위를 보존할것과 희망에 의해서는 국비
로 공부할 조건을 보장할것을 선포합니다
당신들은 중국의 위대한 혁명의 경험에서 반동 장개석에게
충성하던 장잠 부작의 풍 장군들의 영광스러운 의거를 잘
알것입니다 보십시요 자기들의 대대전원을 인솔하고 의거와
국한 강태무 표무원을 위시하여 육군소령 최일명 조학봉등
七十九명의 「국방군」장교와 수천명의 사병들은 오늘 인민군대
의 훌륭한 장병으로서 조국해방전쟁에 참가하고 있습니다
이들은 전쟁와정에서 높아 승급하였을뿐만아니라 공화국으로
부터 국기훈장과 영예훈장을 비롯하여 각급 표창을 수여받
았습니다 인민이 되여 이상에 큰 영광이 무엇이겠습니까
「국방군」내 양심있는 장교 여러분 하나바 한때성으로
서 참된생활을 시작할 날은 당신들에게도 돌아왔습니다 기
만과 절망에서 일어서서 인민군의 편으로 넘어오십시요 전체
부대를 다리고 오거나 개인으로라도 넘어 오십시요 그리하
여 조국과 인민과 당신들 위하여 공훈을 세우십시요
이 삐라는 당신들이 인민군편으로 넘어올때 집단적 또는
개인적 안전보증서로 됩니다
조선인민군 총사령부

강해무, 표무원 소령을 포함한 대대원 월북사건을 예로 들어 선전하면서, 미군의 대포밥이 되지 말고 의거, 귀순하여 공훈을 세우도록 선동하는 귀순유도 전단이다.

[영어로만 구성된 전단]

PEACE IS IN SIGHT

The grief-stricken Luisser family of Clifton, N.J., gathers beside still-decorated Christmas tree after learning that Sgt. Edward Luisser was killed in Korea before he was due to start home. The sergeant wrote before last Christmas he wished he could see the tree, so it was saved.

(See over)

The Luisser family is only one of the tens of thousands of American families who have tasted the bitter fruit of this senseless war—which need not continue even for a single hour.

The Korean and Chinese peoples have never stopped their efforts to achieve the cessation of killings in Korea.

Now, in pursuance of the Korean and Chinese peoples' consistently maintained policy of peace, Premier Chou En-lai of the People's Republic of China has made a new peace proposal. He suggests:

Both parties to the negotiations should undertake to repatriate, immediately after the cessation of hostilities, all those prisoners of war in their custody who insist upon repatriation, and to hand over the remaining prisoners of war to a neutral state so as to ensure a just solution to the question of their repatriation.

PEACE IS AGAIN IN SIGHT.
DON'T GET KILLED AT THE LAST MINUTE BEFORE THE WAR STOPS!

PLAY SAFE, DEMAND PEACE, AND MAKE SURE YOU RETURN EARLY TO YOUR LOVED ONES!

미 육군 병장 루이시가 귀향 직전에 한국에서 전사 하였고, 그가 죽기 전 가족에게 썼던 편지를 '뉴저지 클립톤'에 있는 그의 가족들이 크리스마스 트리 앞에서 읽고 있다는 내용. 종전이 눈앞이니 마지막에 헛되이 죽지 말고 안위를 도모하라는 연합군의 사기저하를 노린 전단이다.

[중국어로 구성된 전단]

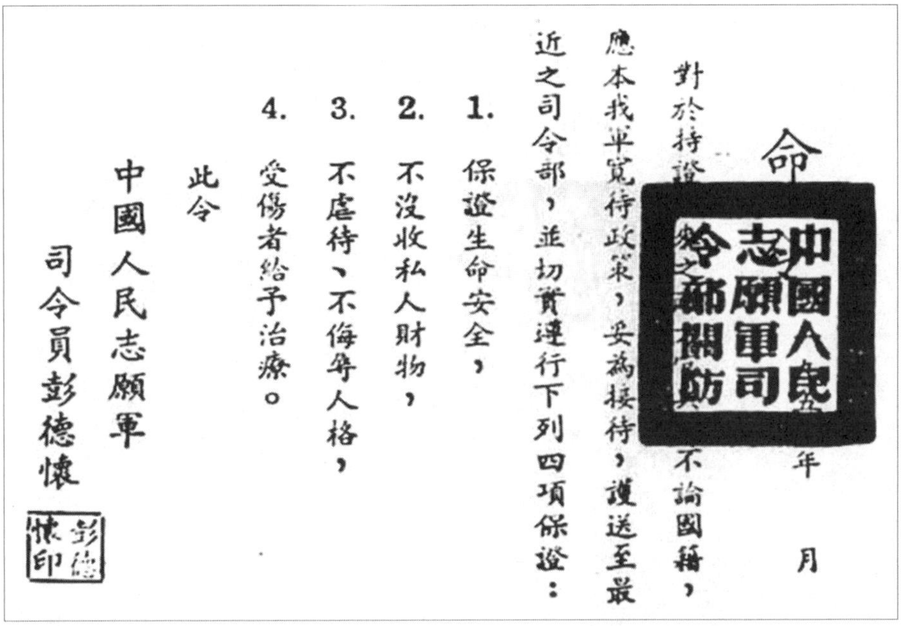

命

對於持證[...]不論國籍，
應本我軍寬待政策，妥為接待，護送至最
近之司令部，並切實達行下列四項保證：

1. 保證生命安全，
2. 不沒收私人財物，
3. 不虐待、不侮辱人格，
4. 受傷者給予治療。

此令

中國人民志願軍
司令員彭德懷

年 月

중국인민지원군사령관 팽덕회의 명의로 된 안전보장증으로 관인을 사용하여 신뢰를 보장한 백색심리전단이다.

[영어 + 중국어로 구성된 전단]

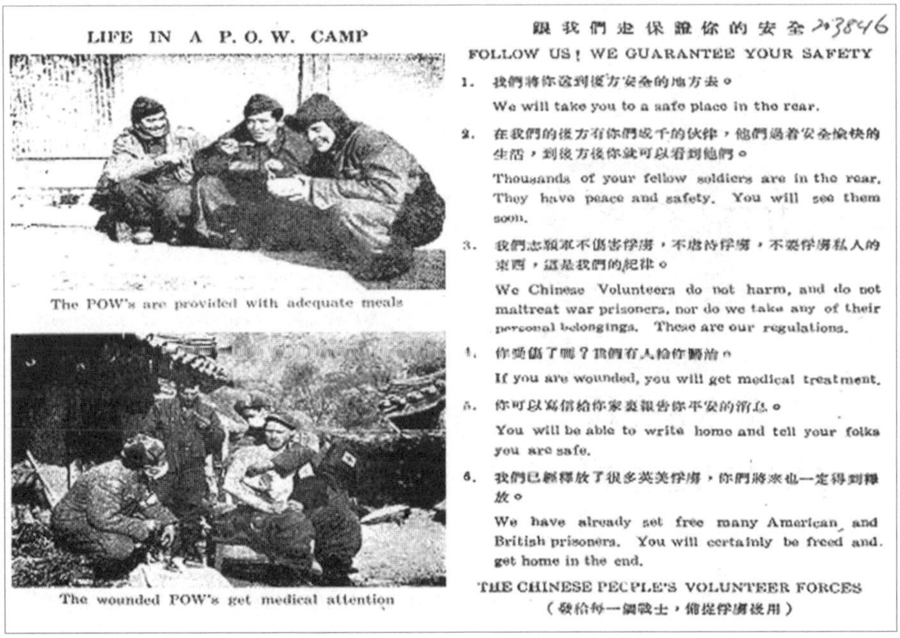

LIFE IN A P. O. W. CAMP

The POW's are provided with adequate meals

The wounded POW's get medical attention

跟我們走保證你的安全 203846

FOLLOW US! WE GUARANTEE YOUR SAFETY

1. 我們將你送到後方安全的地方去。
We will take you to a safe place in the rear.

2. 在我們的後方有你們成千的伙伴，他們過着安全愉快的生活，到後方後你就可以看到他們。
Thousands of your fellow soldiers are in the rear. They have peace and safety. You will see them soon.

3. 我們志願軍不傷害俘虜，不虐待俘虜，不要俘虜私人的東西，這是我們的紀律。
We Chinese Volunteers do not harm, and do not maltreat war prisoners, nor do we take any of their personal belongings. These are our regulations.

4. 你受傷了嗎？我們有人給你醫治。
If you are wounded, you will get medical treatment.

5. 你可以寫信給你家裏報告你平安的消息。
You will be able to write home and tell your folks you are safe.

6. 我們已經釋放了很多英美俘虜，你們將來也一定得到釋放。
We have already set free many American and British prisoners. You will certainly be freed and get home in the end.

THE CHINESE PEOPLE'S VOLUNTEER FORCES
（發給每一個戰士，備捉俘虜後用）

중공군인민군이 포로들에게 좋은 음식과 부상자 치료를 잘 해주고 있으며, 안전한 곳에서 자유롭게 생활하고 있음을 선전하는 내용이다.

[한글 + 영어 + 중국어로 구성된 전단]

Demand Peace Stop The War

安全通行證

통행증

SAFE CONDUCT PASS

朝鮮人民軍
中國人民志願軍 司令部發

Headquarters, Korean People's Army
Headquarters, Chinese People's Volunteers

명령

무릇 이 증명을 가지고 투항하는
의 군상과 병사는 국적을 가리지않고
마땅히 우리군대의 관대한 정책에 의
하여 접대하고 가장 가까운 사령부

조선인민군최고사령관
김일성

ORDER

The BEARER, regardless of nationality or rank, is to be treated in accordance with our policy of leniency to prisoners of war and escorted to the nearest local headquarters of the Korean People's Army or the Chinese People's Volunteers. He is to be guaranteed:

1. Security of life.
2. Retention of all personal belongings.
3. Freedom from maltreatment or abuse.
4. Medical care if wounded or ill.

KIM IL SUNG,
Supreme Commander, Korean People's Army

PENG TEH-HUAI,
Commander, Chinese People's Volunteers

命

對於持證投 論國籍，應本我軍
寬待政策，妥為 之司令部，並切實
遵行下列四項保證：

1. 保證生命安全，
2. 不沒收私人財物，
3. 不虐待，不侮辱人格，
4. 受傷者給予治療。

此令

中國人民志願軍司令部關防

年 月

中國人民志願軍司令員彭德懷

彭德懷印

국적과 계급 상관없이 포로처분 규정에 따라 후방지역으로 후송시킨다며 생명보장(안전), 소장물품 보유, 학대금지, 의료지원 등 4가지를 보장한다고 선전하여 투항을 유도하고 있다.

언어 사용에 있어 남 · 북전단 모두 잘못된 용어와 오탈자가 많았다. 우선(위선), 아내(안내), 비친다(비최인다), 유쾌히(유쾨이) 등 전단의 50%이상이 오탈자, 또는 어법이 잘못 표기되었다.

[오자가 많은 전단]

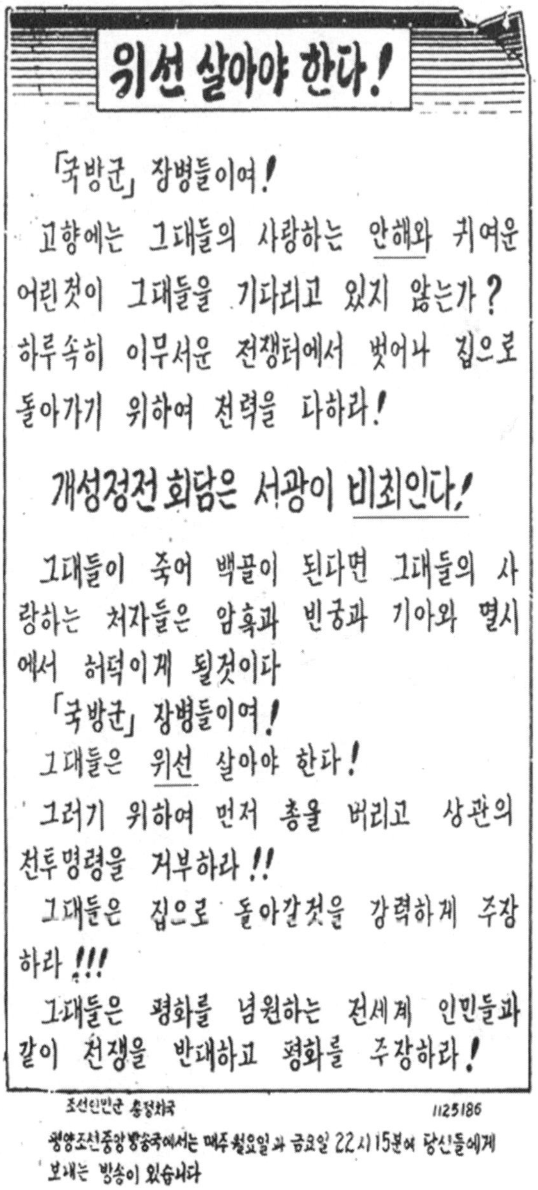
위선 살아야 한다!

「국방군」 장병들이여!

고향에는 그대들의 사랑하는 안해와 귀여운 어린것이 그대들을 기다리고 있지 않는가? 하루속히 이무서운 전쟁터에서 벗어나 집으로 돌아가기 위하여 전력을 다하라!

개성정전 회담은 서광이 비최인다!

그대들이 죽어 백골이 된다면 그대들의 사랑하는 처자들은 암흑과 빈궁과 기아와 멸시에서 허덕이게 될것이다

「국방군」 장병들이여!

그대들은 위선 살아야 한다!

그러기 위하여 먼저 총을 버리고 상관의 전투명령을 거부하라!!

그대들은 집으로 돌아갈것을 강력하게 주장하라!!!

그대들은 평화를 념원하는 전세계 인민들과 같이 전쟁을 반대하고 평화를 주장하라!

조선인민군 총정치국 1125186

평양조선중앙방송국에서는 매주 월요일과 금요일 22시15분에 당신들에게 보내는 방송이 있습니다

정전회담이 지루하게 계속되던 시기는 고지쟁탈전과 대치상태가 계속되어 쌍방의 심리전이 가장 활발하게 전개되었으며, 특히 위 전단과 같은 투항권유 전단이 많았다.

[어법 등이 잘못된 전단]

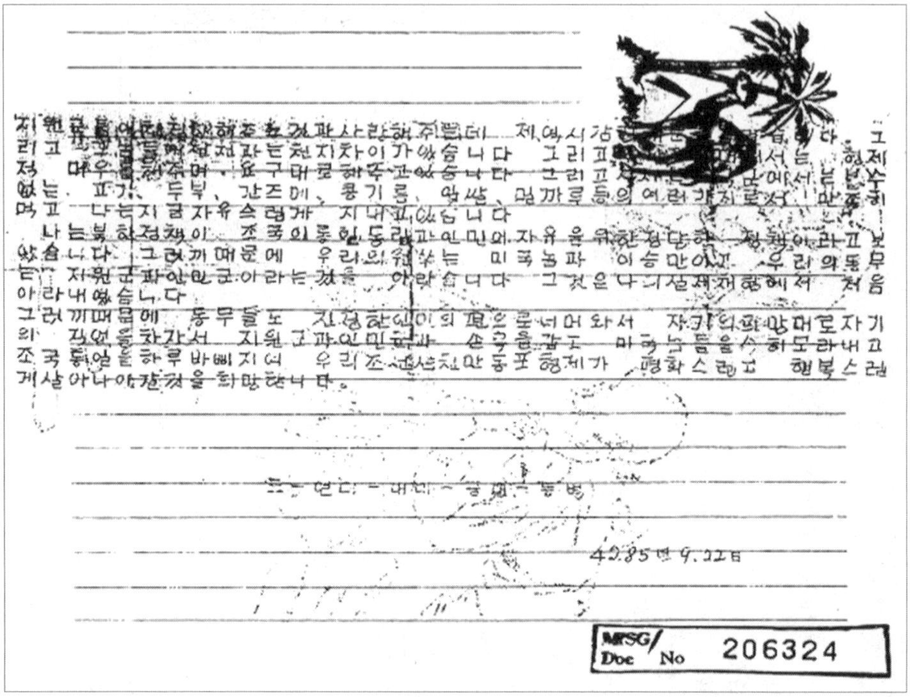

지원군들에 대해 친절하게 해주는 것과 사랑해 주는데 제 [illegible] 습니다. 그
리고 [illegible] 들에 대해서는 천지차이가 있습니다 그리고 [illegible] 에서는 형제
적 매우 [illegible] 해주며 요구대로 해주고 있습니다 그리고 [illegible] 에서 볼 수
없는 고기, 두부, 간즈메, 콩기름, 약쌀, 밀까루 등의 여러가지로서 만족히
먹고 다른지금 자유스럽게 지내고 있습니다
나는 북한정책이 조국의 통일 독립과 인민의 자유를 위한 정당한 정책이라고 보
았습니다 그러기 때문에 우리의 원수는 미국놈과 이승만이고 우리의 동무
는 지원군과 인민군이라는 것을 알았습니다 그것은 다 [illegible] 에서 처음
알아내었습니다
그러기 때문에 동무들도 지정한 [illegible] 으로 넘어와서 자기의 [illegible] 로 자기
의 작업을 찾아서 지원군과 인민군과 손을 잡고 미국놈들을 쫓아내고
조국통일을 하루바삐 지어 우리 조선 [illegible] 동포 형제가 평화스럽고 행복스럽
게 살아나아갈 것을 희망합니다.

[illegible]

42.85년 9.22日

MPSG/Doc No 206324

국방군 용사들이여,

나는 [illegible] 연대 [illegible] 중대 [illegible] 입니다. [illegible] 넘어
오게된 동기는 동무들도 다 아는 바와 같이 상관들의 [illegible] 에 견
디지 못하야 또 나의 희망을 바라고 인민의 편으로 [illegible] 입니다.
동무들도 아는 바와 같이 국군에 있어서는 배우는 것이 [illegible] 다만 [illegible]
게 없을 것입니다 그것을 생각할 때 앞길이 깜깜해졌습니다 그러기 때문에 나
는 인민의 편으로 넘어와 자유로히 생활을 하고 있습니다 그리고 미국놈들이
우리 조선에 와서 현행동을 봅시다. 우리 조선사람을 자기들의 종으로 만들기
위하여 여러가지 방법으로 우리 조선사람을 야만적으로 학살하고 있지 않습니
까? 우리 조선에서 가장 애국자인 유격대를 학살하고 부녀가 있으면 부녀를
강간한 일이 한두번이였습니까? 그리고 리승만이가 지금 해고 있는 정치는 우
리 조선을 미국놈들에게 팔아먹기 위하야 매일같이 날뛰고 있습니다 그 실례
로는 징병제를 실시하여 청년들을 미국놈들의 [illegible] 로 만들고 있지
않습니까? 그러기 때문에 하루에도 우리 조선 청년이 [illegible] 고 있지
않습니까? 그리고 징용이라는 명의로 노인들까지 [illegible] 고 있지 않습니
까? 그리고 부녀들은 위안대라하여 일선에 몰아내여 상관들이 [illegible] 을 하는
것이 [illegible] 않습니까? 그리고 후방에는 돈 많은 사람은 호강스럽게 살고 돈 없
는 사람은 2.3일씩이나 굶는 것이 보통이 아닙니까? 그리고 국군 [illegible] 에서는 장
교와 부하가 한자리에 앉아서 식사를 해본적이 있습니까 그리고 장교들의 [illegible]
분만 나빠지면 기합을 받는 것이 보통이 아닙니까? 그리고 보급에 있어서 나오는
대로 준적이 있습니까? 또 식사도 만족하게 먹어본 적이 있습니까 그리고 [illegible] 나다
른 보급이 나오면 나오는 대로 준적이 있습니까? 그리고 보급물이 나오면 자기들의
배를 채우고 안내주지 않습니까 이것이 보통이 아닙니까 그리고 부하에게 좋은 물
품이 있으면 [illegible] 하는 것을 상관들은 보통으로 생각하고 있지 않습니까?
그 실례로 어떤 일등병 두부 [illegible] 시계를 자기 물품으로 만든 상관도 있지 않습니까?
그리고 상관들의 선전에는 지원군으로 넘어가면 죽인다는 선전을 [illegible]
았게 듣지 않았습니까 이것은 다 허위선전입니다 제가 넘어와 보니 지원군
군이 우리 조선사람을 위해서 조선전쟁에 참가했다는 것을 확실히 알았습니다.

편지형식의 전단이며, 많은 곳에서 문법 오류와 오 · 탈자가 있지만 내용을 이해하는 데는 문제가 없다. 오히려 자연스러운 표현으로 마음을 편하게 하여 내용에 대한 신뢰와 심리전 효과를 제고시키고 있다.

3.1.8 전단 목적 및 주제별 분석

대남전단을 목적별로 분류해 보면 공산군의 주장을 이해시키고 선전하는 데 목적를 둔 인지변화를 유도한 것은 47종 15%이며, 자신들의 선전, 선동에 동조하고, 신뢰를 갖도록 함과 동시에 아군의 사기저하 및 전의를 약화시키고, 대한민국과 유엔군에 대한 저항의식과 갈등을 유도하기 위한 정서적 변화가 목적인 전단이 44%를 차지하였고, 투항과 탈출, 그리고 상관을 살해하고 군무를 이탈하는 등의 행동을 유도하는 것은 41%였다.

[전단 제작 목적 및 주제별 현황]

목적	인지적 변화			정서적 변화				행동적 변화			
주제	소계	선전신뢰	비방폭로	소계	전의상실	갈등유도	사기고취	소계	공포감조성	투항유도	작전협조
전단수(종)	47	40	7	141	52	84	5	130	44	75	11
비율(%)	15	13	2	44	16	26	2	41	14	24	3

전단작전의 인지, 정서, 행동변화의 목적을 달성하기 위해 구성한 주제별 현황을 분석해 보면 인지적 변화의 목적을 달성하기 위해 선정된 주제는 공산주의의 우월성 선전과 남한체제를 비방하는 내용이 많았다. 정서적 변화를 위한 내용은 전의상실과 공포감 조성, 한・미 이간과 지도층의 갈등을 유도하는 내용이 대부분이었다. 행동변화를 유도하는 전단은 대부분 귀순, 투항을 유도하는 전단이었으며, 11종은 공산군의 작전에 협조를 요구하는 전단도 있었다.

[한국정부와 이승만 대통령 비방 주제]

남한주민을 대상으로 보낸 전단으로, 이승만 정부는 약속을 지키지 아니하며 무시무시한 세금으로 인해 백성은 곤궁에 빠져있는데, 지도자들은 환락에 빠져 있다며 비방하고, 주민불만을 조장하여 이승만 대통령과 미국 정부에 대한 투쟁을 선동하고 있다.

[한국지도자(이기붕 장관) 비방 주제]

소위「국방장관」 이기붕이란 어떤놈인가

소위「국방장관」 이기붕이는 일쪽 서울에서 국일관 요리집의 뽀이대장이였고 미국에가서는 미국에 사는 조선동포들을 기만하며 착취하던 이승만의 충실한 졸도이였다

조선이 해방된후 서울에와서 이승만의 비서를 하다가 그후 서울시장의 자리를 얻었으며 매국노 신성모가 二十억원 횡령죄로 면직이되자 아무것도 모르는 이기붕이는 이승만의 양자덕에 그놈의 처가 여호같은 계집년 애리쓰와 친하는덕으로 소위「국방장관」으로「출세」하게된 것이다

매국역도 이놈들은 그대들을 주검의 전쟁터로 몰아내고서 인민의 고혈을 빨아 사리 사욕만 채우고 있다

「국방군」장병들이여! 만일 그대들이 이전쟁에서 병신이 된다면 七만원의 제대비를 받게될것이며 아[니] 까운 생명이 끊어진다면 전사자「사금」으로 十二만원 그대들의 가족에게 지불된다고 한다

서울에서 쌀한말에 五만四천원, 소고기 한근에는五만五원하니 대체 이돈으로 무엇을 하겠는가? 대체 그대들 누구를 위해서 무엇때문에 이전쟁터에서 추위와 고통을 하고 있으며 아까운 생명의 위협을 받고 있는가?

조선사람들이여! 조선은 우리조선인민 침략자 미국놈과 그의주구 이승만 역 정의의 총뿌리를 용서없이 돌려대

이기붕 국방장관은 젊은이들을 용병으로 내몰고 그 대가로 자기만 배불리고 있다고 비방하면서 국군을 용병으로 비하하고 전쟁지도부에 대한 불신을 조장하는 전단. 한편 전사자 위로금이 12만원이고 소고기 한근 5.5만원, 쌀한말 5.4만원으로써 전쟁기간 중 물가가 얼마나 치솟았는가를 단적으로 나타내 주고 있다. 그리고 전사자 위로금 12만원은 소고기 2근 값으로 소·돼지 보다 못한 목숨값임을 암시함으로써 전의를 약화시키고 염전사상을 조장한다.

[남한사회 권력층의 병무비리를 폭로 비방하는 주제]

「국방군 장병들이여!」

돈 많고 빽이 좋은 놈은
안전한 후방근무들하나 그대는?

당신들이 자나깨나 원하는 후방근무!
그러나 그곳은 당신들이 생각조차 할 수 없
돈많고 권세있고 빽이 좋은놈은 후방 안전
한 곳에서 잘먹고 계집놀이에 세월을 보내는데
노동자 농민 사무원자식인 그대는 피비린내 나
는 싸움터에서 개죽엄당하여도 누구하나 돌보
아주지 않는 신세!
보라! 「국방군」 제7로사 3련대 1대대 수
색대 상사 김병조가 공무로 부산에 출장가보
니 전선에서 온놈은 빽도없는놈 따라서 더러
미로 취급하기 때문에 서울에서 왔다고 속이
어 체면을 유지한 이 사실만 보아도 그대 죽
엄은 개죽엄이라는것을 알 수 있지않는가?
각성하라! 값없는 죽엄으로부터 살길을
찾아 고향으로 도망하라!
인민군쪽으로 넘어오라!

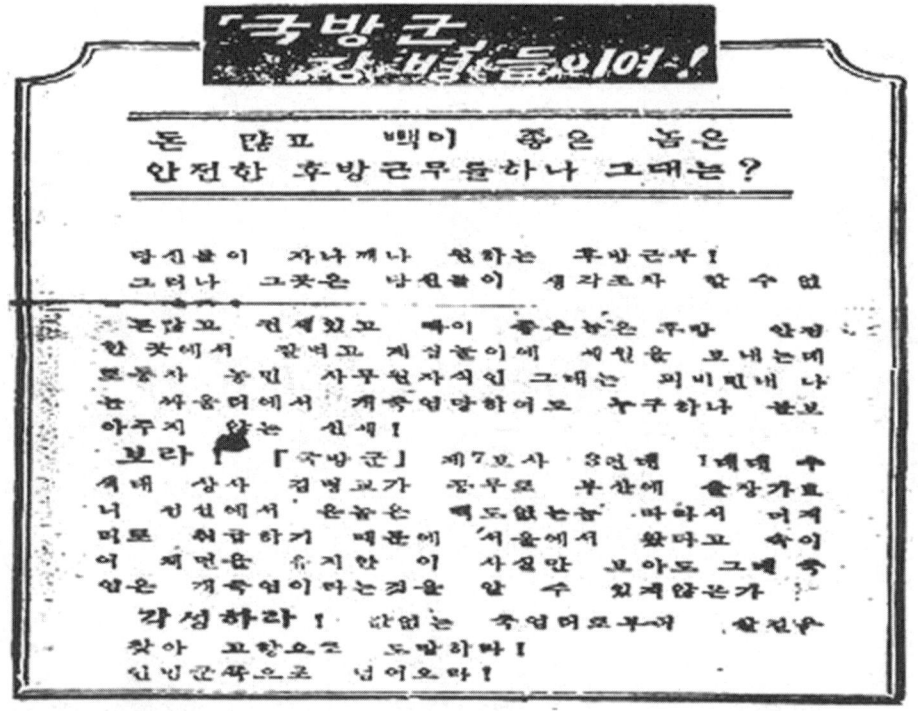

전쟁터에서 장병들의 사기를 저하시킬 수 있는 가장 좋은 주제. '돈 많고 빽 있는 놈'은 후방으로 빠지고 우리만 고생하고 생명을 바쳐야 하는가? 라는 물음과 함께 전투의지를 약화시키고 갈등을 조장하고 있다.

[신태영 국방장관을 비방하는 주제]

소위'국방부장관,인 신태영이란 어떤놈인가?

소위'국방부장관,자리에 앉아 · 호통을 치고있는 신태영이란 놈은 조선사람의 탈을 쓰고 우리나라와 민족을 외래침략자에게 팔아먹기에 성심이 된 매국노이며 반역자이다

이 놈은 왜놈의 군대에서 육군중좌까지 된 일본천황의 충신으로서 우리조선민족을 왜놈의 노예로 만들려고 갖은 발악을 다하였으며 더욱기 소위 '대동아전쟁,시기에는 '용산병참사령관,의 자리에서 조선사람의 피땀으로 이루어진 쌀과 심지어 놋그릇과 수저까락까지 긁어모아 왜놈에게 바친 바로 그놈이다

8.15 해방이 되여 친일파의 개무리들이 서로 앞을 다투어가며 미국놈으로 주인을 갈아잡을 때 60이 가까운 신태영이란 놈도 남보다 뒤떨어지지 않으려고 눈알이 뒷벌게 날뛰었다

음흉한 미국양키놈들이 신태영이를 소위'현시국장,'총참모장,'국방부장관,에 까지 끌어올린것은 그놈이 왜놈때 민족의 리익을 팔아먹는데 충실한 개짓을 했었으니만큼 큰'벼슬자리,에 앉히면 오죽이나 감사하여 미친놈일것인가를 잘알고 있었기 때문이다

과연 신태영이는 미국놈의 수작이라면 찾으로 여주를 준다해도 "옳다"고 소리치면서 뉘이빠진 두 다리로 껑충거리며 미국개 노릇을 가장 충실하게 하고 있다

그리하여 신태영이는 강제징용 강제용출 가대판세으로서 인민들을 굶주림에 허여지게 하여 남조선청년들을 모조리 강제징병하여 미국놈의 값싼 대포밥으로 전선에 몰라내고 있다

'국방군,장병들이여!

당신들의 소위'국방부장관,이란 놈의 정체는 바로 이러하다

조국과 민족을 미국놈에게 팔아먹기 위하여 당신들의 부모형제들을 못살게 굴며 당신들에게 민족의 리익을 배반하는 침략과 죽엄을 강요하는 신태영이와 기타 모든 악질'장관,놈들에게 정의의 총부리를 돌려대라! 이놈들을 처단하라!

(03104-1)

'신태영' 국방부 장관의 8 · 15 전과 8 · 15 후의 활동상을 왜곡 · 비방하여 현직 장관의 권위를 실추시킴으로써 군기를 이완시키고, 전쟁의 목적에 대한 해이감을 갖도록 하며 전의를 약화시키고 있다.

[전선과 후방지역 계층별 · 신분별 생활상을 왜곡 · 비방]

사병들은 전선에서 죽음을 맞고 있는데 장교들은 향락만 일삼고, 후방 미군은 한국 부녀자를 성폭행하고, 부모형제는 굶주리는데 지도자들은 미국의 앞잡이로써 양민들을 학살한다는 날조 비방

[국군과 인민군의 위상을 비교하면서 국군을 비방한 주제]

'조선인민군은 자유와 독립을 수호하는 자이고, 국방군은 나라를 팔아먹는 미국놈의 앞잡이 군대이며 결국은 미국놈의 대포받이가 되어 죽고 만다' 라는 주제의 만화전단이다.

[미국정부를 비방하는 주제]

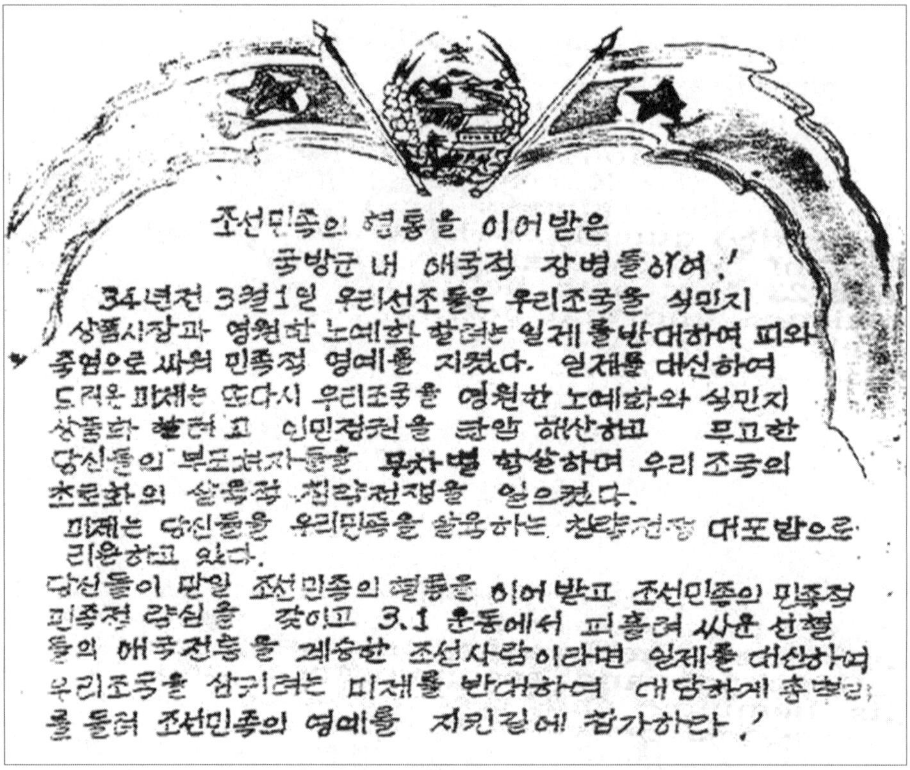

조선민족의 혈통을 이어받은
국방군 내 애국적 장병들이여!
34년전 3월1일 우리선조들은 우리조국을 식민지 상품시장과 영원한 노예화 할려는 일제를 반대하여 피와 죽엄으로 싸워 민족적 영예를 지켰다. 일제를 대신하여 도적온 미제는 또다시 우리조국을 영원한 노예화와 식민지 상품화 할려고 인민정권을 탄압 해산하고 무고한 당신들의 부모처자들을 무차별 학살하며 우리 조국의 초토화의 살육적 침략전쟁을 일으켰다.
미제는 당신들을 우리민족을 살육하는 침략전쟁 대포밥으로 리용하고 있다.
당신들이 만일 조선민족의 혈통을 이어받고 조선민족의 민족적 민족적 량심을 갖이고 3.1 운동에서 피흘려 싸운 선철들의 애국전통을 계승한 조선사람이라면 일제를 대신하여 우리조국을 삼키려는 미제를 반대하여 대담하게 총부리를 돌려 조선민족의 영예를 지킨길에 참가하라!

미국의 참전을 미 제의 한반도 식민지화 침략전쟁으로 규정하면서, 3·1 독립정신으로 미 제에 대항하자는 선동 전단이다.

당신들의 안해와 누이들을
미국놈들의 마수에서 구원하자!

미국놈이 조선민족의 원수다!

미국놈이 조선민족의 원수다!
미국놈이 조선민족의 원수다!
미국놈이 조선민족의 원수다!
동족끼리 피를 흘리지 말자!
동족끼리 피를 흘리지 말자!
동족끼리 피를 흘리지 말자!

동족끼리 피를 흘리지 말자!

반복적인 구호는 심리전 기술의 세뇌효과를 이용한 것으로 깊은 인상과 행동화 선동주제에 많이 활용된다.

[반미투쟁 선동주제]

후방의 부모 형제가 고생해서 키운 농산물, 가축들을 미군이 겁탈해가버림으로써 굶어죽을 판이 된 상황으로 왜곡한 만화전단으로 문맹자도 이해하기 쉽게 표현되었다.

미군들이 국군의 아내(안해)와 누이를 겁탈하고 있다고 왜곡 비방하여 반미투쟁을 선동하고, 염전사상을 고취시키고 있다.

국민들이 염원하는 정전협상을 미국이 무마시킨다는 것을 강조한 전단으로 염전사상을 고취시키고 있다.

이 전단은 남한의 지휘관이 군내에서 횡령한 돈으로 미군에게 아첨하는 목적으로 사용한다고 왜곡 · 비방하여 내부 불신감을 조장하고 반미선동 · 염전사상을 고취시키고 있다.

[반미 이간 전단]

미군들이 분실한 무기를 만회하기 위해 남한 병사들의 무기를 겁탈하고 있으며, 미군은 국군에 대해 구타와 욕설 등 인종차별을 서슴치 않고 있으니, 투항하여 떳떳한 조선인이 되라고 선동하는 전단이다.

[반미 비방 · 선동 주제]

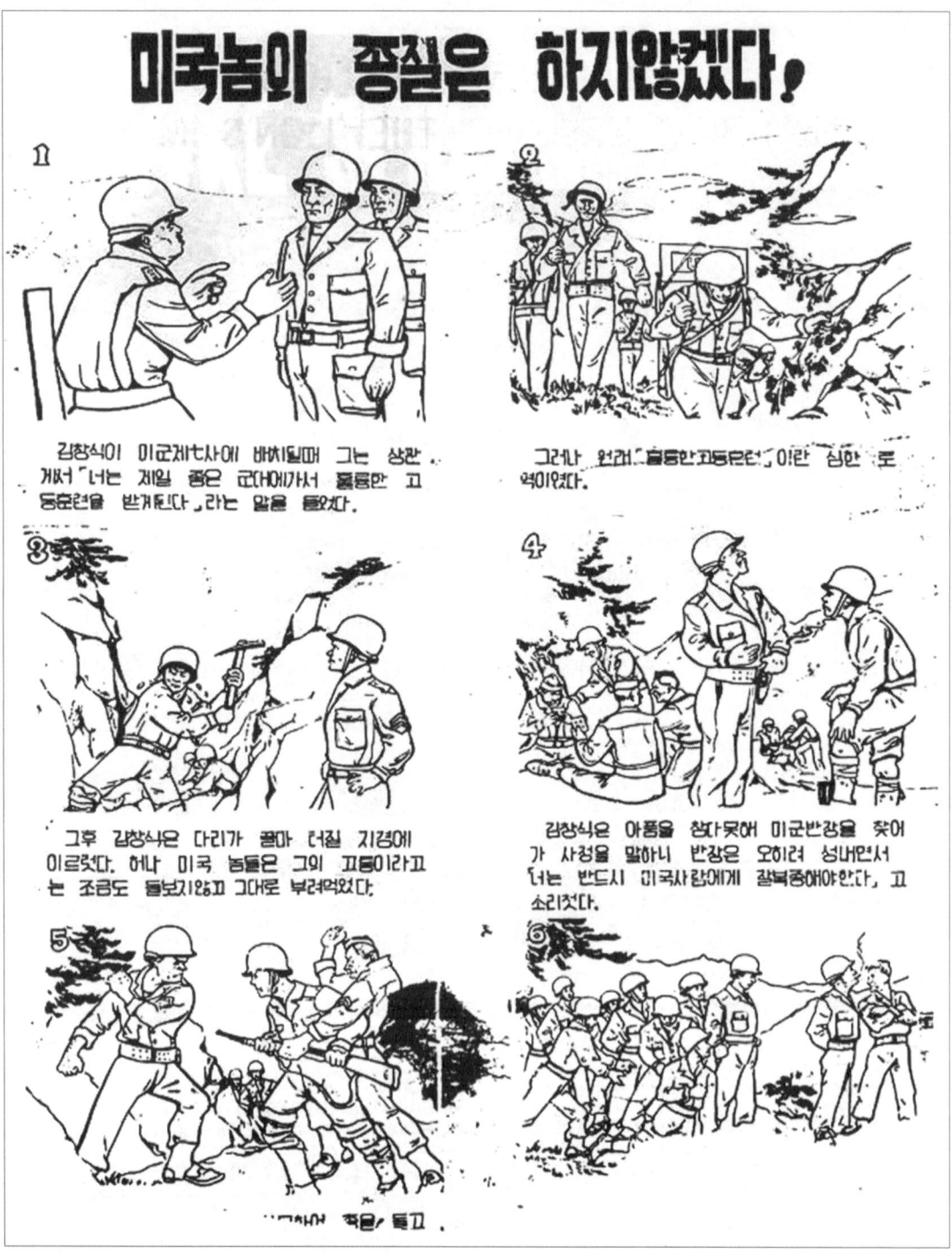

한국군이 미 7사단으로 배치될 때 약속 받았던 것과 정반대의 고통스러운 생활상을 예시하여 신뢰성을 제고하면서 반미선동, 갈등을 조장하려는 의도이나 제목과 내용의 연계성이 없어 효과가 의문시 되는 전단

[반미 · 반정부 비방 · 선동주제]

리승만부대의 장병들이여!

금년가을 남조선의농사는 흉작이다ㅇ 때문에 금년 11월부터 이후 1년동안에 전남조선에는 3개월— 70만톤량식이 부족된다(일년수요량은 260만톤), 이것은 즉 수많은 남조선인민들이 어느때 굶어죽을지 모른다는것을 말한다ㅇ

농사는 왜 잘못되였는가? 미국사람이 말하기는 「너무 가물었기때문이다」 리승만역도의말은「미국사람이 비료를 늦게 실어왔기때문이다」라고하였다. 기실은 이런것은 모두 진정한 원인이 아니다. 진정한 원인은 미국강도와 리승만역도들이 남조선의 수많은 농민들을 강제로 싸홈터에 내몰아 농촌에는 농사지을사람들이 없어졌기때문이다ㅇ

생각해보라! 만약 전쟁이없었다면 장우이나 비료부족이 농사에 주는 피해는 그렇게까지는 심하게 되지않았을것이다ㅇ

여러분 명년에 굶어죽는사람을 없게하려면 당신들은 다같이 단결하여 정전담판을 지연시키는 미국정부를 반대하여 하루속히 평화를 오게하라!
당신들은 집에도라가 농사짓도록하라!
자기의 부모처자를 굶어죽게하지말라!

'왜 남조선이 금년 가을에 흉작이 들었는가?' 의 주제에 부합되는 근거를 제시하여 이해 · 설득의 효과를 높이고 있으며, 같은 주제를 반복하여 각인시키고 행동화를 선동하고 있다.

[반미 투쟁선동 및 경고 주제]

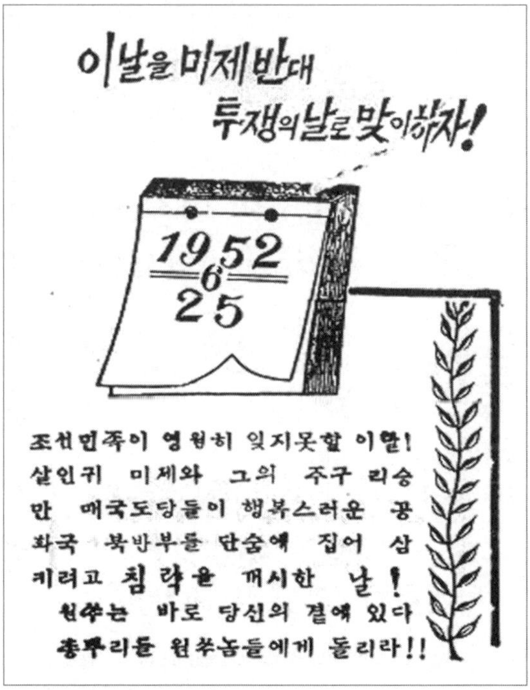

DON'T WALK INTO THE LION'S MOUTH!

The Eisenhower Administration wants a BIGGER WAR IN KOREA.

BUT General Daniel A. Hudelson, who led the 40th U.S. National Guard Division in combat in Korea, pointed out the DANGER a long time ago.

GENERAL HUDELSON said, on June 10, 1952, as quoted by United Press:

"The people of this country would not stand for the ENORMOUS CASUALTIES we would suffer if we attempt to smash through the Chinese forces.

"THE CHINESE ARE GETTING PLENTY OF AMMUNITION, and have plenty of effective weapons."

Recently, many of your generals have shared the same opinion. Despatch of Reuter News Agency, Washington, February 20, reads:

"General Omar Bradley, Chairman of the Joint Chiefs of Staff, told the Senate Armed Services Committee recently that an offensive now WOULD RISK HEAVY CASUALTIES AND WOULD BE OF DOUBTFUL VALUE."

The brasshats know what they are talking about!

DON'T LET ONE OF THESE "ENORMOUS CASUALTIES" BE YOU!

아이젠하워 대통령은 한국전을 확대 시도하고 있다. 6 · 25전쟁에는 막강한 중공군과 탄약이 들어오고 있다. 따라서 UN군측에 참가하면 총알받이밖에 되지 않으니 부질없는 희생자가 되지 않도록 하라는 경고 및 반미 비방전단

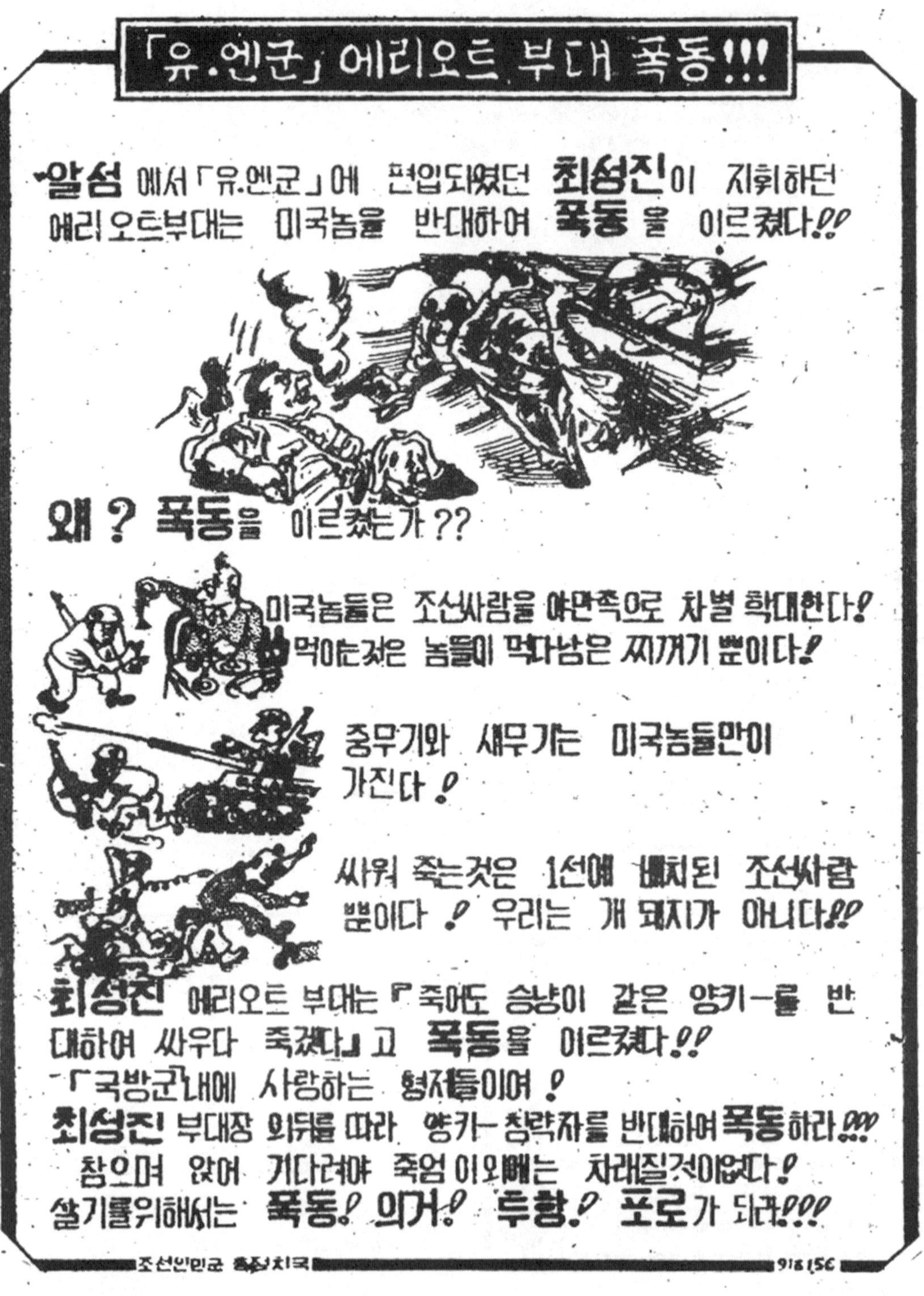

「유.엔군」 에리오트 부대 폭동!!!

알섬 에서 「유.엔군」에 편입되였던 **최성진**이 지휘하던 에리오트부대는 미국놈을 반대하여 **폭동**을 이르켰다!!

왜? 폭동을 이르켰는가??

미국놈들은 조선사람을 야만족으로 차별 학대한다! 먹이는것은 놈들이 먹다남은 찌꺼기 뿐이다!

중무기와 새무기는 미국놈들만이 가진다!

싸워 죽는것은 1선에 배치된 조선사람 뿐이다! 우리는 개 돼지가 아니다!!

최성진 에리오트 부대는 『죽어도 승냥이 같은 양키-를 반대하여 싸우다 죽겠다』고 **폭동**을 이르켰다!!

「국방군」내에 사랑하는 형제들이여!

최성진 부대장 뒤를 따라 양키- 침략자를 반대하여 **폭동**하라!!!

참으며 앉어 기다려야 죽엄 이외에는 차래질것이없다!

살기를위해서는 **폭동! 의거! 투항! 포로**가 되라!!!

조선인민군 총정치국 918 I5C

에리오트 부대 폭동사건을 인용하여 미군에 대한 갈등을 조장하고 폭동을 선동하는 내용. 살기 위해서는 폭동! 의거! 투항! 포로가 되라! 는 적극적인 선동구호를 이용하고 있다.

[미군내 흑 · 백인의 갈등조장 주제]

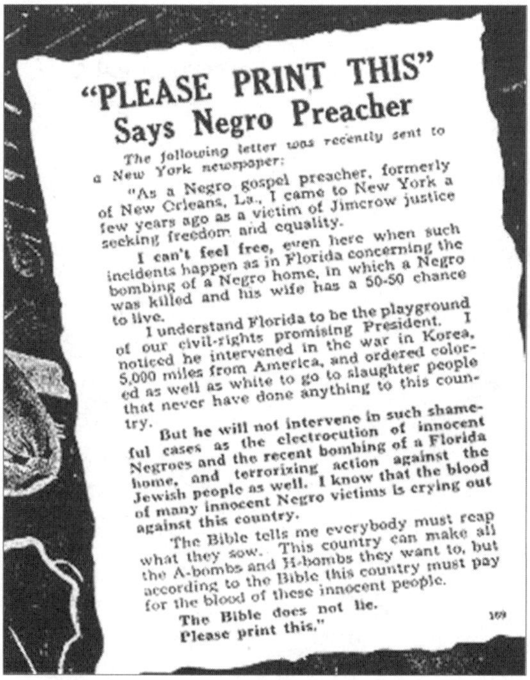

"PLEASE PRINT THIS"
Says Negro Preacher

The following letter was recently sent to a New York newspaper:

"As a Negro gospel preacher, formerly of New Orleans, La., I came to New York a few years ago as a victim of Jimcrow justice seeking freedom and equality.

I can't feel free, even here when such incidents happen as in Florida concerning the bombing of a Negro home, in which a Negro was killed and his wife has a 50-50 chance to live.

I understand Florida to be the playground of our civil-rights promising President. I noticed he intervened in the war in Korea, 5,000 miles from America, and ordered colored as well as white to go to slaughter people that never have done anything to this country.

But he will not intervene in such shameful cases as the electrocution of innocent Negroes and the recent bombing of a Florida home, and terrorizing action against the Jewish people as well. I know that the blood of many innocent Negro victims is crying out against this country.

The Bible tells me everybody must reap what they sow. This country can make all the A-bombs and H-bombs they want to, but according to the Bible this country must pay for the blood of these innocent people.

The Bible does not lie. Please print this."

169

미군내 흑인 인종차별을 부각시키고, 흑인을 전쟁의 희생양으로 삼고 있다는 흑인전도사 편지를 인용하여, 미군내 흑 · 백인간의 갈등을 조장하고 염전사상을 고취시키고 있다.

[반미 · 일 투쟁 선동 주제]

미국의 대일단독강화는 한반도와 대륙침략 음모이며, 이를 은폐하기 위해 일본을 앞재비로 내세운다는 반미 · 일 비방 · 투쟁 선동 전단

[반미 · 일 투쟁선동 주제]

'조선말 금지' 표지에 입에 자물통을 채우고 놋그릇 등 징용, 징병 했던 과거를 되새기도록 하여 대일적개심을 고취시키고 있다. 일본의 6 · 25전쟁의 참전을 경계하는 심리전 내용이다.

[반미 비방 · 선동 주제]

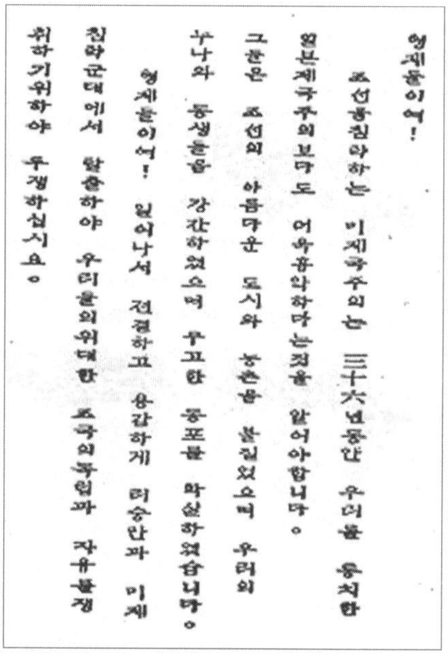

미국을 36년동안 우리를 통치한 일본 제국주의 보다 더 흉악하다고 보고 있으며, 내심 북한군이 미국을 얼마나 경계하고 겁을 먹고 있는가를 보여주는 전단이다.

[반 미 · 일 투쟁선동과 반정부 비방주제]

일제에 이어 이번에는 미국이 우리들을 노예로 만들려고 위협하니, 선조들처럼 우리도 이에 맞서 미국과 일본에 대해 저항 · 투쟁하자고 선동하고 있다.

[국군 제 5사단 35연대 장병들에게 반미 · 일 투쟁을 선동하는 주제]

『國防軍』 第五師團35聯隊內
將校 諸君들!! 士兵諸君들!!
朝鮮民族이 永遠히 잊을수없는 感激의날 8.15를
우리는 同族相爭의 싸움터에서 맞이합니다.
지금으로부터 七年前인 1945年 8月15日 兇惡한
日本帝國主義 武力은 敗亡되였으며 朝鮮民族은
侵略者들의 鐵鎖로부터 完全히 解放되였습니다.
近四十年間 日帝의 苛酷한 統治는 朝鮮民族을
希望없이 貧窮과 暗黑으로 轉落시켰습니다 그것으로
日帝의 敗亡과 함께 解放된 朝鮮民族의 기쁨
과 感激이야말로 이는 測量할수 없었던것입니다.
8月15日 日帝가 敗亡하고 朝鮮이 解放되였
다는 急報가 全國方方에 울리자 이나라
모-든 겨레는 한결같이 感激에 넘쳤던것입
니다. 勞動者들은 망치를 든채 工場에서
農民들은 낫과 호미를 든채 田園에서 愛國
者들은 監獄에서 모-다뛰여나와 목이터지도록
『朝鮮獨立萬歲』를 몇번이고 몇번이고 외쳤

습니다. 징용 징兵의 死地로 끌려갔던 靑年들은
그리운 故향父母妻자를 찾어 도라왔으며 婦女들과
老人들은 報國隊에서 어린小女들은 挺身隊에서
모-다 도라와 僥倖히 죽지않고 살어서 맞나는
기쁨과 感激을 참지못해 부둥켜안고 눈물을
흘리든 情景을 어찌 잊을수 있겠습니까?
귀여운 자息과 孫자를 빼앗기고 의지할곳없이
눈물과 한숨으로 지내든 70고개를 넘은 老人들
까지도 安家房에서 맨발로 뛰여나와 두둥실
춤을추며 즐기였고 철모르는 어린아이들도 엄마등에서
『萬歲』『萬歲』하고 解放을 즐기든일을 어찌 잊겠
습니까? 解放을 즐기는 이나라 同胞는
한결같이 다시는 나라없는 植民地 奴隸
生活을 하여서는 않된다고 거듭 거듭 盟誓
하며 나설때 이나라 山川草木도 날듯이
걸머리지도 自由롭고 幸福스러울 앞날의
朝鮮을 노래하고 춤추지 않었습니까?
그리하여 金日成 將軍의 빨치산部隊에서

地下에서 監獄에서 日本帝國主義者들과 烈烈히
싸우든 愛國者들을 中心으로 全北朝鮮人民들은
새生活에 着手하였습니다. 그러나 蘇聯軍이
進駐한 北朝鮮과 米軍이 進駐한 南朝鮮
과는 正反對되는 差異가 生겼습니다.
北朝鮮은 日帝를 反對하여 徹頭徹尾하게
싸우든 愛國者를 중심으로 全人民이 參加하여
自기의 意思대로 人民政權이 樹立되고 諸般
民主改革이 實施되여 人民은 幸福스러운 生活을
하기 始作하였습니다.
그러나 南朝鮮은 米帝國主義者들로 말미아마
愛國者들은 다시 檢擧 投獄 虐殺되고 親日
派民族反逆者들은 米軍政의 庇護下에 倭놈때
보다 더 잔악한 人民의 원수로 등장하고
그리하여 南朝鮮 天地는 倭놈들의 統治
보다 더 苛酷하게 되였습니다. 이렇게되여
七年이 經過하였습니다.

오늘 南朝鮮의 情形은 어떠합니까?
朝鮮民族의 피가 흐르는者라면 어찌憤慨
하지 않겠습니까?
諸君들이 살고있는 南朝鮮을 보시오!!
나라를 사랑하는 愛國者들과 良心 있는 사람들은
다시 監獄과 絞首台에 끌려가 이슬같이 살어지고
靑年들은 米國의 武器를들고 戰爭터로 몰리워
同族끼리 싸우다 죽으며 婦女들과 老人들은
報國隊와 〈勞務隊〉에 끌려나와 呻吟하며 女學生
들은 慰安隊니 挺身隊이니하며 바다를 건너
기어온 米軍야수무리들에게 依하여 貞操를 유린
당하고 있으니 어찌 朝鮮民族으로서 보고만
있을수 있겠습니까?
집과 子息을 잃은 늙은父母들은 거리를
彷徨하다가 한장의 거적속에서 굶어 죽으며
조막을 빨든어린아들은 엄마의 젖꼭지를 찾다
시들어 죽으며 都市와 農村의 모-든財物은
米國놈들때문에 파괴되고 불타 버리니

米国놈을 가르쳐 食人種이라는것이 우연한것이 아니였습니다.

国防軍政 良心있는 青年 将校諸氏들!!

士兵諸君들!!

日本帝国主義 鐵蹄로부터 解放되여 새살림을 꾸려 子孫万代幸福을 누려주자는 朝鮮同胞누구한사람인들 오늘과같은 惨相을 願했겠습니까? 朝鮮사람은 어느누구도 幸福을 決코 願하지 않았습니다.

이不幸은 다만 米国侵略者들이 戰爭挑發로 因하여 発端되였으며 또계속되고 있습니다.

米国놈들은 朝鮮戰爭이 계속 拡大될것을 願하고 있습니다. 그는 朝鮮에서 使用되는 武器가 더많이 需要될수록 米国独占資本家들은 더많은 利潤을 보는때문이며 그러게 하여 植民地를 얻기때문입니다.

朝鮮戰爭의 결과로 生기는 피害는 米国 本土에 있는것이 아니라 朝鮮땅에 있으며 朝鮮사람이 더많이 죽기때문에 그들은 平和보다 戰爭을 要求합니다.

그들은 朝鮮사람끼리 더많이 싸워서 서로 죽는것을 希望하고 있습니다. 그래야만 손쉽게 朝鮮을 삼킬수 있기때문입니다. 그럼으로 米国놈들은 開城에서 진행되는 정戰会談을 지연시키며 나아가서는 와해 시키려고 합니다.

「国防軍」政 良心있는 諸氏들!!

朝鮮民族이 歷史上 오늘과같은 위험한때는 없었습니다 우리는 이慘相을 보고만 있을수 없으며 容許할수 없습니다. 日帝로부터 解放된 七週年을 맞이하면서 우리는 諸氏들에게 다음과같은 問題를 提意하려 합니다.

① 우리는 이以上더 同族끼리 싸우는것을 反対합니다. 米国놈이 戰爭계속을 主張하며 계속戰爭을 선동하고있는것을 단연거부하고 朝鮮사람끼리라도 戰爭을 停止

우리는 다같은 朝鮮民族입니다. 같은 民族인 우리民族의 共同원수는 米国놈입니다.

朝鮮戰爭의 犧牲는 더많은 人材들과 人命을 要求하고있습니다. 그런데 오늘의 戰爭은 前途洋洋한 우리나라 귀여운 青年들을 無数히 죽이고만 있습니다. 이殺人的 戰爭을 우리는 무엇때문에 누구를 위하여 同族끼리 피를 흘려가며 계속합니까?

朝鮮에서 오직 米国놈들을 내모는 때라야만 우리民族은 幸福해지는것입니다.

다음 우리는 8.15를 계기로해서 당신들에게 보내는 우리의 이뜻을 義勇隊全体 軍務者들에게 認識시켜주는것을 希望합니다.

同時에 당신들의 善良한 兵士들의 意志로 보내줄것을 希望합니다. 그래서 우리들의 뜻을 같이하여 米国侵略者들을 朝鮮 국토에서 完全히 몰아내고 祖国의 完全統一 独立을 쟁취합시다.

回答

우리의 誠実한 이要求를 諸氏들이 만약 不應하고 부질없이 넘긴다면 그때는 諸氏들에게 더없는 不幸이 있을뿐입니다.

왜냐하면 우리民族의 統一과 独立을 障害하는 米帝와 그주구들의 제멋대로 원제까지나 날뛰라고 우리는 참자고 있지 않았기때문입니다.

8.15 七週年을 맞이하면서 米国놈들의 侵略을 反対하는 諸氏들에게 民族的 祝賀를 보내면서.

1952. 8. 15

朝鮮人民軍東海岸島嶼防衛部隊

軍務者들로부터

[반미 · 일 비방 · 투쟁선동 주제]

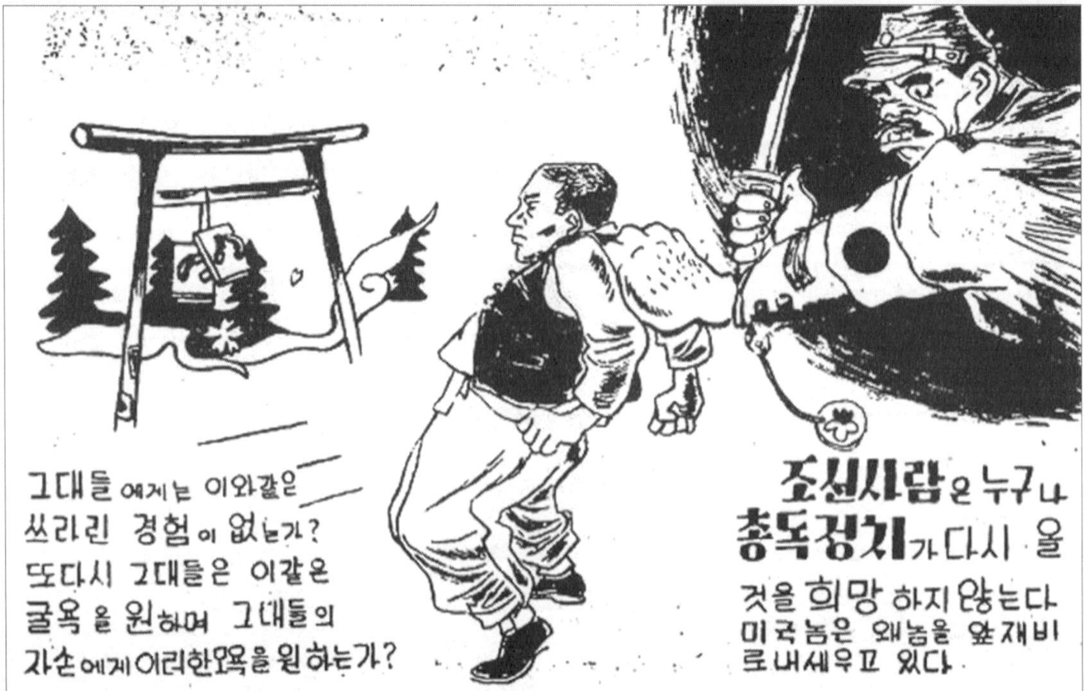

식민지 시절의 일본과 6 · 25전쟁 중의 미국의 원조를 같은 의미로 해석해 왜곡하고, 선조들을 끌어들임으로써 민족성을 자각케하고 군중심리를 이용하여 반미 · 일 투쟁을 선동하고 있다.

HERE'S WHY *YOU* ARE FIGHTING

Back at home, an army of money grabbers are fighting a different war. The Battle of the Bulge—bulging bank accounts. Here is their Communique (from a small sector of the front):

	Profits 1949 (Jan—Sep)	Profits 1950 (Jan—Sep)
General Motors	$ 502 million	$ 702 million
Du Pont	$ 136 „	$ 218 „
U.S. Steel	$ 133 „	$ 178 „
General Electric	$ 67 „	$ 112 „

(Figures from the Wall Street Journal)

Nice work if you can get it. But *you* can't. You and the American taxpayer are at the wrong end of the stick. You do the fighting and dying, while the folks at home pull in their belts and foot the bill for this war. (Taxes were 8 times higher in 1950 than in 1938, and they're still going up—like prices.) The only fighting the Wall Street bunch do is the fighting for fat war contracts; and the only bills they pay are those run up by their army of lobbyists in Washington.

EVERY CLIP YOU FIRE MEANS MORE DOLLARS IN THE TILL for the Rockefellers, Du Ponts, Morgans, Harrimans, MacArthurs and their whole pack of croneys. You die, the folks at home get poorer, the rich get richer. And that's why you've been sent 5,000 miles from home to kill Korean and Chinese people.

Your folks are praying you'll return safe and sound. Here's your chance to make their prayers come true—and at the same time get out of this rotten, unjust war that you never asked for or wanted.

If you put down your arms and come over —— We Guarantee: ——

We shall not harm you nor take your belongings. You will get MEDICAL CARE, FOOD, SAFETY in the rear and in the end YOU'LL SEE YOUR FOLKS AGAIN.

The Chinese People's Volunteer Forces

대기업들이 전쟁물자, 장비를 판매해 이윤쟁취 한 사례를 제시하면서 6 · 25전쟁에 참전한 것은 경제전쟁의 희생양임을 부각시켜 염전사상을 고취시키고 있다.

Why Are You Here, 5,000 miles from your homes, freezing and hungry, risking your lives, killing Korean men and women—even infants—who never harmed America or thought of attacking you? Why? Ask yourselves and keep asking until you get the answer. *WHY ?*

Here's the truth behind the hand-out of lies you get fed every day. These facts tell the story of why you're fighting here.

- **Since the Korean war started, shares have sky-rocketed on Wall Street, reaching the highest level in 19 years; but whenever peace prospects improve, stocks fall.**
- **Corporation lobbyists are battling tooth-and-claw in Washington over the $3,000,000,000 that the Defense Dept. is handing out each month in war contracts.**
- **The Commerce Dept. says corporation profits after taxes will reach the all-time high of $23,200,000,000 in 1950.**
- **The 'patriotic' monopolists also milk the tax-payer by boosting prices on war materials—crude rubber prices have jumped 128% since June; pig iron is up 51%; tin, 33%; alloy steel, 24%.**

It All Adds Up to the fact that you're fighting for the profits of DuPont, Rockefeller, Morgan and the rest of that gang. Bigger wars mean bigger profits—that's why they want to push you into war with China. For them it's dollars, dollars, dollars, and every one smeared with your blood, Korean blood, and Chinese blood. The chatter about a 'UN' war is sucker bait.

FACE THE FACTS AND START THINKING!

Smart People Don't Die for Wall Street profits. We are peace-loving, home-loving people. Put down your weapons and come over to us! Don't keep risking your neck for nothing. Your life is worth a lot to your family, but only $ and cts. to Wall Street.

WE GUARANTEE YOU SAFETY AND GOOD TREATMENT IN THE REAR

The Chinese People's Volunteer Forces

5000마일의 먼 이국땅에 와서 춥고, 배고픔을 참으며 무엇을 위해 한국국민을 살상하고 있는가? 이 전쟁은 뒤퐁, 록펠러 등 군수업자들의 달러획득을 위해 미군 · 한국군의 피를 흘리게 하는 전쟁이라고 규정하면서 참전의 가치를 부정케하여 염전사상 조장과 전의를 상실케 하고 있다.

[향수심과 적개심을 고취시키는 주제]

음력설에 고향의 부모형제들이 굶주리고 있는 모습과 미군 · 이승만 위정자들의 호위호식과 비교 · 제시하여 향수심을 자극하고 지도부와 미군에 대한 저항심리를 유발케하고 있다.

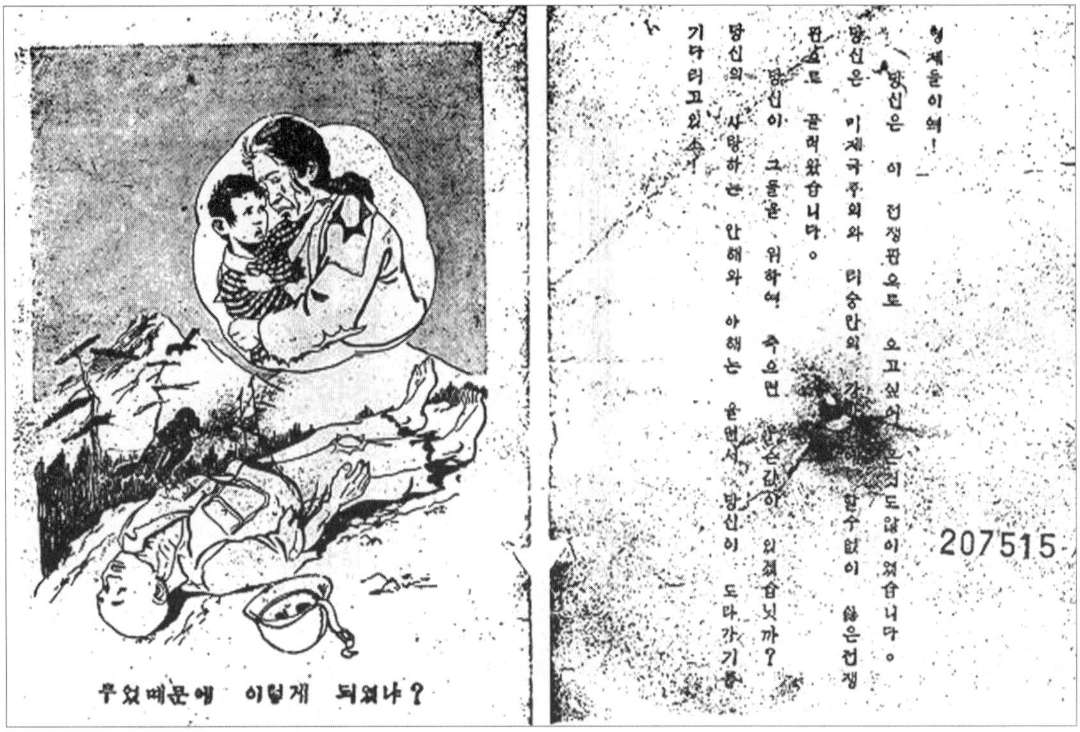

아내와 자식이 애타게 기다리고 있는 모습을 부각시켜 향수심과 염전사상을 고취시킴. '안해(아내)와 아해(아이)는 울면서 당신이 도라가기를(돌아오기를) 기다리고 있소.' 라는 표현으로 보아 전장에서 대치하고 있는 전투병을 대상으로 제작살포한 전단임을 알 수 있다.

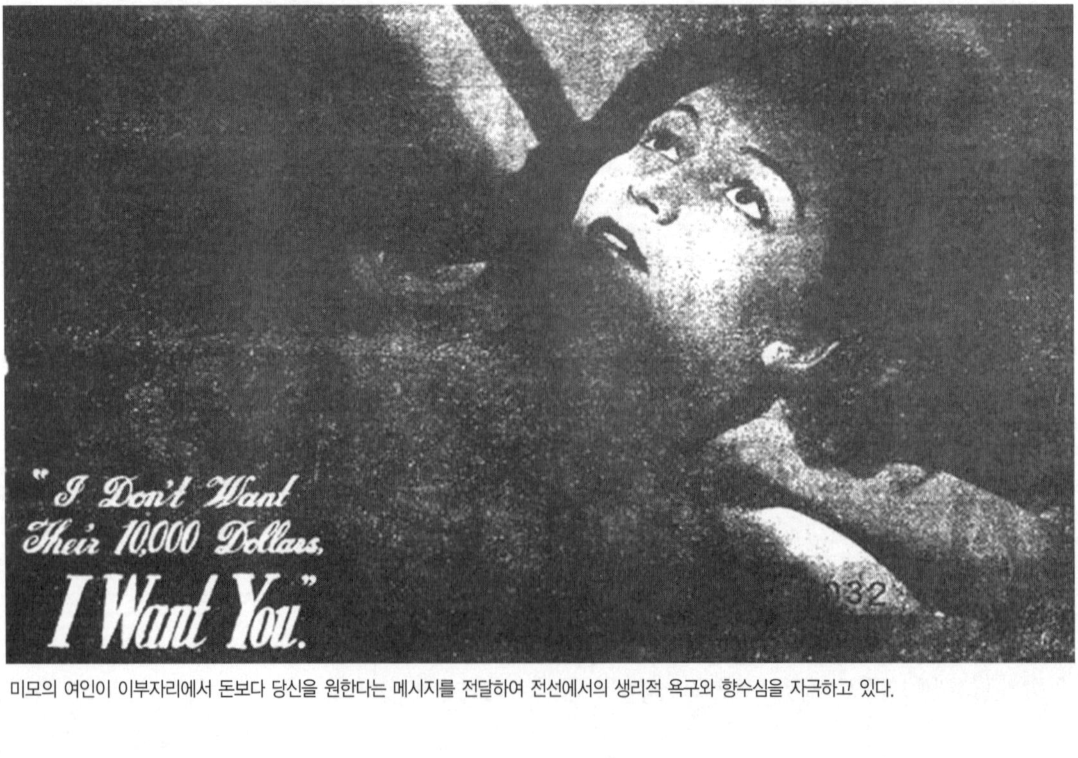

미모의 여인이 이부자리에서 돈보다 당신을 원한다는 메시지를 전달하여 전선에서의 생리적 욕구와 향수심을 자극하고 있다.

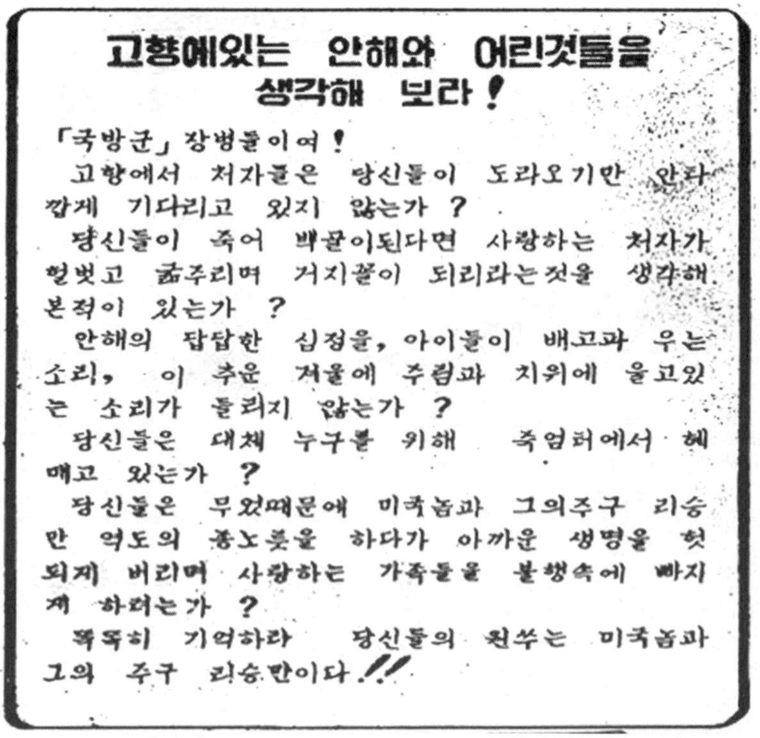

고향에있는 안해와 어린것들을 생각해 보라!

「국방군」 장병들이여!

고향에서 처자들은 당신들이 도라오기만 안타깝게 기다리고 있지 않는가?

당신들이 죽어 백골이된다면 사랑하는 처자가 헐벗고 굶주리며 거지꼴이 되리라는것을 생각해 본적이 있는가?

안해의 답답한 심정을, 아이들이 배고파 우는 소리, 이 추운 겨울에 주림과 치위에 울고있는 소리가 들리지 않는가?

당신들은 대체 누구를 위해 죽엄터에서 헤매고 있는가?

당신들은 무었때문에 미국놈과 그의주구 리승만 역도의 총노릇을 하다가 아까운 생명을 헛되게 버리며 사랑하는 가족들을 불행속에 빠지게 하려는가?

똑똑히 기억하라 당신들의 원수는 미국놈과 그의 주구 리승만이다!!

전장에서 배고픔, 안전, 종족의 번영(부모형제 · 처자식)에 대한 생각보다 더한 것은 없다. 이러한 인간의 1차적 욕구를 이용하여 심리전을 전개하는 것이 가장 효과적이다.

[흑인에게 염전사상 고취 : 전쟁무가치]

Are You Really Fighting For Freedom?

The *Pittsburgh Courier* of July 14, 1951 carried a letter from 54 Negro soldiers stationed at Fort Devens, Mass. We reprint part of it below:

"Why are we in the Army? Why is this country fighting in Korea?

"We know that we are not the only ones asking this question.

"When some of us went home on leave, the uniform did not mean much to white people down South or up North. What counted was the color of our skin. So we were jimcrowed right on.

"Sure, we have heard of Ralph Bunche and Mrs. Edith Sampson and Jackie Robinson and the positions they hold. But they are only a few. What about the rest? Still the same jimcrow for them. Still the same frameup trials from Jackson, Miss., to Trenton, N. J. Still the same slums and low-pay. Still the same struggling mothers and kids. From one end of this country to the other, we are not free. . . . .

"And is it really freedom they want us to fight for? Can the United States possibly bring freedom to other colored people in other countries if we are not free at home? Hardly. You can not give what you have not got.

"It seems to us that the average, ordinary people, both colored and white,-fight and die in wars that always somebody else makes. Big-time Old Soldiers make the wars and ordinary young ones fight them. Old Soldiers never die, but plenty of young ones do.

"If enough of us can get together, we believe we will get our peace and our freedom too, Because in unity there is strength."

Lay Down Your Arms, Let's Shake Hands and Be Friends.

THE KOREAN PEOPLE'S ARMY
THE CHINESE PEOPLE'S VOLUNTEERS

傳單—114（散發給前線軍人部隊）

미 흑인 병사들을 대상으로 전쟁에서 그들의 희생으로도 자신은 물론 미국 본토에 있는 흑인들의 자유와 평등을 보장 받지 못한다는 선전 내용으로 염전사상을 유발시키는 전단

[국방군은 총알 받이]

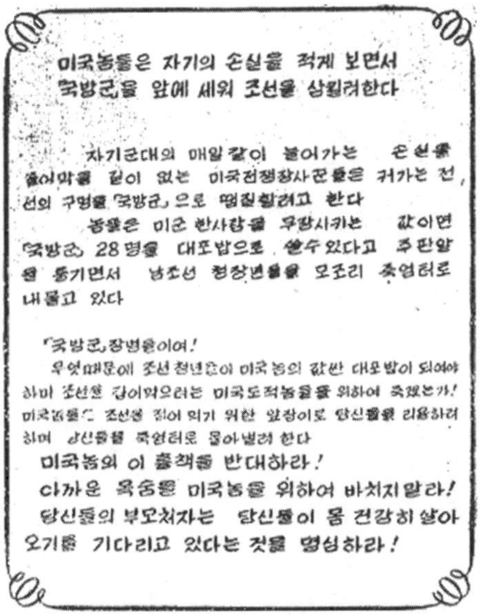
미국놈들은 자기의 손실을 적게 보면서
'국방군'을 앞에 세워 조선을 삼킬려한다

자기군대의 매일같이 늘어가는 손실을 들어막을 길이 없는 미국전쟁장사꾼들은 커가는 전선의 구멍을 '국방군'으로 땜질할려고 한다

놈들은 미군 한사람을 무장시키는 값이면 '국방군' 28명을 대포밥으로 쓸수 있다고 주판알을 튕기면서 남조선 청장년들을 모조리 죽엄터로 내몰고 있다

'국방군'장병들이여!

무엇때문에 조선청년들이 미국놈의 값싼 대포밥이 되여야 하며 조선을 잡아먹으려는 미국도적놈들을 위하여 죽겠는가! 미국놈들은 조선을 집어 먹기 위한 앞잡이로 당신들을 리용하려 하며 당신들을 죽엄터로 몰아넣려 한다

미국놈의 이 흉책을 반대하라!

아까운 목숨을 미국놈을 위하여 바치지 말라!

당신들의 부모처자는 당신들이 몸 건강히 살아 오기를 기다리고 있다는 것을 명심하라!

[전쟁장사 : 미군과 국군가치 비교]

미군과 국군의 양병 비용이 28배가 됨을 부각시키면서, 미군은 가치있고 비용이 많이 들기 때문에 가치없고, 값싼 국방군을 대거 징집하여 미군대신 전쟁의 총알받이 역할을 하게 한다는 한 · 미 갈등 조장 및 염전사상을 조장하는 전단이다.

[경제전쟁 : 따로 배불리는 놈이 있음]

LOOK AND LISTEN!

Wall Street Say:

"Peace is terrible. War is wonderful."

$70,000,000,000 goods now hoarded by business for more profits. Their stake is war. That's why they press your ***generals*** *to hold up the armistice talks.*

(傳 單)

전쟁으로 인하여 많은 이익을 보는 것은 결국 미국의 자본가들이라는 풍자만화 및 문구

[전장에서 고향가는 것 외에는 결국 죽음뿐]

Don't Rely On Rotation

'Rotation' isn't going to get you out of this war.

'Rotation' is only a new trick by those big shots back in the States to keep you fighting.

There've been 226,000 casualties in Korea already. 'Rotation' isn't going to save you because you may be 'rotated' back.

You have to risk your life for a nine-month period in Korea before it comes to your turn. Even if you are lucky enough to quit Korea alive, that's temporary. According to AP despatch on Sept. 15, 400 veterans of the 34th regiment were sent back to Korea from Japan on August 29 and have been reorganized into the 14th regiment. It is clear that as long as the war continues, mutilation and death are your constant companions.

Most GIs see through this rotation trick. Wise GIs know that only peace and a live-and-let-live attitude by all nations in the world can avoid death and suffering.

Demand Peace! Stop the War!

한국에서의 임무를 완수하여 귀향조치 되어도 일정기간 후에는 다시 차출되어 전쟁터로 돌아온다는 내용으로 미군의 사기저하를 목적으로 제작된 전단

[포로이용 전쟁 부당성의 부각, 염전사상 고취]

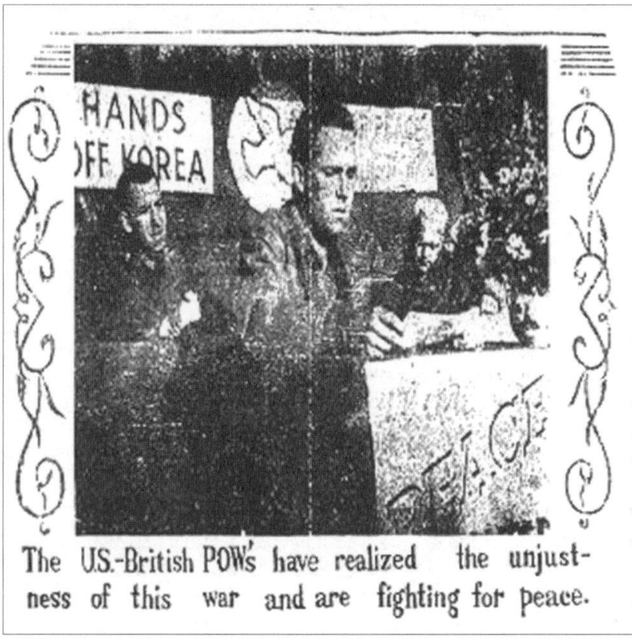

미 · 영국군 포로들을 이용하여 전쟁의 부당성을 부각시키고 있는 전단

[시체이용을 통한 공포심을 조장하여 투항을 유도하는 전단]

20여 명의 미군 전사자들의 사진을 첨부하여 그들은 선택이 아닌 강제로 끌려와서 희생되었다는 점을 부각하고 있다.

한국은 한국인들에게 맡기고 본토에서 기다리는 가족에게 돌아가라는 내용. 'TOW SHONG'은 '투항'의 중국식 발음이다.

[투항을 하지 않으면 반역죄라고 위협하는 주제]

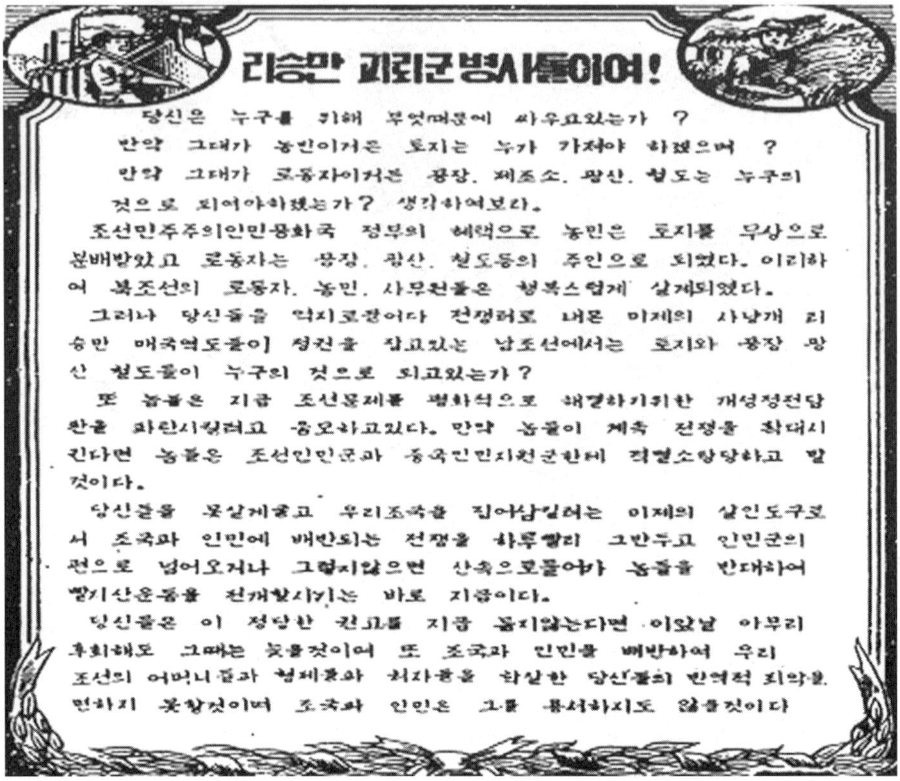

리승만 괴뢰군 병사들이여!

당신은 누구를 위해 무엇때문에 싸우고있는가 ?

만약 그대가 농민이거든 토지는 누가 가져야 하겠으며 ?

만약 그대가 로동자이거든 공장, 제조소, 광산, 철도는 누구의 것으로 되여야하겠는가? 생각하여보라.

조선민주주의인민공화국 정부의 혜택으로 농민은 토지를 무상으로 분배받았고 로동자는 공장, 광산, 철도등의 주인으로 되였다. 이리하여 북조선의 로동자, 농민, 사무원들은 행복스럽게 살게되였다.

그러나 당신들을 억지로끌어다 전쟁터로 내몬 미제의 사냥개 리승만 매국역도들이 정권을 잡고있는 남조선에서는 토지와 공장 광산 철도들이 누구의 것으로 되고있는가?

또 놈들은 지금 조선문제를 평화적으로 해결하기위한 개성정전담판을 파탄시킬려고 음모하고있다. 만약 놈들이 계속 전쟁을 확대시킨다면 놈들은 조선인민군과 중국인민지원군한테 격멸소탕당하고 말것이다.

당신들을 못살게굴고 우리조국을 집어삼킬려는 미제의 살인도구로서 조국과 인민에 배반되는 전쟁을 하루빨리 그만두고 인민군의 편으로 넘어오거나 그렇지않으면 산속으로들어가 놈들을 반대하여 빨치산운동을 전개할시기는 바로 지금이다.

당신들은 이 정당한 권고를 지금 듣지않는다면 이앞날 아무리 후회해도 그때는 늦을것이여 또 조국과 인민을 배반하여 우리 조선의 어머니들과 형제들과 처자들을 학살한 당신들의 반역적 죄악을 면하지 못할것이며 조국과 인민은 그를 용서하지도 않을것이다

북조선의 공산체제의 우월성을 강조하고 남조선의 체제를 비판하면서 지금 즉시 투항하지 않을 시 후에 반역죄로써 절대 용서하지 않겠다는 위협적인 투항 권유 전단

[반미 반전사상 고취 주제]

죽은 엄마 곁에 철모르는 아기의 모습을 제시하여 동정심과 분노를 자극하고 그 잔인무도한 학살주체가 미국임을 상기시켜 적개심을 고취시키고 있다.

[전의상실과 사기저하의 주제]

리승만부대의 장병들이여!

당신들은 부상당한 당신들의친우들이 오늘 후방에서 처하고있는 사정을 잘알고있을 것이다. AFP통신이 전하는 소식에의하면 리승만정부는 그들을 냉대하여 부상당한후 보조도주지않어 수많은사람들은 밥조차 얻어먹지못하여 거리에서 헤매고있으며 연필 껌기장등을 팔아 연명하는등 극히곤난한 생활을하고있다. 이러한처지에있는 부상병이 무려 十여만이나 된다고한다.

당신들은 생명의 위험을 무릅쓰고 리승만을 대신하여싸운 그들이 왜 곤난을 겪고있는가를 짐작할수있을것이다. 9월18일 그들은 대구북방三리쯤되는 칠곡경찰서를 습격하여 그들을 압박하던경찰8명을 숙청하였다. 9월20일에는 三百여명의 부상병들이 또다시 부산정거장에서 시위하였다. 이때 리승만정부는 도리어 헌병을 보내 진압하였다.

벗들이여! 생각해보라! 당신들의 전우들이 처하고있는 운명을 그리고 당신들자신의 앞길을! 놈들은 결코 당신들의 사정이라고는 조금치도 생각지않는다.
그러다면 다시매국적 리승만을위해 목숨을 버리지말라!

전장에서 전사 · 부상이 속출하고 그에 대한 처리 · 대우도 형편없다는 점을 부각시켜 전의를 상실케하고 사기를 저하시키려는 목적의 전단이다.

이승만군대의 젊은 장교들이여!
현실을 냉정하게 판단하고 신중하게 행동하라!

미국 양캐들은 「조선사람들끼리 싸우게 하라」고 떠버리면서 당신들에게 죽음을 강요하고 있다

만일 당신들이 일시적 향락과 더러운 영달때문에 계속 미국 양캐들과 이승만 역도들을 위하여 종사한다면 결국 자기자신의 일생을 망쳐먹을것이며 많은 사병들을 죽음속에 빠뜨리는 엄중한 죄악을 범하게 될것이다

이승만 군대의 젊은 장교 여러분!
당신들도 조선민족의 피가 흐르는 청년이 아닌가 결코 미국 양캐들과 이승만 역도들에게 귀중한 생명을 바치지 말라

민족적 기개를 높히여 용감하게 궐기하라

병변을 이르키고 조국과 인민의 품안으로 넘어오라

조선민주주의 인민공화국 정부는 개별적 혹은 집체적으로 넘어오는 이승만 군대 장병들에게 각자의 희망에 따라서 취학 또는 취직할수 있도록 도와주며 행복한 장래를 보장하여 준다

만일 당신들이 부대를 인솔하고 넘어온 경우에 당신들이 희망한다면 부대를 해산시키지 않고 조선인민군에 편입시키며 이전 관등급대로 지위를 보장하여 주며 공로에 따라서는 승급시킨다

조선인민군
중국인민지원군

국군 장교에게 이성적 판단을 촉구하면서 귀순을 선동하고 있다. 취학, 취직 그리고 집단귀순시 부대해산 없이 계급도 보장하여 인민군으로 편입시키겠다는 구체적인 제안으로 신뢰성과 효과를 배가시키고 있다.

전장의 실상을 잘 표현하였으나, 전단의 출처와 구체적인 요구 행동이 표현되지 않아 효과가 의문시 되고 있는 전단

[포로를 이용한 전단]

How The Chinese Treated Me

by Henry C. Comer
(Pfc R.A. 13230890)

The following article, which has been widely published throughout the world, was written by an American private to describe his treatment after he was captured. He was so grateful for the good medical care and friendly treatment he received that he wanted to tell as many people as possible. Here is his story, in his own words. We have nothing to add.

The Chinese People's Volunteer Forces.

I was crawling slowly, carefully along the side of the road in a ditch when it happened. A hot sharp pain through my right thigh, so intense that it momentarily stunned me. I don't remember very clearly whether I cried out or not. But I knew I was wounded.

I stopped crawling and lay down near another guy who also appeared to have been hit. I don't know how long we lay there—it seemed an eternity—until the battle decreased in intensity, but I was cold and scared and in pain. Eventually the battle moved past us, going far down the hill.

After a while a Chinese soldier came along and took my weapon. After he left, I really began to be frightened. I had always heard that were I ever to surrender to the Korean or Chinese troops, I should be very badly treated—probably shot. Most American troops had this same understanding.

I guess they told us that deliberately, so that we would fight to the end. So you can imagine what fears I had for my life.

As I was worrying, another wounded man near me began screaming. We tried to quiet him but it was useless—he was delirious, nearly dead and couldn't even hear us. However, two Chinese soldiers came to see what was happening. I tried to pretend I was dead, but I was

2

MISG/FE DOC 203845

I was crawling slowly, carefully along the side in a ditch when it happened. A hot, sharp pain through my right thigh, so intense that it mome stunned me. I don't remember very clearly whe cried out or not. But I knew I was wounded.

I stopped crawling and lay down near an who also appeared to have been hit. I don't kno we lay there—it seemed an eternity—until the decreased in intensity but I was cold and scared pain. Eventually the battle moved past us, going far down the

After a while, a Chinese soldier came alo

So you can imagine what fear I had for my life.

to learn about their new way of government, t way of life

— Henry C. Comer

I am a prisoner of war in Korea

미군 이등병이 중공군의 포로가 되는 과정, 중공군의 미군 포로에 대한 환대를 선전하면서 중공군에 대한 인식전환과 투항을 유도하는 전단

BELIEVE IT OR NOT, THESE ARE POW'S!

The four GI's are:
S. A. Rada, RA13273634
W. A. Camden, RA11187371
T. Kappel, RA13298445
W. J. Pierce, RA28092120

SOME PEOPLE WONDER!

It is widely known by now that the Korean People's Army and the Chinese People's Volunteers are generous to prisoners of war. The photo on the top gives you an idea of how good POW's life is.

But there are, we are told, a few GI's who ask "Can this be true?" Unfortunately, some of them, with this doubt in mind, have behaved foolishly in time of danger to themselves—and some have even lost their lives needlessly.

Let's explain why we treat prisoners so well.

미군 포로들의 실명과 군번, 사진까지 게재하여 포로 생활상을 선전하는 전단

북미합중국 육군제24사단의 전우들이여
조선에대한 내전간섭을 즉시반대하라!

나는 미국 제24사단 육군대위 엠루로스 에취 뉴-젠트 입니다. 미군 제五호 포로수용소에는 나를비롯한 포로 74명은 조선민주주의 인민공화국 정부의 후한 배려하에 절식이 만족하며 신상의 절대 안전과 인격상 존중을 보장받고 있읍니다. 우리들은 죽엄의 공포로부터 해방되었읍니다 당신들은 미국 독점 자본계급의 이익을위하여 대포밥이 될것이 아니라 우리들 자체의 해방과 자유를 위하여 즉시로 조선에대한 내전간섭을 거부해야 합니다. 우리 미국의 근로계급과 전세계 평화애호인민들은 우리들이 조선내전에 간섭하는것을 반대해서 나서라고 호소하고 있읍니다. 우리는 부정의의 침략자들의 살인도구로서 리용되지 말어야 합니다. 미국 독점자본가를 반대해서 총부리를 돌려야 합니다. 우리는 우리의 그리운 부모와 처자가 기다리는 고향에 도라가서 평화롭게 살기위하여 악질상관놈들과 싸워야 합니다. 조선의 근로인민들은 우리들의 벗이며 형제들인 것입니다. 전우들의 투항을 인민군은 대대적으로 환영합니다. 나는 전우들의 순량한 양심과 용감성에 대해서 굳게 신뢰합니다.

조선인민군 승리 만세!
리승만도배에게 저주와 죽엄이 있으라!

1950년 7월 8일 미군 제五호 포로수용소 에서
미군 제 24 사단 포병 제 52 부대 부관
엠루로스 에취 뉴-젠트

200319
ED AT / 1st CAV Div AREA

미군 포로 장교가 남한군에게 보낸 편지형식으로 투항을 유도하는 전단

[투항권고 / 귀순유도 주제 전단]

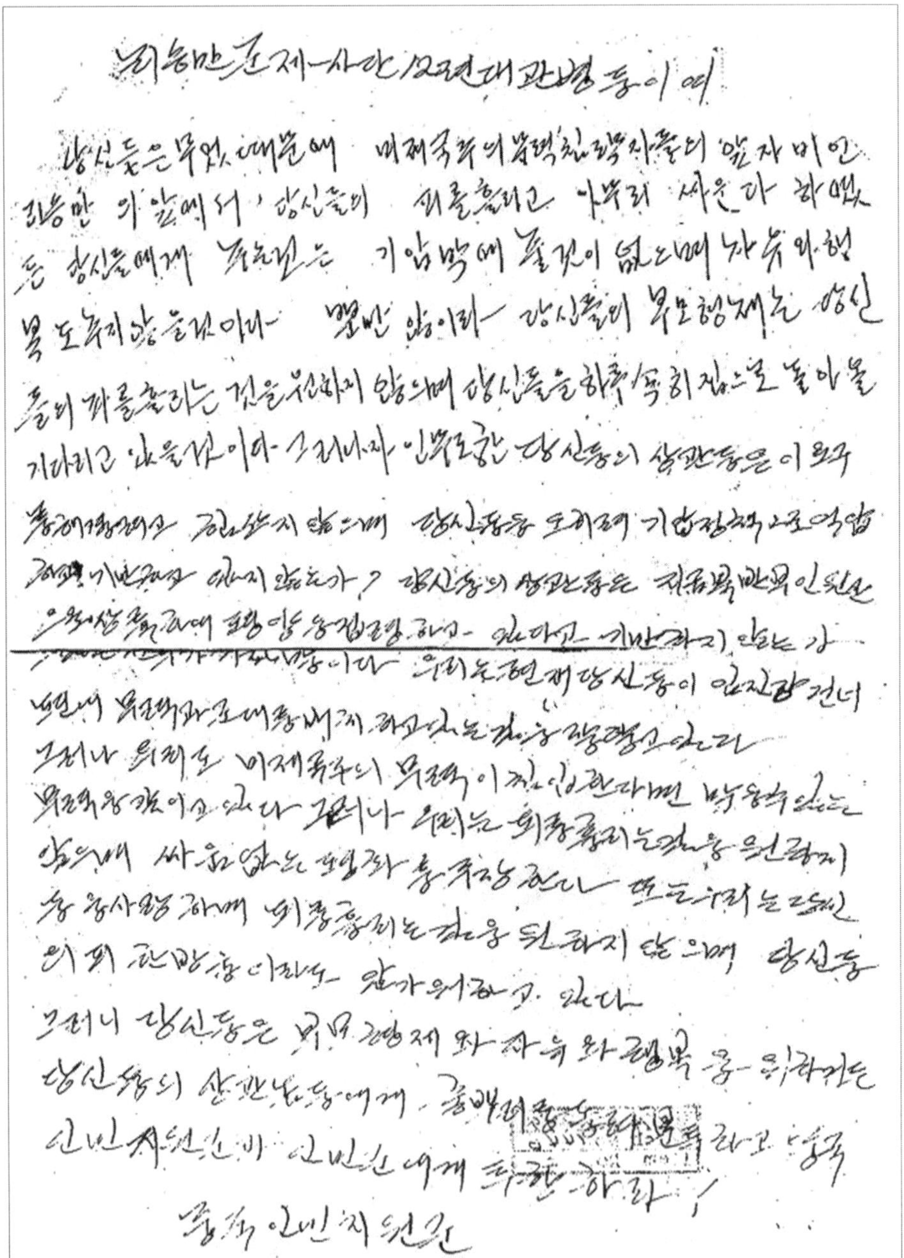

리승만군 제一사단 12련대 관병들이여

당신들은 무엇때문에 미제국주의 무력침략자들의 앞잡이인 리승만의 앞에서 당신들의 피를 흘리고 아무리 싸운다 하였든 당신들에게 돌아오는 것은 [illegible]밖에 돌것이 없는데 자유와 행복도 누리지 않을것이다 [illegible] 당신들의 부모형제는 당신들의 피를 흘리는 것을 원하지 않으며 당신들을 하루속히 집으로 돌아올 기다리고 있을것이다 그러나 [illegible] 당신들의 상관들은 이와같[illegible] 고려하지 않으며 당신들을 도리어 [illegible]으로 억압하고 기만하고 있지 않는가? 당신들의 상관들은 [illegible] [illegible] 하고 있다고 기만하고 있지 않는가
[illegible] 우리는 현재 당신들이 [illegible] 건너 [illegible] 무력과 포대를 배치하고 있는 것을 잘알고 있다
그러나 우리도 미제국주의 무력이 침입한다면 방위할수 있는 무력을 갖이고 있다 그러나 우리는 피를 흘리는 것을 원하지 않으며 싸움없는 평화를 주장한다 또는 우리는 [illegible] [illegible] 피를 흘리는 것을 원하지 않으며 당신들의 피 한방울이라도 앞가워하고 있다
그러니 당신들은 부모형제와 자유와 행복을 위하거든 당신들의 상관놈들에게 총뿌리를 돌리고 [illegible] 인민군에게 투항하라!

중국 인민지원군

중국인민군은 국군이 미제 앞잡이 이승만 괴뢰를 위해 희생하지 말고, 억압하고 있는 상관에게 총뿌리를 돌리고 인민군 쪽으로 투항하도록 권유하고 있다. 국군 1사단 12연대에게 보낸 것으로 보아 대치하고 있는 전선에서 펜으로 편지형태로 써서 살포한 전술심리전단이다.

이승만군대 장병들!

미국놈과 당신들의 상관인 악질 장교놈들은 조선인민군과 중국인민지원군이 마치 포로를 죽이거나 정배사리를 보내거나 고된 노동을 시키는듯이 거짓 선전을 하고있다

이것은 당신들을 언제까지나 이승만 군대 생활에 억매여두려는 놈들의 흉악한 술책이다

우리는 이승만 매국 도당들의 강압에 못이겨 할수없이 전쟁마당에 끌려나와 죽음과 굶주림 속에서 헤매고 있는 당신들의 처지를 잘 알고있으며 또 동정하고 있다

그러므로 조선인민군과 중국인민 지원군은 투항 및 포로된 이승만 군대 장병들을 억압과 압흑에서 해방된 형제로서 대우한다

조선인민군과 중국인민지원군은

1. 포로를 죽이지 않으며
2. 포로를 모욕하지 않으며
3. 포로의 사물을 몰수하지 않으며
4. 포로의 상처와 병을 치료해 주며
5. 포로의 생명과 생활의 안정을 보장해 주며
6. 장차 집으로 돌려보내 준다

이승만 군대 장병들이여!

헛된 죽음과 값없는 고생을 하지말고 살길과 행복한 생활을 찾으라!

조선인민군

중국인민지원군

(03311)

인민군들의 포로 대우 · 취급을 선전하는 투항권유전단이다. 이러한 투항권유전단은 제안된 내용이 실천될 수 있을까? 하는 의문을 해소시킬 수 있는 출처 표현이 중요하다. 조선인민군, 중국인민지원군 집단보다 책임자 실명, 사인 또는 관인 등이 더 필요하다.

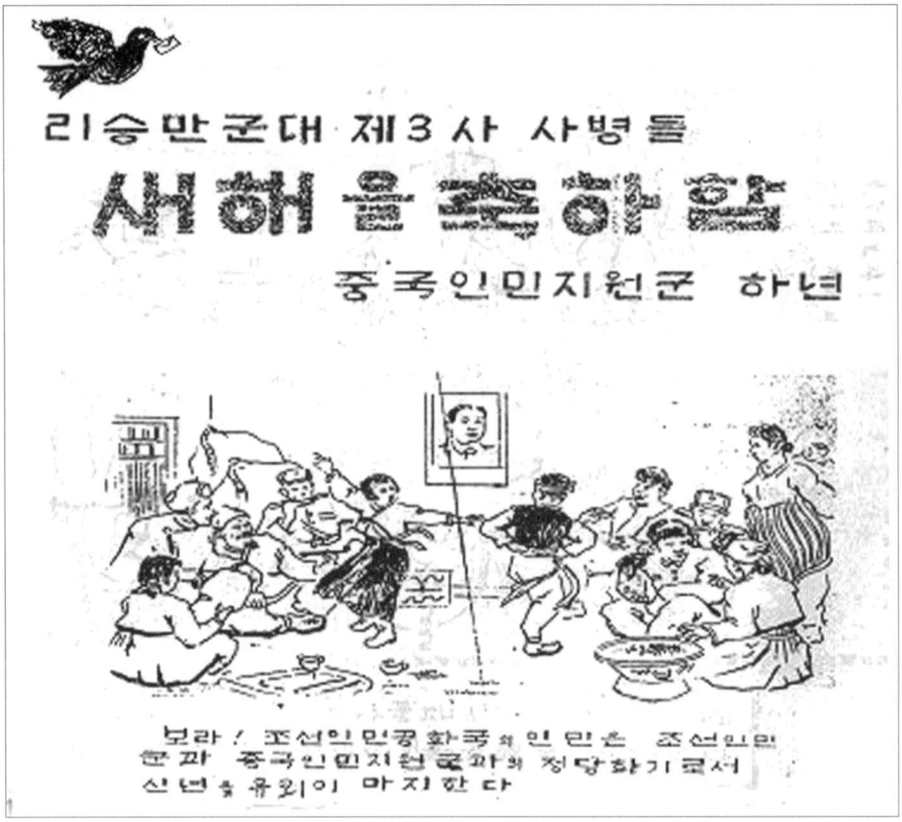

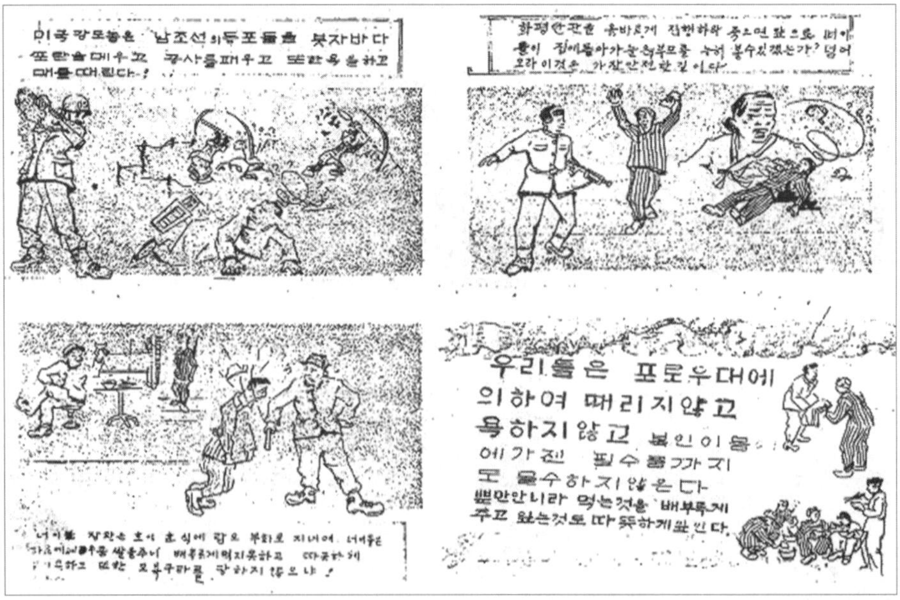

중공군 · 조선인민군은 새해를 유쾌하게 보내고 있지만 남쪽에선 많은 세금을 거두어 새해를 비참하게 보내고 있고, 미군들이 부녀자들에게 강간 · 방화 · 살인 등의 만행을 저지르고 있다. 국방장관은 호위호식하고 있다. 반면에 중공군 · 조선인민군은 포로를 때리지도, 욕하지도 않고 오히려 생존권을 보장해주니 투항하라고 유도하고 있다.

북측으로 귀순한 7사단 3연대 1대대장의 환영행사 사진으로 신뢰감을 제고 시키고 있다.

아이젠하워 미 대통령이 한국을 방문했던 날(1952. 12. 3) 파일럿 국영암 중위가 미제 L-19를 몰고 귀순한 사실과 환영대회 모습을 게제하여 귀순을 유도하는 전단

[권위있는 출처를 이용한 투항권유전단]

조선인민군과·중국인민지원군은 넘어오는 당신들을 언제나 환영한다!

민주조선

조선인민군 최고사령관 명령

의거입북한 전 리승만 괴뢰군 항공소위 국영암을 표창함에 관하여

一九五二년 十二월七일 제七九八호 평양에서

조선인민군 최고사령관 김일성

상품 가격의 대폭적 인하

조선인민군 최고사령부 기관지 '민주조선'에 김일성의 투항권고 성명과 귀순자들의 환영 내용 사진을 함께 게제하여 신뢰성을 증가시키고 있는 전단

[노동신문이용 귀순유도]

조선노동당 기관지인 '노동신문'에 김일성 명의로 투항자에 대한 환대를 제시하여 신뢰성을 제고시키고 있는 투항권고 전단

[공포심을 유발한 투항권유전단]

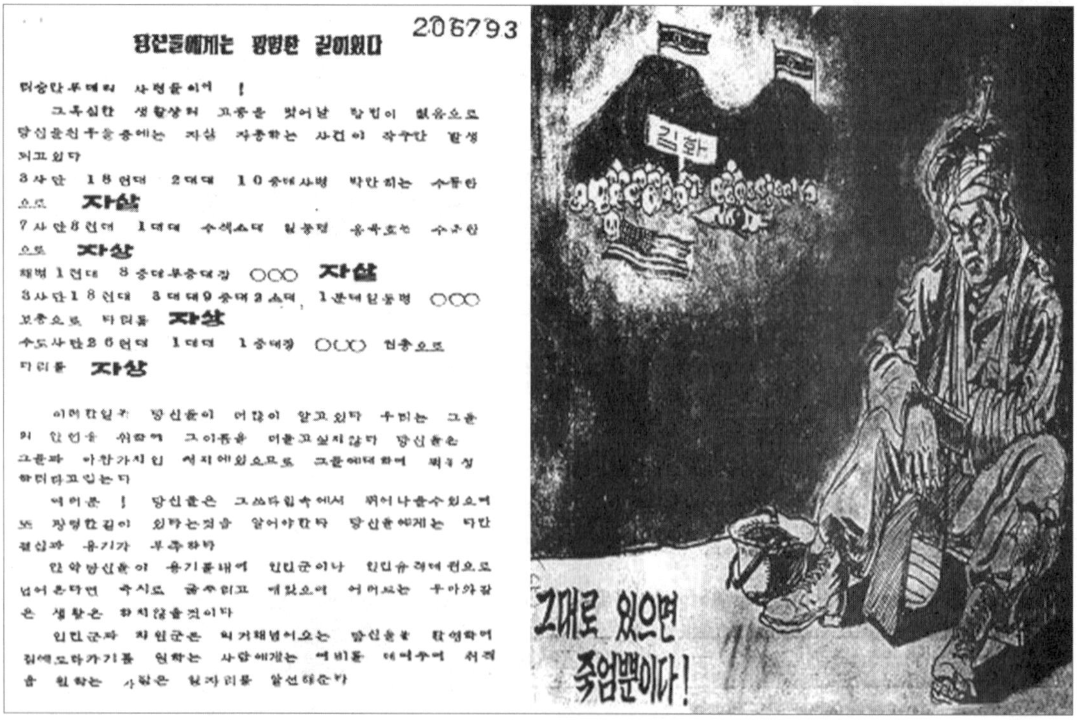

김화전투의 많은 사상자를 암시하면서 현재와 같이 있으면 자살, 자해, 죽음밖에 없으니 빨리 투항하여 광명을 찾으라는 투항권고 전단이다. 마지막에 '의거해 넘어 오는자 중 집에 가기를 원한다면 여비를 줘서 취직까지 알선 해준다'는 내용은 믿기에 너무 황당한 약속이다. 이러한 현실과 동떨어진 장미빛 제안 · 유혹은 오히려 심리전 효과를 반감시킨다.

[미군포로이용 귀순유도]

「당신들은 누구를 위하여 싸우고 있습니까?」

나는 24 사단 63 야포대대 본부 소속 「랄스 T. 바아러」 소좌로서 나와 같이 포로수용소에 있는 1,736 의 이름으로 당신들의 리성에 호소하여 전투를 정지할것을 원하는 바입니다

당신들은 누구를 위하여 싸우고 있습니가? 미국을 위하여 싸우고 있습니까? 그것은 어불성설입니다 당신들은 남조선 군대를 돕기위하여 싸우고 있습니까? 그렇다면 더욱 어리석은 짓입니다 남조선 군대가 정말 번번있게 저항하는것을 당신 눈으로 본 일이 있습니까? 나 자신과 수용소에 나와 같이 있는 장병들은 한번도 본일이 없습니다

우리들은 남조선 정권을 돕는 다는 면목으로 조선에 출동명령을받았습니다 그러나 우리들은 해방된 지역을 통하여 다니는 동안에 다음과 같은 놀랠 사실을 발견하였습니다 즉 남조선 인민들은 리승만 괴뢰정권에 대하여 진절머리를 내고 있다는 것 그리고 리승만의 폭압통치로부터 해방된 사실을 춤추고 좋아 한다는 것 그리고 남조선군대가대량적으로 인민군에게 투항하고 있다는 것 들입니다

우리는 또 한가지 사실을 발견 하였습니다 북조선이 침략자이기는커녕 리승만이가 미국의 한줌도 못되는 지배층의 조종하에 이번 내전을 꾸며 냈다는 사실입니다 우리 정부가 소위 U. N. 련합군이라는 가면을 우리에게 씌워서 조선에 보내여 조선정세에 대한 진상을 의식적으로 은폐한것도 이 때문입니다 우리 정부가 안전보장 리사회로 하여금 채택하게 꾸며낸 소위 「결의」 도 그 채택 당시에 二대 상임 국가인 중국과 소련이 출석치 않았으므로 법적으로 아무 효력을 가지고 있는 것이 안입니다 무슨 허울 좋은 가면을 뒤집어 씌우던 간에 미국이 무력적으로 침략하였다는 사실은 부정못합니다 우리가 뭐라고 변명하던간에이 천인공로할 파괴와 도살행위에 대한 죄는 미국정부에 있는것입니다

조선문제의 배후에는 로씨아의 세력이 있다고 의심했었는데 실제로 와보니 로씨아가 원조하고 있다는 증거는 아무데서도 보지 못하였습니다 아주 터문이없는 의심이였던 것입니다

이 전쟁은 내전으로써 비롯한 것인데 인제는 벌써 내전이 안입니다 그 리유는 미군이 참가하고 있는 때문입니다 미군이 인민군을 대항하는 싸움에 있어서 지도적 역할을 하고 있으므로 이는 벌써 남조선군과 인민군과의 싸움이 안입니다 인제는 조선 인민과 미국 침략자간의 전쟁의 성질을 띄우게 되였습니다 조선인민을 적으로 삼아 우리가 싸워야 할 리유는 무엇입니까?

남조선 인민과 인민군은 우리가 생각하고 있던것과는 전혀 딴판입니다 인민군은 우리들 포로를 죽이기는 커녕 로동도 시키지 않습니다 사실 우리가 받고있는 대우는 훌륭한것입니다 남조선 인민들은 남조선 괴뢰 정권을 지긋지긋하게 생각하고 있습니다 인민들의 원쑤로 생각하는 정권을 위하여 싸우는 것이 우리들의 할 일입니까?

총뿌리를 거어라! 비행기를 보내는 것을 중지하라니 전사 「에드워드 R. 로이스톤」 과 오장 「얼 V. 시그먼들」 을 비롯해서, 현재 포로수용소에 있는 가장 중상을 입은 사람들은 인민군이 아니라 미국비행기 때문에 부상을 입은 것입니다 매일 같이 창공을 어지럽히고 있는 비행기들은 시민생활의 비 군사적 목표와 무고한 부녀자와 어린아이들에게 참혜를 입힐 뿐입니다 조선인민이 우리 미국인에게 무엇을 하였기에 이런 대량 학살을 받아야 합니까?

그러므로 나는 당신들에게 전투를 즉시 중지하기를 호소하는 바입니다 우리 나라가 조선인민에게 대대 손손 길이 길이 원쑤가 되게 내버려둘수는 도저히 없습니다

친애하는 장병들이여!

당신들은 죽어서 조선에 남기를 원합니까? 우리들이 있는 포로 수용소로 오시라 그러면 그만치 빨리 무사히 귀국하게 될것입니다

조선의 평화스러운 가정들이 입은 참화가 고국에 있는 우리들의 가정에도 가해진다면 어떻게 될것입니까? 허울좋은 가면을 쓴 이 침략전쟁을 아직도 지긋지긋한줄을 모릅니까?

여하한 전쟁도발 행위라도 반대하여 싸웁시다 세게 평화를 위협하고 있는 조선에 대한 무력간섭을 중지시키기에 우리들 다 같이 힘을 합합시다

WHOM ARE YOU FIGHTING FOR?

(Maj. Charles T. Barter)

This is Major Charles T. Barter of the Hqs., 63 FA, 24 Div., calling upon you in the name of our 1,735 fellow soldiers in the POW camp to listen to reason and stop fighting!

Whom are you fighting for? Are you fighting for the U.S.? Nonsense! Are you fighting to help the South Korean army? Still greater nonsense! Have you seen the South Korean army put up a really hearty resistence? I haven't, nor any of our fellow soldiers in the POW camp.

We were ordered to Korea on the understanding that we were helping the South Korean regime. In our movement through the liberated areas we discovered the awful truth, namely, that the people of South Korea do *not* want Syngman Rhee's puppet regime any more, that they are jubilating over the fact of their liberation from the grip of his iron rule, and that the South Korean army are surrendering wholesale to the People's Army.

We further found out another truth. North Korea was *not* the aggressor; Rhee had staged the whole show under the wire-pulling of the small clique of our ruling men in America. That is why our Government has deliberately distorted the whole picture of the Korean situation by making us masquerade as the so-called "U.N. allied forces." The very so-called 'resolution' which our Government has induced the Security Council to adopt has no legal validity in view of the absence at the time of the adoption of two of the permanent member states, China and U.S.S.R. Whatever cloak we may put on top, the fact of our armed aggression cannot be denied. Whatever we may say, the blame for this outrageous destruction and slaughter is to be laid at the door of the U.S. Government.

We had suspected Russian influence behind the Korean scene. But *nowhere* have we seen any evidence of Russian help. That is an utterly groundless suspicion.

This war started as an internal affair. It is no longer such, because we are here on the scene. It is no longer a fight between the South Korean army and the People's Army because the U.S. forces have become the main forces in the fight against the latter. It has now assumed the nature of a war between the Korean people and the U.S. aggressors. What reason have we for fighting against the people of Korea?

The South Korean people and the People's Army are totally different from what we had expected. The People's Army do *not* kill their POWs, nor do they put us to *any* labor: in fact, the treatment we are getting is remarkable. The South Korean people are 100% out of sympathy with the South Korean puppet regime. Is it our business to fight for a regime which the people look upon as their enemy?

Give up your guns! Stop sending those planes! The most seriously wounded who are now in the POW camp, such as PFC Edward R. Loyston and Cpl. Earl V. Siegmund, are due to our own planes, and not the People's Army. The planes that litter the sky daily merely cause havoc on *non*-military targets of civilian life and innocent women and children. What have the Korean people done to *us* to deserve this mass slaughter?

That's why I call upon you to stop fighting at once. We simply cannot afford to make our country a permanent enemy of the Korean people for generations to come!

Dear officers and men of US Forces!

Do you want to stay in Korea—dead? Join us in the POW camp, so that we may the sooner be able to return home in safety!

What if the havoc which we have seen done to the peaceful homes of Korea should be inflicted on our own homes? Have you not seen through this aggression under false pretences?

Let us fight against all and every instigation of war! Let us join our strength together to stop this military intervention in Korea which is threatening world peace!

Charles T. Barter

미군 포로 찰스. T. 바아터 소령을 이용한 미국의 한반도 침략전쟁으로 왜곡 선전케 하고 투항을 권고하는 내용을 한글과 영어로 인쇄하여 살포한 전단. 인민군들은 포로를 강제로 서명하게 하거나 증언, 방송을 통한 심리전을 적극적으로 실시하였다

[안전보장증 : 통행증]

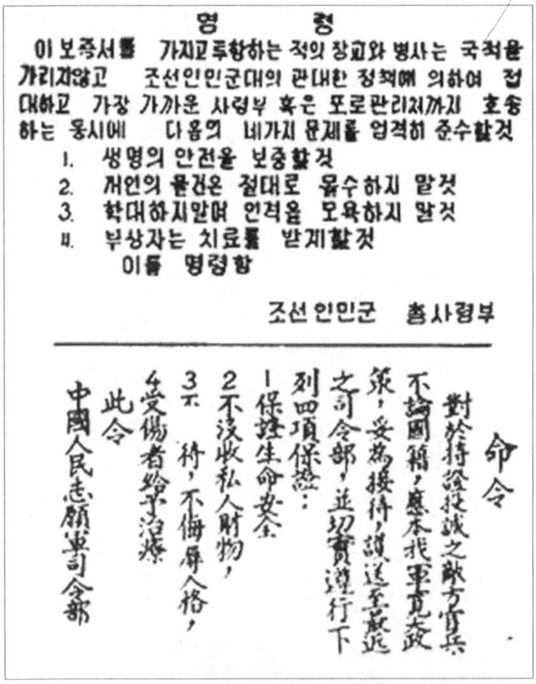
명 령

이 보증서를 가지고투항하는 적의 장교와 병사는 국적을 가리지않고 조선인민군대의 관대한 정책에 의하여 접대하고 가장 가까운 사령부 혹은 포로관리처까지 호송하는 동시에 다음의 네가지 문제를 엄격히 준수할것

1. 생명의 안전을 보증할것
2. 개인의 물건은 절대로 몰수하지 말것
3. 학대하지말며 인격을 모욕하지 말것
4. 부상자는 치료를 받게할것

이를 명령함

조선인민군 총사령부

命令

對於持證投誠之敵方官兵不論國籍，應本我軍寬大政策，妥為接待，護送至最近之司令部，並切實遵行下列四項保證：
1保證生命安全
2不沒收私人財物，
3不[illegible]待，不侮辱人格，
4受傷者給予治療
此令
中國人民志願軍司令部

투항권고 방법을 기록한 조선 · 중공인민군 총사령관 명의의 안전보장증. 위의 전단 중앙 접지선에 '보관하기 불편하면 뜯어서 사용하시오'라고 적혀있다. 안전보장증을 소지하고 있다는 것은 전장 상황에 따라서 상대측으로 언제라도 투항할 수 있다는 잠재적 개연 심리가 있다고 판단되기 때문에 소지하고 있다가 발견되면 총살까지 당할 수 있다. 따라서 안전보장증은 발견되지 않고 소지할 수 있도록 크기 등을 고려하여 제작하는 것이 중요하다.

[신변안전 보증서를 대신하는 전단]

전 · 후방 추석 명절의 비참한 실상을 표현하였다. 그러나 장교, 지도층 인사들은 흥청망청 즐기고 있다고 표현하여 상 · 하간의 갈등을 조장하고 향수심을 고취시키며 귀순을 유도하는 전단이다.

[뉴스, 방송청취 요령과 주파수를 제시한 전단]

New China Calling

News and commentaries are broadcast from Peking daily at the following times and on the following wave lengths and frequencies:

Radio Peking Voicecast:

Transmissions at:

(1.) 9:30—10:00 GMT (17:30—18:00 Peking Time)
(2.) 13:30—14:00 GMT (21:30—22:00 Peking Time)

Wave lengths and Frequencies:

428.57 metres: 700 Kilocycles (Transmission 2 only)
25.66 metres; 11.69 Megacycles } Both transmissions
19.92 metres; 15.06 Megacycles }

Morse Newscast:

Call Signal BAB
Time 15:00 GMT (23:00 Peking Time)
Frequency 7160 Kilocycles beamed on Europe

Call Signal BAB2
Time 14:30 GMT (22:30 Peking Time)
Frequency 7496 Kilocycles beamed on America

Newscasts on both frequencies can also be monitored by countries in Asia and Australasia.

중국 라디오 방송 청취시간 · 주파수를 제시하고 있다. 제시된 주파수의 시간대의 방송은 모두 심리전용 방송이다.

[기타 팜플렛형으로 제작된 심리전단]

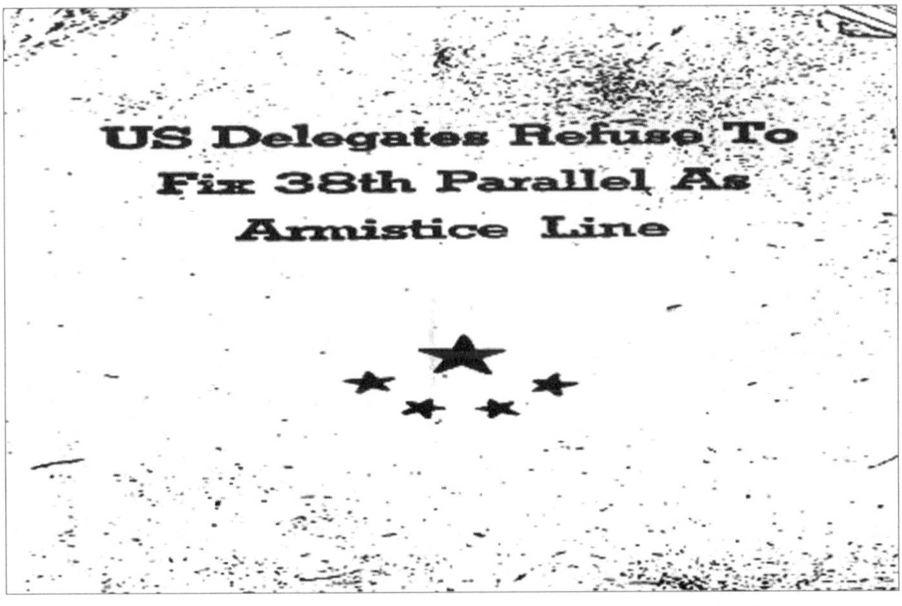
US Delegates Refuse To Fix 38th Parallel As Armistice Line

미국대표는 휴전선을 38선으로 고정하는 것을 거부하고 있다는 취지의 미국을 비방하고 공산측의 제안과 주장을 선전 · 선동하고 있는 팜플렛형 전단

[개인서신을 통해 협상전략 선전]

國軍同志들에게드립니다.!

얼마나 수고하십니가

미제의 침략과 놀이놀어나 선성한 우리조선에 발을 부치고 38선을가로놓고 충돌사건을이르킨적도 몇번이며. 그것으로서 원만치못한 미제는 드디어 1950. 6. 25 에 우리조선사람끼리 쌈을부쳐놓았읍니다. 전조선에서 전쟁이 시작된 이후 귀중한 공화국남반부에서 당신들은 미제국주의자들에게 매어 한개 군대따운권리를 찾지못하고 그들의 짐을지고 단니며 수고를하고 있는데 대하여 우리로서도 눈물로 동정하는 바입니다.

나도 동지들가 같이 공화국을 위한 즉 외래침략을 반대하고 공고한 평화를위하여 지금가같은 현상을 초래치 않기위하여. 일즉히 군대에 참가하여 실지 경험과 또는 동지들이 생활하고있는 형편과 마지못해 유.엔 군에게 복종하며 투쟁하는 가운데는 동지들도 우리가 미제를위해 투쟁하는데 우리조선사람들에게 무슨 리익이 있는가.?

또는 미제의 조종 下에 조선 동포끼리 싸우는 목적이 없어 있으며. 결국 이것이 장기적으로 끌면 (앞으로도) 어느 민족이 더 많이 죽엤으며 나가서 人民의 재산은 얼마나 앞으로 더 파괴 당하겠읍니까.

뿐만 않이라 미제자들은 이것으로서도 아직부족하여. 자기 야욕을 채우기 위하여 앞으로서도 계속 싸우겠다는것 입니다. 그실례를 드러 봅니다. 그들은 자기네게 유리한 目的이 있기때문에 싸우지만 (그러나 소수자본가들이 우수한 청년. 여러층을 강제로 내몰기에 나온것이지 실지 나온 군대에게는 아무런 관계가 없읍니다. 그러기에 그들도 평화만 요구하고 하루속히 집에가서 안락하게 살아 보았으면 이것뿐입니다.) 「미제의 전쟁이 우리에게는 부합되지 않는」으로 견결히 반대하고 나서기에 그들은 이러나는 조선 인민의 평화를 부르지즈며. 전쟁을 그만두라는 목소리와 더부러 전세계 평화 애호 인민들이 이러나기에 그의 일시적 방비 대책으로 평화 담판 을걸고 나섰읍니다.

그때 우리도 평화를 사랑하니 만큼 응하여 회의를여러. 오래동안걸처 실시하고 있으나 미제는 세가지 문제는 승인하고 (포로교환. 38선계기로 10K이내 비무장화. 정전.) 조선에서. 외국군대 동시 철거는 그들이 승인하지 않는것을 보아 여기에서 상기 증거는 뚜렷히 나타나는 증거입니다.

~~우리는 그들~~ 동지들은 미제에게 도음을 줄 필요가 하나도 없읍니다. 조선사람끼리 힘을합하여 미제국주의를 우리강토에서 쫓아내기전에는 평화는 있을수 없으며 우리 부모 형제에게 안심이 있을 수 없읍니다.

직접 말을 교환한다면 의하면. 동지들은 악선전에 쏠리워 투항한자나 포로된자는 죽인다는 허위가 있어 이리로 오실 마음은 태산이오나 죽인다는데서 동지들은 행동하지못하는데. 여기에 대하여서는 서슴치마시고 오십시요. 우리는 동지들이 오기를 친형제 맞나는것처럼기다리며. 환영합니다.

나는이 편지쓰기를 서로동지적입장에서 쓰며. 네가옳다 너나 내가옳다 너나 이것도 가르지 않읍니다. 다만 나는 동지들이 하시는 말슴가운데서 넘어오면 잘못되지는않을가하는 동지들의 의심을 내가 타파하고 그에대해서 나의 의견을 충분히 동지들에게 전하는것이기에 많이 참작하여 주시고. 이편지를 드리는사람은 당신들의 생명과 안전을 보장하여 주는 사람이니. 만약 오실려면 이편지를가지고 오시면. 반갑게 인도하겠아오며. 이편지 한번만 보고도 의심난다면 앞으로 자주 서신으로서 동지들에게 의견을교환할 터이오니. 완전히 타악하고 오시여도 좋읍니다. (이것은 뿌리는삐라로 생각치마시고. 투항서로 아지마시고. 다만 동지간에 의견을교환하는것으로 알어주시요.)

순서는.• 이편지를드리는인민과 연결가지되 인도.와 길안내는친히. 우리가 하겠아오니. 약속은 인민과 개별적으로하여 주시요!

조선 인민군.으로부터.

미 제가 동족끼리 싸우도록 하고 정전협정도 거부하고 있다고 비방하고, 같은 민족끼리 힘을 모아 미 제를 몰아내도록 선동하고 있다. 말미의 괄호 안에 이것은 뿌리는 삐라로 생각치 말고, 투항서도 아니고 다만 의견교환의 편지임을 강조하고 있다. 전단보다는 개인 편지형태가 신뢰성도 있고 심리변화에 훨씬 큰 영향을 줄 수 있기 때문에 굳이 편지라고 강조하고 있다.

[각종 투항을 유도하고 있는 전단]

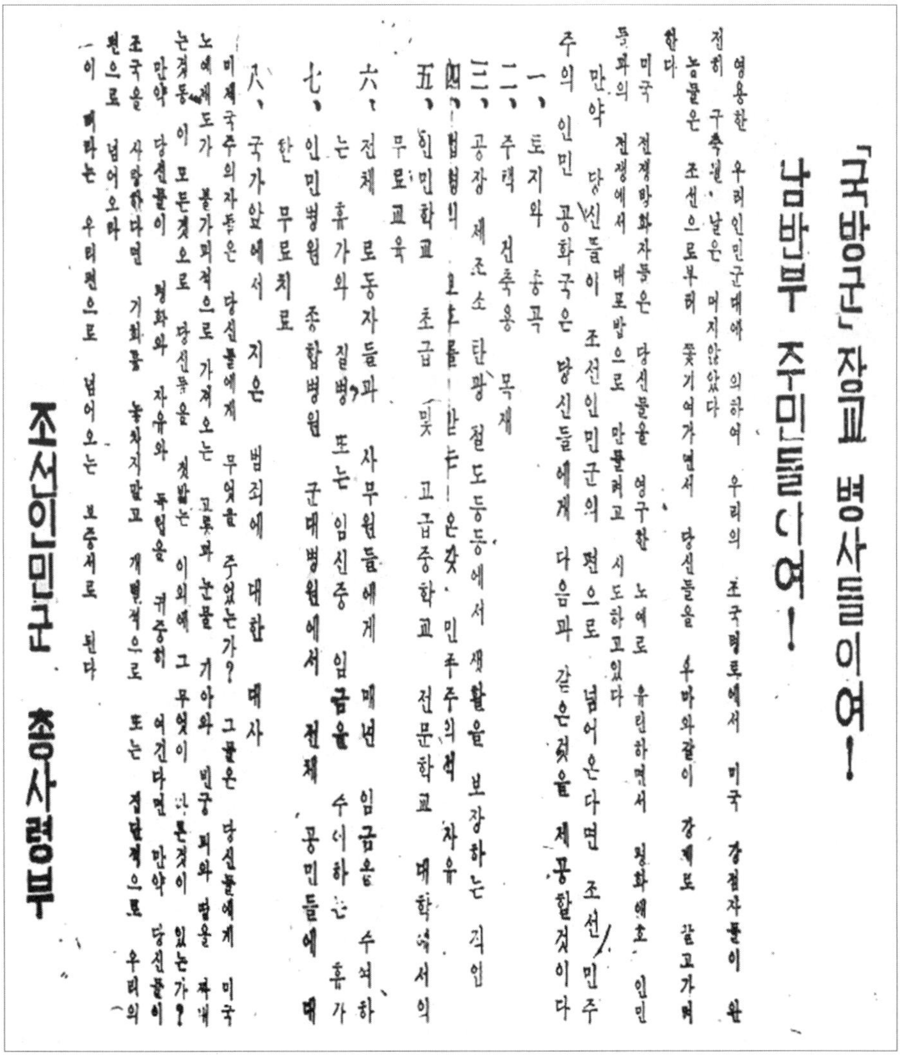

「국방군」장교 병사들이여!
남반부 주민들이여!

영용한 우리인민군대에 의하여 우리의 조국령토에서 미국 강점자들이 완전히 구축될 날은 머지않았다

놈들은 조선으로부터 쫓기여가면서 당신들을 우마와같이 강제로 끌고가려 한다

미국 전쟁방화자들은 당신들을 영구한 노예로 유린하면서 평화애호 인민들과의 전쟁에서 대포밥으로 만들려고 시도하고있다

만약 당신들이 조선인민군의 편으로 넘어온다면 조선 민주주의 인민 공화국은 당신들에게 다음과 같은것을 제공할것이다

一、토지와 농곡
二、주택 건축용 목재
三、공장 제조소 탄광 철도등등에서 생활을 보장하는 직업
四、법령의 보호를 받는 온갖 민주주의적 자유
五、인민학교 초급 및 고급중학교 전문학교 대학에서의 무료교육
六、전체 로동자들과 사무원들에게 매번 임금을 수여하는 휴가와 질병 또는 임신중 임금을 수여하는 휴가
七、인민병원 종합병원 군대병원에서 전체 공민들에 대한 무료치료
八、국가앞에서 지은 범죄에 대한 대사

미제국주의자들은 당신들에게 무엇을 주었는가? 그들은 당신들에게 미국 노예제도가 불가피적으로 가져오는 고통과 눈물 기아와 빈궁 피와 땀을 짜내는것등 이 모든것으로 당신들을 짓밟는 이외에 그 무엇이 준것이 있는가?

만약 당신들이 평화와 자유와 독립을 귀중히 여긴다면 만약 당신들이 조국을 사랑한다면 기회를 놓치지말고 개별적으로 또는 집단적으로 우리의 편으로 넘어오라

— 이 삐라는 우리편으로 넘어오는 보증서로 된다 —

조선인민군 총사령부

국방군과 남한주민들이 투항 · 귀순시 받는 특혜를 선전하는 내용이나, 투항 · 귀순으로 행동화 할만한 파격적인 내용이 없어 매력적인 제안이 못되고 있다.

[투항 · 귀순을 유도하기 위한 선전을 12페이지 팜플렛형으로 제작]

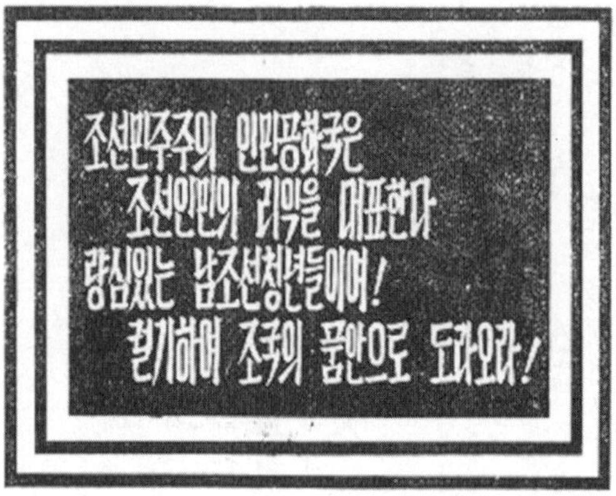

627

의거자들이 가족을 인솔하여 왔을시에는 그가족들에 대하여서도 역시 이상 조항에 의하여 대우한다

조선민주주의 인민공화국의 공민으로서 적편에 넘어간자들로서도 의거할시에는 역시 이상조항에 의하여 대우한다

의거자들이 농업을 희망할시에는 토지및 농사에종사할수있는 제조건을 해결하여 준다

의거자들이 배움을 요구할시에는 희망하는 해당학교에 입학시켜 국비로서 공부시킨다

집체적 의거부대들에 대하여서는 그부대들을 해산시키지않고 인민군에 편입시킨다

의거자들이 직장을 희망할시에는 적당한 직장을 알선하여준다

의거자들이 무기·기타군수기재를 휴대하고 올시에는 상금을 수여한다

의거자들이 미제와 리승만도당을 반대하여 조선인민군에 편입되여 싸울것을 희망할시에는 전국방군의 직급대로 인민군 직급을 수여하거나 공로에따라 승급시켜 인민군해당병종에 편입시킨다

의거하여 오는 '국방군' 장병들에게 대하여서는 과거를 추궁하지 않으며 공화국공민으로서의 권리와 자유를 부여한다

적에게 손실을 주고 온 의거자에게는 국가표창을 수여한다

[각종 세금 징수와 열악한 농사환경을 주제로 반정부 투쟁선동]

「국방군」 장병들이여!

남반부 인민들이여!

공화국 북반부 농민들은 1946년 3월 5일에 실시한 토지개혁의 혜택으로 땅의 영원한 주인이 되였고 공화국 정부의 시책과 배려로 생활은 날로 향상되고 있다.

작년은 가렬한 전쟁 환경임에도 불구하고 28년만에 처음보는 대풍작을 이루어 지금 인민들은 식량의 부족을 모르고 안착된 생활을 하고있다.

그런데 미국놈들이 강점하고있는 남반부 농촌 사정은 어떠한가? 농민들은 일년래내 피땀흘려 농사 짛어도 춘주림에 허덕이고 있으며 작년은 심한 흉작까지 드렀다 이승만 괴뢰정부 발표에 의하더라도 남조선에는 금년도에 760만석의 식량이 부족되며 농민들은 3~4월까지면 식량이 완전히 떠러질 지경에 처하여 있다.

조선의 곡창이라고 하든 남조선에서 농민들은 왜 이렇게 못살고 있으며 식량이 부족되는가? 그것은 미국놈들이 남반부를 강점하고 농민들을 압박 착취하며 이승만 매국도당들이 소위 「상환미」요 「토지수득세」요하여 년수확의 65~80%를 현물로 강탈하여 갈뿐더러 265종이나 되는 각종 가렴잡세로 인민들을 못살게하며 농촌 청년들을 모조리 「국방군」에 강제징병하여 농촌 로력이 없게된 때문이다.

「국방군」 장병들이여! 남반부 동포들이여!

당신들과 당신들의 가족을 못살게하는 미국 강도놈들과 이승만 매국도당들을 반대하여 싸우라! 토지 없는 농민 토지 적은 농민들에게 무상으로 땅을 나눠주며 인민들의 행복한 생활을 보살펴주는 조선민주주의 인민공화국 정부와 시책을 지지하여 나서라!

조선 인 민 군

중국 인민 지원군

이 삐라는 인민군 또는 지원군 편으로 넘어오는 신변안전 보증서로도 된다 (03218)

구체적인 현황과 농사환경의 실상을 제시하여 신뢰성을 제고시킨 전단

['라성교' 라는 중공군 미담을 주제로 한 선전 전단]

지원군 모 중대서기 라성교는 '오고이' 마을
조선어린이들이 무척따르는 동무였다

[중국인민지원군 활동상황에 관한 전단]

[소련원자탄의 평화적 이용을 선전한 전단]

소련의 원자탄이 있음을 자랑하고 원자력을 평화적으로 활용하고 공격을 위해 사용하지 않는다는 내용이다. 이러한 내용을 한국어로 번역해 전단으로 뿌린 것은 유사시 원자탄으로 공격할 수 있다는 것을 암시하면서 한편으로는 미국의 원자탄 공격을 내심 경계하고 두려워하는 표현이다.

[상 · 하 / 한 · 미 이간과 갈등 유발 주제]

상기전단과 같이 갈등을 조장하는 경우에는 상 · 하 계급간 상대적인 내용을 주제로 하여 '당신없는 가족들은 이날을 눈물로 지내는데 미국놈과 리승만 역도들은 환락에 취하고 있다', '사병들은 매일같이 죽어가며 굶고 있는데 장교들은 호통과 향락만 일삼는다', '녀인(여인)들은 미국놈의 노리개가 되었고 굶어죽는 사람은 늘어만 가는데 매국노들은 개싸움질만 일삼는다'와 같은 상호 비교 · 폭로 · 비방으로 상 · 하 이질감과 불신을 유발토록 하였다.

Facts Speak Louder Than Eloquence

United Nations Soldiers and Officers!

Don't you want the armistice talks to be successful? Of course you do. So do we.

Aren't you anxious to go back home before the severe Korean winter?

But your generals are forcing you into doing all sorts of things you don't approve of.

Here Are Some Incidents They Have Deliberately Created in Kaisung to Undermine the Armistice Talks:—

July 16 UN troops fired on Panmunjon in the Kaisung neutral zone.

Aug. 7 UN troops fired on Panmunjon in the Kaisung neutral zone for the second time.

Aug. 7 American aircraft strafed a supply lorry of our delegation.

Aug. 19 UN troops killed and wounded men of our military patrol in Kaisung neutral zone.

Aug. 22 American aircraft bombed and strafed the living quarters of our delegation, missing it by 200 yards.

Aug. 25 UN troops again sneaked into Panmunjon in the neutral zone.

Sept. 1 One American aircraft dropped two bombs on General Nam Il's living quarters, missing it by 500 metres.

Altogether, within a period of eight days (Aug. 23 to 30), American aircraft violated Kaisung neutrality twelve times.

Soldiers and Officers!

We know it is not you who want to break up the neutrality of the Kaisung area or wreck the armistice talks. Hard facts show that the Wall St. warmongers, who make money out of war, are the ones who are wrecking the armistice talks. They have plotted against the Kaisung neutrality in order to prevent the armistice talks from succeeding. What they want is more war and not peace.

THE KOREAN PEOPLE'S ARMY
THE CHINESE PEOPLE'S VOLUNTEERS

휴전협상 중에도 UN군의 끊임없는 군사도발을 날조 · 폭로하여 UN군 장교와 사병들로 하여금 그들의 지휘부에 대한 휴전의지를 의심케 하기 위한 전단

Poem From A Dead G.I., Joey

IT WAS FOUND ON THE BODY OF A G.I. NAMED JOEY. WHO WAS AMONG 50 OTHERS KILLED IN ACTION.

BIRD eye view of Korea,
Just across the great Pacific, Korea is the spot,
Where we're doomed to spend our time,
In the land that God forget.

DOWN with the snakes and lizards,
Down where a man gets blue,
Right in the middle of nowhere,
A million miles from you.

WE sweat, we freeze, we shiver,
It's more than a man can stand,
We're not supposed to be convicts,
Just "defenders of our land."

WE are soldiers of the 3rd armoured division,
Earning a measly pay,
Guarding people with millions,
For only $2.50 a day.

NOBODY knows we are living,
Nobody gives a damn.
At home we are forgotten,
We belong to Uncle Sam!

THE time I have spent in the army,
The time of my life I have missed.
Boys, don't let the draft get you,
And for God's sake don't enlist!

WHEN we get up to heaven,
To St. Peter we will tell:
"We are soldiers of Korea,
We've spent our time in hell."

Joey was against this senseless war, but just the same, he ended a victim because he did nothing to quit it. Take heed of Joey's warning and quit this mess.

미 전사자들 중 한 병사의 소지품에서 발견된 시라고 제시하였다. 그 진위는 알 수 없으나 다만 이러한 전사자를 이용한 심리전은 염전사상을 유발시킬 수 있는 효과적인 방법이기도 하다.

3.2 방송 심리전

3.2.1 라디오 방송

북한은 전쟁계획을 위장하기 위해 6 · 25기습남침 일주일 전에 라디오 평양방송을 통해 한반도 전역에서 총선거를 하자고 요청하는 방송을 했고, 며칠 후에도 라디오 방송을 통해 '북조선은 연합군과 남한의 정당들에 대해 38선에서의 회담을 제안한다.' 고 발표했다.

[김일성 방송원고]

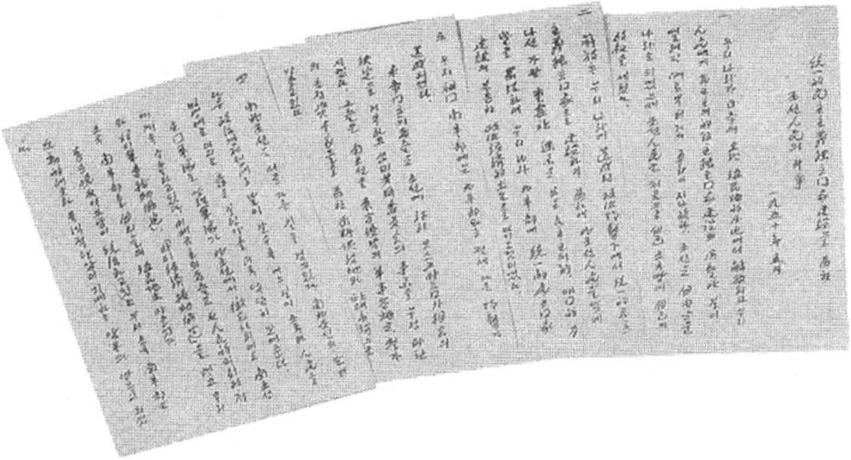

북한 정권은 6월 25일 기습남침이 성공적으로 이루어지자 그날 11시경 평양방송을 통해 다음과 같이 발표하였다. ***"북한인민군은 자위적인 조치로써 반격을 가하여 정의의 전쟁을 시작하였다."*** [96] 그리고 오후 1시 35분에는 김일성이 방송에 직접 등장하여 다음과 같이 북침에 대한 반격의 일환으로 공격을 했다는 요지로 방송하였다.

"남한은 북한의 모든 평화통일 제의를 거절하고 오는 아침 옹진반도에서 해주로 북한을 공격하였으며, 이는 북한의 반격이라는 중대한 결과를 가져왔다."

북한 정권과 김일성의 이러한 주장에 당시 소련과 중공은 물론 동유럽의 공산국가들이 동조하였다. 6 · 25전쟁 발발 2년 후인 1952년 미국의 좌파 언론인인 이시

---

96) Appleman, 「South to the Naktong」, pp. 19~28.
Sawyer, 「Military Advisors in Korea」, pp. 114~118.

도르 스톤이라는 사람이 '6·25전쟁 비사' 라는 책을 썼는데, 그 책 속에 '아마 북침한 것 같다' 라고 기록해 놓았다. 이 책을 만든 출판사는 미국 내에서 공산당 기관지를 찍어내는 유명한 좌파 출판사였다. 이 책은 곧 일본으로 흘러 들어갔고, 일본의 좌익세력들은 기다렸다는 듯이 이 책을 인용하면서 '북침설' 을 받아 들였다. 북침설은 이렇게 하여 퍼져 나갔고 좌익세력들은 이를 선전문구로 사용하였다.[97]

북한의 라디오 방송은 전쟁초기에는 북침 주장과 이에 대응하여 남조선을 해방하자는 선동과 적개심 고취에 주안을 두었다. 전쟁 후반기에는 위장평화회담 등을 제안하여 UN군 사령부로 하여금 결정을 미루거나 망설임을 유도했고, '중앙 평화위원회' 등 위장 및 관변단체 출범과 이들이 평화회담을 제한한다는 등의 대내·외 전략심리전 방송이 많았다.

북한 라디오방송은 전황의 보도에 있어 허위방송이 대단히 많았다. 이러한 허위방송은 심리전략으로 수행되어 순간적으로 인민군과 북한주민들에게 사기 및 적개심 고취에 도움이 되었으리라 판단되지만, 남한국민과 UN군, 그리고 국군은 이러한 방송이 거짓임을 아군의 전황보도나 전장상황을 통해 실제로 확인할 수 있었기에 북한의 방송에 신뢰를 하지 않는 결과를 가져왔다. 예컨대, 전쟁 후반기에는 전혀 제공권이 없는 상태에서 조종사 2명을 영웅화 시키면서 수십대의 연합군 F-84 전투기를 YAK 2대가 격추 시켰다는 내용 등 상식적으로 이해가 되지 않는 내용들을 방송했다. 또한, 인민군은 그들의 승전을 과시하고 연합군의 전 사상자들에게 애도를 표하기도 했다. 그들은 거짓 정보를 매일 방송했고, 공격으로 인해 연합군을 불바다에 몰아넣었다고 주장했다.[98]

서울을 점령한 적은 방송과 신문 또는 벽보를 통하여 소위 인민군의 진격을 영웅적이라고 극찬하면서 남한도시의 점령지역을 매일매일 크게 발표하였다.

그들의 보도수법은 8월 15일 이내에 부산까지 석권하고 8. 15해방 5주년에는 대대적으로 통일축하 해방 기념식을 갖겠다는 선전과 함께 점령지역을 앞질러 발표하였다. 즉, 수원을 점령하면 대전을 점령했다고 발표하였다. 또한 그들은 미군이 참전한 이후 남한에서 소위 의용군을 모집하였는데 이에 지원한 일부 반공주의 계열을 제외하고는 인민군의 승리가 결정적이라는 허위선전에 넘어가 지원을 한 사례도 많았으며, 이러한 의용군에는 남녀 대학생, 중학생도 많았다.

---

97) 노병천, 앞의 책, pp. 230~231.

98) Stephen E. Pease, 앞의 책, pp. 92~93.

지원 의용군들은 이미 북한군의 승리를 눈으로 보았기 때문에 우리의 방송이 진실을 보도하여도 이를 믿으려 하지 않았다. 적의 위세 등등한 선동적인 방송은 수세적 입장에 놓인 우리의 전황보도를 도리어 역이용함으로써 아측 방송은 제대로 효과를 얻지 못하였다. 북한은 의용군 모집을 촉진하기 위하여 의용군 출정가족들에게 특별 급식소를 개설하고 하루 두 끼씩 식사를 제공하였는데 서울 시내만도 50개의 급식소가 있었다.

동족간의 이념 전쟁이었지만 북한이 남한에서 강제로 동원한 인원을 포함하여 많은 의용군을 동원할 수 있었던 것은 대남심리전이 많은 영향을 주었다고 분석되고 있다.

아래 내용은 감미로운 목소리를 지닌 미인이 ***"젊은 미군들이여! 고국의 소녀들의 애절한 목소리가 들리지 않는가!"***라는 제목으로, 전쟁을 포기하고 가족들이 기다리는 고국에 돌아가 행복하게 꿈꾸며 살아가라고 하는 것을 편지로 방송하는 모습과 내용을 심리전단으로 만든 것이다.

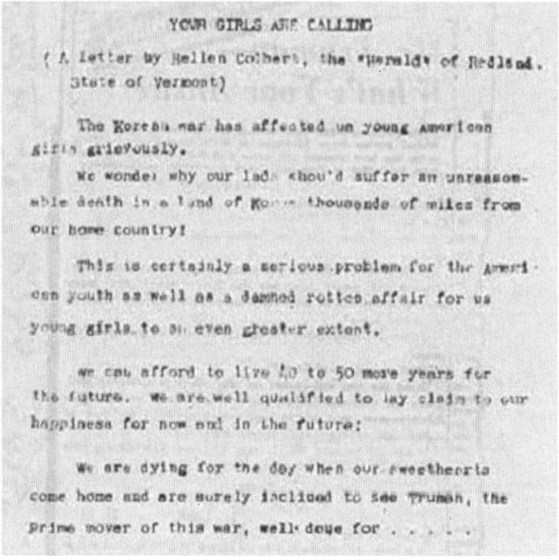
YOUR GIRLS ARE CALLING

(A letter by Hellen Colbert, the "Herald" of Redland. State of Vermont)

The Korean war has affected us young American girls grievously.

We wonder why our lads should suffer an unreasonable death in a land of Korea thousands of miles from our home country!

This is certainly a serious problem for the American youth as well as a damned rotten affair for us young girls to an even greater extent.

We can afford to live 40 to 50 more years for the future. We are well qualified to lay claim to our happiness for now and in the future:

We are dying for the day when our sweethearts come home and are surely inclined to see Truman, the prime mover of this war, well done for . . . . .

다음의 내용은 1950년 6월 28일 평양에서 방송한 김일성의 '공화국 수도 서울해방' 방송원고이다.[99]

99) KBS, 「다큐멘터리 6 · 25전쟁(上)」, (서울, KBS 문화사업단, 1991), p. 215.

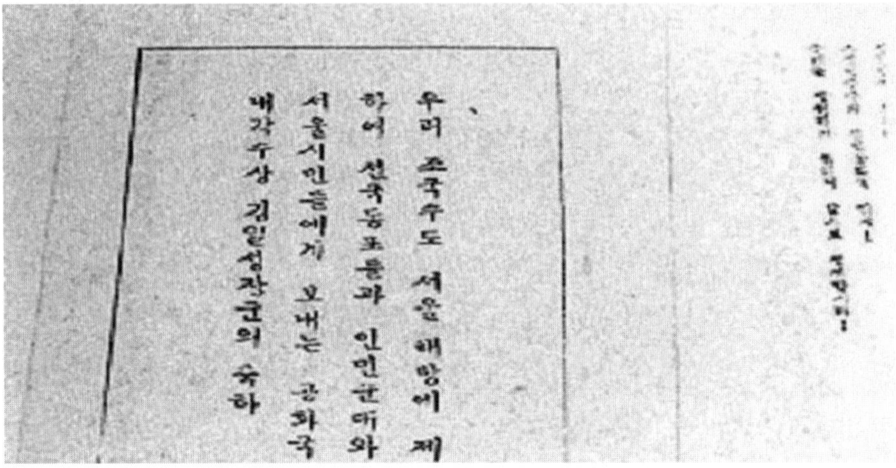
우리 조국수도 서울 해방에 제하여 전국동포들과 인민군대와 서울시민들에게 보내는 공화국 내각수상 김일성장군의 축하

친애하는 동포들이여! 용감한 인민군대의 장병들이여! 친애하는 서울시민들이여!

금 6월 28일 11시 30분에 영웅적 인민군대는 우리 조국의 수도 서울시를 리승만괴뢰정권의 통치로부터 완전히 해방하였습니다.

우리 조국 수도의 해방에 제하여 조선민주주의인민공화국 정부를 대표하여 나는 전체 조선인민들에게 축하를 드리며 우리 수도를 해방시킨 영웅적 인민군대 장병들에게 감사를 드립니다. 이와 동시에 나는 리승만역도들의 팟쇼적 압박으로부터 해방된 서울시민들에게 축하를 드립니다.

전체 조선인민들은 리승만 매국역도들이 일으킨 동족상쟁을 급히 종식시키고 조국과 인민을 행복스러운 평화적 건설사업에 들어갈 수 있게 하기 위하여 모든 역량을 기울려 진공하는 영웅적 인민군대를 원조하여 주어야 하겠습니다.

적의 후방에서 활약하는 남반부 인민들과 빨찌산들은 적의 후방을 교란시키며, 유격전을 일층 맹렬히 전개하며 도처에서 인민폭동을 일으키며 미 제국주의자들이 리승만 매국역도들에 공급하는 무기와 군수품을 우리국토에 들여놓지 말기 위하여 적극 투쟁할 것이며 진공하는 인민군대에 강력히 협조하여야 하겠습니다. 해방된 서울시민들은 민주질서를 속히 수립하여 수도의 복구건설사업에 착수하며 반동에 의하여 해산되었던 자기의 정권기관인 인민위원회들을 급히 복구하며 인민군대에 적극 원조하여야 하겠습니다.

조선민주주의인민공화국정부는 공화국 수도 서울시 림시인민위원회 위원장에 공화국 내각 사법상 리승엽동지를 임명하겠습니다.

통일적 조선인민만세! 영웅적 인민군대에 영광이 있으라!

김일성은 인천상륙작전이후 퇴각하는 시기에도 독전을 강요하는 방송을 하였다. 유엔군과 국군의 북진으로 전세가 역전되자 김일성은 10월 9일 북한의 임시수도로 강계를 지정하여 기관과 단체들을 모두 그곳으로 은밀히 이동하도록 하였고, 소련을 비롯한 외국의 공관들은 만포진으로 이전하도록 조치하였다. 김일성은 잔뜩 기대하였던 소련과 중공의 지원이 차일피일 늦어지자 결국 눈물을 머금고 후퇴를 결정하였는데, 10월 11일 그는 ***'조국의 촌토를 피로써 사수하자'***는 제목 하에 방송연설을 하였다. 그리고 ***"전체 인민은 적의 후방을 교란하여 부득이 퇴각하지 않으면 안될 경우에는 모든 물자와 모든 철도 운송 수단을 옮겨가며 적에게 한 대의 기관차와 한대의 차량도 남겨 놓지 말아야 하며, 한그람의 쌀도 남겨 놓지 말아야 하겠습니다…"*** 라고 하면서 최후의 순간까지 결사적인 항전을 강조하였다.

3.2.2 확성기 방송

6 · 25전쟁 시 인민군의 대남 확성기 방송은 방송장비 미흡, 영어구사 능력 부족 및 미국인의 삶과 미국인의 태도에 대한 사전지식이 없었기 때문에 제한적으로 실시되었으며, 심리전 효과도 미약하였다. 적 확성기 방송의 주제는 전쟁포로에 대한 좋은 대우나 탈영호소 및 한국정부비방, 또 '우리는 평화를 원한다', '우리는 전쟁을 시작하지 않았고 전쟁을 끝내지도 않을 것이다'. '너희들은 2차 대전에서 남은 물자를 다 써 버렸다. 이제부터 너희들이 전쟁을 지속한다면 너희에게 부담이 될 것이다', '너희 장교들에게 너희는 평화를 원한다고 얘기해라', '너희는 안전하게 행동하고 밖으로 나오지 마라' '너희들은 자본주의자들의 단순한 도구에 불과하다.' 등의 수세적 주제가 많았다. 그리고 확성기 청취 거리 때문에 대치하고 있는 아군진지에 방송하거나 점령지 주민에게 가두방송을 했다. 따라서 방송주제도 전략적인 주제보다는 현장상황과 연계된 전술적 주제가 많았다.

아래 방송내용은 확성기를 통해 영어로 방송한 예문인데 무슨 의미인지 쉽게 이해가 되지 않고 심리전을 실시하는 목적이 불명확하였다.

❶ 우리가 서로를 향해 사격을 하고 있음에도 우리는 평화를 이룰 수 있다. 이제 우리는 우리의 무기를 내려놓아야 할 때이다. 너희의 거두, 클라크(Clark) 장군과 우리의 거두는 이제 함께 만나야 한다. 너희의 비행기와 우리의 비행기가 서로에게 폭격을 한다면 어떻게 우리가 평화를 이루겠는가? 체이스(Chase) 은행은

$2,700,000,000에서 지금은 $5,400,000,000을 보유하게 되었다. 이것은 3억 달러가 늘어난 수치이다. 너희 조국도 아닌데 50,000마일이나 날아와서 싸운다는 것은 부끄러운 일이다. 우리는 돈을 낭비하고 있다. 더 이상의 전쟁은 없어야 한다. 그래야 모든 사람들이 학교에 가고 지성인으로 성장할 수 있다.

❷ 우리는 음식들이 아주 많이 있다. 그리고 너희들이 여자들과 즐기고 카드 게임을 할 시간도 많이 제공할 것이다. 너희 포가 우리 마이크를 파괴하였다. 그래서 우리는 밤에 임무를 수행해야만 하고 소리를 질러야 한다.

아래 내용은 북한의 확성기 방송을 청취한 미군들의 증언내용이다.[100)]

'모든 공산당원들은 미국이 평화를 위해 노력하지 않는다고 비난한다. 179보병연대 군인들이여 잘자라', '179연대의 카튜사 및 저격수와 집에 아기와 같이 있는 어머니들은 밥을 먹지 못하고 있다.' '우리가 좋은 음악을 들려주겠다. 너희 음악은 좋지 않다.' 여기서 말하는 좋은 음악이란 'TOP 10' 음악이 아니라 시대적으로 인기가 있었던 미국음악이었다. 'Home, Sweet Home(따뜻한 우리집)', 'There's No Tomorrow(내일은 없다)', 'Come back to Sorrentino(소렌티노로 돌아오라)', 'Dancing in the Dark(어둠속의 춤)' 및 'The Lord's Prayer(주님의 기도)' 등이다.
'우리측으로 넘어와 귀순해라. 나는 너에게 좋은 시간을 주겠다. 우리는 많은 포로들에게 좋은 시간을 제공하고 있다.' 성난 목소리로 같은 목소리의 주인공이 '너희는 평화를 원하는가? 아니면 싸움을 원하는가? 나한테 대답해 봐라' 라고 물었다. 그리고 나서 또 다른 목소리가 미군 병사들에게 '우리 무인도에서 만나자. 거기서 술에 취하고 즐거운 시간을 갖자' 라고 하였다.
중공군은 1952년 전선이 잠잠해진 후에야 확성기를 사용하였다. 그들은 장시간동안 심리전 원고 방송 후에 음악을 방송했다. 음악의 대부분은 향수어린 것으로 어린 병사들에게 고향을 생각나게 했다. 어떤 음악은 연합군을 조롱하고 공산당의 힘을 과시하는 내용들이었다. 선전내용은 연합군의 철수를 주장했으며, 그들은 확성기를 통해 적군의 부대 이동을 노출시키면서 새로 전선에 배치된 연합군을 환영한다고 방송하기도 하였다.

---

100) 심리전 책임장교에게 보낸 USAFFE 심리전 보고서.

3.3 시청각 통합 심리전

시청각 통합 심리전이란, 여러 매체를 통합해서 운용하여 적에게 심리적인 타격을 가하는 것을 일컫는데, 다양한 방식의 시청각 심리전이 전개되었다. 특히 중공군은 인해전술을 포함한 통합된 시청각 심리전 전술을 활발히 전개했다.

전투 기간동안 UN군 측에서는 중공군의 정확한 병력 수를 파악하는 데 실패하였다. UN군은 여러차례에 걸쳐 중공군의 연대를 마치 사단처럼 인식하여 그 공격하는 병력 수를 과장되게 계산하였다. 중공군은 대부분 밤에 공격하였으며, 동시에 나팔과 호루라기를 불었고 함성과 함께 공격을 시도하였다. 때로는 방어부대에 심리적 동요를 주기위해 '달콤한 음악' 을 연주하기도 하였다. 이러한 시청각 심리전의 영향으로 UN군 측에서는 중공군이 어느 장소를 막론하고 모든 방향에서 출몰하는 것처럼 느꼈다. 더구나 중공군은 침투전술에 통달하였기에 빈번히 뱀처럼 기어 들어가 UN군 측의 지휘소를 타격하여 충격과 혼란을 야기 시켰다. UN군 측의 군지휘관들은 이러한 중공군의 공격형태를 '중국의 벌떼(Swarm of Chiness)' '인해(human waves)' 라고 표현하였다. 그래서 마치 중국인들은 그들의 생명을 파리 목숨처럼 여겨 마구 불 속으로 뛰어 드는 것과 같은 인상을 가지게 만들었다. 중공군에 대한 잘못된 인식은 시청각 통합심리전과 연계된 중공군의 전술의 효과라고 분석할 수 있으며, 이러한 잘못된 중공군에 대한 인식때문에 UN군 측의 대응전술에도 많은 시행착오를 가져왔다. 다음 사례들은 중공군과 북한군이 6 · 25전쟁시 실시한 시청각 통합심리전의 사례들을 제시한 것이다.

3.3.1 중공군의 피리에 의한 심리전

중공군이 한국전에서 보여 준 전법은 대개 10개의 형태로 구분, 가능하여 그중 '2선 전법' (후방을 재전선화하여 유격선과 정규전을 동시 실시)과 기지전법 등을 심리전투방식으로 수행하였다.

부대와 부대의 전투지경선 중에서 적의 병력이 약한 지점에 야간을 이용하여 소수부대를 침입시켜 돌파한 다음, 후방을 교란함으로써 적이 혼란한 상태에서 일거에 주력부대로 공격하는 것이다. 또 다른 방법으로는 분산 행동을 취하여 비밀리에 정하여 놓은 공격선까지 각개 전진하여 공격과 동시에 호각과 꽹과리, 나팔을 사용하여 적에게 공포심을 자아내게 하는 동시에 자신들의 사기를 높여 공격하는 중공

나팔을 불고, 징을 치며, 꽹과리 등으로 전장 분위기를 압도적인 우세와 혼란 분위기를 조성하여 공격하는 중공군의 전형적인 인해전술 장면들이다.

군 특유의 심리전법이다. 종종 이들은 병사들에게 술을 먹여 정신이 혼미한 상태에서 적진으로 정면 공격을 시도하기도 하였다.[101]

1950년 10월 하순 중공군의 개입 후 서부전선의 유엔군과 한국군은 수적으로 우세한 중공군의 인해전술에 의하여 전선이 돌파되고 부대는 분산되어 후퇴하지 않을 수 없었다. 이 무렵에 등장한 것이 중공군의 피리전술이었다. 중공군은 낮에는 아군 방어선이나 진지를 정찰하였다가 밤이 되면 우회하거나 동시에 아군의 후방에는 소수의 공작대가 사전에 침투하여 자정쯤 고요한 틈을 타서 동서남북에서 피리를 불어 대었다.

밤이면 나뭇가지 소리에도 놀라는 인간심리이고 보면 사방의 피리소리에 공포감이 엄습하여 어찌할 바를 몰랐다. 이 피리소리는 사실상 포위완료의 신호이기도 하였다(그들은 아군후방의 목표지점에 도착하는 순으로 피리를 불었다). 이들의 피리공작대는 피리로 신호를 하면서 준비가 다 되었으며 사방에서 따발총의 연발사격을 아군에게 기습집중공격을 감행하였다. 이러한 상황에서는 아군은 명령의 유무를 막론하고 각개분산되어 혼란과 지휘 · 통제가 마비되고 와해되어 버렸던 것이다.

실제로는 중공군이 피리를 부는 목적은 지휘 · 통제의 한 수단이었다. 당시만 하여도 중공군은 현대 통신장비가 부족하였기 때문에 원시적인 피리를 근거리 통신

101) 노병천, 앞의 책, p. 317.

용으로 이용한 것이다. 피리의 첫 신호는 그들의 침투가 성공하였으니 계획된 진로로 후속부대가 침투해도 좋다는 신호였다.

두번째 피리신호는 침투부대가 목적지에 도착하여 전개를 완료했다는 신호이며, 세번째의 피리 소리는 기습사격 개시의 신호인 것이다. 이들 피리조는 2명 1조이며, 나머지 침투부대는 1개 분대 병력에 불과하였다. 그렇지만 야간에 1개분대가 기습적으로 사격하는 따발총은 대부대의 총소리로 들리는 것이 방어하는 사람의 심리현상이기 때문에 순간적으로 진지를 이탈하여 포위망이 아닌 포위망을 탈출하고자 우왕좌왕하게 되는 것이다.

이러한 **중공군의 피리전술심리전은 손자병법에서 지피지기(知彼知己)면 백전불퇴(百戰不退)라는 말과 연관 지어볼 때 적의 전술을 전혀 모르고 아군 스스로가 당한 꼴이었다.** 즉, 중공군이 참전했을 당시 통신기재와 통신망이 부족하여 통신수단으로 피리를 대신했는데 아군은 적이 아군을 포위한 것으로 착각해 유언비어까지 발생되었고, 밤에 피리의 진동음이 인체에 미치는 생리적인 관계로 사기가 저하되고 공포심이 유발되는 등 적의 피리 전술심리전은 큰 효과를 발휘하였다.

다음은 중공군의 다양한 시청각 통합심리전술에 대한 미군 Chester Bair 병사의 증언 내용이다.[102]

> 1950년 9월 16일에 참전하여 우리는 한국의 서울 남산에서 싸웠다. 이 후에 우리는 북한으로 갔고 중공군이 전쟁에 개입했을 때 우리는 한국의 어느 저수지에 있었다. 중공군은 풀피리를 불며 연막탄을 터뜨리는 방법으로 부대 신호를 사용했지만 우리에게도 종종 메시지를 보냈다. 그들이 사용한 단 하나의 풀피리만으로도 간담이 서늘하게 되었으며, 이는 개인의 용감함과는 관계가 없는 것 같았다. 그들은 노랑, 파랑, 녹색의 세 가지색 연막탄을 사용했다. 중공군이 이 연막탄을 사용할 때 그들 부대에도 어떤 반응을 불러 일으켰는데 예를 들어 녹색은 공격이었다.
>
> 그러나 우리 부대에에 무성한 소문만 돌뿐 그 색깔들이 무엇을 의미하는지는 알 수 없었다. 우리는 우리 고유의 색깔을 사용해 적을 혼동시켰다. 그러나 우리 편도 혼동을 했고 중공군이 모든 상황에서 우리보다 우세했기 때문에 두려웠다. 그들은 풀피리와 나팔을 사용했는데 나는 이것들이 그들 부대에게 명령하기 위한 수단이라고 믿었었다. 그들이

102) Stephen E. Pease, 앞의 책, pp. 98~99.

뭔가를 다시 꾸미고 있다는 것을 눈치 챈 당신을 두렵게 하거나 최소한 당신의 신경을 곤두서게 하기 때문이다. 밤에 연주되는 풀피리 소리가 당신의 간담을 서늘하게 할 것이다. 나는 그것이 증기 동력처럼 느껴졌고 오래 지속되지만 누군가 바이올린으로도 같은 소리를 만들 수 있을 것 같았다. 그것은 마치 길고, 낮고, 키 없는 바이올린소리 같았으며 한밤중에 묘지에서나 들릴 것 같은 소음이었다.

3.3.2 북한군의 북, 꽹과리를 이용한 심리전

공격작전의 최종단계인 돌격시 돌격나팔과 우렁찬 돌격함성을 지르면서 돌격하여 백병전을 시도한다. 이러한 음향과 함성은 공격자로 하여금 공포감을 잊게 하고 용기를 불어 넣어주는 효과를 얻게 하는 반면, 적에게는 심대한 공포감을 조성시켜 공격자의 기세에 눌려 도망치게 하는 효과를 내었다. 북한군이 공격시 꽹과리, 북, 징 등의 농악기를 이용하여 공격을 실시한 대표적인 전례는 1951년 1월 중순 경기 파주군 적성리 전투에서이다. 북한 제 10사단의 연대규모 병력은 미 제 10군단의 한국군 특수 공격대대에 의해 적성리에서 완전 포위되었다. 그러나 야음을 이용하여 꽹과리, 북, 징을 치면서 야간 돌격전을 감행하여 포위망을 벗어났다.

당시 고립된 전면 방어진지에서 야간에 이러한 다양한 음향과 함성을 최대한으로 이용한 공격은 방어자에게 심리적으로 공포를 유발시켜 포위망을 풀게 하였다.

심리전을 수행함에 있어서 주최측이 아무리 훌륭한 의도와 좋은 내용을 가졌다 하더라도 그 표적 대상 집단에게 전달되지 않으면 아무 소용이 없다. 따라서 효과적인 심리전은 그 당시 전투상황과 여러 가지 조건 등에 따른 심리전 작전 판단하에 가장 효과적인 매체의 선택과 운용에 달려있다.

3.3.3 취각 · 선물 심리전

중공군은 6 · 25전쟁시 콩기름을 이용하여 취각심리전을 실시하였다. 그들은 전투를 전후해서 계절풍을 따라 콩기름을 조리는 냄새를 아군 진지로 풍겨 보냈으나, 아군의 보급은 적보다 월등하게 좋았기 때문에 이렇다할 만한 효과는 없었다. 공산군 측은 전장에서 선물을 이용한 심리전도 수행하였다. 수건, 담배, 공책 등을 풍선에 매달아 보내거나 침투부대가 아군의 방어진지에 남겨두고 가는 등의 방법을 시도하였다. 하지만 품질이 조잡해서 오히려 역효과를 내기도 하였다. 또 하나 특수한 방식은 성적 자극을 통한 수단이었다.

이것은 피아가 서로 사용했는데, 적들 역시 동양적인 사고방식을 가졌기 때문에 극단적으로 난잡한 성과 관련된 사진을 쓰지는 않았고 아군도 또한 중국인의 특수한 예에 비추어 완전착의의 미인 사진만을 사용하였다. 그 후 포로들의 진술에 의하면 중공군들은 이러한 심리전용 사진을 그대로 많이 소지하고 있었다고 했다.

3.3.4 횃불 심리전

1950년 10월 중공군이 전쟁에 개입했을 때 연합군 정보장교는 얼마나 많은 사단이 들어왔는지 확인할 수 없었다. 중공군은 혼란을 야기하기 위해 할 수 있는 모든 것을 강구했다. 1950년 12월 2일 이전, 연합군 소속의 야간침투 비행기는 겨울 추위에도 불구하고 공산주의자들이 숨어서 점령하고 있는 언덕에 6개 이상의 모닥불을 찾아내 보고하였다. 하지만 12월 2일 이후 조종사들은 급작스럽게 늘어난 수백, 아니 수천 개의 모닥불이 언덕위에 보인다고 보고하였다. 하지만 실질적으로 얼마나 많은 부대가 거기에 주둔하고 있는 것인지는 확인할 수가 없었다. **이러한 중공군의 기만작전은 정통적 심리전 전술을 기반으로 하여 대량의 모닥불을 활용함으로써 연합군 정보장교로 하여금 북한에 주둔한 중공군 부대의 수를 헤아리지 못하도록 하는 계획이었고 이를 착각한 연합군은 가상의 적에 대항하기 위해 병력을 재배치하는 등 상당히 혼란을 겪어야만 했었다.** 이러한 모닥불 심리전으로 UN군 측이 중공군의 한국전 개입 규모를 최초 예상했던 것보다 훨씬 많을 것이라고 예측하는 결과를 가져오기도 하였다.

3.3.5 함성, 연막탄, 노새 등을 이용한 시청각 심리전

중공군은 공격 중이나 밤에 연합군이 말하고 소리치는 것도 기록해 두었다. 특히 '형제' 라는 단어를 연합군과 국군이 많이 사용하는 것을 알고 심리전이나 아군과 근거리 접촉시 유엔군을 부르곤 했다. 이러한 호칭으로 인해 미군의 감정을 혼란시키고 국군과 혼돈을 초래케 하기도 하였다. 공산군은 제공권이 열세였기 때문에 주간보다 야간전투를 많이 시도하였다. 보병 공격전에는 전열을 분산시키기 위해 포병사격이 실시되었고 보병 공격 시에는 같은 전술로 괴성을 지르며 전진했다. 물론 공산군은 상당한 피해를 감수하고 광적인 공격을 하였다. 공산군은 한국군 포로와 마을 사람 등 여자와 어린이를 방패막이로 이용해 공격하기도 하였다. **공산군은 밤**

에 노새를 이용해 종종 이동하였는데 소수 병력이 이동할 때도 대단히 시끄러웠다. 그들은 소수병력이거나 세력이 약할 때에는 함성 등으로 위장 활동을 하여 대규모 부대나 전력이 막강한 것처럼 기만하였다. 특히 이동간에 소음을 내고, 방울 소리를 내고, 휘파람을 불며 이동을 하였으며, 이러한 위장과 소란활동은 시청각심리전의 일환으로써 전선에 배치된 UN군을 긴장하게 하고, 사기를 저하시키는 결과를 가져왔다.

다음은 21항공모함대대 Marion Williams의 증언 내용이다.[103]

해병대가 원산에 상륙한 후 우리 비행기는 산에서 고립된 부대에 항공지원 임무를 수행했다. 그리고 원산에 항공지원 임무수행 후는 육군부대가 함흥까지 북상하여 함흥평야를 방어하고 있을때 수차례에 걸쳐 항공지원을 수행했다. 그런데 적들은 우리가 숙영하는 외곽에서 심리전을 실시하였다. 그 공산군들은 매일밤 심리전의 일환으로 불빛을 번쩍거렸고 휘파람을 불어댔다. 어떤 곳에서는 경적소리도 울렸다. 육군부대 한 병사는 적들이 공격 전날 밤 매일 이렇게 심리전을 하고 오늘밤엔 그들의 공격이 없었지만 밤새도록 우리 모두의 신경을 날카롭게 만들었다고 말했다.

3.3.6 취침점호(Bedcheck Charlie) 공습심리전

취침점호(Bedcheck Charlie) 공습심리전이란 아군 방어진지 또는 숙영지대에 적기가 내습하여 소규모로 수시로 공격하여 숙면을 방해하거나 혼란을 초래케하여 정신적 피로를 배가시켜 전투공포심, 사기저하, 염전사상을 야기하는 심리전의 일환이다. 아래 내용은 이러한 북한의 취침점호(Bedcheck Charlie)에 대한 미군들의 체험과 증언내용이다.[104]

6 · 25전쟁 당시 오랫동안 진부하게 써먹은 심리전술이다. 병사들이 텐트에서 잠자고 있는 한밤중에 비행기 한 대가 선회하다 한바탕 소동을 일으키고 조용히 사라져 버린다. 모든 병사들은 일어나 방호시설로 대피하곤 했다. 왜냐하면 가끔 폭탄이나 수류탄 및 포탄, 삐라 등이 동시에 떨어지기 때문이었다. 취침점호(Bedcheck Charlie)는 6 · 25전쟁 동안 내내 사용되었는데 최전선이 고요했던 전쟁이 막바지 6개월 동안 사용이 증가되었다. 공

103) Stephen E. Pease, 앞의 책, p. 100
104) Stephen E. Pease, 앞의 책, pp. 93~94.

격은 자정이후에 행해졌고 비행기는 주로 1927년에 소련에서 만든 복엽비행기 PO-2와 신형기종이기는 하나 성능은 별 진전이 없는 낮은 날개를 장착한 YAK-18을 사용했다. 종종 1차 세계대전 영화에서나 나오는 추진식 비행기인 MBE-2를 사용하기도 했다. PO-2와 YAK-18은 시속 90마일로 너무 느려 연합군 제트기를 격추시킬 수가 없었다.

3.4 포로 / 피난민 / 양민을 이용한 심리전

3.4.1 포로를 이용한 심리전

6 · 25전쟁 중반기에 접어들면서 수세에 몰린 북한은 휴전협상의 주도권을 장악하기 위하여 UN군이 세균전을 준비하고 있다는 공세를 집요하게 펼쳤다. 1951년 5월 8일 박헌영 북한외상은 미군이 1950년 12월과 이듬해 1월에 천연두를 전염시켰다고 UN에 공식 항의하였다. 이것은 소련과 중국신문을 통해서 보도되었다. 또한 이러한 신문은 1952년 2월 18일 유엔군이 북한에서 세균전을 수행하고 있다고 공식 비난성명을 발표함으로써 대규모 선전공세의 신호탄을 올렸다. 이에 중국이 합세하여 유엔군을 국제적으로 곤경에 처하게 하였다.[105]

특히 세균전의 공세는 인민군이 미군 포로들의 고백을 왜곡선전하면서 증폭되었다. 미군포로 중 36명이 세균전에 관해 자백했다. 포로들의 진술은 공산군 측의 언론매체를 통해 미국의 세균전 실행증거로 제시되어 미국의 범죄와 6 · 25전쟁의 추악성을 세계여론에 선전하는 데 좋은 재료가 되었다. 1952년 초에 포로가 된 이녹(Kenneth L. Enoch), 퀸(John Quinn), 미 공군 중위 오닐(Floyd B. O' Neal) 등이 세균전에 대해 진술한 내용을 2~3개월 후에 공개했다. 동년 격추된 미 해병대 소속 조종사였던 블레이(Roy H. Bley) 소령과 슈아블(Frank H. Schwable) 대령도 1953년 1월에 세균탄의 공급 · 저장 · 공격에 관해 진술했다.[106] 특히 공산군 측은 해병대 조종사 블레이 소령과 공군 조종사 오닐 중위의 자백을 녹음 · 녹화하

105) John C. Cleus, 「Communist Propaganda Techniques」, (Frederick A. Praeger : New York, 1964), chap iv.

106) 「조선중앙연감, 1953」, pp. 184~189, Floyd B. O' Neal, "My Testimony", People' s China, Nov. 1, 1952, "Why Genn Chiefs Told Secrets", London Daily Worker, Feb. 26, 1953, "Bley' s Deposition on Supply of Genn Bombs", Korea independence, Apr 8, 1953, Stephen Endicott and Edward Hageman, op. cit., p. 163.

여 세계 언론을 통해 대대적으로 선전했다. 조종사의 자백 내용은 실로 놀라웠다. 그들의 자백에 의하면 미국은 전세를 만회하기 위하여 불법적인 방법을 사용하였고, 전쟁에서 공산진영의 승리가 확실해졌으며 유엔군은 절망적인 상황이라고 묘사하였다.[107]

미국의 유엔대표 그로스(Grose)는 동년 6월 8일 공인된 국제과학자들로 하여금 세균전 비난에 대한 조사를 실시하도록 하는 결의안을 유엔 안전보장이사회에 제출하였으나 소련의 거부권에 의해 부결되었다. 결국 공산군측의 세균전 주장은 한반도에 만연되었던 전염병을 유엔군측에 책임을 전가하여 공산측 자체 내의 전열을 정비하고, 다른 한편으로는 세계여론을 이용하여 당시 진행 중이던 휴전협상에서 유엔군측을 곤경에 몰아넣으려는 심리전의 일환이었던 것이다.[108] 이에 맞서 유엔군도 핵사용 위협과 인도주의에 입각한 포로송환 심리전으로 휴전협상을 유리하게 이끌었다. 당시 중앙정보부 델리스(Allen Dulles) 국장은 휴전협상시 포로교환이 갖는 효과에 대하여 ***"공산주의에 대항하여 자유세계에 의해 성취된 가장 위대한 심리전의 승리"*****라고 강조한 것이 이를 입증하고 있다.**[109]

1952년 3월 8일, 중공의 주은래는 당시 미국이 투하하였던 폭탄에 대하여 세균전이라고 미국정부를 상대로 공식적으로 항의하였다. 그는 미국이 여러 가지 종류의 곤충들, 그리고 썩은 물고기, 부패한 돼지고기, 개구리, 쥐들을 대상으로 하여 만들어진 각종 세균 덩어리를 중국 영공을 침범하여 중공군과 북한군을 향하여 떨어뜨렸다는 것이며, 이는 명백히 국제법에 위배된다는 것이었다. 그러나 당시 미국정부는 강력하게 이를 부인하였다. 3월 26일, 주은래는 이러한 미국의 세균전에 대하여 유엔에 정식으로 항의 하였다.

6 · 25때의 세균전 비난은 1952년 2월에 시작되어 연합군이 공산당을 북한으로 후퇴시킨 연말에는 더 증가하다가 거제도에 관한 포로폭동 후에 더 심해졌다. 제 2차 세계대전동안 일본은 731부대라고 불리는 특수한 포로수용소를 운영해 왔다. 그들은 미국, 영국, 소련과 중국 포로들에게 생체실험을 했다. 일본 과학자들은 전쟁 후에 사라졌는데 몇 명은 소련에 의해 재판을 받고 사형되었다. 중국은 미국이 세균전에 관한 진보된 지식과 영향력 때문에 일본 과학자들을 감금했다고 생각했

---

107) Stephen E. Pease, 앞의 책, pp. 101~102.
108) 국방군사연구소, 「6 · 25전쟁(하)」, (서울, 서울인쇄공업협동조합, 1997), p. 235.
109) 정용욱, 앞의 책, p. 130.

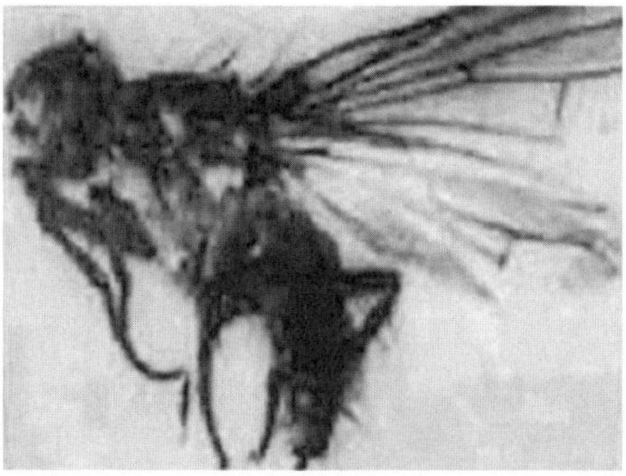

1952년 2월 한반도에서 사용되었다고 공산주의자들이 주장한 세균곤충의 하나

1952년 7월. 세균전을 폭로하고 있는 미 제 1해병항공단의 참모장 슈아블(Schwable) 대령. 당시 그는 포로의 몸이었다.

출처 : 노병천, 「이것이 6 · 25전쟁이다」 P187

다. 아마도 그들은 미국이 731수용소 자료를 참고로 하여 중국에 다시 병원균을 이용할 것이라고 생각했다. 중국의 선전원들은 감염지역에 서식하는 특수한 파리를 세균 채집가들이 젓가락으로 잡아내는 모습의 사진을 배포하였는데 이는 미국이 개발한 특수한 전염성 균을 파리에 주입시켜 북한지역에 퍼뜨리기 위한 것이라는 선전을 뒷받침하기 위해서였다. 심지어 북한은 미국이 한반도 겨울의 영하 기온을 견딜 수 있는 특수한 파리의 일종을 개발하였다고 주장하였다.

공산주의자는 해병대 조종사와 공군 조종사의 자백을 녹화하고 녹음하였다. 수개월동안 고문을 가한 후 보고서에 서명을 받고 자백을 강요하였다. 1952년 초 열흘 동안 호된 고문 후 조종사들은 공산주의 노선에 동조한 서양과학자와 저널리스트 그리고 공산주의자와 인터뷰하였다. 공산주의 선전기구는 엄청난 자료들로 만들어졌으며, 이 사건의 음성 녹음부터 장시간의 선전영화까지 다양한 범위에서 제작되었다. 그 자백은 놀랍게도 상세했다. 그 포로는 비행경로를 자세히 말했고, 비행기의 특수 생리변화와 임무를 완전히 재현했다. 그 자백은 30분 이상 걸렸고 항상 자백하는 이의 특색없는 정치적 진술로 일관되었다. 자백에 의하면 미국은 전세를 일변시키기 위해 세균전을 수행했다는 주장이었다. 이 주장을 구체화하기 위해서 공산주의자는 전국적으로 세뇌 캠페인을 벌이고 농림부와 보건부에서 '과학주의' 지를 출판했다. 중국은 미국이 감염된 세균과 병원균을 퍼뜨리려고 본토에서 정기적으로 비행기가 출동한다고 주장했지만, 확실한 증거를 보여주지는 못했다. 그들은 미국이 치명적인 메뚜기, 독이 든 음식, 부패된 치약, 배설물, 죽거나 부패한 새, 동물 등을 북한에 전염되도록 떨어뜨렸다고 주장했다. 이 유기체들은 일본 오키나와 기지에 있는 폭격기 컨테이너 안의 세균으로부터 안전한 특수 비행기로 운반되어진다고 전해졌다. 적십자와 세계보건기구에 의한 전염지역 조사요청을 했지만 거절되었다. 공산주의자들은 농부들이 세균경험을 토론하는 지역만을 대상으로 일부 저널리스트의 관광만을 허용했다. 세균전 전시회는 포로의 자백과 보존된 곤충, 그리고 다른 물리적 '증명' 등을 포함해서 세계 언론을 위해 북경에서 펼쳐졌다. 유엔내의 공산주의 국가들은 더 이상 세균공격을 중지하라고 유엔 의회에 제안했다. 서구 유럽에서는 이러한 주장을 뒷받침 하는 시위집회가 열렸다. 이는 잘 조직화된 공산주의자들이 포로의 자백을 이용한 세균전 왜곡 선전 심리전의 결과였다. 세균 심리전은 북한 주민들에게도 상당한 반미감정과 반연합군 감정을 갖게 만들었다. 피격된 연합군 조종사들은 농민들로부터 목숨의 위협을 느꼈는데 이는 비행기로 질병과 이로 인한 죽음을 뿌렸다고 농민들은 확신하기 때문이었다. 세균 심리전은 전 세계에 공산주의 선전 · 선동에 호응하며, 증폭시키는 계기가 되었다. 미국인들을 '신나찌'라 불려졌고, 미국은 '시카고 갱'이 움직인다는 말이 퍼졌다. 공산주의자들이 연합군 포로들을 선전으로 이용하는 것은 비교적 용이했다. 그들은 종종 서명을 베껴 낸 개인 보고서를 들고 다녔는데 이것을 가지고 용의자의 서명이 있는 자백서를 만들어 냈다. **이는 공산주의자에게 제 2의 전선이고 전쟁을 수행하는 또 다른 전장이었으며 그들 자신의 문제들을 전환시키려는 계기를 마련하기 위한 전략이었다. 미국측은 포로자백을 이용한 세균전을 초기에는 무반응으로 대응했으나, 침묵이 곧 적의 선전 · 선동에 이용당하는 여론이 형성되고 있음을 판단하여, 대적 · 대외 전단을 한국어로 제작하여 살포하기에 이르렀다. 내용은 적의 세균전 주장을 부인하고 전염병은 북한의 빈약한 위생상태에서 발생된 것이라고 강조한 것이다.**

다음 내용은 미군 포로들이 경험한 것을 증언 내용이다.[110]

110) 국군심리전단, 「한국전쟁에서의 심리전」, (서울, 한진 아트컴, 2000), p. 99.

포로들의 생활은 남이나 북이나 모두 비참했다. 그런데 북쪽의 사정은 더욱 나빴다. 한국군 포로는 식사로 옥수수가 지급되었는데, 아침과 저녁에 일흔다섯 알 정도씩 두 번이었다고 증언했다. 이들은 배고픔과 함께 찾아온 갖가지 질병과의 싸워야 했다. 그러면서도 몸이 성한 포로들은 노동력을 제공하여야 했다. 이런 상황에서 인민군 측의 설득공작이 진행되었다. 인민군 입대자가 되면 '해방전사' 라는 칭호와 함께 배불리 먹을 수 있다는 유혹이 더해졌다. 물론 김일성의 항일무장투쟁이나 북한 사회의 우월성 등이 함께 선전되었다. 결국 적지 않은 국군 포로들이 인민군 입대를 선택했다. 결국 이들은 전쟁이 끝나도 돌아올 수 없는 몸이 되고 말았다. 이들 말고도 자신의 의사와 무관하게 인민군이 된 경우도 적지 않았다. 북에서는 부족한 노동력을 확보하기 위해 국군을 강제로 복구 작업에 동원시키기도 했다. 전쟁이 끝나고 이들 모두는 조선민주주의인민공화국 공민이 되었다. 이 모두가 동족간의 전쟁이기 때문에 벌어질 수 있었던 일이다.

공산주의 수용소는, 특히 북한에 있는 것들은 수용소라고 인식되기가 어렵다. 철조망도 별로 없고 경비병들도 거의 없었다. 있을 필요가 없었다. UN군 포로들은 한국인과 모습이 달라 쉽게 구별되었고 사방이 빙판에 방역으로 둘러싸였기 때문에 도주하기가 대단히 어려웠다. 또한 제 2차 세계대전시 유럽처럼 도망갈 중립국도 없어 탈출이 불가능했기 때문이었다. 공산주의자들은 제네바 협정에 의해 합법적으로 수용소 위치 파악을 요청했음에도 불구하고 몇 개의 포로수용소를 밝히지 않았다. 위치를 파악해야 하는 이유는 연합군은 폭격하지 말아야 할 장소를 알아야 했기 때문이며, 제네바 협정 준수 여부를 확인하기 때문이다. 그러나 포로 심문과 세심한 정보 수집을 통해서 모든 수용소의 위치가 밝혀졌다. 중국의 수용소는 북한의 것보다 더 상태가 나빴다. 포로들은 구타당했으며, 변소 구덩이에 빠뜨려지고 모진 심문을 당했다. 또 죽음의 위협을 받고 모의사형 집행까지 열렸다. 연합군 병사가 포로로 잡힐 때 그는 처음 '가치' 결정을 위해 조사를 받는다. 공산주의 심문사들은 고급장교와 정보, 군수, 직진 등 신용할만한 '지백' 을 하는 병사들을 찾았다. 얻을 정보가 없는 일반 병사는 특히 부상당했을 경우에는 사살하거나 곧바로 포로수용소로 보내졌다. 추가 심문에 쉽게 자백하지 아니하면 강력한 방법을 필요에 따라 구사하였다. 그리고 나서 이 포로들은 미국을 괴롭히는 표본으로서 심리전 자산으로 발탁된다. 조종사 또는 고급장교 같은 효율성 있는 포로들은 전문가에게 더 깊은 질문을 받도록 격리된다. 그들은 우호적인 접대를 받고 적십자에 그들이 포획한 것을 등록하기 위한 질문서를 작성한다. 실제로 그 질문서는 그들이 무엇을 알고 있는지 그리고 누가 약자인지 결정하기 위한 과정의 첫 단계일 뿐이었다. 몇몇은 더 거친 대우를 받기도 했다. 음식, 물, 보온을 제공받지 못하고 진흙땅에 묻혀 밖에서 자도록 했고 사형과 고문의 위협을 받았다. 질문서와 심문을 통해 얻은 정보는 서서히 이용되었다. 선택받은 포로들은 밤 · 낮으로 공산주의 이론과 선전에 대한 수업을 받았다. 아무런 경고 없이 시험을 받았고, 강연에서 질문도 받았다. 오답을 말하면 구타당했고 저항하면 더 맞았다. 종종 한 명의 저항으로 인해 그가 속한 전 구성원이 처벌받기도 하였다. 심리전 압박을 증가시키는 한 가지 방법으로 포로들을 예측할 수 있는 일정대로 따르게 하는 것이었다. 포로들을 심문하기 위해 몇 시간동안 대기실에 서서 기다리게 한다든지 깨우거나 30분 간격으로 짧은 심문을 했다. 포로들에게 집에 편지 쓰도록 독려했으나 질문을 단서로 심문자들이 편지를 조사하였다. 오는 편지들은 조사되었고 나쁜 소식이나 부정적 심리가치가 있는 편지는 포로에게 주거나 전체에게 읽어주었다. 어떤 우편은 보관하거나 파손한 후 우편이 부족한 이유를 가족과 친구들의 무관심 때문이라고 돌렸다. 이런 전술은 모두 포로의 저항의지를 떨어뜨리고 협조를 증가시키려는 수작이었다. 심문 중 다친 사람은 탄원서의 종이쪽지에 서명했고 담배, 치료, 보온옷, 더 좋은 음식으로 보상받았다. 작은 보상이라도 받은 자는 후에 더 큰 부담으로 상처받았다. 일반적으로 탄원서에 서명한 포로들은 비겁자나 무지자로 생각되었으나 협조하는 데에는 다른 이유도 있었다. 포로들은 고립되었고 편지를 종종 전해주지 않아 그들의 친지에게 자신이 죽었는지 살았는지 알릴 수 없었기 때문이었다. 탄원서에 서명하면 공산주의자들은 그 압력에서 풀어주어 포로가 그의 가족에게 잘 있다고 편지를 쓸 수 있게 해주었다. 또 포로의 이름이 인쇄되어 나오거나 뉴스나 라디오에 나오면 공산주의자들은 그가 포로라는 것을 부인할 수가 없었다. 그가 포로임이 인정되면 전쟁이 끝나면 풀어주어야 했다. 다루기 힘든 경우에는 매우 가혹하게 취급되었다. 비협조적인 포로들은 더이상 노력할 가치가 없다고 판단되어, 효율성이 없는 포로들로 채워진 수용소로 보내진다. 결속력이 강한 포로집단은 공산주의자들의 노력에도 불구하고 살아남아 포로로부터 격리시켰다. 미군포로는 집단 결속력이 낮은 것으로 여겨졌고 미군포로 중 38퍼센트가 수용소에서 사망했으며 휴전 후에도 일부는 북한에 남았다. 대조적으로 터키의 소수집단은 결속된 집단 규율과 지원으로 한 명의 사상자나 탈퇴자 없이 살아남을 수 있었다.

다음은 제 7보병사단 34탱크중대의 Chester Bair의 증언 내용이다.[111)]

> 중공군이 몰려왔을 때 몇몇 연합군 부대는 무기를 버리고 손을 들어 적에게 투항했다. 그래서 많은 포로들이 포획된 것에 관하여 말하기를 싫어했다. 나는 1950년 12월 1일 하루 동안 세 번 붙잡혔는데 세 번 모두 탈출했다. 우리 부대는 그날 전멸되었다. 우리는 대부분 길 위의 차량에 올라타 있었는데 중공군이 우리 주위의 고지 위에서 내려다보았다. 우리가 수적으로 우세했다. 나는 인근 저수지 지역에서 보급품, 식량과 탄약을 실은 트럭을 운전했다. 곧 내 트럭은 부상자를 나르는 영구차로 바뀌게 되었다. 중공군은 후송차를 하나씩 접수했다. 그들이 그럴 때마다 사상자로 가득 실린 트럭에 불을 붙였다. 내가 본 포위된 병사들은 나흘동안 잠을 자지 않고 먹지도 마시지도 못했다. 먹을 것이라곤 땅 위에 눈뿐이었다. 그들은 주위에 널려있는 시체와 부상자들을 보았다. 탄약도 없고 저항하기에는 너무나도 지친 사람들, 몇 명은 주저앉아 중공군이 점령할 때까지 기다렸고 대부분은 부상을 입었다. 어떤 이유에서든지 그 싸움은 그들의 능력 밖이었고 그래서 그들은 포기하고 말았다. 나는 그들이 본 것과 고통을 경험한 것으로 미루어 가망 없는 상태에 접어들었다고 믿었다. 베트남에서 헬리콥터는 사람들을 전투지역으로 데려가 그들이 필요한 것을 지원해 주고 부상자를 이동시키고 보충병을 지원해 주었다. 병사들은 이를 보고 사기 진작되었다. 그들은 전투에 투입된 대부분의 시간동안을 관심과 보살핌에 대해 기대할 수 있었다. 한국에서는 그런 일들을 기대할 수 없었다. 조선 저수지에서 우리는 아측 측방에서 부상자를 후송시키거나 보충병을 지원해 주거나 하는 자가 없다는 것을 알았다. 우리는 전투 지원부대를 갖지 못했고 이것은 큰 사기저하의 원인이었다.

가. 라디오방송에서 자백을 강요당했다

공산주의자가 포로에게 세균전 같은 불법적인 군사작전을 하였다고 거짓 자백하도록 설득한 전술을 상상하기란 UN군 포로들로써는 정말 불가능한 것이었다. 몇몇 포로들은 의심 없이 수용소에서 우호적인 대우를 바랬거나 그들이 생각한 것이 순수한 녹음이라고 속는 것이었다. 몇 명은 공산주의로 전환했고 기꺼이 협조했다. 공산주의 전단과 보도 자료는 미국 포로들이 북경라디오에 인터뷰하는 기사를

111) 국군심리전단, 앞의 책, p. 107.

실었다. 공산주의 라디오에 정기적인 인터뷰가 매주 화요일과 금요일 7시 30분, 18시, 22시 30분에 방송되었다. 이 인터뷰는 공산당 선발조직인 중국평화 위원회에 의해 후원되었다. 공산주의자들은 또 북한에 초청한 저명한 서양 인사들을 공산군 심리전에 이용하였다. 초청자들은 영화카메라나 보도카메라에 잡혔고 그들은 연합군과 미국의 정책에 반하는 성명을 내서 세계가 북한에 대항하여 단합되지 않았다는 인상을 주었다. 이는 공산주의자들의 심리전에서의 괄목할만한 성공이었고 그들의 선전과 연합군 포로에 이것을 사용했다. 공산주의자들은 유리하게 활용할 수 있는 포로를 색출했다. 세균전에 관한 포로 자백들은 없었던 세균전에 대하여 중공군이 강압적으로 연합군 조종사의 자백서명을 받아내 이를 선전한 것으로, 이는 포로를 포획한 당사자인 중공군에 더 믿음이 들도록 하는 결과를 가져왔다. 심문에 저항한 수많은 사례도 있고 수용소의 포로 전체가 이에 저항하여 교도관들이 존경을 표하기도 했다. 교육을 받은 서구인에게 수용소에서의 공산주의의 강압적 주입은 잔인하고 비효과적이었다. 한국 상황을 알고 있는 유엔군은 공산주의 사회가 이상적인 사회라는 말에 결코 감명 받지 못했다.

나. 전단에 서명을 강요당했다

포로들은 또한 전단이나 편지에 강제로 서명하고 이용당했다. 전단은 주로 미국 병사를 대상으로 했다. 다음은 강제 서명된 전단의 내용 중의 하나이다.

> 미국 병사여, 너는 무엇을 위해서 싸우는지 생각해 본 적이 있는가? 그만둬라, 제발 그만둬라. 그리고 계속 생각하라. 우리는 이들과 싸울 필요가 없다. 무엇을 위해서도 싸울 이유가 없다. 우리는 자기 나라의 자유를 위해 싸우고 있는 자들과 싸울 필요가 없다. 여기는 그들 나라이지 우리나라가 아니다. 우리는 한국에서 철수해야 한다. 우리는 미국인이다. 한국인에게 그들 내부문제는 그들이 해결하도록 내버려둬라. 우리 문제는 우리가 해결했듯이.

이 인쇄물에 서명한 미국 포로는 그가 서명한 것이 무엇인지도 몰랐을 것이다. 몇 개의 서명은 신분증, 적십자 소포 영수증에서 위조된 것이었다. 그것들은 진짜 자백처럼 보였고 서명된 전단 메시지는 여기저기에 퍼졌고 미국 포로들은 공산주의자들에게 완전히 이용당하였다.

아래 전단은 미 24사단 52 포병대대 소속의 엠부로스 애취 위젠트 대위의 강요된 서명의 예이다. 영어 및 한글로 만들어서 전단으로 살포하였다.

Dear friends of the 24th division of the American Army!

Immediately oppose our intervention in the internal affairs of Korea.

I am captain Ambrose Nugent of the 52 F. A. B. N. 24 division, U. S. Army.

I and the rest of the prisoners are actually enjoying the absolute security to life and the full respect of personal rights under the warm protection of the People's Army of Korea.

We have quite liberated our minds from the dark terr of death.

You should not fall the victims of the unjust war for the benefit of our capital monopolists. On the contrary, we should by all means reject our intervention in the internal affairs of this country.

...eoples of our country and all the peace-loving peoples over the world ...stly appealing to us to rise up against our intervening in the intern... ...s of Korea.

We ... not be exploited as the murderous tools of the wicked aggressors. On ... ...rary, we should rather turn our guns back against our capital ... ...d especially we should fight to be insubordinate to our wicked superior ... order to go back to our own native country and live in peace and ...nfort with our dear families.

The toiling peoples of Korea are our good friends, and brothers. The Korean People's Army do heartily welcome their friends' surrender. I do believe in your good conscience and courage.

Hooray for the victory of the People's Army of Korea!

May a curse be Rhee Shung-Man's! May Rhee-Shung-Man and his clique die!

The fifth American Prisoner Camp.
The Democratic People's Republic of Korea

Captain Ambrose Nugent
24 Division Artillery 52 Artillery Battalion

북미합중국 육군제24사단의 친우들이여

조선에대한 내전간섭을 즉시반대하라!

나는 미국 제24사단 육군대위 엠부로스 애취 뉴-젠트 입니다. 미군 제五호 포로수용소에는 나를비롯한 포로 74명은 조선민주주의 인민공화국 정부의 우의손 배려하에 생명이 안존하며 신상의 절대 안전과 인격상 존중을 보장받고 있읍니다. 우리들은 죽엄의 공포로부터 해방되였읍니다 당신들은 미국 독점 자본계급의 이익을위하여 대포밥이 될것이 아니라 우리들 자신의 해방과 자유를 위하여 즉시로 조선에대한 내전간섭을 거부하여야 합니다. 우리 미국의 근로계급과 전세계 평화애호인민들은 우리들이 조선내전에 간섭하는것을 반대하여 나서라고 호소하고 있읍니다. 우리는 부정의의 침략자들의 살인도구로서 이용되지 말어야 합니다. 미국 독점자본가들 반대하여 총부리를 돌려야 합니다. 우리는 우리의 부모와 처자가 기다리는 고향에 도라가서 평화롭게 살기위하여 악질상관들과 싸워야 합니다. 조선의 근로인민들은 우리들의 벗이며 형제들인 것입니다. 친우들의 투항을 인민군은 쌍수적으로 환영합니다. 나는 친우들의 순량한 양심과 용감성에 기대를 걸게 신뢰합니다.

조선인민군 승리 만세!

리승만도배에게 저주와 죽엄이 있으라!

1950년 7월 8일 미군 제五호 포로수용소 에서

미군 제 24 사단 포병 제 52 부대 부관

엠부로스 애취 뉴-젠트

200319

다. 포로수용소, 월북자, 문화일꾼을 이용한 심리전 사례

[친공포로 포스트]

항의시위 구호가 걸린 거제도포로수용소. 미 제국주의를 비난하면서 국제법 위반에 대한 항의구호가 적힌 현수막을 제작해서 철조망에 걸어놓았다. 멀리 막사 사이에 세워진 구호는 친공포로수용소임을 말해주고 있다. (1952. 3. 5)

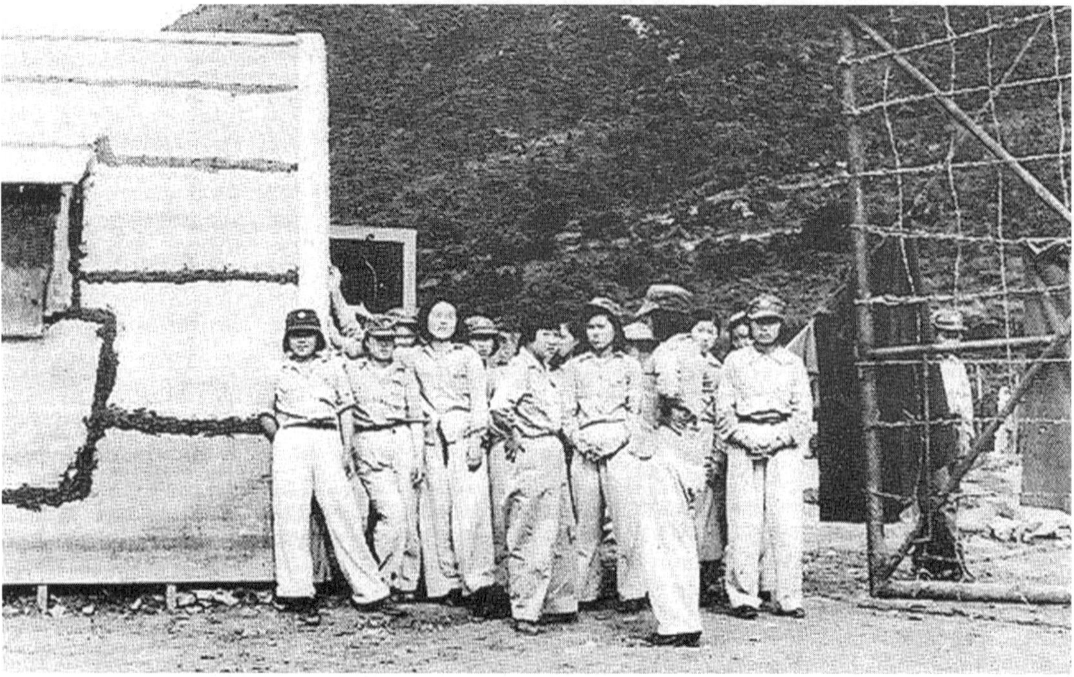

거제도 포로수용소의 여자포로들. '호랑이 같은 여자들(Tiger Women)'로 불려졌다. (1952. 7)

[북한내 포로를 이용한 선전활동]

미군 · 국군 포로가 평양 시내에서 반미 선전 · 선동에 대해 가두시위를 하고 있다.

[해 · 공군 월북자를 이용한 심리전]

공군조종사 두 명이 L–5 정찰기를 타고 북으로 넘어갔으며, 미국이 남한에 빌려준 1,900톤급 상선 'kimhall smith' 호의 승무원들이 폭동을 일으킨 후 해주로 월북하는 사건이 잇따랐다.

라. 포로를 세뇌시켜 이용하였다.[112)]

한국에서 미군의 정신과 의사로 복무하면서 북한에서 강제적으로 사상교육을 받은 전쟁포로 1,000명의 사례를 연구했던 메이어(Mayer, 1956) 소령에 의하면, 세뇌를 담당한 중국인은 일찍이 미국에서 10년 내지 15년 동안 교육을 받아 미국인의 마음이나 생활방식을 잘 이해하고 있었다고 한다. 시작과 함께, 미군포로들은 일반 수용소에 감금되었다. **최초의 시도는 포로들의 분대 화합을 와해시키는 것으로부터 시작되었다.** 즉, 분대장이 리더로서 행동하는 것에 용기를 잃게 하거나 단념하게 하고, 만약 그들이 저항하면 '반동분자'를 교육하는 특별 수용소에 옮기게 하여 운명에 대한 불확신감에 사로잡히게 하거나 죽음에 대한 두려움을 경험하게 되었다. 또 다른 전술은 밀고자 제도의 개발이었다. 공산주의자들은 집단의 어느 누구도 만족의 획득이나 우월감 기타 그 자신의 개인적 욕구를 위해 밀고자가 될 수 있다는 사실과 관련된 집단역동성을 충분히 이해하고 있었다. 그러나 그들 역시 적어도 초기 단계에서 밀고의 결과로 고통을 받는 사람이 없어야 한다는 것을 잘 알고 있었다. 그래서 그들이 한 행동 전부는 밀고를 한 사람과 잡담을 하거나, 그들이 그가 진실로 사회의 희생자이며 어느 정도 동정 받아야 한다는 것을 알고 있다고 말해 주는 정도였다. 이것은 다음 두 가지를 보장해 주었다. **첫째, 밀고자가 동료들에 의해 들킬 염려가 없었고 따라서 밀고는 계속될 수 있었다는 것, 둘째, 장기 복역 포로들은 어떤 사람도 믿질 않았는데, 이것이 집단 해체를 조장하고 병사들의 불안전감과 불안을 가중시키고, 나아가 사상 개조를 더 용이하게 만들었다는 것이다.**

그 다음은 교리의 주입기간이었다. 이 교리 주입은 공식적인 학습과 비공식적인 대화 기간으로 구성되었다. 포로로 잡힌 후 고통과 죽음을 예상하는 이들에게, 전쟁에 대해 어떤 방식으로든 책임을 지려고 하는 공산주의 체포자에 의해 그들이 억류된 것이 아니라고 대신 말해졌다. 그 책임은 제국주의자인 전쟁광들에게 있다고 교육되었다. 이것이 우리에게는 매우 근거없는 소리로 들릴지 모르지만, 그들의 생각이 확실한 죽음으로부터 집행유예를 받았다고 생각하는 사람에게 그러한 소리는 쉽게 또 다른 울림을 가져올 수도 있었다. 그들은 감사의 마음을 갖지 않을 수 없었으며, 이 감정에 편승해서 공식적 학습은 별다른 노력 없이 또는 그렇게 많

---

112) 이재윤, 앞의 책, pp. 108~112.

은 선전 없이도 전쟁포로범(POW)들에게 공산주의에 대한 동경심을 심어 주고 미국을 믿지 않도록 하였다.

이 기간 동안 마르크스주의의 논문이나 소책자는 사용하지 않고, 대신 Time, Wall Street Journal, Fortune과 같은 미국의 출판물이나 문헌들로부터 발췌한 기사나 자료가 사용되었다. 자료들은 주로 미국생활의 모순을 보여 주거나, 이들 미군 병사들이 포로로 고생하는 동안에도 일부 사람들이 어떻게 거액의 돈을 벌어 집으로 가져가는 가를 보여주는 것들에서 선택되었다. 우편물은 검열되어 포로들은 오로지 애인으로부터의 절교 편지(Dear John letter)나, 청구서 혹은 나쁜 소식들만 받아 보게 하였다. 비공식적인 자아비판 기간에 포로들은 일어서서 그들 방식의 잘못을 고백하고, 그들의 행위에 대해 비판하고 그리고 이런 빗나감에 대해 동료 포로들에게 사과를 하게 하였다. 그것은 메이어 소령이 말한 것처럼, 적에 대한 자기 밀고의 형태였으며, 포로들에게 불안감과 죄책감을 불러일으키는데 성공하였다. 그것은 협력의 첫 단계였다.

공산주의자들이 고립된 개인의 응종을 유발시키는 공산주의식 강요 방법은 다음과 같은 것들이었다.

(1) **사소한 요구 강요** : 사소한 규칙과 일과의 강요, 작문 쓰기 등을 통하여 응종을 습관화함.

(2) **전능(全能)과 전지(全知)의 입증** : 직면과 대면, 협조를 당연한 것으로 생각하도록 꾸밈, 포로들의 운명을 전적으로 통제한다는 것을 증명, 가능한 호의를 보여주어 감질나게 함으로써 저항이 쓸 데 없음을 암시함.

(3) **가끔식 즐겁게 하기** : 예측불가한 호의 베풀기, 부분적 응종을 위한 보상, 더 나은 대우의 약속, 체포자의 태도 변동, 예상하지 못한 친절 등을 통하여 응종에 대해 긍정적 동기 제공, 학습의 강화, 박탈에 대한 적응감을 상실하게 함.

(4) **위협** : 죽음과 고문, 본국 송환의 거부, 끝없는 고립과 심문, 가족이나 동료에의 반대, 원인 불명의 대우 변경, 애매하지만 불길한 위협을 통한 불안감, 공포감, 절망감을 배양함.

(5) **신분 격하** : 개인위생이나 건강 방해, 불결하고 해충이 들끓는 환경, 품위를 손상시키는 벌, 다양한 굴욕감, 조롱과 모욕, 사생활의 부정 등을 통하여 지속적인 저항이 응종보다 자존심에 더 위협적으로 보이게 만들거나 포로들을 '동물적' 가치와 가까운 수준까지 격하시킴

(6) **지각(知覺)의 통제** : 어둠이나 밝은 조명, 도서나 오락의 박탈, 삭막한 환경, 단조로운 음식, 제한된 운동, 정상적인 자극의 결핍 등을 통하여 포로들로 하여금 곤경에만 관심을 고착시키거나, 자기 분석의 육성, 응종과 일치하지 않는 모든 행위를 좌절시키고 기분 전환을 저지시킴.

(7) **고립** : 완전한 신체적 격리, 독방 감금, 반 정도의 격리, 소 집단의 고립 등을 통하여 자아와 관련된 욕구들을 개발시키고, 사회 지지적인 희생을 박탈하며, 심문자에 의존하는 희생감을 만듬.

(8) **무기력감 유발** : 반 정도의 굶주림, 적발이나 폭로, 수면 박탈, 질병의 유발, 고통과 상처의 이용, 심문이나 강요된 작문의 연기, 구속의 연장, 서 있기의 연장, 과도한 힘의 발휘, 지속된 긴장 등을 통하여 저항할 수 있는 신체적 · 정신적 능력을 약화시킴.

이러한 세뇌공작으로 중공군이 얻은 것은 무엇인가? 메이어 소령에 의하면 중공군은 우선 많은 군사적 정보를 얻었고, 다음으로 얻은 수확은 포로들의 전향에 대한 선전의 가치를 확인한 것이다. 좀 애매하기는 하지만, 또 다른 변화는 전향하지 않았던 포로들의 마음속에 동일하게 나타난 현상으로, 세뇌는 그들 자신과 조국에 대해 혼란과 의심을 불러 일으켰고 포로들을 매우 다루기 쉬운 집단으로 바꾸었다는 것이다. 그래서 포로들은 탈출을 거의 시도하지 않았다. 많은 포로들이 수용 기간 중에 사망했지만, 그 원인은 고문의 결과라기보다는 열악한 환경 때문이었다. 생존은 부분적으로 심리적 요인에도 있었던 것으로 보인다. 예를 들면, 수백 명의 터키군 병사들은 유사한 수용소 조건에서 한 사람까지 살아남았다. 터키군은 군기를 유지했고 미군보다도 자기규율이 엄격했는데, 한 병사가 병이 나면 나머지 병사 중에서 그를 돌볼 병사가 임명되어서 필요하다면 목욕을 시키고 식사를 떠먹이면서까지 회복을 도왔다. 또 아무리 공산주의자들이 리더를 격리시켜도 남아있는 사람 중에서 지휘 임무를 떠맡았다.

미군 병사들이 쉽게 세뇌당한 이유로는 ❶ 개인 특성 개발과 자기통제력 부족 ❷ 세상의 다양한 문화적 역할과 민주주의의 운용에 대한 교육 부족 ❸ 군사적 준비태세 미비 다시 말하자면, 미군은 우수한 무기와 전술 등은 있었지만 전쟁의 심리적이고 교훈적인 측면에서는 부족했다는 등의 세 가지 기본 분야에서 취약성을 가지고 있었다고 할 수 있다.

6 · 25전쟁시 공산군들이 활용한 포로들에 대한 세뇌의 심리학적 이론과 기법은

❶ 개입과 일관성의 원리, ❷ 작문의 위력 활용, ❸ 정치 백일장 활용, ❹ 문간에 발 들여놓기(foot-in-the-door technique)**기법** 등이었으며 구체적인 내용은 이재윤 박사의 「특수작전의 심리전 이해(집문당, 2000)」에 잘 수록되어 있다.

마. 중공군은 맥아더를 혼란시키기 위해 포로를 이용하여 심리전을 펼쳤다.

맥아더의 판단에 혼란을 주기 위하여 중공군은 27명의 미군이 포함된 전쟁포로 약 100명을 졸지에 풀어 주었다. 그리고 이들에게는 현재 중공군이 보급난 등으로 매우 어려움을 겪고 있다고 넌지시 말해 두었고 이 말은 곧 맥아더에게 전하여 졌다. 이에 따라 맥아더는 11월 24일 이른바 '크리스마스는 집에서(home-by-Christmas)' 라는 구호를 걸고 크리스마스 공세를 시작하였다.

그러나 이때는 서부전선의 미 제 8군과 동부전선의 미 제 10군단과의 사이에는 많은 간격 차이가 있었다. 중공군의 제 2차 공세는 이에 대한 역공격으로 시작되었다. 중공군 4개군(제 39, 40, 50, 66군)은 유엔군의 정면을 향하여 공격하였고, 제38군은 덕천에 위치한 한국군 제 7, 8사단의 측방을 향하여 공격하였다. 제 38군 예하 제 113사단은 14시간 동안 72.5 킬로미터를 전진하여 1950년 11월 28일에는 삼소리의 중요한 전략요충지를 점령하였고 다음날에는 가련동을 점령하였다. 가련동의 오른쪽 뒤편에는 미 제 2사단이 위치하고 있었고 만약 이 부대의 남쪽으로부터의 포위가 성공적으로 이루어지면 미 제 8군의 가장 중요한 덫으로 위협을 줄 수 있는 곳이었다.

모택동과 팽덕회는 미국측이 보이고 있는 12월 25일 전에 6·25전쟁을 종식시킨다는 또 다른 판단착오를 지켜보면서, 미국 군대의 자만심을 이용하여, '상대를 깊숙이 유인한 후, 각개격파 및 섬멸시킨다' 는 방침을 채택하였다. 중공군은 제 1차 전역을 치르면서 어느 정도 익숙해진 지형으로 유엔군을 깊숙이 유인하고 그 후에 기습적인 반격으로 이들을 섬멸시켜 전선을 평양·원산선으로 추진시켜 장기전에 유리하도록 하고 만약 상대가 전진해 오지 않는다면 중공군 스스로가 공격해 나가기로 하였다. 이러한 전략목표를 달성하기 위하여 송시륜이 이끄는 제 9병단(예하 제 20·26·27군)을 입북시켜 동부전선 작전을 담당시킴으로써 동부전선을 공세로 전환시키고, 이미 입북한 제 38·39·40·42·50·66군은 서부전선의 작전을 담당하되, 주력은 뒤로 빠져 이일대로(以逸待勞)의 효과를 노렸다. 그 대신 38·39·40·42군에서 각각 일개 사단들만이 유엔군과 접촉을 유지하면서 시시때때로 항거하되 상대에게 허점을 보여 주어 상대를 교만하게 만들면서 깊숙이 유인하기로 하였다. 이와 별도로, 북한군과 협상을 통해 중공군 제 42군 소속의 2개 대대와 북한군 1개 연대로써 유격대를 편성하여, 유엔군의 후방지역에 위치한 맹산 · 양덕 · 성천지구로 침투하여 유격활동을 전개함으로써 정면의 각 군의 작전에 협조하면서, 동시에 유엔군의 배후에 있는 북한군과의 연락을 시도하기로 하였다.

이와 같은 방침과 부대 배치에 의거, 11월 7일, 동부전선의 지원군은 황초령지구를 포기하였고, 9일, 서부전선 지원군은 청천강 일대 지구를 포기하여 유엔군을 유인하기 시작하였다. 이어 11월 중순, 유격대는 후방으로의 침투를 시작하였다. 서부전선의 유엔군은 종전의 각개 북진에서 입은 엄중한 타격을 교훈으로 삼아 이번의 진출에는 비교적 성실히 그리고 완만히 전진함으로써 11월 15일까지 겨우 9~14킬로만을 전진하였고, 이 장소는 중공군이 예정해 놓고 있는 전장과는 아직도 거리가 상당히 차이가 났다. 이에 중공군은 유엔군으로 하여금 보다 큰 착오가 생성되게 하고, 그들이 보다 마음놓고 전진할 수 있도록 유인하기 위하여, 중공군 제일선 부대는 11월 16일, 진격해 오는 유엔군에 대한 반격을 중지하고 연속 북쪽으로 물러서기 시작하였다. 이로써 중공군은 '패주' 하는 모양으로 비치게 만들었다. 이와 동시에, 전장에서 사로잡은 미군 포로 27명을 포함한 100여명을 고의로 풀어 주어 돌아가는 그들이 '중공군은 식량과 탄약이 부족하여 국내로 돌아가려 한다' 는 소문이 퍼지게 하였다.

아니나다를까 유엔군은 중공군의 철수 행위에 미혹되기 시작하였고, 중공군이 '싸움을 겁내어 물러선다' 고 판단하였다. 동시에 중공군의 병력은 최대수치로 계산한다 해도 '6~7만 명에 불과하다' 는 오판이 생겼다. '만만한 병력' 으로 오인하고, 이로써 북진에 대한 강한 결심을 내리게 되었으며 게다가 빠른 진격 속도를 내기로 하였다. 11월 21일, 유엔군은 이미 박천 · 구장동 · 덕천 · 영원 일대로 진출하였고, 전역 배치를 완료하였다. 크리스마스 전에 6 · 25전쟁을 종식시킨다는 목표 아래 총공세가 개시되었다.

이때의 서부전선의 중공군은 6개 군 23만여 명이었고, 동부전선의 중공군은 3개 군 15만여 명으로서, 모든 부대는 이미 예정해 놓았던 작전지구에 제반 준비를 완료해 놓고 있었다. 유엔군이 중공군의 예정 지구에 도달되자, 서부전선의 중공군도 11월 25일 황혼 무렵 기습적인 반격을 시작하였으며, 동부전선의 중공군은 11월 27

일 황혼 무렵에 기습 반격을 실시하여 UN군을 격파하고 후퇴하게 하였다.[113]

3.4.2 피난민을 이용한 심리전

북괴의 특수공작대는 서울 점령 이후 서울에서 남하하는 피난민으로 가장시켜 그들의 진격로에 앞장세웠다. 이들 공작대는 남녀 1조로 부부처럼 가장하여 피난민 틈에 끼어 정보를 얻거나 북상하는 미군의 동태를 감시하여 무전으로 보고하는 임무를 수행하였다. 이들은 피난민들에게 북괴군의 막강한 전력을 선전하면서 더 이상 피난을 가지 못하도록 공작하였다. 즉, *"얼마 있으면 통일 되는데 더 이상 어디로 피난할 것인가? 우리는 집으로 돌아가겠소"* 하는 식이었다.

또한 마을에 이르면 유언비어를 유포시켜 인민군의 부산도달은 시간문제이며 미군들이 도망가는 꼴을 보지 않았느냐고 하면서 피난을 만류시켰다.

미군 참전 후에는 이들 위장부부 공작대는 미군의 포진지 위치와 북괴군의 포탄 탄착지점을 무전으로 유도하는 역할도 하였다. 이들이 처음 체포된 것은 1950년 7월 14일 충청북도 영동지방에서였다. 또한 7월 26일 영동지구에서는 북괴군이 미군의 강력한 화력에 진격이 좌절되자 그들 후방에 있던 피난민 수백 명을 안전하게 남하시켜 준다고 기만하여 미군 방어진지 앞으로 몰아넣었다. 그들 뒤에는 전차 4대와 보병들이 뒤따르고 있었다. 피난민 선두가 지뢰에 의하여 쓰러지자 피난민들이 당황하여 뒤로 돌아서자 전차와 보병들이 위협사격을 가하여 다시 전진시켰다. 이 바람에 미군들은 사격을 못하고 난처한 상황에 빠지게 되어 결국 진지를

피난민 대열에 오열분자가 침투하여 유언비어 날조, 작전방해, 선전 · 선동을 했다.

113) 국방부군사연구소, 「중공군의 6 · 25전쟁」, (국방부, 1994), pp. 12~13.

포기하지 않을 수 없게 되었다.

또한 적의 첩자들은 피난민 틈에서 미군들이 피난민 조사하는 것을 기습하기도 하였고 우리 전선 후방에 있는 무전중계소를 습격하기도 하였다**(1950년 8월 11일 대구남방 915고지)**. 이러한 사건으로 아군측은 피난민들의 신체나 보따리를 조사하게 되었지만, 적공작대는 이러한 기회에 군, 경들을 사살하고 도주하기도 하였다.

3.4.3 양민을 이용한 심리전

양민들에게 6 · 25전쟁은 미 제국주의의 침략으로 부터 한민족을 해방시키는 '조국해방전쟁' 이며 정의의 전쟁이라고 선전하며 토지무상분배, 여성의 해방, 교육무료 등의 달콤한 선전과 함께 식량을 포함한 각종 전쟁 물자를 공출하도록 강요하였다. 다음 사진은 1950년 8월 25일 낙동강 부근의 한 마을에서 이러한 만행을 피하기 위해 탈출하다가 사살당한 양민들의 시체들이다.

[탈출하다가 사살당한 양민들의 시체들]

중국군이 전쟁에 개입했을 때 그들은 여성, 아이, 노인들을 불러 모아서 환각제를 주고 연설을 했다. 그들은 당신들을 위해 싸우니 당신들이 도와야 한다고 했다. 시키는 대로 하지 않으면 반역자로 처벌된다고 말하고 나서 연합군을 공격하라고 강요했다. 그들은 고함을 지르면서 UN군에 덤벼들었으나 UN군은 양민을 향해 사격을 할 수 없었으며 특히 남한 병사는 그들의 동족이므로 과감한 공격을 하기가 더욱 곤란하였다. 이러한 어려운 상황을 이용하여 중공군은 기습을 하였다.[114)]

3.5 선무심리전

3.5.1 북한군의 선무심리전

북한은 6 · 25전쟁시 점령지역의 인적, 물적 동원을 서둘러 재빠르게 전력화 하였고, 점령지역에 대한 가혹한 공포의 군정을 실시했다. 북한이 남한 점령지역에서 강행한 군정과 선무심리전은 다음과 같았다.

첫째, 북한은 남로당 출신분자로 미리 점령지역 군정요원을 육성, 조직해 두었다가 이들을 군과 함께 현지에 진출시켜 신속히 지방의 행정기구를 장악했다.

둘째, 약 2만 4천명의 치안부대를 12개 연대의 48개 대대로 편성하여 군정을 뒷받침 하였다. 이 치안부대의 기간요원은 북한 인민군 출신으로 충당되었지만 그 밖의 대원은 현지의 당원과 용공분자, 노조원 등으로 채웠다.

셋째, 사법경찰에 공산당 특유의 검찰조직을 설치하였으며, 이 경찰조직의 말단은 각 부락이나 직장 단위로 배치되어 밀고제도와 주민조직의 확립에 따라 주민의 감시와 반대분자의 적발에 임하였다.

이렇게 해서 북한은 남한 점령지역에서 삽시간에 공산체제를 확립하고 인적 · 물적 동원을 실시했다. 북한이 총동원을 효과적으로 수행하기 위하여 갖가지 수법을 구사했지만, 그들 군정의 기본요강은 남한주민의 공포심 조성에 바탕을 둔 것이었다.

이 공포심 조성의 가장 효과적 무기로 사용한 것이 인민재판이었다.

북한이 서울을 점령시 북한 인민군은 어떤 심정으로, 그리고 서울시민은 어떤 표

114) 이러한 양민을 이용한 심리전을 경험한 미군 제 7보병사단 34탱크 중대 Chester Bair의 증언내용이다.

정으로 이들을 맞이했는가를 전 북한 인민군 제 105 탱크부대 장교 오기완 대위의 증언에 잘 나타나 있다.

미아리 고개를 넘어 창경원을 거쳐 시내로 들어오니 동이 훤히 트기 시작했습니다. 이런 전쟁의 발걸음으로, 그것도 외족이 아닌 동족의 손에 의해 열려진 전쟁의 문을 통해서 밟게 되는 서울…. 나는 알 수 없는 흥분으로 가슴이 울렁거리는 것을 금할 수가 없었지요. 서울은 과연 어떤 표정으로 우리를 맞이할 것인가? 아직까지는 별다른 큰 저항은 받지 않았지만, 서울시내에서는 격전이 벌어지리라고 예상하고 바짝 긴장했습니다. 그러나 내 눈앞에 전개된 서울의 풍경은 너무나 뜻밖이었습니다. 어느 결에 나붙었는지 북한 공산군 입성 환영의 포스터와 깃발이 군데군데 있어요. 이것이 참된 서울의 표정이라고는 생각되지 않았지만 그러나 조국통일이라는 명분을 내세우고 탱크부대로 밀고 내려온 정치요원에게는 일종의 경이로운 상황이었으며, 감격이었던 것만은 사실이었습니다.

다음 내용은 북한군이 남한을 점령하여 군정의 수단으로 활용하였던 인민재판 후 인간 존엄성 상실에 관한 서울시민의 증언내용이다.

친척 한 사람이 찾아와서 남편이 인민재판을 받고 죽었다는데 시체를 찾으러 가자고 해요. 그래서 둘이 청계천, 용산, 종로의 개천 등을 헤매며 시체를 찾아보았지요. 여러 시체가 내버려져 있었습니다. 거기서도 찾지 못하고 있을 때, 7월 5일 아침에 친척집에 어떤 내무직원이 와서 시체를 찾아가라고 해요. 구루마 한 대를 빌려 나와 친척부인 등 5명이 지금의 동대문서로 갔습니다. 어떤 내무원이 둘만 들어와서 시체를 인수하라고 해요. 그래서 나와 친척부인이 유치장 안으로 들어갔지요.
한창 더울 때에 통풍이 잘 안된데다가 유치장마다 죄인들로 가득 차서 숨이 콱 막혀 있기 때문에 실신해서 쓰러져 있는 사람들도 많았고요, 친척의 사체를 들것에 담아 밖으로 나와서 구루마에 실었지요. 이때 어떤 내무원이 지금의 종로5가 파출소 자리의 반도병원에 가서 사망확인서를 떼어야 홍제동 화장터에서 화장을 해준다고 일러 줍디다. 거적때기로 덮고 구루마를 끌고 나섰는데 거적때기 밑에서 가냘픈 신음소리가 한번 들려요. 그것도 나만 들었지 딴사람은 못들었어요.
그땐 구루마가 고무바퀴가 아니고 나무바퀴에 쇠판을 씌운 것이었고 길에는 주먹만 한

자갈이 깔려 있어 아마 구루마의 충격으로 정신이 든 모양이에요. 반도병원으로 가면 아직 죽지 않은 것이 탄로 날 것 같아 단성사 쪽에 있는 공립병원으로 갔습니다. 수술대 위에 전씨를 올려놓았는데 의사와 간호원이 손을 못쓰고 기막히다는 표정으로 서 있기만 해요. 그의 부인과 내가 친척을 엎어 놓고는 비를 얻어서 머리부터 엉덩이까지 하얗게 붙은 구더기를 쓸어냈습니다. 등의 살이 닳고 문드러져 뼈대가 노출돼 있어요. 의사가 수혈을 해야 할 텐데 피가 없다는 거예요. 마침 내 피가 같은 A형이어서 주사기로 뽑아 그 피로 친척의 혈관에 찔렀습니다. 수혈의 힘이 그렇게 위대한 줄 몰랐어요. 피가 10CC쯤 들어가니까 신음소리가 더 커지구요. 병원에는 약을 모두 압수당했다고 해서 동대문 암시장에서 40만 단위의 가루 페니실린을 두병 구해다 놓아 주었습니다.

그는 7월 20일에야 의식을 회복하였는데 그 후 6개월 동안은 반실성한 사람처럼 이따금 헛소리를 하더군요.

이처럼 인민군은 인민재판이란 명분하에 만행을 저질러 집단학살과 공포심을 조장하였다.

그리고 북한이 남한지역에서 활동한 선무심리전의 주요내용으로는 토지의 무상몰수, 무상분배로 남한 토지개혁법의 허구성과 북한 토지개혁의 우월성을 비교 선전하면서 지역별 경축대회로 사회분위기를 고무시켰으나 지나치게 급히 토지개혁을 실시함으로써 국민의 역량을 고양하고 조직화하지는 못하였다. 또한 지주와 소작인 간의 갈등으로 순간의 효과는 있었으나 주민의 동의 없이 위로부터 주어진 토지혁명이 됨으로써 인민군 패주와 동시에 지주소유로 원상복귀 되었다.

북한은 전쟁 승리를 위한 인적, 물적 자원을 동원하기 위하여 학생의용대 조직, 가두행진, 궐기대회, 대중집회 연설로 점령초기에는 학생, 노동자의 자발적인 참여와 호응을 다소 얻어 성공한 것처럼 보이나 점령 후기에는 40여만 명을 강제 입대시켜 후방복구, 군사물자 운반, 부상병 구호 등을 전승의 정책임을 선전하였으나 군사적 패배와 점령정책 과정상의 잘못으로 실패하였다.

[인민군치하의 서울에서 발부된 개인가옥 점유 서약서]

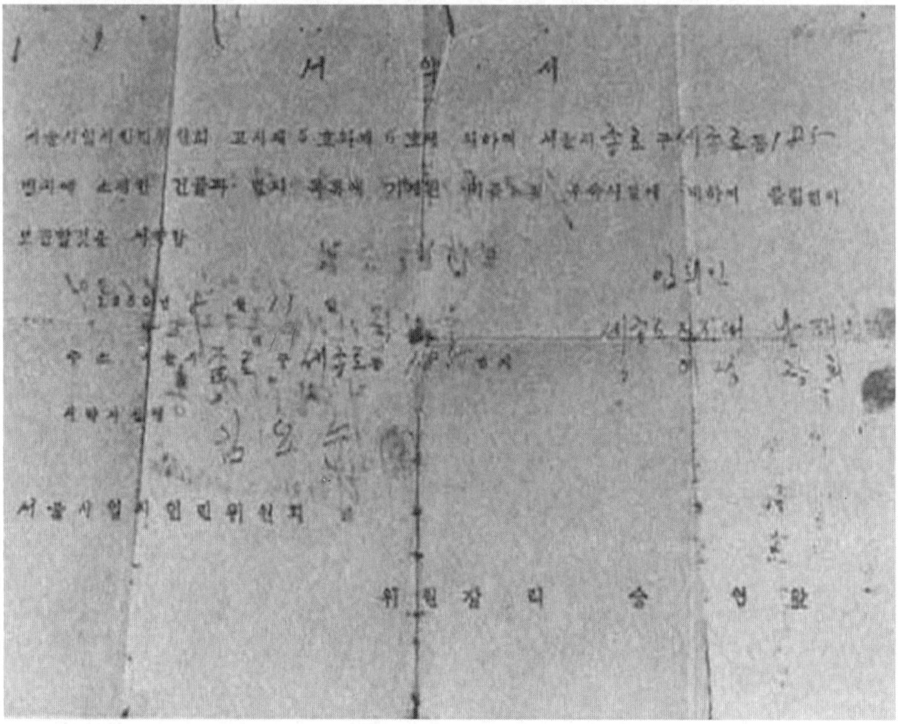
서 약 서

서울시임시인민위원회

위원장 리승엽

이 서류는 1950년 8월 11일자로 한 시민의집을 무상으로 몰수했음을 보여준다.

북한이 남한의 점령지역에 대한 군정과 선무심리전에서 성공한 분야는 친일세력인 반 민족자에 대한 숙청과 재산몰수가 소작인들에게는 호응을 얻었고, 인민군에 의한 약탈행위 금지 및 패주 시 문화재 건물의 파괴금지, 적극적인 매체활용과 남한주민 중에서 인민위원, 민청원, 여맹원을 선발, 조직적으로 선무활동을 하였다는 점이고, 실패한 분야는 조급한 정책을 집행함으로써 민중의 자발적인 호응 및 참여가 결여되었으며, 인민재판에서의 즉결처분은 공포심과 불안감을 야기하였고 집단학살은 인간존엄성 상실을 초래하였다. 또한 당과 일선 집행당원간의 지휘계통 혼란으로 개인보복이 성행하여 당에 대한 불신과 공포심 야기로 민심이 이반되었다는 점이다.

[궐기 대회]

인민군의 서울점령 후 파고다공원에서 열린 '미 제 완전구축 문학예술인 궐기대회'. 북한은 '해방전쟁'이라는 선전활동을 위해 이들을 동원했다.

[선전 · 선동 활동 : 서울에서 열린 여성동맹집회(1950. 6)]

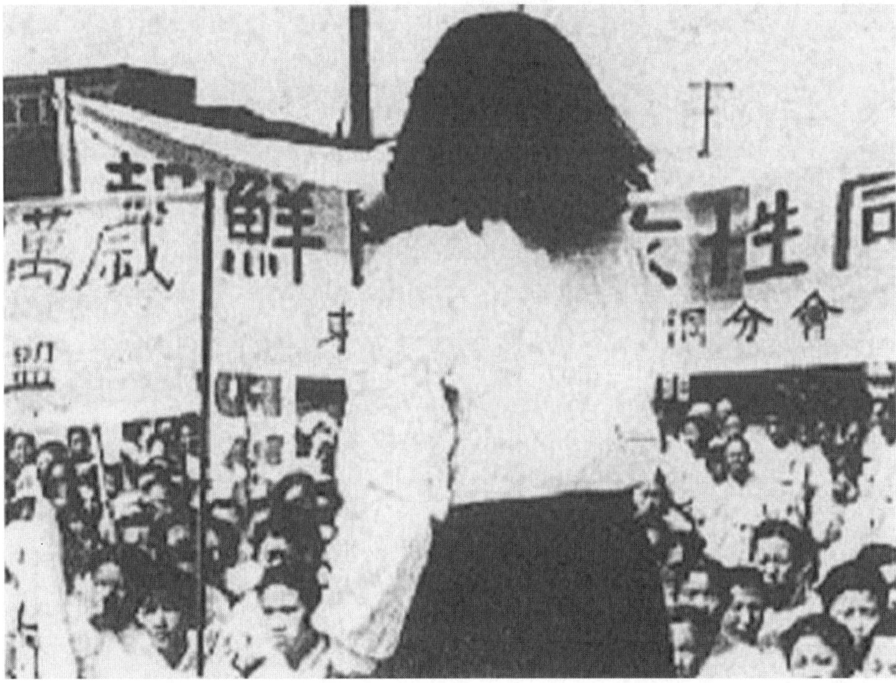

6 · 25전쟁은 정의의 전쟁이며, 조국해방전쟁임을 선전하고 있다.

[북한의 서울 점령 축하 거리 선전 · 선동 활동(1950. 8)]

[8 · 15해방 5주년 기념식. 미군포로참석. 서울(1950.8.15)]

[인민군의 의용군을 동원한 선전 · 선동 활동]

3.5.2 중공군의 항미원조(抗美援朝) 선무심리전

중국인민지원군이 참전함과 동시에 중국 본토 내에서는 **'항미원조(抗美援朝), 보가위국(保家衛國)' 운동**이 전국적으로 열렬히 전개되었다. 1950년 6월, 미국의 무장부대가 대만에 진주하면서부터 북한이 '정의의 투쟁'을 전개한다는 성원이 있어 오다가, 유엔군이 참전하고 전선이 국경선 쪽으로 북상하기 시작하면서 어떠한 실제적인 행동으로 북한 인민의 투쟁을 지원해야 한다는 구호의 시위운동 · 신문투서 행위가 연달아 발생하였다. 1950년 10월 26일, 사회운동가 곽말약을 위원장으로, 팽진 · 진숙통 등을 부위원장으로 하는 '중국인민보위세계화평(中國人民保衛世界和平)', 반대미국침략위원회(反對美國侵略委員會)가 조직되어, 보다 깊고 폭넓은 선전과 보다 조직적인 항미원조운동이 전개되었다. 이후, 전국의 행정구와 각 성(省) · 시(市)에는 지회가 조직되어 중앙의 지시에 따라 이 운동은 구체적이고 조직적으로 전개되었다.

지원군의 참전이 있고 나서부터는 전국적으로 '삼시(三視)'[115] 교육을 중심으로 하는 항미원조 선전활동이 전개되었다. 이 교육의 목적은 '삼미(三美)'[116]를 불식하고 민족의 자존심과 자신감을 증진시키려는 데 있었다.

항미원조 총회의 조직적인 지도 아래, 전국의 인민들은 지원군에게 적극적으로 헌금 · 위문금품 · 위문편지 등등을 보내었으며, 지원군의 애칭은 '가장 사랑스러운 사람'이었다. 1951년 3월 말, 제1차 중국인민위문단이 한반도 전선으로 파견된 이후, 1952년 9월과 1953년 10월에 2, 3차 위문단이 파견되어 전선에서 작전을 전개하고 있는 지원군 장병들을 위문하였다. 이외에 항미원조 총회에서는 전선으로 항공기와 화포를 보내 주자는 성금 모금운동을 전개하였으며, 1951년 12월 27일까지 무기 구입 성금 운동의 결과를 다음과 같이 발표하였다.[117]

> 1951년 12월 26일을 끝으로 전국 인민이 항공기와 화포 구입을 위해 낸 성금은 47,280여 억 원으로서, 전투기 3,152대의 구입비이며 예상액의 19%를 초과 달성하였음.

[중공군 '문화 일꾼'으로 활동한 여군들]

115) 미국을 원수로 여기자는 구시(仇視), 천하게 여기자는 천시(賤視), 업신여기자는 멸시(蔑視)의 세가지 '視'
116) 미국을 숭배한다는 숭미(崇美), 두려워하는 공미(恐美), 영합하려는 미미(媚美)의 세가지 '美'
117) 국방부군사연구소, 앞의 책, pp. 22~23.

한편 소위 '문화일꾼'이라는 여군을 활용하여 대내 선무심리전을 실시하였는데 이들은 주로 노래를 불렀고 때에 따라 전투원으로도 활약하였다. 전투 중에는 부상자들을 돌보았으며 가끔 어깨에 총을 메고 포획한 포로들을 감시하기도 하였다.

[무기구입성금운동의 대내 선전모습]

[반공포로중에 문신을 새겨 자신의 의지를 표현한 사례]

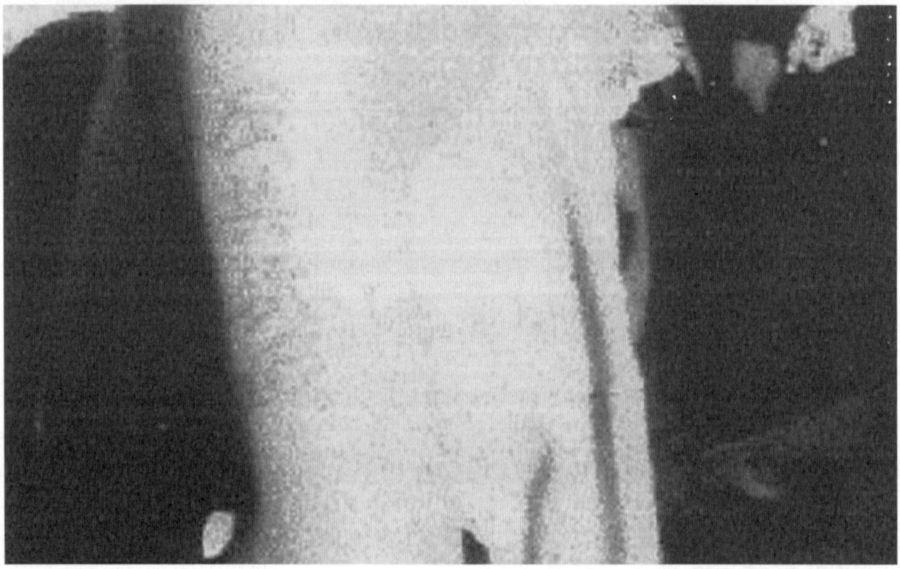

송환을 원하지 않는 중국 반공포로의 팔뚝에 '반공항소(反共抗訴 : 공산주의를 반대하고 소련에 대항한다)' 라고 새긴 문신

5부

6·25전쟁의 심리전 특징과 교훈

1장. 6·25전쟁의 심리전 특징
2장. 심리전 교훈
3장. 한반도 안보 및 통일전략에서의 심리전

1장_ 6·25전쟁의 심리전 특징

1.1 심리전 전략과 운용개념

김일성은 심리전(적공사업)이 북한사회의 공산화를 공고히 하고 한반도를 적화할 수 있는 가장 위력 있는 전략·전술임을 인식하고 있었다. 따라서 전쟁전에는 기습남침을 위한 위장평화전술과 '북침설'을 날조하여 대내외적으로 선전·선동함으로써 기습남침의 여건과 불법남침의 정당화에 심리전략 목표를 설정하였다. 이러한 심리 전략적 목표에 따라 우선적으로 공산사회의 우월성을 대내적으로 선전·선동하여 북한주민을 부화뇌동케 하고 '북침설'을 운운하면서 대남 적개심 고취 및 주민을 긴장시켰다. 병행해서 대외적으로 '남북국회에 의한 통일정부 수립방안(1950년 6월 19일 제안)' 등 기습남침 5일전까지 무려 9회의 각종 위장평화 제스처를 취하여 남한정부와 국민을 기만하여 대적경계심을 이완시켰다. 아울러 대남 혁명요원 2,400여 명을 양성·침투시켜 남쪽에서 활동중인 좌익세력과 연계하여 사회 혼란조성, 군내 반란선동 등 제 2전선을 형성하였으며, 마지막으로 3,000여 차례에 걸쳐 38선 무력충돌을 시도함으로써 기습공격의 전략적 여건 조성에 중점을 두고 대남 심리전을 실시하였다.

이와 같이 전쟁전에 이겨놓고 싸울 준비를 한 김일성은 1950년 6월 25일 04:00시에 기습남침을 감행, 한국정부와 국민을 일거에 마비시키고 파죽지세로 낙동강 방어선까지 밀어붙여 대한민국을 누란의 위기에 처하도록 만들었다.

전쟁초기에는 점령군으로서 계획된 심리전략에 의해 대체로 온화한 선무심리전을 실시하여 한국 국민에게 환심과 작전협조를 요구했으나 전세가 불리해진 낙동강 방어선작전부터는 현지 전황상황에 각종 심리전 매체를 동원하여 하나의 전술적 무기 및 기만전술로서 심리전을 운용하였고, 전쟁 초기의 온화했던 선무심리전은 내팽개치고 인민재판 등 공포와 위협, 강탈 등 최악의 방법을 동원하여 실시함으로서 심리전 역효과만 유발시키게 되었다. 한편 모든 심리전 활동은 언제나 장기적인 목표에 맞게 운용되었으며, 단순한 주제가 지속적으로 반복되었고 하나의 주제에 집중되어 다양한 심리전 기법을 동원하였다.

이에 비해 남한의 대북 심리전은 전쟁전과 초기에는 인식, 조직, 수행능력에서 빈약하기 짝이 없었다. 남한의 지도자들의 잘못된 언행에 의해 국군과 주민의 대적경계심을 이완케 하였고, 기습남침을 당했던 전날까지도 군 주요지휘관은 만찬으로, 장병들은 휴가를 즐기는 등 북한의 위장평화전술에 의한 대남심리전에 철저히 당했다. 또한 전쟁직전에는 전황에 대한 허위보도와 국방부장관의 만용적인 발표 등으로 인해 국민들을 혼란케하여 피난의 기회조차 놓쳐 희생을 당하게 했고, 정부와 군의 신뢰를 실추시켜 전쟁중에도 주민의 협조를 구하는데 많은 제한을 받게 했다. 그래도 다행스러웠던 것은 전쟁전에 국방부 정훈국에 의한 대북심리전단 제작 살포, 대내심리전 경험을 토대로 급조 방어심리전을 실시할 수 있었으며, 미국의 대북심리전단과 심리전 라디오 방송이 개전 24시간 만에 개시됨으로써 낙동강 방어작전부터는 유엔군과 공세적 연합심리전을 수행할 수 있었다.

이와 같이 심리전략 목적과 운용측면에서 특징적인 것은 북한의 대남심리전은 대남적화통일이라는 전략목표 달성의 수단으로서 전쟁의 여건을 조성하였고 제2전선형성의 주수단으로 운용되었다. 또한 부대전술적 운용의 보조수단으로서도 동시에 심리전을 운용하였기에 무기와 부대운용의 승수효과를 거둘 수 있었다고 본다. 하지만 대북심리전은 전략적 운용과 연계하지 않고 심리전 자체 영역으로서 하나의 전쟁과 전투에 운용되는 보조수단으로 인식되었고 수세적으로 운용되었다.

1.2 전쟁단계별 심리전 내용

심리전은 전장상황과 연계되어 운용되는 것이 가장 효과적이다. 왜냐하면 전장 실상에서 나타나는 인간의 심리를 공략하여 대상자들로 하여금 주체자가 의도하는 대로 인지적, 정서적, 행동적 변화를 유도해야하기 때문이다. 이러한 관점에서 6 · 25전쟁을 단계별로 내용을 살펴보면 다음과 같은 특징을 발견할 수 있다.

제 1단계(1950. 6 ~ 9. 14)인 무력남침단계에서의 대남심리전은 남침을 정당화 · 합리화하고, 진격하는 북한군들의 전투 의지를 고양하며, 군대를 지원하기 위한 정치 선전 · 선동을 비롯하여 한국 내에서의 노동자, 농민들의 폭동과 파괴 및 교란을 부추기는 내용 위주였다. 그러나 낙동강 방어작전 말기에는 독전을 강요하는 김일성의 특별 지령까지 하달하는 대내심리전도 실시되었다. 한편 대북심리전은 기습 남침으로 후퇴하는 상황이었고, 채 준비도 안 된 실정이었기에 유엔군에 의한 전단 및 라디오 방송 외는 별다른 심리전을 실시 못했다. 내용도 공산괴뢰집단이 불법남침을 했다는 사실과 미군이 곧 투입되어 적을 격퇴할 것이니 안심하라는 내용 위주였고, 낙동강 방어작전시에는 적의 전투의지를 약화시키는 투항권고의 대적심리전과 승리하는 전황 및 총력전태세를 위한 각종 홍보와 작전협조 내용 위주였다.

제 2단계(1950. 9. 15 ~ 1950. 11) 공산군이 패주하는 시기의 대남 심리전은 공산군의 후퇴를 보장하기 위한 선전, 제 2전선을 형성하고 진격하는 연합군에게 저항하고, 남아 있는 남로당에게 남한 내에서 게릴라 투쟁을 선동하고, 미국과 한국을 중상 모략하여 한 · 미 갈등을 증폭시키면서 조직적인 공세를 방해하는 심리전을 실시하였다. 대북심리전은 반격의 유리한 전황을 활용하여 공산주의 고립무원 상황을 부각시켜 적이 패전에 임박했으니 더 이상 저항하지 말고 투항을 유도하는 내용과 아군의 전의고취와 북한점령지역에 대한 군정 및 선무심리전 등 공세적 심리전을 실시한 시기였다.

제 3단계(1950. 12 ~ 1951. 6)는 38선 중심의 전선교착과 대치상태 시기로써 대남심리전은 강원도, 경상도, 전라도의 일부 산악지대를 중심으로 활동하던 게릴라 부대와 남로당 조직 및 당원들의 저항투쟁을 고무, 충동하고 한국과 미국에 반대하고 연합군간의 이간, 갈등 조장 등 모략선전을 위주로 전개되었다. 그리고 중공군의 피리심리전 작전을 비롯한 공산군 고유의 심리전술이 활발하게 진행되었고, 특히 전술적 부대운용과 연계하여 아군을 기만하는 시청각 통합 심리전 공세가 많이 실시되었다.

이 시기의 대북심리전도 진지쟁탈전에서 많이 실시되는 투항권고 내용과 북한군은 소련과 중공의 대리전에서 아까운 생명을 희생당하고 있다는 염전사상과 향수심을 부각하였으며, 전단, 확성기 방송 등의 매체를 이용한 전술심리전 주제가 많이 실시되었다.

제 4단계(1951.6~1953.7)는 휴전회담시기로 장기간 전투에 지친 피 · 아군은 조기 종전을 원하고 있었다. 이에따라, 공산군도 현 고착전선에서 휴전을 희망하면서 한편으로 국군과 유엔군의 공세적 상황을 내심 경계하였고, 이를 저지하려는 심리전을 많이 전개하였다. 따라서 유엔군에 대해서는 가치없는 전쟁터에 용병으로 끌려들어와 희생당하고 있다는 염전사상과 향수심을 자극하는 심리전이 주로 이루어졌다. 또한 미국의 침략근성과 경제적 이익을 위해 고의적으로 휴전회담을 지연시키고 확전을 시도하여 더 많은 유엔군의 희생을 강요하고 있다면서 휴전회담 결렬의 책임을 미국에게 전가시키는 대내 · 외 심리전이 적극적으로 전개되었다. 대북심리전도 향수심을 자극하여 투항권유와 휴전지연에 따른 불만심리를 조성하고 전쟁지도부에 갈등을 증폭시키는 내용 위주였다. 한편 피 · 아 공히 전쟁후의 문제를 염두에 두고 포로에 대한 설득심리전이 적극적으로 실시되었으며, 공산군은 고유의 세뇌기법을 동원하여 많은 성과를 거두기도 하였다.

1.3 심리전 매체 운용

의도하는 주제를 대상자에게 가장 빠르고 정확하게 효과적으로 전달하는 것이 가장 좋은 심리전 매체이다. 6 · 25전쟁시 운용되었던 매체의 특성은 다음과 같았다.

첫째, 피 · 아 공히 가장 많이 이용했던 매체는 전단이었다. 확인된 대남심리전 전단은 367종 약 3억여 장, 대북심리전단은 660여 종의 25억여 장이었다. 대북전단이 7배 정도 많이 살포되었는데 이는 미군의 인쇄기술과 공중살포 수단이 상대적으로 유리하였고, 이질적인 언어를 쉽게 이해시킬 있는 수단이 전파보다는 인쇄매체가 유리했기 때문이라고 분석할 수 있다. 전단을 살포하는 수단면에서는 유엔군은 주로 비행기나 대포를 이용한 전형적인 살포수단이었으나, 공산군은 제공권 상실로 인해 비행기로 전단을 살포하지 못하고, 대부분의 전단을 포탄을 통해 살포하였다. 또한 후퇴하거나 방어진지 이탈시 그들의 진지에 전단을 놓고 떠나거나 아군 진지로 침투하여 전단을 살포하거나 후방지역의 좌익세력들이 제작 또는 연에다가 심리전 구호를 기록하여 아군쪽으로 날려보내는 방법 등도 동원되었다.

둘째, 방송은 피·아 공히 전략적 주제와 대내외 혹은 대적심리전 매체로 적극 활용하였으나, 확성기방송은 유엔군과 국군에 의해 전투지역에서 사기저하 및 투항 등 전술적 주제에 중점을 두고 실시되었다. 공산군은 확성기 방송은 거의 실시하지 않았고 대내 및 선무심리전시는 이동확성기를 이용 가두방송을 실시하였다. 유엔군은 확성기를 지프차, 장갑차, 탱크, 항공기에 탑재하여 전장실상에 맞게 적시적으로 운용하였으며 ❶ 전술적인 직접지원, ❷ 적 유격전으로부터 내부방어, ❸ 피난민의 통제, ❹ 전장지역의 교통정리, ❺ 포로지휘통제 등에도 적극적으로 운용되었다.

셋째, 공산군은 전형적인 전단 및 방송외에 전장에서 동원할 수 있는 심리전 수단으로 전술적 부대운용과 연계함으로서 전투력 승수효과를 제고시켰다. 대표적인 수단운용으로는 ❶ 중공군이 근거리 지휘통신수단으로 사용했던 피리소리를 심리전적으로 이용하여 아군에 혼란과 공포심을 조장하였다. ❷ 북한군은 공격시에 북, 꽹가리와 함성으로 자신들에게는 자신감을, 아군에게는 공포심을 조성하였다. ❸ 중공군은 아군진지 방어병력에게 졸음을 유도하고 배고픔을 느끼게 하기 위해 볶은 콩기름 냄새를 바람에 날려 보내는 심리전과 선물을 보내는 심리전도 실시하였으나, 기상과 아군의 상대적 우세로 효과는 반감되었다. ❹ 중공군은 횃불심리전을 실시하여 아군의 전황판단을 기만하는 심리전을 실시하였다. ❺ 공산군은 포로를 세뇌시키고 강요하여 전단이나 편지에 서명을 강요하였고, 미 제 1해병항공단 참모장이었던 슈아블 대령 등을 강요하여 세균전을 날조·폭로토록 하였고, 가두선전 선동요원으로 이용하는 등 포로를 이용한 심리전을 다양하게 적극적으로 실시하였다.

넷째, 아군은 종군작가단 및 연예인 공연단 등에 의한 대내심리전을 활발히 진행하였다. 전장의 특성상 인간의 기본적인 욕구가 충족되지 않아 전투이탈, 적진 투항 등 전투의지 약화현상은 불가피한 상황이다. 하지만 조직적이고 적극적인 대내심리전을 통해 이를 극복하거나 전의를 고양시킬 수 있다. 6·25전쟁시 국방부 정훈국에서는 문화예술인들을 동원하여 다양한 활동을 하였다. 특히 1951년 5월에 대구에서 창립된 '육군종군작가단'은 무려 220여 회의 각종 순회 종군을 하였으며, 사단군악대 등은 수시로 대민, 대군 위문공연을 펼쳤다. 1951년에 창립된 '군가

보급단' 은 '승리의 노래' 등 군가를 제정 발표하여 민 · 군 일체감과 전투병의 전투 의지와 사기를 고양시키는 활동을 하였다. 한편 영국군 위문단, 미국의 봅 호프가 인솔한 유엔위문단도 대내심리전 역할을 톡톡히 하였다. 이러한 대내심리전은 인명을 중시하는 UN군 측이 적극적으로 시행했던 반면에 인간을 단순한 전쟁수단으로만 활용했던 공산군 측은 보다 소극적으로 수행했다.

1.4 심리전 출처

심리전의 출처를 명확히 밝히고 진실을 근거로 백색심리전과 출처를 허위 또는 기만하는 흑색 · 회색심리전은 실시여부에 있어서도 많은 차이가 있었다. **대북심리전은 대부분 유엔기관, 맥아더 원수, 한국정부 등 출처를 명확히 밝히는 백색심리전 위주로 실시되었던 반면 대남심리전은 허위 출처, 위장 등 회색 · 흑색심리전이 주류를 이루었다. 전단의 경우 대북전단은 660여 종 중 유엔 등 출처가 명시된 것이 430종이었고, 나머지는 출처를 명시하지 않았지만 내용으로 보아 남쪽에서 보낸 것이 확실한 소위 출처를 미명시한 백색심리전단이었다. 구분이 모호한 2~3종 외는 회색 및 흑색심리전단은 발견되지 않았다. 그러나 대남전단은 출처를 명시하지 않았거나 '유엔군사령관' 이란 허위 출처, '민주조선 구국전선' 등 위장단체 명의, 포로의 강요된 서명 등 흑색 및 회색전단이 159종으로서 전체의 51%에 달했다. 특히 대남심리전은 포로를 이용한 강요된 서명 및 자백, 해외신문보도 등을 재작성 날조한 허위사실이 많았다.** 대남심리전의 이러한 허위 및 모호한 심리전 출처는 **'진실에 근거를 두고 실시되어야 한다.'** 라는 심리전의 기본원칙을 무시하였기에 일시적으로는 효과를 볼 수 있으나 장기적이고 전략적으로는 결코 의도했던 목적을 달성할 수 없었다. 김일성이 6 · 25전쟁 후 자아비판한 '초기 8대전략과오' 중 4가지가 제 2전선 형성과 심리전에 실패했음을 시인하였는데 이것이 바로 심리전은 진실에 바탕을 두고 전략, 전술상황과 연계해야 하는데 적화통일의 정치적 목표 달성을 위해 수단과 방법을 가리지 않고 위장평화와 전술기만 등 심리전을 변칙적으로 운용한 결과에 기인한 것이다.

1.5 심리전 조직과 주제

심리전의 주체와 조직면에서는 유엔군이 북한군보다 체계적인 조직은 취약했던 것으로 판단된다. 유엔군은 전쟁 초기 심리전 조직이 정비되지 못했었다. 1950년 인천상륙작전 이후 본격적인 심리전이 실시되었고, 미 육군성 지침에 따라 미 8군 극동군사령부 심리전반이 군사작전 지원차원의 전술 심리전 위주로 수행한 반면, 공산군은 전쟁이전부터 국가적 차원의 조선인민군 총사령부 정치국과 중국인민군 총사령부가 적공사업을 총괄하고, 적공조를 말단소대까지 배치하여 선전 전략과 지침에 의해 조직적으로 수행했다. 그리고 전시의 모든 공산당조직과 정책들은 심리전 지원업무와 보조를 맞추었다.

이러한 조직 하에서 심리전의 주제도 상당히 차이가 많았다. 유엔군과 국군은 심리전 일반원칙에 입각하여 정치적 · 이념적 주제보다 물질적 보상과 개인의 1차적인 욕구에 중점을 둔데 반해, 공산군은 그들이 의도한 사회복지프로그램 등 전략적 주제 5가지를 사회주의 혁명의 정당성을 확보하면서 정치적, 도덕적 우월성에 대해 선전했다. 또한 아군 전투의지 약화, 용병 · 인종차별 내용을 날조 · 폭로하여 단결과 조직을 와해하려는 전술적 주제 3가지를 설정, 집중적인 심리전을 실시하였다. **전장의 환경과 여건에 맞게 주제를 선택해야 효과를 극대화한다는 점에서 보면, 전술적인 면에서는 유엔군이, 전략적인 면에서는 공산군이 보다 적합한 주제를 이용했다고 할 수 있겠다.**

2장_ 심리전 교훈

6·25전쟁은 전쟁전과 전쟁수행 기간동안 이념적인 문제를 이슈화하여 활발하게 심리전이 전개되었다. 특히 북한은 다양한 방법으로 계획적이고, 조직적으로 심리전을 펼쳤고, 아군은 전쟁 초기 고전했지만, 전황이 발전되면서 전단과 확성기를 이용한 전술심리전에서 효과를 거두었다. 특히 휴전협상 과정에서의 주도권을 놓고 전개된 심리전에서 유엔군은 공산군의 세균전 공세에는 고전했지만, 핵사용 위협과 인도주의에 입각한 포로송환 심리전 등은 휴전협상을 유리하게 이끌게 했던 요인이 되기도 했다. 앞장에서 제시한 특징과 양상에서 다음과 같은 교훈을 도출할 수 있다.

첫째, 적대국이 취하는 각종 제안과 제스처 및 군사적 운용 등은 그 의도와 실체에 대해 보다 정확히 판단할 수 있어야 한다. 손자가 강조한 지피지기면 백전불태(知彼知己 白戰不殆)이다. 6.25 기습남침 직전 9회에 걸친 북한의 대남 위장평화공세가 그것을 입증해 주고 있다.

둘째, 지도자의 언행은 고도의 심리전략을 바탕에 두고 이루어져야 한다. 따라서 정치지도자 및 군사지휘관은 이러한 심리전의 중요성을 재인식하고 이를 적절히 구사할 수 있는 능력이 있어야 한다. 이승만 대통령의 '북진통일' 주장과 신성모 국방장관의 "북진명령만 내리면 점심은 평양에서, 저녁은 신의주에서 먹을 수 있다." 라는 만용적인 발언은 심리전략의 본질을 경시한 언행이었기에 북한의 기습남침을 도와준 간접적인 한 원인이 되기도 했다.

셋째, 심리전은 진실에 근거를 두고 신속, 정확하게 대상자에게 의도하는 메시지를 전달하는 것이 성공의 지름길임을 알 수 있다. 따라서 가능한 한 백색심리전을 실시하여 장기적이고 전략적 전쟁목표에 귀결되도록 해야 한다. 북한은 심리전을 기습남침의 여건조성과 전투력 운용의 보조수단으로서 승수효과를 높이는데 기만 전술로서 주력하였기에 단기적인 전술목표는 달성하였지만 전략적 큰 목적을 달성하는 데는 실패하였다.

넷째, 심리전은 전쟁과 전투실상의 현장에 부합되는 매체와 주제를 적절히 조화시키되 정치적이고 이념적인 2차적 욕구를 자극하는 내용보다는 1차적인 욕구를 자극하는 것이 더욱 효과적이다. 이러한 관점에서 본다면 유엔군이 실시한 공습예보작전, 현상전단 살포작전 등은 성공적인 심리전이었다고 평가할 수 있다.

다섯째, 심리전은 인간의 심리를 자극하는 것인 만큼 심리전 대상의 가치, 문화, 언어 등에 대한 사전지식이 필요하다. 6 · 25전쟁시 노골적으로 성을 표현한 심리전은 거의 실시되지 않았다. 이것은 중공군이나 한국군이 유교문화권에서 금기시하고 있는 것을 염두에 둔 것이었다. 한편 아전인수식의 심리전을 실시해서는 안된다. 적의 입장에서 어떻게 생각하고 어떠한 변화가 일어날 것인가를 판단하여 심리전을 실시해야 한다.

여섯째, 심리전 매체는 전통적인 전단, 방송 이외에 공산군이 실시하였던 것과 같은 전장에서 동원가능한 모든 방법으로 전장실상에 부합된 주제와 공세를 펼쳐야 효과가 있다. 이런 관점에서 중공군의 피리소리, 횃불 심리전, 포로를 이용한 심리전, 양민과 피난민을 이용하여 유언비어를 날조하여 유포하거나 아군작전을 방해토록 하는 심리전 등은 상당한 효과를 거두었다.

일곱째, 전쟁은 국내외로부터 지지를 받아 총력전 · 연합전으로 수행해야 승리할 수 있다. 이러한 국내외의 지지를 받도록 하는 수단과 활동으로 심리전략을 활용해야 한다. 특히 인명중시사상이 전쟁수행을 제한하고 있고, 최첨단무기가 등장하고, 각종 매스미디어 수단이 전장에 동원되는 현대전에서는 심리전의 역할이 더욱 증대되고 있다. 걸프전에서의 미국의 '정의의 전쟁'과 이라크의 '성전'에 참전토록 호소한 심리전략이 그 좋은 예이다.

3장_ 한반도 안보 및 통일전략에서의 심리전

한국의 국가목표는 안전과 번영, 그리고 자유민주주의에 의한 한반도 통일이라고 전제한다면 이를 수행하는 하위 전략으로는 정치전략, 경제전략, 안보전략 등 분야별 수행전략이 있다. 여기서 심리전략은 제분야별 전략을 수행하는데 직접적으로는 전략 목표를 달성할 수 있게 하고, 간접적으로는 연계하여 이를 지원할 수 있게 한다. 안보전략의 목표는 전쟁억제이다. 즉, **손자가 강조한 '부전이굴인지병선지선자(不戰而屈人之兵 善之善者)' 의 싸우지 않고 이기는 부전승전략(不戰承戰略)이 최선이다. 만약 싸우더라도 대전략가인 클라우제비츠가 강조한 최소의 피해로 정치적 목적만 달성하면 전쟁은 승리한 것이 되기 때문에 최소피해전략인 심리전략은 매우 중요하다.**

그리고 북한은 안보차원에서 적대적인 대상이지만 통일전략으로서는 파트너이며, 민족동질성 회복이라는 마지막 목표를 함께 달성해야하는 운명적인 동반자이다. 따라서 한반도의 안보 및 통일전략으로서 심리전략은 충분조건이자 필요조건이다.

이러한 심리전략의 위상과 성격을 잘 이해하고 적절한 심리전 전략수립과 이를 수행할 수 있는 능력이 배양되어 있어야 한다.

6·25전쟁이 휴전된지 반세기가 지난 지금 한반도 안보정세에 따른 전장 환경은 엄청난 변화를 가져왔다. 특히 최근 현대전인 코소보전과 이라크전에서도 나타나

바와는 같이 첨단과학기술과 미디어의 획기적 발전은 전쟁의 패러다임을 급격하게 변화시켰을 뿐만 아니라 심리전의 역할도 크게 확대시켰다. 따라서 한반도에서의 미래전 양상도 이데올로기전쟁이 아닌 새로운 형태의 전쟁이며, 심리전도 새로운 양상으로 전개될 것을 예고하고 있다. 21세기의 전쟁이 정보전, 사이버전 등의 새로운 형태로 전개된다고 전제할 때, 미래의 심리전 양상은 미디어 매체의 발달로 사이버전 성격의 인터넷 망을 활용한 심리전과 군사력 이외의 정치 · 경제 · 사상전 등의 새로운 형태로 변화될 것이기 때문이다.

현재 인터넷에서 나타나고 있는 북한의 대남심리전은 가히 상상을 초월할만큼 전략적이고 교묘하다. 북한이 직영 또는 해외전위조직과 반한단체가 운영하고 있는 사이트가 30여 개이고, 국내 친북 및 반군사이트가 800여 개나 확인되고 있다. **이들 사이트는 군의 실상을 일방적으로 왜곡 · 비방하고 반군의식 확산 및 안보의식을 약화시키고 있다. 그리고 북한 직영 또는 친북사이트는 우리식 사회주의체제 선전과 국내외 공작망에 대한 지원과 대남고립 및 반미의식을 고취시키고 있다. 일부는 상업용 사이트로 위장하여 단계적으로 세뇌시키는 심리전도 펼치고 있다. 이러한 북한의 심리전용으로 운용되고 있는 인터넷 사이트의 실체를 잘못 인식하고 여기에 접촉하여 대적 경계심을 이완시키고 급기야 북에서 주요사업으로 전개하고 있는 적공사업의 전위대로 전락하게 될 우려가 있다. 따라서 이러한 북한의 심리전적인 인터넷 위협의 실체를 경고하고 제어할 수 있는 시스템이 필요하다고 본다.**

또한 안보 및 통일 전략으로 접근하고 있는 대북지원 및 각종 교류 간에도 한국이 지향하는 가치들을 접목시켜서 심리전적으로 운용할 수 있어야 한다. 북한은 햇볕정책이 바로 이러한 전략으로 접근하고 있다는 우려를 표명하면서 용어사용을 금기시한 사례도 있었다. 특히 북한은 남북교류 및 지원이 활발해지면서 필수적으로 함께 유입되는 소위 자유주의 물결(북에서는 이를 '날라리 바람, 황색바람' 이라고 부름)을 차단하기 위해 다각적인 통제와 교육, 심리전을 펼치고 있다.

독일 통일전략이었던 동방정책에는 이러한 심리전략이 접목되지 않아 정치, 경제, 군사적 통일이 달성되었지만, 아직까지도 베시(동독주민은 이등국가 주민이라고 서독주민이 멸시하는 용어)와 오시(서독주민이 동독주민보다 우월하다는 의식)라는 갈등이 잠재되어 있어 완전히 민족통일이 되었다고 하기에는 미흡한 실정이다. 우리의 안보 및 통일전략에도 이러한 통일독일의 전략을 교훈으로 삼아 이에 대한 준비 및 전략이 절대적으로 필요하다.

미래전에서는 대량파괴 및 살상으로 전투나 작전에서 승리를 했다 해도 결코 전쟁의 궁극적인 승리를 충족시키지 못할 것이다. 왜냐하면 전쟁은 정치목적을 달성하는 수단으로 수행되기 때문에 대량파괴 및 살상은 심리까지 포함하는 완전한 정치목적에 부합하지 못하기 때문이다. 더군다나 인명중시사상이 최우선시 되고있는 현대전에서는 더더욱 그러하다. **따라서 미래전을 준비하고 수행할 때는 반드시 최소의 피해로 전쟁 목적만 달성하는 마비전략, 즉 심리전략이 불가피하게 되었다. 그래서 걸프전과 이라크전에서도 모든 전투무기는 핵심지도부나 공격하고자 하는 표적만 파괴할 수 있도록 운용하여 공포와 마비효과를 달성하여 치열한 교전없이 전투의 승패가 결정되었다. 현재 이라크전은 전쟁의 마무리 단계에서 민사심리전 작전이 종결되지 않아 미완성의 전쟁상태이며 민사심리전을 계속 수행하고 있다.**

북한은 남한을 심리적으로 압박하기위해 비재래식 대량살상무기 개발에 주력하고 있다. 사이버전, 게릴라전, 배합전 등 심리전략적 비 대칭전략을 강화하고 있음을 고려해 볼 때 심리전에 대한 인식을 새롭게 해야 할 것이다. 한반도에서 장차 전쟁이 일어난다면 민족끼리의 전쟁이고 통일대상끼리의 전쟁이다. 따라서 심리전은 어느 전장에서 보다 활발히 전개 될 것이고 또 이러한 심리전략을 통해서 전쟁이 종결되거나 통일과 연계됨을 전제해 볼 때 한반도 안보 및 통일전략에 대한 연구와 준비는 범정부 주도하에서 이루어져야 한다고 생각한다.

2002년 부산아시안 게임과 2003년 대구 유니버시아드 대회 때 미녀응원단의 합법적 대내외 심리전은 한국국민의 북한에 대한 그동안 가졌던 대적관을 일거에 녹여버린 좋은 사례이다. 이러한 보이지 않는 심리전의 침입은 지금도 자주, 민족대단결, 한반도 미군주둔의 명분을 없애려는 '평화협정' 등의 용어혼란전술까지 써가면서 계속되고 있으며 국민들과 심지어 군인들까지도 이로인한 가슴과 머리가 혼돈을 경험하고 있다.

6 · 25전쟁 이후부터 지금까지 변화무쌍한 대내외 선전 · 선동과 위협, 그리고 화해 제스처에 한국 국민은 때로는 전쟁의 공포감에 사로잡히기도 하였고, 다른 한편으로는 남북화해시대가 도래했다는 희망찬 분위기에 젖기도 하였다. 정부의 대북정책 또한 수시로 강경, 온건책 또는 정경분리원칙을 넘나들며 대북지원 재개와 중지, 교류협력 등 변화를 지속하고 있다. 그리고 한국사회 불안 조성, 심리적 공황야기, 국제적 위신 실추, 과잉대응에 따른 국력 낭비 등 국익과 국가안보에 지대한 영향을 미쳤다. 반면에 북한은 쉬운 방법으로 한국의 취약성을 알아냈고, 유사시

한국의 대응방향도 시험해보는 효과를 거두었다.

이토록 한국정부와 국민에게 지대한 영향을 미쳐온 북한의 대남심리전의 실체를 규명하여 안보 및 통일전략에 적용하는 것은 이제 선택의 문제가 아니고 생존의 문제임을 인식해야 되지 않을까?

일본의 독도영유권 주장의 접근전략 또한 바로 심리전을 잘 활용하고 있는 사례임을 지적하면서, 국제외교나 한반도 안보 및 통일전략에 있어서도 우리끼리만 통하는 도덕과 감정의 만용적인 대내적 전략보다는, 대내 · 외적으로 인정받는 합리성에 접근하여야 하겠다는 생각을 해본다.

부록 1

6·25전쟁 시 심리전 작전요원에 대한 언론기사 관련 해명

〈자료-1〉 '들리지 않던 총성 종이폭탄!' 에 대한 독자의 편지(2010.2.17)

안녕하십니까 이윤규선생님

저는 선생님의 들리지 않던 총성 종이폭탄! 읽고 과거 6.25전쟁당시 미 8군 심리전과(voice of UN)에 배속되어 미5공군(당시 K-16여의도 비행장)에 파견나가 심리전 요원으로 적 상공 또는 지리산 상공으로 300여회 출격하여 삐라(전단)을 살포 하든 현역군인이었습니다.

그 당시 상황을 좀더 자세히 설명을 드리고 싶어서 실례를 무릅쓰고 몇자 올립니다.

그 당시 같이 근무한 사람들은 남군6명 여군4명(남자는 C-47 또는 C-48기로 삐라를 살포하고 여군은 B-26기로 적 상공에서 방송을 하였습니다(야간에). 민간인(군무원)남자6명 여자1명은 현역군인과 같이 같은 일을 하였고 여자만 중국어 방송을 하였습니다.

선생님 저서 43page에 실린 여성은 육군중사 김광자씨 이고 130page에 전단을 장입하는 사람은 군무원 이재용씨입니다. 현역군인은 미군 air medal 군무원은 freedom medal을 각각 수상하였습니다.

위의 사실을 증명할 수 있는 그 당시 삐라 약 300매(대 인민군200 대 중공군 30 대빨지산70) 그리고 air medal 수여장 copy를 소지하고 있습니다. 끝으로 선생님의 건강을 축원합니다.

충남 태안에서 김영무 올림

위의 〈자료-1〉은 '들리지 않던 총성 종이폭탄!' 의 독자 편지이다. 필자는 이 편지를 받고 곧바로 그분을 찾아 인사드리면서 당시의 상황을 자세히 청취할 기회를 가졌다. 그 중에 〈자료-2〉를 설명하시면서 다음과 같은 목매인 말씀을 하셨다. **"이 분이 육군중사 김광자입니다. 연약한 여성으로서 죽음을 무릅쓰고 적 상공에서 심리전방송을 하였는데 훈장도 받지 못하고 국가로부터 아무런 보상이 없었습니다. 이제 고인이 되었지만 일부 언론이 사실도 확인 없이 이렇게 모욕적인 왜곡을 해도 됩니까"**라는 것이었다.

그 언론기사(연합뉴스 기자 김선원 'X-세계의 특수부대 비밀전사들' 인용 근거) 내용은 김광자 중사님 같은 심리전요원을 '한국전 마티하리' 로 표현하면서 **"그들은 유엔군이 퇴각하던 50년말부터 일명 토끼(rabbits) 라고 불린 여배우들에게 공작원 교육을 시켜 중서부 전선에 투입했다. 이들은 적 장교들과 성관계를 맺거나 동거하면서 군사기밀을 빼내 전황이 혼란한 틈을 타 아군측에 넘어와 정보를 전달했다"**는 것이었으며 이러한 **'마티하리 공급책은 이승만대통령 영부인 프란체스카였다'** 라는 것이었습니다.

직접경험하지 못한 저에게도 너무나 충격적이고 분노가 치밀어 오르는데 위국헌신한 당사자와 참전동료전우들의 심정은 어떠하겠습니까. 그러나 참전노병은 체념한 듯 **"저는 air medal받았지만 김광자 중사는 아무런 훈장을 받지 못했습니다. 어떻게 할 수 없을 까요"**하면서 고뇌에 찬 모습이었습니다.

필자가 ' 들리지 않던 총성 종이폭탄! '에서 많은 내용 수정 없이 개정판을 내게 된 이유가 바로 위국헌신 한 참전용사의 명예회복을 위한 간절한 바램이 있었다.

〈자료-2〉의 기사는 조선일보 2000년 2월10일 31면 **"마타하리 한국戰에도?"**이다. 사진을 **"립스팁 바르는 첩보요원: 6·25때 활약했던 한 특수전 국군이며 공작원이 적진 후방에 침투하기 전 마음을 안정시키기 위해 마지막으로 입술화장을 하고 있다"**고 설명하고 있다.

그러나 김영무 참전용사께서는 **"이 사진은 육군대적선전대(신설동에서 창설)심리전 요원으로 미 5공군에 배속되어 심리전 방송 작전출동 전에 화장을 하는 김광자 중사이다"**라고 증언하였다.(함께 근무했기에 너무나 그 사실을 생생히 기억한다면서 작고하기 전 생활상까지 그리고 아들이 현재 00병원에 신부님으로 계시다는 것까지 일러주셨다)

〈자료-2〉 6·25전쟁시 심리전 요원에 대해 언론보도

2000년 2월 10일 목요일 42판 제24601호 31

마타하리 한국戰에도?

6·25 전쟁 때 한국에서도 '마타하리'들이 활동했다는 주장이 나왔다. 한국전 당시 미군이 한국 여배우 수백명을 특수공작원으로 훈련시킨 뒤 적군 고위 장교들에게 접근시켜 군사비밀을 빼냈다는 것이다.

한국군사학회-군사평론가협회 소속 특수전 연구위원인 김선한(39·연합뉴스 생활경제부 차장대우)씨는 지난 97년 정보공개된 미국방부의 한국전 관련 비밀공작 사례 등을 모은 책 'x:세계의 특수부대, 비밀전사들'을 9일 펴냈다.

◇립스틱 바르는 첩보요원 6·25때 활약했던 한 여성특수공작원이 적진 후방에 침투하기 전 마음을 안정시키기 위해 마지막으로 입술화장을 하고 있다. /김선한씨 제공

"악극단 여배우 특수훈련 北장교에 접근 기밀빼내"

군사학회 연구원 주장

책에 따르면 미 극동군사령부(FECOM) 산하 한국연락처(KLO:일명 켈로부대)는 중국군의 개입으로 유엔군이 퇴각하던 50년 말부터 51년까지 일명 '토끼(rabbits)'라고 불린 여배우들에게 공작원 교육을 시켜 중서부 전선에 투입했다. 이들은 적 장교들과 성관계를 맺거나 동거하면서 군사기밀을 빼내 전황이 혼란한 틈을 타 아군측에 넘어와 정보를 전달했다는 것이다.

이런 사실은 지난 97년 미 공군대학 출판부가 펴낸, 미군과 CIA의 비밀공작을 다룬 책 '태양의 전사들(Apollo's Warriors)'에서 인용했다고 김씨는 말했다. '태양의 전사들'은 6·25 때 켈로부대와 함께 특수부대 후방침투 등 비밀공작을 맡았던 미 제5공군 산하 제4지대(Unit 4)의 지대장이던 헨리 아더홀트 예비역 공군준장의 비밀증언을 담고 있다.

김씨는 "여배우의 대부분은 영화배우라기보다는 악극단 배우 등으로 추정된다"며 "'토끼'로 동원된 여배우들이 몇 명인지, 누구인지 등에 대한 자료는 추가로 비밀이 해제돼야 알 수 있을 것"이라고 말했다. 국방군사연구소의 한 연구원은 "6·25 때 한국판 마타하리가 있었다는 얘기는 있었지만 아직까지 확인된 것은 없다"고 말했다.

/任衡均기자 hyim@chosun.com

또한 '들리지 않던 총성 종이폭탄!' 43페이지에 같은 시기에 촬영한 동일인물로서 〈자료-3〉과 같이 "**6·25전쟁시 비행기에서 확성기 심리전 방송을 하고 있는 모습이다**"라고 기술되어 있다.

〈자료-3〉 확성기 방송장면

한편 김영무 참전용사는 상기 증언 등을 뒷받침할 수 있는 김영무 일등병의 당시 사진과 미5공군으로부터 받은 **air medal 사본과 작전 수행 결과인** 〈자료-4〉과 〈자료-5〉에 제시해 주었다.

〈자료-4〉 김영무 일등병 당시 사진

〈자료-5〉 미 5공군으로부터 받은 air medal 사본과 작전수행 결과

By Direction of the President of the United States, **Private First Class KIM Yung Mu, 0235865, Psychological Warfare,** Republic of Korea Army, has been awarded the Air Medal.

C I T A T I O N

Private First Class KIM Yung Mu distinguished himself while participating in aerial flight as a leaflet drop specialist on C-46 and C-47 type aircraft, during the period **19 July 1952 to 23 July 1952** inclusive. While flying Psychological Warfare missions behind enemy lines in support of the United Nations effort in Korea, he successfully completed his assigned missions despite adverse weather conditions, inadequate navigational aids, and enemy opposition. Through his skill, courage, and ability, **Private First Class KIM Yung Mu** has brought great credit upon himself and the Republic of Korea Army.

General Orders 520, Hq 5AF, APO 970, 1 Aug 53, Cont'd.

STAFF SERGEANT KIM, KWANG JA, 0995533, Republic of Korea Army
16 July 1952 to 28 September 1952
STAFF SERGEANT NAM, HYUN WOO, 2705850, Republic of Korea Army
30 December 1952 to 1 February 1953
STAFF SERGEANT RIM, IN SOON, 0995698, Republic of Korea Army
2 July 1952 to 12 September 1952
SERGEANT CHOI, HONG SOUP, 0235762, Republic of Korea Army
2 July 1952 to 10 September 1952
PRIVATE FIRST CLASS KIM, YUNG MU, 0235865, Republic of Korea Army
13 August 1952 to 4 September 1952

(THIRD OAK LEAF CLUSTER)

STAFF SERGEANT HONG, SONG CHOL, 7900781, Republic of Korea Army
13 June 1952 to 22 June 1952
STAFF SERGEANT NAM, HYUN WOO, 2705850, Republic of Korea Army
2 February 1953 to 26 March 1953
SERGEANT CHOI, HONG SOUP, 0235762, Republic of Korea Army
10 September 1952 to 26 September 1952
PRIVATE FIRST CLASS KIM, YUNG MU, 0235865, Republic of Korea Army
4 September 1952 to 17 September 1952

III. AWARD OF COMMENDATION RIBBON - By direction of the Secretary of the Air Force, under theprovisions of USAF radio 45033 and Section VII, General Orders Number 63, Department of the Air Force, 19 September 1950, the Commendation Ribbon is awarded to the following named airmen for meritorious service in the conduct of their duty during the periods indicated:

TECHNICAL SERGEANT NORMAN R MOORE, AF16034261, United States Air Force
1 November 1952 to 19 July 1953
STAFF SERGEANT PHILLIP W COLBURN, AF19386107, United States Air Force
22 October 1952 to 30 June 1953
STAFF SERGEANT CLARENCE L MAYBERRY, AF18376657, United States Air Force
8 November 1952 to 18 July 1953
STAFF SERGEANT FARRELL L PATTON JR, AF19370657, United States Air Force
21 January 1953 to 18 July 1953
AIRMAN FIRST CLASS JAMES R NOLEN, AF14414803, United States Air Force
10 October 1952 to 18 July 1953

BY ORDER OF THE COMMANDER:

OFFICIAL:

E H UNDERHILL
Brigadier General, USAF
Vice Commander

S/H O Parsons
T/H O PERSONS
Lt Col, USAF
Asst Adjutant

DISTRIBUTION:
"D"

A certified true copy
Richard Brown
RICHARD BROWN
Major
Executive Officer
G-3 Psywar, 8th US Army

〈자료-6〉 "마타하리 공급책은 프렌체스카였다"

16 2000년 2월 27일 (일요일) 사회 일요서울

"마타하리 공급책은 프란체스카였다"

6·25때 상당수 여배우 동원 암호명 '토끼' 적진침투

중공군 장교와 보름간 지내며 당시 미군 공작책 아더울트장군

기밀 빼내 적 4개사단 섬멸 공훈 증언토대 … 일부선 '난센스' 일축

여배우 등 예술인들과 친했던 프란체스카여사 미군에 귀띔 팀구성 6·25직전 미 정보요원 남침계획 사전탐지보고 '역정보' 무시도 밝혀져

사회

"사실무근 … 일고의 가치도 없다"

위의 〈자료-6〉은 일요신문 2000년 2월27일 16면 "마타하리 공급책은 프렌체스카였다" 기사이다. 기사 사진에는 **"미국은 한국전 당시 '토끼' 들을 포함해 다양한 직업의 여성들을 비밀공작요원으로 동원했다. 이들 여성들은 공급책은 프렌체스카였다"라고 기술하고 있으며, 같은 지면에 1955년도 방첩부대장이었던 박경석 예비역 장군의 인터뷰 내용 "이 사진은 마타하리가 아니라 '대적선무공작' 요원들일 가능성이 높다. 기사내용은 "사실무근... 일고의 가치도 없다"고 반박했다도 게제되었다.** 〈자료-8〉

'들리지 않던 총성 종이폭탄!' 247페이지에는 〈자료-7〉과 같이 **동일한 사진을 제시하면서 "1952년 4월, 국군여군들이 북한군에 투항권고 내용의 심리전 방송을 하기 위해 안전벨트 등 장비를 점검하고 하고 있다"라고 기술하고 있다.**

김영무 참전용사의 증언내용과 관련근거를 비교해 볼 때 6·25전쟁시 심리전요원

에 대한 언론기사내용은 잘못되었다는 것을 필자는 확신할 수 있다. 하지만 공감 여부는 독자의 상상력과 관련근거에 대한 판단에 맡기고 싶다.

〈자료-7〉 6.25전쟁시 항공확성기 방송작전

1952년 4월, 국군 여군들이 북한군에 투항 권고 내용 방송을 하기 위해 C-47기 내에서 안전벨트 등 장비정검을 하고 있다.

1952년 6월, 제1 확성기 및 전단중대에 배속된 한국군이 적 지역으로 방송하기 전에 확성기 장비를 점검하고 있음.

〈자료-8〉 박경석 예비역 장군의 인터뷰 기사

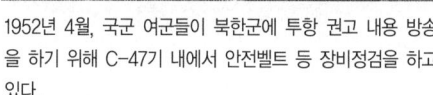

반박 인터뷰 군사평론가협회 박경석 회장

"사실무근 … 일고의 가치도 없다"

육사생도 2기로 50년 11월 소위로 임관, 한국전쟁때 직접 장교로 참전한 바 있는 박경석 군사평론가협회장은 김선한씨의 주장에 대해서 '일고의 가치도 없는 난센스에 불과하다'고 강한 반론을 제기했다. 그는 '종전 직후인 53년부터 5년간 미군 첩보부대인 HID에 근무했기 때문에 웬만한 특수전 상황은 다 알고 있으나, 마타하리 내용은 생전 처음 듣는 말'이라고 주장했다.

—김씨가 미군 특수전 장군 출신의 구체적인 증언을 토대로 '한국판 마타하리' 실존 가능성을 주장하고 있는데

▲그건 픽션이다. 미군 장군이 아마도 책을 재미있게 만들어서 좀더 많이 팔기 위해 과장했을 가능성이 높다. 난 장교로 직접 한국전쟁에 참전했다. 그리고 종전 직후엔 국내 최고의 첩보부대에서 5년간 근무했다. 만약 그런 게 있었다면 내가 모를 리 없다. 내가 아는 한 결단코 여성들이 적진에 침투하는 그런 첩보전은 없었다

—김씨는 당시 여성들의 사진자료까지 제시하고 있지 않은가

▲내가 보기에 그 사진은 '대적 선무 공작'을 위해 미군이 선발한 여성들로 보인다. 그들은 여군도 아니었고, 군무원 비슷한 신분이었다. 당시 적진에 대한 홍보활동을 위해 마이크로 [illegible]방송을 하고 삐라를 뿌리는 등의 업무수행을 위해 젊고 예쁜 여성들을 뽑은 적은 있었다. 사진속의 내용은 그 여성들인 것으로 보인다.

"미 특수전 장군 출신이 자신의 책 재미 덧붙여 더 많이 팔기 위해 과장했을 가능성 커"

—당시 미군 첩보기관이 극비리에 진행한 것이라면 한국군이 몰랐을 수도 있잖은가

▲아무리 극비리라고 하지만, 당시는 50년대다. 그리고 어수선한 전쟁 상황이었다. 한국전쟁중에 극비리에 준비될 게 뭐가 있나. 다 소문이 나기 마련이다. 그러나 전혀 그런 낌새조차 없었다. 그리고 난 종전직후 첩보부대인 HID에 근무했기 때문에 한국전의 특수부대 상황에 대해서는 나만큼 알고 있는 사람도 드물다고 자부한다.

—첩보부대 HID에서 무슨 일을 했나. 혹시 북파공작원에 관여한 적이 있나

▲난 당시 첩보부대의 교육을 담당하는 교관들을 감독하는 교관반장이었다. 그래서 웬만한 내용은 다 안다. 일부는 군사기밀상 말할 수 없는 것도 있다. 북파공작원은 수십명 정도 내가 교육시켜서 올려보낸 적이 있다. 그러나 적진 깊숙이 침투하는 개념은 아니었고, 휴전선 부근이 한계 정도였다.

—많은 국내 군사전문가들도 마타하리에 대한 소문이 무성히 떠돌고 있었다는 점은 인정하고 있는데

▲여긴 한국이지 서양이 아니다. 정조관념을 목숨보다 중히 여긴 당시 여인네들이 기초적인 교육만 받고 적진에 침투해서 적장들과 정을 통하고 기밀을 빼돈다? 상식적으로 납득이 안 간다. 전쟁 참전자들은 자신의 무공을 기리기 위해 다소 과장하는 버릇이 좀 있다. 국내 상황을 잘 모르는 미군 장군들이 다소 과장되게 표현했을 가능성이 크다.

〈김〉

6·25전쟁과 심리전, 심리전 관점의 북핵 언론 기사

朝鮮日報

2011년 01월 05일 (수)

北이 두려워하는 대북 심리전의 위력

이 윤 규

북한 지도부는 대북심리전 얘기만 나오면 "서울 불바다, 대북확성기 조준격파…" 운운하며 민감한 반응을 보여 왔다. 심리전은 포탄도, 폭음도 없는 커뮤니케이션 전략인데 왜 그럴까?

1997년 4월 북한 인민무력부에서 '면전 심리전의 검은 내막'이라는 영상물을 제작해 북한군과 주민들을 특별교육한 실증적 사례가 있다. 이 영상물을 보면 "남쪽에서 보내는 전단과 함께 투하된 라면·일용품에는 방사선 처리와 세균으로 오염되어 있기 때문에 보기만 해도 눈이 멀고, 접촉하면 피부가 썩고, 먹으면 장이 꼬여 죽는다"는 내용이다. 그만큼 북한체제에 커다란 위협요인으로 작용한다는 방증이기도 하다. 북한 당국의 강력한 조치에도 불구하고 전단과 생필품을 획득하려는 상황이 북한 전 지역으로 확산되자 더 이상 실효성이 있는 대책이 없어졌다. 그래서 2000년 남북정상회담의 전제조건으로 상호비방 중지라는 미명하에 남북한 심리전 중지를 제안했고, 2004년 6월 15일을 기해 군사분계선 지역에서 심리전은 중지됐다. 이러한 남북간 합의에도 불구하고 북한은 여전히 사이버 공간이나, 미녀응원단 등 남북한 각종 교류협력 과정을 활용해 보이지 않게 대남 심리전을 지속적으로 펴오고 있다.

북한의 각종 도발과 대남심리전의 대응조치로서뿐만 아니라 북한 핵·미사일 개발 방지의 협상카드화를 위해서라도 우리의 대북심리전은 적극 전개돼야 한다. 일부 재개된 대북심리전은 북한 주민에게 생활정보와 생필품을 제공하는 인본주의 조치이기에 대내외적으로 명분도 있고, 비무력적 방법이기에 북한의 또 다른 무력도발의 빌미를 제공하는 것도 아니다.

향후 대북심리전 전개는 다음 사항들이 고려돼야 한다. 첫째, 심리전 전략과 주제는 북한 주민의 인간다운 삶과 평화통일을 지향하는 긍정적 방향이어야 한다. 둘째, 심리전 수단과 매체도 군사분계선 지역이 아닌 곳에서 라디오·TV 방송, 전광판, 전단, 사이버, 대북지원·교류협력과정 활용 등 다양화해야 한다. 셋째, 대북심리전 수행 주체도 정부와 군보다는 민간단체 또는 민군협력으로 전개하는 방향으로 발전돼야 한다. 넷째, 심리전의 기구 부활과 전문인력도 보강돼야 한다. 더불어 우리 국민과 장병들도 대남심리전의 실체를 간파하여 오염되지 않도록 경각심을 갖고 이를 차단하는 노력이 있어야 하겠다. 국방대 교수

朝鮮日報

2011년 06월 23일 (목)

국사편찬위·국방부 지정 공식 용어는 '6·25전쟁'

이 윤 규

21일자 A10면 "한국전쟁은 옳지 않은 용어… 6·25전쟁으로 불러야" 기사에 공감하며 몇 가지 덧붙여 본다. 지난 현충일을 전후해 국내 7개 주요 언론 매체를 살펴봤더니 '6·25전쟁'(17회)과 '한국전쟁'(22회)을 뒤섞어 써 혼란스러웠다. '한국전쟁'은 한국에서 일어난 전쟁, 한국이 일으킨 전쟁으로 오인하게 함으로써 김일성의 불법 남침의 죄악성이 무시된 용어이고, 북침설과도 연계시킬 수 있어 전쟁 원인과 성격을 모호하게 하는 명칭이다. 따라서 국사편찬위원회와 국방부에서는 '6·25전쟁'으로 교과서에 싣고 공식 명칭으로 쓰도록 하고 있다.

6·25전쟁 명칭에 대해서는 그간 많은 논란이 있었다. 휴전 직후에는 공산측의 불법 행위인 데다 북한을 국가로 인정하지 않았기 때문에 '6·25사변, 6·25동란'이라고 했다. 이후 '6·25 북괴남침 전쟁'으로 칭하면서 전쟁 시기와 성격 및 진상을 명확히 했다. 한편 국방부에서 1970년 '6·25 전쟁사'를 발간하면서 '한국전쟁사'로 명명했다. 이후 '한국전쟁'에 내포된 의미가 정치·이념적으로 악용되는 것을 막고자 2000년에 '6·25전쟁사'로 수정 발간했다. 이후에도 언론 매체나 문헌, 행사, 기념관에서 전쟁 명칭은 혼란스럽게 사용돼 왔다. 특히 2006년 5월 당시 노무현 대통령이 몽골 방문 때 '한국전쟁'으로 표현해 논란이 된 바도 있다. '6·25전쟁'을 북한에서는 남한을 공산화한다는 전쟁 목적에 들어맞는 '민족해방전쟁'으로, 중국은 미국에 대항하고 북조선을 지원한다는 '항미원조전쟁'으로, 외국에서는 전쟁이 일어난 지역을 뜻하는 '한국전쟁(Korean War)'으로 표현한다. 하지만 대한민국은 공식 용어로 제정된 '6·25전쟁'을 씀으로써 '한국전쟁'에 내포된 전쟁 원인과 성격에 대한 불순한 정치·이념적 의도를 털어내야 한다. 특히 자주, 평화체제, 연방제, 우리민족끼리 등 용어 혼란 전술로 그 실체적 진실을 은폐하고 남남갈등을 조장하려는 북한의 대남 심리전 의도를 알아차려야 한다. 일부에서는 아직까지 6·25전쟁을 '북침'이라고 하거나, "남쪽에서 침략한 전쟁"이라는 해석을 달아 '남침'으로 부른다. 6·25전쟁 61주년을 맞아 올바른 명칭 사용을 통해, 6·25전쟁의 원인과 성격을 명확하게 인식하고 국가 안보와 평화 통일에 도움이 되도록 방향을 잡아야 한다. 국방대 교수

時事스케치
SISA SKETCH
한국방송신문연합회
KMU KOREA MASS MEDIA UNION
KMU 月刊 2 2011년 02월 15일
· 언론문화 창달
· 언론인의 봉사
회장·편집인 김건이
발행인 박춘배 인쇄인 아이씽크피앤씨
서울시 영등포구 여의도동 44-35 제일빌딩 1001호 우)150-890
TEL(02)780-4113 FAX(02)785-4113
E-mail : news@bnman.com 등록번호 영등포 라 00223
www.sisasketch.com VOL 108

'북핵'은 한국 핵개발이 유일한 해법이다 6자회담 추구는 실효성 없음이 입증됐다

이 윤 규
• 국방대 교수

대북협상력 제고 위해서도 핵개발능력 확대 필요
한반도 핵문제는 국가의 사활적 이익과 직결 된다
핵 잠재능력 확대정책으로 北韓 핵 포기하게 해야

북한이 핵무기를 개발 하려는 목적은 대남전략목표 구현을 위한 군사적 우위 및 위협 달성과 외부 공격에 대한 최후 방어수단을 확보하는 것이다. 아울러 핵무장을 통한 체제의 권위를 과시하고, 나아가 주한미군 철수, 북미평화협정, 한국에 핵우산 포기, 미·일과의 관계개선의 협상카드화로 활용하기 위해서 일 것이다. 또한 핵무장을 통한 국제적 발언권을 강화하고, 중·러의 대북한 경시풍조 일소 등 북한의 체제생존과 강성대국 건설의 총체적 수단으로 활용할 목적이라고 판단된다.

북한은 이러한 총체적 목적을 달성할 수 있는 국제적인 여건 조성과 시간이 필요하였다. 그래서 1990년 '조선반도 비핵지대화'를 대내외에 천명하고, 핵개발 의혹을 희석시키는 핵개발 부인(否認=Deny), 지연(遲延=Delay), 은익(隱匿=Disguise)의 3D정책을 전개해 왔다. 그러자 한국은 1991년에 소위 '한반도 비핵화와 평화구축을 위한 선언'으로 화답하였다. 이 '한반도 비핵화'선언은 NPT규정에도 보장되어 있는 핵에너지의 평화적 이용을 포기하는 세계에서 유래를 찾아볼 수 없는 내용까지 포함되어 있다.

북한은 우리의 이러한 희생자적 '비핵화선언'을 교묘히 악용하면서 '92년 IAEA 사찰, '93년 NPT탈퇴, 북미회담, 남북대화, 경수로 건설 등 10여년 동안 3D정책과 핵의 협상카드화로 핵개발 능력을 진전시켰다. 핵개발 능력이 어느 정도 확보된 2000년대 이후부터는 핵실험 및 핵시설을 공개해 가면서 국제적 압력과 비판에 대응하는 각종 선전선동술로 핵개발 효과를 극대화 시켰다. 이러한 결과로 놓고 볼 때 우리가 20년 동안 추구해왔던 '한반도 비핵화'와 주변국들이 10여년 동안 매달려 온 6자회담은 실효성이 없었다는 것을 방증하고 있다. 특히 6자회담이 북한핵문제를 해결하지 못하고 실효성이 없었던 것은 다음 두 가지 핵심문제를 고려하지 못했기 때문이다.

첫째는 북한 핵개발 목적을 근원적으로 제거하는 것이 아니고 자국의 전략적 이해관계를 고려하여 현상을 적당한 수준에서 봉합하는 전략이었기 때문이다. 여기에는 북한 핵무기 개발에 대한 각국의 인식차이가 작용한 결과이기도 하다. 예를 들면 한국은 북한 핵무장이 한반도 적화를 위한 수단이며, 남한의 군사적 취약성으로 직결된다는 제로 섬 게임(zero sum game)으로 인식하는 반면에 미국은 북한 핵개발이 핵확산의 도미노 현상으로 동북아 뿐만 아니라 중동지역까지 파급됨으로써 미국의 세계전략과 핵확산 방지 체제를 와해시키는 요인으로 인식한 것이다. 따라서 북한의 1-2개의 핵무기라도 생존과 직결되는 우리의 위협인식과는 차이가 있으며 해결방법도 달라질 수밖에 없다고 본다.

두 번째는 북한체제가 보통국가가 아니고 김부자의 통치방법과 스타일에 따라 독자적으로 통치되는 특수상황을 간과한 접근방법 때문이다. 김부자의 통치방법과 스타일은 공산독재자들이 공산국가를 건립하고 통치하던 전형적인 조직공작과 선전선동이다. 김일성은 해방 후 북한지역의 소련 위성국화 전략에 편승하여 북한정권을 장악하였고, 남노당 건설과 전략적 기습여건을 조성, 6.25 남침을 하였으며, 김정일에게 대학 졸업 후에 제일먼저 조직비서국과 선전선동부 문화예술과장을 경험하게 하였던 것 등 사망 전까지 조직공작과 선전선동으로 대남전략과 북한을 통치 하였다. 김정일 역시 이러한 능력과 자질을 활용하여 선군정치 및 강성대국을 건설하고자 하고 있다. 그러나 대내외 북한 전문가들은 북한의 이러한 특수 통치방법을 간과하고 자신의 '신념체계'에 맞추어서 사물이나 사상을 보려고 하거나 자신의 사전지식이나 스스로가 바라는 마음(Wishful Thinking)에 부합되지 않아 거북해지는 자기현혹과 기만 때문에 오판을 거듭해 왔다고 본다.

북한의 핵문제를 접근함에 있어서도 우리식 가치관과 상황판단보다는 김부자의 통치방법과 핵개발 목적에 직접 접근하는 방향으로 지향되면서 우리의 핵정책과 연계되는 전략이 요구된다고 본다. 즉 북한핵문제 해결을 위해 지향해야 할 방향은 한국의 독자적 핵개발 잠재능력 확대정책으로 발전시켜서 북한의 핵개발 목적을 상쇄하거나 포기를 전제로 한 협상카드화하는 것이다. 이러한 전략은 핵무장화의 최종단계('프랑스식 독자적 핵무장화 정책:N-th')를 제외한 핵 발전을 도모할 수 있는 일본식 '핵 잠재능력 확대정책(N-t)'을 벤치마킹하는 것이다. 일본은 미국의 핵우산과 함께 NPT규정에서 보장된 '농축 및 재처리 시설' 등 관련 핵 산업을 상업적으로 발전시키면서 유사시 핵무장화로 전환할 수 있는 기간을 최소화 할 수 있는 제반 능력과 기술을 확충해 나가고 있다. 우리의 이러한 접근방법은 한·미간의 협의에 의해 해결할 수 있는 영역이며, 주권국가로서, NPT가입국으로서 보장된 핵자주권이다. 또한 6자회담을 비롯한 북한핵개발 관련 어떤 협상에서도 협상력을 제고시킬 수 있다. 즉 북한의 핵 개발 문제만을 쟁점화 함으로써 절대 가치화되어 있는 북한 핵 개발을 우리의 핵 정책과도 연계시킴으로써 상대적인 가치로 평가되게 하고 협상의 주도권도 확보할 수 있도록 하는 전략이다.

그리고 한반도 핵문제는 국가안보의 핵심영역으로 우리 국가의 사활적 이익과 직결된다. 따라서 우리의 핵정책에 대한 학문적 연구와 논의를 활성화해야 한다. 아울러 핵 자주권에 대한 국제적 압력에 능동적으로 대응하고 북한의 핵개발 억제를 위한 국민의 한결같은 의지를 과시해야 할 것이다.

설경속의 아침

참고문헌

1. 국문자료

〈단행본〉

고준봉. 「심리전략시론」. 서울: 고려서적주식회사, 1982.
공산권문제 연구소. 「북한총람」. 서울: 공산권문제 연구소, 1969.
곽태환 외 지음. 「북한의 협상전략과 남북한 관계」. 서울: 경남대학교 극동문제소, 1997.
_____. 「한반도 평화체제의 모색」. 서울: 경남대학교 극동문제연구소, 1997.
구영록. 「인간과 전쟁: 국제정치이론의 체계」. 서울: 법문사, 1994.
_____. 「한국의 국가이익: 외교정치의 현실과 이상」. 서울: 법문사, 1995.
국가정보대학원. 「북한체제연구」. 서울: 국가정보대학원, 1999.
국군심리전단, 「미 육군 전투 심리전의 역사」. 국군심리전단, 2002.
국방부. 「국방백서1999」. 서울: 국방부, 1988.
_____. 「국방백서 1997~1998」. 서울: 국방부, 1997.
_____. 「국방사 '40~' 50」. 서울: 국방부, 1984.
_____. 「軍史 제 5호」. 서울: 국방부, 2003.
_____. 「軍史 제 6호」. 서울: 국방부, 2004.
_____. 「軍史 제 50호」. 서울: 국방부, 2003.
_____. 「軍史 제 53호」. 서울: 국방부, 2004.
_____. 「북한개방화 심리전」. 서울: 국방부, 1991.
_____. 「전단작전 지침서」. 서울: 국방부, 1998.
_____. 「戰爭의 背景과 原因」. 서울: 국방부, 2004
_____. 「중공군의 한국전쟁」. 서울: 국방부, 1994.
_____. 「핵문제 100문 100답」. 서울: 국방부, 1994.
_____. 「韓國戰爭(上)」. 서울: 국방부, 1990.
_____. 「韓國戰爭(下)」. 서울: 국방부, 1997.
국방대학원안보문제연구소. 「건군 50년 한국 안보환경과 국방정책」. 서울: 국방대학원, 1998.
_____. 「국가안보의 비군사적쟁점」. 서울: 국방대학원, 1999.
국제홍보사. 「심리전 이론과 실제」. 서울: 국제홍보사, 1968.
국토통일원. 「남북대화백서」. 서울: 국토통일원, 1988.
_____. 「북한경제 통계집(1946~1985)」. 서울: 국토통일원, 1986.
_____. 「북한공산집단의 대남도발사례」. 서울: 국토통일원, 1985.
군사감실. 「육군역사일지 '45~' 50」. 서울: 육군본부, 1954.

극동문제연구소.「북한전서 1945~1980」. 서울: 극동문제연구소, 1980.
권양주.「정치와 전쟁」. 서울: 21세기 군사연구소, 1995.
길광준,「사진으로 읽는 한국전쟁」. 서울 : 예영, 2005.
김광린.「북한 현대 정치사」. 서울: 도서출판 오름, 1995.
김경근.「언론현상과 언론정책」. 서울: 법문사, 1984.
김기도.「정치선전과 심리전략」. 서울: 나남출판사, 1989.
김대운 외.「조직과 리더십」. 서울: 공학사, 1983.
김부성.「내가 판 땅굴」. 서울: 갑자문화사, 1976.
김상원.「교육방법론」. 서울: 교육출판사, 1985.
김성보 외.「북한 현대사」. 서울: 역사문제연구소, 2004.
김영훈.「북조선 최후의 승부수」. 서울: 전영사, 1997.
김용호.「현대북한외교론」. 서울: 도서출판 오름, 1996.
김우상.「신한국책략」. 서울: 나남출판사, 1998.
김창순.「북한이데올로기와 대모략」. 서울: 북한연구소, 1997.
김태우.「한국핵은 왜 안되는가」. 서울: 지식산업사, 1994.
김학준.「김정일과 코카콜라」. 서울: 동아출판사, 1995.
김행복.「알아봅시다! 6 · 25 전쟁사 제 2권 북한군 남침부터 중공군 개입까지」. 서울: 국방부, 2005
김현식, 손광주.「다큐멘터리 김정일」. 서울: 천지미디어, 1997.
내외통신사.「전략심리전과 미국의 대외정책」. 서울: 내외통신사, 1982.
노동일.「정치학 방법론」. 서울: 법문사, 1997.
노병천.「도해 세계전사」. 서울: 한원, 1994.
______.「도해 손자병법」. 서울: 한원, 1993.
______.「이것이 한국전쟁이다」. 서울: 21세기 군사연구소, 2000.
대한공론사.「박정희 대통령 연설문집(3)」. 서울: 대한공론사, 1976.
도메나크(Domenach), 박종열 역.「정치선전과 정치광고」. 서울: 청람출판사, 1987.
롤로(Rolo), 장을병 역.「정치적 커뮤니게이션」. 서울: 태양사, 1984.
류재갑.「한국의 안보론」. 서울: 대왕사, 1985.
미특수작전사령부(USA SOC), 합참본부 역.「미심리작전 소개」. 서울: 합참본부, 1997.
민병천 편.「전환기의 남 · 북한 관계」. 서울: 대왕사, 1990.
______.「한국안보론」. 서울: 대왕사, 1989.
박길용, 김국후.「김일성 외교비사」. 서울: 중앙일보사, 1994.
박동운.「정치병법」. 서울: 샘터, 1998.
박영사.「정치학대사전」. 서울: 박영사, 1984.
박유봉.「매스커뮤니케이션의 심리학」. 서울: 법문사, 1986.
박재규.「북한의 신외교와 생존전략」. 서울: 나남출판사, 1997.
______.「북한정치론」. 서울: 경남대학교 극동문제연구소, 1984.
박태균.「한국전쟁」. 서울: 책과함께, 2005.
방정배.「현대매스디어어 원론」. 서울: 나남출판사, 1996.
북한문제연구소.「북한대사전」. 서울: 동명사, 1999.

______. 「북한총람: 1983~1993」. 서울: 북한문제연구소, 1993.
서상문. 「알아봅시다! 6 · 25전쟁사 제1권 배경과 원인」. 서울: 국방부, 2005.
서의남. 「한국과 독일의 분단관리 비교」. 서울: 진영사, 1999.
서울신문사. 「서울신문 40년사」. 1985.
신 진. 「위험한 북한, 위험한 외교정책」. 서울: 문경출판사, 1996.
신평길 편저. 「김정일과 대남공작」. 서울: 북한연구소, 1997.
심지연. 「민족주의 논쟁과 통일정책」. 서울: 한울, 1988.
______. 「해방정국과 한국전쟁」. 서울: 법문사, 1996.
안찬일. 「주체사상의 종언」. 서울: 을유문화사, 1997.
안희윤. 「주요전쟁사에 나타난 심리전 사례연구」. 서울: 군사문제연구소, 1997.
王昇, 국제홍보사 역. 「정치작전개론」. 서울: 국제홍보사, 1971.
양성철. 「북한정치론」. 서울: 박영사, 1990.
______. 「북한정치연구」. 서울: 박영사, 1993.
______. 강성학 공편. 「북한외교정책」. 서 울: 도서출판 서울프레스, 1995.
육군본부. 「걸프전쟁 분석」. 대전: 육군본부, 1991.
______. 「민사작전」. 서울: 육군본부, 1988.
______. 「북괴군 심리전」. 서울: 육군본부, 1989.
______. 「심리전」. 서울: 육군본부, 1988.
______. 「심리전」. 서울 : 육군본부, 1997.
______. 「陸軍歷史寫真集」. 군사연구소, 1991
______. 「6 · 25 참전 전투수기 제3집」. 서울: 육군본부 1999.
______. 「전략연구」. 서울: 육군본부, 1985.
______. 「政訓五十年史」. 서울: 육군본부, 1991.
______. 「중공군의 한국전쟁 교훈」. 서울: 육군본부, 2005.
______. 「포로 수용소」. 서울: 육군본부, 1990.
______. 「한국 군사사상」. 대전: 육군본부, 1992.
육군정보학교. 「한국전쟁심리전전단작전」. 육군정보학교, 1993.
연합뉴스. 「2000 북한연감」. 서울: 연합뉴스, 1999.
이광헌. 「현대사회와 심리전략」. 서울: 도서출판 화일, 1993.
이도형 외. 「북한의 대남전략 해부」. 남북문제연구소, 1996.
이동훈 외. 「북한학」. 서울: 박영사, 1996.
이상우. 「국제관계이론」. 서울: 박영사, 1994.
______. 하영선 공편. 「현대국제정치」. 서울: 나남출판사, 1992.
이숭녕. 「국어사전」. 서울: 동아출판사, 1997.
이장호. 「심리학 개론」. 서울: 한국방송대학교, 1997.
이재윤. 「특수작전의 심리전 이해」. 서울: 집문당, 2000.
이재윤 외. 「전장 심리학」. 서울: 육군사관학교, 1987.
이지영 역. 「한국전쟁과 심리전」. 1965.
이춘근. 「북한 핵의 문제: 발단, 협상과정, 전망」. 성남: 세종문제연구소, 1995.

이화수. 「통일한국의 정치심리학」. 서울: 나남출판, 1999.
임영태. 「북한 50년사(1,2)」. 서울: 들녘, 1999.
유재천. 「북한언론의 실상」. 서울: 민족통일협의회, 1991.
유재천 외. 「북한의 언론」. 서울: 을유문화사, 1989.
전경수, 서병철. 「통일 사회의 재편과정」. 서울: 서울대학교, 1995.
정규섭. 「북한외교의 어제와 오늘」. 서울: 일신사, 1997.
정보사령부. 「북한군 심리전」.서울: 육군인쇄창, 2001.
정세구. 「가치 태도교육의 이론과 실제」. 서울: 배영사, 1983.
정용길. 「북단국의 통일론」. 서울: 고려원, 1989.
정용석. 「분단국 통일과 남북통일」. 서울: 다나, 1992.
정윤무. 「현대정치심리론」. 서울: 박영사, 1993.
______. 「현대정치와 심리전략」. 서울: 박영사, 1974.
제닌 로이드(Jeneen, Lloyd). 국방대학원 역.「국가안보의 협상전략」. 서울: 국방대학원, 1990
조영갑. 「한국심리전략론」. 서울: 팔목원, 1998.
______. 「민군관계와 국가안보」. 서울: 북코리아, 2005.
조재권. 「선전여론개설」. 서울: 박영사, 1964.
주월한국군사령부 편.「월남전 종합연구」. 서울: 국방부, 1974.
중앙정보부. 「심리전」. 1969.
차배근 외. 「설득커뮤니케이션 개론」. 서울: 나남, 1992.
______. 「커뮤니케이션 개론(상 · 하)」. 서울: 세영사, 1964.
최영원, 정찬지. 「최근 미국의 심리전략」. 국방참모대학, 1995.
최종선. 「인간심리」. 서울: 기린원, 1992.
KBS. 「다큐멘터리 한국전쟁(上)」. 서울: KBS 문화사업단, 1991.
KBS. 「다큐멘터리 한국전쟁(下)」. 서울: KBS 문화사업단, 1991.
클라우제비츠, 국방대학원 역. 「전쟁론」. 서울: 병학사, 1991.
통계청. 「남북한 경제사회상 비교 현황」. 대전: 통계청, 1999.
통일원. 「김정일 우상화사례집」. 서울: 통일원, 1992.
______. 「남북기본합의서」. 서울: 통일원, 1992.
______. 「북한개요 2000」. 서울: 통일원, 1999.
토마셸링(Thoma, Schelling), 최동철 역. 「갈등의 전략」. 서울: 나남출판사, 1992.
평화문제 연구소. 「통일 · 북한핸드북」. 서울: 평화문제 연구소, 1999.
피터 시바이처(Peter, Schweizer), 한용섭 역. 「냉전에서 경제전으로」. 서울: 오롬시스템, 1998.
카를 폰 클라우제비츠, 역. 류제승, 「전쟁론」. 서울: 책세상, 1998.
한국언론자료간행회. 「한국전쟁종군기자」. 1987.
한덕웅.「조직행동의 동기이론」. 서울: 법문사, 1985.
한림대학교 아시아문화연구소, 「한국전쟁기 삐라」. 강원도 2000.
한 · 미연합사. 「미 심리작전」. 서울: 한 · 미 연합사, 1998.
______. 「심리작전」. 서울: 한 · 미연합사, 1990.
함택영. 「국가안보의 정치경제학」. 서울: 법문사, 1998.

_____ 외.「남북한 군비경쟁과 군축」. 서울: 경남대 극동문제연구소, 1992.
합참민사심리전참모부.「六.二五 傳單集」. 서울: 합참, 2002.
합참본부.「걸프전과 심리전」. 서울: 합참본부, 1992.
_____.「'92 대북 심리전 지침」. 서울: 합참본부, 1991.
_____.「'99 대북 심리전 지침」. 서울: 합참본부, 1993.
_____.「국방 심리전 정책 연구서」 제3집. 서울: 합참본부, 1999.
_____.「국방심리전전략」. 서울: 합참본부, 1996.
_____.「귀순자 간담회 / 세미나집」. 서울: 합참본부, 1995~1998.
_____.「대남 심리전 동향」. 서울: 합참본부, 1997.
_____.「대남 심리전 동향 분석」. 서울: 합참본부, 1993~1998.
_____.「대북 심리전 효과분석」. 서울: 합참본부, 1997.
_____.「미래의 합동작전 개념」. 서울: 합참본부, 1998.
_____.「민사 심리전 쟁책연구서」. 서울: 합참본부, 1993.
_____.「민사 심리전 정책방향 세미나」. 서울: 합참본부, 1993~.
_____.「북한의 대북심리전에 대한 방어체계」. 서울: 합참본부, 1999.
_____.「연합 · 합동작전 군사용어 사전」. 서울: 합참본부, 1994.
_____.「최근 대남 심리전 동향」. 서울: 합참본부, 1998.
_____.「최근 북한정세 분석」. 서울: 합참본부, 1998.
_____.「코소보 전쟁 종합분석」. 서울: 합참본부, 1999.
_____.「피 · 아 심리전 동향」, 서울: 합참본부, 1996~.
황장엽.「개인의 생명보다 귀중한 민족의 생명」. 서울: 시대정신, 1999.
홍대식.「인간관계의 심리」. 서울: 양영각, 1992.

〈논문〉

곽태환. "남북한대화와 협상전략."「한국과 국제정치」, 제3권 1호(1987), pp. 1~24.
고성윤. "통일독일, 베트남의 교훈과 통일을 대비한 심리전 정책방향."「국방심리전 정책 연구서」, 제1집(1997), pp. 7~26.
고유환. "북한의 권력구조 개편과 김정일정권의 발전전략."「국제정치논총」, 제38집 3호(1998), pp. 36~49.
고준봉. "극동 국제정치와 심리전략에 관한 연구." 한국외국어대학교 박사학위논문, 1976.
김명진. "한반도 군비통제 협상실태 분석."「국방논집」, 제21호(1993), pp. 63~89.
김연각. "북한 대남전략의 변화전망과 대처방안: 대남전략의 지속성과 변화를 중심으로."「'93 북한 및 통일연구 논문집(Ⅲ)」, 1993, pp. 23~48.
김병로. "김정일 정권의 출범과 대내 · 외 정책전망."「김일성 사후 북한의 정책 전 망과 우리의 통일 방안」, 민족통일연구원 세미나시리즈 94~04, 1994.
_____. "북한은 '99년 대남 심리전 분석과 2000년 전망."「국방심리전 정책연구서」, 제3집(1999), pp. 6~18.
김암산. "걸프전쟁의 정치 · 심리전적 교훈."「주간국방」, 제 91~317호. 한국국방연구원, 1991, pp. 6~9.
김완석. "97자유의 소리분석."「국방심리전 정책연구서」, 제1집(1997), pp. 7~18.

김용호. "북한의 핵무기 보유와 통일환경의 변화." 「94 북한 및 통일연구 논문집(Ⅳ)」, 1994, pp. 128~140.
나은영. "국가간 협상의 문화심리적 접근." 한국심리학회 추계 심포지움 발표논문, 1995.
남만권. "북한의 대미 평화 협정체결주장 관련 대비 방향." 한국국방연구원 연구논문, 1995.
노 백. "미·북협상과 한국정부의 대응방안." 「96 북한 및 통일연구 논문집(Ⅴ)」. 통일원, 1996.
동용승. "경협활성화 의제와 경협 전망." 「통일경제」, 제51호(1999), pp. 36~48.
문만식. "박사학위논문을 중심으로 본 한국 정치학 연구의 경향." 「한국정치학회보」, 26집 3호(1992), pp. 26~34.
박재규. "북한의 김정일 승계체제: 문제점과 전망." 박재규 외 편. 「북한의 대외정책」서울 : 경남대 극동문제연구소, 1986.
송두율. "북한사회를 어떻게 볼것인가." 「사회와 사상」, 제3호(1988), pp. 104~116.
심진섭. "97피·아심리전 효과분석." 「국방심리전 정책연구서」, 제1집(1997), pp. 28~32.
______. "남북통일과 남북한 주민들에 대한 이미지." 고려대학교 심리학 박사학위논문, 1995.
______. "코소보전쟁에서의 심리전." 「국방심리전 정책연구서」, 제3집(1999), pp. 38~44.
안희윤. "주요 전쟁사에 나타난 심리전 사례연구." 국방부 연구논문, 1997.
양성철. "북한의 군부 엘리트와 정치." 「북한연구」, 2권 1호(1991), pp. 134~156.
염홍철, 고현욱. Dougals Bond. "로동신문을 통해 본 북한 정책의 변화." 경남대학교 극동문제연구소, 1998.
유호열. "북한 외교정책의 결정 구조와 과정." 「국제정치논총」, 제34집 2호(1994), pp. 24~35.
윤종호. "중남미 게릴라 운동과 이론 및 실제." 국방대학원 교수연구논문, 1981.
이동복. "평화체제로의 전환을 위한 협상전략: 과거 대남회담을 기초로." 「북한」, 통권 288호(1995), pp. 49~63.
이기택. "북한의 심리전략에 대한 고찰과 대응방안." 「합참」, 제2호(1993), pp. 26~39.
이윤규. "심리전의 새로운 인식과 대북 심리전 발전방향." 「합참」, 제10호(1997), pp. 123~133.
______. 「북한의 대남 심리전 연구」. 경남대학교 박사학위논문, 2000
______. 민병이. "미심리전 연수 교육 결과." 「민사/심리전 정책서」, 제3집(1997), pp. 185~202.
이재윤. "현 남북 심리전 환경하에서 효과적인 대북 심리전 방안연구." 「육사논문집」, 제51호(1996), pp. 261~278.
이태하. "북한의 대남 심리전 동향." 「국방심리전 정책 연구서」, 제3집(1999), pp. 61~69.
이대희. 심진섭. "북한의 대남 심리전 동향분석." 「국방심리전 정책연구서」, 제3집(1999), pp. 120~121.
임동원. "남북한의 군사문제 협상전략: 성과와 전망." 국제평화연구소 통일문제학술토론회, 「북한의 통일관련 대남협상 전략과 한국의 대응」. 국제평화연구소, 1994.
전현준. "김정일정권의 대남정책과 남북관계 전망." 「통일연구논총」, 제7권 2호 (1998), pp. 126~142.
정규섭. "김정일 체제의 외교정책." 「북한연구학회보」, 제3권 제1호(1999), pp. 33~55.
정용석. "북의 협상전략과 남의 대응전략." 「통일문제연구」, 제7권 2호(1995), pp. 26~48.
정용욱. "6·25전쟁기 미군의 삐라 심리전과 냉전 이데올로기." 「역사와 현실」 제51호(2004), pp. 114~115.
정봉화. "북한 대남정책 연구: 1948~1998." 경남대학교 정치학 박사학위논문, 1998.
채정민. "1999년 대남·북 전단 작전분석." 「국방심리전 정책연구서」, 제3집(1999), pp. 140~156.

최완규. "Icarus의 비운: 김영삼 정부의 대북정책 실패요인 분석." 「한국과 국제정치」, 제14권 2호 (1998), pp. 189~212.
_____. "조선인민군의 형성과 발전." 김일평 외. 「북한체체의 수립과정」. 서울: 경남대학교 극동연구소, 1991, pp. 139~176.
최영원. "심리전략 교육체계 연구." 국방참모대학 교수연구논문, 1995.
최용성. "한국전쟁시 미군의 전술심리전 효과분석." 군사편찬연구소, 군사 제 50호, 2003, pp. 223~224.
최주활. "북한주민의 의식구조분석." 합참 민사 심리전 6회 정책세미나, (1996. 9)
최홍석. "97 대남 심리전 분석." 「국방심리전 정책연구서」, 제1집 (1997), pp. 121~130.
한용섭. "북한의 대미평화협정 협상전략: 본질과 대응책을 중심으로." 곽태환 외 지음, 「북한의 협상전략과 남북한 관계」. 서울: 경남대학교 극동문제연구소, 1997, pp. 26~38.
함택영. "남북한 군비경쟁 및 군사력 균형의 고찰." 「남북한 군비경쟁과 군축」. 서울:경남대학교 극동문제연구소, 1992.
_____. "남북한 군사력: 사실과 평가방법." 「국제정치논총」, 제37집 1호(1997), pp. 27~60.
합참본부. "대북심리전 전단현황 분석." 외 9건 연구보고서(1993~1999).
허문녕. "신정부 출범에 따른 북한의 대남정책 변화 전망." 「통일연구논총」, 제7권 1호(1998), pp. 136~152.
_____. "최근 북한의 대미, 대남 정책 변화 움직임의 배경과 전망."「통일경제」, 제58호 (1999), pp. 68~92.

〈신문 및 기타〉

「국회속기록」.
「내외통신」.
「동아일보」.
「방위연감」.
「북한」.
「연합뉴스」.
「연합통신」.
「월간조선」.
「조선일보」.
「주간국방」.
「일요신문」.

2. 북한문헌

〈단행본〉

과학백과사전출판사 편. 「현대조선말사전」. 평양: 과학백과사전출판사, 1981.
_____. 「백과사전」. 평양: 과학백과사전출판사, 1983.

김일성.「김일성 저작선집」. 제1권. 평양: 조선로동당출판사, 1953.
______.「김일성 저작선집」. 제2권. 평양: 조선로동당출판사, 1953.
______.「김일성 저작선집」. 제4권. 평양: 조선로동당출판사, 1968.
______.「김일성 저작집」. 제8권. 평양: 조선로동당출판사, 1967.
______.「김일성 저작집」. 제18권. 평양: 조선로동당출판사, 1982.
______.「김일성 저작집」. 제20권. 평양: 조선로동당출판사, 1982.
______.「김일성 저작집」. 제40권. 평양: 조선로동당출판사, 1994.
______.「남조선혁명과 조국통일에 대하여」. 평양: 조선로동당출판사, 1969.
______.「련방제 조국통일방안에 대하여」. 평양: 조선로동당출판사, 1996.
______.「민족대단결을 위하여」. 평양: 조선로동당출판사, 1996.
______.「세기와 더불어」. 제1권. 평양: 사회과학출판사, 1992.
東邦社,「김정일 위인실록(1)」. 東京: 東邦社, 1999.
______.「민족의 어머니 김정숙 여사」. 東京: 東邦社, 1999.
래재순.「심리학개론」. 평양: 과학백과사전종합출판사, 1988.
사회과학원.「정치용어사전」. 사회과학원출판사, 1971.
______.「통일전선사업에 대하여」. 평양: 조선로동당출판사, 1982.
사회과학원 력사연구소.「조선전사」. 제31권. 평양: 과학백과사전출판사, 1982.
사회과학원 철학연구소.「철학사전」. 평양: 사회과학출판사, 1985.
사회과학출판사.「조선통사(하)」. 평양: 사회과학출판사, 1987.
______.「정치사전」. 평양: 사회과학출판사, 1973.
______.「정치용어사전」. 평양: 사회과학출판사, 1970.
조국통일사.「남조선 혁명과 조국통일에 관한 위대한 수령 김일성동지 사상」. 평양: 조국통일사, 1972.
조선로동당.「남조선 혁명과 조국통일에 대한 우리 당의 방침」. 평양: 조국통일사, 1969.
조선로동당출판사.「백두의 여장군 김정숙동지(Ⅰ)」. 평양: 조선로동당출판사, 1992.
______.「사회주의 심리학」. 東京: 學友書房, 1974.
______편.「조선로동당력사」. 평양: 조선로동당출판사, 1991.
______.「향도의 태양 김정일 장군」. 東京: 東邦社, 1995.
허종호.「주체사상에 기초한 남조선혁명과 조국통일리론」. 평양: 사회과학출판사, 1975.

〈신문 및 기타〉
「근로자」.
「로동신문」.
「민주조선」.
「조선중앙년감」.
「조선중앙방송」.

3. 해외문헌

〈Books〉

Appleman, South to the Naktong.

Aron, Raymond. Peace and War: A Theory of International Relations. New York: Praeger Publishers, 1970.

Bilder, R. B. Managing the Risks of International Agreement. Madison, Wisconsin: The University of Wisconsin Press, 1981.

Blackett, P. M. S. Studies of War, Nuclear and Conventional. Edinburgh and London: Oliver & Boyd, 1962.

Boulding, Kenneth E. Confict and Defense, A General Theory. New York: Haper & Row, 1962.

_____. The Image: Knowledge in Life and Society. Ann Arbor: The University of Michigan Press, 1956.

Brady, Linda P. The Politics of Neogotiation. Chapel Hill: The University of North Carolina Press, 1991.

Brehem, J. A. Theory of Psychology Resistance. New York: Academic Press, 1966.

Brodie, Bernard. War and Politics. New York: Macmillan, 1973.

Byung Chul, Koh. The Foreign Policy Systems of North and South Korea. Berkeley: University of Califonia Press, 1984.

Clews, J. C. Communist Propaganda Techniques. New York: Fredrick A. Praeger 1966.

Cline, Ray. World Power Trends and U.S. Foreign Policy for the 1980s. Boulder, Colorado: Westview Press, 1980.

Collins, B. E. and Ashmore, R. D. Social Psychology. Reading, Mass.: Addison-Wesley, 1970.

Druckaman, Daniel, ed. Neogotiations, Social-Psychological Perspectives. Bevery Hills: Sage Pubilcations, 1977.

Daugherty, W. E. A Psychological Warfare Casebook. 4rd. ed. Baltimore: The Johns Hopkins Press, 1968.

Dehio, Ludwig. The Precarious Balance. New York: Alfred Knopf Inc., 1965.

Deutch, Karl W. The Nerves of Government: Models of Communication and Control. Glencoe: The Free Press of Glencoe, 1963.

Elliot Harris, Operation Strike. New York, 1967.

Farrell, John C. and Smith, P. eds. Theory and Reality in International Relations. New York and London: Columbia Univ. Press, 1968.

Hansen, Psychological Warfare in Korea, 1951.

Hadwen, John G. and Kaufmann, Johan. How United Nations Decisions Are Made. 2nd rev. ed. Leyden. New York: Oceana Publications, 1962.

Herbert Avedon, CCF Propaganda Man.

Hinsley, F. H. Power and Pursuit of Peace. Cambridge: Cambridge University Press, 1963.

Holt, Robert T., and Vande, Robert W. Strategic Psychological Operations and American

Foreign Policy. Chicago and London: The University of Chicago Press, 1967.
Hovland, Janis and Kelley. Communication and Persuation. New Hanen: Yale University Press, 1953.
Janowitz, M. Political Conflict. Chicago: Quardrance Book, 1970.
John C. Cleus, Communist Propaganda Techniques, Frederick A. Praeger, New York, 1964.
John Ponturo, Psychological Operations at Lower Echelons in Eighth Army, July 1952-July 1953.(ORO, Baltimore, 25 January 1953)
Kaufmann, Johan. Conference Diplomacy: An Introductory Analysis. New York: Oceana Publications, 1968.
Khrushchev Remembers, with introducion, commentary, and notes by Edward Crankshaw, tr. and ed. by strobe Talbott, 1970, pp. 367~370
K. K. Hansen, Psywar in Korea, Joint Subsidiary Activities Group, Office of the Chief of Psycholgical Warfare, Department of the Army, Washington, 1960.
Lerner Daniel. Psychological Warfare against NAZI Germany. Cambridge: The M.I.T. Press, 1971.
Lerner Daniel. Sykewar: Psychological Warfare Against Germany, D-Day to V-E Day. New York: Stewart, 1949.
Linebarger, Paul M.A. Psychological Warfare. 2nd. ed. Washington: Combat Forces Press, 1954.
Matthew B. Ridgway, The Korean War. 1967.
Morngenthan, Hans J. Politics among Nations: The Struggle for Power and Peace. New York: Knopf, 1949.
Pye, Lucian W. ed. Communication and Political Development. New Jersey: Princeton Univ. Press, 1969.
Peter Paret, Understanding war. Essays on Clausewitz and the History of Millitary Power. Princeton, Princeton University Press, 1992
Qualter, T. H. Propaganda and Psychological Warfare. New York: Random House, 1962.
Qualter, Terence H. Propaganda and Psychological Warfare. New York: Random House, 1962.
Rapaport, Anatol. Strategy and Conscience. New York: Harper & Row, 1964.
Rogerson, S. Propaganda in the Next War. New York: Arno Press, 1972.
Rolf Jacoby, USIE Korea-An Experiment in Wartime Operation, in William Daugherty and Morris Janowitz(eds.), A Psychological Warfare, Baltimore : The Johns Hopkins Press, 1964.
Rolo, C. J. Radio Goes to War. New York: G. P. Putnam, 1940.
Sawyer, Military Advisors in Korea.
Schuman, Frederick L. International Politics: The Destiny of the Westen State System. 4th ed. New York: Mc Graw Hill, 1948.
Schelling, Thomas C. The Strategy of Conflict. New York: Oxford University Press, 1963.
Smith, A.M. The Functionning of the International Political Sysyem. New York:

Macmillan, 1967.
Smith, Bruce L., and Lasswell, H. D., and Lasey, Ralph D. Propaganda, Communication and Public Opinion: A Comprehensive Reference Guide. Princeton: Princeton University Press, 1946.
Synder, Richard. Decision-Making As an Approach to the Study of International Politics. Princeton, N.J.: Organizational Behavior Section, Princetion University, 1954.
Stanley Sandler, CEASE RESISTANCE : IT' S GOOD FOR YOU!, A HISTORY OF U.S. ARMY COMBAT PSYCHOLOGICAL OPERATIONS. 1999.
Stephen E. Peasce, PSYWAR: Psychological Warfare in Korea, 1950-1953. L Washington, D.C.: Stackple Books, 1992.
Summers, R.E. et al. America' s Weapons of Psychological Warfare. New York: Arno Press, 1972.
Thayer, Charles W. Diplomat. New York: Harper & Brothers, 1959.
Triands, Harry, C. Attitude Change. New York: John Wiley & Sons, Inc, 1971.
Von Clausewitz, Carl. On War. ed. with an Introduction by Anatol Rapaport. London: Penguin Books, 1974.
Vygotsky, L.S. Thought and Language. Cambridge, Mass.: The M.I.T. Press, 1974.
W. Schramm, FED Psychological Warfare Operations, 1952.
Welster, Sir Charles. The Art and Practice of Diplomacy. London: Chatto & Windus, 1961.
William Daugherty and Morris Janowitz(eds.), A Psychological Warfare, Baltimore : The Johns Hopkins Press, 1964.
Zeman, Z.A.B. Nazi Propaganda. Oxford: Oxford Univ. Press, 1964.
岩島久夫.「心理戰爭」. 東京: 講談社, 1968.
_____.「說得科學」. 東京: 潮新書, 1971.
小山內崖.「現代戰 構造」. 東京: 潮文社, 1975.

〈Articles〉

Bayer, James A. "The North Korean Nuclear Crisis and The Agreed Framework: How Not to Negotiate with the North Koreans." Asian Perspective, Vol. 19, No. 2 (1995).
Brown, Bert R. "The Effects of Need to Maintain Face on Interpersnal Bargaining." Journal of Experimental Social Psychology, Vol. 4, No. 4 (1968).
Brzezinski, Zbigniew. "America in a Hostile World." Foreign Policy, No.23(Summer 1976).
Lasswell, H. D."Political and Psychological Warfare." in Daniel Lerner ed. Inernational Propaganda and Communications. New York: Arn Press, 1972.
Linebarger, Paul M.A."Promoting a Soft Landing in Korea." Foreign Policy, No. 106 (Spring 1997).
Kim, Taewoo,"North Korean-US Nuclear Rapprochement: The South Korean Dilemma." Third World Quarterly, Vol 16, No 4 (December 1995).
Polzer, Jeffrey T. "Intergroup Negotiations." Cooperation and Conflict, Vol. 40, No. 4 (1996).